■"十三五"国家重点图书出版规划项目

■国家社会科学基金一般项目"政策工具视角下的古代政府治理思想
  及其当代价值研究"（批准号：17BGL223）阶段性成果之一

■国家社会科学基金重大项目"中国古代管理思想通史"
  （批准号：13&ZD081）阶段性成果之一

■莆田学院出版基金资助项目

■福建省优秀出版项目

中国管理思想史

宋代
管理思想史

方宝璋 ◇ 著

海峡出版发行集团 鹭江出版社
THE STRAITS PUBLISHING & DISTRIBUTING GROUP

2021年 · 厦门

总　论

第一节　理论价值和现实意义

　　"中国管理思想史"系列专著包括《先秦管理思想史》《秦汉魏晋南北朝管理思想史》《隋唐五代管理思想史》《宋代管理思想史》《元代管理思想史》《明代管理思想史》《清代管理思想史》，共7卷，为国家社会科学基金重大项目"中国古代管理思想通史"（批准号：13&ZD081）阶段性成果。该系列专著以中国古代传统儒家修身齐家治国平天下为主线，分别阐述了先秦、秦汉魏晋南北朝、隋唐五代、宋、元、明、清历朝自我管理思想、家族管理思想、经营管理思想、国家管理思想、军事管理思想等五大方面的内容，比较全面系统地勾画了该时期管理思想的历史面貌。该系列专著侧重发掘对当代有借鉴意义的古代管理思想，为构建中国特色社会主义的管理思想和制度提供历史借鉴。

　　该系列专著按自我管理思想、家族管理思想、经营管理思想、国家管理思想、军事管理思想分类论述的依据来自先秦儒家的修身齐家治国平天下思想。修身齐家治国平天下思想是中国古代的主流管理思想，具有普遍性，比较客观全面地反映了中国古代管理思想的历史面貌和本质特征。

该系列专著中的自我管理思想是中国传统管理思想与西方管理思想的重要区别。西方管理思想强调管理本质是通过其他人来完成工作,如福莱特(Follett)曾给管理下的经典定义是"通过其他人来完成工作的艺术"。罗宾斯(Robbins)和库尔塔(Coultar)也认为,"管理这一术语是指和其他人一起并且通过其他人来有效地完成工作的过程"[①]。似乎管理是针对其他人,而不是针对本人。与此相反,中国传统管理思想则强调修身、自律,即自我管理,而且将此作为管理的根本和逻辑起点,即首先要管好自己,然后才能管好家庭、国家乃至全天下。中国民间至今流行一句俗话:先管好自己才能管好别人。这里强调的就是自我管理。

该系列专著以先秦儒家的修身齐家治国平天下思想为基础,再派生出经营管理思想、军事管理思想。所谓经营管理思想,因私人经营农、工、商,或多或少带有市场经济的性质,从本质上有别于国家垄断经营的农、工、商,因此另立一类论述。军事管理思想,广义上属于国家管理思想范畴,但由于其具有特殊性,而且古代文献中这方面的资料较多,故也另立一类论述。

当前,世界管理学界十分重视对东方管理思想的研究,我国学界对管理思想史的研究方兴未艾。但从总体上看,有关管理思想史的研究主要侧重于经济管理思想史,而少有涉及政治、军事、文化、社会等管理思想;多侧重于国家管理思想,而少有涉及自我管理思想、家族管理思想、经营管理思想、军事管理思想。以往的研究绝大多数以某些代表人物为中心,采取传统的通史写作方法。该系列专著从自我管理、家族管理、经营管理、国家管理、军事管理的视角,以现代管理理论为指导,在尽可能多地收集资料的基础上,对古代管理思想进行比较全面、系统、深入的分专题研究。这将丰富中国古代管理思想史的研究,填补古代自我管理思想、家族管理思想、经营管理思想、国家管理思想、军事管理思想等方面研究的某些空白,如社会治理思想、古代公共事业思想、古

---

① 周三多、陈传明:《管理学》,高等教育出版社,2014年,第3页。

代买扑思想、入中（开中）思想、经商思想等。从新的视角用新的方法深化对某些专题的探讨，提出一些新的观点，为今后的进一步研究提供更多的参考资料。

党的十八届三中全会《中共中央关于全面深化改革若干重大问题的决定》提出了"国家治理""政府治理""社会治理"等新概念（全文23次出现"治理"一词），在全面深化改革的总目标中提出"推进国家治理体系和治理能力现代化"，还有专门章节论述"创新社会治理体制"。党的十九大报告中将"推进国家治理体系和治理能力现代化"明确为全面深化改革的总目标之一。党的十九届四中全会审议通过了《中共中央关于坚持和完善中国特色社会主义制度、推进国家治理体系和治理能力现代化若干重大问题的决定》。

从广义上说，管理可涵盖治理；从狭义上说，治理是管理的更高一个层次。从狭义上的管理到治理，虽一字之差，却体现了治国理念的新变化、新要求、新跨越。狭义上的管理，简而言之，就是依赖传统公共管理的垄断和强制性质，把属下地区和人民管住、管好，全能政府色彩浓重，较少采取协作、互动的方式。而治理有整治、调理、改造的意思，更强调指导性、协调性、沟通性、互动性，彰显了社会建设的公平、正义、和谐、有序。狭义上的管理，其主体是一元的，而治理，其主体则是多元的。狭义上的管理是垂直的，治理则是扁平化的。目前，我国必须充分发挥政策工具的效用，从较单一的以管制为主的政府逐渐过渡到协调、服务、管制三者兼有的政府，从无限管理型政府逐步转变为有限服务型政府。我国现行的管理体制，是新中国成立后根据我国的政治体制、经济社会发展状况和历史文化传统等基本国情确定的。我们研究古代管理思想，就是要达到古为今用的目的，为建设中国特色社会主义管理理论和管理制度提供历史借鉴。如研究古代的民本思想，政策工具中协调、服务、管制思想就能为当前我国社会主义民主、政策工具的最有效使用提供重要的启迪。同时，研究古代管理思想，能更好地让中国传统管理思想走向世界，增强我国在国际竞争中的软实力。

第二节　国内外研究现状及发展动态分析

有关从自我管理思想、家族管理思想、经营管理思想、国家管理思想、军事管理思想五位一体的视角研究古代管理思想的专门论著，笔者至今尚未见到。但是，一些已出版或发表的论著，却不同程度地涉及这方面的问题。就整体上来说，大致可分为两种类型。

一是一些管理思想史、经济思想史或政治思想史的论著。其中，国内有关管理思想史的著作主要有：苏东水《东方管理学》，何奇《中国古代管理思想》，潘承烈《中国古代管理思想之今用》，姜杰《中国管理思想史》，吴照云《中国管理思想史》，刘云柏《中国管理思想通史》，王忠伟等《中国远古管理思想史》《中国中古管理思想史》《中国近古管理思想史》，刘筱红《管理思想史》，方宝璋《宋代管理思想》《先秦管理思想》。有关经济管理思想史的著作主要有：赵靖《中国经济管理思想史教程》、何炼成《中国经济管理思想史》、叶世昌《中国古代经济管理思想》、滕显间《中国历代经济管理反思》、方宝璋《宋代经济管理思想与当代经济管理》。有关经济思想史的著作主要有：唐庆增《中国经济思想史》、胡寄窗《中国经济思想史》、赵靖《中国经济思想通史》、侯家驹《中国经济思想史》、叶坦《富国富民论——立足于宋代的考察》。有关政治思想史的著作主要有：萧公权《中国政治思想史》、刘泽华《中国政治思想史集》、曹德本《中国政治思想史》、纪宝成《中国古代治国要论》以及数种论文集和资料选辑等。国外的主要有桑田幸三《中国经济思想史论》、上野直明《中国经济思想史》等。这些论著在某些章节或以管理理念的视角，或以管理主体、管理权力、管理组织、管理文化和管理心理的视角，或以古代儒家、法家、道家、墨家、兵家等思想流派的视角，或以政治、经济、军事、文化、社会的视角，对古代管理思想做出精辟、

独到的概括和总结，并上升到管理理论的高度加以阐述。如苏东水在《东方管理学·导论篇》中开创性地提出了概括东方管理文化本质特征的"以人为本、以德为先、人为为人"的"三为"原理，在中国管理、西方管理和华商管理的基础上形成了治国、治生、治家和治身的"四治"体系，以人本论、人德论、人为论为核心，包括人道、人心、人缘、人谋、人才"五行"管理的东方管理理论体系，并提出东方管理学的管理目标是构建和谐社会的和贵、和合、和谐。苏东水东方管理理论体系的创建，主要就是从中国古代管理思想中汲取精华。又如赵靖的《中国古代经济管理思想概论》，以"富国之学"和"治生之学"的发展为线索，为中国古代经济管理思想史这门学科建立了一种理论模式。何炼成总结的中国传统经济管理思想的基本特点是：以宏观目标的"富国之学"为基本线索，宏观经济管理的基本指导思想主要表现为义利之争、本末之争、俭奢之争。宏观经济管理方针主要有两条，一是"无为而治"，即自由放任的方针，二是"通轻重之权"，即实行国家控制的方针。潘承烈等主编的《中国古代管理思想之今用》，以先秦老子、孔子、墨子、商鞅、孟子、孙子、鬼谷子、管子、荀子和韩非子为研究对象，从他们的学说与留给后人的著作中去研究这些先人的思想，包括涉及管理方面的可资借鉴和有启迪作用的思路、哲理、观点、规律与理论等等。刘云柏在《中国管理思想通史》中将中国管理思想分为儒家、道家、法家、佛家、兵家、墨家、农家、阴阳家、杂家、名家、基督教、伊斯兰教、少数民族、纵横家、医家等派别，并分别加以历史性考察。姜以读等编著的《中国古代政府管理思想精粹》，从民为邦本、治国之道、君臣之道、行政方略、因时而立政令、礼义法度应时而变、法令者为治之本、事在四方要在中央、统华夏为一家、兵为国家大事、食货为生民之本、财赋为邦国之大本、四民之业钱货为本、教化治天下、建国教学为先、礼贤举士、用人行政并重、严吏治及交邻有道等方面，总结了古代国家管理思想精粹。

二是一些经济史、政治史、法制史等专题性的论著。其中比较有代表性的有：九卷本各卷分设主编的《中国经济通史》、白钢《中国政治制

度通史》、张晋藩《中国法制通史》、方宝璋《中国审计史稿》，以及大量专题性的断代研究专著，如张亚初、刘雨《西周金文官制研究》，安作璋、熊铁基《秦汉官制史稿》，杨鸿年《汉魏制度丛考》，王永兴《唐勾检制研究》，汪圣铎《两宋财政史》，李晓《宋代工商业经济与政府干预研究》，张文《宋代社会救济研究》，边俊杰《明代的财政制度变迁》，张显清《明代政治史》，田培栋《明代社会经济史研究》等。这些论著在宏观考察中国古代各种制度时，提出了一些对管理思想史有重要参考价值的精辟论断。如白钢在《中国政治制度通史·总论》中提出，中国从战国至清朝封建地主阶级专政的国家是以中央集权和官僚政治的形式出现，实行专制君主制，其政体运行机制，以皇帝"独制于天下而无所制"为转移，其特点主要有 3 个方面，即行政、军事、监察三大系统鼎立，近侍逐步政务官化，中央派出机构逐步地方政权化。

以上两类论著在其研究的主要领域，均做了全面、系统、深入的研究，做出了令人瞩目的贡献，处于领先水平。这些论著在不同程度上涉及古代管理思想，如对社会犯罪的禁戒与镇压、政府财政税收管理、盐铁茶酒专卖、对户口土地的管制、垄断货币发行、对社会的救助等思想的论述，对进一步研究管理思想有参考启示作用。但是，这些论著均只是在从事本领域研究需要时论及管理思想的某一方面，因此难免有所不足。总的说来，其不足大致有以下 5 个方面。

其一，以往的研究成果虽然涉及古代管理思想各方面，但都未能有意识地从自我管理思想、家族管理思想、经营管理思想、国家管理思想、军事管理思想五位一体的视角进行探讨论述。其二，绝大多数研究成果仍停留于采用传统的、以某些代表人物为中心的通史叙述方法，而鲜有以现代先进的管理理论为指导。其三，鉴于以往研究中视角与方法的局限，对古代一些管理思想的分析与看法，有待于重新认识与评价。其四，古代史料浩繁分散，尤其是一些低层次人物有价值的管理思想非常零散，以往的研究对此关注不够、收集较少。除此之外，古代管理行为、政策、制度中所反映的管理思想也发掘不够。有关古代管理思想的史料发掘整

理之不足，是限制研究工作深入的另一个重要原因。

第三节 特色和创新

（一） 学术视角较新

以自我管理思想、家族管理思想、经营管理思想、国家管理思想、军事管理思想五位一体的视角，能比较深层次、客观、系统、全面地勾画先秦、秦汉魏晋南北朝、隋唐五代、宋、元、明、清时期管理思想的历史面貌，动态综合地考察历代政府管理思想得失与王朝兴衰的必然联系。

（二） 史料的完整性

该系列专著在史料收集上的明显特点是：不仅收集高层人物的主流管理思想，而且重视收集一些虽是低层人物但有价值的管理思想，并注意从管理行为、政策、制度中发掘其体现的管理思想。该系列专著所引用的材料有50％以上是该研究领域首次使用的。

（三） 研究领域创新

该系列专著所涉及的一些专题，如古代经营管理思想、古代社会管理思想、古代公共事业思想等是以往很少有人研究的，该系列专著弥补了管理思想史研究的一些空白。

（四） 学术观点创新

对于古代的一些管理思想，学术界历来看法不一。该系列专著从自我管理思想、家族管理思想、经营管理思想、国家管理思想、军事管理思想五位一体的视角，对其进行重新评价，提出独立见解。例如：提出修齐治平是中国古代主流的管理思想，反映了东西方的不同管理逻辑起点；提出中国古代管理思想史大致可分为三个阶段：第一阶段夏商、西周、春秋、战国是古代管理思想的产生及其初成体系时期，第二阶段秦

汉、魏晋南北朝、隋唐前期是古代管理思想缓慢发展时期，第三阶段唐中叶五代、宋、元、明、清是古代管理思想成熟及变革时期；提出古代较先进的政府管理思想是在适度的管制下充分发挥协调、服务政策性工具的作用，这对当代处理好政府与市场的关系、创新行政管理方式、建设服务型政府，具有借鉴意义。这些都是以往研究者所未提到的。

（五）对当代的启示

该系列专著着重发掘对当代有启示意义的古代管理思想，为党的十八届三中全会和十九届四中全会提出的完善和发展中国特色社会主义制度，推进国家治理体系和治理能力现代化提供历史的借鉴。例如：提出民本思想是古代政府管理的指导思想，在历代具有很强的路径依赖，至今对我国目前"全面深化改革，以增进人民福祉为出发点和落脚点"的改革目标有深刻的影响；提出军事力量是国家管理的基石等管理思想，对现代国家管理都具有积极的借鉴作用。

第四节　修齐治平：历史与逻辑的分析框架

（一）自我管理思想

汉代《大学》中提出的修身、齐家、治国、平天下，是先秦儒家管理思想的总结。儒家所说的修身，内容相当丰富，其中主要有孔子提出的仁、义、礼、智、信，孟子提出的仁、义、诚等。孟子还将以孔子为代表的儒家修身思想概括为"四端"，即仁、义、礼、智。后人在此基础上又增加了"信"，成为所谓的"五常"。尔后，历代儒家学者在对前代儒家著述和思想的注释和阐发中不断发展完善丰富儒家思想，如汉代的《大学》《中庸》的作者在孔孟"诚"的基础上提出了慎独、正心、明德、格物、致知等，唐代的韩愈提出了性三品论，并将《礼记》中的《大学》篇挑选出来，列为《四书》之首。韩愈因此成为宋代理学的先驱者。宋

明理学大大发展了先秦儒家思想，成为儒学发展史上的第二个高峰，其中南宋的朱熹为集大成者，被称为儒学发展史上"矗立中道"的继往开来的人物。宋明理学援佛入儒，提出了理气、性命等新命题。

就儒家修身学说来说，经过历代发展和丰富，内容可谓洋洋大观，在此，短短的篇幅难以列举。如果要说其中最为核心的思想是什么，据笔者理解，那就是"五常"，而且"五常"之中，又以"仁"为首。孔子首先提出的"仁"，有多种含义，其中最核心的就是"仁者爱人"。按照孔子的逻辑，一个人如有"推己及人"之心，即"己所不欲，勿施于人"，即自己不想做的事，也不要强加别人做。如能做到这一点，就是起码的仁爱，其余的义、礼、智、信也就容易做到了。因此，古今中外都不例外。要建立一个美好的人类社会，其逻辑起点应是每一个人必须具有爱心，其他好的品质就容易培养了。正由于古代先哲认识到了这一点，所以都重视爱，如基督教主张博爱，佛教主张慈悲为怀、众生平等。

（二）家族管理思想

儒家所谓的齐家，总的说来，是要使家庭、家族和睦，父慈子孝，兄友弟悌，夫主妇从，上下尊卑有序。儒家齐家重视同宗同族之人通过建宗祠、编族谱、建祖坟、定期祭祀会食等以达到追根溯源，尊祖敬宗，慎终追远，从而使同宗同族之人团结在一起，互相扶持，守望相助。所以，俗话所说的"家和万事兴"是中国人齐家的共同追求。儒家也强调通过勤劳节俭而发家致富，使子孙衣食无忧，通过兴办私塾，督促鼓励子弟努力读书学习，科举致仕，进而光宗耀祖，提高本宗族的社会地位和影响力。古人在齐家中认为身教重于言教，一家人朝夕相处，父母家长应重视自己的修身，各方面做出表率，才能教育好子孙。

中国自古以来家国一体，家是小的国，国是大的家。自先秦以来，古人就主张孝治天下。古人认为：在家孝顺父母的人，在外做事当官就会忠于君主和上级领导；在家敬爱兄长爱护弟弟的人，在外处世就会和同事朋友之间相处和谐。这就是古人常说的孝子忠臣、移孝作忠。孔子以"推己及人"的逻辑思维推导，要建立起理想的大同社会，首先必须

从"老吾老以及人之老，幼吾幼以及人之幼"做起。这就是从修身、齐家而扩充至治国的实现平天下的路径。古人基于这种认识，在选拔治国人才时，非常重视将孝道作为一条重要的标准。如汉朝有"举孝廉"的制度，就是选拔有孝道、清廉品德的人担任各级官吏。

（三）经营管理思想

先秦时期，在经营管理上出现了"计然之策"和"治生之道"、君主利民、轻徭薄赋等思想。汉代，司马迁的善因论思想则提倡国家要善于利用人求利的本性引导工商业的发展。唐代，刘晏兼任盐铁使后，改革榷盐为民产、官收（官督）、商运、商销，改革漕运为官督雇佣制等，都注意通过发挥私商经营的积极性来克服官营的高成本、低效率，促进社会经济的发展，同时提高政府的财政收入。

宋代政府尝试在不同制度关系中运用协调（约定、协商、引导、劝勉、调解）的方式去控制和规范组织与个人的活动，如入中、买扑承包、雇募制思想等，出现管理思想的重心从统治到治理的转化。所谓入中（明称"开中"），就是宋、明朝廷利用茶盐等榷货换取民间商人运送军用粮草到沿边，以保障军队后勤供给。所谓买扑，就是宋代私人通过向官府交纳课利，承包经营官府的酒坊、河渡、盐井、田地等。宋代，有识之士已认识到：只有工商业私营，才能提高生产者的积极性和生产效率，促进社会经济的恢复和发展；私营工商业自由竞争能使吏治廉洁、稳定社会，能在某些方面发挥政府不可替代的作用；对私营工商业应因势利导，能达到官民共利。私商经营和买扑思想是古代经营管理思想的一个重要发展，标志着我国中古管理思想开始向近古管理思想的转变。

（四）国家管理思想

中国古代在国家管理中的指导思想是以民为本，即民本思想。最高统治者在意识到"治天下者，以人为本"的前提下，在管理国家、制定政策中必须考虑保民、养民、教民、抚民、利民、爱民、得民等。民本思想渊源甚早，并对后世产生深远的影响。中国古代从先秦开始，就出现了《尚书》中的重民、"民惟邦本"，周公的保民，孔子的爱民，孟子的民贵君轻论，荀子的君舟民水论等民本思想。春秋时期一些当政者对民十分重视，把对民政策作为管理国家成败的关键。虢国的史嚚说："国将兴，听于民；将亡，听于神。"① 战国时期，重民思想又有明显的发展，其中较为突出的是孟子的"民为贵，社稷次之，君为轻"②。据荀子称，君舟民水是孔子提出来的。"君者，舟也；庶人者，水也。水则载舟，水则覆舟，此之谓也。"③ 汉代贾谊进一步提出"以民为命""以民为力""以民为功"等相关理念，继承了先秦儒家爱民仁政的思想，把此作为管理国家的核心思想。到了唐朝时期，唐太宗的国以民为本，明清时期黄宗羲、顾炎武、唐甄等人的民本论，特别是王夫之"不以一人私天下"的民本思想，从公与私的视角对君与民的关系做了分析。

说到底，古代民本思想都是从管理者（最高统治者和各级官吏）的角度，重视、肯定被管理者（民众）在管理国家中的最终决定作用。在政治清明的盛世，民本思想成为政府管理的指导思想。民本思想并不等于民主思想，其本质是统治者重民思想，即意识到在"民惟邦本，本固邦宁""治天下者，以人为本"的前提下，在管理国家、制定政策中首先必须考虑保民、养民、教民、抚民、利民、爱民、得民等。中国古代民本思想在管理国家实践中的具体政策体现是：其一，管理者认识到民心向背关系国家兴衰存亡，故治国必须顺民心，尊重民情、民意；其二，实施利民、惠民政策，而勿扰民、伤民，轻徭薄赋，使民致富，这样就可以得民心、得天下；其三，政府通过实施对民有利之事来引导民众，使民按照政府的政策、命令行事。总之，古代的民本思想与当代的执政为民、为人民谋福祉，其思想是一脉相承的。

德法并用是古代政府管理思想的总原则。其管理国家的基本原则是历代政府要发挥好政策工具（管制、协调、服务）的作用，必须德法并

---

① 《左传》庄公三十二年，《十三经注疏》本，中华书局，1980年。

② 《孟子·尽心下》，《新编诸子集成》本，中华书局，2018年。

③ 《荀子·王制》，《新编诸子集成》本，中华书局，2018年。

用、德主刑辅，先以仁义教化"劝善"，后以法制刑杀"诛恶"，二者相济为用。

古代德法并用思想的理论依据是人性论。主张以严刑酷法为主治国的人通常认为人性是恶的，因此主张应当以刑法惩恶，才能维护国家的统治。相反，主张以德为主或为先治国的人则一般认为人性是善的，所以主张通过教化，宣传仁义礼智信、忠孝廉耻等，引导民众从善，自觉遵守道德规范，从而达到天下太平。当然，刑法也不可或缺。如没有刑法，则不能威慑企图违法犯罪者。只有以德为主、以刑为辅，或先德后刑，才是治国之正道。

在政府管理中，各种政策工具必须通过各级官吏加以执行。因此，历代最高统治者为维护自己的统治，高度重视治吏。正如《韩非子·外储说右下》所指出的："吏者，民之本、纲者也，故圣人治吏不治民。"治吏的主要手段就是加强对官吏的选任与监察、考核。

古代对官吏的选拔、任用、监察、考核从时间序列上看体现了一种控制思想。其中，选任是核心。选拔侧重于事前控制，属于积极控制；如选拔出的官吏均是德才兼备的优秀人才，那就大大减小了任用官吏环节失控的概率，防患于未然。监察侧重于事中同步控制，可属于积极控制，即在官吏任职期间，如随时发现问题随时提出纠弹，及时制止任用官吏环节出现的失控，将问题防患于萌芽阶段；考核侧重于事后控制，属于消极控制，即在官吏某一阶段任职期结束时进行检查评估，这对官吏虽然有激励作用，但如发现任用官吏有失控问题，则很难弥补其造成的危害损失，同时也毁掉了一批官吏，只能起惩弊于后的作用。

（五）军事管理思想

国家必须拥有一支强大的军队，以保卫国土安全并随时对被管理者的反抗实行镇压，以此确保政府的管理意志能够得到贯彻执行。古代，国君拥有统率、指挥军队和任命将帅的最高权力。

古代的军事管理最根本、最重要的是，最高统治者，即国王或皇帝要亲自掌握全国军队的领导权、指挥权和调遣权。任何国家管理者的统

治权力的基础是拥有一支强大的武装力量作为其后盾。如果一旦失去对军队的控制，那么管理者将变成被管理者，甚至沦为阶下囚或连身家性命都不保。《管子·重令》说："凡国之重也，必待兵之胜也，而国乃重。"军事管理的主要措施，如将领选任、军队建制、领导体系、兵种建置、兵役制度、武器装备、后勤供给保障、军队纪律等，都是为了加强作为后盾的武装实力，以维护国家的长治久安，保证各项国家管理措施和政策得到贯彻和执行。

但是，最高统治者又要十分慎重使用军事力量。兵者，凶险无比也，它会带来大量人员的伤亡和财产的损失，使千里沃野成为焦土废墟。《老子》第31章云："兵者不祥之器，非君子之器，不得已而用之，恬淡为上。胜而不美，而美之者，是乐杀人。夫乐杀人者，则不可以得志于天下矣。"可见，老子认为武力战争是带来灾难的不祥东西，不是君子所使用的。如万不得已而使用它，最好要淡然处之。胜利了也不要得意扬扬，如果得意扬扬，就是喜欢杀人。喜欢杀人的，就不能在天下得到成功。当时，不仅主张清静无为的老子如此认为，即使作为杰出的军事家孙子也主张不要轻易发动战争。他在《孙子兵法》开篇就指出："兵者，国之大事，死生之地，存亡之道，不可不察也。"不言而喻，孙子认为战争关系到人民的生死、国家的存亡，因此必须予以十分谨慎的对待，切不可轻举妄动。基于这种思想，他在《谋攻》篇深刻指出："百战百胜，非善之善者也；不战而屈人之兵，善之善者也。"这就是即使发动战争百战百胜，胜利一方也要付出沉重的代价，因此不是最佳的选择。只有不发动战争而使对方屈服，这才是最佳的选项。

（六）古代政府管理政策工具的三个层面

从古代政策工具的视角看，管理国家主要有三个层面。第一层面是以政府管制为主的管理，通过命令、禁戒等手段，如通过户口和土地、租税和货币管理、盐铁酒专卖等，强制民间组织及个人遵守、服从。管制较容易实施和管理，效果具有直接性，更适应于作为处理危机的工具。但管制会限制自愿性和私人活动，可能导致经济上的无效率性、高成本、

低质量，并可能产生社会与政府的对立，甚至恶化为冲突等。古代政府管理思想认为，过分强调管制，会使整个国家和社会处于高度紧张状态，内部缺乏调节和弹性。故貌似强大巩固，其实充满危机。第二层面是以政府协调为主的管理，如通过财政性政策工具、市场性政策工具（买扑、入中、减免赋税等）调控经济活动，通过契约、劝勉、调解等途径使政府与民间组织、个人自愿平等合作，动员全社会力量共同参与，最大限度增进共同利益。政府协调为主的管理能降低政府管制的成本，提高积极性和产品质量，有效配置资源，促进经济发展，避免社会与政府、社会各阶层之间的对立引起的内耗。从短期效益看，虽然协调管理会弱化政府对经济和社会的直接控制，有时短期之内还会减少财政收入，削弱政府的权力，但从长远的眼光来看，协调富有调节机制，能缓和化解各种矛盾，使内部富有修复机制和弹性，整个国家和社会易于趋向安定和谐。第三层面是政府通过对社会的服务，即通过救助进行赈灾、救济，采取公办、公办民助、民办公助等形式，兴办公共事业等。其政策着眼点是保障弱势群体的最起码生存条件，为全体民众提供必要的公共产品，从而使社会和谐稳定。

从管理控制论的角度看，管理国家无论从主体还是从客体来说，都是人（管理者）进行的控制和对人（被管理者）进行的控制。说到底，人是核心要素，所有的管理活动都是通过人的行为来完成的。总的说来，古代的管理者依据被管理者的3种不同性质的行为分别采取3种不同的管理政策工具：对严重威胁封建统治和社会稳定的行为，政府采取镇压、禁戒等严厉管制政策，主要为达到有序地控制目标；对日常民众的经济、文化活动，政府通过价格机制进行反馈和调节，采取鼓励和引导等协调政策，从而提高全社会自愿参与的积极性，主要为达到高效的控制目标；对于灾民及老弱病残、孤独无助者，政府采取救助和兴办公共事业等服务政策，为弱势群体提供公共产品或准公共产品，保证他们的基本生存条件，主要为达到和谐的控制目标。总之，古代政策工具暗含着这样的思想理念：管理者对被管理者对抗性、非对抗性和求助性的3种行为分

别采取刚性（管制）、柔性（协调）和人道（服务）的 3 种性质的政策工具进行控制，从而达到长治久安的控制目标。

古代政策工具的较好发挥是，在尊重民众基本权利的适度管制下，坚持公平协调，调节化解各种社会矛盾，引导民众向善，着眼于利民、爱民的服务，兴办公共事业和社会救助，保障民众的基本生存条件，从而达到长治久安的管理目标，使国家安定和谐、经济发展、民富国强。

第五节　中国古代管理思想阶段性特征

（一）　古代管理思想形成三个阶段的主要因素

综观中国古代管理思想史，大致可分为三个阶段：第一阶段夏商、西周、春秋、战国是古代管理思想的产生及其初成体系时期，第二阶段秦汉、魏晋南北朝、隋唐前期是古代管理思想缓慢发展时期，第三阶段唐中叶五代、宋、元、明、清是古代管理思想成熟及变革时期。其形成原因是错综复杂的，需要进一步研究，但目前有两点主要因素是比较明显的。

其一，动荡忧患时代更能激发人们对管理思想的思考和创新。如前所述，中国古代之所以在春秋战国时期、唐中叶五代两宋、明末清初与晚清出现管理思想的繁荣局面，其中一条重要原因是这三个时期都是动荡忧患的历史时代。春秋战国诸侯国之间割据混战，生灵涂炭，人民生活处于朝不保夕的境地，促使一些有识之士对国家管理展开思考，并对此发表自己的见解，形成百家争鸣的景象。中国古代管理思想初步形成体系，对其后两千多年的古代管理思想产生了极其深远的影响。中国古代绝大多数的管理思想均可从春秋战国诸子百家中找到其渊源。唐安史之乱后藩镇割据，兵连祸结，最后形成五代十国的局面，社会仍然动荡不安。北宋虽然结束了五代十国的割据局面，但终两宋三百多年，先有

北宋、辽、西夏对峙，后有南宋、金、西夏鼎立，仍然是战火连绵，天灾人祸不断。在这种历史背景下，又激发了一些有忧患意识的人思考如何安邦治国，从而开创了古代管理思想一个新的发展时期。明末清初的改朝换代，使社会长期动荡不安，促使一些明朝遗民思考明亡的教训。晚清西方列强的侵略，使中华民族面临着生死存亡的严峻挑战，一些爱国志士师夷长技以制夷，努力学习西方的先进科学技术与政治制度、管理思想，奋力挽救民族危亡，梦想建立一个富强的中国。明末清初和晚清出现的管理变革思想，标志着中国古代管理思想向近代管理思想转变。与此相反，汉唐虽然是中国古代富庶强盛的朝代，但哲学思想和管理思想都相对缺少明显的创新，处于缓慢发展、比较沉闷的时期。究其原因，汉唐相对安定富饶的生活使人们创新管理思想的动力不足。这里必须说明的是，魏晋南北朝虽然也是一个战乱的时期，但是由于进入中原的游牧民族文化层次太低，其政权更迭频繁，因此也不可能产生管理思想的创新。

其二，相对宽松自由的文化和言论环境有利于管理思想的创新。如春秋战国时期各诸侯国为在割据混战中胜出，一般都给予士人较宽松优裕的待遇，以招揽人才，为己所用。那些士人为了能受到国君的重用，也积极发表自己的安邦治国见解。这就促使当时管理思想新见迭出，异彩纷呈。赵匡胤建立宋朝后，右儒重学，优待知识分子，不杀言官，以后宋代历朝皇帝都遵循这一祖训。这使宋代大臣士人都敢于言事，评论朝政，或著书立说，授徒讲学，创立学派，从而使管理思想呈现出繁荣的景象。明末清初，时局动荡不安，明朝遗民或隐居不仕，或埋名隐姓、浪迹天涯，思考明亡的教训，从而产生了黄宗羲、顾炎武、王夫之反封建君主专制的思想。晚清时期，清廷处于内外交困的境地，无奈之下只好放宽言论限制，允许朝廷大臣以至民间士人，上书奏闻，提出抗御外侮、富国强兵的良方妙策，以挽救岌岌可危的清王朝统治，从而使一些爱国志士纷纷建言献策，引发古代管理思想向近代管理思想的转变。

（二）古代三次管理思想发展高潮

从上文可知，在中国古代管理思想史上，曾出现三次管理思想发展

高潮，一次在第一阶段，即春秋战国时期，两次在第三阶段，即唐中叶五代宋与明末清初、晚清时期。

其一，春秋战国时期，中国古代管理思想初步形成体系。春秋战国是社会大变革的时代，各种社会矛盾错综复杂。激烈的政治斗争层出不穷，从春秋时期的大国争霸到战国时期的兼并战争，从礼乐征伐自天子出到自诸侯出再到自卿大夫出，从三桓与鲁公室的斗争、田氏代齐到三家分晋，从齐威王改革、魏国李悝变法、赵烈侯改革、韩昭侯内修政教、楚国吴起变法、秦商鞅变法，再到燕昭王的改革。兼并战争与政治、经济上的剧变，对社会上的各个阶级、阶层和集团都产生了深刻的影响。人们对于当时社会大变革中的许多问题，都有自己的态度、主张、愿望和要求等。

每个诸侯国面临割据纷争的局面，都想在生死存亡的竞争中采取合乎时宜的谋略与政策，求富图强，求得生存与发展，最后消灭竞争对手。各国的国君和大贵族，都大力招揽知识分子为自己出谋划策，礼贤下士成为社会风尚。这就是所谓"诸侯并争，厚招游学"①。当时各国统治者对人才的重视，使作为知识分子阶层的士可以各持一说，在诸侯间奔走游说，"合则留，不合则去"，有相对的自由。一些略为有名的士，还收门徒讲学，"率其群徒，辩其谈说"②。这使每个学派都有发展的空间和机会。如当时的孔子就带着弟子周游列国，宣扬自己的治国主张。其后的墨子和他的弟子结成一个严密的团体，经常到各国游学。

当时的国君为了招纳智囊，谋求方略，使士为己效力，都比较礼贤下士，对知识分子比较宽容尊重。这使知识分子有比较强的独立性，敢于独立思考，敢于发表自己的见解。在这大变革的时代，各阶级、阶层和集团也纷纷在士阶层中寻找自己的代言人。这使士这一阶层大都企图用己说改造君主，使君主采纳自己的治国主张，从而得到高官厚禄。有

---

① 司马迁：《史记》卷6《秦始皇本纪》，中华书局，2011年。

② 《荀子·儒效篇》。

不少思想家虽追逐荣华富贵，但更看重自己的治国抱负。

春秋战国时期，"官学"日趋没落，"私学"在各地产生和发展起来。在当时私学中，孔子创设的私学最为著名，影响最大。齐国的威王和宣王大兴"稷下"之学，使"稷下"成为各派学者讲学和讨论学术的中心，稷门下所设的学校称"稷下之学"。当时儒家、阴阳家、道家和其他流派的学者都聚集在此，从事议论、探讨学术。

在这时代大变革的背景下，许多杰出的人物代表不同的阶级、阶层或集团，提出了对社会变革的看法和治国的主张，初步形成了各种管理思想。例如：在自我管理上，出现了儒家的修身、明德、格物致知等思想；在家族管理上，继承发展了西周的宗法管理思想；在经营管理上，出现了范蠡（陶朱公）的"计然之策"和白圭的"治生之道"；在国家管理上，出现了儒家的仁政、民本、君舟民水、礼治、德主刑辅、选贤任能，法家的法、术、势，道家的无为而治，墨家的兼爱、非攻等思想；在军事管理上，出现了国君必须掌握军队的最高统帅权、将在外君命有所不受、严明军纪、绝对服从上级指挥、知己知彼百战不殆、国力必须以军事实力为后盾、先德后兵，应慎重使用军事力量、不战而屈人之兵等思想。总之，把中国古代的管理思想推向了一个高峰，并对以后两千多年的古代管理思想产生了极其深远的影响。中国古代绝大多数的管理思想均可从春秋战国管理思想中找到其渊源。

其二，唐中叶五代宋，开创古代管理思想一个新的发展时期。经营管理思想、国家管理思想上的新发展主要表现在：古代政府管理思想从统治到治理的转化是从唐末五代至宋中期开始和完成的，其重要标志就是政府协调为主的管理思想的出现。从先秦至隋代，政府对财政性和市场性政策工具的使用仅限于：通过赋役政策引导民众从事农业生产，限制工商业，调整社会财富的分配；通过价格杠杆，买跌卖涨，实行平准，平衡市场物价。唐宋封建商品经济发达，为顺应这一历史潮流，政府管理开始逐渐把市场激励机制、自由竞争机制和民营部门的管理方法与手段引入政府的管理，以最大限度提高财政收入，进而解决因频繁战争、

军费开支巨大而引起的财政危机，从而稳定其统治地位。唐宋政府管理思想开始逐渐发生划时代的变化，从单纯的管制性工具向市场性、财政性工具转变（当然这一转变还是相当微弱的）。在特许经营与契约管理方面，对一些传统的政府经营领域，有意识地引进市场机制。例如：对盐茶酒的专卖，从唐末刘晏发其端，至宋代朝廷全面有意识地引进市场机制，逐步探索从直接全面专卖到间接部分专卖的实践；宋代政府创造性地以高商业利润诱使商人入中，把解决沿边军需供应难题纳入市场化的体系中；明代的开中法沿袭了宋代的这一做法；五代、宋朝廷在酒坊、官田、盐井、河渡、商税场务等推行买扑承包制，通过投标竞争，激活经营机制，压缩政府管理成本，保证国家财政收入最大化，并促进市场的公平竞争和资源的合理配置。唐宋在手工业和漕运方面，完成了从官府垄断经营到承买制、从劳役制到雇募制、从定额制到抽分制的转化，激活了生产者的主动性和积极性，克服了官营垄断的僵化体制和低效率，降低管理成本，从而提高矿冶业的经营效益。在政府救助方面，顺应商人逐利的本性，利用价格杠杆，引导他们参与赈灾，从而部分解决了救灾经费和物资不足问题，节省了财政支出。

宋代以后，由于封建商品经济的发达，人们的交往日益频繁，社会关系纷繁错综，民事诉讼大量增加。朝廷对民事诉讼尽可能采取自愿平等协商的调解方式，而不采取强制性的判决方式。这在缓和社会各种矛盾，防止其激化，以封建纲常伦理教化民众，稳定社会秩序方面发挥了应有的作用。这也从侧面体现了政府管理思想从统治到治理的转化。

总之，以上各种新的管理思想在唐末五代至宋中期的出现，充分表明该时期政府管理思想从统治到治理的转化，是中国古代管理思想史新的发展时期，其结论与史学界的唐宋变革论不谋而合。

唐末五代至宋时期，自我管理思想的新发展主要表现在：韩愈的道统说和性三品论是继承传统的孔孟儒家思想而发展来的，为宋明理学开了先河。他在《原道》中指出："斯吾所谓道也，非向所谓老与佛之道也。尧以是传之舜，舜以是传之禹，禹以是传之汤，汤以是传之文武周公，

文武周公传之孔子，孔子传之孟轲。轲之死不得其传焉，荀与扬也，择焉而不精，语焉而不详。"① 在此，韩愈为了对抗佛道两教，提出儒家思想在历史上的一个传授的系统——道统。韩愈的道统之说，孟子本已略言之，经韩愈提倡，宋明道学家将其进一步发扬光大，成为宋元明清思想界的主流，而道学亦成为宋明新儒学的新名字。韩愈在此极力推崇《大学》的主张，即修身与治国是紧密联系为一体的，修身的目的是齐家治国，要管理好国家首先必须修身齐家。他在自我管理思想方面提出了性三品的人性论。他的性三品论继承了董仲舒的性三品说，既不赞成孟子的性善论和荀子的性恶论，也不赞成扬雄的善恶相混的二元论。

唐代韩愈的性三品论对宋代的人性论产生了直接的影响，其中比较突出的是李觏提出的性三品、人五类论，周敦颐提出的性五品论，王安石提出的上智下愚中人说以及二程、朱熹提出的天命之性、气质之性等。在人性论的基础上，宋代理学家提出了各种自我管理思想。如张载认为，一个人如经历了"穷理""尽性""以至于命"3个层次后，其精神世界便上升到一个所谓至诚至善、无思无虑、无私无欲的境界。程颐、程颢提出，"致知格物"是起点、开端、基础，而"治国平天下"则是终点、目标，通过它进行修身养性，最终才能达到治国平天下的目标。周敦颐则要求人们必须孜孜不倦追求诚，因为诚是道德的极致。他还继承了古代儒家"中庸"、道家"清静"、佛家"寂静"的思想，提出以"主静"作为修养的方法。朱熹发扬光大了二程主敬的思想，反复强调把持敬看作是涵养的根本，即"立脚去处""圣人第一义""圣门之纲领"。张九成提出的"慎独"道德境界有两层含义：一是所谓"性""天命""中"，都是指喜怒哀乐未发时"寂然不动"的心理状态；二是所谓"敬以直内"与二程、朱熹的持敬说的道德境界是相似的，而张九成的慎独说更强调一个人独居时的持敬。

唐末五代至宋时期，家族管理思想的新发展主要表现在：朱熹是继

① 韩愈：《昌黎先生文集》卷 11《原性》，上海古籍出版社，1987 年。

张载、程颐之后大力提倡建立新的家族制度的著名理学家。他为宋代家族制度设计了一个相当完整而十分具体的方案。除了当时已形成的家谱他没有谈到以外，大凡族长、祠堂、族田、祭祀、家法、家礼等体现宋代家族制度形态结构的主要内容，他都详细且具体地在其《朱子家礼》卷1《通礼》中提出来了。后世的家族制度，大体上就是按照朱熹设计的模式建立起来的。因此，朱熹通过族长、祠堂、族田、祭祀、家法、家礼等达到敬宗收族的思想，对后世影响极其深远。

关于族谱的体例，以欧阳修的《欧阳氏谱图》为例，其包括4项内容，为谱序、谱图、传记、谱例。谱序，概述欧阳氏先世历史、得姓缘由和修谱的原因。谱图，绘制欧阳氏世系图。最后是谱例，阐述该谱的编纂原则。从谱序中我们知道，欧阳修编纂族谱采用详近亲、略远疏的著录对象原则。欧阳修主张各房支修谱，便于明确和查考，然后将修好的各房支谱合并起来，就是欧阳宗族的总族谱了。

苏洵的《苏氏族谱》则包含6项内容，为谱例、族谱、族谱后录、大宗谱法、附录、苏氏族谱亭记。其中谱例，阐述谱的意义；族谱，先说明修谱的目的和叙述法则，然后是世系图；族谱后录分上、下篇，上篇为苏氏的先世考辨和叙述法则，下篇记录了苏洵"所闻先人之行"，类似人物传记；大宗谱法介绍了纂修族谱的方法，以备修大宗族谱者采用；苏氏族谱亭记记载了族谱亭的建立过程。这里值得注意的是，苏洵纂修《苏氏族谱》采用的是小宗法，全谱仅著录六代人。苏洵还提出藏谱与续修的原则是：已成谱，高祖子孙家藏一部，续增的后人至五世，续修家谱。如此往复兴修，总观起来，世系延绵，修谱不绝，宗绪不会混乱。苏洵对于族谱的世系记载表述，则采用表的方式，六代一线贯穿下来，不像欧谱五世一图。

我们如对欧、苏两谱进行比较，发现其共同点：一是编纂族谱的目的相同，即通过追本溯源、明晰世系以敬宗收族，通过记述祖先的功绩德行来教忠教孝，传承祖先遗德，光宗耀祖；二是在编纂体例上，欧、苏两谱均有谱序、谱例、世系、传记，都采用小宗谱法，详亲略疏，传

记所包含的内容，一般都有名讳、字号、仕宦、为人、生卒、享年、葬地、配偶、子数等。不同点主要是：在记述世系时，欧谱用图，苏谱用表，表述方法不同。欧谱以图表述，不论宗族传了多少世代，人丁多么兴旺，都可以便利地记录下来，但世代、人口一多，查检起来不太方便；苏谱以表表达，族人的世系、血缘关系令人一目了然，但若世远人众，表就不好做了。谱图、谱表，各有优劣，需要互相取长补短，故后世修谱者往往综合欧、苏两家，图表并用。

欧谱和苏谱的创修，不仅出自本族的需要，而且意在为天下提供样本，起表率作用。欧、苏编纂家谱的指导思想和体例不仅影响南宋的家谱修撰，而且为元、明人修谱提供了范本，士大夫修谱纷纷遵奉欧、苏思想，仿照其体例。元代徽州教授程复心于延祐元年（1314）为武进姚氏族谱作序，就主张学习欧苏谱："苏氏、欧阳氏相继迭起，各创谱式，其间辨昭穆，别亲疏，无不既详且密，实可为后世修谱者法。"[1] 历史上家谱修撰的趋势是：唐以前官修谱牒，宋以后私家自修，首自庐陵欧阳氏和眉山苏氏二家，明士大夫家亦往往仿而为之。

北宋著名的政治家、军事家、思想家和文学家范仲淹以俸禄之余购买良田，捐为范氏宗族公产，称为"义田"，又设立管理机构，称为"义庄"。义庄的功能，涉及诸多方面，但对宗族成员进行经济生活上的赈济，是其最为重要的功能之一。一是义庄的"赡族"措施，其对象并不限于贫困族人，而是惠及宗族的所有成员，如对所有族人"逐房计口给米"，"冬衣每口一匹"，"嫁女""娶妇"支钱，"丧葬"支钱等。二是义庄建立了初步的管理、监督制度。范仲淹去世后，他的几个儿子都能遵从父训，承继父亲志愿，光大父亲事业。在义庄慈善事业方面，他们不断投入钱财和精力，不断完善义庄规矩。义庄对明清家族管理思想影响深远。

唐末五代至宋时期，军事管理思想的新发展主要表现在：中国古代

---

① 民国《辋川里姚氏宗谱》卷1，程复心《序》。

自西魏文帝大统十六年（550）宇文泰开创了府兵制，这一兵制一直沿用了两百年左右，直至唐中叶府兵制被募兵制所取代。府兵一般不入民籍，而是另立军籍。当府兵者，自备弓、刀，甲、槊、戈、弩由官府供给，有的自备资装，但不负担其他课役。当府兵的农民平时务农，农隙时讲武教战，有战事时朝廷临时点将率领从各地征发的府兵出征。战事完结，兵散于府，将归于朝。这样，兵不识将，将难专兵，避免了将帅长期拥兵作乱之弊，有利于巩固中央集权和国家统一。府兵制是兵农合一的一种制度。

唐中叶，随着土地兼并的发展，均田制日趋破坏，建立在均田制基础上的府兵制难以继续实行。为了解决宿卫缺兵问题，玄宗开元十年（722），宰相张说奏请募士。翌年，取京兆、蒲、同、岐、华府兵及白丁，加上潞州长从兵，共有 12 万人，号"长从宿卫"。开元十二年（724）"长从宿卫"更名"彍骑"。彍骑的产生实际上使唐朝兵制由府兵制转入募兵制，已具有雇佣兵性质。

北宋先后设立武举和武学，其中武学之设尚是中国古代史上的首创。宋仁宗景祐元年（1034），绛州通判富弼上书仁宗，建议"于太公庙建置武学，许文武官与白身岁得入补。聚自古兵书置于学中，纵其讨习，勿复禁止。朝观夕览，无一日离乎兵战之业，虽曰不果，臣不信也"。[1] 庆历三年（1043）五月丁亥，在对西夏战争的触动下，宋仁宗始设武学。宋代的武举和武学对军队的人才建设发挥了一定的作用，使一些训练有素的军事人才源源不断地补充到各级军队中，在对敌战争中发挥骨干的作用。

唐中叶五代宋，之所以是开创古代管理思想一个新的发展时期，与社会的动荡忧患、相对宽松自由的文化和言论环境密切相关。唐安史之乱后藩镇割据，兵连祸结，最后形成五代十国局面，社会仍然动荡不安。北宋虽然结束了五代十国割据的局面，但终两宋三百多年间，社会矛盾

---

① 赵汝愚：《宋朝诸臣奏议》卷 82《上仁宗论武举武学》，上海古籍出版社，1999 年。

始终比较尖锐。据粗略估计，大致十年就发生一次较大规模的农民或士兵起义，每一年就发生一次小规模的农民或士兵起义，加上先后对辽、西夏、金和元的战争，给人民生命和财产带来很大的破坏，并严重威胁宋政权的统治。唐中叶五代宋，由于战乱不已，军费开支庞大，财政上入不敷出的危机时有发生。历代朝廷解决危机的一个重要方法就是增加苛捐杂税，横征暴敛。当这种征敛超过了一定的限度，就会对小农经济造成巨大的破坏，严重影响小农的简单再生产正常进行。面对这种局面，许多有识之士纷纷提出改革朝政措施，从而在这一时期涌现出刘晏、杨炎、周世宗、范仲淹、欧阳修、李觏、王安石、司马光、苏轼、苏辙、叶适等著名的管理思想家，提出改革朝政的各种管理思想。一些朝中大臣在治理朝政、解决财政危机中提出买扑、入中，主张私营工商业等富有创造性的理财思想。

宋朝从太祖开始，就尊儒重文，兴文教，抑武事。太宗时还特别注意从孤寒之家选拔人才，这成为宋代科举改革的一个重要原则，为国家选拔才德兼备的人才发挥了积极的作用，如北宋著名的政治家、文学家、思想家范仲淹、李觏、欧阳修、王安石、苏轼、苏辙等都是出身孤寒之家的知识分子。正如明人徐有贞在《重建文正书院记》中所指出的："宋有天下三百载，视汉唐疆域广之不及，而人才之盛过之。"宋仁宗庆历四年（1044），太学从国子学三馆中分出，单独建校。太学在宋代成为混杂士庶子弟的普通学校，是宋代学校制度的一个重大变化，扩大了接受高等教育的范围。到神宗时期，那些"远方孤寒人士"和"四方士人"没有资格进入国子学的，自然就进入太学学习。与此同时，宋廷又给太学生以优厚的经济和政治待遇。朝廷全面实行"舍选"，即"天下取士悉由学校升贡"，于是，太学成为全国士庶子弟获得参加殿试资格的主要途径。南宋初年，国子学已不复独立存在，与太学合二为一。

宋代的右文重儒政策，一方面带来了两宋文化的繁荣，在理学、文学、史学等方面都达到了一个新的高峰，另一方面也造就了一大批士大夫阶层。这些士大夫广泛参与赵宋各级政权，有的终身从政，有的在一

生中某一时期从政，其中的绝大部分人不管是在朝还是在野，都以天下为己任，通经术，明史事，晓法律，重现实，疑经论政，批判现实，著书撰文立说，总结自己的从政经验，阐发管理思想和方略，如李觏、范仲淹、欧阳修、司马光、王安石、苏轼、苏辙、朱熹、叶适、吕祖谦等均是其中杰出的代表。

宋代自宋太祖开始就立下祖宗之法：不诛杀士大夫和言事人。宋代历朝皇帝的确比较优待知识分子，除非罪大恶极，一般不予诛杀；对上书言事、犯颜直谏之人，一般都较宽容，更不会加罪处以极刑。由于相对宽松自由的文化和言论环境，这一时期出现了一批富有管理思想和方略的名臣。如熙宁变法的论战，各种不同观点不同思想的撞击，产生了许多有价值的管理思想和理论火花。南宋孝宗对各种学派也采取宽容的态度。他喜欢苏轼的学说，却没有因此而排斥程颐的学说。吕祖谦、叶适、陆九渊、朱熹等学派的同时并存，说明了当时言论环境的宽松。

宽松的言论环境使当时的知识分子敢于关心现实问题，批判现实问题。宋代无论是程朱理学，还是陈亮、叶适的重商学派，都关心当时的现实问题，朝政的议论也呈现出前所未有的活跃局面。由此虽然形成了无休止的政党之争，但也带来政治、思想上较为自由的风气。这种风气为学术上的探讨和新管理学说的产生提供了有利的政治条件。如在较为宽松的文化政策环境中，一向为传统儒家思想所鄙视的重商思想在宋代却较为活跃。重商思想对宋代商品经济的发展和空前繁荣影响深刻，在古代经济史中占有显著的地位。

其三，明末清初和晚清，中国古代管理思想向近代管理思想转变。明末清初，在资本主义萌芽缓慢发展，封建君主专制主义愈益腐朽，王朝更迭、社会动荡的历史背景下，黄宗羲、顾炎武、王夫之等人的反专制政治思想，显露出资产阶级民主思想的端倪。黄宗羲提出：专制君主以天下为私产，实为天下大害；在专制君主社会里，只有一家之私法，天下就永远难免于乱；天下治乱的标准不是王朝的兴亡，而是民众的忧乐；应变法以救世，臣下出仕应以万民为重，置相权以分君权，设学校

以监视朝政。顾炎武提出专制君主无法使天下致治，应分权众治的政治主张。王夫之则以"不以天下私一人"的民本思想来反对封建君主专制主义。

清代末年，中国古代管理思想开始发生深刻的变化。19 世纪 40 年代至 70 年代，随着鸦片战争和第二次鸦片战争以及《南京条约》《北京条约》的签订，中国开始沦为半殖民地半封建社会。与此同时，西方思想也如潮水一般涌入中国。林则徐、魏源、冯桂芬、张之洞、李鸿章等提出抵御外侮、学习西方思想。林则徐主张严禁鸦片，抵御外国侵略，了解和学习西方。魏源也主张抗击英国侵略者，"师夷长技以制夷"。冯桂芬提出向西方学习，进行改革的主张，即创办军事工业、民用工业和新式学堂的洋务思想。张之洞提出实业与军事救国、中学为体西学为用思想。

19 世纪末，甲午战争的失败和《马关条约》签订后，面对民族危机日益严重，康有为提出维新变法思想：主张开民权，设议院、制度局，实现三权分立，从而改君主专制为君主立宪制；主张发展民族资本主义工商业，富国养民；主张发展新式教育，培养人才，以智富国。总之，实行自上而下的资产阶级民主改革，使中国走向富国强兵的发展资本主义的道路。梁启超提出维新变法思想：其一，改变官制，变专制制度为议院制度，这是变法的本原。其二，全面促进经济发展，兴交通，清除阻碍经济发展的不利因素。其三，废科举，兴学堂。其四，建立法制，借鉴西方各国法律以完善中国法制。其五，兴民智，实行君民共主。其六，设报馆，译西书，宣传维新变法。严复也提出维新变法，挽救民族危亡的思想。其维新思想中最突出的一个特点是借助自然科学的理论，将弱肉强食、优胜劣汰、物竞天择、适者生存理论用于论证当时中国变法的必要性和紧迫性，认为中国只有变法才能由弱变强，才能"自强保种"，否则，将亡国灭种。严复还主张思想自由，提倡科学，"黜伪崇真"。

20 世纪初，八国联军侵入北京，强迫清政府签订了《辛丑条约》，自此中国完全沦为半殖民地半封建社会。以孙中山先生为首的资产阶级革

命党人，提出了民主革命思想。其中最具代表性的是：邹容在《革命军》一文中，主张通过民主革命，推翻清朝封建专制统治，建立资产阶级民主共和国。章太炎主张，在中国推翻清王朝统治之后，应当建立资产阶级的民主共和国，并主张先"排满"，后对付帝国主义。孙中山民主革命思想的核心内容是包括民族主义、民权主义、民生主义在内的三民主义。民族主义的主要内容是推翻清王朝统治和争取民族独立，民权主义的核心内容是"推翻帝制，建立民国"，民生主义的主要内容是"一曰平均地权，二曰节制资本"。所有这些思想，标志着中国古代管理思想逐步迈向近代管理思想。

第六节　五个方面的说明

　　该系列专著在撰述中主要注意了五个方面的处理方式。其一，在撰述历代管理思想时，既注意其继承性，又强调其创新性。这就是说，古代的许多管理思想具有历史传承性，也就是历史依赖路径。为了反映这些管理思想的传承性，我们在阐述每一朝代相类似的管理思想时，都以适当的篇幅予以涉及。另一方面，对于每一朝代有特色有创新的管理思想，笔者都尽可能以较多的篇幅予以重点阐述。其二，中国古代历朝管理思想都十分丰富，即使鸿篇巨制也很难一一囊括，更何况拙著区区三百多万字，要阐述三千多年的管理思想更是难上加难。笔者只能以当代人的视角，选择其中对现实较有启示意义的管理思想加以阐述。其三，研究历史上的管理思想，应该如何应用当代的一些管理理论进行阐发，似乎在实际操作中不大容易掌握。尤其是古代的大多数管理思想，以今人的眼光来看，显得较为简单、粗糙，如用现代管理理论做太多的阐述引申，显得有悖于历史的客观情况，如不用现代管理理论阐述引申，又有就事论事之嫌，理论分析不够。笔者尽可能根据当时的历史现实做客

观的评述，点到为止，不做太多的引申。其四，在内容框架上尽可能做到先秦、秦汉魏晋南北朝、隋唐五代、宋、元、明、清卷统一。但是，由于各卷侧重点略有不同，因此，有些相同性质的内容在各卷的安排并不相同。如商税管理思想一般安排在商业管理思想方面论述，但如果本卷没有专节论述商业管理思想，那就将商税管理思想安排在赋税管理思想方面论述。其五，该系列专著各卷所引用的史料，笔者尽可能依据学术界公认比较权威的版本，如中华书局点校的二十四史，中华书局、天津古籍出版社出版的陈高华等点校的《元典章》。主要参考文献中所列的古籍版本只是该系列专著中较多引文依据的版本，并不意味着所有史料引文字句、标点均采用该版本。笔者往往还比较数家不同的点校、注疏和诠释，然后根据自己的理解和判断，择善而从之。由于篇幅和体例所限，以及该系列专著不属于考据学、训诂学的范围，其取舍理由就不一一予以说明了。

第一章
宋代管理思想历史背景

宋代管理思想从统治到治理的转化，有其深刻的历史背景。从经济视角来看，它的出现主要有 3 个因素：一是封建商品经济的高度发达使政府利用市场性工具进行治理成为可能，二是财政上的入不敷出，使政府利用市场性工具增加财政收入成为必须，三是土地兼并严重使不少有识之士纷纷对政府管制土地提出建议和设想。

第一节　加强中央集权制

宋朝是在五代十国的大分裂和百年藩镇割据之后，由赵匡胤通过陈桥驿兵变而建立起来的汉族封建政权。宋初，统治者深感大分裂和藩镇割据给广大民众和中央政府带来的灾难和威胁，担忧"黄袍加身"的事件重演，因此，将巩固统一，加强中央集权，防止"方镇太重，君弱臣强"① 局面再现作为基本的国策，并深刻影响了两宋三百多年的统治。

据司马光《涑水记闻》卷 1 记载，建隆二年（961）七月，宋太祖向赵普求教治国之策。赵普奏献加强中央集权三大措施，即"稍夺其权，

---

① 李焘：《续资治通鉴长编》（以下简称《长编》）卷 2，中华书局，2004 年。

制其钱谷，收其精兵"①。具体而言，稍夺其权，就是采取各种措施削弱地方节度使的权力，节度使驻地以外的州郡即"支郡"直属京师，派遣代表中央政府的文臣出任知州、知县，即"选儒臣干事者百余，分治大藩"②。其结果，宋初虽保留了节度使之名，但事实上已降为某一州郡长官。后来更是徒具虚名，只是享其俸禄而已。

制其钱谷，就是于州县之上置路，各路设置转运使，将一路所属州县财赋，除"诸州度支经费外"，全部运至宋朝廷统治中心——汴梁。史载："是岁（乾德二年），始令诸州自今每岁受民租及管榷之课，除支度给用外，凡缗帛之类，悉辇送京师。"③乾德三年（965），"申命诸州，度支经费外，凡金帛以助军实，悉送都下，无得占留。时方镇阙守帅，稍命文臣权知，所在场院，间遣京朝官廷臣监临，又置转运使、通判，为之条禁，文簿渐为精密，由是利归公上而外权削矣。"④从此，地方再也无经济实力与中央抗衡。尔后，国家通过垄断货币制造和发行对货币管理制度进行整顿和改革，来稳定提高币值，保证经济活动的正常进行，同时运用货币政策，把全国财权集中到中央。

宋代自太祖加强中央集权制到神宗熙宁年间，其财政管理始终是高度集权中央，正如司马光所说："祖宗之制，天下钱谷，自非常平仓隶司农寺外，其余皆总于三司，一文一勺以上悉申账籍，非条例有定数者不敢擅支，故能知其大数。"⑤这种高度集权的财经体制给管理与监督带来了困难，最突出的表现是"三司簿领堆积，吏缘为奸"⑥。在此情况下，宋代产生了有关中央与地方财经管理上集权与分权的议论与实践。元丰初年，中央曾把某些账状下放给各路转运司或提刑司审核，但是自元祐

---

① 司马光：《涑水记闻》卷1《杯酒释兵权》，中华书局点校本，1989年；又见《长编》卷2。

② 《长编》卷13。

③ 《长编》卷5。

④ 《长编》卷6。

⑤ 《长编》卷368。

⑥ 脱脱：《宋史》卷267《陈恕附魏羽传》，中华书局点校本，2011年。

元年（1086）开始，中央把这些权力收归户部，宋朝又恢复了财权高度集中于中央的局面。南宋时期，为应付战争的需要，财权仍高度集中于中央，以便统一调配。

收其精兵，即采取措施剥夺藩镇的兵权。宋太祖沿袭了周世宗的许多做法，派遣使臣到各地，选拔藩镇所辖军队中的精兵及有特殊技能者，收编为中央禁军，聚之于京师，以备宿卫。藩镇的兵权逐步被剥夺殆尽。

宋代的军制导致军队数量不断增加，从宋太祖立国，历经太宗、真宗朝，至宋仁宗晚年，将近 100 年的时间里，常备军数量增加了三倍以上，其中禁军竟一度超过了四倍。军队人数的增加，意味着军费开支加大，给财政带来沉重的负担。宋仁宗时，蔡襄作为三司使，曾对当时军队一年支出总数作了一个估算："养兵之费，禁军一兵之费，以衣粮、特支、郊赉通计，一岁约费钱五十千，厢军一兵之费岁约三十千，通一百一十八万余人，一岁约费四千八百万缗，此其大较也。"通过估算，蔡襄得出了这样的结论："一岁所用，养兵之费常居六七，国用无几矣。"① 由此可见，在国家财政总支出中，军费开支占十分之六七。不言而喻，宋代财政经常面临入不敷出的危机，军费开支是一个最重要的因素。南宋时期，由于先后与金、元发生战争，朝廷供养着几乎与北宋数量相当的军队和比北宋更多的官员。可想而知，军费对国家财政危机的影响仍是相当严重。

第二节　封建商品经济的高度发达

在中国古代封建经济史上，宋代是一个高峰，手工业、商业都得到了空前的发展。在手工业方面，造船、矿冶、纺织、造纸、印刷、制瓷

---

① 蔡襄：《端明集》卷22《论兵十事》，台湾商务印书馆影印文渊阁四库全书本。

等部门，无论是生产的规模和技术，还是产品的数量和质量，都超过了前代。宋朝的船只不但航行于内河，而且远航于大海大洋中，甚至当时外国商人所采用的海船也大多是宋人建造的。一般说来，宋代远洋海船都相当大，尖底造型，构造坚固，隔舱防水，不畏风涛，而且使用指南针辨识方向。当时，我国航海事业居于世界领先地位。在矿冶业方面，煤得到广泛的开采，并用于冶铁。铁的年产量达 824 万斤，铜则高达1460 万斤。宋朝纺织业在以传统丝、麻两种原料的基础上，增加了以棉花为原料；丝织业在质量上有所提高，继承并发展了唐代的细、密、轻、薄的特点。宋代的造纸技术也有较大的改进，所生产的纸韧性强，厚薄均匀，纸幅比前代增加了很多，而且产量也很大。宋代的印刷业有了显著的进步，庆历年间毕昇发明了活字印刷术，在广泛使用木版雕刻的同时，还出现了铜版雕刻。宋代印刷的书，刻印精致，墨香纸润，为后世藏书家、版本学家所重。宋代刻书不仅质量上乘，而且刻书之快之多，也是相当突出的，为文化的传播起了不可估量的作用。中国古代的瓷器制作，至宋代发展到一个新的高峰。宋瓷的高度发展表现在装烧、制作等一系列的技术上。过去烧瓷所采用的匣钵法是在一个匣钵内正放着一件瓷器烧做。北宋中期，定窑对这一装烧技术进行了重大改革。它采用覆烧法，即将碗盘之类的瓷器若干件，反置于由垫圈组合而成的匣体内烧做，一次可以烧若干件。这种变革，大大提高了产量和生产效率。在制作技术上，各种器物造型、装饰图案花纹和釉色，斗艳争奇，百花齐放，形成了南北诸窑的独特风格和窑系，从而使我国的瓷器在适用的同时，达到了艺术水平很高的境地。

宋代商业更是大大超过了前代。大城市十分繁华，贸易活动突破了坊与市、白昼与黑夜的界限。孟元老的《东京梦华录》记载，街衢上到处可以开设店铺，而且由于店铺越来越多，有的店铺为了扩大营业面积，连通衢大道也要侵占，因而宋徽宗时，不得不征收"侵街房廊钱"①。总

---

① 马端临：《文献通考》卷 19《征榷六》，中华书局点校本，1986 年。

之，隋唐时期的坊市制度已不复存在。至宋神宗时期，已是"二纪以来，不闻街鼓之声"①，那种"京师街衢置鼓于小楼之上，以警昏晓"的旧坊市制度，随着"冬冬鼓"的消失而成为历史遗迹。宋代，货币的发展，是商业发展的一个标志。在宋代，金、银、铜钱和铁钱都成为通货。金、银的流通较唐代更为广泛，铜钱是通货中的主要货币，宋神宗元丰年间的铸钱额达 500 万贯以上，为唐代的近 20 倍，铜钱年流通总量达 1 亿贯以上。铜钱不仅在国内和周边各族之间流通，也在南海诸国流通。随着商业信贷关系的发展，宋代最先产生和使用了交子（纸币）。纸币对商业的发展起了重要的作用。宋代海外贸易盛况空前。不仅铜币走私出关，成了南海一些国家的通货或"镇库之宝"，而且大量出口的各项产品，成为南海诸国喜爱的舶来品。另一方面，海外诸国进口的许多物品，也丰富了宋代的社会经济生活。宋朝廷对南海诸国，一直采取广事招徕的政策，允许外国商人在通商港埠居住和贸易，对外开放为宋与海外的交换活动起了积极的作用。南宋初年，管理海外贸易的市舶司每年收入高达 200 万贯，可见贸易规模之大。

工商业的兴盛，商品经济的高度发达，使有识之士充分认识到私商自由竞争的优越性——可以较有效地克服官府垄断经营的各种弊端，因此纷纷主张废除官府垄断经营，实行私商自由竞争经营，至少是变官府直接全面垄断经营为官府间接部分垄断经营，即在强化官府的监督下，把生产、运输、销售等部分环节交由私商经营或私商买扑、承包经营。这样既能减少政府管制成本，克服官办特有的低效率造成财力、物力的巨大浪费，减少财政支出，同时能更合理地配置社会资源，提高经济效益，进而带来财政收益的最大化。

宋代的征榷对象包括茶、盐、酒、醋、矾、香等许多产品和物资。宋征榷所采用的形式与前代相比有很大的不同，大体说来，有以下 6 种。其一，从生产、运输到销售，全部由封建国家进行，但在所有征榷制度

---

① 宋敏求：《春明退朝录》卷上，中华书局点校本，1980 年。

中，这类征榷所占比重最小，只有部分解盐和蜀川官盐井的产盐是采取这种形式的。其二，国家不直接进行生产，而是仅给茶、盐、矾等专业户以一定的本钱，全部产品统由国家收购，国家自己出卖，或者转由商人销售。其三，国家控制产品的流通过程，如将进口的香药之类舶来品，用抽解、和买的办法，将其全部或一部分掌握在国家手中，然后通过榷货务转卖给商人出售。其四，国家既不控制生产领域，也不控制流通领域，准许生产者出售给商人，由商人进行销售。如嘉祐以后的东南茶法就是采取这种自由贸易形式，国家向生产者征收茶租，向商人征收茶税。其五，国家既不直接插手于生产领域，也不直接插手于流通领域，但采取了更加严密的管理制度，从而使国家的征榷之利得到保证，蔡京集团对茶、盐法的变革大体上使用了这一形式。南宋则沿袭了这种做法①。其六，国家以竞标的方式把垄断经营权出卖给生产者，然后由生产者自行生产、贩运、销售，向官府交纳课利。如酒坊、河渡、商税场就采取这种买扑方式。

宋代商业在空间上已打破了坊与市的界限，在时间上已出现大量的夜市。随着市场在时空上的开放，价格的开放也就成了历史的必然。因为在市场交易活动从空间到时间都受到政府严密控制的情况下，政府对价格的控制措施也就可能行之有效，一旦时空界限被打破，价格控制就显得力不从心。这就促使人们对价格与供求关系有了进一步认识，开始试图通过价格杠杆因势利导，趋利避害，把价格作为政府治理的有力杠杆之一。如宋廷在以市场性工具解决沿边军需供应中，利用商人逐利的本性，用"虚估""加抬"的手段，即以价格为杠杆，高价诱使商人入中，从而把沿边军需供给难题纳入市场化体系加以克服，收到了一定的效果。宋代在买扑中竞标承包，官府估定的最低出价由市场来决定，即取前承包期间累界中次高一界或酌中一界为额，承包权给着价最高之人。

---

① 漆侠：《中国经济通史·宋代经济卷》下册，经济日报出版社，1999年，第1051—1052页。

这些都是政府利用价格杠杆使竞标人在相对公平、公正的情况下进行竞争，减少政府管制成本，合理配置社会资源，提高经济效益，增加财政收入。还有在赈灾中，宋廷利用价格与供求的辩证关系，短期内适当提高受灾地区的粮食价格，引导商人往受灾地区运送粮食，解决因受灾而粮食匮乏粮价暴涨的问题，从而达到保证灾区的基本粮食供给、平抑物价、稳定社会秩序的目的。

宋代封建商品经济高度发达的一个重要结果是城市的迅速发展。随着城市的发展，城市治理思想也不断丰富。如宋代在继承前代户籍制度的基础上，对城市人口首先实行户口登记制度，并把城市居民按财产的多少分为十等，作为负担赋役的依据。政府重视对城市大量流动人口的管理，对人口中的鳏寡孤独者、贫民等实施政府救助。政府对城市中因商业发展、人口大量增加带来的道路、水道、桥梁、供水、排水等市政管理与建设以及防火灭火等问题，提出了一系列新的治理思想与理念，并进行较有成效的实践。

第三节　财政支出庞大，入不敷出

宋代财政支出相当庞大，并且常常出现财政赤字。关于这个问题，最有说服力的论据是史籍中的有关宋朝财政年收入的数字。

年代	总收	总支	亏余	单位	材料来源
景德中	47211000	49748900	亏 2537900	匹贯 石两	《包拯集》卷1 《论冗官财用等》
天禧末	150850100	126775200	余 24074900	不详	《宋史·食货下一》
庆历八年 （1048）	103596400	89383700	余 14212700	匹贯 石两	《包拯集》卷1 《论冗官财用等》

（续表）

年代	总收	总支	亏余	单位	材料来源
皇祐元年（1049）	126251964	不详	所出无余	不详	《玉海》卷185，《长编》卷172
治平元年（1064）	101905764	100399449	余1506315	贯匹石束	《蔡忠惠公集》卷18《论兵十事》
治平二年① （1065）	116138405	120343174	亏4204769	不详	《文献通考》卷24，《宋史·食货下一》
元丰八年（1085）	82491300	91808600	亏9317300	贯斤匹两等	《栾城后集》卷15《收支叙》
备考	① 《宋史·食货下一》载："是岁，诸路积一亿六千二十九万二千九十三，而京师不预焉。"				

以上7次记载有3次财政出现赤字，且亏额还不小，1次所出无余，即基本上收支平衡，3次有所结余。上述7次记载均在北宋，南宋情况如何，没有具体的数字说明，但从逻辑上和史籍记载推断，其财政收支情况只能更糟。南宋偏安于半壁江山，供养着几乎与北宋数量相当的军队，官员人数最多的记载是庆元二年（1196），达四万二千有奇，是北宋的两倍以上，并且，南宋之战争比北宋更为频繁，可想而知，南宋财政支出只能更为浩大。有关南宋财政之拮据不堪，当时之人议论颇多，兹举较有代表性两例：

朝廷所急者财用，数十年来，讲究措置，靡有遗余，而有司乃以窘匮不给为言。臣因取其籍，披寻本末源流，具见积年出入之概。大抵支费日广，所入不足以当所出之数。至绍兴十七年，所积尽绝，每岁告阙不过二百万缗，至二十四年以后，阙至三百万缗，而乾道元年、二年阙六百余万缗。①

今日之财用匮矣……府库已竭而调度方殷，根本已空而蠹耗不止。庙堂之上，缙绅之间，不闻他策，惟添一撩纸局以为生财之地；

---

① 留正等：《皇宋中兴两朝圣政》卷54，宛委别藏本。

穷日之力，增印楮币，以为理财之术而已。①

宋代财政在高度集权中央的同时，又有各自为政的一面。有关这个特点，《宋史·食货下一》有一很恰当的总结："天下财用岁入，有御前钱物、朝廷钱物、户部钱物，其措置敛散，取索支出，各不相知。"

所谓御前钱物，主要就是指内库，用于非常之费。宋初，内库财物主要供皇室消费，以后储备不断增加，据《长编》及《长编纪事本末》不完全统计，仅神宗一朝，内库总支出一亿三千余万，其中一次就支出五千万缗，几与国家年总收入相等。从其支出可以反推到其收入之巨。内库直属皇帝，由宦官或特定大臣主管，收支情况严格保密，其支用多少，不得以会计，因此"其籍秘严，虽大臣及主计者，莫得知其详实"②。

所谓朝廷钱物，即"宰相之财"，主要指王安石变法后，新法所获财利，皆归朝廷理财机构司农寺，用于预备费用。这批财物数目，史无明载，仅从频建元丰、元祐、崇宁、大观、宣和诸库收储推断，其数甚多。朝廷钱物也不归计司掌握，"如户部辄敢侵用，并依擅支使朝廷封桩钱物法"③，甚至"虽天子不得而用，其制之严如此"④。

户部钱物的管理大致分为两个阶段，元丰改制前为三司钱物，改制后乃归户部。宋三司、户部虽作为全国最高理财机关，但对内库、朝廷钱物都无权过问，可见其职仅掌一般经费。特别是北宋一段时期户部尚书不与右曹之事，其职掌范围之小，为历代所少见。

宋代财政上的这一特点使朝廷上下大臣无一人遍晓全国财政总收支，即使计司也"不能尽知天下钱谷之数"⑤，"利孔百出，不专于三司"⑥，

① 杨士奇：《历代名臣奏议》卷273《理财》，台湾商务印书馆影印文渊阁四库全书本。

② 《宋朝诸臣奏议》卷107《上英宗乞今后奉宸诸库宜谨出入》。

③ 徐松：《宋会要辑稿》（以下简称《宋会要》）食货52之15，上海古籍出版社校点本，2014年。

④ 陈均：《九朝编年备要》卷20，台湾商务印书馆影印文渊阁四库全书本。

⑤ 司马光：《温国文正公文集》卷51《论钱谷宜归一札子》，四部丛刊本。

⑥ 苏辙：《苏辙集·栾城后集》卷15《元祐会计录叙》，中华书局点校本，1990年。

因此也无法进行统筹和监督。面对这种局面，计司"惴惴常有阙事之惧"①。宋代财政总收支只有皇帝心中略有底，但是皇帝一人不能包办一切，最终只能使财政收入分配不均，"视彼有余，视此不足，不得移用"②，陷入混乱之中。

宋代统治者面临入不敷出的财政局面，摆脱危机的一个重要手段就是开源节流。所谓开源，主要就是增加税收。宋代增加税收有一突出的特点，就是巧立名目，不断增加苛捐杂税。宋代税目寀名之繁杂琐碎，简直令人眼花缭乱，不是深谙宋代经济的学者，恐怕难以遍知也！据不完全统计，南宋时苛捐杂税名目最多时达六七十种，而唐朝有 15 种左右，可见宋约是唐的 5 倍。有关宋代税收问题，不是拙文之主题，兹略举二三。

首先，让我们看一段宋代向人民征收赋税的有关议论：

> 二税，古也。今二税之内，有所谓暗耗，有所谓漕计，有所谓州用，有所谓斛面。二税之外，有所谓和买，有所谓折帛，有所谓义仓，有所谓役钱，有所谓身丁布子钱，此上下之通知也。于二者之中，又有折变，又有水脚，又有糜费；有隔年而预借者，有重价而折钱者。其赋敛烦重，可谓数倍于古矣。然犹未也，有所谓月桩，有所谓盐产，有所谓茶租，有所谓上供银，有所谓干酒钱，有所谓醋息钱，又有所谓科罚钱。其色不一，其名不同，各随所在有之，不能尽举。③

宋代苛捐杂税之繁多在南宋达到登峰造极的地步，如经制钱在绍兴年间共有权添卖酒钱、量添卖糟钱、楼店务增添三分房钱等 7 大项；总制钱更多，共有头子钱、挡当四分息钱、勘合朱墨钱等 20 余项。而且经总制钱在上述二十几项之下还有琐细寀名，如增添酒钱下还有内分煮酒、

---

① 《苏辙集·栾城集》卷 41《转对状》。
② 《长编》卷 368。
③ 蔡戡：《定斋集》卷 5《论州县科扰之弊札子》，台湾商务印书馆影印文渊阁四库全书本。

生酒及王祠部、柳运副等多项，头子钱也因征收对象不同细分为常平头子、官吏请给头子等数项。

宋代不仅苛捐杂税繁多，而且赋税征收到官后，还得在统治阶级内部进行分配，其分配之名目也极为庞杂。如南宋嘉定年间两浙东路台州输出财赋，其中上供朝省包括经总制钱、上供钱、籴本钱、坊场正名钱、在京官员雇钱等近20项，起发转运司包括六文赡军钱、历日钱、耗剩米钱等6项，起发提刑司包括岁赐钱、五分头子钱等4项，起发提举司包括盐司头子钱、贴收水脚钱等5项。

宋代在财政分配上更具特色的是采取分隶制度，即州、军一些项目的赋入按比例直接分隶本路转运、提刑、提举等司，或各项专款专用，特设专门账籍，与本州军别项赋入分开管理。据史籍记载，绍兴五年（1135）每出纳钱一贯征头子钱三十文，"其十五文充经制窠名，七文充总制窠名，六文提、转两司，二文公使支用"①。又如《庆元条法事类》卷30《经总制》载绍兴十一年（1141）规定："诸路转运司将应收到头子钱每贯合得钱十三文，分拨六文省充转运司起纲糜费等用，一文九分五厘省充州军支使，余五文五厘省委通判点检拘收，通作经制钱起发。"

熙宁变法时期，王安石的"以义理财"思想有两层含义：一是通过发展生产，增加社会财富总量，从而达到提高国家财政收入的目的；二是通过巧立名目增加税收，扩大征赋，加重对民众的征敛来增加国家财政收入。从变法的六大措施（农田水利法、方田均税法、青苗法、免役法、市易法、均输法）来看，除农田水利法之外，其余五大措施均带有不同程度的敛财色彩。尤其是其中的青苗法、免役法、市易法，由于用非其人，导致这些措施变性，有的甚至沦为巧取豪夺的工具，最终失败。

北宋初年，"军国之资，咸出租赋"，田赋或者说农业税是宋封建国家最主要的一项税收，其次是商业税收。在宋代财政入不敷出时常发生的背景下，确保农业税、商业税的按时征收到位关系重大。有鉴于此，

---

① 李心传：《建炎以来朝野杂记》甲集卷15《总制钱》，中华书局点校本，2000年。

朝廷制定了各种法规和条例，采取了许多措施，甚至不惜采用刑罚手段，一方面让农民、商人及时交纳，不得违欠、隐匿、偷税漏税，另一方面也不许有关官吏违限催科、非法增税，更不得邀阻、勒索客商。统治者意在既能通过征税保证国家财政收入，又能通过约束、限制官吏在征税中的违法乱纪行为，缓和社会矛盾，保障农民、商人最起码的生存条件，使农业生产和商贸活动正常开展。

宋仁宗以后，封建国家财政税收的结构发生了重要的变化，商税以及盐、茶、酒、矾、香等构成的征榷之税越来越占重要地位。因此，朝廷越来越强化对征榷之税的控制。但是，征榷之制也暴露出致命的弊端。从垄断经营的角度来看，全面禁榷制能够最大限度地控制和支配社会经济生活，保证国家成为垄断利润的独占者。但是，封建官僚体制的低效能和不灵活，往往使国家难以扮演灵活多变的商人角色，这样官商插手环节越多，整个经济效益水平就越下降。如在官营之下生产者积极性不高，效率低下；管理不善，损耗浪费严重；粗制滥造，产品质量低下；违法私贩，甚至发生武装反抗。有鉴于此，宋代不少人提出工商私营或改官府直接全面垄断经营为官府间接部分垄断经营，即在强化官府的监督下，由国家专利改为由国家与商人分利的方式经营，从而提高经济效益，官商共利双赢，增加国家财政收入。

宋代，财政上严重的入不敷出，迫使统治者在横征暴敛之外强化货币的财政支付职能，从货币铸造发行中扩充国家的财力。国家垄断货币制造和发行权，把自己的权力铸入货币中，通过货币的超经济发行来解决国家的财政困难。对此，宋神宗曾明确表示："行交子诚非得已，若素有法制，财用既足，则自不须此。"[①] 这就是说，货币发行的指导思想已经转变成"敷足财用"了。北宋晚期，国家财政状况急剧恶化，"户部岁入有限，支用无穷，一岁之入，仅了三季，余仰朝廷应付"[②]，因而扩大

---

① 《长编》卷221。

② 《宋史》卷179《食货下一》。

货币发行无疑成为挽救封建统治危机的重要手段，"自来遇岁计有阙，即添支钱引补助"①。货币发行的指导思想已经由便民利国变为弥补财政赤字，从而造成北宋货币制度的异化。到了南宋，国势日薄西山，民力困竭，国库告罄，朝廷以半壁江山供养着几乎与北宋时数量相当的军兵、官吏，只得通过发行纸币来解决巨额军费开支。正如宋高宗所说："行会子诚不得已，他时若省得养兵，尽消会子。"②

宋代由于冗兵、冗官、冗费等特别严重，财政赤字不断，社会财源匮乏，有关节流的议论是管理思想中的一个突出内容。如王禹偁、王济提出减冗兵，并冗吏，沙汰僧尼；宋祁主张去冗兵、冗官、僧尼；张方平则建议去兼并之蠹、释道之蠹和兵马之蠹；苏辙也提出去冗吏、冗兵、冗费；朱熹的"摒节财用"思想主要包括裁减老弱冗兵，实行屯田，削减宗室、官吏俸给，扫除一切妄费；叶适针对冗兵问题提出精简军队、买田养兵和由募还农的主张。这些节流思想虽然在理论上不算什么创新，却是解决宋代巨额财政开支较为有效的办法。

宋代集中财权的思想与解决国家财政困难是紧密联系在一起的。集中财权的思想主要围绕着三个方面：一是协调中央与地方在财经管理上的集权与分权；二是宰相必须总管全国财政，内库必须纳入理财机构的统一管理与监督；三是元丰改制后的户部必须同改制前的三司一样，具有较大的理财权力范围。而且这三个方面的着眼点是相同的，即从机构运作机制层面入手，通过集中财权达到有效地统筹调配全国钱物，控制财政收支平衡，防范财政财务收支上的不法行为，开源节流等目的，从而解决财政困难。

---

① 《宋史》卷 374《李迨传》。
② 《宋史》卷 181《食货下三》。

第四节　右文重儒政策

宋朝建立后，宋太祖很快由一介武夫变为尊儒重文之君，享有"性好艺文"①的称誉。太宗更以"锐意文史"而见著于史册，面对"丧乱以来，经籍散失，周孔之教将坠于地"，"即位之后，多方收拾，抄写购募，今方及数万卷，千古治乱之道，并在其中矣"②。太宗即位后三个月，就举行了第一次贡举，"欲博求俊乂于科场中，非敢望拔十得五，止得一二，亦可为致治之具矣"。这次贡举，录取名额较多，共得进士吕蒙正以下109人，诸科207人，并赐及第；十五举以上进士及诸科184人，并赐出身；九经7人不中格，特赐同三传出身。以上共计507人。朝廷对诸科中举的人，皆先赐绿袍靴笏，赐宴开宝寺，由中使典领，供帐甚盛，太宗还亲自赋诗两章为贺。第一第二等进士并九经授将作监丞、大理评事、通判诸州；同出身进士及诸科，并送吏部免选，优等注拟初资职事判司簿尉。赴任出发时，每人赐装钱20万。对这次贡举，宰相薛居正等认为"取人太多，用人太骤"，但太宗"方欲兴文教，抑武事，弗听"③。"兴文教，抑武事"，正是宋廷右文政策的具体脚注。

太宗时还特别注意从孤寒之家选拔人才。为了避免势家"与孤寒竞进"，朝廷于雍熙二年（985）实行别试制度："始令试官亲戚别试者凡九十八人。"④这一年宰相李昉之子李宗谔、参知政事吕蒙正之从弟吕蒙亨、盐铁使王明之子王扶、度支使许仲宣之子许待问，举进士第皆入等，但由于是势家之子而被罢去。为孤寒之家开路，成为宋代科举改革的一个

---

① 吴曾：《能改斋漫录》卷4《崇政殿说书》，丛书集成本。
② 程俱：《麟台故事校证》卷1《储藏》，中华书局点校本，2000年。
③ 《长编》卷18。
④ 《长编》卷26。

重要原则，为国家选拔才德兼备人才发挥了积极的作用。如北宋著名的政治家、文学家、管理思想家范仲淹、李觏、欧阳修、王安石、苏轼、苏辙等都是出身孤寒之家的知识分子。正如明人徐有贞所指出的："宋有天下三百载，视汉唐疆域广之不及，而人才之盛过之。"① 宋代人才辈出，是管理思想繁荣的一个重要原因。

真宗即位后，"道遵先志，肇振斯文"②，继续把右文重儒作为宋廷的基本国策。大中祥符五年（1012）十月，真宗撰《崇儒术论》中称："儒术污隆，其应实大；国家崇替，何莫由斯。故秦衰则经籍道息，汉盛则学校兴行。其后命历迭改，而风教一揆。有唐文物最盛，朱梁而下，王风浸微。太祖太宗丕变弊俗，崇尚斯文。朕获绍先业，谨遵圣训，礼乐文举，儒术化成。"③ 为促进地方州县文化水平的提高，大中祥符二年（1009）二月，许曲阜先圣庙立学，又赐应天府书院额，是为州县置学之始。

宋仁宗庆历四年（1044），太学从国子学三馆中分出，单独建校，其入学资格"以八品以下子弟若庶人之俊异者为之"④。这使太学在宋代成为混杂士庶子弟的普通学校，是宋代学校制度的一个重大变化，扩大了高等教育入学人士的范围。到神宗时期，太学生人数不断增加，那些"远方孤寒人士"和"四方士人"没有资格进入国子学的，自然就进入太学学习。熙宁四年（1071）十月，立太学三舍法。以初入学生员为外舍生，不限人数；自外舍升内舍，内舍升上舍。上舍生以 100 人为限，内舍生以 200 人为限。次年八月，又明确规定外舍生以 700 人为限。太学生总数达 1000 人。元丰二年（1079），太学生总数达 2400 人，计外舍生 2000 人，内舍生 300 人，上舍生 100 人。到了徽宗崇宁三年（1104），太

---

① 范仲淹：《范文正集》补编卷 4 附明徐有贞撰《重建文正书院记》，台湾商务印书馆影印文渊阁四库全书本。

② 《册府元龟·考据》。

③ 《长编》卷 79。

④ 《宋史》卷 157《选举三》。

学生总数高达 3800 人，计外舍生 3000 人，内舍 600 人，上舍 200 人①。南宋时，国家处于战乱之中，太学生人数虽然有所减少，但数量仍然较为可观。如绍兴二十六年（1156）六月，时人林同指出："太学养士千余人"②，可见太学仍有学生一千多人。

与此同时，宋廷又给太学生以优厚的经济和政治待遇。从经济上看，熙宁五年（1072），朝廷规定，外舍生每月发津贴 850 文，内舍生和上舍生每月发津贴 1090 文③；元丰三年（1080），外、内、上舍生均增至 1100 文④；崇宁三年（1104），外舍生增至 1240 文，内舍、上舍生增至 1300 文⑤。在政治上，熙宁四年（1071）推行三舍法时，朝廷就规定："如学行卓然尤异者，委主判及直讲保明闻奏，中书考察，取旨除官。"⑥ 元丰二年（1079）十二月十八日，又明确规定："上等以官，中等免礼部试，下等免解。"⑦ 崇宁三年（1104），废除科举中的州郡发解（乡试）法和礼部试（省试）法，全面实行"舍选"，即"天下取士悉由学校升贡"⑧，于是，太学成为全国士庶子弟获得参加殿试资格的主要途径。南宋初年，国子学不复独立存在，与太学合二而一。

宋代的右文重儒政策，一方面带来了两宋文化的繁荣，在理学、文学、史学等方面都达到了一个新的高峰；另一方面也造就了一大批士大夫阶层，他们广泛参与赵宋各级政权。这些士大夫有的终身从政，有的在一生中某一时期从政，其中的绝大部分人不管是在朝还是在野，都以天下为己任，通经术，明吏事，晓法律，重现实，疑经论政，批判现实，

① 《宋史》卷 157《选举三》。
② 《建炎以来系年要录》卷 173。
③ 《长编》卷 237。
④ 《长编》卷 303。
⑤ 《宋会要》职官 28 之 10。
⑥ 《宋会要》崇儒 1 之 31。
⑦ 《玉海》卷 112《学校·元丰太学三舍法》。元丰二年为 1079 年，但十二月十八日已为 1080 年。
⑧ 《宋史》卷 155《选举一》。

熟悉管理思想和实践，著书撰文立说，总结自己的从政经验，阐发政府治理思想与治国方略。如上文所提及的李觏、范仲淹、欧阳修、司马光、王安石、苏轼、苏辙、朱熹、叶适、吕祖谦等，均是其中杰出的代表。

第五节　宽松的文化政策和思想上的活跃

据《北狩见闻录》载："艺祖有约，藏于太庙，誓不诛大臣、用宦官，违者不祥。故七祖相承，未尝易辙。"① 与此相类似的记载又见于陆游抄录作者不详的《秘史》："艺祖受命之三年，密镌一碑，立于太庙寝殿之夹室，谓之誓碑。用销金黄幔蔽之，门钥封闭甚严。因敕有司，自后时享及新天子即位，谒庙礼毕，奏请恭读誓词……自后列圣相承，皆踵故事。岁时伏谒，恭读如仪，不敢漏泄……碑止高七八尺，阔四尺余，誓词三行。一云：柴氏子孙有罪不得加刑，纵犯谋逆，止于狱中赐尽，不得市曹刑戮，亦不得连坐支属。一云：不得杀士大夫及上书言事人。一云：子孙有渝此誓者，天必殛之。"②

有关太祖誓约的真伪以及对它的解读，学界说法不一，兹不做详细辨析。其中，与本论题相关的两点则比较一致。一是不诛杀大臣、士大夫和言事人；二是两宋太祖之后诸位皇帝谨守誓约。揆诸史事，宋代历朝皇帝的确比较优待知识分子，除非罪大恶极，一般不予诛杀；对上书言事、犯颜直谏之人，一般都较宽容，更不会加罪处以极刑。如宋仁宗就以"仁恕"著称。有人推荐四川学者龙昌期，说他有才学，仁宗就委以官职。后来又有人指出龙昌期有异端理论，仁宗就免去他的官职，而

---

① 曹勋：《北狩见闻录》，丛书集成本。

② 陶宗仪：《说郛》卷39上《避暑漫抄》，台湾商务印书馆影印文渊阁四库全书本。

对他的异端理论不予追究。又如年轻气盛的苏辙曾公开指责仁宗好色，迷恋后宫妃嫔，但是仁宗并没有因此怀恨在心，加罪于苏辙，而是仍任他作为谏官。正是由于宋仁宗对臣下、士大夫的宽容，这一时期出现了一批富有政府治理思想、治国方略的名臣，如范仲淹、韩琦、富弼、包拯、蔡襄、苏轼、苏辙等。欧阳修等还公然对儒家经典提出疑问，掀起疑经的浪潮。宋神宗时期掀起熙宁变法，以王安石为首的变法派和以司马光为首的反变法派展开了激烈的辩论，甚至在神宗面前唇枪舌剑，互相攻击，但神宗基本上允许不同观点的存在，即使司马光因意见不被采纳提出辞官，神宗仍一再挽留。熙宁变法的论战，各种不同观点不同思想的撞击，产生了许多有价值的管理思想和理论火花。南宋孝宗对各种学派也采取宽容的态度。他喜欢苏轼的学说却没有因此而排斥程颐的学说。吕祖谦、叶适、陆九渊、朱熹等学派的同时并存，说明了当时文化政策的宽松。

宽松的文化政策使当时的知识分子敢于关心现实问题，批判现实问题。如宋初著名的教育家胡瑗大力提倡以学习经义和时务为主体的"实学"，要求学生注重时政，不可闭门读书，还要努力精通治民、讲武、理财、堰水等实际技能。王安石作为一名有眼光的政治家，提出要维护封建统治，必须建立起一支德才兼备的官僚队伍，使天下有了大量的"人才"，"为上行法"时，才能治理好国家。学校作为培养人才的基地，"足以为天下国家之用，足以有为于世"。所以王安石非常积极地兴办学校，以至多次向统治阶级呼吁："天下不可一日而无政教，故学不可一日而亡于天下！"① 南宋著名学者吕祖谦倡导"学者须当为有用之学"②，"为学

---

① 王安石：《临川先生文集》卷 83《慈溪县学记》，四部丛刊本。

② 吕祖谦：《左氏传说》卷 5《令尹苏艾猎城沂使封人虑事》，台湾商务印书馆影印文渊阁四库全书本。

要须日用间实下功夫"①，"以务实躬行为本"②。老师应向学生"教以国体，使之通达政体"，甚至其他经史各项，也应当尽量选取有用于当世之处讲明。他多次抨击当时教育脱离实际，学者空谈性命，学生徒费精力于空虚华靡之学的弊病。

在较为宽松的文化政策环境中，宋代无论是程朱理学，还是陈亮、叶适的重商学派，都关心当时的现实问题，其中也包括有关管理思想诸方面的思考和探索，这在本书以下各章节中都可见到，兹不再举例赘述。在此环境下，宋代对朝政的议论也呈现出前所未有的活跃局面。由此虽然形成了无休止的政党之争，但也形成政治、思想上较为自由的风气。这种风气为学术上的探讨和新学说的产生，提供了有利的政治条件。其中最典型的现象就是熙宁变法中的论战，本书中对市易法、青苗法和免役法的专题讨论即可概见。

在较为宽松的文化政策环境中，一向为传统儒家思想所鄙视的重商思想在宋代却较为活跃。如一向以正统儒家思想自居的范仲淹、欧阳修等，都重视商人在国家经济活动中的作用。南宋的重商学派代表人物之一陈亮，把官、民、农、商并列，认为四者的关系是"民病则求之官，国病则资诸民，商借农而立，农赖商而行，求以相辅而非求以相病"③。其另一代表人物叶适也认为，"四民交致其用而后治化兴，抑末厚本，非正论也"④。重商思想对宋代管理思想影响深刻，通过市场性工具使管理在某些方面从统治转化为治理，是宋代管理思想最突出最重要的特征。此外，由于受商品经济和重商思想的影响，宋代经济管理思想在管理思想中占有显著的地位。

---

① 吕祖谦：《东莱集》别集卷 10《与学者及诸弟》，台湾商务印书馆影印文渊阁四库全书本。

② 《东莱集》别集卷 9《与内兄曾提刑》。

③ 陈亮：《龙川文集》卷 11《四弊》，台湾商务印书馆影印文渊阁四库全书本。

④ 叶适：《习学纪言序目》卷 19《史记一·书》，中华书局点校本，1977 年。

第六节 士庶身份界限的泯灭

　　唐中叶至五代，随着门阀士族制度的彻底衰亡，新兴庶族官僚阶层的崛起，到北宋时期，社会上已经基本上没有士庶之分、门阀之别。当时社会上阶层等级的划分，一般以人们占有的土地财产、官僚品级高低作为标准，同他们的出身门第已没有很大的关系。社会上既然已经没有士族，因而也就无所谓庶族了，士庶之间的身份等级已趋于泯灭。从魏晋南北朝到隋唐时期那种经济上已经衰败，仅仅因为出身士族，门第高贵就享有法律规定的种种政治经济特权的现象，已经不复存在。宋代赵彦卫就指出："唐人推崔、卢之姓为甲族，虽子孙贫贱者皆家世所重。今人不复以氏族为事。"[①] 可见，在当时人们的思想观念中，出身门第已不是什么了不起的事，社会上已没有士庶的界限了。

　　士庶界限的泯灭还反映在北宋建立以后的选官制度和婚姻习俗上。自魏晋至隋唐，士族子弟由于父祖的荫庇，起家为著作郎、秘书郎，凭着门第高贵而平步青云的情形比比皆是。而且婚姻讲求阀阅，注重门第、地位，主张门当户对，形成所谓门阀婚姻。自北宋开始，"取士不问家世，婚姻不问阀阅"[②] 成为新的历史现象。宋建立以后，无论是朝廷大员还是地方官吏，大都来自民间，虽然多数仍是富贵家庭出身，但也有少数出身贫寒人家，通过科举一步步迁升的，考官和吏部不拘泥于他们的出身，更不问他们出自哪家贵族。宋建立以后的婚姻也多不问阀阅，只看家财是否相当，只要两家财富、资装、聘财相当就可以结婚。正如宋

---

　　①　赵彦卫：《云麓漫钞》卷 3，中华书局点校本，1996 年。

　　②　《通志》卷 25《氏族略》。

人所指出的："观今之俗，娶其妻不顾门户，直求资财"①；"今世俗之贪鄙者，将娶妇，先问资装之厚薄；将嫁女，先问聘财之多少"②。所以北宋建立以后，宰相之女下嫁平民为妻，宰相之子娶贫家女为媳的事屡见不鲜。"王公之女苟贫乏，有盛年而不能嫁者，间阎富室便可以婚侯门，婿甲科。"③ 当时，在身份等级方面的通婚限制，只剩下良贱不婚这一条了（即良民不得同贱民，包括乐户、官户、奴婢等结婚）。这在唐以前婚姻论阀阅，宰相之家"女为王妃男尚主"④ 的时代，是不可想象的。

第七节　理学的兴起和发展

理学兴起于北宋，南宋时发展到一个高峰。理学的先驱当推"宋初三先生"的胡瑗、孙复和石介。胡瑗在书院讲学，其内容主要分为"经义"和"治事"，前者讲述儒家经书，后者研究如何用经书的道理治家治国。他的教学开宋代理学家书院讲学风气之先。孙复作《春秋尊王发微》，强调尊王攘夷，这与北宋初期的政治要求相吻合。石介则重视研究《周易》，虚构儒家的道统，说儒家自尧、舜、禹、汤、文、武、周公、孔子等，自有一套前后相续的治邦安民之道和人生哲学，这些才是最深刻的哲理。孙复与石介研究儒家经典《春秋》和《周易》，有一共同倾向，即不重训诂而重义理，这就开启了宋代理学的治学特征，为后来理学家借助儒家经典以创立自己的理论体系开了先河。

宋代理学的奠基人是周敦颐和张载。周敦颐的学说已具有理学的雏形。他宣扬儒家的道统论，认为宇宙万物皆本于"无极"，并开始使用理

---

① 《端明集》卷 34《福州五戒》。

② 司马光：《司马氏书仪》卷 3，台湾商务印书馆影印文渊阁四库全书本。

③ 《云麓漫钞》卷 3。

④ 《新唐书》卷 96《房玄龄传》。

学的基本范畴"理"。张载则提出"立天理""灭人欲"的思想,"理一分殊"的命题,并注意区别"天地之性"和"气质之性",主张"穷神知化"与"穷理尽性"的认识论。总之,周敦颐和张载的学说标志着理学的许多重要命题已经提出,其基本框架已经形成。

宋代理学体系形成于程颢和程颐。二程进一步把"理"(或天理)改造成为一个高度抽象的、精神性的概念,并以此作为世界的本原。这样,儒学向哲学化、抽象化的理学过渡终于完成。

二程还把《大学》《中庸》《论语》《孟子》提高到与六经相同的地位。四书并行,最初出于二程的提倡,这是理学形成的另一重要标志。在人性论上,二程使"灭私欲、存天理"的观点更加系统化,更具有抽象的思辩性,成为理学思想体系中重要的一环。

南宋时期,理学得到长足的发展,出现了一个高峰。当时,理学家人才辈出,出现了一些历史上著名的理学大家,如朱熹、张栻、吕祖谦、陆九渊等,并且形成一些重要流派。理学家之间的讨论、辩难,理学家与事功派思想家之间的讨论、辩难,促使理学向纵深发展,理学的范畴、命题更加定型完备,其理论内涵更加深刻、严谨和精密。

南宋初年,杨时教授理学于东南,扩大了二程的影响。胡安国、胡宏父子首开湖湘学派。胡安国虽然不出于程门,但是传程氏之学,他的《春秋传》是理学的不刊经典。张九成为杨时弟子,以禅理阐述理学思想,独树一帜。他的思想成为二程的客观唯心论转向陆九渊主观唯心论的过渡环节。朱震传象数之学,他的《汉上易传》是有名的象数学著作。

南宋中期,朱熹、张栻、吕祖谦崛起,其中以朱熹的成就为最大。朱熹长期从事学术活动,博学精思,勤于著述,写了大量的著作。他的《四书集注》《诗集传》,后世奉为经典,被定为科举考试的依据。朱熹寿命长,弟子众多,长期从事教学,形成一个很有影响的学派。所谓"程朱理学",实质上是以朱熹为集大成者。张栻、吕祖谦当时虽然与朱熹齐名,但两人寿命不长,学术成就不如朱熹。张栻的理学思想,同朱熹最为接近,虽然两人对一些问题的看法有不同的观点,但总体上说是大同

小异。吕祖谦的学术成就以史学见长，他的理学思想通过史学著作表达。他曾同朱熹合作，选编北宋理学家的语录，取名《近思录》。

南宋中期，还产生了心学大师陆九渊。他的"发明本心"的思想，奠定了宋明理学中心学一派的基础。陆九渊的学生"槐堂诸子"和"甬上四先生"，发展了心学，其中杨简的成就较大。朱熹与陆九渊曾在鹅湖相会，各自阐明学术观点，对不同看法进行辩论。尔后他们还不断书信往来，讨论各种学术问题。朱熹、陆九渊身后，两派弟子持门户之见，为捍卫师说互相诟病。朱学弟子诋陆为告子，陆学弟子斥朱为支离，成为理学史上的一大公案。

南宋中期同朱熹辩论的，还有陈亮和叶适。他们以鲜明的事功派观点批评理学，对董仲舒"正其谊不谋其利，明其道不计其功"的观点作了有力的批判。

庆元党禁解除后，经过真德秀、魏了翁等人的努力，程朱理学逐渐在南宋取得统治地位，成为官方的主导思想。朱熹、张栻、吕祖谦先后取得封谥，并配祀于孔庙。

朱熹学生中比较有影响的有陈淳和蔡元定、蔡沈父子。陈淳的《四书性理字义》解释理学的重要范畴比较详细，对后世有较大影响。蔡氏父子以象数学闻名，蔡沈的《书集传》被后世统治者定为官书。

王应麟、黄震是宋末的两位大儒。黄震在宋亡后绝食而亡殉国，表现了理学家重气节操守的道德品格。

第二章
宋代自我管理思想

第一节　人性论思想

如前章所述，唐代韩愈的性三品论对宋代的人性论产生了直接的影响，其中比较突出的是李觏提出的性三品人五类论，周敦颐提出的性五品论，王安石提出的上智下愚中人说以及二程、朱熹提出的天命之性、气质之性等。

一、李觏的性三品、人五类说

李觏（1009—1059），字泰伯，世称盱江先生、直讲先生，是北宋仁宗时期著名的学者，倡立盱江书院，从学者常数百人。皇祐初，范仲淹荐为试太学助教，历任太学说书、权同管勾太学，以文章知名。著作有《直讲先生文集》，现整理为《李觏集》。

李觏提出："贤人之性，中也。扬雄所谓'善恶混'者也。安有仁、义、智、信哉？性之品有三：上智，不学而自能者也，圣人也。下愚，虽学而不能者也，具人之体而已矣。中人者，又可以为三焉：学而得其本者，为贤人，与上智同。学而失其本者，为迷惑，守于中人而已矣。

兀然而不学者，为固陋，与下愚同。是则性之品三，而人之类五也。"①
李觏的性三品人五类说，首先是针对扬雄的善恶相混二元论提出的。韩愈的性三品论既针对孟子的性善说、荀子的性恶说，也针对扬雄的善恶相混说，认为其共同的不足是仅针对中等人的人性而说的，李觏则认为扬雄的善恶相混说否定了传统儒家所倡导的人必须具备仁义智信等品质。其次，李觏与韩愈虽然都把人性分为三等，但其划分的依据不同。韩愈性三品论的划分依据是：性的具体内容是仁义礼智信，上品的人性是以五德中某一德为主，但兼有其他四德；中品的人性是对于某一德或有所不足有所违背，其余四德也有不足或不合的情况；下品的人性是对某一德违反，其余四德也不合。而李觏划分人性三品的依据是：上品是不学而自能者，下品是虽学而不能者。只有中品的人必须通过学习而能成为贤人，与上品的人看齐；但如果中品的人不想学习，则将成为固陋之人，那与下品的人一样；还有，中品的人如果学习不得法，那就成为迷惑不解之人，居于上品、下品人之间。因此，李觏的人性论是性三品人五类。再次，李觏把人性划分上中下三品的依据其实是继承了孔子的"唯上知与上愚不移"的观点。韩愈也坚持孔子的这一点观点，但韩愈认为即使是上品的人性，也要通过学习，才能让善的品德发扬光大。李觏则与韩愈略有不同，即上品的人是不学而自能的，韩愈的上品之人只略等于李觏中品中的贤人，通过学习才能与上品的圣人看齐。李觏与韩愈相同之处是都认为下品之人即使通过学习，也是不能改变其本质的。李觏以学习的效果为依据，把中品之人再细分为三类，其人性论思想似乎显得比韩愈更精细些，故在性三品基础上又衍化出人五类。

最后必须指出的是李觏性三品人五类说中最有特色的是圣人与贤人的区别，从而把人性、学习与礼以及仁义智信联系起来。他主张通过学礼而得到仁义智信，这样中品的贤人就与上品圣人看齐了。圣人与贤人的最初差别在于人性品级不同，学习效果不同：即圣人为上品，不学而

---

① 《李觏集》卷2《礼论第四》，中华书局点校本，1981年。

自能；贤人为中品，通过学习而与圣人看齐。这就是"贤人者，知乎仁、义、智、信之类而学礼求之者也。礼得而后仁、义、智、信亦可见矣。圣与贤，其终一也。始之所以异者，性与学之谓也。《中庸》曰'自诚明，谓之性；自明诚，谓之教。诚则明矣，明则诚矣。'自诚明者，圣人也；自明诚者，贤人也"①。

二、周敦颐的性五品论

周敦颐（1017—1073），字茂叔，原名敦实，称濂溪先生。周敦颐是宋代理学的开山祖师，宋儒的"心性义理"由其首先阐发。曾历任县主簿、县令、州判官、州通判、知州军等官，著作主要有《周元公集》《太极图说》《通书》，后人编有《周子全书》。

周敦颐的人性论、道德论和教育论是相互联系的，人性论是基础，道德论和教育论围绕人性论而建立。

周敦颐认为，人性有刚、柔、善、恶、中五品。所谓刚、柔、善、恶、中，不是平列的，而是刚、柔与善、恶相结合，成为刚善、刚恶、柔善、柔恶，再加上中，从而形成五品。其实这五品实质上还是善、恶、中三品。

刚与善相结合为刚善，其性"为义、为直、为断、为严毅、为干固"②。刚与恶相结合为刚恶，其性"为猛、为隘、为强梁"。柔与善相结合为柔善，其性"为慈、为顺、为巽"。柔与恶相结合为柔恶，其性"为懦弱、为无断、为邪佞"。周敦颐指出，刚善、柔善也还不是最高的，最高的是中，"惟中也者，和也，中节也，天下之达道也，圣人之事也"。"刚善刚恶，柔亦如之（意为柔亦同样有柔善柔恶），中焉止矣"③，意即无论刚善、刚恶、柔善、柔恶，最高境界都止于"中"。

---

① 《李觏集》卷2《礼论第四》。
② 周敦颐：《易通·师》，台湾商务印书馆影印文渊阁四库全书本，以下引文未注出处者，均见于此。
③ 《易通·理性命》。

周敦颐的性五品论有两点与韩愈、李翱不同。其一，韩愈、李翱人性论中最高品级均为上品，而周敦颐则根据先秦儒家中和理论提出人性的最高品级为中，即中和、中节之意。周敦颐人性论中的"中"的命题，对后世理学影响很大，后世理学家所谈论的"中"这个问题，如"未发之中""已发之中"等，都是从周敦颐的人性论中的"中"而来的。其二，周敦颐的性五品是将善、恶分别再加上刚、柔，从而把韩愈的性三品衍化为五品，而李翱的性三品人五类说，则是把中品之人由于学习效果的不同而再分化为三种人，从而把韩愈的性三品发展为人五类。

周敦颐在《易通·诚几德》中还提出了人格上的圣、贤、神三等："性焉安焉之谓圣，复焉执焉之谓贤，发微不可见，充周不可穷之谓神。"这里，周敦颐的性焉、安焉，相当于《中庸》中的生知、安行，执焉、复焉，相当于《中庸》中的学知、利行。这就是圣与贤相等。至于最上等的神，则如《中庸》所说，就是达到"至诚""尽性"，"可以赞天地之化育"，"可以与天地参矣"的一种"可以前知"的神的境界。周敦颐在《易通·志学》章提出："圣希天，贤希圣，士希贤"，并举伊尹、颜渊为例说，伊尹、颜渊是大贤。"伊尹耻其君不为尧舜，一夫不得其所，若挞于市。颜渊不迁怒，不贰过，三月不违仁。"所以周敦颐要求学者"志伊尹之所志，学颜子之所学"。如果学者能够做到，就是像伊尹、颜渊一样的大贤；超过伊尹、颜渊，就是圣人；达不到伊尹、颜渊的，也不失为有"令名"的士。后世的理学家就把周敦颐的"志伊尹之所志，学颜子之所学"作为对自己的德性要求。

三、王安石的上智下愚中人说

王安石（1021—1086），字介甫，号半山。王安石是北宋著名的政治家，熙宁年间任参知政事，设置制置三司条例，主持变法。善属文，为唐宋八大家之一，其文集今传有《王文公文集》和《临川先生文集》两种，后人并辑有《周官新义》《诗义钩沉》等。

王安石的人性论有独树一帜的特点，与传统的各种人性论都不大相

同。因此，他对人性问题的讨论，成了新学的主要特征之一。

王安石认为，人的"五事"（貌、言、视、听、思）和情欲等生理和心理方面的活动是人性的内容，这些又都与人的形体密不可分，构成了人的生命。他说："形者，有生之本，故养生在于保形。"又说："不养生不足以尽性。"① 他的这种论点，说明他把自然生命的保养看成是充分实现人性的基础，人性是以自然生命为存在的基础。这是他的人性论的出发点。

王安石的人性论具有批判精神，批评了以前的各种关于人性的说法。他对孟子的"人性善"说、荀子的"人性恶"说、扬子的"性善恶混"说、韩愈的"性三品"论和李翱的"性善情恶"说都进行了批评，从而建立了自己独特的人性论。

王安石批评了孟子的"人性善"说。他指出如果人生来都有"恻隐之心"，"人之性无不仁"②，那么人们就不应该有怨毒忿戾之心，不应有为恶之心，但是现实生活中有怨毒忿戾之心、有为恶之心的却大有人在。他也批评荀子的"人性恶"说。他指出，如果说人性是恶的，善是人为的结果，人们就不应该有恻隐之心，但现实生活中有恻隐之心的人也是存在的。他还指出，韩愈把仁义礼智信——五常看成是人的本性，同样也是不对的。他说："性者，五常之太极也，而五常不可以谓之性。此吾所以异于韩子。"③ 仁义礼智信这五常由性生出，但并不等于五常就是性。这好比五行由太极生出，而五行并不是太极。总之，王安石认为孟子讲性善、荀子讲性恶、扬子讲性善恶混、韩愈讲性三品，其实都不是在谈人的本性，而都是在讲"情"，讲的是后天之所"习"。正如他所指出的："诸子之所言，皆吾所谓情也，习也，非性也。"④ 王安石的结论是，就人的自然本性来说，是无所谓善恶的，人的善恶是从"情"来的，是后天

---

① 《临川先生文集》卷 66《礼乐论》。
② 《临川先生文集》卷 68《原性》。
③ 《临川先生文集》卷 68《原性》。
④ 《临川先生文集》卷 68《原性》。

习染而成的。他引用了孔子的言论来证明自己的观点,"'性相近也,习相远也。'吾之言如此"①。因此,"性生情,有情然后善恶形焉,而性不可以善恶言也"②。所谓"情",指"喜怒爱恶欲"等情感欲望,孟子、荀子、扬雄、韩愈都是抓住了人们的"情"和"习"的某些部分,而得出了片面的结论。他认为,人本来有情感和欲望,未发作时,存于心内即是"性",发作起来,表现于行动即是"情",所以他说:"性情一也。"③王安石的人性无所谓善恶,情有善恶的观点,与李翱的"性善情恶"说也是格格不入的。他以"性本情用""性情相须"的论点,批判了李翱的"性善情恶"说和佛老的禁欲主义。他认为,人同外物接触时,会引起情感欲望,情感欲望的发作"当于理",即发作正当符合于理,就是善,就是仁和义,也就是"圣人"和"贤人";如情感欲望的发作"不当于理",即发作不正当不符合于理,那就是恶,就是不仁不义,也就是"小人"④。

在此基础上,王安石进一步讨论了人的情欲活动怎样才能"合理"的问题。他指出,为什么有的人的情欲是善的,有的人的情欲是恶的,其原因是后天的习染造成的,不是先天决定的。正是后天的习染使人的情欲有为善或为恶的差别。他在批判孟子的"人性善"说时指出:"夫恻隐之心与怨毒忿戾之心,其有感于外而后出乎中者,有不同乎?"⑤ 这就是说,为善之心和为恶之心,都是人们在同外物接触后才产生的,不是头脑中主观自生的,不是"在内",而是"感于外",由后天的习惯养成的。他还批评韩愈曲解了孔子讲的"惟上智与下愚不移"的说法,指出:所谓"上智"是说"习于善","下愚"是说"习于恶","中人"是说"一习于善,一习于恶"。上智、下愚、中人都是指其后天习染的不同结果来说的。"上智"与"下愚"的区别,就是在说明人们后天学习结果的

---

① 《临川先生文集》卷68《原性》。
② 《临川先生文集》卷68《原性》。
③ 《临川先生文集》卷67《性情》。
④ 《临川先生文集》卷68《原性》、67《性情》。
⑤ 《临川先生文集》卷66《礼乐论》。

不同，"非生而不可移"，并不是生来就不能改变。王安石举例说，尧、舜的儿子所以坏，那是"习于恶"的结果；舜、禹所以善良，那是"习于善"的结果。因此，他的结论是：人们的善恶品质是可以改变的。一个人当初"未始为不善"，可以称之"上智"，但如果后来"去始为不善"，就可以称为"中人"；一个人原来"未始为善"，可以称为"下愚"，但如果后来"去而为善"，也可以称为"中人"。只有始终为善的人，才叫"上智"；只有始终为恶的人，才叫"下愚"[①]。

王安石还重视礼乐在培养人的"情"方面的作用。他说："礼乐之意不传久矣，天下之言养生修性者，归于浮屠老子而已。"[②] 他认为先秦儒家重礼乐教育的思想至宋代已失传了，其实礼乐的作用在于使人的情欲发作"当于理"，而不是断绝人的情欲。人的情欲不是同道德根本对立的。

王安石关于人性问题的讨论，其中所说的"习"，主要指后天的学习和环境的影响。他认为人的道德观念不是天赋的，包括"圣人"在内，人的道德品质和思想观念都是后天形成的。他的这一观点，不同于天赋道德学说，是与当时道学思想的根本区别之一。但是王安石又认为，孔子讲的"上智与下愚不移"，不是就道德上的善恶说的，而是指人的认识能力而言。就人的认识能力来说，人生来仍有智和愚的差别，而且是不能改变的。他说，"圣人"的智慧乃"天下之至精至神"，任何人都无法超越，所以"上智"与"下愚"仍旧是"不移"的[③]。总之，王安石人性学说一方面认为人的品质是教育和环境的产物，另一方面又认为作为封建社会的最高教育者——"圣人"，生来就有超人的智慧。

王安石在《上仁宗皇帝言事书》一文中用上智下愚中人的人性说来分析高俸养廉的必要性：

---

① 《临川先生文集》卷68《原性》。
② 《临川先生文集》卷66《礼乐论》。
③ 《临川先生文集》卷68《原性》。

其下州县之吏，一月所得，多者钱八九千，少者四五千，以守选、待除、守阙通之，盖六七年而后得三年之禄，计一月所得，乃实不能四五千，少者乃实不能及三四千而已。虽厮养之给，亦窘于此矣。而其养丧死婚姻葬送之事，皆当出于此。夫出中人之上者，虽穷而不失为君子；出中人之下者，虽泰而不失为小人。唯中人不然，穷则为小人，泰则为君子。计天下之士，出中人之上者，千百而无十一；穷而为小人，泰而为君子，则天下皆是也。先王以为众不可以力胜也，故制行不以己，而以中人为制。所以因其欲而利道之，以为中人之所能守，则其志可以行乎天下而推之后世。以今之制禄，而欲士之无毁廉耻，盖中人之所不能也。故今官大者往往交贿遗、营资产，以负贪污之毁；官小者，贩鬻乞丐，无所不为。[①]

王安石高俸养廉的主要理由是天下绝大部分的"中人"如生活上过得去就会变成道德高尚为政廉洁的官员，但如果生活上陷入困窘，则会变成贪官污吏。而当前官员的俸禄太低，所以这绝大部分中人为官就会贪污受贿，或经商营利，大肆积聚资产，唯利是图。因此朝廷制定官员俸禄的标准应该使绝大部分中人生活上过得去，让他们变成道德高尚、为政廉洁的官员。

四、二程的人性论

程颢（1032—1085），字伯淳，后人称为程明道。程颢做过几任地方官，后到中央政府任监察御史里行，反对王安石变法，是反对新法的主要人物之一。

程颐（1033—1107），字正叔，后人称为程伊川。程颐曾任国子监教授和崇政殿说书等职，也反对王安石变法。

二程长期在洛阳讲学，他们的学派当时称为"洛学"。二程的语录后人编为《河南程氏遗书》和《外书》，程颐还著有《易传》、《春秋传》，

---

① 《临川先生文集》卷39《上仁宗皇帝言事书》。

上述著述连同他们的《文集》，后人合编为《二程全书》。

二程的人性论直接源于张载的"气质之性"理论。张载在所著《正蒙》里提出气质之性："形而后有气质之性。善反之，则天地之性存焉。"他以气质之性与天地之性相对应。这样，人的为善为恶全都取决于是否能发扬气质之性中的善，而克服其中的恶。程颐就赞同张载的这个观点："论性不论气，不备；论气不论性，不明。二之则不是。"① 意思是在谈到人性问题时，天地之性和气质之性都要提到，而且二者不可分。如专谈性不谈气，这就不周全；而专谈气而不谈性，则不明白。

二程认为，人性有二，一是"天命之谓性"的性，一是"生之谓性"的性，由此可见，他们受张载的直接影响，承袭了张载人性二元论的思想。"天命之谓性"的性，是在人未生以前就已存在的性，程颢又称之为"人生而静以上"之性，程颐又称之为"极本穷源之性"②。这性是最根本的，也就是作为宇宙根源的理在人心中的体现。这性是绝对善的。程颐指出，这种绝对善的性就是孟子的人性善："孟子言人性善，是也。虽荀、杨亦不知性。孟子所以独出诸儒者，以能明性也。性无不善。"③ 程颐提出"性即理也"的命题④，认为"天命之谓性"的"性"就是"理"，也就是"五常"。他说："自性而行皆善也，圣人因其善也，则为仁义礼智信以名之。"⑤ 所谓"天命之谓性"的"性"的内容就是仁义礼智信。这实际上等于说"五常"是一切人固有的先天的本性，是人内在的固有的东西。而"生之谓性"的性，程颢又称之为"气禀"之性，程颐又称之为"才"，该性是有善有恶的，是从"气"而来的。如程颐就认为："才禀于气，气有清浊。禀其清者为贤，禀其浊者为愚。"⑥ 程颢也认为：

---

① 朱熹、吕祖谦《近思录》卷2《为学》，台湾商务印书馆影印文渊阁四库全书本。

② 《二程遗书》卷1、卷3，台湾商务印书馆影印文渊阁四库全书本。

③ 《二程遗书》卷18。

④ 《二程遗书》卷18。

⑤ 《二程遗书》卷1。

⑥ 《二程遗书》卷18。

"有自幼而善，自幼而恶，是气禀有然也。"① 由此可见，二程都认为，"生之谓性"之性之所以有善有恶，是由于受气的影响，气有清浊之分，于是人的思想感情就有善有恶，人们"恶"的行为是从先天禀受的气质中带来的。

由于二程认为人们"生之谓性"的性的善恶是受气的清浊影响，因此，他们套用孟子的"养心"或"养气"来去除人性中恶的成分。"气有善不善，性则无不善也。人之所以不知善者，气昏而塞之耳。孟子所以养气者，养之至则清明纯全，而昏塞之患去矣。或曰养心，或曰养气，何也？曰：养心则勿害而已，养气则在有所帅也。"② 人们通过"养心""养气"，使人性中恶的成分（由浊气所构成）为本然的善所克服。

二程还根据"性即理也"的命题，提出"存天理，去人欲"。由于他们认为"天命之谓性"的性就是理，也就是仁义礼智信五常，因此"理也，性也，命也，三者未尝有异。穷理则尽性，尽性则知天命矣。天命犹天道也，以其用而言之则谓之命，命者造化之谓也"③。"在天为命，在义为理，在人为性，主于身为心，其实一也。"④ 正由于"理""性""命"三者相通，因此，程颐说："穷理尽性至命，只是一事。才穷理，便尽性；才尽性，便至命。"⑤ 二程在这里继承发挥了孟子的"尽性知天"的思想，指出人们应当克服由气禀而形成的恶，而使本然至善的性得以复明，从而使其思想与行动皆能与"天理"相合。

二程"存天理，去人欲"的一个要点是天理与人欲是相互对立的，达到势不两立的地步。正如程颐所说："不是天理，便是私欲"，"无人欲即皆天理"⑥，"人心私欲故危殆，道心天理故精微，灭私欲，则天理明

---

① 《二程遗书》卷 1。
② 《二程遗书》卷 21 下。
③ 《二程遗书》卷 21 下。
④ 《二程遗书》卷 18。
⑤ 《二程遗书》卷 18。
⑥ 《二程遗书》卷 15。

矣"①。换言之，人们如能去掉人欲，那人性就充满了仁义礼智信天理。程颐还进一步指出，灭私欲、存天理是人与禽兽的区别："问：孟子曰'人之所以异于禽兽者几希。庶民去之，君子存之'。且人与禽兽甚悬绝矣。孟子言此者，莫是只在'去之''存之'上有不同处？曰：固是。人只有个天理，却不能存得，更做甚人也？……然人只要存一个天理。"②

五、朱熹的人性论

朱熹（1130—1200），字元晦，一字仲晦，号晦庵，又号晦翁，别称紫阳。曾历任泉州同安县主簿、提举浙江茶盐公事、知漳州、秘阁修撰等官，但历时短暂。其一生大部分时间从事学术研究和办书院授徒，集北宋以来理学之大集，成为中国封建社会后期影响最大的思想家。其学派被称为"闽学"，或考亭学派、程朱学派。朱熹著述宏富，主要著作有《四书章句集注》《伊洛渊源录》《名臣言行录》《资治通鉴纲目》《诗集传》《韩文考异》及后人编纂的《朱子语类》《朱文公文集》等，当代整理出版有《朱子全集》。

朱熹的人性论继承了张载、程颢、程颐的人性论。他采用了张载的所谓"天地之性"与"气质之性"的二元论观点，也认为人性有二：一是"天命之性"，也叫作"天地之性"，是从作为世界本源的"理"得来的。二是"气质之性"，决定生来固有的感情、欲望等，是从构成身体的"气"得来的。他认为"人之所以生，理与气合而已"③，"人物之生，必禀此理，然后有性；必禀此气，然后有形"④。可见，朱熹认为人本身就是理与气相结合而产生的。而且他进一步指出，人在理与气结合而生成的过程中，其所禀受的理，表现为天命之性；其所禀受的气，构成为身体，而气与理结合在一起，就表现出气质之性。这就是"论天地之性，

① 《二程遗书》卷 24。
② 《二程遗书》卷 18。
③ 黎靖德：《朱子语类》卷 4，中华书局点校本，1986 年。
④ 朱熹：《朱文公文集》卷 58《答黄道夫》，四部丛刊本。

则专指理言；论气质之性，则以理与气杂而言之"①。这里的所谓天地之性，朱熹虽然采用了张载的名词，但其内涵与张载有所区别。张载的天地之性指物质性的气的最根本的本性，即所谓"浮沉升降、动静相感之性"，即运动变化的本性，朱熹认为天地之性就是理。

朱熹的所谓气质之性与张载的气质之性也有差别。张载认为"气质之性"要"善反之"，即加入人为的修养，使它回复到"天地之性"。因此，"气质之性，君子有弗性者焉"，即君子不以气质之性为性。然而朱熹却认为气质之性为性。《论语集注》卷8《季氏·生而知之者上也章》把人分为生而知之、学而知之、困而学之、因而不学四等，朱熹注云"人之气质之异，大约有此四等"，把这四等人的区分，归因于气质之异。所谓气质，指天气地质，或者说，阴阳是气，五行是质。人的精神品质，是由所禀的阴阳五行气质决定的。他指出："性只是理，然无那天气地质，则此理没安顿处。但得气之清明，则不蔽锢此理，顺发出来。蔽锢少者，发出来的天理胜。蔽锢多者，则私欲胜。便见得本原之性，无有不善……只被气质有昏浊，则淌了。"②

朱熹认为，理是至善的，因此这天命之性也是无有不善的。至于气质之性，则有善有恶。他说："天之生此人，无不与之以仁义礼智之理，亦何尝有不善？但欲生此物，必须有气，然后此物有以聚而成质。而气之为物，有清浊昏明之不同。禀其清明之气而无物欲之累，则为圣；禀其清明而未纯全，则未免微有物欲之累，而能克以去之，则为贤；禀其昏浊之气，又为物欲之所蔽而不能去，则为愚为不肖。"③ 这样，他一方面把仁义礼智的道德说成为人人固有的天赋本性，另一方面又以所谓的气禀清浊来解释天生就有贤愚的区别，以说明人的道德差别。朱熹甚至用所谓的气禀不同来解释人的善恶、刚柔、富贵、贫贱、寿夭以及恻隐、

---

① 《朱文公文集》卷56《答郑子上》。

② 《朱子语类》卷4。

③ 《朱文公文集》卷74《玉山讲义》。

羞恶、辞逊、是非之心：

> 人之性皆善。然而有生下来善底，有生下来恶底，此是气禀不同……日月清明，气候和正之时，人生而禀此气，则为清明浑厚之气，须做个好人。若是日月昏暗，寒暑反常，皆是天地之戾气，人若禀此气，则为不好底人何疑……看来吾性既善，何故不能为圣贤？却是被这气禀害。如气禀偏于刚，则一向刚暴；偏于柔，则一向柔弱之类……须知气禀之害，要力去用功克治，裁其胜而归于中，乃可。①

> 禀得清高者，便贵；禀得丰厚者，便富；禀得久长者，便寿；禀得衰颓薄俗（"俗"当为"浊"）者，便为愚、不肖，为贫、为贱，为夭。②

> 人性虽同，禀气不能无偏重。有得木气重者，则恻隐之心常多，而羞恶、辞逊、是非之心，为其所塞而不发。有得金气重者，则羞恶之心常多，而恻隐、辞逊、是非之心，为其所塞而不发。水火亦然。唯阴阳合德，五性全备，然后中正而为圣人也。③

按照朱熹的理论，天地之性（天命之性）决定人性是全善的。但是禀于气质，人则有善恶、刚柔、富贵、贫贱、贤愚、寿夭等方面的不同。也就是说，气质影响人的道德、性情、资质，以及社会地位、寿命长短等。人们出生时的日月气候状况、阴阳五行配置，构成人的禀赋的条件，影响到人的方方面面，影响到人的一生。朱熹还举了历史人物的例子来证明他的这一理论：

> 问：以尧为父而有丹朱，以鲧为父而有禹，如何？曰：这个又是二气五行，交际运行之际，有清浊，人适逢其会，所以如此。如算命推五星阴阳之气，当其好者则质美，逢其恶者则不肖，又非人

---

① 《朱子语类》卷4。
② 《朱子语类》卷4。
③ 《朱子语类》卷4。

之气所能与也。①

朱熹还认为，气质之性与人的物欲有关。他指出："阳是善，阴是恶，阳便清明，阴便昏浊"，"阳明胜，则德性用。阴浊胜，则物欲行"，"人心虚静，自然清明。才为物欲所蔽，便阴阴地黑暗了"②。物欲既是黑暗之源，则遏止物欲，也就成为"变化气质"的一种功夫。

朱熹在人性论方面一个比较明显的发展是从"心"的体用关系来说明人性问题。他认为性和情都统于"心"，是"心"的体和用。他说："心有体用，未发之前，是心之体，已发之际，乃心之用。"③ 如以心比水，那么"性犹水之静，情则水之流"④。"心"的本体是"天命之性"，是无不善的；"心"的用，也就是"情"，则有善有不善，其所以流而为不善，是由于受了物欲的引诱或牵累。朱熹还指出，本体的心，是天理的体现，叫作"道心"，是完全善的；"感性情欲则为人心"，有善有不善；受到物欲引诱或牵累，发而为不善的心，是"人欲"。

二程把"道心"等同于"天理"，把"人心"等同于"人欲"，所以说"人心私欲，故危殆；道心天理，故精微。灭私欲，则天理明矣"⑤。朱熹对二程的思想进行了修正，认为"人欲"只指"人心"中为恶的一方面，而不包括"人心"中合理的欲望可以为善的一方面。天理只是与人欲绝对对立而不可并存，因此，必须"革尽人欲"才能"复尽天理"。他说："人之一心，天理存，则人欲亡；人欲胜，则天理灭。"⑥ "学者必须革尽人欲，复尽天理，方始是学"⑦。这就是要求人们的一切思想和行动都必须符合封建道德的标准，而一切违反封建道德的要求都必须消除干净。朱熹把人的日常生活基本需求排除在人欲之外，承认这些需求符

---

① 《朱子语类》卷4。
② 《朱子语类》卷98。
③ 《朱子语类》卷5。
④ 《朱子语类》卷5。
⑤ 《二程遗书》卷18。
⑥ 《朱子语类》卷13。
⑦ 《朱子语类》卷13。

合封建道德标准。他说："饮食，天理也；要求美味，人欲也。"① 可见他承认饮食的要求是正当的，符合天理；而追求美味超出日常生活的基本需求，已超出了封建道德标准所允许的物质生活的要求，那就是人欲，应该予以排除。

"人心""道心"的区别，是朱熹对《尚书·大禹谟》中所讲的"人心惟危，道心惟微，惟精惟一，允执厥中"这句话的发挥。朱熹认为这16个字是尧、舜、禹三圣相传的，"人心""道心"不是两个不同的"心"，它是同一个精神主体，如从追求和满足于耳目欲望上来讲，便是"人心"，从追求和实践天理上来讲，便是"道心"。所以他说："只是这一个心，知觉从耳目之欲上云，便是人心；知觉从义理上去，便是道心。"② 朱熹进一步指出："道心"和"人心"，既然同是一个心，所以它不分圣凡，是人人都有的。圣凡的区别在于：圣人能精察道心，不杂耳目的私心杂念，专一于天理（此即所谓"惟精惟一"），因此，他的一言一行、一举一动，都没有过分或不足的差错，而合乎"天理"的所谓中道（此即所谓"允执厥中"）。朱熹认为，超凡人圣的途径，并不是简单的消灭"人心"，而是使"人心"完全服从于"道心"。所以"必使道心常为一身之主，而人心每听命焉，则危者安，微者著，而动静云为自无过不及之差矣"③。

朱熹讲人性问题，既分别"天命之性"和"气质之性"，又分别"道心"和"人心"。从总体上看，朱熹的人性论，是要克服"气质之性"带来的不善思想和行为，使"人心"服从于"道心"。所以，朱熹的人性论必然要涉及人的内心修养的问题，也就是如何使"人心"服从于"道心"，把"气质之性"带来的不善思想和行为克服掉。朱熹指出这种内心修养的路径就是"去人欲，存天理"。他认为，要进入这一修养路径，首

---

① 《朱子语类》卷13。
② 《朱子语类》卷78。
③ 朱熹：《四书章句集注·中庸章句序》，中华书局点校本，1983年。

先必须认清"天理"与"人欲"的区别，这就是朱熹在其著述中着重强调的"天理人欲之辩"，即"天理"是至善的道德标准，而"人欲"则是一切不善的思想和行为的根源。其次，只有克服和清除"人欲"，才能保存和恢复"天理"，从而达到至善的境界。

第二节　格物致知、穷理尽性思想

一、张载的穷理尽性以至于命思想

张载（1020—1078），字子厚，世称横渠先生。曾任签书渭州判官公事、崇文院校书、同知太常礼院。他读书讲学，博览群书，其学以《易》为宗，以《中庸》为体，以孔孟为法。因其讲学关中，故其学派称为"关学"。著有《正蒙》《横渠易说》《经学理窟》《张子语类》等，后人编有《张子全书》（即《张载集》）。

"穷理尽性以至于命"见于《易传·说卦》。张载借《易传》这句话进行发挥，认为"穷理尽性以至于命"是三个不同层次但又互相衔接的认识修养过程。

"穷理"为第一层次，指人们在学习中穷尽体现在万事万物中的"天理"。万物是"天理"的载体，每一事物都蕴含着"天理"，所以"穷理"首先必须接触事物，以对万事万物的接触认识为路径来逐渐了解事物的本质，达到对"天理"的体验。他指出："穷理亦当有渐，见物多，穷理多，如此可尽物之性"，"人有见一物而悟者，有终身而悟之者"①。他认为，"穷理"的主要方式就是读书学习和对事物的观察研究："穷理即是

---

① 张载：《张子全书》卷12《张子语类》上，台湾商务印书馆影印文渊阁四库全书本。

学也，所观所求皆学也。长而学固谓之学，其幼时岂可不谓之学？直自在胞胎保母之教，己虽不知谓之学，然人作之而已变以化于其教，则岂可不谓之学。"①

"尽性"为第二层次，即尽人性，穷尽人所禀赋的道德品性，以达到与"天性"的合一。张载指出："有无虚实通为一物者，性也；不能为一，非尽性也"②；"尽性，然后知生无所得，则死无所丧"③。这就是人要尽性，必须把有无虚实贯通为一体，超脱于世间得失之外。然后尽得自身之性外，便尽了他人之性和万物之性，"尽其性，则能尽人物之性"④。张载在此基础上进一步主张，这些"性"都归源于"天性"。并且他把穷尽人性、天性与人的道德修养相联系，认为如果人们穷尽人性、天性，便进入了"诚"的境界，"至诚，天性也……人能至诚，则性尽而神可穷矣"⑤。

张载还指出"穷理尽性"和"尽性穷理"两种不同的认识修养路径："自明诚，由穷理而尽性也；自诚明，而尽性而穷理也。"⑥ 由明至诚，是先穷理而后尽性；由诚至明，是先尽性而后穷理。换言之，前者是通过对于事物的研究以达到与天合一的道德境界；后者则是从"天性"出发，体会万物之性皆由于"天性"而成：

> 须知自诚明与自明诚有异。自诚明者，先尽性以至于穷理也，谓先自其性理会来，以至穷理；自明诚者，先穷理以至于尽性也，谓先从学问理会，以推达于天性也。某自是以仲尼为学而知者，某今亦窃希于明诚，所以勉勉安于不退。⑦

这里，张载认为自己以孔子的"学而知之"为榜样，重点推崇"自

---

① 《张子全书》卷12《张子语类》下。
② 张载：《正蒙·乾称篇》，上海古籍出版社点校本，1956 年。
③ 《正蒙·诚明篇》。
④ 《正蒙·诚明篇》。
⑤ 《正蒙·乾称篇》。
⑥ 《正蒙·诚明篇》。
⑦ 《张子全书》卷12《张子语类》下。

明诚"，即强调后天在学习上下功夫，"穷理"的结果使人"明"，"尽性"的结果使人"诚"，所以使自己孜孜不倦努力向前。同时，张载又指出"自明诚"与"自诚明"两者不能偏废，儒者必须兼备："儒者则因明至诚，因诚至明，故天人合一，致学而可以成圣。"① 自明诚与自诚明源于《中庸》，这里，张载将《中庸》之义与《易》说结合起来，从而形成自己的"尽性"思想。

"至于命"是最高一个层次，意即通过穷"天理"、尽"天性"而达到对"天命"的最终体悟。"既穷物理，又尽人性，然后能至于命，命则又就己而言之也。"② 张载还特别就"至于命"与"知命"两者做了区别，认为"至于"比"知"要更高一层："知与至为道殊远，尽性然后至于命，不可谓一；不穷理尽性即是戕贼，不可至于命。然至于命者止能保全天之所禀赋。本分者，且不可以有加也。既言穷理尽性以至于命，则不容有不知。"③ 按字义上的理解，"知命"只是达到知道、了解"天命"的层次，只有到了"至于命"，才真正最终体悟到了"天命"，达到了人与"天命"最终合一、融为一体的境界。换言之，"知命"并不意味着已"至于命"，而"至于命"则意味着必须已经过"知命"的阶段，是"知命"的最终升华。

张载认为，一个人如经历了"穷理""尽性""以至于命"3个层次后，其精神世界便产生了根本变化，上升到一个所谓至诚至善、无思无虑、无私无欲，排除了"意、必、固、我"，上与"天性"同一，下与万物贯通的最高境界，即"中正"。他说："中正然后贯天下之道，此君子之所以大居正也。盖得正则得所止，得所止则可以弘而至于天。"④ 他还对孔子"三十而立，四十而不惑，五十而知天命，六十而耳顺，七十而从心所欲不逾矩"的人生阶段性心性修养特征进行重新诠释："三十器于

---

① 《易说·系辞上》。
② 《易说·说卦》。
③ 《易说·说卦》。
④ 《正蒙·中正篇》。

礼，非强立之谓也；四十精义致用，时措而不疑；五十穷理尽性，至于天命，然不可自谓之至，故曰知；六十尽人物之性，声入心通；七十与天同德，不思不勉，从容中道。"①

二、二程的格物穷理思想

二程步韩愈、李翱后尘，竭力尊崇《大学》，认为"《大学》，孔氏之遗书，而初学入德之门也。于今可见古人为学次第者，独赖此篇之存，而《论》《孟》次之。学者必由是而学焉，则庶乎其不差矣"②。二程都强调《大学》是"入德之门"，对《大学》中的"格物致知"进行诠释，以建立自己的格物穷理思想体系。

在二程看来，"致知格物"是起点、开端、基础，而"治国平天下"则是终点、目标，通过它进行修身养性，最终才能达到治国平天下的目标："学莫大于知本末终始。致知格物，所谓本也，始也；治天下国家，所谓末也，终也。治天下国家，必本诸身。其身不正而能治天下国家者，无之。"③ 这是因为"《大学》于诚意正心皆言'其道'，至于格物则不言，独曰'物格而后知至'，此盖可以意得，不可以言传也。自格物而充之，然后可以至于圣人；不知格物而欲意诚心正而后身修者，未有能中于理者也"④。显然，二程认为如不进行格物，就不可能进入诚意、正心层次，更不用说能达到修身、齐家、治国、平天下的境界了。程颐还更具体地指出：人们心中有知，心中本来具有完备的知识，但心却又不能直接认识自己，必须用格物功夫，然后才能达到自我认识。他说："知者吾之所固有，然不致则不能得之，而致知必有道，故曰致知在格物。"⑤ 在他看来，格物所得之知乃是心中本来固有之知。

---

① 《正蒙·中正篇》。

② 《正蒙·三十篇》。

③ 杨时：《二程粹言》卷上，台湾商务印书馆影印文渊阁四库全书本。

④ 《二程粹言》卷上。

⑤ 《二程遗书》卷25。

值得注意的是，二程对《大学》中的"格物"做了新的解释。程颐认为"格"是"至"的意思，"格物"就是"至物"，即就物而穷其理。他说："格，至也，如祖考来格之格。凡一物上有一理，须是穷致其理。穷理亦多端，或读书讲明义理，或论古今人物别其是非，或应接事物而处其当，皆穷理也。"① 二程在《粹言》卷1中更明确用穷理来解释格物："格犹穷也，物犹理也，若曰穷其理云尔。穷理然后足以致知，不穷则不能致也。"

朱熹在《近思录》卷3《格物穷理》记载程颐论"格物穷致事物之理"一段语录，比较明确地表明二程的"格物穷理"的具体路径："凡一物上有一理，须是穷致其理。穷其理亦多端，或读书讲明义理；或论古今人物，别其是非；或应接事物，而处其当，皆穷理也。"由此可见，程颐的穷理路径主要有3条：一是读书讲明义理；二是论古今人物是非邪正；三是应接事物处其当否。程颐还指出，穷理须先一件一件进行研究，积得多了，就能豁然贯通，认识最根本的理。他说："须是今日格一件，明日格一件，积习既多，然后脱然自有贯通处。"② 先有积习，然后才有贯通，即产生一种恍然的体会。

二程反复强调说，人们认识事物，主要并不是要去了解一物有一物之理，而是要"闻一知十"，体察出万理皆出于一理。他们认为，"人要明理，若止一物上明之，亦未济事。须是集众理，然后脱然自有悟处。然于物上理会也得，不理会也得"③。在他们看来，是否要研究真正的物，那倒是无关紧要的。即或是就一物一物上进行体察，那也只是把格物当作一种手段，通过它体察出万理皆出于一理：

> 格物穷理，非是要穷尽天下之物，但于一事上穷尽，其他可以类推。至如言孝，其所以为孝者如何，（穷理）如一事上穷不得，且

---

① 《二程遗书》卷18。
② 《二程遗书》卷18。
③ 《二程遗书》卷17。

别穷一事，或先其易者，或先其难者，各随人深浅，如千蹊万径，皆可适国，但得一道入得便可。所以能穷者，只为万物皆是一理。至如一物一事，虽小，皆是有理。①

二程的这种类推是从一事一物上便推断出万物皆是一理，即万物皆是天理的反映。尽管"尽穷其理"的途径很多，或诵诗文，或考古今，或察物情，或揆人事，其目的只有一个，就是"求止于至善"。换言之，通过日积月累，忽然醒悟到万理归于一理，以天下之物所体现的天理，来印证吾心所固有的天理，内外相证，这就达到了认识的最高境界"止于至善"：

或问：学必穷理。物散万殊，何由尽穷其理？子（二程）曰：诵诗书，考古今，察物情，揆人事，反复研究而思索之，求止于至善，盖非一端而已也。又问：泛然，其何以会而通之？子曰：求一物而通万殊，虽颜子不敢谓能也。夫亦积习既久，则脱然自有该贯。所以然者，万物一理故也。②

二程的格物穷理深受佛学"渐修""顿悟"的影响，集众理的格物即渐修，脱然而觉悟的贯通即顿悟。

与二程格物穷理思想密切联系的是知行问题。对此，他们提出知先行后的观点。程颐认为："须以知为本，知之深则行之必至，无有知之而不能行者。知而不能行，只是知得浅。饥而不食乌喙，人不蹈水火，只是知。人为不善，只为不知。"③ 由此可知，程颐把知作为行的根本，认为必须先有认识，人有了认识即知之后，才会按照所认识的去行动，如没有认识，就无法行动。如人不会吃有毒的东西，因为知道它有毒；人不向水火里走，因为知道水火能致人死地。

由于强调"知"的作用，程颐还提出行难知亦难的观点："非惟行

① 《二程遗书》卷15。
② 《二程粹言》卷1。
③ 《二程遗书》卷15。

难，知亦难也。《书》曰：'知之非艰，行之唯艰。'此固是也，然知之亦自艰。比如人欲往京师，必知是出那门，行那路，然后可往。如不知，虽有欲往之心，其将何之？自古非无美材能力行者，然鲜能明道，以此见知之亦难也。"[1] 程颐对《尚书》中知不难行难的观点提出异议，他认为自古以来能践行的大有人在，而真正能格物穷理的人倒很少，因此，不仅行难，知也是很难的。就如有人要想到京师，路途遥远艰辛是很困难的，但要清楚知道去京师的具体路线也是不容易的。而且想到京师，首先还得知道路线，然后才能启程前行。

还有与二程格物穷理思想关系较密切的是他们的有关对"心"的论述。二程认为"心"是认识的主体，具有神秘莫测的作用，可以完全脱离感性的闻见之知。二程指出："闻见之知，非德性之知。物交物则知之，非内也。今之所谓博物多能者，是也。德性之知，不假闻见。"[2] 这种"不假闻见"的"德性之知"就是心的特点。他们进一步认为：

> 心所感通者，只是理也。知天下事有即有，无即无，无古今前后。至如梦寐皆无形，只是有此理。若言涉于形声之类，则是气也。物生则气聚，死则散而归尽。有声则须是口，既触则须是身。其质既坏，又安得有此？乃知无此理，便不可信。[3]

人们的感官与客观世界相接而产生的感性认识，那只是"形声之类"，是气的作用。而且气有聚散，聚则生，散则死。只有"心"才能体验到"天理"，所以它的神秘莫测的作用，能超越时间与空间。

二程的这种心论实际上脱胎于禅宗的心即理。神会的弟子大照（李慧光）的著作中有一节问答："问曰：'云何是道？云何是理？云何是心？'答曰：'心是道，心是理，则是心外无理，理外无心。心能平等，名之为理；理能照明，名之为心。'"[4]

---

① 《二程遗书》卷18。
② 《二程遗书》卷25。
③ 《二程遗书》卷2下。
④ 《大乘开心显性顿悟真宗论》。

三、朱熹的格物穷理思想

朱熹继承了二程的思想，也认为格物即是穷理。穷理之后，即以这个固定的、不变的理来应对世界上千变万化的事物。这就是他所说的："圣人之学，本心以穷理，而顺理以应物。"① 他认为，人的心中生来就含有一切事物之理，但心虽含有万理而不能直接自己认识自己，必须通过"格物"功夫，就事物加以研究，然后才能达到心的自己认识，从而对于天地万物之理就无不了然了：

> 所谓致知在格物者，言欲致吾之知，在即物而穷其理也。盖人心之灵，莫不有知，而天下之物，莫不有理。惟于理有未穷，故其知有不尽也。是以大学始教，必使学者即凡天下之物，莫不因其已知之理而益穷之，以求至于其极。至于用力之久，而一旦豁然贯通焉，则众物之表里精粗无不到，而吾心之全体大用无不明矣。②

朱熹在这里指出，认识的主体是人心的知，所以说"盖人心之灵，莫不有知"。认识的对象是事物的理，所以说"而天下之物，莫不有理"。认识的方法是"格物"，认识的目的是"穷理"。认识必须通过格物才能穷理。朱熹在通过对这个阶段认识过程的分析建立他的格物时，特别强调了两点：第一点是"即物而穷其理"，一物有一物之理，格物就是通过具体事物穷理，而不是脱离具体事物穷理。第二点是"莫不因其已知之理而益穷之，以求至于其极"，这就是说，就已知的理论推到未知的理③。朱熹在此认为认识过程可分为两个阶段：第一阶段是"即物穷理"，根据已知的道理就事物加以尽力研究，以求达到最高的极限；第二阶段是"豁然贯通"，万物的表里精粗就无不到，我心的全部内容也就无不明了，从而达到大彻大悟，了然于一切之理。

---

① 《朱文公文集》卷67《观心说》。
② 《大学章句·补格物传》。
③ 任继愈：《中国哲学史》第三册，人民出版社，1964年，第237—238页。

朱熹在此认识的基础上，进一步提出要达到"豁然贯通"的飞跃阶段，就必须以"即物穷理"的渐进阶段做基础。若不经过"今日格一物，明日格一物"的渐进积累阶段，要想直接进入"豁然贯通"的阶段，就必然会流于空疏。但如果仅一直停留在渐进积累的阶段，不能在此基础上升华到"豁然贯通"，则必然会流为支离。只有顺序经过这两个阶段，开始时虽然勉强用力，久而久之，积累多了，自然而然在不知不觉中就会融会贯通："积习既多，自当脱然有贯通处。乃是零零碎碎，凑合将来，不知不觉，自然醒悟，其始固须用力，及其得之也，又却不假用力。"①

朱熹坚持在认识的发展过程中必须经过渐进积累和豁然贯通两个阶段，对当时的两种偏差进行了批评。当时有一种倾向是只停留在"即物穷理"，因而在治学上就专重"务博"；另一种倾向是只注重"反身而诚"，追求直接达到"豁然贯通"，大彻大悟，因而在治学上就专重"务约"。朱熹认为这两种倾向均有偏差，都不能求得终极的真理："自一身中以至万物之理，理会得多，自当豁然有个觉处。今人务博者，却要尽穷天下之理；务约者，又谓反身而诚，则天下之物无不在我者，皆不是。"②

朱熹在当时批评的"务博"倾向，主要指的是吕祖谦、叶适的治学方法。吕、叶在治学上主张从事实出发解决具体问题，注重对历史的研究和制度的考订，反对玄虚的顿悟。朱熹对此做了较严厉的批评，认为其流弊更甚于"务约"倾向："又有专于博上求之，而不反其约。今日考一制度，明日又考一制度，空于用处做功夫，其病又甚于约而不博者。要之，均是无益。"③ 以当代的观点来看，这一倾向太注重细枝末节，没有从宏观上予以把握，故难以发现规律性的东西。

---

① 《朱子语类》卷 18。
② 《朱子语类》卷 18。
③ 《朱子语类》卷 11。

朱熹在当时批评的"务约"倾向，主要指的是陆九渊的治学方法。陆九渊主张为学"先立乎其大者"，反对渐进的积学，认为"石称丈量，径而寡失。铢铢而称，至石必谬；寸寸而度，至丈必差"①。如急于辨析一些细微末节，"虽若详明，不知其累我多矣"②。朱熹针对陆九渊只注重宏观整体、而忽视微观细节的治学方法也进行了针锋相对的批评："必铢铢而较之，至于钧而必合；寸寸而度之，至于丈而不差，然后为得也。孟子曰'博学而详说之，将以反约也'，正为是尔。今学之未博，说之未详，而遽欲一言探其极致，则是铢两未分而臆料钧石；分寸不辨而目计丈引，不惟精粗二致，大小殊观，非所谓一以贯之者，愚恐小差积而大谬生，所谓钧石丈引者，亦不得其真矣。"③ 他认为，治学只有在日积月累的基础上才能融会贯通，由博返约，才能获得真理。而如果不从事长期的日积月累，而想在遽然之间就获取终极的真理，那是不可能的，只会产生很大的谬误。

朱熹谈即物穷理，包括研究抽象道理和具体事物的规律。他说："上而无极太极，下而至于一草一木一昆虫之微，亦各有理。一书不读，则缺了一书道理；一事不穷，则缺了一事道理；一物不格，则缺了一物道理。须著逐一件与他理会过。"④ 他所谓的"豁然贯通"，指的是研究一些事物之理以后，在一定的知识积累下，忽然发现了统一的理。其所以如此，是因为人心中本来就含有一切之理，所谓格物，不过是以一种外力进行启发，即通过格物的启发，心里就能认识自己本来就已存在的理。他用宝珠来比喻心中的理，用擦拭宝珠来比喻格物："有是理而后有是气，有是气则必有是理。但禀气之清者为圣为贤，如宝珠之在清冷水中；禀气之浊者为愚为不肖，如珠之在浊水中。所谓明明德者，是就浊水中

---

① 陆九渊：《象山全集》卷10《与詹子南书》，台湾商务印书馆影印文渊阁四库全书本。

② 《象山全集》卷10《与詹子南书》。

③ 《朱文公文集》卷64《答江彦谋》。

④ 《朱子语类》卷15。

揩拭此珠也。"① 理本是心中固有的，但被气所遮蔽了；格物就像揩拭浊水中的宝珠一样使它显现光芒，除去遮蔽，那固有的理，就会像宝珠的光芒，自然显露出来了。

朱熹重视读书，认为格物的一个重要方面就是读书，特别是读儒家的经典。他指出，通过读书就能了解圣贤的思想，要用圣贤的思想去观察客观世界："读书以观圣贤之意，因圣贤之意以观自然之理。"② 具体而言，朱熹所说的"圣贤之意"就是指儒家圣人所传的六经："古之圣人，作为六经，以教后世。《易》以通幽明之故，《书》以纪政事之实，《诗》以导情性之正，《春秋》以示法戒之严，《礼》以正行，《乐》以和心，其于义理之精微，古今之得失，所以该贯发挥，究竟穷极，可谓盛矣。"③ 他认为，儒家圣人所传的六经，对于义理已经阐发到精微的程度，对于历史的得失也做了正确深入的总结，真正领会贯通这些教导，就能在各个领域受到全面的培养。朱熹还特别重视四书："如《大学》《中庸》《语》《孟》四书，道理粲然，人只是不去看。若理会得此四书，何书不可读，何理不可究，何事不可处？"④ 可见，他把四书作为读书、穷理、做事的指导性的经典。总之，朱熹极力推崇六经、四书等儒家经典，把它们看作是包括一切真理的百科全书，其中每句话都蕴含着哲理，可以用于指导古往今来的一切事情。"圣人言语皆枝枝相对，叶叶相当。不知怎生排得恁地整齐。今人只是心粗，不仔细穷究。若仔细穷究来，皆字字有着落。"⑤ 因此，他要求人们要认真仔细学习这些圣人所写的经典，要一字一字地学习，一句一句地研究，虚心涵泳，切己体察，在一切行为中加以贯彻实践，即所谓"字求其训，句索其旨，未得乎前，则不敢

---

① 《朱子语类》卷 5。
② 《朱子语类》卷 10。
③ 朱熹：《晦庵集》卷 78《建宁府建阳县学藏书记》，台湾商务印书馆影印文渊阁四库全书本。
④ 《朱子语类》卷 14。
⑤ 《朱子语类》卷 10。

求乎后，未通乎此，则不敢志乎彼"①。

朱熹也谈知行问题。首先，他认为知先于行，因为如不明白义理的所在，只专门主张践履，践履也就失去明确的目的，从而也就不知道践履的具体要求："义理不明，如何践履？"② 只有先明白了义理，才能做出合乎义理的事，才能以义理做为标准判断践履的结果。因此，他认为在行之先，必须对知痛下一番功夫，"痛理会一番，如血战相似"。对义理先有了明确的认识，一切行为自然而然就易于合乎义理："若讲得道理明时，自是事亲不得不孝，事兄不得不弟，交朋友不得不信。"③

其次，朱熹认为行重于知，"论轻重，行为重"④。他说："自古无不晓事底圣贤，亦无不通变底圣贤，亦无关门独坐底圣贤。圣贤无所不通，无所不能。"⑤ 反对关门独坐去求知，可见朱熹是重行的，知的目的还是为了行。

再次，朱熹认为知行是相互依赖相互促进的。正如眼睛与足的关系一样："知行常相须，如目无足不行，足无目不见。"⑥ 朱熹的所谓行，主要指封建政治与道德上的实践，也就是"操存涵养"。朱熹的所谓知，主要指对封建政治与道德的认识，也就是"格物穷理"。所以这两方面的功夫不但相互依赖，而且还相互促进："涵养中自有穷理功夫，穷其所养之理；穷理中自有涵养功夫，养其所穷之理。"⑦ 知行虽然关系密切，相互依赖促进，但两者本质上仍然有所区别，所以若知有未至，则应就知上理会，行有未实，则应就行上加紧。这就是"操存涵养，则不可不紧。时学致和，则不可不宽"⑧。但到了最后阶段，则走向知行统一，即心与

---

① 《朱子语类》卷 10。
② 《朱子语类》卷 9。
③ 《朱子语类》卷 9。
④ 《朱子语类》卷 9。
⑤ 《朱子语类》卷 117。
⑥ 《朱子语类》卷 9。
⑦ 《朱子语类》卷 9。
⑧ 《朱子语类》卷 9。

理合而为一。

朱熹的格物穷理思想与二程一样，也涉及对心的认识。他在格物致知中提出了"人心之灵，莫不有知""天下之物，莫不有理"的命题。他说："推极我所知，须要就那事物上理会。致知是自我而言，格物是就物而言。若不格物，何缘得知？"① 这里，"人心之灵，莫不有知"，指具有认识能力的"心之用"与人心所固有的"知"的"心之体"。"天下之物，莫不有理"，指与主体相对应的客体都具有天理。

朱熹特别强调心中有理。他认为"人人有一太极"，每人所具有的太极就是这人的心中之理。他说："一心具万理，能存心而后可以穷理。"② "心包万理，万理具于一心。不能存得心，不能穷得理；不能穷得理，不能尽得心。"③ 心之体，体现了天理："心之全体，湛然虚明，万理具足"，"心具众理"。万理即一理，就是天理。心具天理，物具天理。"即物穷理"，就能够"致吾之知"，用吾心的天理与外物的天理相印证，使"众物之表里精粗无不到，而吾心之全体大全无不明"。"众物之表里精粗无不到"就是"物格"，"吾心之全体大用无不明"就是"知之至"。通过"即物穷理"以达到"致吾之知"。"即物穷理"是手段，"致吾之知"是目的。

以天下之物所体现的天理，来印证吾心所固有的天理，内外相证，也就是格物致知。对此，朱熹称之为"合内外之理"。《朱子语类》卷15 载：

> 问：格物须合内外始得？曰：他内外未尝不合，自家知得。物之理如此，则因其理之自然而应之，便见合内外之理。目前事事物物，皆有至理……自家知得万物均气同体，见生不忍见死，闻声不忍食肉，非其时不伐一木……此便是合内外之理。④

---

① 《朱子语类》卷 15。
② 《朱子语类》卷 9。
③ 《朱子语类》卷 9。
④ 《朱子语类》卷 15。

"致知格物，只是一个"，所谓"一个"，就是外而格物，内而致知，"合内外之理"，本是"一个"天理。朱熹的所谓天理主要就是指封建道德仁义礼智等，也就是"天下之众物""吾心之所知"，体认这些，就是格物致知，就是"合内外之理"。因此，他提出："如今说格物，只晨起开目时，便有四件在这里，不用外寻，仁义礼智是也。"①

第三节　至诚持敬慎独思想

一、周敦颐的诚、　静思想

周敦颐道德论的中心是"诚"。他发挥了《中庸》的观点，认为人有一种超然的本性，叫作"诚"。这"诚"是从阳气得来的，是至善的，为一切道德的根源。即诚资始于乾元，产生于性命，是"纯粹至善"的，是"五常（仁义礼智信）之本，百行之原"。

由于"诚"是至善的，因此周敦颐进一步指出："诚者，圣人之本。'大哉乾元，万物资始'，诚之源也。'乾道变化，各正性命'，诚斯立焉。纯粹至善者也。"② 可见，周敦颐认为"诚"更是圣人的根本。《易传》所赞叹的万物所由以发生的"乾元"，就是"诚"的根源。《易传》所讲的确立万物性质的"乾道"，就是"诚"的确立。

由于"诚"是五常之本、圣人之本，因此周敦颐认为，人们如能体现"诚"的本性，其行为就自然而然合乎仁义礼智信的道德标准，仁义礼智信只是诚的表现而已。

---

① 《朱子语类》卷15。

② 吴柟：《周子抄释》卷1《通书·诚上》，台湾商务印书馆影印文渊阁四库全书本。

对于什么是诚，周敦颐在《易通·诚》中做了三种不同诠释。他说，"无妄则诚""诚，无为""寂然不动者，诚也"。"无妄"意为按照宇宙和人心的本然，不加矫饰；"无为"即杜绝人为；"寂然不动"就是安静不动。这三种诠释从字面上看有所不同，但从本质上分析，却是相通的，即周敦颐认为"诚"就是在道德领域内排除人为的修养，恢复宇宙和人心的本来面貌。所以周敦颐又说"诚则无事"。朱熹对此解释说，"事"与"事斯语"之"事"同，谓用功也。诚无事，就是不须用功。排除修养，不须用功，按照心的本体自然，这就是诚。它，"静无而动有"，心静之时，好象没有这个诚；心动之时，又好象有了这个诚。它，"至正而明达"，静无的时候，是至正不偏的，动有的时候，是明照一切的。这个诚，是道德的极致，所以说"圣，诚而已矣"。

正由于诚是道德的极致，因此，周敦颐要求人们必须孜孜不倦追求诚。君子就是要"乾乾不息于诚"。怎么才是"乾乾不息于诚?"对此，周敦颐的回答是："必惩忿窒欲，迁善改过而后至。"既然排除修养，不须用功，却又要惩忿窒欲，迁善改过，这不是明显自相矛盾吗？早在南宋，朱熹的门人蔡元定就产生了疑问："周子亦有照管不到处。"这虽是对《诚几德》章而发，但也确实反映《易通》本身是存在着"照管不到处"的地方[①]。

周敦颐还继承了古代儒家"中庸"、道家"清静"、佛家"寂静"的思想，提出以"主静"作为修养的方法。他在《太极图说》中指出："唯人也得其秀而最灵。形既生矣，神发知矣，五性感动而善恶分，万事出矣。圣人定之以中正仁义而主静，立人极焉。"他认为，人得阴阳五行中最精华的东西而生成，故在万物中最具灵性。身体既然生成了，精神发生，就有了知识，刚柔善恶等品质相互影响，万事层出不穷。所以圣人就制定出一个最高标准"人极"，其内容就是"中正仁义"，而以"静"为主。这种"中正仁义而主静"的境界，也就是《通书》中所谓"诚"

---

① 侯外庐：《宋明理学史》上，人民出版社，1997年，第73—74页。

的境界。周敦颐自己解释"主静"说："无欲故静。"所谓"静"，就是安定、安宁。所谓"无欲"，就是没有私欲干扰。他认为一切学习，即认识的最主要关键，就是"无欲"。他说："圣可学乎？曰：可。曰：有要乎？曰：有。请闻焉。曰：一为要，一者，无欲也。无欲则静虚动直。"①他在《养心亭记》中说："养心不止于寡而存耳；盖寡焉以至于无，无则诚立、明通。诚立，贤也；明通，圣也。"在他看来，无欲诚心，是人们认识修养的最高要求。人能无欲，仁义道德的"本性"也就充分发挥出来了，这就是达到他所说的"诚"的最高境界。

二、朱熹的持敬思想

持敬是程朱理学的涵养功夫。这种涵养功夫曾经被高度重视，程、朱本人都身体力行，并对门人进行反复教导。

二程在修养上重视"敬"。他们说："学者不必远求，近取诸身，只明人理，敬而已矣。"又说，"涵养须用敬，进学则在致知。"②二程认为，人常常有很多思念，无思无虑是不可能的，唯一的办法就是经常集中注意力，时时警惕自己，克服一切不符合道德原则的思想，这就是"敬"的功夫。程颐说："人心不能不交感万物，亦难为使之不思虑。若欲免此，唯是心有主。如何为主？敬而已矣。"③照程颐的解释，"所谓敬者，主一之谓敬。所谓一者，无适之谓一"④。主一无适，指心有所主，不稍微松散。"敬"，指经常怀着严肃崇敬的心理状态，反之，就是不敬。他们说："一不敬则私欲万端生焉。害仁此为大。"⑤由此可见，二程的所谓敬，具有宗教徒敬事天帝的精神状态。主敬是通向天理的道路。他们为了主敬，恢复天理，甚至主张"窒欲"："甚矣，欲之害人也。人为不善，

---

① 《周子抄释》卷1《通书·圣学》。
② 《二程遗书》卷15。
③ 《二程遗书》卷15。
④ 《二程遗书》卷15。
⑤ 《二程粹言》卷1。

欲诱之也。诱之而不知，则至于灭天理而不知反。故目则欲色，耳则欲声，鼻则欲香，口则欲味，体则欲安，此皆有以使之也。然则何以窒其欲？曰：思而已。觉莫要于思，唯思为能窒欲"①。

朱熹发扬光大了二程主敬的思想，反复强调把持敬看作是涵养的根本，即"立脚去处""圣人第一义""圣门之纲领"：

> 大凡学者，须先理会"敬"字。"敬"是立脚去处。程子谓"涵养须用敬，进学则在致知"。此语最妙。②

> "敬"字工夫，乃圣门第一义，彻头彻尾，不可顷刻间断。③

> 因叹"敬"字工夫之妙，圣学之所以成始成终者，皆由此。④

> "敬"之一字，真圣门之纲领，存养之要法。⑤

朱熹的格物说的一个主要观点是"持敬为穷理之本"，其认识方法论表现为强调道德修养的方法。他的理的主要内容就是仁义礼智信。他主张，应该以持敬作为穷理的基础，就是要求人在格物之前有一种对心的修养，以作为格物究理的基础。这就在认识论上不仅将道德修养置于事物认识之上⑥。他认为持敬与格物致知的关系是：

> 近来觉得敬之一字，真圣学始终之要……盖古人由小学而进于大学，其于洒扫应对进退之间，持守坚定，涵养纯熟，固已久矣。是以大学之序，特因小学已成之功，而以格物致知为始。今人未尝一日从事于小学，而日必先致其知，然后敬有所施，则未知其以何为主而格物以致其知也。故程子曰：入道莫如敬，未有能致知而不在敬者。⑦

在这里，他提出持敬才是格物致知的根本，"圣学始终之要"。也就

---

① 《二程粹言》卷2。

② 《朱子语类》卷12。

③ 《朱子语类》卷12。

④ 《朱子语类》卷12。

⑤ 《朱子语类》卷12。

⑥ 北京大学哲学系：《中国哲学史》，商务印书馆，2004年，第364页。

⑦ 《晦庵集》卷42《答胡广仲》。

是说，要以仁义礼智信作为学习的最高指导原则，贯彻始终，作为探求知识和指导行动的出发点，作为我们一切行动的指南。

朱熹认为，持敬的具体方法有多种，首先，应该做到此心常惺惺：

> 人心常炯炯在此，则四支不待羁束，而自入规矩……心既常惺惺，又以规矩绳检之，此内外交相养之道也。①

> 心常惺惺，自无客虑。②

> 大抵学问须是警省。且如瑞岩和尚每日间常自问："主人翁惺惺否？"又自答曰："惺惺。"③

> 心，只是一个心。非是以一个心治一个心。所谓"存"，所谓"收"，只是唤醒。④

心常惺惺的具体做法是，把心当主人翁，让其光辉炯炯地守在身体里，则人的手足举措，就会自合规矩。而且还要时时警觉反省，唤醒心，使它不昏昧，这样，就能"使如日之升，则群邪自息"，不会在人身上存在那些与本心无关的"客虑"（亦即"群邪"）。对此，朱熹曾形象地描述说，"心本自光明广大"，"试定精神看一看，许多暗昧魍魉，各自冰散瓦解"⑤。总之，唤醒那光辉炯炯的心，使之常惺惺，就能举措规矩，消除各种"群邪"。

其次，持敬必须常怀虔诚、敬畏之心：

> 因说敬。曰："……出门如见大宾，使民如承大祭"等类，皆是敬之目……敬有甚物？只如"畏"字相似。不是块然兀坐，耳无闻，目无见，全不省事之谓。只收敛身心，整齐纯一，不凭地放纵，便是敬。⑥

---

① 《朱子语类》卷12。
② 《朱子语类》卷12。
③ 《朱子语类》卷12。
④ 《朱子语类》卷12。
⑤ 《朱子语类》卷12。
⑥ 《朱子语类》卷12。

> 敬非是块然兀坐……只是有所畏谨，不敢放纵，如此，则身心
> 收敛，如有所畏。①

"如见大宾""如承大祭""收敛身心""不凭地放纵""有所畏谨"
"不敢放纵"等都意味着持敬必须虔诚、敬畏。他在《敬斋箴》里，以
"潜心以居，对越上帝"自警自勉，更足以说明持敬含有虔诚、敬畏的精
神状态。朱熹认为，如商汤之"圣敬日跻"，周文王"小心翼翼，昭事上
帝"那样的虔诚都是敬。

再次，持敬就是把身心放在封建道德的模匣子里，使之不走样：

> 为学，自有个大要。所以程子推出一个敬字与学者说，要且将
> 个敬字收敛个身心。放在模匣子里面，不走作了，然后逐事逐物看
> 道理……心地光明，则此事有此理，此物有此理，自然见得。②

朱熹所设计的封建道德的模匣子，是以仪表（容貌、衣冠、瞻视、
坐立、头目、足手、口气）到内心都有一套严格的范式：

> 持敬之说，不必多言。但熟昧整齐严肃，严威严恪，动容貌，
> 整思虑，正衣冠，尊瞻视此等数语，而实加功焉，则所谓直内，所
> 谓主一，自然不费安排，而身心肃然，表里如一矣。③

> 坐如尸，立如齐，头容直，目容端，足容重，手容恭，口容止，
> 气容肃，皆敬之目也。④

> 问敬何以用工？曰：只是内无妄想，外无妄动。⑤

从仪表和内心来说，朱熹更注重通过读书、静坐等功夫来使思想专
一，收敛身心，读书心在书，为事心在事，这是持敬；即使是瞑目静坐，
也要支遣思虑，使妄想不起，这也是持敬。他认为，静坐与佛家的坐禅
入定，断绝思虑不同，只是"收敛此心，莫令走作闲思虑"，要使此心

---

① 《朱子语类》卷12。
② 《朱子语类》卷12。
③ 《朱子语类》卷12。
④ 《朱子语类》卷12。
⑤ 《朱子语类》卷12。

"湛然无事，自然专一。及其有事，则随事而应，事已则复湛然矣"①。朱熹还认为持敬要"贯乎动静语默之间，而无一息之间断"。"动静如船之在水。潮至则动，潮退则止。有事则动，无事则静。"而静时的涵养，却是更根本的。所以说，"静为主，动为客"，"静者，养动之根。"只要这样涵养，这样以静养动，则"其应事，敏不失机"。如果"随事匆匆，以动应动"，必然要躁扰"失机"②。

第四，持敬的一个重要内容是"敬义夹持"：

> 敬有死敬，有活敬。若只守着主一之敬，遇事不济之以义，辨其是非，则不活。若熟后，敬便有义，义便有敬。静则察其敬与不敬，动则察其义与不义……须敬义夹持，循环无端，则内外透彻。③

因为"敬以直内，义以方外"，所以"敬义夹持"，就做到"内外透彻"。朱熹认为，敬义只是一事。换言之，其实敬义是一个事物的两个方面：敬是"守于此而不易之谓"，义是"施于彼而合宜之谓"；敬是对内心的要求，义是应事而得当的要求。所以他又说："敬要回头看，义要向前看。"④ 总之，敬义夹持就是持敬的内外兼顾的工夫。内而敬以直内，外而义以方外，内外都持敬，这就是敬义夹持⑤。

朱熹写有《敬斋箴》，集中概括了自己日常的持敬功夫：

> 正其衣冠，尊其瞻视，潜心以居，对越上帝。
>
> 足容必重，手容必恭，择地而蹈，折旋蚁封。
>
> 出门如宾，承事如祭，战战兢兢，罔敢或易。
>
> 守口如瓶，防意如城，洞洞属属，罔敢或轻。
>
> 不东以西，不南以北，当事而存，靡他其适。
>
> 弗贰以二，弗参以三，惟精惟一，万变是监。

---

① 《朱子语类》卷12。

② 《朱子语类》卷12。

③ 《朱子语类》卷12。

④ 《朱子语类》卷12。

⑤ 《宋明理学史》上，第405—406页。

从事于斯，是曰持敬，动静无违，表里交正。

须臾有间，私欲万端，不火而热，不冰以寒。

毫厘有差，天壤易处，三纲既沦，九法亦斁。

于乎小子，念哉敬哉！墨卿司戒，敢告灵台。①

朱熹的《敬斋箴》大致以如下 3 个方面进行日常的持敬功夫：其一，从衣冠至手足举措方面强调要整齐、庄严、虔诚、恭敬、谨慎；其二，从精神上强调要专注于一，动静无违，表里端正；其三，存天理，灭私欲。

三、陈淳、真德秀的持敬思想

陈淳（1159—1223），字安卿，号北溪，世称北溪先生。他为朱熹弟子，推崇朱子学说。著有《北溪字义》《北溪大全集》等。

陈淳承袭朱熹持敬思想，特别强调主敬功夫："程子谓主一之谓敬，无适之谓一。文公合而言之曰：主一无适之谓敬，尤分晓。"②陈淳认为二程、朱熹的持敬思想中最重要的就是专注于一。二程提出这个敬字，是"就学者做工夫处说"，"所关最大"。所谓敬，"只是此心常存在这里，不走作，不散漫，常凭地惺惺，便是敬"。主一，就是心思集中。例如，做事的时候，心思就集中在这件事上，不把第二件、第三件事来参插，这就是主一，就是不二不三。无适，就是心常在这里，"不走东，不走西，不之南，不之北"，集中一处，排除其他想法。陈淳认为："礼谓'执虚如执盈，入虚如有人'，只就此二句体认持敬底功夫，意象最亲切。"③他比喻说，一个人如捧着一个空的器皿也应该像捧着一个盛满东西的器皿。因为当手捧着一个盛满了东西的器皿，如果心不在焉，走一步就会倾泼出来。一定要用心注意着小心翼翼地捧，就不论走到哪里都

① 《晦庵集》卷 85《敬斋箴》。

② 陈淳：《北溪字义》卷上《敬》，台湾商务印书馆影印文渊阁四库全书本。

③ 《北溪字义》卷上《敬》。

不会倾泼出来。又如走进一间空房，即使里面没人，但是也要"此心常严肃，如对大宾"。陈淳认为，这样才是"持敬底工夫"。

陈淳要求人们应把朱熹写的《敬斋箴》放在座右，经常看着，以此为准则来做功夫，时间久了就显出同平常不一样。陈淳称《敬斋箴》"铺叙日用持敬工夫节目最亲切"，因此为之作了注解。

真德秀（1178—1235），字景元，更为希元，号西山，世称西山先生。历江东转运副使、知泉州、潭州、福州，所至有政声。后入为翰林学士，拜参知政事。学宗朱熹，著有《大学衍义》《真文忠公集》。

真德秀继承了程朱理学"穷理持敬"的思想。他认为，"穷理"须与"持敬"相辅而行，如"穷理"而不敢"持敬"，于义理必无所得；"持敬"而不"穷理"，必流于释氏之虚静。他说："欲穷理而不知持敬以养心，则思虑纷纭，精神昏乱，于义理必无所得。知以养心矣，而不知穷理，则此心虽清明虚静，又只是个空荡荡地物事，而无许多义理以为之主，其于应事接物必不能皆当。释氏禅学正是如此。"①

真德秀在对"敬"的内涵的诠释上与朱熹几乎相同。他认为，外表端庄，整齐严肃；内心静一，无二无杂，表里交正即谓"敬"。他说："端庄主容貌而言，静一主心而言，盖表里交正之义，合而言之，则敬而已矣。"② 真德秀为了使学者更好地理解理学的"静一"同释氏的"虚静"的不同，对两者做了辨析区分。他指出，释氏的"虚静"，人心中只见个"空荡荡地物事"，而理学的"静一"，心有"许多义理以为之主"。释氏的"虚静"犹如槁木死灰，而理学的"静一"则如明鉴止水。在此基础上，真德秀进一步指出，释氏的本体是"空无"，而理学的本体是"实有"；释氏的"持静"在于体悟万般皆空，而理学的"持敬"在于体认有之"理"。真德秀以此来分清两家界限，的确有其独到合理的一面。然

① 真德秀：《真文忠公集》卷30《问学问思辨乃穷理工夫》，台湾商务印书馆影印文渊阁四库全书本。

② 《真文忠公集》卷30《问端庄静一乃存养工夫》。

而，释氏讲"空无"，亦自承认"真如佛性""大千世界"为实有；而理学认为仁义礼智之"理"先于天地而存在，要人们静坐体认，其神秘性亦不下于佛教。① 因此，全祖望指出："近临川李侍郎穆堂讥其（真德秀）沈溺于二氏之学……愚尝详考其本末……两宋诸儒门庭径路，半出于佛老。"② 这种批评是颇为中肯的。

真德秀认为持敬的路径主要有两个方面：一是持敬首先要对"理"产生一种崇畏心理，收敛身心，使不失尺寸，不踰法度。他指出："敬奚所自始？自戒谨恐惧始"③，"持身以敬，则凛如神明在上，而无非僻之侵……理义常为之主，而物欲不能夺矣"④。二是持敬必须内心"静一"："此心当如明鉴止水，不可如槁木死灰。鉴明水止，其体虽静，而可以鉴物，是静中涵动，体中藏用，人心之妙正是如此。若槁木之不可生，死灰之不可燃，是乃无用之物。人之有心，所以具众理而应万事者也。其可委之无用乎！吾道异端之正在于是，不可不察。"⑤ 在真德秀看来，水鉴之明，虽未照物，而能照之理，无时不存。内心"静一"，虽未思虑，而神明昭彻，其理已具，以此应事接物，便会事事得当。

真德秀把"穷理持敬"看作"正心修身之本"，而"正心修身"的最高境界就是"物欲消尽，纯乎义理"。他要求社会上的所有成员"自天子以至庶人皆当佩服以自警"⑥，以维持封建纲常秩序。

四、张九成的慎独思想

张九成（1092—1159）字子韶，号横浦居士，又号无垢居士。南宋初历著作郎、礼部侍郎、刑部侍郎等职。他研思经学，多有训解，著有

---

① 《宋明理学史》，第 614 页。
② 黄宗羲：《宋元学案》卷 81，中华书局，1986 年。
③ 《真文忠公集》卷 33《刘诚伯字说》。
④ 《真文忠公集》卷 4《论初政四事》。
⑤ 《真文忠公集》卷 18《讲筵老子·大学修身在正其心章》。
⑥ 真德秀：《大学衍义》卷 11，台湾商务印书馆影印文渊阁四库全书本。

《横浦集》。

"慎独"一词最早见于《中庸》，原意指在一个人独居时，也要注意道德修养，要求不论何时何地都不能放荡。张九成在《中庸》的基础上，对"慎独"的内容进行了丰富。

首先，张九成认为"慎独"是一种道德境界：

> 君子慎其独也，礼在于是则寂然不动之时也，喜怒哀乐未发之时也。《易》所谓"敬以直内"也。孟子所谓"尽其心知其性"也。有得于此未可已也。释氏疑近之矣，然于此而不进。

> 天命之谓性，喜怒哀乐未发以前者也，所以谓之中。①

张九成的"慎独"道德境界有两层含义：一是所谓"性""天命""中"，都是指喜怒哀乐未发时的"寂然不动"的心理状态。这近似佛教禅家所谓"善恶虽殊，本性无二"，"见自本性，无动无静，无生无灭，无去无来，无是无非，无往无住"。二是所谓"敬以直内"与二程、朱熹的持敬说的道德境界是相似的，"敬以直内"是朱熹"敬义夹持"内外兼顾工夫中对内心的要求。而张九成的"慎独"说更强调一个人独居时的持敬。

其次，张九成认为"慎独"还是一种道德修养功夫：

> 当自喜怒哀乐未发之前，求其所谓内心，觉有得焉勿止也，当求夫发而中节之用，使进退起居饮食寝处不学而入于《乡党》之篇，则合内外之道，可与论圣人矣。②

> 乃入子思"慎独"之说，使非心不萌，邪气不入，而皇极之义、孔门之学于斯著焉。③

张九成的"慎独"不仅只是一种道德境界，而且还是一种道德修养功夫，"有得于此未可已也"，即达到这种道德境界之后，还要进一步予

---

① 张九成：《横浦集》卷5《少仪论》，台湾商务印书馆影印文渊阁四库全书本。
② 《横浦文集》卷5《少仪论》。
③ 《横浦文集》卷17《静胜斋记》。

以行动，从而完成"修齐治平"的圣人事业。"慎独"作为一种道德修养功夫，不仅是指在达"中"这个境界后，更进而求"发而皆中节之用"，而且更重要的是指如何达到"中"这个境界的路径，即如何通过"求中"达到"性""天命"的中庸境界。

> 中庸之道赞天地之化育如此，而其要止在喜怒哀乐未发已发之间而已；而其所以入之路，又止在戒慎不睹、恐惧不闻而已。[1]

> 何谓天？喜怒哀乐未发以前，天也；戒慎不睹，恐惧不闻，于不睹不闻处深致其察，所以知天也。[2]

> 中庸不在血气中，惟戒慎不睹、恐惧不闻者能得之……雷在天上，"大壮"也，即非礼勿履也，即中庸也，即天理也，其可以血气为之乎？惟血气消尽，中庸见矣。[3]

可见，张九成的"慎独"修养功夫即"求中"，在遇到不合乎封建纲常伦理的事时，不去看它，不去听它，然后再"深致其察"，独自冥思，深入研讨，这样就能达到"中庸"的境界。张九成要求人们不论在何种情况下，都不能违反这个原则。

第四节 以孝为本的思想

张载写有一篇有名的文章《西铭》，宣传以孝为本的封建道德观念，对后世影响很大，得到后世许多思想家的赞许。如程颢、程颐兄弟就认为《西铭》的理论价值与孟子的著作同样重要。

《西铭》继承发扬了《孝经》的孝的观点，认为孝是"天之经、地之

---

① 张九成：《中庸说》卷2。
② 《中庸说》卷3。
③ 《中庸说》卷1。

义、民之行"，体现了孝的原则就是体现了宇宙的最高原则。《西铭》一开始就称："乾称父、坤称母，予兹藐焉，乃混然中处。故天地之塞吾其体，天地之帅吾其性。"这就是说，天地是人的父母。天地之体也就是我们每个人的身体，天地之性也就是我们每个人的本性。因此我们必须孝顺父母，以天地之体为体，以天地之性为性。《西铭》中所宣扬的孝是一个广义的孝，把一切符合封建道德规范的行为都说成是实现了孝的原则。反之，把一切违反封建道德规范的行为都说成是不孝。因此，孝是张载道德论的最重要规范，内容丰富，其含义远远不止孝敬父母：

> 民吾同胞，物吾与也……大君者吾父母宗子，其大臣，宗子之家相也。尊高年，所以长其长；慈孤弱，所以幼其幼。圣，其合德；贤，其秀也。凡天下疲癃残疾、茕独鳏寡，皆吾兄弟之颠连而无告者也。于时保之，子之翼也；乐且不忧，纯乎孝者也。违日悖德，害仁日贼；济恶者不才，其践形，惟肖者也。知化则善述其事，穷神则善继其志。不愧屋漏为无忝，存心养性为匪懈。恶旨酒，崇伯子之顾养；育英才，颖封人之锡类。不弛劳而底豫，舜其功也；无所逃而待烹，申生其恭也。体其受而归全者，参乎！勇于从而顺令者，伯奇也。富贵福泽，将厚吾之生也；贫贱忧戚，庸玉女于成也。存，吾顺事；没，吾宁也。①

既然人们都是天地的子女，所有老百姓都应当看做自己的兄弟，万物都应当看做朋友。君主是天地的长子，大臣是帮助长子的管家人。对老年人要尊敬，对孤儿和小孩要慈爱，就像对于自己家里的老年人和孤儿小孩那样关心爱护。天下有残疾的、鳏寡孤独的人都是我们自己受苦受难的兄弟。张载呼吁，对这些老人、幼弱、残疾、鳏寡之人，全社会的人必须予以同情、关心、爱护与帮助。

张载认为古代圣贤之所以会成为圣贤，就在于他们都是孝的忠实实行者，他还把安于贫贱的乐天安命的行为当作孝。如果一个人处在富贵

---

① 张载：《张子全书》卷1《西铭》。

的环境中，是天地父母给予他优裕的生存环境，让他过上好日子；如果一个人处在贫贱苦难的环境中，也不要抱怨，应当看做这是天地父母对他的考验，通过磨难使他成才。总之，不论是富贵的生活或贫贱的生活，不论是什么人，天地对他们都是一样关怀爱护的，都是为了成全他。

张载从人人同等、万物共性的角度，宣扬人人应该尊老抚幼，照顾疲癃残疾、茕独鳏寡者，应当普爱众生，泛爱万物。这一点与墨子"兼爱"思想相似。他在《正蒙·诚明篇》中就直接提到"兼爱"："性者，万物之一源，非我有之得私也。惟大人为能尽其道，是故立必俱立，知必周知，爱必兼爱，成不独成。"他认为，任何人都必须忠君事长，恪守封建义务，此乃命运使然，天经地义，任何人都无法避免。这就是"孝"的实质。《西铭》中所举事例，都是古代忠孝的典范，也是张载为人们树立的榜样。他要求人们"穷神知化"，"存心养性"，致力于道德修养，无论贫富贵贱，都应安天乐命，活着一天，尽一天的孝道，直到问心无愧地死去。

第五节　日常行为举止规定

宋人在教育少年儿童中，十分注意培养他们的日常行为举止。这样不仅能养成少儿良好的生活习惯，也是其品行修养过程中的最初一步，为他们日后的发展与立足社会铺垫下良好的基础。正如朱熹在《小学集注》中指出的那样："古者小学教人以洒扫应对进退之节，爱亲敬长隆师亲友之道，皆所以为修身齐家治国平天下之本。而必使其讲而习之于幼稚之时，欲其习与智长，化与心成，而无扞格不胜之患也。"他把对少儿洒扫、应对、进退礼仪的生活小事、日常行为举止的训练培养看作是塑造国家栋梁之才、修齐治平的根本，是有一定见地的，对后世影响深远。

与朱熹同时代的程端蒙（1143—1191）、董铢（1152—？）对朱熹许

多箴言和铭记加以概括发挥，制订了《程董二先生学则》。根据朱熹的说法，理学教育分为小学和"成人"教育两阶段，小学教的是洒扫应对进退之节之类的基本行为规范，以及日用的知识技能。

朱熹曾为《程董二先生学则》作跋：

> 道不远人，理不外事，故古人之教者，自其能食能言而所以训导整齐之者，莫不有法，而况于家塾党庠遂序之间乎。彼其学者所以入孝出悌，谨言群居，终日，德进业修而暴慢放肆之气不设于身体者縣此故也。番阳程端蒙与其友生董铢共为此书，将以教其乡人子弟而作新之，盖有古人小学之遗意（矣）。余以为凡为庠塾之师者，能以是而率其徒，则所谓成人有德小子有造者，将复见于今日矣。于以助成后王隆德之意，岂不美哉！①

这里，朱熹强调教育必须有法（即学则）作为培养人才的依据和目标，他向所有学校的师长推荐《程董二先生学则》，认为如能依此训导学生，就会培育出有德性、有才干、为国家和人民做贡献的人才。

《程董二先生学则》（以下简称《学则》）②共18条，起首2条为学生规定了在朔望（每月初一、十五）和晨昏所应进行的仪式，末条是关于惩处的办法。其余为学生律己、待人、接物时所必须遵循的原则，其中讲日常行为的8条，讲学习的5条，讲待人接物的2条。

讲日常行为的8条对人们的衣食住行、谈吐举止以及容貌视听都做了具体细致的规定。其一，"居处必恭"。《学则》要求根据年龄、长幼，排定坐位次序，不能乱序。坐时必直身正体，不能盘腿倾倚，交胫摇足，如朱熹所要求的必"端席"，如陈淳所说的"坐当如尸"。《学则》特别反对学生白天睡觉，因为孔子就曾经斥责白天睡觉的宰我是"朽木不可雕也，粪土之墙不可杇也"。《学则》要求人们在居处的时候，要如敬天敬

---

① 《朱文公文集》卷82《跋程董二先生学则》。

② 程端礼：《读书分年日程》卷首《程董二先生学则》，台湾商务印书馆影印文渊阁四库全书本。

神那样肃恭。其二，"步立必正"。《学则》规定，人们走路时徐行，站立时拱手，不能超越长者而行，不能背向尊者而立，不能践踏门坎，不能跛颠偏倚。这就是如朱熹所要求的"足容必重，手容必恭，择地而蹈"那样，举手投足不能有差错。其三，"视听必端"。《学则》规定，人们平时眼睛只能直视，不能随便流转张望；耳只能正听，不能倾头左右。其四，"言语必谨"。《学则》规定，人们说话时要轻声细语，时时控制自己的喜怒情感，不要大声喧哗。发表自己的意见要谨慎，不要随意评论人物，胡言乱语。其五，"容貌必庄"。《学则》要求人们平时要严肃庄重，不要轻易放肆，不要凶狠傲慢，不要随意高兴或发怒。其六，"衣冠必整"。《学则》规定，人们不能穿奇装异服，也不能简单随便，即使在安闲休息时，也不能"衩袒露顶"，在盛暑也不能脱鞋去袜。其七，饮食必节。《学则》要求人们饮食不要吃得太饱，不要追求美味。吃饭必须定时。不要以吃不好的食物为耻。不是节假日或尊长的命令，不得饮酒。如果饮酒，不超过三杯，不要喝醉了。其八，出入必省。《学则》规定，如果不是尊长呼唤、师长差使以及有紧急的事情，学生不得随意走出校门。如学生离开学校一定要报告，返回学校一定要面见师长。离开学校不要改变原来定的方向，返回学校不要超过原来规定的日期。

《学则》讲学习的有 5 条："读书必专一""写字必楷敬""几案必整齐""堂室必洁净""修业有余功、游艺有适性"。朱熹指出："为学之道，莫先于穷理，穷理之要，必在于读书。"[①] 所以，学生日常生活的中心是读书，其要求主要有 5 个方面：一是先正心肃容，专心致志。二是在读诵上下功夫。每一书都规定了应读的遍数。如遍数已足而不能背诵，必须再读至能背诵为止；如遍数未足，已能背诵，也必须再读，读满遍数。学生小学阶段的学习活动主要就是埋头于诵经与背书。三是非圣贤之书勿读，无益之文勿观，严防学生离经叛道。四是保持学习环境的整齐与清洁。五是课余时可适当弹琴习射等。这同孔子的做法已有不同。孔子

---

① 张洪等：《朱子读书法》卷 1，台湾商务印书馆影印文渊阁四库全书本。

的"六艺"（礼、乐、射、御、书、数）把弹琴习射纳入学生必修课程，注重培养学生成为具有多种技能的人，而宋理学家则将弹琴习射列入课余活动，并强调必须"有适性"，即适可而止。

《学则》讲待人接物的有2条：一是"相呼必以齿"；二是"接见必有定"。这两条强调待人接物必须注意师生、长幼、朋友之间的辈分关系，维护师道尊严；交朋友要"非其类"不能亲近。

黄榦的门人饶鲁在评论《学则》时认为，《学则》讲述了"群居日用之常仪"，而朱熹的《白鹿洞书院教条》内容为"父子有亲""君臣有义""夫妇有别""长幼有序""朋友有信"等，发挥了"学问之宏纲大目"。因此，他主张将两者并举，才能"本末相须，内外交养，而入道之方备矣"①，也就是将小学和"成人"教育的培养目标融为一体。所以，真德秀在《教子斋规》中，首先立宏纲大目《学礼》，然后才是日用之常仪《学坐》《学行》《学立》《学言》等。

---

① 程端礼：《读书分年日程》卷首《程氏家塾读书分年日程》，台湾商务印书馆影印文渊阁四库全书本。

第三章
宋代家族管理思想

第一节　敬宗收族思想

在唐末五代世家大族式家族组织瓦解之后，较早提出重建新的家族制度的是北宋中叶的著名理学家张载。他认为唐末五代以来社会动荡不安的一个重要原因是当时"宗子法废""谱牒又废"。谱牒制度废除后，"人家不知来处，无百年之家，骨肉无统，虽至亲，恩亦薄。宗子之法不立，则朝廷无世臣。且如公卿，一日崛起于贫贱之中以至公相，宗法不立，既死遂族散，其家不传……如此则家且不能保，又安能保国家"①。家族制度的瓦解，使人们的血缘关系松弛，一个祖先的子孙甚至互不相识，视若路人，以致至亲恩薄，骨肉相残，统治集团内部争斗不已，于是导致许多世家大族破落衰败，子孙沦落，封建统治危机严重，社会矛盾尖锐。他提出恢复古代的宗法制度，保持世家大族的世代荣华，是巩固封建统治，保持社会稳定的一项重要措施。这样，"公卿各保其家，忠义岂有不立，忠义既立，朝廷之本岂有不固"。因此，他主张："管摄天

---

① 张载：《经学理窟·宗法》，《张载集》，中华书局，1978 年，第 258—259 页。

下人心，收宗族，厚风俗，使人不忘本，须是明谱学世族与立宗子法"，"今日大臣之家，且可方宗子之法。譬如一人数子，且以适（嫡）长为大宗，须据所有家计厚给以养宗子，宗子势重，即愿得之。供宗外，乃将所有均给族人……宗不善，则别择其次贤者立之。"①

当时，另一位著名理学家程颐，也极力提倡重建宗法制度，用以团结族人，挽救世家大族的迅速分化，解决统治集团内部争斗激烈、统治不稳的危机。他说："宗子者，谓宗主祭祀……凡小宗以五世为法，亲尽则族散。若高祖之子尚存，欲祭其父，则见为宗子者。虽是六世七世，亦须计会今日之宗子，然其祭其父。宗子有君道。"②

张载、程颐在此提出重建家族制度的关键是强化宗族的血缘关系，在家族内部设立"宗子"，将一个祖先的数代子孙团聚在一起，由宗子为首管理宗族事务，统率族人，使家族内部有无相通，患难相恤，形成一个严密的社会组织。

张载、程颐除提出设宗子团结族人、管理家族事务外，还主张各家族建家庙，供奉家族中历代祖先的神主牌位，通过祭祀祖先来加强家族的凝聚力，达到敬宗收族的效果。他们所说的"庙""家庙"，即后世家族制度中祠堂的雏形。张载设想的家庙是"凡人有正厅，似所谓庙也，犹天子之受正朔之殿。人不可常居，以为祭祀、吉凶、冠婚之事于此行之。厅后谓之寝，又有适寝，是下室，所居之室也"③。在此，张载主要强调家庙的功能，用于家族举行祭祀、婚礼、丧礼、成年礼的场所。程颐对家庙的设想则侧重于其位置的选择和内部结构："士大夫必建家庙，庙必东向，其位取地洁不喧处。设席坐位皆如事生，以太祖面东，左昭右穆而已……太祖之设，其主皆刻木牌，取生前行第或衔位而已。"④ 程

---

① 《经学理窟·宗法》，《张载集》，第 260 页。
② 程颐：《伊川先生语》，《二程集·河南程氏遗书》卷 17，中华书局，1981年。
③ 《经学理窟·宗法》，《张载集》第 295 页。
④ 程颐：《朱公掞录拾遗》，《二程集·河南程氏外书》卷 1。

颐还与程颢强调宗族聚会的睦族功能，提出："凡人家法，须令每有族人远来，则为一会以合族，虽无事，亦当每月一为之。古人有花树韦家宗会法，可取也。然族人每有吉凶嫁娶之类，更须相与为礼，使骨肉之意常相通。骨肉日疏者，只为不相见，情不相接尔。"①

朱熹是继张载、程颐之后大力提倡建立新的家族制度的著名理学家。他为宋代家族制度设计了一个相当完整且十分具体的方案。除了当时已形成的家谱他没有谈到以外，大凡族长、祠堂、族田、祭祀、家法、家礼等体现宋代家族制度形态结构的主要内容，他都详细而具体地在其《朱子家礼》卷1《通礼》中提出来了。后世的家族制度，大体上就是按照朱熹设计的模式建立起来的。因此，朱熹通过族长、祠堂、族田、祭祀、家法、家礼等达到敬宗收族的思想对后世影响极其深远。

《朱子家礼》卷1《通礼》中包含"祠堂""深衣制度"和"司马氏居家杂仪"三节，统领《朱子家礼》全书。朱熹在《司马氏居家杂仪》中突出家长的地位，肯定和推行父权家长制。他引用《居家杂仪》说："号令出于一人，家政始可得而治矣"。子女应绝对服从父母："凡父母有过，下气怡色，柔声以谏；谏若不入，起敬起孝，悦而复谏；不悦，与其得罪于乡党州间，宁熟谏；父母怒而不悦，而挞之流血，不敢疾怨，起敬起孝"。"凡子事父母，父母所爱，亦当爱之；所敬，亦当敬之"。"子甚宜其妻，父母不悦，出；子不宜其妻，父母曰：是善事我，子行夫妇之礼焉"。推而广义，朱熹在冠、婚、丧、祭的礼节安排中，《家礼》始终突出和强调族长、家长的作用与尊严。如《家礼》规定，宗子主持祠堂的祭祀，是主人。"祠堂所在之宅，宗子世守之，不得分析"。

朱熹在《家礼》中，将"祠堂"放在全书卷首，其自注云这是为了突出"报本反始之心，尊祖敬宗之意"，是为了"使览者知所以先立乎大者，而凡后篇所以周族升降、出入向背之曲折，亦有所据以考焉"。通览《家礼》，祠堂被确立为整个家族生活中心的场所，充当着家族存在和维

---

① 《二先生语一》，《二程集·河南程氏遗书》卷1。

系家族团结的灵魂和纽带。《家礼》规定，祠堂建于正寝之东，或三间或一间，内设四龛以奉祀先世神主，只祭高、曾、祖、祢，若易世，原高祖亲尽而迁其主，埋于墓田。主人即族长、家长每天要到祠堂晨谒。家族成员"出入必告"，"有事则告"。逢正旦、冬至、每月朔望日，要到祠堂参拜神主，遇俗节（如清明、寒食、重阳）要献以时食。"或有水火盗贼，则先救祠堂，迁神主、遗书，次及祭器，然后及家财"，等等。《家礼》祠堂之制为以后祠堂的发展提供了蓝本，虽然后世祠堂在形式上各有所不同，但其基本原则一般都以《家礼》的规定为准。如《明集礼》"祠堂制度"条就全文照搬《家礼》。

《家礼》认识到经济问题对于家族存在的重要性，因而在祠堂制度中立"置祭田"一款，"祭田"下小注云："初立祠堂，则计见田，每龛取其二十之一以为祭田，亲尽则以为墓田，后凡正为祔者，皆放此。宗子主之，以给祭用。上世初未置田，则合墓下子孙之田，计数而割之，皆立约闻官，不得典卖。"也就是说，祠堂建立之初，祭田按照每个神龛来募集，如后来血缘关系疏远，这些祭田就充为墓田；如果祠堂刚建立的时候，没有置祭田，则从墓下子孙割田作祭田，同时这些祭田全权由嫡长子负责，还要订立规约，不能私自买卖祭田。祭田的设置及不得私自买卖，不仅使祭祀祖先的费用有了稳定的来源，而且使家族的存在有了最基本的经济保障。

《家礼》强调宗子对祭祀权和族产（主要就是祭田）的掌控，利用祠堂维护家族的稳固和世代相传，这套制度在以后的家族活动中得到运用和发展，终于形成所谓的由宗祠、支祠以至家长的宗族系统。

经过唐末五代，门阀士族一蹶不振，"故其书（谱牒）散佚而其学不传"[①]。至宋代仁宗时期，随着新兴的士大夫进入权力和财富的鼎盛时期，他们不约而同地肩负起复兴宗族制度的历史使命。皇祐二年（1050），范仲淹在苏州设置了义庄；皇祐、至和年间，欧阳修、苏洵先后编写了本

---

① 《通志》卷25《氏族略第一·氏族序》。

族的新族谱，其修谱思想和体例开启了后世编纂族谱的典范。

苏洵在《谱例》中，通过对宗族历史的考察，认为历代编修谱牒的目的在于强化祖先崇拜及团聚族人："自秦汉以来，仕者不世，然其贤人君子犹能识其先人，或至百世而不绝，无庙无宗而祖宗不忘，宗族不散，其势宜亡而独存，则有谱之力也。"① 基于这种认识，他把修族谱作为收族的重要手段，使五服之内的族人通过尊崇共同的祖先而产生孝悌之心，因有共同的血亲关系而团结起来，避免族人因辈分疏远或离散而成为途人。他指出："情见乎亲，亲见于服"，"无服则亲尽，亲尽则情尽，情尽则喜不庆、忧不吊，喜不庆、忧不吊则途人也。吾之所以相视如途人者，其初兄弟也，兄弟其初一人之身也，悲夫一人之身份而至于途人，此吾谱之所以作也。其意曰分而至于途人者，势也，势吾无如之何也已，幸其未至于途人也，使之无至于忽忘焉可也。呜呼！观吾之谱者，孝悌之心可以油然而生矣。"②

欧阳修在《欧阳氏谱图序》中虽然没有苏洵那么广阔的视野和深邃的历史眼光，但他以欧阳家族为例，认为编修族谱能使众多子孙"守而不失"，继承祖先家传遗德，以光宗耀祖。他说，欧阳家族"世为庐陵大族"，该族的繁衍以及他和族人科举、仕宦的成功，有赖于"传于家"的祖先遗德，即"以忠事君，以孝事亲，以廉为吏，以学立身"。"传曰'积善之家，必有余庆'。今八祖欧阳氏之子孙甚众，苟吾先君诸父之行于其躬，教于其子孙者，守而不失，其必有当之者"③。

关于族谱的体例，欧阳修的《欧阳氏谱图》包括 4 项内容，为谱序、谱图、传记、谱例。"谱序"概述欧阳氏先世历史、得姓缘由和修谱的原因。"谱图"，绘制欧阳氏世系图。谱图之后为人物小传，原书并没有"传记"这一篇目，但其内容表明其实际相当于族谱中的"传记"。最后

① 《嘉祐集》卷 14《谱例》。
② 《嘉祐集》卷 14《苏氏族谱》。
③ 欧阳修：《文忠集》卷 21《欧阳氏谱图序》，台湾商务印书馆影印文渊阁四库全书本。

是"谱例"，阐述该谱的编纂原则。从"谱序"中我们知道，欧阳修编纂族谱采用详近亲、略远疏的著录对象原则："谱图之法，断自可见之世，即为高祖，下至五世玄孙，而别自为世，如此世久子孙多，则官爵功行载于谱者，不胜其繁。宜以远近亲疏为别，凡远者疏者略之，近者亲者详之。此人情之常也。玄孙即别自为世，则各详其亲，各系其所出，是详者不繁，而略者不遗也。凡诸房子孙，各纪其当纪者，使谱牒互见，亲疏有伦，宜视此例而审求之。"欧阳修主张各房支修谱，便于明确和查考，然后将修好的各房支谱合并起来，就是欧阳宗族的总族谱了。他本此原则，谱图只记录从欧阳万到欧阳修九代人的世系。世系以图表示，"旁行邪上"。具体写法是，先写第一代名字，下注明其生子若干；接写第二代名字，下注生子若干；依次按此范式写第三、四、五代，至此一图完成。另起一图，将上图之第五代复写一遍，然后依前范式写第六、七、八代，至此二图完成。这第二图在位置上和第一图并列。欧阳修仅写到第九代，设若有第十代或更多代，按照谱图这种范式，第九代至第十三代又为一图，也同前两图并列。欧阳修这种取五代做一图的谱图法，是有历史根据的，即符合五服制和小宗法观念。而每一个五世图并列，则参考了司马迁作《三代世表》的方法，古人称做"旁行邪上"，实际上是继承和发展周代谱牒的传统[1]。传记记述传主的简历和要事，包含名、字、功名、仕宦、封赠、享年、葬地、配偶。制作谱图的目的，是在教育子孙以忠孝传家，如同他在谱序中所说的，欧阳氏家风"以忠事君，以孝事亲，以廉为吏，以学立身"，希望子孙传承下去，发扬光大，绵延奕世。

苏洵的《苏氏族谱》包含6项内容，为谱例、族谱、族谱后录、大宗谱法、附录、苏氏族谱亭记。其中谱例，阐述谱的意义；族谱，先说明修谱的目的和叙述法则，然后是世系图；族谱后录分上、下篇，上篇为苏氏的先世考辨和叙述法则，下篇记录了苏洵"所闻先人之行"，主要

---

① 冯尔康：《中国古代的宗族和祠堂》，商务印书馆，2013年，第235页。

是苏洵曾、祖祐和父杲及序的言行，类似人物传记；大宗谱法介绍了纂修族谱的方法，以备修大宗族谱者采用，其内容实际上亦可属于谱例的范围；苏氏族谱亭记载了族谱亭的建立过程。这里值得注意的是，苏洵纂修《苏氏族谱》采用的是小宗法。全谱仅著录六代人，苏洵为第五代，上溯到他的高祖，再以上不写，理由也是五代以上亲已尽，不必写。苏洵还提出藏谱与续修的原则是：已成谱，高祖子孙家藏一部，续增的后人至五世，续修家谱。如此往复兴修，总观起来，世系延绵，修谱不绝，宗绪不会混乱。苏洵对于族谱的世系记载表述，则采用表的方式，六代一线贯穿下来，不像欧谱五世一图。苏洵主张修谱明孝悌，有五服关系的人，应当喜庆忧戚与共，看到谱书，知道与宗亲的服制（即血缘）亲疏关系，"孝悌之心可以油然而生"。苏氏族谱亭主要保护石谱碑，石谱碑立于苏氏高祖墓茔旁边，族谱亭还供族人举行祭祖及教导宗人的仪式，以发挥敬宗收族的作用。

我们如对欧、苏两谱进行比较，发现其共同点有：一是编纂族谱的目的相同，即通过追本溯源、明晰世系以敬宗收族，通过记述祖先的功绩德行来教忠教孝，传承祖先遗德，光宗耀祖。二是在编纂体例上，欧、苏两谱均有谱序、谱例、世系、传记；都采用小宗谱法，详亲略疏；传记所包含的内容，一般都有名讳、字号、仕宦、为人、生卒、享年、葬地、配偶、子数等。不同点主要是在记述世系时欧谱用图，苏谱用表，表述方法不同。欧谱以图表述，不论宗族传了多少世代，人丁多么兴旺，都可以便利地记录下来，但世代、人口一多，查检起来不太方便；苏谱以表表达，对族人的世系、血缘关系，令人一目了然，但若世远人众，表就不好做了。谱图、谱表，各有优劣，需要互相取长补短，故后世修谱者往往综合欧苏两家，图表并用。

欧谱和苏谱的创修，不仅出自本族的需要，而且意在为天下提供样本，起表率作用。据苏氏"谱例"记载，欧阳修曾对苏洵说，纂修族谱"不可使吾二人为之，将天下举，不可无也"。苏洵修好族谱后，"并载欧阳氏之谱，以为族例……以告当世之君子，盖将有从焉"。他还声称"苏

氏族谱，小宗之法也，凡天下之人，皆得而用之"，并创大宗法谱，"以俟后世君子有采焉"①。历史证明，欧、苏两谱的确在宗旨、体例、书例等方面确立了宋以降家族谱书的特定体例，为后世族谱的编纂提供了范本，被后世修谱者奉为圭臬。

南宋修纂族谱的人逐渐增多，保存在南宋士大夫文集中的谱序、谱跋有数十篇。从这些谱序、谱跋可以看出，当时大多数修谱者均受欧阳修、苏洵的影响，正如文天祥所指出的："族谱昉于欧阳，继之者不一而足。"当时修谱者"取苏公族谱引而损益之"②。特别是苏洵勿使族人为途人的思想强化了人们的宗族意识，促进了当时社会普遍修谱风尚的形成。如时人李石在《代家麟作重修家谱序》中就指出："生齿日繁，昭穆失纪，耆年宿德问之茫然，后生晚出，将为途人，谱其可不修乎?"③可见，家氏宗族在南宋时因人口繁衍，各代辈分失去记载，世系混乱，众多的年轻晚辈之人，不知道互相间的血缘关系，同宗人将成为途人，所以修谱势在必行。方大琮则从族人的利害关系角度担忧同宗人将成为途人，因此致力于编纂《方氏族谱》。他说："由一人之身分而至于如途之人，曰途人者，利害不相及之谓也，不相及犹可也，推其簿将有不得为途之人者，吾用是惧。此族谱所为作也。"④游九言则针对当时贫富分化严重导致同宗之人倾轧欺凌还不如途人的现象，大力倡导通过修谱来恢复、加强宗人之间的血亲之情："某之为谱也，独深有意焉。自宗族之恩缺，而民不知亲其亲，自贫富贵贱之势相轧，而亲亲之恩愈薄。异姓之人卒然遇诸途，利害气势莫能相及，而欢愉忧戚或相与共，而为同宗则反不然，贱而卑者或陵之，富而贵者或嫉之，因其陵与嫉之心生也，而宗族

---

① 《嘉祐集》卷14《大宗谱法》。

② 文天祥：《文山集》卷14《跋李氏谱》，台湾商务印书馆影印文渊阁四库全书本。

③ 李石：《方舟集》卷10《代家德麟作重修家谱序》，台湾商务印书馆影印文渊阁四库全书本。

④ 方大琮：《铁庵集》卷31《方氏族谱序》，台湾商务印书馆影印文渊阁四库全书本。

以睽至其极，则兄弟不相能者多矣……曾谓匹夫而居一乡，独不念乎如前所谓贫富贵贱之际固可勿论矣。岂至反不若途之人利害莫相及者哉？又岂肯漠然相视如途之人而已，此某述谱有望于吾宗之意也。"① 陈著更从人心、贫富、官民等综合因素来论证当时如不修谱，许多家族同宗之人将成为途人："宗法废，人心漓，贫富忌，则贫者不得为族；官民分，则民者不得为族；甚而服未尽而以途人视，等而上益远益可知已，于是乎族不可无谱。"② 总之，南宋时族谱的编纂，众多家族主要是以收族为目的的。

从南宋族谱的一些序跋，我们也可知道，当时族谱的体例也模仿欧、苏两谱。如陈康伯族谱，"告之以旧谱序文者，明作谱之权舆也。次之以史传记载者，姓氏之源流也。又次之以郡县及世表者，见门第之有在也。于是为图以详世系焉。其为图也，准欧阳氏五宗九世之法"③。由此可见，陈康伯族谱在体例上包含谱序、传记、世表、谱图等内容，而且谱图就是依据欧阳修"五宗九世之法"绘制的。编纂族谱重视通过表、图来详细记述宗族世系，通过传记来明晰姓氏源流，其目的都是想通过血亲关系来广泛凝聚族人。

南宋族谱也重视传记资料的记载，尤其是那些官宦世家大族通过族谱来宣扬标榜祖先的科第、宦绩、赏赐、封赠等，从而光宗耀祖，激励子孙继承发扬祖先功德。如方氏宗族修有《方氏仕谱志》，就十分强调科第、宦绩、赏赐、封赠的记述，谱中"以进士标其首，特奏次之，世赏又次之，封赠又次之"④。李石在其族谱中也指出："吾宗谱系，先御史府君始修之，一行之善，一艺之长，必为之传，而登官籍致饶给者，则载

① 游九言：《默斋遗稿》卷下《原谱》，台湾商务印书馆影印文渊阁四库全书本。

② 陈著：《本堂集》卷37《王氏族谱序》，台湾商务印书馆影印文渊阁四库全书本。

③ 陈梦雷：《古今图书集成·明伦汇编》卷280《氏族典·陈姓部》载张浚《陈氏族谱序》。

④ 《铁庵集》卷32《方氏仕谱志》。

其志铭焉。"① 可见，李氏家谱对家族中有突出善行、技艺者立传，而对于有官位的人，则直接刊载其墓志铭。游氏族谱对于有官职的人，则比较详细记载其"官称、名字、配偶、卒葬"等②。

欧、苏编纂家谱的指导思想和体例不仅影响南宋的家谱修撰，而且也为元、明人修谱提供了范本，士大夫修谱纷纷遵奉欧苏思想，仿照其体例。元代徽州教授程复心于延祐元年（1314）为武进姚氏族谱作序，就主张学习欧苏谱："苏氏、欧阳氏相继迭起，各创谱式，其间辨昭穆，别亲疏，无不既详且密，实可为后世修谱者法。"③ 明代大学士丘濬在《大学衍义补》中也指出："唐以前官修谱牒，宋以后私家自修，首自庐陵欧阳氏和眉山苏氏二家，明士大夫家亦往往仿而为之。"④

第二节　孝道思想

一、　孝与仁的关系思想

孝，是人伦之始。宋士大夫继承了传统儒家父慈子孝的伦理观念，将其作为家庭教育的首要内容。范质在《诫从子诗》中说："诫尔学立身，莫若先孝悌。"宋代理学家更擅从哲学的高度论证孝道与孔子仁论逻辑体系一致，把孝悌作为人之为人的根基。程颐提出："孝悌也者，其为行仁之本。"对此，他进一步阐发说："先生教某思孝悌为仁之本。某窃谓：人之初生，受天地之中，禀五行之秀，方其禀受之初，仁固已存乎其中。及其既生也，幼而无不知爱其亲，长而无不知敬其兄，而仁之

---

① 《方舟集》卷10《家谱后序》。
② 《默斋遗稿》卷下《原谱》。
③ 民国《辋川里姚氏宗谱》卷1，程复心《序》。
④ 丘濬：《大学衍义补》卷35，台湾商务印书馆影印文渊阁四库全书本。

用于是见乎外。故圣人教之曰：'君子务本，本立而道生。孝悌也者，其为仁之本矣！'盖谓修为其仁者，必本于孝悌故也。先生曰：'能如此寻究，甚好。'夫子曰：敬亲者不敢慢于人，爱亲者不敢恶于人。不敢慢于人，不敢恶于仁，便是孝弟。尽得仁，斯尽得孝悌；尽得孝悌，便是仁。"①

在仁与孝的关系上，朱熹继承了二程的思想，并进一步丰富了其哲学内涵，从体用关系上予以论证：

> 爱是仁之发，谓爱是仁，却不得。论性，则仁是孝悌之本。惟其有这仁，所以能孝悌。仁是根，孝悌是发出来底；仁是体，孝悌是用；仁是性，孝悌是仁里面事。②

仁是性，孝悌是用。用便是情，情是发出来的。论性，则以仁为孝悌之本；论行仁，则孝悌为仁之本。如亲亲、仁民、爱物，皆是行仁的基础。人们首先必须从孝悌做起，舍掉此就不是根本了。因为人第一必须爱亲，其次是爱兄弟，再其次爱亲戚、爱故旧，进而推广至仁民，爱天下万物，即逻辑起点是孝悌。朱熹认为，人生只是个阴阳，那阴中自有个阴阳，阳中又单独有个阴阳，物物都离不开这四个根本。"如这水流来下面，做几个塘子，须先从那第一个塘子过。那上面便是水源头，上面更无水了。仁便是本。行仁须是从孝悌里面过，方始到那第二个第三个塘子"③。孝的本源是仁，第一个"池塘"流经的水是孝，第二个"池塘"是仁民，第三个"池塘"是爱物。

对于仁与孝悌、仁民、爱物的关系，朱熹另有一个形象的比喻：

> 本只是一个仁，爱念动出来便是孝。譬如一粒粟，生出为苗。仁是粟，孝悌是苗，便是仁为孝悌之本。又如木有根，有干，有枝叶，亲亲是根，仁民是干，爱物是枝叶，便是行仁以孝悌为本。④

---

① 《二程遗书》卷23。
② 《朱子语类》卷20。
③ 《朱子语类》卷119。
④ 《朱子语类》卷20。

由此可见，朱熹认为仁与孝之间已具有了本末、体用的规定，即仁是本、体，而孝是末、用，就如母与子的关系一样，"仁是孝悌之母子，有仁方发得孝悌出来，无仁则何处得孝悌！"①

朱子作为著名的理学家，桃李满天下。他利用自己的社会地位和影响，毕其一生呼吁全社会倡行"孝道"。他一再主张行孝应从自我做起，由己及人，由家而国：

> 此老老、长长、恤孤方是就自家身上切近处说，所谓国齐也。民兴孝、兴悌、不倍，此方是就民之感发兴起处，说治国而国治之事也。缘为上行下效，捷于影响，可以见人心之所同者如此。②

孝是一种普遍性的、全民化的伦理道德规范，人同此心，心同此理，所谓"人心之同然"③。朱熹认为上至帝王将相、下至平民百姓都应该尽孝，因此，他在短暂的仕宦生涯中，尽自己所能，不断以发布《榜文》的形式，在全社会提倡孝道。

二、 生前尽孝思想

《礼记》云："孝子之事亲也，有三道也：生则养，没则丧，丧毕则祭。养则观其顺也，丧则观其哀也，祭则观其敬而时也。尽此三道者，孝子之行也。"《孝经》亦云："君子之事亲也。居则致其敬，养则致其乐，病则致其忧，丧则致其哀，祭则致其严。"这里的"生则养"，"居则致其敬，养则致其乐，病则致其忧"，就是属于生前尽孝。

生前尽孝，善事父母又可分为两个层面。其中最基本的，较低层面的是物质上的赡养。如《袁氏世范》云："父母于其子婴孺之时，爱念尤厚，抚育无所不至……方其子初脱胎卵之际，乳饮哺啜，必极其爱……父母于其子幼之时，爱念抚育，有不可以言尽者。子虽终身承颜致养，

---

① 《朱子语类》卷20。
② 《朱子语类》卷56。
③ 《朱子语类》卷58。

终不能报其少小爱念抚育之恩，况孝道有不尽者。"① 袁采认为身体发肤受之父母，并在父母乳饮哺啄养育之恩中长大，当你成年，父母已年老体衰，那时，你应回报父母，孝养父母，使他们衣食生活无忧，这是天理。司马光在《居家杂仪》中更具体规定：在经济上，"凡为子为妇，毋得蓄私财，俸禄及田宅所入，尽归之父母舅姑。当用则请而用之，不敢私假，不敢私与"。在饮食上，子女先要"请所欲于家长"，"不得恣所欲"，即家长想吃什么才弄什么吃，子女不能自作主张；在用餐时，"尊长举箸，子妇乃各退就食，丈夫妇人各设食于他所"，即尊长与子妇在吃饭上不但有先后之别，场所也有不同②。还有，父母年老体弱多病，为子女者应时刻关心其身体健康。"为子出入必告，倘如有事可寻。有病不离左右，汤药扶持辛勤。"③《居家杂仪》要求儿子女媳必须侍奉有病的父母公婆："凡父母舅姑有疾，子妇无故不离侧，亲调尝药饵而供之；父母有疾，子色不满，容不戏笑，不宴游舍，置余事，专以迎医检方合药为务，疾已复初。"④

其次较高的层面是精神上善待父母，相对较难做到，正如《礼记》所指出的，"养可能也，敬为难"。所谓"敬"，主要就是指要顺从父母的意愿，使他们愉悦。这是孝子应该做到的事。如司马光在《居家杂仪》中规定：子女对待父母之命，"必籍记而佩之，时省而速行之。事毕，则反命焉。或所命有不可行者，则和色柔声具是非利害而白之，待父母之许，然后改之；若不许，苟于事无大利害者，亦当曲从。若以父母之命为非，而直行己志，虽所执皆是，犹为不顺之子，况未必是乎？"在对待父母之过上，子女只能"下气怡色柔声以谏"。如果父母不从，则加劝说，实在不行，"与其得罪于乡党州里，宁熟谏。父母怒不悦，而挞之流

---

① 袁采：《袁氏世范》卷上，台湾商务印书馆影印文渊阁四库全书本。

② 朱熹：《朱子家礼》卷1《居家杂仪》，台湾商务印书馆影印文渊阁四库全书本。

③ 翟博主编：《中华家训经典》，海南出版社，2002年，第363页。

④ 《朱子家礼》卷1《居家杂仪》。

血，不敢疾怨，起敬起孝"，始终不改对父母的一片赤诚孝敬之心。在对待父母之好恶上，"凡子事父母，父母所爱，亦当爱之；所敬，亦当敬之"。甚至儿子对待自己的妻子，也要顺从父母对自己妻子的好恶："子甚宜其妻，父母不悦，出；子不宜其妻，父母曰：是善事我，子行夫妇之礼焉。"① 当然，另一方面，司马光认为，对于一些大是大非的问题，子女也不能盲目顺从父母："谏者，为救过也。亲之命可从而不从，是悖戾也；不可从而从之，则陷亲于大恶。然而不谏，是路人。"② 还有如子女顺从父母会使他们陷入不义，这样的顺从也要不得。司马光举历史之例云：曾子父亲因曾子误斩瓜根而体罚曾子，孔子主张"小捶则待过，大杖则逃走"③。子孙保护自己的身体是为孝，否则身体被父母打坏就将父母陷于不义。

三、 死后尽孝思想

如前所引，《礼记》中的"没则丧，丧毕则祭"与《孝经》中的"丧则致其哀，祭则致其严"，就是属于死后尽孝。

葬礼对于即将埋入泉壤之中的祖辈来说，从生命延续的角度考虑，则体现了生者对死者的感恩与怀念，即对于活着的人们来说，为表达难忘父母的养育之恩、常存儿孙想念之情的生活态度。因而，几千年来，对于活着的人们，最讲究的礼仪就是丧礼。"三年礼制通天下，一片孝心贯古今"，这是中国"丧礼"与孝文化融为一体的真实写照。总之，在中国古代丧礼中，处处体现了死后尽孝的思想。以下就《朱子家礼》中的丧礼略做分析：

中国古代在丧礼中非常重视丧服，尤其是父母之丧，孝子丧服更要严格按照礼制。《朱子家礼》规定，丧服有等差，即所谓"五服"：一、

---

① 《朱子家礼》卷1《居家杂仪》。
② 司马光：《温公家范》卷5，天津古籍出版社，1995年，第85页。
③ 《温公家范》卷5，第85页。

斩衰；二、齐衰；三、大功；四、小功；五、缌麻。丧服十分集中地体现了宗法制度中血缘亲疏、长幼有序，男女有别的规定，丝毫不得紊乱。斩衰主要是儿子和未嫁女子为父母、媳为公婆、长孙为祖父等所穿的丧服，这是"重孝"，其寓意是"斩者，丧服运不缉者也。斩衰衣裳皆用极粗生布，以示孝子之心，无心修饰故也"。齐衰则是父卒为母，为继母，已嫁女子为父母所穿的丧服，在丧服中为第二等，用粗疏的生麻布制作。齐衰缝边，区别于斩衰的毛边。齐衰虽然也体现了孝道，但与斩衰相比，已略轻一等。

《朱子家礼》与传统的儒家思想一样，主张土葬，拒斥火葬，其缘由只为一个"孝"字。这是因为当时人们认为土葬能完整保存祖先的尸体，是大孝的表现。人人都有对别人不忍心的心境，更何况身体是父母所给予的，我们岂能损伤！另外，儒家还特别相信祖先是有灵气的，能够荫及庇佑后代，只有为他们举行土葬，才算真正对得起祖先，也才能得到祖先的庇佑。

祭祀祖先、感恩先辈，是中华民族"孝"的重要体现。在中国古代封建的传统社会，"家"（庭）是一个人人生的起点，"家"（族）也是一个人人生的终点——一般的人最终被请进祠堂，享受族人的祭祀。家族祭祀在家族活动中居于重要的地位，祭祀会增强家族的认同感和凝聚力。在充满祖辈气息的土地上，一群血脉相承的族人，面对祖先的亡灵，在庄严肃穆的祭奠仪式中，家族内部一种强烈的"认同"感被召唤出来。人们常说"一笔写不出两个某字"，"五百年前一个锅里吃饭"，说的就是这样一种同一祖先的认同关系。国人常说"香火"，"香火"就是指家族祠堂里有人祭祀，有人纪念。活着的人祭奠逝去的人，后辈追忆祖先，点上香火，表达深深的报本返始、尊祖敬宗之情。这不断的香火，本身就意味着同一姓氏后代的祭祀活动在延伸，族类的生命和血脉在延续。

据《朱子家礼》记载，祠堂是整个家庭和家族活动的中心，是家庭

和家族祭告祖先的场所，最能体现"报本返始之心，尊祖敬宗之意"①，因此，朱熹创设祠堂，对以前庶人祀祖祢于寝和士大夫立家庙两种做法进行折衷，于正寝之东祭高、曾、祖、祢四世，适合于一般士庶之家。

在古代诸多祭祖祭神祭祠中，忌祭最能体现孝道精神。所谓忌日，亲亡之日也，是故孝子忌日必哀。朱熹认为："古无忌祭，近日诸先生方考及此。"②《朱子家礼》依据当时的情况，将忌日列入其中，且规定：逢忌日"主人以下变服"③，服饰因祭祀对象的不同而做相应的变化。而且逢忌日"诣祠堂奉神主出就正寝，并行初献、亚献和终献之礼"④，"不饮酒，不食肉，不听乐，素服、素带以居，寝于外"⑤。《朱子家礼》所规定的忌日祭祀旨在要求人们永远尊祖而不能忘本，以维护宗族亲亲之间的关系。祭礼本身就是孝，且具有孝道的教化作用。

四、 忠孝一体思想

在中国古代"家国同构"的伦理政治型体制下，宋代士大夫们把家庭道德体系内的"孝"扩大，并进一步升华到国家政治体系的"忠"。子女对父母的孝，只能是小孝，子女最应该做到的是大孝，即对国家的忠。只有做到对国家的忠，那才是真正的孝。叶梦得在《石林家训》中指出："故孝必贵于忠。忠孝不存，所率皆非其道，是以忠不及而失其守，非惟危身，而辱必及其亲也，故君子行其孝必先以忠。"要做到"事君如事父"，当忠孝不能两全时，应舍孝尽忠。欧阳修曾教导其子："汝等并列官品，当思报效……至于临难死节，亦是汝荣事，当存心尽公。"⑥ 由于宋"忠孝一体"观念的日益深入人心，以及最高统治者"取忠臣于孝子

---

① 《朱子家礼》卷1《通礼》。
② 《朱子家礼》卷5《祭礼》。
③ 《朱子家礼》卷5《祭礼》。
④ 《朱子家礼》卷5《祭礼》。
⑤ 《朱子家礼》卷5《祭礼》。
⑥ 刘清之：《戒子通录》，台湾商务印书馆影印文渊阁四库全书本。

之门"的选任人才取向，使得子孙的孝顺与否关系到家族的命运。"克孝子孙，振起家门；不孝子孙，破败家门；猗蹉子孙，盛衰之根。"① 因此，司马光认为，在一个家庭中，儿子敬事父母为孝，在国家中每个人各司其职为孝，忠孝一体，这才是孝道的终极目标：

> 或曰：生事之以礼，死葬之以礼，祭之以礼，具此数者，可以为大孝乎？曰：未也。天子以德教加于百姓，形于四海为孝；诸侯以保社稷为孝；卿大夫以守其宗庙为孝；士以保其禄位为孝。皆谓能成其先人之志，不坠其业者也。②

第三节　范氏义庄思想

范仲淹（989—1052）是北宋著名的政治家、军事家、思想家和文学家。皇祐元年（1049），他出知杭州，考虑到苏州的宗族中尚有不少饥寒的成员，于是以自己俸禄之余"置上田十顷于里中，以岁给宗族"，使"虽至贫者，不复有寒馁之忧"③。钱公辅撰《义田记》亦称：范仲淹"于其里中买负郭常稔之田千亩，号曰义田，以济养群族"。范仲淹以俸禄之余购买良田，捐为范氏宗族公产，称为"义田"，又设立管理机构，称为"义庄"。义庄的功能，涉及诸多方面，但对宗族成员进行经济生活上的赈济，是其最为重要的功能之一。

范仲淹在晚年时慷慨捐出俸禄之余，购买良田作为宗族公产赈济族人，与他早年赈济贫寒、重视宗族血亲关系是分不开的。早在范仲淹"未显贵"时，见族人中贫富不一，不少成员有"寒馁之忧"，即"常有

---

① 邵雍：《击壤集·盛衰吟》卷18，台湾商务印书馆影印文渊阁四库全书本。
② 《温公家范》卷5，第100页。
③ 《范文正公集》卷13。

志于是（即设义田）矣"①。龚明之《中吴纪闻》卷 3 中记载：有人劝范仲淹去洛阳购地营建别墅，用于自己晚年享受，范仲淹予以拒绝，说："人苟有道义之乐，形骸可外，况居家乎！"决意"俸赐之余宜以赒家族"。范仲淹还没显达的时候，苏州宗族对范仲淹并不友善，因害怕范仲淹分家产而阻挠他归宗。范仲淹以德报怨，晚年捐巨资在苏州购良田设义庄，赈济族人。他自己曾这样表白："吾吴中宗族甚众，于吾固有亲疏，然吾祖宗视之，则均是子孙，固无亲疏也。敬祖宗之意无亲疏，则饥寒者吾安得不恤也？自祖宗来，积德百余年，而始发于吾，得至大官。若独享富贵而不恤宗族，异日何以见祖宗于地下，今何颜入家庙乎？"②同僚富弼在《范文正公墓志铭》中评价范仲淹说："公天性喜施与，人有急必济之，不计家用有无。既显，门中如贱贫，家人不识富贵之乐。每抚边，赐金银甚多，而悉以遗将佐。在杭，尽以余俸买田于苏州，号义庄，以聚疏属。而敛无新衣，友人醵资以奉葬。诸孤无所处，官为假屋韩城以居之。《遗表》不干私泽，此益见其始卒志于道，不为禄仕出也。"③ 可见，范仲淹创设义田、义庄，是出于爱护族人、乐于赈济贫穷的思想，这与他一贯爱民的为官品德，"乐善泛爱""临财好施"的个性及"利泽生民""先天下之忧而忧，后天下之乐而乐"的社会责任感是完全一致的。

皇祐二年（1050）十月，范仲淹为了使义庄赈济族人有章可循，能长期正常运作，特订立义庄规矩如下：

一、逐房计口给米，每口一升，并支白米。如支糙米，即临时加折。

一、男女五岁以上入数。

一、女使有儿女在家及十五年、年五十以上，听给米。

---

① 周鸿度等编：《范仲淹史料新编》，沈阳出版社，1989 年，第 127 页。
② 《范文正公集》附录卷 1。
③ 《范仲淹史料新编》，第 107 页。

一、冬衣每口一匹，十岁以下、五岁以上各半匹。

一、每房许给奴婢米一口，即不支衣。

一、有吉凶增减口数，画时上簿。

一、逐房各置请米历子一道，每月末于掌管人处批请，不得预先隔跨月分支请。掌管人亦置簿拘辖，簿头录诸房口数为额。掌管人自行破用或探支与人，许诸房觉察，勒赔填。

一、嫁女支钱三十贯，再嫁二十贯。

一、娶妇支钱二十贯，再娶不支。

一、子弟出官人每还家待阙、守选、丁忧，或任川、广、福建官留家乡里者，并依诸房例给米、绢并吉凶钱数。虽近官，实有故留家者，亦依此例支给。

一、诸房丧葬：尊长有丧，先支一十贯，至葬事又支一十五贯；次长五贯，葬事支十贯；卑幼十九岁以下丧葬通支七贯，十五岁以下支三贯，十岁以下支二贯，七岁以下及婢仆皆不支。

一、乡里、外姻亲戚，如贫窘中非次急难，或遇年饥不能度日，诸房同共相度诣实，即于义田米内量行济助。

一、所管逐年米斛，自皇祐二年十月支给逐月糇粮并冬衣绢。约自皇祐三年以后，每一年丰熟，桩留二年之粮。若遇凶荒，除给糇粮外，一切不支。或二年粮外有余，却先支丧葬，次及嫁娶。如更有余，方支冬衣。或所余不多，即凶吉等事众议分数均匀支给。或又不给，即先凶后吉；或凶事同时，即先尊口后卑口；如尊卑又同。即以所亡所葬先后支给。如支上件糇粮吉凶事外。更有余羡数目，不得粜货，桩充三年以上粮储。或虑陈损，即至秋成日方得粜货，回换新米储管。①

从范仲淹所定《义庄规矩》内容，我们大致可以了解到其创设义庄

---

① ［日］多贺秋五郎编《宗谱之研究》第三部"资料"，株式会社开明堂，1960年，第512页。

的思想主要有如下两个方面：一是义庄的"赡族"措施，其对象并不限于贫困族人，而是惠及宗族的所有成员，如对所有族人"逐房计口给米"，"冬衣每口一匹"，"嫁女""娶妇"支钱，"丧葬"支钱等，其所给米、布、钱在数量上的不同不是根据贫困的程度，而是根据年龄、尊卑、初嫁再嫁、初娶再娶等情况的不同。而且每人每日给米一升，约略相当于每人一天的粮食消耗量，而范氏宗族成员大多数应是在口粮上能自给，因此仅从给米的数量来看，难以济贫论之。所以，范仲淹设义庄赡族的思想已超出赈济贫困族人的范畴，其义庄赡族思想具有宗族福利的性质。当然，在其宗族福利指导思想下，也有些许赈济贫困的性质，如对于乡里、外姻亲戚，则主要济助"贫窘中非次急难，或遇年饥不能度日"之人。范仲淹创设义庄的初衷是"以养济群族之人，日有食，岁有衣，嫁娶凶葬，皆有赡"①，以及他在《太子中舍致仕范府君墓志铭》中也说"皇祐初，某来守钱塘，与府君（范仲温）议，置上田十顷于里中，以岁给宗族，虽至贫者，不复有寒馁之忧"②。其中从"养济群族之人"使他们"日有食、岁有衣"和"虽至贫者，不复有寒馁之忧"来看，应该还是具有赈济贫困族人的性质。

二是义庄建立了初步的管理、监督制度。义庄设有专门管理者"掌管人"，负责各房米粮的批请、发放，并设有专门的会计簿籍予以记录，以便日后查核。掌管人如违反财务管理规定，"自行破用或探支与人"，就要受到"赔填"的处罚。在义庄的管理中，各房代表（一般即房长）起着民主协商和监督的作用。如对乡里、外姻亲戚贫窘者的济助，必须经过诸房共同核实决定；掌管人对米粮的批请、发放，必须接受诸房的监督，如发现掌管人有违规行为，由诸房予以处罚。

三是义庄根据发放对象的年龄、尊卑、初嫁再嫁、初娶再娶等情况

---

① 祝穆：《古今事文类聚》后集卷 1，钱公辅《义田记》，台湾商务印书馆影印文渊阁四库全书本。

② 《范文正公集》卷 15《太子中舍致仕范府君墓志铭》，《范仲淹全集》，四川大学出版社，2002 年，第 370 页。

来决定所给米、布、钱数量上的不同，这些规定都相当具体，具有很强的可操作性，如冬衣的发放、丧葬费的支给都按不同的年龄段分为数档，然后依据不同年龄段支给不同数量的布或钱。

范仲淹去世后，他的几位儿子都能遵从父训，承继其父志愿，光大其父事业。在义庄慈善事业方面，他们不断投入钱财和精力，不断完善义庄规矩。范仲淹长子范纯祐去世较早，没有参与义庄扩张、完善事务，其余三子范纯仁、范纯礼、范纯粹都积极参与义庄。尤其是次子范纯仁，曾两度出任宰相，其官职超过父亲，所得颁赐俸禄也应该更多，对义庄的钱财投入最多，对义庄规矩的完善也贡献最大。《宋史》本传载：范纯仁"自为布衣至宰相，廉俭如一，所得奉赐，皆以广义庄"。见于记载，范仲淹诸子对义庄规矩的修订完善共8次，时间分别为：神宗熙宁六年（1073）六月、神宗元丰六年（1083）七月、哲宗绍圣二年（1095）二月及四月、哲宗元符元年（1098）六月、徽宗崇宁五年（1106）十月、徽宗大观元年（1107）七月、徽宗政和五年（1115）正月。其中，范纯仁独自主持修订4次，与弟纯礼、纯粹一起修订1次，与弟纯粹一起修订1次，其余2次是纯粹独立主持修订的。其修订的内容广泛，或涉及监督掌管人，或针对田产、仓房的管理，或完善领取制度，或涉及对虚报冒领的惩罚。修订规矩中有这样一条：遇到规矩中"不尽事理"，掌管人与诸房共同商议修订，在祠堂向范仲淹灵位禀明，而后施行。这样就能保证义庄规矩不断修订完善，在制度上保障了义庄数百年来能正常运行。以下对续订规矩中的一些主要内容略作介绍分析：

其一，续订规矩对义田租佃、买卖做了规定："族人不得租佃义田"，"义田不得典卖族人田土"[①]。"义田遇有人赎田，其价钱不得支费，限当月内以元钱典卖田土，辄将他用，勒掌管人偿纳"[②]。义田作为义庄重要的经济来源，是义庄诸房生存的经济保障，所以义田是不可买卖的，既

---

① 楼钥：《范文正年谱附义庄规矩》，齐鲁书社影印《四库全书存目丛书》。

② 《范文正年谱附义庄规矩》。

不允许族人租佃义田自己耕种，也不允许义庄的主管人将义田出卖。义田的收入作为族人生活的来源，平均分配给族人。

其二，续订规矩进一步明确掌管人的权力。义庄的设立是为了周济、保障同族人的生活，义庄人员众多，必然要有一个管理者总管各种事务。续订规矩指出："义庄事惟听掌管人依规处置，其族人虽是尊长，不得侵扰干预，违者许掌管人申官理断，即掌管人有欺弊者听诸位具实状同申。"① 这一方面保障了掌管人的权力，即掌管人只要是依照义庄规矩处理各种事务，那族人不论尊卑都不得干预；另一方面也保障了族人对掌管人的监督，如掌管处理义庄事务弄虚作假或不公，族人可以向官府出具实状申请理断。

其三，续订规矩对义庄财务管理做了补充完善。如规定："义仓内族人不得占居会聚，非出纳勿开"②；"义庄人力船车器用之类诸位不得借用"③，族人不得以义宅舍屋私相允赁质当。"义宅有疏漏，惟听居者自修完，即移拆舍屋者禁之，违者掌管人审官理断，若义宅地内自添修者，听之。"④ 义庄是一个以同姓族人为主组成的大宗族家庭，义庄内的所有田地、房屋、财物、船车器用等都归义庄集体共有，为保证义庄内的共有财产不受损失、侵占，因此续订规矩更进一步详细具体规定了义庄内的所有共有财产任何人不得私自租赁质当，不得私自侵占、移拆，不得私自使用损坏。

北宋南宋交替之际，由于宋金战争，范氏义庄遭到破坏，后来范仲淹的五世孙范之柔重新修建了义庄，并续订规矩。续订规矩又增加了族人不得在先人坟茔所在的天平山牧羊和偷伐树木。为先人所修的功德寺，族人不得在寺中欺诈住持，占用田地和义米。

续订规矩中还有范仲淹之子范纯仁修订的关于贡士支钱的规定，同

---

① 《范文正年谱附义庄规矩》。
② 《范文正年谱附义庄规矩》。
③ 《范文正年谱附义庄规矩》。
④ 《范文正年谱附义庄规矩》。

时还为子弟请教师，鼓励族人参加科举考试，在物质方面给予支持。这说明义庄不仅在生活上资助族人，而且鼓励族人勤奋好学，参加科举考试，获得功名，从而壮大宗族力量，提高范氏家族在社会上的地位。有关这方面的内容，详见下一目论述，兹略。

在南宋，由于受范仲淹义庄的影响，各地频频出现用作救济贫苦人民的义庄、义田。诸如"闻会稽创义田，凡吉凶有力不给者恔助有差"，"月增岁溢，遂为无穷之利"[①]。王刚中在饶州乐平"买田千亩为义庄，（馆）三族之无归者"[②]。

义庄、义田除了照顾族人之外，还救济他人。如楼异"以列卿领画绣，义襟素高，恤孤济急，不遗余力，乡人犹能道之"[③]。又如乾道四年（1168），史浩知绍兴府时，为了救助贫困的知识分子，"始捐己帑，置良田，岁取其赢，给助乡里贤士大夫之后贫无以丧葬嫁遣者，附于学而以义名之"[④]。此一措施，收到了良好的效果。后来，史浩出任福州，又设官庄，以给济贫苦人家生育子女，防止"其初生以水杀弃"[⑤]。史浩等人设置的官庄、义田，发挥了救恤孤贫的作用。

宋代义庄作为一种新的家族经济组织，为家族的存在和发展提供了一个较稳固的经济基础。义庄具有赈济贫困族人、促进宗族教育、培养人才和教化族人、团结族人的功能，在一定范围内稳定了社会秩序，促进了经济和文化的发展。如牟巘在《义学记》评论范氏义庄说："范文正公尝建义宅，置义田、义庄，以收其宗族，又设义学以教，教养咸备，

---

①　周必大：《文忠集》卷78《通判舒州沈君焕墓碣》，台湾商务印书馆影印文渊阁四库全书本。

②　孙觌：《鸿庆居士集》卷38《宋故资政殿大学士王公墓志铭》，台湾商务印书馆影印文渊阁四库全书本。

③　袁桷：《延祐四明志》卷14《义庄记》，台湾商务印书馆影印文渊阁四库全书本。

④　施宿：《会稽志》卷13《义田》，台湾商务印书馆影印文渊阁四库全书本。

⑤　史浩：《鄮峰真隐漫录》卷8《福州乞置官庄赡养生子之家札子》，台湾商务印书馆影印文渊阁四库全书本。

意最近古","诸位子弟得贡大比试者,每人支钱一十贯文,再贡者减半,并须实赴大比试乃给,即已给而无故不试者,追纳"①。在家族内部,族人有稳定的经济来源,基本上能做到衣食无忧,加上家族内部设义学,又有学校又有教师,为子弟安心读书应举提供了较好的条件。但是,宋代少数有识之士也看到义庄消极的一面,即宗族福利使一些子弟养成好吃懒做、游手好闲的习气。如南宋袁采针对不少家族设置义庄、赡养族众的作法提出异议:"置义庄以济贫族,族久必众,不惟所得渐微,不肖子弟得之,不以济饥寒,或为一醉之适,或为一掷之娱,致有以其合得券契,预质于人,而所得不及其半者,此为何益?"②

第四节　家族办学思想

宋朝建立之初,朝廷提倡文治,重用文臣,通过科举考试选任官员。这一政策在北宋南宋 300 余年间始终不变,使社会上平民百姓读书求学和家族重视教育蔚然成风。当时人们说:"今天子三年一选士,虽田野贫贱之家,子弟苟有文学,必赐科名。"读书的人日益增加,士人在社会上虽然没有身份,但有较高的社会地位。"进士及第"不仅是个人迈向仕途、改变人生命运的重要起点,也是光宗耀祖、提升家族地位的关键。因此,进士无疑是家族起家的重要因素。

从北宋起,由于政局较为稳定,社会经济繁荣,印刷术发达,为家族教育的普及、昌盛创造了良好的条件。当时一般家庭或家族谋求开展教育的理路是:首先辛勤经营治生之业,待达到小康乃至发家致富后,购买土地、图书,兴建学舍,延聘教师,举办私塾、书院,让自家和乡

---

① 《范文正公文集》,中华书局,1978 年,第 2360 页。

② 《袁氏世范》卷上。

里子弟专心学习，追求仕进。除此之外，也有一些家庭或家族如没条件举办私塾、书院，就送自己子弟到州县学习。

由地方富家大族创置义学，聚集自家和乡里子弟共同学习的现象，在北宋已相当普遍。如在宋初，宋城富人曹诚"独首捐私钱建书院城中，前庙后堂，旁列斋舍，凡百余间……四方之士争趋之。曹氏益复卖田市书，以待来者"①。从建斋舍百余间，四方之士争趋之可以看出，其办学规模相当大，以致于使曹氏不惜卖掉立家之本——田来购买图书，以满足众多学子的需求。还有处士杨某，善治产，有书万卷，引内外良子弟数十人，"招耆儒之有名业者教之"②。咸平时，新昌石待旦在家乡首创石溪义塾，分三区建"万卷楼"藏书，并供学子衣食，四方来学的有数百人之多③。由此可见，其所办的义塾规模不小。德兴张氏和乐平李氏也和杨处士、石待旦一样，在家中建立书堂，购买图书，供族人和乡里学子读书。四明地区在庆历之前也有上桥富室陈家，"辟屋储书卷，择明师，教其乡人"④。两宋之际浮梁的李仲永，"于所居之东三里间，自立义学……招延师儒，招聚宗党，凡预受业者逾三十人"⑤。总之，从北宋起，由地方富家大族购书辟舍建立书塾，延聘教师，让家族或乡里子弟前来就读，以追求仕进，已经成为社会普遍的观念和风气。其中较为具体典型的是江西德兴县张氏家族。⑥ 其族人张潜"天资聪明，临事辄判，其所经画，不成不为"，而且懂得"得与之为取之术"，善于治生。他读神农书，见胆矾水可浸铁为铜，试验成功，认为是利国之术，命其子张甲献给朝廷，依其法施行，岁得铜数百万。他还亲自勘察，率众人修治德兴与乐平县交界处的巨大陂塘，"灌溉甚多，弥治数百顷之禾，惟资一塘竭

---

① 徐度：《却扫编》卷上，商务印书馆，1936 年，第 21—22 页。

② 文同：《丹渊集》卷 38，台湾商务印书馆影印文渊阁四库全书本。

③ 黄宽重：《宋代的家族与社会》，国家图书馆出版社，2009 年，第 234 页。

④ 程端学：《积学集》卷 5。

⑤ 洪迈：《夷坚志》三志已卷 10《界田义学》。

⑥ 《宋代的家族与社会》，第 191—192 页。

之泽"，对"民间有世世无穷之利"。由于他的辛勤经营，不到十年的时间，产业增加十倍。他致富后，又锐意家族教育，让子弟专心举业。张潜斥资购藏图书万余卷，分成四部，建立图书室，并在旁设置学舍，礼聘名师授课。如他闻知桐庐先生倪天隐明晓经义，以厚礼延聘，令其子张积与同乡子弟彭汝砺拜天隐为师。由于张潜藏书丰富，延聘名师，兴建学舍，使张家子弟能在较优越的环境中专心举业，因此在科举中取得不错的成绩。儿子除了张须、张汲中举外，张积、张磐均获荐举；孙子张根中举，张相由太学录赐对，张朴中上舍，免省试，而其幼子张琳、张甲的儿子张棣、张积的孙子张熊也都相继贡于有司。其他在学的弟子，月书季考，也都获得优异的成绩。此外，张潜也为邻里子弟提供良好的学习环境，聚集乡里中聪慧的小孩一起读书，当地士族之家如彭汝砺、熊本、刘正夫、程节等人，年龄与张潜的小孩不相上下，都被张潜招致一起学习。张潜尤为厚待彭汝砺，后来彭飞黄腾达，仍不忘潜的知遇培育之恩，常常说："使我致身至此者，张侯明叔之赐也。"其后熊本、刘正夫、程节诸人也相继入仕，张家与他们建立了长期而深厚的情谊，甚至成为姻亲，使他们在地方乃至朝廷互相援引支持，成为势力强大的世家大族。

宋代，州县政治中心城郭也是教育文化中心。学校、书院多设在州县城内外，很多家族为了子弟教育，设法举家迁到城内，因此在城内外的州县学或开放性的私人书堂、书院，吸引着众多的年轻学子前来学习。庆历新政州县学兴起后，楼郁迁居城内，相继主持地方学校，和杨适、杜醇、王致、王说致力培育乡里子弟，被尊为"四明五先生"。南宋时在经济文化上居优势的四明，几个大家族合力推动教育事业。当时富有人家都居住在鄞县城南，创立书堂，如姚章创必庆堂、杨莘设家塾、楼氏设有楼氏精舍、汪氏设书塾。担任教师的包括外地人李若讷（大辩）、莫冠卿、吴化鹏、金彦博、郑锷，及本地人袁章、沈焕、袁燮等人，这些教师都是饱学之士，学有所长。如杨氏的家塾，聘请福州名儒郑锷（刚中）为塾师，除了教自家弟子外，其余外族弟子楼钥兄弟、袁燮、袁方、

边汝实、姚赖、徐子寅等人也都受教育于郑锷。另一位乡先生李若讷的学生则包括楼钥、楼鑰、楼锡、鲍德光、鲍俊德、戴暄、袁文、袁章、袁燮等不同宗族的弟子。袁燮曾在楼氏精舍及杨氏家塾教书，学生也包括袁任、袁甫、戴暄、舒沂、李雄飞、路康、胡革、章麟、汪敏中等诸家族的弟子①。

这些族塾、义学、私人的书堂、书院等采取开放式的办学模式，其学生对象不局限于本家族的子弟，还广泛接纳乡里的子弟。这些青年学子聚在一起读书，培养了同窗情谊，一旦中举，即可形成集体的力量，在仕途上互为奥援，连接成广泛的人脉网络。像楼郁的学生舒亶、袁毂、罗适、丰稷等人，即为四明士人打开了一条向官场发展的途径。

中举为官的士人，为了自己和家族的发展，设法拥有更多的资源，作为家族进一步发展的基础。他们除通过联姻、同门师友援引、政治结盟等途径，开拓新的人际关系外，更重视投资产业，加强家族经济实力。宋代除了少数甘于恬淡、着意于学术传承的士人之外，其余大多数士人热衷于经营产业，或购置田地，设立义田，维系家族竞争能力，保持和提高本家族在社会上的地位，使其长盛不衰。这使宋代出现了各种家规、家法等家产管理及营运制度，目前传世的有范仲淹的《义庄规矩》，司马光的《家范》《书仪》，赵鼎的《家训笔录》，袁采的《袁氏世范》等十余种，其内容在不同程度上体现了宋人对维系家族长期延续的思想。这些家规、家法中的一个重要内容是由族中居官或富户独资或集资设立义学和义田，通过订立学规，规范资助从学的子弟，以整个家族的经济实力，培养族中子弟取得功名，跻身于官僚阶层，从而不断壮大家族的实力，提高家族的社会地位。其中最具代表性的就是范仲淹及其子孙购置大片良田设置义庄，修订完善《义庄规矩》，创办义学，资助家族子弟参加科举。元人牟巘撰《义学记》，称："范文正公常建义宅，置义

① 《宋代的家族与社会》，第235页。

田、义庄，以救其宗族，又设义学以教，教养咸备。"① 元至元年间，地方官府出具的《范文正公义庄义学蠲免科役省据》所录范仲淹直系后人范士贵给皇帝的告状书中，有"先世范文正公，舍宅为路学，作为人才，置买义庄田，养赡宗族，及创义学，以教子孙"之语②。这说明范仲淹在创办范氏义庄时，就已将设义学教育本族子弟付诸实践。虽然范仲淹手定《义庄规矩》未曾提及义学的管理与资助，但仅隔 20 年后的熙宁六年（1073）续定规矩中就有相关规定："诸位子弟内选曾得解或预贡有士行者二人，充诸位教授……虽不曾得解预贡而文行为众所知者亦听选，仍诸位共议（本位无子弟入学者不得与议）。若生徒不及六人，止给三石；及八人，给四石；及十人，全给。诸房量力出钱以助束脩者听。"③ 这里明确规定了义学聘请教授数额 2 人，其基本条件原则上必须有得解或预贡资格，如果没有得解、预贡资格的人，那必须"文行为众所知者"；教授的薪酬（束脩）按学生的人数分为 3 个等级："生徒不及六人，止给三石；及八人，给四石；及十人，全给"。科举入仕与家族光宗耀祖、门祚绵延是相辅相成的关系，因而得到家族的大力鼓励和资助。熙宁六年（1073）范氏义庄《续定规矩》对此也制定了资助鼓励条例："诸位子弟得赴大比试者，每人支钱一十贯文（七十七陌，下皆准此），再贡者减半，并须实赴大比试乃给，即已给而无故不试者，追纳。"④ 嘉定三年（1210），根据物价上涨的情况，为使"诸房子弟知读书之美，有以激励"，又对"得贡大比者"追加奖励金额，得解赴省，支钱一百千文；中举人及补入太学者，支五十千文⑤。

义庄置义田办义学对家族子弟教育发挥了重要的作用，尤其是对族

---

① 钱谷：《吴都文粹续集》卷 13，牟巘：《义学记》，台湾商务印书馆影印文渊阁四库全书本。

② 周鸿度等编著：《范仲淹史料新编》，第 132—133 页。

③ 多贺秋五郎编：《宗谱之研究》第三部"资料"，第 503 页。

④ 《宗谱之研究》第三部"资料"，第 503 页。

⑤ 《宗谱之研究》第三部"资料"，第 503 页。

中贫寒子弟的资助，使家族中的优秀子弟能够通过科举获得功名，跻身官场，其中不少特别优异者成为著名的政治家、思想家、教育家、文学家、学者等，为国为民贡献了自己的力量，并光宗耀祖，使自己的家族成为名门望族。义学教育还使宋代教育更加普及化，普遍提高了一般民众的文化水平和素质。因此，时人对家族办义学均予以积极肯定，如袁采就说，义庄"不若以其田置义学……能为儒者择师训之，既为之食，且有以周其乏"①。

第五节　家教思想

一、　父母教育子女思想

在司马光的家教思想中，一项很重要的内容就是重视父母对子女的教育。他在《家范》卷2《祖》中指出，为人祖应当培养孩子的品德，而不是一味地留给孩子家产："使其子孙果贤耶，岂粗粒布褐不能自营，至死于道路乎？若其不贤耶，虽积金满堂，奚益哉！"②"贤而多财，则损其志；愚而多财，则益其过。"③司马光还举历史上名人为例："涿郡太守杨震，性公廉，子孙常蔬食步行。故旧长者或欲为公开产业，震不肯。曰：'使后世称为清白吏子孙，以此遗之，不亦厚乎？'"④教导子孙廉洁、正直比遗留给孩子家产更为重要。

既然教导子孙具有良好的品德很重要，那究竟具体应如何教育引导子女，司马光也提出了自己的一些方法。他在《家范》卷3《父母》中从

---

① 《袁氏世范》卷上。
② 司马光：《温公家范》卷2，天津古籍出版社，1995年。
③ 《温公家范》卷2。
④ 《温公家范》卷2。

父亲、母亲两方面叙述如何教导子孙。《父》开篇引用孔子的过庭之训，指出应教导子孙学习《诗》《礼》，又引用曾子之言云：

> 君子之于子，爱之而勿面，使之而勿貌，遵之以道而勿强言；心虽爱之，不形于外，常以严庄莅之，不以辞色悦之也。不遵之以道，是弃之也。然强之或伤恩，故以日月渐磨之也。[1]

司马光引用曾子的教子之道，主张教导子孙要以理服人，说话要讲道理，不能强词夺理。宠爱孩子但不要表现出来，要保持家长的尊严。教育孩子不以理服人是害了他，但如果强词夺理则伤了感情。教育孩子必须有耐心，通过长期的教育来渐渐磨炼他。

《母》篇重点介绍母亲如何教育子女。其开篇指出：

> 为人母者，不患不慈，患于知爱而不知教也。古人有言曰："慈母败子。"爱人不教，使沦于不肖，陷于大恶，入于刑辟，归于亡乱。非他人败之也，母败之也。自古及今，若是者多矣，不可悉数。[2]

司马光认为，为人母在教育子孙时最大的缺点是太过于宠爱子孙而不知教导，这会导致严重的后果，使其成为不肖子孙，甚至犯罪，遭到砍头的刑罚。这往往都是母亲过于溺爱的结果，从古至今，这样的事例数不胜数。他举了一些历史故事来指导母亲应该如何教导子女。如做母亲的应该重视胎教："周大任之娠文王也，目不斜视也，耳不听淫声，口不出傲言……君子谓大任能胎教。"[3] 又如做母亲的应该重视子女的成长环境，如从孟母三迁可以看出环境好坏对孩子的影响是很重要的。司马光还举了很多母亲教导儿子如何为官的例子，如：

> 唐中书令崔玄暐……母卢氏尝戒之曰："吾尝闻姨兄辛玄驭云：'儿子从官于外，有人来言其贫窭不能自存，此言吉也；言其富足，

---

① 《温公家范》卷3。
② 《温公家范》卷3。
③ 《温公家范》卷3。

车马轻肥，此言恶也。'吾尝重其言。"①

唐中书令崔玄暐母亲卢氏深明大义，教导儿子为官如能"贫窭不能自存"，这是好消息，因为这说明儿子为官清廉；如生活过得富足，有好车肥马，这是坏消息，因为这说明儿子为官腐败，可能会遭受杀身之祸。司马光认为人母应当担起教导儿子向善的责任，不仅要做好人，还要做好官。

司马光重视家教中对孩子为官的教育的确收到了很好的效果。《训俭示康》是司马光写给儿子司马康的家书，主要是让儿子继承"世以清白相承"，"以简素为美"② 的家风。其"由俭入奢易，由奢入俭难"的名句流传至今，可谓至理名言。这种家教使司马康有其父之风，一生为官清廉。《宋史》载："康为人廉洁，口不言财。初，光立神道碑，帝遣使赐白金二千两，康以费皆官给，辞不受。不听。遣家吏如京师纳之，乃止。"③

古代传统家教往往宣扬"父严子孝"，民间流传"棍棒之下出孝子"的说法。这种教育理念有时也有一定的效果，但多数情况会出现父子关系紧张，家庭不和睦。《袁氏世范》则提出与传统观念不同的一些家教思想，非常开明，能有效地避免父子兄弟关系不和。《袁氏世范》卷上《睦亲》开篇就提出，"性不可以强合"，因为人的个性不同，所以不能硬要别人所作所为与自己一样。"父必欲子之性合于己，子之性未必然；兄必欲弟之性合于己，弟之性未必然。其性不可得而合，则其言行亦不可得而合。此父子兄弟不和之根源也。"④ 这里一针见血地指出家庭中父子兄弟不和的一个重要原因是父强迫子、兄强迫弟要与自己言行一样，但实际上由于子弟性格与父兄不一样，因此这是很难做到的，终于导致父子

---

① 《温公家范》卷3。

② 司马光：《传家集》卷67《训俭示康》，台湾商务印书馆影印文渊阁四库全书本。

③ 《宋史》卷336《司马光附子康》。

④ 《袁氏世范》卷上。

兄弟不和。《袁氏世范》要求尊重每个人的个性，在当时父权家长制的社会背景下，这种观点无疑是相当先进的观念。比起司马光"凡子事父母，父母所爱，亦当爱之，所敬，亦当敬之，至于犬马尽然而况于人乎!"①让儿子全面屈从于父亲，无疑是开明多了。

《袁氏世范》中处理家庭成员关系方面，更注重双方的互动，提倡父子、兄弟关系的平等，不可一方强势而另一方弱势。"为人父者，能以他人之不肖子喻己子，为人子者，能以他人之不贤父喻己父，则父慈而子愈孝，子孝而父亦慈，无偏胜之患矣"②。希望父子之间不要过高要求对方，互相理解，增加交流，指正缺点，就能达到"父慈子孝"的效果。这比中国传统思想强调"父严子孝"是一大进步。

二、 养正于蒙思想

中国古代传统家教都重视对子弟童蒙时期的教育，因为童蒙时期是人生的最初阶段，如受到良好的教育和训练，将对他今后的一生产生重要的影响。北宋时期司马光就认为教导子孙应从孩子幼小时开始，所谓"少若成天性，习惯成自然"，"教妇初来，教子婴孩"③。少儿时养成好的习惯，长大后就自然而然这样子了。

南宋朱熹更重视童蒙教育，还为此特地写了《童蒙须知》（又称《训学斋规》），内容丰富，涉及对儿童"衣服冠履""语言步趋""洒扫清洁""读书写文字"以及"杂细事宜"五大类数十条规矩。这些规矩全面阐发了古代"蒙以养正"（语出《周易·蒙卦》）的指导思想。

朱熹重视规范儿童的言谈举止。《童蒙须知》开篇即提出："大抵为人先要身体端正，自冠巾、衣服、鞋袜，皆须收拾爱护，常令洁净整齐。"至于行步走路，也"须是端正，不可疾走跳踯"。而平时日常物品

---

① 陶宗仪：《说郛三种》（六），上海古籍出版社，1988年，第3320页。
② 《袁氏世范》卷上。
③ 张次仲：《周易玩辞困学记》卷8，台湾商务印书馆影印文渊阁四库全书本。

摆放，也要注意："文字笔砚凡百器用，皆当严肃整齐，顿放有常处"。读书写字更是如此："凡读书，须整顿几案，令洁净端正"，"凡写字，未问得工拙如何，且要一笔一画严正分明，不可潦草"。对其他所谓的"杂细事宜"也有类似的规定，如"执器皿必端严，惟恐有失"，"凡待婢仆，必端严，勿得与之嬉笑"。总之，从儿童开始，就要培养训练他们言谈举止要端正、端严、整齐、严正，虽然有过于死板、迂腐之嫌，但大多情况还是必须的，这里既包含着对儿童基本生活习惯的要求与训练，也潜含着对儿童基本道德观念的培育。

朱熹针对儿童好动、没有清洁卫生的意识，要求家长必须在日常生活中培养儿童养成爱清洁卫生的习惯。如在衣着方面，朱熹就具体地提出："饮食照管，勿令污坏（衣服）；行路看顾，勿令泥渍（衣服）"，"着衣既久，则不免垢腻，须要勤勤洗浣"，"凡盥面，必以巾帨遮护衣领，卷束两袖，勿令有所湿"，"凡就劳役，必去上笼衣服，只着短便，爱护勿使损污"，"凡日中所着衣服，夜卧必更，则不藏蚤虱，不即敝坏"。朱熹不仅要求儿童衣着必须保持整洁，还要求他们便后洗手，居处、几案、书籍等洁净。他提出：上厕所，"必去上衣，下必浣手"，平时于"洒扫居处之地"，要"拂拭几案，常令洁净"，"窗壁几案文字间不可书字"，"凡书册须要爱护，不可损污皱折"。这些要求对儿童从小养成爱清洁、讲卫生、爱护书籍的良好习惯，促进其健康成长，是很有帮助的。

朱熹不仅注意从日常生活的细小习惯来培养儿童，而且还着意强调向儿童灌输基本的伦理道德，最突出的是要求儿童懂得尊敬长辈。"长幼有序"是儒家"五伦""五教"之一①，是以礼治家的根本。因此，朱熹特别重视在家教中从小培养子弟在这方面的习惯与意识。如说话，"凡为人子弟，须要常低声下气，言语详缓，不可高声喧哄，浮言嬉笑。父兄长上有所教督，但当低首听受，不可妄自议论"。走路，"若父母长上有

---

① 所谓五伦，又称五教，即父子有亲、君臣有义、长幼有序、夫妇有别、朋友有信。

所唤召，却当疾走而前，不可舒缓。"饮食，"凡饮食于长上之前，必轻嚼缓咽，不可闻饮食之声"。洒扫，"父兄长上坐起处，文字纸札之属或有散乱，当加意整齐，不可辄自取用"。称呼，"凡对父母、长上、朋友，必称名。凡称呼长上，不可以字，必云某丈。如异姓者，则云某姓某丈"。进出，"凡出外及归，必于长上前作揖，虽暂出亦然"。相处，"凡侍长者之侧，必正立拱手，有所问则当诚实对，言不可妄"，"凡侍长上出行，必居路之右，住必居左"。这些要求，或侧重对长辈的孝敬、尊重，或侧重对长辈的顺从，虽然有盲从之嫌，但对长辈孝敬、尊重（顺从其实亦包含尊敬，人云恭敬不如从命）的思想内核却是值得肯定的。朱熹旨在通过这些规范，从小培养孩子尊敬长辈之心，从而逐渐形成上下有别、长幼有序的伦理观念。除此之外，朱熹也要求培养孩子从小具有礼让、俭朴和宽和的道德品质，如：子弟"凡众坐，必敛身，勿广占坐席"，衣服"尽补缀无害，只用完洁"，"凡饮食之物，勿争较多少美恶"。

朱熹在《童蒙须知》中还要求家长必须从小培养孩子的基本生活自理能力，如基本的生活常识以及读书写字的方法。教会儿童穿衣"必先提整襟领，结两衽纽带，不可令有缺落"，"凡饮食，举匙必置箸，举箸必置匙；食已，则置匙箸于案"，"凡夜卧，必用枕，勿以寝衣覆首"，"凡向火，勿迫近火旁，不惟举止不佳，且防焚热衣服"，"凡危险，不可近"。这些都是儿童必须尽早学会的穿衣、饮食、睡眠及防危险的基本生活能力。朱熹还提倡儿童在读书时必须做到三到法，即"心到、眼到、口到"，而且"三到之中，心到最急，心到既矣，眼、口岂不到乎?"写字也要得法，"须高执墨锭，端正砚磨，勿使墨汁污手。高执笔，双钩端楷书字，不得令手指着毫"。这些技巧有利于儿童尽快掌握读书写字的要领。

朱熹在《童蒙须知》所谈的童蒙家教内容，可谓"一物一则，一事一宜"，"至纤至悉"，基本上是当时儿童教育必不可少的内容，较之《小

学》（儿童 8 岁以后入小学所用的教材），"尤切于日用，便于耳提面命"①，较适合于 8 岁之前童蒙阶段（相当于现代幼儿园阶段）孩子的心理和智力水平。其内容都属于日常生活的常识，并通过这些最简单的言谈举止贯注了人伦为本的教化思想。通过这些规矩的长期潜移默化，有助于儿童形成符合理学要求的行为习惯与道德观念，成为一个个视听言动无所不正的"圣贤坯璞"②，从而真正达到"蒙以养正"的目的，为今后进一步理解和接受三纲五常的道德伦理，"入于大贤君子之域"奠定了最初的基础。正如朱熹信心十足地在《童蒙须知》结尾中所说的："凡此五篇，若能遵守不违，自不失为谨愿之士。必又能读圣贤之书，恢大此心，进德修业，入于大贤君子之域，无不可者。"

朱熹的《童蒙须知》在中国古代童蒙教育思想史上居于重要的地位。在此之前，虽然出现有关童蒙教育的论述，但都比较零散，且不具体，更未形成专书，如《礼记》中的《曲礼》《内则》等篇，就属于这种情况。对此，朱熹提出了批评，认为宋之前的教育体系"全失了小学工夫"。《童蒙须知》的问世，使传统的"蒙以养正"更为具体化、规范化，从而弥补了我国古代教育体系中早期人伦教育方面的欠缺，标志着我国古代的童蒙教育进入一个新的阶段。从这之后，不少学者沿着这一思路，进一步探索，订立出一些新的童蒙规范，如朱熹再传弟子真德秀所订《教子斋规》③，明代方孝孺所制《幼仪杂箴》，其内容更为浅显明白、通俗易懂。由于《童蒙须知》"切于日用"，再加上朱熹的声名，它被广泛用于实际的家庭教化中。如程端礼在所著《程氏家塾读书分年日程》里，就将之列为必修的内容，明代出现的《居家必备》丛书把它编入其中，

---

① 《养正遗规》卷上《朱子童蒙须知》按语。

② 《朱子语类》卷 7。

③ 南宋末年真德秀所撰《教子斋规》其内容及思想并没超越朱熹《童蒙须知》，主要包括学礼（对父母、先生必须恭敬顺从）、日常行为规范（学坐、学行、学立、学言、学揖）和学习方法（学诵、学书）三个部分。由于《教子斋规》没有什么明显创新，故此不再赘述。

清代陈宏谋、张伯行亦分别将其收入所编的《养正遗规》和《养正类编》里，成为实施"蒙以养正"的重要教材。《童蒙须知》对我国封建社会后期的儿童启蒙和家庭教育产生了深远的影响。

三、 重视子弟读书思想

宋代民间读书风气相当普及和深厚的一个重要原因是一般家庭或家族都希望子弟读书，在科举兴盛的宋朝，读书成了人们出人头地、光宗耀祖的重要途径。而且社会上普遍认为，读书是一个人修身的主要途径和内容。南宋著名学者陈傅良对当时出现的读书热和社会文化水平的普遍提高做了这样的描绘："人人尊孔孟，家家诵诗书。未省有宇宙，孰与今多儒！"[1] 在这样时代背景下，教诲子弟勤于读书成为宋代家教的一项重要内容。

北宋著名文学家、政治家、思想家苏轼就很重视教导弟弟和子侄要勤于学习。他一生多磨难，仕途不如意，多次被贬，却始终不忘对子侄的教育。他在晚年时写了不少家书给侄子、孙子，如《给侄千之书》《给侄千乘书》《给侄孙元老书》等，信中除了抒发自己坎坷的一生以及远离家乡对故土和亲人思念之情外，还谆谆告诫子侄要自重自爱，多读书："因风寄书，此外勤学自爱！近来史学凋废，去岁作试官，问史传中事，无一两人详者。可读史书，为益不少也"[2]，"须多读史书，务令文字华实相副，期于实用乃佳。勿令得一第后，所学便为弃物也"[3]，"相见无期，惟当勉力进道，起门户为亲荣。老人僵仆海外，亦不恨也"[4]。苏轼通过家书教育子孙要多读史书，勉力进道，为家族争光。苏轼还通过写诗文的方式教育子侄，如在《并寄诸子侄》诗中写道：

> 我似老牛鞭不动，雨滑泥深四蹄重。

① 苏轼：《苏轼文集》卷 60，中华书局，1986 年。

② 《苏轼文集》卷 60。

③ 《苏轼文集》卷 60。

④ 《苏轼文集》卷 60。

汝如黄犊却走来，海阔山高百程送。

庶几门户有八慈，不恨居邻无二仲。

他年汝曹笏满床，中夜起舞踏破瓮。

会当洗眼看腾跃，莫指痴腹笑空洞。

誉儿虽是两翁癖，积德已自三世种。

岂惟万一许生还，尚恐九十烦珍从。

六子晨耕箪瓢出，众妇夜绩灯火共。

春秋古史乃家法，诗笔离骚亦时用。

但令文字还昭世，粪土腐余何足梦。①

这首诗也是苏轼在晚年所作，在诗中，他教导子侄努力读书，通过科举入仕成为朝廷有用之才，不要做腹中空无一物之人。同时勉励子侄要自强不息，后代能像自己一样，写出传世的文字。

南宋时袁采认为读书"上可以取科第致富贵，次可以开门教授"②，因此，他建议子孙"莫如为儒"，也就是把读书当作子孙谋生的第一选择。叶梦得则要求后代"且起须先读书三五卷"，"无事终日不离几案"，认为"苟善于此，一生永不会作下一等人"③。可见，叶梦得也是希望子孙通过勤奋学习取得功名，升官发财致富贵，而成为上等人。

在当时的历史条件下，人们希望子孙通过勤奋读书以科举入仕致富贵，这本身也无可厚非，但毕竟是比较功利的。当时有些品德清高的士大夫反对把读书当作追求功名利禄的手段，而把读书当作是修身的根本，是通晓礼义伦理的途径。如理学家陆九韶就指出："愚谓人之爱子，但当教之以孝悌忠信，所读须先《六经》《语》《孟》，通晓大义，明父子君臣夫妇昆弟朋友之节，知正心修身齐家治国平天下之道，以事父母，以和

---

① 《古今图书集成·明伦汇编·家范典》卷 17，中华书局影印本，1940 年，第 25 页。

② 《袁氏世范》卷中。

③ 陶宗仪：《说郛》卷 75《石林家训》。

兄弟，以睦族党，以交朋友，以接邻里，使不得罪于尊卑上下之际。"①
他甚至把礼义廉耻当作是本，把贫富贵贱当作是末。又如陆游是南宋著
名的诗人，他要求子孙淡泊名利，安于自食其力的农耕生活，不要贪图
富贵，要永远保持世世代代传下来的清白家风。他要求儿子读书的目的
也不是为了科举做官。如他写诗勉励儿子勤奋学习，过耕读自足的生活：
"人生百病有已时，独有书癖不可医。愿儿力耕足衣食，读书万卷真何
益！"② 陆游也认为读书的目的主要是为了陶冶自己的情操，提高自己的
道德修养："学贵身行道，儒当世守经"③，"学问参千古，工夫始一
经"④。

四、 官德教育思想

宋代家教中不仅鼓励家族子弟勤奋学习谋求功名，而且也重视一旦
子弟登科及第、入仕当官后必须不断提高自己的官德，当好官，尽忠报
国，这样才能名垂后世，光宗耀祖。宋代家教中的官德教育内容丰富，
主要有以民为本、清廉淡泊、立身唯正、慎于交友等 4 个方面。

1. 以民为本。

随着宋代以程朱理学为代表的新儒家学说的深入和发展，儒家的民
本思想进一步发扬光大。许多士大夫在家教中都重视教导子弟为官应以
民为本。如司马光在《谕侄谦恭》中告诫子孙要奉公守法、体恤百姓，
"倍须谦恭退让，不得恃赖我声势，作不公不法，搅扰官司，侵陵小民，
使为乡人所厌苦"⑤。陆游则要求子孙做官要善待百姓、尽职尽责："判司

---

① 黄宗羲：《宋元学案》卷 57《陆氏家制》。

② 陆游：《陆游集·剑南诗稿》卷 57《示儿》，台湾商务印书馆影印文渊阁四库
全书本。

③ 《剑南诗稿》卷 61《示元敏》。

④ 《剑南诗稿》卷 58《示元敏》。

⑤ 彭大翼：《山堂肆考》卷 93《谕侄谦恭》，台湾商务印书馆影印文渊阁四库全
书本。

比唐时，犹幸免笞棰。庭参亦何辱，负职乃可耻。"① 胡安国在《与子寅书》中教诫子孙做官要勤于政事，亲民爱民："汝在郡，当一日勤如一日，深求所以牧民共理之意。勉思其未至，不可忽也"，否则，"若不事事，别有觊望，声绩一塌了，更整顿不得，宜深自警省，思远大之业"②。贾昌朝在《戒子孙》中认为，办案务必仔细谨慎，用法宽恕："仕宦之法，清廉为最。听讼务在详审，用法必求宽恕。追呼决讯，不可不慎"。如果传唤一个证人，而使其家人"见吏持牒至门，涕泗不食"，那么就是"伤和气，损阴德"③ 的扰民行为。

2. 清廉淡泊。

宋代商品经济空前发达，对官场有较大的冲击，许多官员为了发财致富、挥霍享受，唯利是图，利用手中的权力，贪污受贿，非法经营商业。对此，一些有识之士在家教中注意对子弟进行为官须清廉淡泊的教育。如范仲淹极力倡导为官须有廉洁之德，在《告诸子及弟侄》中告诫子孙要为政清廉、不营私舞弊，"莫纵乡亲来部下兴贩，自家且一向清心做官，莫营私利"④。欧阳修在《与十二侄》中也告诫侄子为官要守廉，不要在自己所管辖的地区购买贵重物品，除日常饮食物品外，其余一律不购买，这样就不会给人有乘之机。他对侄子说："昨书中言欲买朱砂来，吾不缺此物。汝于官下宜守廉，何得买官下物？吾在官所，除饮食物外，不曾买一物，汝可安此为戒也。"⑤ 陆游在《放翁家训》中告诫子孙不要羡慕自己没有的东西，这样就不会产生贪求的欲望："大抵人情慕其所无，厌其所有。但念此物若我有之，竟亦何用？使人歆艳，于我何补？如是思之，贪求自息。"⑥ 贾昌朝在《戒子孙》中则劝诫子孙不要追

① 《剑南诗稿》卷50《送子龙赴吉州椽》。

② 胡安国：《与子寅书》，载刘清之《戒子通录》卷6。

③ 贾昌朝：《戒子孙》，载刘清之《戒子通录》卷6。

④ 范仲淹：《告诸子》，载刘清之《戒子通录》卷6。

⑤ 欧阳修：《文忠集》卷153《与十二侄》台湾商务印书馆影印文渊阁四库全书本。

⑥ 徐少锦：《中国历代家训大全》（上册），第172页。

求豪华奢侈，否则，就会招致身败名裂的后果："又见好奢侈者，服玩必华，饮食必珍，非有高资厚禄，则必巧为计划，规取货利，勉称其所欲。一旦以贪污获罪，取终身之耻，其可救哉！"①宋代还有一些官员把要求子孙为官须清廉作为祖训，严格要求他们遵守，不得违背。如司马光在《训俭示康》中开篇就说："吾本寒家，世以清白相承。"②要求儿子司马康必须遵承祖上清白的家风。司马光自己就做出榜样，生活十分简朴，勤廉自守，从而赢得了"清直仁厚闻于天下，号称一时名臣"的赞誉。包拯也将子孙为官清廉作为家训，并严厉告诫："后世子孙仕宦有犯赃滥者，不得放归本家；亡殁之后，不得葬于大茔之中，不从吾志，非吾子孙。"③

3. 立身唯正。

所谓立身唯正就是要求官员在当政时应存心尽公，忠于朝廷，刚正不阿，不徇私情。宋代有的士大夫认为："官无大小，凡事只是一个公，若公时，做得来也精彩，便若小官，人也望风畏服。若不公，便是宰相，做来做去也只得个没下梢"④。士无优劣，但一定要尽忠报国。"出身事主，不以家事辞王事；为人臣，无以有己。吾说如此，更以大义，裁断之。"⑤这就是，为官若能尽公，即使小官，也会让人敬畏；如果不公，即使是宰相，也没有威信。因此，官员处理政事，必须时时站在国家朝廷立场上，公正处断。范质的侄子想借助他手中的权力来升官，范质告诫说："吾家本寒素，门第寡公侯"，之所以能够到朝中做官，全是凭自己的努力。因此要知足："尔得六品阶，无乃太为优。如何志为满，意欲凌霄游？"朝廷升官有正常的程序，靠走门路钻营必然会遭遇众人的指责，做官只有加强自身的学习和修养，钻研治国理民的道理和才能，才

---

① 贾昌朝：《戒子孙》，载刘清之《戒子通录》卷6。
② 《传家集》卷67《训俭示康》。
③ 《能改斋漫录》卷14《包孝肃公家训》。
④ 《朱子语类》卷112。
⑤ 胡安国：《与子寅书》，载刘清之《戒子通录》卷6。

会获得升迁，因此要做到"戒尔学干禄，莫若勤道艺"①。范仲淹在《告诸子》中也谈到，对功名地位的追求，要靠自己的努力："大参到任，必受知也。唯勤学奉公，勿忧前路。慎勿作书求人荐拔，但自充实为妙。"②北宋陈执中的女婿欲求差遣，陈执中不仅拒绝，并且告诉他："官职是国家的，非卧房笼箧中物，婿安得有之？"③

欧阳修则教育子侄为官要勤于政事，以公而忘私之心处之，尽忠报国："汝等并列官品，当思报效，偶此多事。如有差使，尽心向前，不得避事。至于临难死节，亦是汝荣事。"④胡安国在《与子寅书》中教导子寅要常存公心，在因公事接待上要节省公费："公使库待宾，并以五盏为率，自足展尽情意。"⑤

4. 慎于交友。

宋代，许多家训的作者认识到社会环境、朋友品行对子弟有重要的影响，因此，他们在家教中往往会给子孙一些交友的建议。其一，要注意选择朋友。如吕元膺在弥留之际，告诫子侄交友要精择。"吕寝疾将呕，子侄列前。吕曰：'游处交友，尔辈宜精择。吾为东都留守，有一棋者云云。吾以他事俾去。易一著棋子亦未足介意，但心迹可畏。呕言之，即虑其忧惬；终不言，又恐汝辈灭裂于知闻。'言毕长逝。"⑥吕元膺认为朋友的道德品行可能会影响到自己的仕途乃至家族的命运。朱熹也告诫其子"交游之间，尤当审择，虽是同学，亦不可无亲疏之辨"，并提出交友的标准"大凡敦厚忠信，能攻吾过者，益友也；其谄谀轻薄，傲慢亵狎，导人为恶者，损友也"⑦。叶梦得在交友时也主张："择交每务简静，无求于事，令则自然不入是非毁誉之境，所以游者，皆善人端士，彼亦

① 范质：《戒从子诗》，载刘清之《戒子通录》卷5。
② 范仲淹：《告诸子》，载刘清之《戒子通录》卷6。
③ 吴处厚：《青箱杂记》卷2，台湾商务印书馆影印文渊阁四库全书本。
④ 朱熹：《宋名臣言行录》后集卷2，台湾商务印书馆影印文渊阁四库全书本。
⑤ 胡安国：《与子寅书》，载刘清之《戒子通录》卷6。
⑥ 潘永因：《宋稗类钞》卷10，书目文献出版社，1985年，第200页。
⑦ 《晦庵集》续集卷4《与长子受之》。

自爱己防患,则是非毁誉之言亦不到汝耳。"① 这就是交友必须选择"善人端士",那就不会招惹是非。

其二,交友要严己宽人。袁采在《袁氏世范》中谈到:"人之性行虽有所短,必有所长。与人交游,若常见其短,而不见其长,则时日不可同处;若常念其长,而不顾其短,虽终身与之交游可也。"② 范纯仁经常劝诫子弟应常以责己严待友宽的态度对待朋友:"人虽至愚,责人则明。虽有聪明,恕己则昏。尔曹但常以责人之心责己,恕己之心恕人,不患不到圣贤地位。"③

其三,交友要平等相待。袁采强调无论朋友富贵贫贱,都要同样对待:"世有无知之人,不能一概礼待乡曲,而因人之富贵贫贱,设为高下等级。见有资财有官职者,则礼恭而心敬,资财愈多,官职愈高,则恭敬又加焉。至视贫者贱者,则礼傲而心慢,曾不少顾恤。殊不知彼之富贵,非吾之荣,彼之贫贱,非我之辱,何用高下分别如此。"④ 陆游也教导子孙,对待朋友,无论其地位贵贱,还是交情厚薄,都要谦逊有礼:"人士有于吾辈行同者,虽位有贵贱,交有厚薄,汝辈见之,当极谦逊。己虽高官,亦当力请居其下。"⑤ 朱熹主张,即使在日常生活中,言谈举止、待人接物也要谦恭有礼:"居处须是居敬,不得倨肆惰慢。言语须要谛当,不得嘻笑喧哗。凡事谦恭,不得尚气凌人,自取耻辱。"⑥

综观宋代家教中的官德教育,确实造就了一批爱国恤民、清廉勤政、公正不阿的官员,但是我们也应该看到,由于时代的局限,宋代官德教育思想也不可避免地存在封建官场中的一些糟粕,如明哲保身、官官相护等思想。

---

① 包东坡:《中国历代名人家训精粹》,安徽文艺出版社,1991年,第146页。
② 《袁氏世范》卷中。
③ 《宋名臣言行录》后集卷11,台湾商务印书馆影印文渊阁四库全书本。
④ 《袁氏世范》卷中。
⑤ 叶盛:《水东日记》卷15,台湾商务印书馆影印文渊阁四库全书本。
⑥ 《御纂朱子全书》卷5,台湾商务印书馆影印文渊阁四库全书本。

第四章
宋代经营管理思想

第一节　务农为本思想

中国古代传统的观念：务农是最体面、最稳定的谋生手段，以"耕读传家"为美德，而且主张"以末致财，用本守之"。南宋初，叶梦得主张，"有便好田产可买则买之，勿计厚值"。他认为买田"譬如积蓄一般，无劳经营，而且自然之利，其利虽微而长久。人家未有无田而可致富者"①。在务农为本的观念支配下，人们视田地为家族的基业，必须世代相传，甚至禁止后代分割田产。如南宋的赵鼎就在《家训笔录》中规定："应本家田产等，子子孙孙并不许分割。"②陆游也主张子孙经营农业最稳定、体面，因为"仕宦不可常"，宦海浮沉，前程难料；经商为市井小人，社会地位低贱，因此，子孙择业"不仕则农"，"切不可迫于衣食，为市井小人事"③，还是经营农业好。

---

①　叶梦得：《石林遗书·石林治生家训要略》，台湾商务印书馆影印文渊阁四库全书本。

②　赵鼎：《忠正德文集》卷 10《家训笔录》，台湾商务印书馆影印文渊阁四库全书本。

③　《忠正德文集》卷 10《家训笔录》。

宋代，人口急剧增加，最多时达到 1 亿大关，对土地的压力加大，人多地少的矛盾比较严重。对此，解决人地矛盾的一条重要措施就是改进和加强对农业的经营管理，进行精耕细作，努力提高劳动效率，增加田地亩产量。

北宋南宋之交的陈旉在其著作《农书》卷上《财力之宜篇第一》中介绍了按土地肥硗不同进行轮种的上、中、下三种土地的划分方法。他说："古者分田之制，一夫一妇，受田百亩，草莱之地称焉，以其地有肥硗不同，故有不易、一易、再易之别焉。不易之地，上地也，家百亩，谓可岁耕之也。一易之地，中地也，家二百亩，谓间岁耕其半，以息地气，且裕民之力也。再易之地，下地也，家三百亩，谓岁耕百亩，三岁而一周也。"陈旉在《农书》卷上《地势之宜篇第二》中根据自然地势，把土地分为 5 种类型，并针对不同类型提出不同的规划利用方案。第一种类型为高田，一般常风寒旱干，蓄水保水当为治田关键。陈旉指出：可视其地势，在"高水所会归之处，量其所用而凿为陂塘，约十亩田即损二三亩以潴蓄水"。这样，就可以在春夏之交雨水较多时归入陂塘，"不致于弥漫而害稼"，而在旱时又得以"决水以灌溉"。第二种类型为下地，最易被水淹没，而应"必视其水势冲突趋向之处"，按其流向筑起高大圩岸，环绕包围。第三种类型为欹斜坡陀之地，"可种蔬茄、麻、麦、粟、豆，两旁亦可种桑牧牛"。第四种类型为深水薮泽，则有葑田，可以用于人工造田。方法是用木头做成木排，浮于水面，在木排上放置"葑泥"而种艺之。其好处是随水高下浮泛，自不淹溺。第五种类型为湖田，等芒种时节大水已过的时候，可以把"黄绿谷"种在湖田里。因"黄绿谷"自种至收不过六七十日，可避开水溢之患。陈旉在《农书》卷上《地势之宜篇第二》中把自然界各式各样的因地势不同形成的田地归纳为五大类型，并针对各种类型采取不同的耕作方式，体现了他注意在利用土地资源时，尊重自然特点，顺应各种条件并以人力来合理利用，"治之各有宜也"。这反映了他尊重自然规律，能动地充分利用土地资源，因地制宜开展合理经营的思想。

陈旉在发展农业中反对粗放经营方式,主张采取集约经营方式。"凡从事于农者,皆当量力而为之,不可苟且,贪多务得,以致终无成遂也。《传》曰:'少则得,多则惑。'况稼穑在艰难之尤者,讵可不先度其财足以赡,力足以给,优游不迫,可以取必效,然后为之。傥或财不赡,力不给,而贪多务得,未免苟简灭裂之患,十不得一二,幸其成功,已不可必矣。虽多其田亩,是多其患害,未见其利益也。若深思熟计,既善其始,又善其中,终必有成遂之常矣,岂徒苟缴一时之幸哉!"① 在他看来,采用粗放经营的方式,其结果必然是农作物收获量的减少,即"贪多务得","十不得一二"。因此,他主张采取集约经营的方式。集约经营又分为资金集约经营和劳动集约经营,陈旉的"财足以赡",即资金集约经营,"力足以给",即劳动集约经营。因此,他提出:"则农之治田,不在连阡跨陌之多,唯其财力相称,则丰穰可期也审矣!"② 他进一步指出,从事农业如能"财力相称",就可以进行精耕细作,丰收就有保证,从而达到"国裕民富"。"抑欲其财力优裕,岁岁常稔,不致务广而俱失,故皆以深耕易耨,而百谷用成,国裕民富可待也,仰事俯育可必也。谚有之曰:'多虚不如少实,广种不如狭收。'岂不信然!"③

陈旉认为要做到集约经营、精耕细作,在技术层面上必须注意以下 4 个方面:

1.《耕耨之宜篇第三》探讨因地制宜进行耕作。他主张早田收获后应种上麦、豆或蔬菜,既可使土壤肥沃,又可多得一季收获。晚田则待来春残茬腐烂后再耕种,可省牛力。山川环绕和排水不畅之地,秋后要深耕排水,使土壤苏碎,再烧以腐草败叶,则土暖而苗易发。平地深耕浸水,残茬杂草在水中沤烂可使土壤增肥。

2.《天时之宜篇第四》认为:"农事必知天地时宜,则生之、蓄之、

---

① 陈旉:《农书》卷上《财力之宜篇第一》,丛书集成本。

② 《农书》卷上《财力之宜篇第一》。

③ 《农书》卷上《财力之宜篇第一》。

长之、育之、成之、熟之，无不遂矣。"因为"阴阳有消长，气候有盈缩"，所以要"顺天地时利之宜，识阴阳消长之理，则百谷之成，斯可必矣"。这些表达了陈旉遵循自然规律，又能动地认识与把握自然规律、更多地为农业生产服务的"法自然"的思想。

3. 《粪土之宜篇第七》阐述了土壤可以通过施肥保持地力不减的理论，不赞成地力衰竭的说法。他说："或谓土敝则草木不长，气衰则生物不遂，凡田土种三五年，其力已乏，斯语殆不然也，是未深思也。若能时加新沃之土壤，以粪治之，则益精熟肥美，其力当常新壮矣，抑何敝何衰之有？"在对土壤进行施肥时，陈旉提出了应针对各种不同土壤施加不同的肥料，"视其土之性类，以所宜粪而粪之，斯得其理矣"。因为"土壤气脉，其类不一，肥沃硗埆，美恶不同，治之各有宜也。且黑壤之地信美矣，然肥沃之过，或苗茂而实不坚，当取生新之土，以解利之，即疏爽得宜也。硗埆之土，信瘠恶矣，然粪壤滋培，即其苗茂而实坚栗也。虽土壤异宜，顾治之如何耳，治之得宜，皆可成就"。

4. 《六种之宜篇第五》提出不违农时，增加复种指数，提高土地利用率的思想。他认为："种莳之事，各有攸叙，能知时宜，不违先后之序，则相继以生成，相资以利用。种无虚日，收无虚月，一岁所育，绵绵相继，尚何匮乏之足患，冻馁之足忧哉？"尔后，他安排了一个种植各种农作物的时间表，如正月种麻枲，五六月可刈矣；二月种粟，七月可济乏绝矣；三月种早油麻，七八月可收也；四月种豆，七月成熟矣；五月种晚油麻，九月成熟矣；七夕以后，种萝卜菘菜，即科大而肥美也；八月社前，即可种麦，麦经两社即倍收。除此之外，他在其他篇章还表达了注意土地的综合规划兼顾利用，充分发挥土地资源潜力的思想。如在《种桑之法篇第一》中讲"若桑圃近家即可作墙篱，仍更疏植桑，令畦垄差阔，其下遍栽苎。因粪苎，即桑亦获肥益矣，是两得之也。桑根植深，苎根植浅，并不相妨，而利倍差。"在《居处之宜篇第六》谈到"制农居五亩，以二亩半在廛……以二亩半在田"，好处在于"方于粗，举趾之时，出居中田之庐，以便农事，俾采茶薪樗，以给农夫。治场为

圃，以种蔬茹……墙下植桑，以便育蚕，古人治生之理，可谓曲尽矣"。总之，他的充分发挥土地潜力的思想是"作一事而两得，诚用力少而见功多也"。

陈旉在农业生产上反对粗放经营，主张集约经营的思想有着深刻的历史背景。南宋时期，南方人口的迅速膨胀，使人地矛盾趋于尖锐，人们不得不加大土地的开发利用的深度与广度。一方面与山争地、与水争田；另一方面则必须提高土地利用率。陈旉的集约经营就是企图解决人多地少问题，通过提高单位面积产量和土地的利用率使有限的土地能承载更多的人口。其因地制宜、因时制宜进行耕作；通过施肥保持地力不衰；不违农时增加复种指数，提高土地利用率等思想就是集约经营的具体措施。这表明宋代土地经营管理思想已由土地的平面开发向立体开发、深度开发转变。

在农业集约化经营的思想指导下，陈旉从农业生产的技术性层面反对广占田畴的行为和土地高度集中。他深刻地指出：农业生产如"财不赡、力不给"，即财力与土地不相称，那么如果"贪多务得"，"虽多其田亩，是多其患害，未见其利益也"。因为地主占田多了，"未免苟简灭裂之患，十不得一二，幸其成功，已不可必也"。这既浪费了自然资源，收益也不理想，是不应该的。这种思想比起一般思想家从经济、政治层面要求平均田地、限田均税、抑制兼并等，可谓独树一帜。

在农业经营管理方面，南宋袁采提出要善待佃农，以达到佃农愿意尽心竭力种好地主土地的目的。他说："人家耕种，出于佃人之力，可不以佃人为重？"基于这种思想，他主张地主应采取一些宽恤佃农的具体措施："遇其有生育婚嫁，营造死亡，当厚周之。耕耘之际，有所假贷，少收其息。水旱之年，察其所亏，早为除减。不可有非理之需，不可有非时之役。不可令子弟及干人私有所扰。不可因其仇者告语，增其岁入之租。不可强其称贷，使厚供息。不可见其自有田园，辄起贪图之意。视

之爱之，不啻如骨肉。"① 简言之，袁采就是劝告地主，当佃农遇到生育婚嫁、营造死亡时，应当给其接济。当青黄不接时，佃农向地主借贷，应当少收其利息。遇到水旱灾害，地主应当评估佃农歉收的情况，早早为其减少地租。地主对佃农不可有非理的需求，不可有不合时宜的劳役，不可以让子弟或手下的人骚扰佃农；不可因佃农的仇人来告状，就增收其地租；不可强迫佃农借贷，以获取高利贷收入；不可以见到佃农还有自己少量的田园，就想霸占。地主对待佃农，应当像对待自己的亲人一样。当然，袁采所提出的这些主张，在当时的条件下，很多是难以做到的，但袁采这种通过善待佃农，提高佃农劳动积极性，从而发展农业生产的思想却是十分难能可贵的，与现代管理中注重对员工的激励来提高生产效率是不谋而合的。

在发展农业生产方面，袁采注重多种经营，并重视发展有长期效益的行业。他指出："桑果竹木之属，春时种植，甚非难事。十年二十年之间，即享其利。"桑果竹木虽然不像种植稻谷麦菽之类，一年一熟或两熟，需一二十年才能长大成材或结果，但它们易于种植于荒山闲地，十年二十年后，其收入也相当可观。他批评有些人"于荒山闲地，任其弃废"，而又往往为一点儿小利而"忿争失欢""兴讼连年"。因此，他认为"若以争讼所费，庸工植木，则一二十年间，所谓材木不可胜用也"②。

第二节　农工商士，治生之途思想

中国古代的重农抑商、贵义贱利思想，严重地压抑着以追求私人财富为目标的治生之学的发展与传播，尤其对私营商业的治生之学起着窒

---

① 《袁氏世范》卷下。
② 《袁氏世范》卷下。

息的作用。其表现在司马迁《史记·货殖列传》中所记载的先秦至西汉时期曾相当兴盛的工商致富思想自此销声匿迹，难以在史籍中见到其记载。即使极少数工商之士经营致富的"治生之术"偶有所见，但往往亦是片言只语，更难以从思想理论层面上加以系统论述。北宋末年，叶梦得著《石林治生家训要略》，其中对湮没已久的治生之学重新做了较具创见的探讨。

叶梦得（1077—1148），字少蕴，宋代词人。绍圣四年（1097）登进士第，历任翰林学士、户部尚书、江东安抚大使等官职。晚年隐居湖州弁山玲珑山石林，故号石林居士，所著诗文多以石林为名，如《石林燕语》《石林词》《石林诗话》等。

叶梦得在《石林治生家训要略》中，首先旗帜鲜明地肯定了治生的客观必要性和重要性。他指出："一人之为人，生而已矣。人不治生，是苦其生也，是拂其生也。"① 这就是说，人之所以为人，就在于其生命的形式存在。要维持人的生命，人就必须治生。人如果不治生，就对不起自己的生命，使自己的生命受苦，这是违背人的天性的。

对治生客观必要性的认识使叶梦得的工商治生思想较之先秦工商致富思想前进了一大步。先秦工商致富思想，主要是探究工商获取财富的方法与手段，属于治生战略战术层面的思想，而缺乏对工商致富产生及存在的理论依据方面的论述，其后果是在正统重农抑商、贵义贱利思想的指责下，工商害农、商无奸不富等观念使工商致富的思想和实践失去了其存在的合法性和合理性，致使秦汉之后数百年之中，工商致富治生思想几乎成为绝学。叶梦得这种观点，为工商治生致富的社会实践提供了新的、更有说服力的理论依据，充分肯定了工商致富治生思想和行为的合法化和合理化，这是对传统占主导地位的重农抑商、贵义贱利思想的挑战。

中国古代自先秦以来，就有关于富国、富民和治民之生、治己之生

---

① 《石林遗书·石林治生家训要略》。

的讨论，许多人往往将富国与富民、治民之生与治己之生割裂对立起来，或重视、讲求富国，忽视甚至反对富民，或即使重视、讲求富民，但忽略甚至鄙视、压制治己之生。总之，不管持何种观点，从总体上，绝大多数人都主张富国，一小部分人主张通过富民（即治民之生）达到富国，几乎没有人主张治己之生（即治私人一己之生业，尤其是通过私营工商业）而达到富民富国的。

宋代，私营工商业空前繁荣，在此历史背景下，叶梦得提出：富国、富民（治民之生）与治己之生并不矛盾，治己之生是最根本的，是富民（治民之生）、富国的基础。为官者，欲使国富、民富，首先必须学好治己之生。"治国当自齐家始，教孝即所以教忠"①，不言而喻，富国必须从富己开始。他反对那种"圣贤不治生，而惟以治民之生是从"②的观点，认为圣贤既然能为民治生，焉有不治己生之理？不会治己之生，又如何为民治生？所以他指出："民之生急欲治之，岂己之生不欲治乎？"③否定"治己之生"的看法不全面，并非是圣贤本身品德的反映，"非圣贤之概也"④。

叶梦得在肯定治生的基础上，进一步对治生的内涵外延做了诠释，认为凡是有益于人生的活动均为治生之属，治生之途有多种，传统的士农工商四业，均为治生之途。他说："治生不同，出作入息，农之治生也；居肆成事，工之治生也；贸迁有无，商之治生也；膏油继晷，士之治生也。"⑤

中国古代士农工商的社会分工，早在先秦时期就已明确，但在绝大多数人的心目中，士农工商各业的社会地位并非是平等的。从总体社会观念来看，人们普遍认为农是衣食之本，故称其为本业；而相对农业来

①　《石林遗书·石林公家训序》。
②　《石林遗书·石林治生家训要略》。
③　《石林遗书·石林治生家训要略》。
④　《石林遗书·石林治生家训要略》。
⑤　《石林遗书·石林治生家训要略》。

说，工商业是末业，虽然在民众生活中也需要，但不能任其自由发展，与农业争夺人力、物力资源，影响农业的发展，因此必须实行抑末。叶梦得在此将农工商同视为治生之途，并予以同等看待，其区别只是其谋生的方式不同而已。

更为大胆和富有卓见的是，叶梦得不仅将农工商一视同仁地看作治生之途，而且竟然把"士"也认为治生之一途。即"膏油继晷，士之治生也"。这种观点更是突破了上千年来传统儒家对士的定位。在传统儒家理论中，虽然也承认"士农工商，四民分业"的社会分工，但在他们的眼里，士与农工商有本质的区别。"士"属于君子之列，是"劳心者"，是"食于人""治人"之人，即农工商必须养活并接受其管理的人；而"农工商"则统归于小人之列，是"劳力者"是"食人""治于人"之人，即养活士并被士管理的人。"君子喻于义，小人喻于利"，也就是说，农工商等小人才孜孜以求利，才忙于治生，而君子则不应亦不屑于谋利。孔子叮嘱士人道："士志于道而耻恶衣恶食者，未足于议也。"[1] 西汉名儒董仲舒则更直截了当地说："夫皇皇求财利常恐乏匮者，庶人之意也；皇皇求仁义常恐不能化民者，大夫之意也。"[2] 在儒家这种对士与农工商根深蒂固传统定位的背景下，叶梦得竟然把士与农工商等同看待，虽然士是"劳心者"，是"食于人""治人"之人，但从社会分工角度上看，同农工商是"劳力者"，是"食人""治于人"之人，其治生的本质是一样的，都是为了谋求生存，其不同的只是治生的方式有所不同罢了。

叶梦得认为，士"膏油继晷"读书、求功名一途是一种治生手段，而且也可以把农工商作为自己的治生手段。他以儒家先圣为例，来说明士人从事农工商治生并不是可耻之事，也不是不守本分之举，只要是以正当手段治生，而不是以非法手段谋利，就无可指责。古代圣贤所鄙视、反对的是那种不择手段、一味剥民以自富的聚敛之徒。他指出："圣门若

原宪之衣鹑至穷也，而子贡则货殖焉。然论者不谓原宪贤于子贡，是循其分也。季氏之聚敛，陈子之蟠李，俱为圣贤所鄙斥，由其矫情也。"① 他还认为士不仅应该关心和参与治生，而且在治生活动中对农工商等应起表率的作用："士为四民之首，尤当砥砺表率。"② 叶梦得对士人带头治生予以很高的评价，说这是："效古人、体天地，育万物之志"③ 的行为。

叶梦得不仅认为士人参与农工商治生活动是天经地义的，而且还批评那些不知或不愿治己生业的士人，认为这些人算不上是大丈夫："今一生不能治，何云丈夫哉！"④ 也就是说，作为一个士人，连治己生业的事都做不来，那怎么称得上是大丈夫呢？他的这一思想与西汉司马迁讥笑那些没有能力养活自己，却还以所谓"安贫乐道"相标榜的迂儒"亦可羞也"⑤ 的观点是一脉相承的。司马迁的这一观点，在东汉时遭到以儒学正统思想自居的班固的批评。宋代尊崇儒学之风盛行，由此兴起新儒学——理学，并逐渐在思想界占主导地位。叶梦得是当时士大夫中有很高地位和很大名声的人物，却敢于主张"士"与农工商一样亦为治生之一途，士大夫参与农工商治生活动是天经地义的，而且公开批评安贫乐道的思想，认为"一生不能治"的儒生为非"丈夫"，这不仅需要真知灼见，而且还需要无畏的勇气。

最后必须指出的是，叶梦得虽然认为士农工商四者均是治生之途，只是手段有所不同罢了，但在具体向子孙传授治生要诀时，却又强调农业为最佳的治生手段。他叮嘱子孙说，土地是最稳定的治生资源，其特点是"无劳经营而有自然之利，其利虽微而长久"⑥。因此，要尽可能多购置些土质肥沃的良田，而不必计较其价格贵贱："有便好田产，可买则

---

① 《石林遗书·石林治生家训要略》。
② 《石林遗书·石林治生家训要略》。
③ 《石林遗书·石林治生家训要略》。
④ 《石林遗书·石林治生家训要略》。
⑤ 《史记》卷129《货殖列传》。
⑥ 《石林遗书·石林治生家训要略》。

买之，勿计厚值。"① 相反，如果没有田地就不可能致富，"人家未有无田而可致富者也"②。

叶梦得之所以在治生思想上既承认士农工商四者均是治生之途，只是手段有所不同，又强调农业为最佳治生手段，其实际上是当时现实在管理思想上的深刻反映。宋代私营工商业繁荣，商品经济空前发达，官吏经商现象比较普遍，出现士商、官商结合的趋势。因此，社会上传统的重农轻商、重本抑末的观念已开始发生变化，出现了农工商并重的思想，而且官吏（士人）经营工商业致富也不再被人鄙视、指责。传统的"贱商"观念，此时得以突破，"抑末厚本，非正论也"③。这时的士大夫们虽没有摆脱传统的"士为首民"的思想束缚，但已不是完全的"重才轻财"。他们认为科举仍是择业的第一选择，但当无法金榜题名时，亦鼓励子孙从事工商行业，作为谋生的选择之一。"士大夫之子弟，苟无世禄可守，无常产可依，而欲为仰事俯育之资，莫如为儒。如不能为儒……则医卜、星相、农圃、商贾、伎术，凡可以养生而不至于辱先者，皆可为也。"④ 南宋陈耆卿更明确提出工商皆本："古有四民，曰士、曰农、曰工、曰商。士勤于学业，则可以取爵禄；农者皆百姓之本业。自生民以来，未有能易之者也……不能此四者，则谓之浮浪游手之民。"⑤ 叶梦得的治生思想正是这种思潮的典型代表。另一方面，从总体上说，宋代毕竟依然是以自给自足为基本特征的封建社会，社会产品的商品化程度很低，市场发育极不完善，加上封建政府对市场的经常干预，使私人经营工商业具有很大的动荡性和风险性，碰巧遇到好时机可能日进斗金，但弄不好亦可能倾家荡产于一瞬间。工商业的这种高风险高收益性，使从

① 《石林遗书·石林治生家训要略》。
② 《石林遗书·石林治生家训要略》。
③ 叶适：《习学记言序目》卷 19。
④ 《袁氏世范》卷中。
⑤ 陈耆卿：《嘉定赤城志》卷 37《风土门·重本业》，台湾商务印书馆影印文渊阁四库全书本。

事工商业者产生很大的投机心理，往往只把从事工商业作为一时之计，一旦经营致富，就转身购置良田沃壤，成为坐收地租、高利贷的地主。"以末致财，用本守之"，被封建社会治生者奉为圭臬。

叶梦得在治生中还提出礼让、诚信经营的理念。他说：在治生中，"若能以礼自处，让人一分，则人亦相让矣"①。他坚持取财有道，不能损人利己，"治生非必营营逐逐，妄取于人之谓也。若利己妨人，非明有物议，幽有鬼神，于心不安，况其祸有不可胜言者矣，此其善治生欤?"②他们虽然要求子孙要善于经营，以求得发家致富，但是却都主张靠自己的勤劳和智慧去发财致富，反对依靠损人利己的手段去谋取利益，主张诚信经营工商业。又如南宋的袁采在家训中针对当时社会上卖假药的现象提出了批评，他认为如果依靠损人利己的方式来获取利益会导致良心的不安并遭到因果报应。他除了要求家人要遵守道德标准外，还要求家人在经济活动中不得侵害乡邻的利益。在宋代社会上买卖田产是常见的事情，人们都希望低买高卖。袁采却主张邻近田产宜增价购买："凡邻近利害欲得之产，宜稍增其价，不可恃其有亲有邻及以典至卖及无人敢买而抑损其价。"③原因是袁采对乡邻富有同情心，在古代农耕社会，土地是农民一家人的衣食之本，乡邻之所以被迫卖掉田产，多是因为遇到疾病、死亡、负债、婚嫁等重大的事情。他告诫子孙不要乘人之危，做出有损乡邻利益的事情。

宋代私营工商业空前发展，商品经济发达，一些士大夫能抛开陈腐的重农轻工商的观念，公开要求子孙谋取正当的利益，在遵循诚信、仁义等原则的前提下，他们并不反对子孙通过从事工商业致富。这对于发展社会经济，促进人们思想观念的转变和进步，无疑是大有裨益的。

---

① 《石林遗书·石林治生家训要略》。
② 《石林遗书·石林治生家训要略》。
③ 《袁氏世范》卷下。

第三节　土地买卖和借贷思想

宋代商品经济发达的一个重要表现是土地买卖十分频繁，"贫富无定势，田宅无定主"①。对于这种贫富无常，田宅换主的现象，许多人都有不同程度的认识。如司马光就指出："今之为后世谋者，不过广营生计以遗之，田畴连阡陌"，"自以为子子孙孙累世用之莫能尽也……而子孙于时岁之间奢靡游荡以散之"，很快就可以挥霍殆尽②。袁采也认为："大抵天序十年一换甲，则世事一变。今不须广论久远，只以乡曲十年前二十年前比论目前，其成败兴衰何尝有定势？"③

宋代之所以土地买卖频繁，其中一个重要原因是土地收入稳定，经营风险小，管理也较容易。因此，土地成为有钱人置产的首选。如叶梦得就教导子孙："有便好田产，可买者买之，勿计厚值。譬如积蓄一般，无劳经营而有自然之利，其利虽微而长久，人家未有无田而可致富者也。"④ 在叶梦得看来，投资土地利润虽小但却保稳，从长远效益来看是最合适的。袁采虽然清楚地知道投资土地的收益远小于放高利贷的收益："若以百千金银计之，用以买产，岁收必十千……用以典质营运，三年而其息一倍。"⑤ 但是，投资土地比放高利贷稳定保险，因此，他还是嘱咐子孙，遇到"邻近利害欲得之产，宜稍增其价"来购买⑥，表面上看是多花了钱，但实际上买者既尽了作为乡邻的仁义之心，又比买陌生人的土

---

① 《袁氏世范》卷下。
② 《温公家范》卷2《祖》。
③ 《袁氏世范》卷中。
④ 《石林遗书·石林治生家训要略》。
⑤ 《袁氏世范》卷上。
⑥ 《袁氏世范》卷下。

地保险而合算，因为乡邻的土地距离近，管理起来方便，可以带来长久而稳定的收入。但是，袁采同时告诫子孙，切不可乘人之危，"苦害卖产之人"，不能做那种"知其欲用之急，则阳拒而阴钩之，以重扼其价"的事情①，不能做见利忘义的小人，为富不仁是会遭报应的。

宋代土地买卖频繁，在交易中必然会遇到一些具体的问题，其中最重要的是有关土地所有权的认定。宋代在土地交易中，最关键的前提是首先确认卖方对田产所有权的有效性。袁采主张：在交易的时候，除了验证砧基簿、分家文书之外，还要"问其所亲，有无应分人出外未回，及在卑幼未经分析"，免得买了这块田地又有人来争所有权的。"或系弃产，必问其初应与不应受弃；或寡妇卑子执凭交易，必问其初曾与不曾勘会。如系转典卖则必问其元契已未投印，有无诸般违碍，方可立契。"②如果卖主没有合法的土地所有权，或者子弟未经家长同意私自典卖，或者把自己本来没有继承权的田地拿来典卖，或者同一块田地被重复典卖，或者冒称别人的田地为自己的田地进行交易，一旦买了这样的田地，就会后患无穷。"凡交易必须项项合条，既无后患"③，对不具备上述条件的田地再便宜也不能买。

在宋代的土地买卖中，经常有因田界不明晰而引起的产权纠纷，所以宋人在家训中经常强调买田地时要注意确认田界四至。如袁采在《袁氏世范》卷下专门以此为题，告诫子孙说："人有田园山地，界至不可不分明。异居分析之初，置产典卖之际，尤不可不仔细，人之争讼多由此始。"特别是买进别人的田地时候，一定要验明田界再成交："人户交易，当先凭牙家索取阄书、砧基，指出丘段围号。就问见佃人有界至交加，典卖重叠。"④阄书是分家文书，记载着自己家田地的来源；砧基簿是宋代官府编造的各户的土地产权凭证，上面画着各户田地的形状、界至和

①　《袁氏世范》卷下。
②　《袁氏世范》卷下。
③　《袁氏世范》卷下。
④　《袁氏世范》卷下。

面积，并且记录着田地的由来，如典卖的是继承的祖产，必须有有司的签字。买卖土地的时候，买方要仔细核对分家文书和砧基簿后才能放心购买。袁采在《袁氏世范》中还具体分析了确认田界时一些难以解决的问题。例如：有的田地"因地势不平，分一丘为两丘者，有欲便顺并两丘为一丘者；有以屋基山地为田，又有以田为屋基园地者；有改移街路水圳者。官中虽有经界图籍，坏烂不存者多矣。况又从而改易，不经官司、邻保验证，岂不大起争端？"① 袁采在此告诫子孙，遇到类似情况，必须更加小心谨慎，严格按照官府规定办理："官中条令，惟交易一事最为详备，盖欲以杜争端也。"②

中国古代的小农经济，以个体家庭作为生产组织，具有天生的脆弱性，难以抗御频繁的天灾人祸。在生产力较为低下的情况下，农民虽然普遍有重视储蓄以备荒年的习俗，但其储蓄的数量极其有限，因此，一旦储蓄告罄，无法渡过眼前的难关的时候，就只好被迫借贷了。尽管人们明知这是饮鸩止渴，但却是中下层家庭不得不面对的无奈选择。此外，宋代商品经济发达，私营工商业繁荣，一部分农民弃农经营工商业，难免通过借贷筹集资金或解决资金周转困难。因此，借贷在宋代成为十分普遍的现象，一些家训中涉及对借贷的看法，并形成截然不同的观点。

中国古代的士大夫阶层深受儒家传统思想的影响，一般比较保守，为人处世做事求稳，不喜冒险，并崇尚仁义道德。在这种文化心态下，大多数士人反对借贷，更是指斥高利贷，因为经营借贷风险高，而且是乘人之危谋利，属于不仁不义的行为。在一些家训中，士大夫往往嘱咐子孙，即使生活再困难也不能借贷，另一方面钱财再多，也不应该经营放贷业谋利。袁采就告诫子孙"债不可轻举"，很多人在借债的时候常常觉得有能力偿还，但却"不知今日之无宽余，他日何为而有宽余"，轻率举贷的后果很严重，"凡无远识之人，求目前宽余而挪积在后者，无不破

---

① 《袁氏世范》卷下。

② 《袁氏世范》卷下。

家也"①。袁采也劝放贷的人不要轻易经营高利贷，虽然有时可以获厚利，但却存在很高的风险："有轻于举债者，不可借与，（因为这些人）必是无藉之人，已怀负赖之意。凡借人钱谷，少则易偿，多则易负。"② 那些轻易向人借贷的人，有的在借贷之初就是打算以后赖债，而且借人钱谷，借得少还好偿还，借得多了就不易偿还，负债累累。即使不是压根就想赖债的人，如是被迫举债的贫穷人家，"纵有肯偿之意，亦何由得偿？"而如是借贷搞经营的，"又多以命穷计拙而折阅（阙）"③ 即往往因经营亏损而还不起债。因此，袁采认为轻易放贷往往收不回自己的钱物，不如经营其他正当职业。

倪思反对放贷的思想比较独特。他认为私家可以放贷，官府却不行，理由是官府放贷容易使人破产："人家至于破产，先自借用官物钱始。既先借用官物钱，至于官物催趱，不免举债与质，久而利重，虽欲存产业，不可得矣。"④ 也就是说，许多人家破产，其初都是因先向官府借贷，后来因还不起，被迫再向私人借贷，最终因利息过重，债务越来越多而倾家荡产。

宋代，赞成借贷和放贷的观点比较少见。但是，借贷、放贷在当时是不可避免的社会现象，人们不得不承认这种现实，即使不主张子孙借贷、放贷的人，也得正视它。如袁采就说："假贷钱谷，责令还息，正是贫富相资不可阙者。"⑤ 只要社会存在贫富悬殊的现象，贫穷的人在遇到生活困难时就必须向富人借贷；借人钱谷，到期还债并付利息，这是正常的社会法则。倪思反对官府放贷，但却赞成私人放贷，甚至认为私人放贷是一种重要的谋生手段："士大夫家子弟，若无家业，经营衣食不过

---

① 《袁氏世范》卷下。

② 《袁氏世范》卷下。

③ 《袁氏世范》卷下。

④ 倪思：《经钽堂杂志》，载《说郛》卷75上，台湾商务印书馆影印文渊阁四库全书本。

⑤ 《袁氏世范》卷下。

三端：上焉者，仕而仰禄；中焉者，就馆授徒；下焉者，干求放贷。"①在此，倪思把放贷作为生财之道的最末选择，因为那些背上高利贷的穷人可能只能解燃眉之急，以后会因还不起债而一辈子深陷沉重的债务之中，甚至连子孙都脱不了身，这是有正常良知的人所不愿看到的，因此，有钱的人尽量不要把放贷作为生财的首选手段。

借贷，尤其是借高利贷，往往会导致一个家庭的倾家荡产，这是人们普遍认识到的。之所以还有人饮鸩止渴，绝大多人都是出于无奈，明知道这样做可能招致更加穷困，但舍此别无选择，只得被迫借贷。当时，导致借贷者会愈加贫困以至于倾家荡产的主要原因，就是因为利息过高。北宋初年修订的《宋刑统》卷26专门有"公私债负条"，规定民间放贷月息不得超过6厘（即6%），利滚利不得超过本钱；南宋的《庆元条法事类》卷80也规定，月息不得超过4厘（即4%），年息不超过5分（即50%），利滚利不得超过本钱。但是宋代在实际放贷的时候常常是"息不两倍则三倍"②。宋代文献中常见借贷"倍称之息"的记载，可见，至少年利率达100%。

面对这种社会现实，具有传统儒家仁义思想的士大夫在家训中教导子孙即使经营放贷，也不要谋求太高的利息，利率应保持在借贷方和放贷方都能接受的适中程度上："今若以中制论之，质库月息自二分至四分，贷钱月息自三分至五分，贷谷以熟论，自三分至五分，取之亦不为虐，还者亦可无词"③。如果利率过高，"典质之家至有月息什而取一者，江西有借钱约一年，偿还而作合子立约者，谓借一贯文约还两贯文，衢之开化借一秤禾而取两秤，浙西上户借一石米而收一石八斗"，那就是很不合情理的。袁采主张，放贷不仅在平时要保持较低的利率，灾荒年份还要适当降息，每年青黄不接"耕耘之际，有所假贷，少收其息"，不能

---

① 《经锄堂杂志》，载《说郛》卷75上。
② 《欧阳文忠公全集》卷59《原弊》。
③ 《袁氏世范》卷下。

"强其称贷,使厚其息"①,以使借贷体现出恤贫济困的精神。

第四节　勤俭思想

勤俭是中国自古以来的优良传统。勤即指勤劳、勤奋,俭即指节俭、节约。就治生范畴来说,宋代政府和地方官员最竭力提倡勉励农民勤于耕作。宋代地方官员在劝农文中常常向农民说明勤劳使人富足安乐,懒惰使人贫穷饥饿的道理。真德秀在福州任知州时指出:"凡为农人,岂可不勤!勤且多旷,惰复何望。勤于耕畲,土熟如酥。勤于耘籽,草根尽死。勤修沟塍,蓄水必盈。勤于粪壤,苗稼倍长。勤而不慵,是为良农。良农虽苦,可养父母。父母怡怡,妻子熙熙。勤之为功,到此方知。为农而惰,不免饥饿。一时嬉游,终岁之忧。我劝尔农,惟勤一字。"②

在宋人有关勤的论述中,叶梦得的观点较有特点。他告诫子孙,"一要勤,每日起早。凡生理所当为者须及时为之,如机之发,鹰之搏,顷刻不可迟也"。③他所说的勤包括两层含义:其一"每日起早",就是通常所说的勤劳。其二"须及时为之",则含有迅速抓住机遇,掌握主动权之意。叶梦得的这一观点与先秦商家治生理论中的"趋时若猛兽鸷鸟之发"④如出一辙。先秦商家所以重视时机,强调"任时""趋时",是由于经商必须从事激烈的市场竞争,而市场竞争的成败,往往取决于能否抓住市场上转瞬即逝的机遇。叶梦得这里所说的"及时为之",当是指及时抓住进行土地兼并的有利进机。所谓"有便好田产,可买则买之",就是

---

① 《袁氏世范》卷下。
② 《真文忠公文集》卷40《福州劝农文》。
③ 《石林遗书·石林治生家训要略》。
④ 《史记》卷129《货殖列传》。

其"及时"二字的注脚①。

在古代治生和家庭生活中，节俭是最被推崇的原则。就开源与节流相比来说，人们更重视节流。如赵鼎在《家训笔录》说："古今遗法子弟固有成书，其详不可概举，唯是节俭一事，最为美行。"叶梦得在《石林治生家训要略》中也说："夫俭者，守家第一法也。"

宋人之所以如此重视推崇"俭"，一个重要的原因是他们将"俭"与其对立面"奢"进行比较，从而得出"俭"会使立身、持家、做事成功，"奢"则会使立身、持家、做事失败。如：

> 由俭入奢易，由奢入俭难……侈则多欲。君子多欲，则贪慕富贵，枉道速祸；小人多欲，则多求妄用，败家丧身。②

> 俭则足用，俭则寡求，俭则可以成家，俭则可以立身，俭则可以传子孙。奢则用不给，奢则贪求，奢则掩身，奢则破家，奢则不可以训子孙。③

> 天下之事，常成于困约，而败于奢侈。④

宋人在家训中不仅通过俭与奢的对比来说明俭的重要性，而且还对如何节俭提出了一些具体的建议。如陆九韶说："今考古经国之制，为居家之法，随资产之多寡，制用度之丰俭"，关键是把握好费用的"度"⑤。他所说的"经国之制"指的是国家制定财政收入计划时的"量入为出"的原则，这个原则成为数千年中国古代历朝治国居家的不二法则，也是衡量俭奢的最基本标准。袁采也持相同的看法，认为消费应当视自己家的财力而定，超过了家庭经济的承受能力就是奢侈："丰俭随其财力，则不谓之费；不量力而为之……皆妄费也。"⑥ 同时，还要有因时而变的准

---

① 赵靖：《中国经济思想通史》第3卷，北京大学出版社，1997年，第287页。
② 《传家集》卷69《训俭示康》。
③ 《经鉏堂杂志》，载《说郛》卷75上。
④ 陆游：《放翁家训》，载叶盛《水东日记》卷15，台湾商务印书馆影印文渊阁四库全书本。
⑤ 陆九韶：《居家正本制用篇》。
⑥ 《袁氏世范》卷中。

备，"家资厚薄不常，方当盛时虽可办，贫则必废"①，这就是一个家庭资产厚薄变化不常，家产多时可以办的事，到了家产少时就不能办了，不能总是按一个标准来衡量俭奢。

宋代不少人还主张，即使在经济力量允许的情况下也不能搞奢侈的浪费，"或虽财力可办，而过于侈靡，近于不急，皆妄费也"②。正确的用钱原则是该花的花费再多也应该，不该花的多花一文也不行："合用万钱者用万钱，不谓之侈；合用百钱者用百钱，不谓之吝，是取中可久之制也"③ 所谓"取中"，就是把握一个适当的度，不多也不少。叶梦得说："自奉宜俭，至于往来相交，礼所当尽者，当及时尽之，可厚而不可薄……然开源节流，不在悭琐为能，凡事贵乎适宜。"④ 这里的"贵乎适宜"，也就是"取中"，即"自奉宜俭"，坚持节俭的原则，但如果是"礼所当尽者"，即该花费的，就"可厚而不可薄"。

宋人家训中之所以大量出现告诫子孙必须节俭的内容，是因为当时商品经济的繁荣，使社会上奢侈之风盛行。这种风气是对传统儒家崇尚节俭思想的挑战，引起了一些固守传统节俭思想的士大夫的担忧和警惕，故在家训中谆谆教导子孙必须恪守节俭的传统家风。如北宋司马光在《训俭示康》中说，"众人皆以奢靡为荣，吾心独以俭素为美"，从内心对"近岁风尤为侈靡"不以为然。他还用北宋大官僚寇准的子孙奢侈败家的例子来教训子孙，"近世寇莱公豪侈冠一时，然以功业大，人莫之非。子孙习其家风，今多穷困。其余以俭立名，以侈败家者多矣，不可遍数"⑤。这里，司马光明确告诫子孙，必须牢记节俭成家、奢侈败家的道理。南宋陆游对当时的奢侈之风也表示忧虑，在家训中告诫子孙不能奢侈。他

---

① 陆游：《放翁家训》，载叶盛《水东日记》卷 15。
② 《袁氏世范》卷中。
③ 《居家正本制用篇》。
④ 《石林遗书·石林治生家训要略》。
⑤ 《传家集》卷 69《训俭示康》。

说，当时"风俗方日坏，可忧者非一事"；"徒为重费，皆不须为也"①。

中国古代至迟从西周开始，在国家财政上就实行"量入为出"的原则，即根据财政收入的情况，在留足储备额之后，再决定财政支出的多少。这一原则同样也适用于家庭治生，并同节俭是密切相关的。一个家庭必须根据收入来有计划地安排消费，否则"好丰者妄用以破家，好俭者多藏以敛怨"②，即用多了超出收入就会使家业破败，太节俭了一味聚敛积累财富则会招致抱怨。所以，宋人在家庭治生中，几乎是异口同声都推崇、贯彻量入为出原则。如司马光要求子孙持家应"制财用之节，量入以为出"③；倪思也认为"富家有富家计，贫家有贫家计，量入为出，则不至乏用矣"④；陆九韶则提出，"凡家有田畴，足以赡给者，亦当量入以为出，然后用度有准，丰俭得中"⑤；袁采在《袁氏世范》中则把"用度宜量入为出"列为专门条目。

宋人文献中保存了珍贵的史料，使我们大致了解到宋代家庭治生中如何具体贯彻量入为出的原则。陆九韶在《居家正本制用篇》中谈到，自己家庭的收支安排是：所有的田亩收入扣除租税和种子之外，剩下的部分"以十分均之，留三分为水旱不测之备，一分为祭祀之用，六分为十二月之用"，可支配性纯收入分为储备、祭祀和日常消费三大类，三者的比例为3：1：6。随后陆九韶又把其中用来日常消费的六分作更详尽的计划，"取一月合用之数，约为三十分，日用其一，可余而不可尽用"，把计划细订到以"天"为单位，可见计划细致之至。他还具体解释说，"可余而不可尽用"的含义是"非谓必于其日用尽，但约见每月每日之概。其间用度，自为赢缩。惟是不可先次侵过，恐难退补"⑥。可见，他

① 陆游：《放翁家训》，载叶盛《水东日记》卷15.。
② 《居家正本制用篇》。
③ 司马光：《涑水家仪》，台湾商务印书馆影印文渊阁四库全书本。
④ 《经钼堂杂志》，载《说郛》卷75上。
⑤ 《居家正本制用篇》。
⑥ 《居家正本制用篇》。

计划订到以"天"为单位，只是大致估计每天可消费多少，然后根据每天具体的开支情况再灵活掌握，但总的原则是不可超支太多，如超支太多了以后就很难弥补过来。倪思也主张制订家庭消费计划细致具体，他虽然没有像陆九韶那样细致到以"天"为单位，但认为细致到以"月"为单位是很有必要的。因为每月的计划制订好了，能量入为出，那整年的计划就不会有很大的出入，就不可能出现很大的缺口。他指出："已作岁计簿，复作月计簿。盖先有月计，然后岁计可知；若月之所用多于其所入，积而至岁，为大缺用矣。"①

陆九韶还提出在制定家庭消费计划时，必须根据家庭经济条件的不同，分别做出不同的支出计划。一是对于"家有田畴，足以赡给"的家庭，"可余而不可尽用，至七分为得中，不及五分为啬"，即家庭经济条件好的，日常可消费到总支出的五至七成为适中，超过了就奢侈，不够五分就太吝啬了。剩余的部分再用作"伏腊裘葛、修葺墙屋、医药、宾客、吊丧问疾、时节馈送"等费用，再有节余可以用来周济本家族的穷人。二是对于"田畴不多，日用不能有余"的家庭，那就要注意开源节流，在节俭的同时努力发展生产以增加收入，"裘葛取诸蚕绩，墙屋取诸蓄养，杂种蔬果，皆以助用"，这就是除日常消费开支外，冬天穿裘衣、夏衣穿褐衣、修葺墙屋等开支就必须另外通过纺织、蓄养家畜、家禽等收入来补足。三是对于"田少而用广"的家庭，除了节俭，努力开发解决生计的财源外，对于"接待宾客、吊丧问疾、时节馈送、聚会饮食之事"，一概应当免去，不能死要面子活受罪②。

中国古代的"量入为出"原则从它产生起就是与储蓄紧密相连的。《礼记·王制》载："冢宰制国用，必于岁之杪，五谷皆入，然后制国用。用地小大，视年之丰耗，以三十年之通制国用，量入以为出……国无九年之蓄，曰不足；无六年之蓄，曰急；无三年之蓄，曰国非其国也。三

---

① 《经鉏堂杂志》，载《说郛》卷75上。
② 《居家正本制用篇》。

年耕，必有一年之食，九年耕，必有三年之食。以三十年之通，虽有凶旱水溢，民无菜色。"周朝以国家 30 年粮食生产的平均数来规定国家财政的支出数，而且收入必须大于支出。其收入大于支出的具体量化标准是一个国家 3 年的粮食生产量扣除支出消费外，其盈余必须能供全国吃一年。一个国家如没有 9 年的粮食积蓄，就算不上富足；如没有 6 年的粮食积蓄，就应该着急了；如没有 3 年的粮食积蓄，就有灭国的危险了。量入为出的结果就是国家有充足的粮食储备，达到长治久安。这一思想对中国古代无论是治理国家，还是持家治生，均产生极其深远的影响。

宋代，人们为了应付天灾人祸，也经常在持家治生活动中谈论储备问题。诸如持家治生"常须稍有赢余，以备不虞"[①]；"用常有余，则可以为意外横用之备矣"[②]；"宁使家有赢余，毋使仓有告匮"[③]；"今岁计常用，则与夫备仓卒非常之用，每每计置万一，非常之事，出于意外，亦素有其备，不致侵过常用，以致阙乏"[④]。总之，宋人都一致主张持家治生必须稍有赢余积储，以备不时之需，这样才不致于败家破产，忍冻挨饿。

宋人在量入为出以达到有所储备的具体量化上，也深受《礼记·王制》"三年耕，必有一年之食"的影响，即所谓"耕三余一"的传统，多数人主张一年留三分之一左右作为储备。陆九韶对"耕三余一"的传统进一步做了修正，使之更符合不同家庭的实际情况。他说，留十分之三主要针对富裕家庭，如果中下层家庭收入少，"所余不能三分，则有二分亦可；又不能二分，则存一分亦可；又不能一分，则宜撙节用度，以存赢余"。总之，要视各家的经济实力来确定储备方案。但他要求无论贫富都应当有一定的储备，否则"一旦有意外之事，必遂破家矣"[⑤]。

① 《涑水家仪》。
② 《经钼堂杂志》，载《说郛》卷 75 上。
③ 《石林遗书·石林治生家训要略》。
④ 《农书》卷上《节用之宜篇》。
⑤ 《居家正本制用篇》。

第五节　反对官府垄断经营，
主张私商自由竞争经营思想

一、　私营工商业自由竞争经营优于官府垄断经营

宋代，一些有识之士已初步认识到，在官榷制下，生产者的积极性不高，责任心差，效率低下，对社会经济造成破坏。只有罢除官榷，才能提高生产者的积极性和生产效率，促进社会经济的恢复和发展。张洎认为："官榷茶山，利归公室，衣食之源日削……所以出茶之处，郡县凋残，民不聊生，职由于此。"如能"罢榷山行放法"，"造茶之户既专物产，必能经营地利，爱养茶园，封殖窠条，防护山泽。十年之内，茶货大兴，通商惠农，王赋增集"①。王安石也反对榷茶，而且还反对大商人的包卖制度。他认为：如实行榷茶或由巨商包卖，则会导致层层盗窃损耗，积压变质，"皆以非己而致货不善也"。如采用小商品经营方式，经营者就会直接关心商品质量，质佳则容易销售。这就是"货利己则精心，精心则货善，货善则易集"②。

宋代，不少人都意识到官府垄断经营必然造成管理不善，损耗浪费严重，经营效率低下，从而导致高成本；官营之下的粗制滥造、掺杂造假，使产品质量低劣。李觏认为，当时官盐在储运上耗损和管理费用甚大，成本高，"舟有坏，仓有堕，官有俸，卒有粮，费已多矣"。而且经办官盐的军吏营私掺假使盐质次价高，"公盐常失其半，而半它物焉"，

---

① 《宋朝诸臣奏议》卷108《上太宗乞罢榷山行放法》。
② 《临川先生文集》卷70《茶商十二说》。

"以倍价取半盐矣"①。公茶也是如此，掺杂太多，"草邪，木邪，唯恐器之不盈也。尘邪，煤邪，唯恐衡之不昂也"。其结果是盐茶都因质量太差而滞销，造成大量积压，"仓储之久，或腐败也，则水火乘之矣"，最终因无法出售只好毁掉，"息未收而本或丧矣"②，造成惨重的经济损失。针对这种垄断经营的弊端，李觏主张私商经营盐茶。他认为："夫商人众而务售，则盐不淆杂。所至之地又以贯于市人，则列肆多得斥卖。卖者多而务售，则盐亦不淆杂。昔啖粪土者，今皆食盐；昔喜窃贩者，今皆公行。盐之用益广，是以无滞也。公利不减而盐无滞，财用以足。"③ 这里，李觏揭示了小商品经济市场上的自由竞争，使盐的质量高，销路好。他还建议：如果封建官府"借茶山之租，科商人之税"，放弃专卖政策，让茶通商，由"商人自市，则所择必精；所择精，则价之必售；价之售，则商人众；商人众，则入税多矣"。总之，李觏反对专卖政策，坚持私商自由竞争经营，"今日之宜，亦莫如一切通商。官勿卖买，听其自为"④。这样，就可以通过商业的自由竞争，提高商品质量，扩大商品的销售量。而且商人多了，国家的税收也会增多，这对朝廷也是有利的。

宋代买扑制不仅在增加国家财政收入中发挥了独特的作用，而且在节约国家财政支出中同样发挥了作用。如熙宁三年（1070）五月，"制置条例司言：'诸路科买上供羊，民间供备几倍。而河北榷场博买契丹羊岁数万，路远抵京则皆瘦恶耗死，屡更法不能止，公私岁费钱四十余万缗。近委著作佐郎程博文访利害。博文募屠户，以产业抵当，召人保任，官豫给钱，以时日限口数、斤重供羊，人多乐从，得以充足岁计。除供御膳及祠祭羊依旧别圈养栈外，仍更栈养羊常满三千为额，以备非常支用。'从之。博文所裁省冗费凡十之四，人甚以为便"⑤。又如熙宁五年

---

① 李觏：《李觏集》卷 16《富国策第九》，中华书局，1981 年。
② 《李觏集》卷 16《富国策第十》。
③ 《李觏集》卷 16《富国策第九》。
④ 《李觏集》卷 16《富国策第十》。
⑤ 《长编》卷 211。

（1072）冬十月，神宗皇帝称："前宋用臣修陵寺，令行人揽买漆，比官买减半价。"① 从此可窥一斑，行人买扑政府采购物资比政府自己到市场上购买，节约了 40％至 50％的采购费用。

二、 私营工商业自由竞争能廉洁吏治和稳定社会

宋代，还有一些人认识到榷卖、官营会导致官吏营私舞弊、贪污盗窃和权力寻租。宋太宗时，张洎指出：茶叶"般运尽出公家……风涛没溺，官吏奸偷，陷失茶纲，比岁常有。若行放法，此患自除"②。神宗熙宁四年（1071），苏轼批评市易法设置大量官吏，政府必须为此付出数额巨大的管理与监督费用，加上官吏的贪污受贿、营私舞弊，使官营商业高成本运作，亏本是必然的。他指出："今官买是物，必先设官置吏，簿书廪禄，为费已厚，非良不售，非贿不行，是以官买之价，比民必贵，及其卖也，弊复如前，商贾之利，何缘而得。"③ 不言而喻，官营商业是行不通的，必须改为私营。

宋代不少有识之士，从社会稳定的广阔视角，考察专卖制度使民众违法私产私贩，动辄触禁，社会矛盾尖锐，甚至发生武装对抗。因此，纷纷主张弛禁通商，还利于民，缓和社会矛盾。张洎指出："禁榷之地，法令斯严，铢两之茶，即该宪网，公私追扰，狱讼繁兴。大则破族亡家，小则身陷牢户。州县公事，太半为茶；朝禁夕刑，系缧相继。户口由兹减耗，田野为之污莱。蠢尔蒸民，坠于无告。狱连祸结，莫甚于斯。"有鉴于此，他主张："榷山既放，密网减除。爱人而义在必行，画象而民将不犯。普天之下，实省刑章。利用厚生，莫先于此。"④ 范仲淹在庆历四年（1044）任参知政事时，曾向仁宗皇帝奏言："天下茶盐，出于山海，是天地之利，以养万民也。近古以来，官禁其源，人多犯法。今又绝商

---

① 《长编》卷 239。

② 《宋朝诸臣奏议》卷 108《上太宗乞罢榷山行放法》。

③ 《苏轼文集》卷 25《上神宗皇帝书》。

④ 《宋朝诸臣奏议》卷 108《上太宗乞罢榷山行放法》。

旅之路，官自行贩，困于运置。其民庶私贩者，徒、流；兵稍盗取者，绞、配，岁有千万人罹此刑祸。是有司与民争利，作为此制，皆非先王之法也。及以官贩之利，较其商旅，则增息非多。"其结果是盐茶榷酤，对私对公都不利。因此，他请求朝廷："诏天下茶盐之法，尽使行商，以去苛刻之刑，以息运置之劳，以取长久之利。"[1]

三、 私营工商业能在某些方面发挥政府不可替代的作用

宋代封建商品经济高度发达，庞大的商品流通体系，是封建政府难以一手包揽的，许多领域必须由众多的大中小商人承担。范仲淹就认为山海之货的流通要靠商人："尝闻商者云，转货赖斯民。远近日中合，有无天下均。上以利吾国，下以藩吾身。"[2] 为了发挥商人流转货财的作用，他力主废除国家对茶盐等山海之货的垄断，由私商经营。

宋代以前，常平仓平抑谷价的最主要功能历来受到主流观点的推崇。但是到了宋代，由于商品经济的空前繁荣，人们对物价的敏感度增强，对商人的作用不断重视，因此对常平仓平抑谷价的功能认识加深，看法更加客观全面。王觌在《乞稍贵京师常平仓米疏》中指出："在京诸仓粜常平米，每斗六十文至六十五文省，有以见朝廷不惜亏损官本，而惟以利民为务也。然臣窃虑贱粜如此，于小民足为一时之利，于国计乃非长久之策。何以言之？夫京师者众大之居也，生齿之繁，何可胜计？民所食者军粮之外，则皆商贾所运，自外而至也。今官粜甚贱，非所以致商贾也，彼商贾所贩虽新米，其价乃与陈米相视而低昂者也。京师之民旧多食麦，而今多食米，以米贱故也。使旁郡之米麦入京师者浸少，岂长久之策哉？常平米固有限，不常粜也，虽有时而不粜，商贾亦必以为疑而不肯多致，恐一旦常平害之也。夫物价不独甚贵之为害，而甚贱之亦所以为害，故所谓常平者不欲其甚贵甚贱而已。今贱常平之米，为小民

---

① 《范文正奏议》卷上《奏灾异后合行四事》。
② 《范文正集》卷1《四民诗·商》。

一时之利，以疑商贾，使民间无高廪陈粟以为长久之备，孰为得计哉？臣愚以谓不若稍贵常平之米，使无定价，著以为令，而示信于商贾也。假如著令曰：京师常平米一斗，其价以百钱为定，毋辄增损，籴者若干斗以下勿拒也。行之既久，商贾信之，则稔岁必厚畜以待价，使旁郡之米麦入京师者浸多，而京师可实也。"① 常平仓贵籴贱粜以平抑谷价，限制商贾的囤积居奇以牟取暴利，其积极意义是被大量历史事实所证明的。但是王觌却看到了另外一面，即常平仓所粜谷价太贱，那商贾贩米到京师无利可图甚至亏本，其结果是商贾不再贩米到京师。但是由于常平仓储米有限，只能起临时性的平抑谷价的作用，而京师人口众多，主要靠商贾所贩米为生。如商贾因谷价太低而不贩米到京师，那靠商品粮为生的京师居民将无米可食。因此，王觌认为常平仓米价太低会带来京师缺米的严重后果，应稍微提高常平仓谷价，并保持稳定，通过价格杠杆使商贾有利可图（但又不能牟取暴利），源源不断贩米到京师。的确，在京师居民口粮基本上商品化的条件下，常平仓通过贵籴贱粜平抑谷价的措施也必须尊重价格规律，充分考虑商贾的利益，只能在当时价格的基础上适时适度地进行调控。否则，很可能适得其反，干扰了正常的价格规律，打击了商贾负责京师主要粮食供应的积极性（这是政府很难取代的），从而影响了京师商品粮的供给，引起社会的动荡不安。

终宋一代，北方、西北方战火延绵不断，宋辽、宋西夏、宋金、宋蒙战争时有爆发。尤其在旷日持久的战争中，军需供给成为朝廷急待解决的难题。如淳化五年（994）柳开知全州时，见州县"调民送军储环州，岁已再运，民皆荡析产业，而转运司复督运。民数千人入州署号诉，且曰：'力所不逮，愿就死矣。'……今农蚕方作，再运已劳，老幼疲敝，畜乘困竭"②。可见，战争给沿边民众带来沉重的负担和灾难，对农业生产造成巨大的破坏。宋仁宗时期，宋与西夏的战争更为艰难，战线长，

---

① 杨士奇：《历代名臣奏议》卷 245，台湾商务印书馆影印文渊阁四库全书本。
② 《长编》卷 35。

时间久，朝廷财政拮据，民力困竭。政府只好通过商人入中来解决西北的军需供给。如天圣七年（1029），"上封者言，天下茶盐课亏，请更议茶法"时，三司使寇瑊上奏宋仁宗反驳说："议者未知要尔。河北入中兵食，皆仰给于商旅。若官尽其利，则商旅不行，而边民困于馈运矣。法岂可数更？"① 从"皆仰给于商旅"可知，西北军需供给几乎全部依靠入中解决。当时，河北"并边十一州军岁计粟百八十万石，为钱百六十万缗，豆六十五万石，刍三百七十万围，并边租赋岁得粟、豆、刍计五十万，其余皆商人入中"②。这里沿边 11 个州军总计一年开支粟豆刍 615 万石，其中只有 50 万是本地租赋所得，余下 565 万石靠商人入中，约占总数的 92％，足见沿边军需供给对商人的依赖。商人对宋西夏战争的胜负发挥了不可替代的作用③。

宋代，军费开支庞大，政府常调用买扑酒务收益用于军费。宋真宗咸平五年（1002），度支员外郎李士衡"请增（酒）课以助边费"④。宋仁宗庆历初，三司言："陕西用兵，军费不给，尤资榷酤之利。"⑤ 南宋时期，军费也多从坊场钱中移用。高宗建炎三年（1129），两浙转运使王琮等言："本路利源，唯酒务与买扑坊场课利钱所收最多。"⑥ 由于坊场钱收入最多，故常用来补充军费。总之，买扑坊场收益对军费的支持也是不可小觑的。

宋代财政收支浩大，经常入不敷出，政府通过开源节流、集中财权等解决财政危机，其中在开源方面的一条重要措施就是改变传统直接与

① 《长编》卷 170。

② 《长编》卷 184。

③ 有关商人入中解军需燃眉之急的记载于史籍屡见不鲜，兹再举两例以为佐证：《长编》卷 86 载：宋真宗大中祥符年间，"西北急于军粮，入中之际，添估加耗"。同书卷 135 载："自元昊反，聚兵西鄙，并边入中刍粟者寡。县官急于兵食，且军兴用度调发不足，因听入中刍粟。"

④ 《宋史》卷 185《食货下七》。

⑤ 《宋史》卷 185《食货下七》。

⑥ 《宋会要》食货 21 之 12。

商人争利、国家全面垄断经营的做法，注意通过发挥商人独特的作用，在官府难以赢利的领域，与商人共利，从而增加财政收入。

宋代商品经济发达，大中小商人在商品流通中发挥着政府不可替代的作用。在现实中国家要想把商人完全从流通中排挤出去，由官府垄断和控制商业活动，已是不可能，而且对国家财政收入也不利。面对这种情况，欧阳修反对商业贸易由国家完全垄断经营，国家对商业贸易不应专利，而应该采取国家与商人分利的方式经营，以提高效益，从而达到同商人共利，增加国家收入。欧阳修认为：实行与商共利政策，一来对国家有利。因为"利不可专，欲专而反损"，"夫欲十分之利皆归于公，至其亏少十不得三，不若与商共之，常得其五也"，"与商贾共利，取少而致多之术也"①。二来可以促进商品流通和经济繁荣。因为"夫兴利广则上难专，必与下而共之，然后流通而不滞"，"使商贾有利而通行，则上下济矣"。欧阳修把国家与商人共利的方式比之为大商人与小商小贩的关系，"夫大商之能蓄其货者，岂其锱铢躬自鬻于市哉？必有贩夫小贾就而分之。贩夫小贾无利则不为，故大商不妒贩夫之分其利者，恃其货博，虽取利少，货行流速，则积少而为多也。今为大国者，有无穷不竭之货，反妒大商之分其利，宁使无用而积为朽壤，何哉！故大商之善为术者，不惜其利而诱贩夫；大国之善为术者，不惜其利而诱大商。此与商贾共利，取少而致多之术也……若乃县官自为鬻市之事，此大商之不为，臣谓行之难久者也。诚能不较锱铢而思远大，则积朽之物散而钱币通，可不劳而用足矣"。这里，欧阳修所谓国家与商贾共利，其实就像大商人让利于小商小贩。因为大商人往往经营大宗批发业务，然后通过把自己的利润让一小部分给小商小贩，使他们零售那些批发的商品给消费者。国家与大商人的关系也是如此。国家拥有大量的物资货源，也必须以让利的方式诱导商人进行分售。这样，国家虽然获利的比率减少了，但由于

---

① 欧阳修：《欧阳修全集》卷45《通进司上书》，中华书局，2001年。此自然段引文均见于此。

物货流通加速，范围扩大，连许多积压的货物都被销售，所以获利总额却比自售自销多得多。而且，商品繁荣了，国家征收的商税也会增加，自然国用充足。这就是"大商贾为国贸迁，而州郡收其税；今大商富贾不行，则税额不登，且乏国用"。①

四、 对私营工商业应因势利导， 达到官民共利

宋代商品经济高度发展，城市经济繁荣，商业活动在空间上已打破了坊与市的界限，在时间上已出现了大量的夜市。随着市场在时空上的开放，价格的开放也就成了历史的必然。因为在市场交易活动从空间到时间都受到政府严密控制的情况下，政府对价格的控制措施也就可能行之有效，一旦时空界限被打破，价格控制就显得力不从心，不得不进行改革。在商业活动中，宋代最常用的就是放任价，即除了直接禁榷专卖品外（其中一些间接禁榷专卖品亦可由商人定价），对一般商品的价格采取了放任自由的政策，原则上不加干预，通常是由商人根据市场行情自主定价。时人谓："市价起于何人？不出于民，不出于官，而出于牟利之商贾。"② 这集中反映了宋代统治者在平时对商业实行放任价的管理思想。宋代的不少官员，甚至在一般的灾荒年份，不是到万不得已，也都主张采取放任价。这体现了宋人尊重市场客观规律，懂得如何应用市场性的政策工具，因势利导，化害为利。如"范文正治杭州，二浙阻饥，谷价方涌，斗钱百二十。公遂增至斗百八十，众不知所为。公仍命多出榜沿江，具述杭饥及米价所增之数，于是商贾闻之，晨夜争进，唯恐后，且虞后者继来。米既辐辏，遂减价还至百二十。包孝肃公守庐州，岁饥，亦不限米价，而商贾载至者遂多，不日米贱"③。这里，宋代统治集团中的一些有识之士已清楚地认识到利用价格杠杆和商人逐利的本性，引导

---

① 《文献通考》卷18《征榷考五》。

② 黄榦：《勉斋集》卷12《复吴胜之湖北运判》，商务印书馆影印文渊阁四库全书本。

③ 《能改斋漫录》卷2《增谷价》。

商人往受灾地区运送粮食，从而部分地代替了政府的赈灾职能，缓解因受灾而粮食匮乏粮价暴涨的难题，达到保证灾区的基本粮食供给、平抑物价、稳定社会秩序的目的。这种思想的出现并不是个别偶然的现象，它与利用价格杠杆，通过虚估、加抬的高商业利润，引导商人入中西北，解决沿边军需供给难题的思想，如出一辙！

面对宋代商品经济高度发展，政府已难完全控制的现实，司马光认为："彼商贾者，志于利而已矣。今县官数以一切之计变法更令，弃信而夺之。彼无利则弃业而从佗，县官安能止之哉！是以茶盐尽捐，征税耗损，凡以此也。"① 司马光清楚地看到随着商品经济的发展，商人的交易活动、行业的选择，政府已无法令行禁止。如违背经济规律，用行政手段强行加以改变，背信弃义进行掠夺，只会导致两败俱伤，国家的茶盐专利、赋税征收将大大损失，商人也将被迫放弃商业。不言而喻，要使"商贾流通"，必须从长远的公私共利双赢的视角来考虑问题，即"公家之利，舍其细而取其大，散诸近而收诸远"，而对于商人应"将取之，必予之；将敛之，必散之。故日计之不足，而岁计之有余"。② 如前所述，宋代的入中、买扑制以及招募制无不是在政府已难完全控制工商业活动的情况下做出的政策调整，从官府夺取强制到官民平等自愿，从官府独利到官民共利。

五、 变直接专卖为间接专卖

在私商自由竞争经营思想的影响下，宋朝廷虽然意识到私商自由竞争经营会克服官府垄断经营的诸多弊端，但其也会弱化政府对经济和社会的直接控制，有时短期内还会减少财政收入，削弱政府的权力。因此，朝廷必须在增加财政收入、促进经济发展、保障民众基本生存条件三者

---

① 司马光：《温国文正司马公文集》卷 23《论财利疏》，商务印书馆四部丛刊初编。

② 《温国文正司马公文集》卷 23《论财利疏》。

中寻找一个平衡点，即在保证封建政府收入的情况下，让工商业得以有一定程度的发展，民生有最基本的保障，从而达到社会稳定，长治久安。如在茶的专卖中，入中法由于滥发茶引而实行不下后，改行贴射法，增加了茶商经营自由，但国家茶利受到富商大贾的侵夺；改行通商法，虽然商人得以自由竞争经营，降低了成本，提高了茶叶质量，但国家利源浸销。最后蔡京改革茶法，变直接专卖为间接专卖，即一方面政府通过茶引、笼部和合同簿对商人贩茶的全过程实行严密的控制，达到专卖的目的，获取专卖高收入；另一方面政府允许商人与园户直接交易，充分发挥商人在茶叶流通中的作用，避免了因官府直接专卖导致的茶叶质量粗劣、运输与保存中的损耗浪费、经营效率低、管理成本高等问题。

宋代的酒坊、盐井、矿冶的买扑制，其实就是一种变直接专卖为间接专卖的方式，政府通过出售转让经营权达到获取专卖高收入，其效果如一些时人所说的，达到了官民共利双赢，是达到增加财政收入、促进经济发展、保障民众基本生存条件较适中的平衡点。正如王栐在《燕翼诒谋录》卷3所云："盖民自酤则取利轻……人易得酒……官无讥察警捕之劳，而课额一定，无敢违欠，公私两便。"由于宋代统治集团中的一些有识之士看到私商自由竞争经营优于国家垄断专卖经营，因此把一些官营亏损、无利或少利的行业通过买扑转让给私营工商业主经营，借此收取转让经营权的课利。如太平兴国初，自京西转运使程能"建榷酤之议，所在置官吏局署，取民租米麦给酝酿，以官钱市樵薪及官吏、工人、役夫俸料，岁计所获利无几，而主吏规其盈羡。又酝齐不良洁，酒多醨坏不可饮。至课民婚葬，量户大小令酤，民被其害，州县苦之。岁或小俭，物贵，殆不偿其事。上知其弊，戊申，下诏募民自酤，输官钱减常课十之二，使其易办。民有应募者，检视其资产，长吏及其大姓共保之，后课不登者，均偿之。是岁，又取诸州岁课钱少者四百七十二处，募民自酤，或官卖曲收其值"[①]。从此可知，官府酿酒，成本高、质量差、获利

① 《长编》卷35。

无几，甚至亏损，而且强卖给民众，使民深受其害。因此，宋太宗下诏募民自酤，收取课利，或通过官卖酒曲获得收益。宋代买扑制在酒业最为流行，其最主要的一个原因是官府自营酒坊，由于经营不善，效率低下，或管理中损耗浪费严重，"主吏规其盈羡，及酝齐不良"①，致使"诸官监酒务亏本者，召人承买"②。还有许多在乡村边远地区或人烟稀少之处，"岁或荒歉，商旅不行"，官府经营酒务收入细微，"岁课不登"，故也召人买扑③。正是这些亏损、无利、少利的酒务，转由私人买扑经营，则时有赢利，国家亦增加出卖经营权的收入。南宋有人对酒务买扑经营的好处做了归纳：其一，"籴买制造，因时视宜，里社通融，为费已约"；其二，"执役者非其弟子，即其仆厮，无佣资之费"；其三，"家人妇子，更相检柅，无耗蠹之奸"；其四，"工精业熟，酝造得法，费省而味胜"；其五，"洞达人情，谙知风土，发卖亦易"④。正由于如此，买扑经营成功的酒坊不仅扭亏为盈，可以赢利，甚至有的还可以赢大利。如开封府界"诸县酒务，为豪民买扑，坐取厚利"⑤。

第六节　买扑承包经营和入中思想

一、　酌中定额，　由著价最高者承买⑥

买扑制又称扑买，唐代晚期就已出现，宋代广泛流行。这一制度是

---

①　《宋史》卷185《食货下七》。

②　谢深甫：《庆元条法事类》卷30《上供》，中国书店《海王村古籍丛刊》。

③　《宋史》卷185《食货下七》。

④　罗濬：《宝庆四明志》卷5《叙赋上·酒》，商务印书馆影印文渊阁四库全书本。

⑤　《宋会要》食货20之6。

⑥　"著价"又称"着价"，为保留引文原貌，书中不予统一。

私人通过类似现代流行的投标竞价承包的方式，向官府交纳课利，承包经营官府的酒坊、田地、商税场、盐井、河渡等。宋代买扑制集中体现了当时政府以市场性自愿平等订立契约的原则来代替行政性强制执行的原则。

在买扑制中，官府估定的最低出价，即买扑名数（类似于现代投标竞价中的标的）有待于市场来决定。这就是标的物的价值不是由政府说了算，而是由市场价值规律来客观确定的。

元祐元年（1086）六月敕文规定：买扑名钱数"若累界有增无减，即取累界中次高一界为额；如增亏不常者，即取酌中一界为额"。这种取次高或酌中一界为额的办法比较适中合理，防止买扑名钱数偏高或偏低，"参酌中道，立为定额，不使愚民贪得忘患"[1]。这既避免了买扑人的承包风险，又防止了买扑人获得过高的承包利润。但是，在激烈的竞价承包中，"小民争得务胜，不复计较实利，自始至末，添钱多者至十倍，由此破荡家产，旁及保户，陪纳不足，父子流离"。针对这种情况，苏辙提出了改进的方法："乞取累界内酌中一界为额，除元额已足外，其元额虽未足，而于酌中额得足者，并与释放，唯未足者依旧催理，候及酌中额而止。"[2] 这一主张比较合情合理，取累界内酌中之额作为买扑者所应交纳课利的底数，不会是很苛刻的要求；而通过实封投状竞标所添课利钱，则是政府利用买扑者之间的竞争加价而获取最大的承包收益，这也是无可厚非的。

买扑中中标人的确定。投标人在投标时，在公布的最低出价的基础上，"听自立价"[3]，"任便着价"[4]。然后，"据所投状开验，著价最高者

① 刘安世：《尽言集》卷2《论买扑坊场明状添钱之弊》，中华书局，丛书集成本。

② 苏辙：《龙川略志》卷5《放买扑场务欠户者》，中华书局点校本，1982年。

③ 《长编》卷217注。

④ 《宋会要》食货61之27。

方得承买"①。从"听自""任便"可以看出，投标人与招标人（即政府）的关系基本上是平等的，即建立在自愿、公平、公正的基础上。通常情况下，如有最低出价的招标，一般要求投标人的出价必须高于最低出价。如竞价承包坊场，"有课利买，名净利钱，恣民增钱夺买"②。但有时如最低出价过高，而无人投状，则由官府降低价格继续招标。或根据情况允许投标人低于最低出价投标，"不以着价及与不及体减分数，但拆封日，取着价最高者给付"③。

二、 三种人有承包优先权

如前所述，在一般情况下承包权给著价最高之人。但是宋代规定原承包者有优先权，即其愿意以出价最高者的条件承包时，应继续由其承包。如绍兴二十八年（1158）规定：实封投状拆封后，"以时比较，给着价高人……或见佃赁人愿依著价高人承买者，限五日投状听给"④。在中标人的确定上，原承包人具有优先权，这使场务生产具有连贯性，并能鼓励保护原承包人在生产资料上投入的工力与财力。基于这种理念，宋朝廷甚至规定在承包期限满前一年，即征求承包者愿不愿意继续承包，如不愿意再进行招标。如元祐元年（1086）六月规定："如界满前一年，见买扑人不拖欠，即先限一月取问愿与不愿接续承买。如不愿，即出榜，限一季内许人投状。"⑤ 为了鼓励原承包人继续承包，宋朝廷不但给原承包人优先权，而且在价格上也给予一定的优惠。如绍兴五年（1135）规定："限满折封，给着价最高之人……仍具最高钱数，先次取问见佃赁人愿与不愿依价承买，限五日供具回报。若系佃赁及三十年以上，即于价

---

① 《长编》卷 220。
② 《叶适集·水心文集》卷 1《平阳县代纳坊场钱记》。
③ 《宋会要》食货 21 之 14。
④ 《宋会要》食货 61 之 17。
⑤ 《尽言集》卷 2《论买扑坊场明状添钱之弊》。

钱上以十分为率，与减二分价钱，限六十日送纳。"① 当时由于土地租佃权流转频繁，所以"佃赁及三十年以上"的优惠条件过于苛刻，不久，朝廷又规定："见佃赁未卖田宅已满一年"，便可享受"减二分价钱"的优惠；"未及一年者"，则只能享受同等条件下的优先权②。

宋代，在出价最高数相同的情况下，除了原承包人首先享有优先权之外，其次是按投标的时间顺序，先投标人享有优先权。绍兴二十八年（1158）规定："以时比较，给着价高人。内着价同者，即给先投状人。"③再次是家业抵当最多人也享有优先权。元祐元年（1086）规定："若二人以上价同，并择己业抵当最多之人，依所著价给卖。""两人以上下状，为（'为'当为'唯'）给己业抵当最多之人。盖因其有自爱之心，必能为防患之虑，委之场务，可无他虞。"④ 由此可见，在所出最高价相同时，让家业抵当最多的人承包，能使官府在转让经营中所承受的风险降到最小。

三、 竞标底价与招标、 开标的公开性

买扑制度中出现了政府与投标人之间讨价还价的博弈关系。一方面，如前所述，政府在竞标中让出价最高的买扑人承包，目的是获得最大的转让经营收益。另一方面，买扑人作为理性的经济人，最大的考虑是其出价获得承包经营权后，是否能够获利。因此，当政府竞标底价太高时，将出现无人参与竞标的情况。这时，政府只得逐步降低竞标底价以召人承买。元祐六年（1091）春规定："诸场务界满未交割者，且令依旧认纳课利，及过日钱，若委因事败阙，或一年无人投状承买，经县自陈申州，本州差官，限二十日体量减定净利钱数，令承认送纳，仍具减定钱数出榜，限一季召人承买。无人投状，本州再差官减定出榜。限满，又无人

---

① 《宋会要》食货61之7。
② 《宋会要》食货61之24。
③ 《宋会要》食货61之17。
④ 《尽言集》卷2《论买扑坊场明状添钱之弊》。

投状，依前再减出榜。若减及五分以上，无人投状，申提刑司差官与本州县官同共相度，再减节次，依前出榜。如减八分以上，无人投状承买，委是难以出纳净利钱，即所差官与本州县保明申提刑司审察，保明权停闭讫奏。"① 这里非常具体明确地规定三个层次减定钱数出榜召人承买的审批权限，朝廷完全依照市场价值规律决定竞标底价，直至减及八分以上，实无赢利可能时，只得决定关闭该场务。这里没有任何使用封建行政性手段，强迫买扑人承包的做法。

买扑中招标、开标的公开性。宋代，当官府转让经营权时，为了让更多的人知晓，参与承包竞争，规定："酒税等诸般坊店场务之类，候今界满拘收入官，于半年前依自来私卖价例要闹处出榜，召人承买，限两月内，并令实封投状，置历拘管。"② 这样在交通要道热闹之处经过两个月的宣传招标，招人实封投状时，"令州军造木柜封锁，分送管下县分，收接承买实封文状"。当竞买人投状时，官府"仍置印历，抄上承买人户先后资次姓名"③。限满后，各县停止接收投状，"倚郭县分将柜申解赴州，聚州官，当厅开拆。其外县委通判，县分多处除委通判外，选委以次幕职官，分头前去开拆。并先将所投文状当官验封，开拆签押"④。哲宗元祐年间甚至还出现了公开投标报价的竞争机制，即投标人不是将"状"（即标书）密封投送，而是类似于当代的公开报价方式，"明书钱数，众各见闻，又择价高之人便行给付"⑤。总之，无论是于"要闹处出榜"，还是"聚州官当厅开拆"，抑或"明书钱数，众各见闻"，都体现了买扑公开性的原则思想。这有利投标人的公平竞争，防止贪官污吏营私舞弊。

① 《苏轼文集》卷34《论积欠六事并乞检会应诏所论四事一处行下状》。
② 《长编》卷220。
③ 《宋会要》食货61之5。
④ 《宋会要》食货61之17。
⑤ 《尽言集》卷2《论买扑坊场明状添钱之弊》。

四、 对买扑承包经营思想的评价

前文已提到宋代买扑制在酒业最为流行，因为私人买扑便于管理，损耗浪费少，成本低，而且酒的质量好，迎合消费者的需求，易于销售。但买扑制在宋代也遭到一些人的反对，尤其是实封投状法。如刘安世就指出："买扑场务，其弊莫大于实封投状。盖无知之民，利于苟得，竞立高价，务相倾夺，止快目前之欲，不为后日之计。然而一界之内，丰凶不常，或遇水旱之灾，即有败阙之弊，往往破家竭产，不偿逋欠，身陷刑禁，家族流散。至于抵当之物，亦多假于亲知，因缘同保，沦胥失业，若此之类，不可胜数。"① 刘安世所述情况在当时是存在的，但我们今天如从经济学的眼光来看待这些现象，这是很正常的。因为在封建商品经济高度发达的宋代，把自由公平竞争的机制引进官府专卖制中，能够克服官营工商业的种种弊端，改善经营管理，促进社会经济的发展。但是经济上的竞争也存在着很大的风险，竞争是十分激烈的，人云商场如战场，有时竞争是残酷的，达到你死我活的程度。竞争的结果是成功者有之，失败者更有之。因此，每一个竞争者必须有风险意识和竞争策略，那些"利于苟得，竞立高价，务相倾夺，止快目前之欲，不为后日之计"的人，在激烈的竞争中被淘汰，这是必然的。对此，也有人提出改进的方法。如苏辙提出："予为户部侍郎，有言买扑场务者，人户自熙宁初至元丰末，多者四界，少者三界，缘有实封投状添价之法，小民争得务胜，不复计较实利，自始至末，添钱多者至十倍，由此破荡家产，旁及保户，陪纳不足，父子流离，深可愍恤。乞取累界内酌中一界为额，除元额已足外，其元额虽未足，而于酌中额得足者，并与释放，唯未足者依旧催理，候及酌中额而止。"② 苏辙的这一主张比较合情合理，取累界内酌中之额作为买扑者所应交纳课利的底线不会是很苛刻的要求，而通过实封

---

① 《尽言集》卷2《论买扑坊场明状添钱之弊状》。
② 《龙川略志》卷5《放买扑场务欠户者》。

投状竞标所添课利钱，则是政府利用买扑者之间的竞争加价而获取最大的承包收益，这也是无可厚非的。

无可讳言，在封建政治体制制约下，买扑制也难免存在一些问题。例如：在实封投状竞标中，弄虚作假；一家承包破产，殃及四邻；或因债务而诉讼纷起，系狱为囚，家破人亡。对于政府来说，如较多的买扑者因经营不善而亏本或破产的话，那么国家的承包收益将也大受影响。正如吕陶所揭露的："盖小人之情，竞利而不虑患，实封投状，务在必得。既妄添所买之直，又虚增抵产之数……坊场多有破败，乃至出卖抵产，以偿官钱；或抵产价高，出卖不行，则强责四邻承买；或四邻贫乏，承买不尽，则摊及飞邻、望邻之家，抑令承买；或本户抵产罄尽，尚欠官钱，则勒保人代纳，亦须破坏产业；或虚指债负，妄起讼端，横赖论索。郡县急于官课，不问有无逋欠，遂使平人承认。械颈受棰，道路相望，囚系坐狱，殊无虚日。其甚者，至于自经沟渎，鬻及男女，而犹不能免。大率一县之内，中户以上，因买坊场或充壮、保而破散拖欠久者，十常四五。官方如此百计督责，极力掊聚，而逐界所得实钱，十分只及五六。一则因元买价高，虚张其数；二则为物轻钱重，酒无厚利；三则日趋困穷，难以偿纳。以此天下坊场钱积压少欠，其数极多。"[1] 此外，宋代财政入不敷出的危机使朝廷在买扑制中违背立额取酌中之数的原则，常常是诛敛不已，立额只求增盈，不管减损。正如太平兴国八年（983）十二月，权知相州、右补阙、直史馆田锡上疏所言："所谓网利太密者，酒曲之利，但要增盈，商税之利，但求出剩。或偶有出剩，不询出剩之由，或偶有亏悬，必责亏悬之过。递年比扑，只管增加，递月较量，不管欠折。"[2] 其结果是由于立额太高，掊克过重，致使官民多坐责罚，甚至倾家荡产，或沦为阶下之囚。立额过高，或使百姓畏于亏本，不敢投状承买，坊场不得不关闭停产。

---

① 吕陶：《净德集》卷2《奏乞放坊场欠钱状》，丛书集成本。

② 《长编》卷24。

五、 以虚估、加抬诱使商人入中

北宋时期，边患频仍，相继爆发宋辽、宋夏战争。沿边重兵驻戍，军需供应成为关乎战争胜负、国之存亡的首要问题。西北沿边由于道路险阻遥远，又无水路可供漕运，更增加了运输军需的困难。而且战争连绵不断，运输费用成为沉重的财政负担。鉴于这种情况，自宋太宗雍熙年间开始，朝廷利用茶盐等榷货换取民间商人运送军用粮草到沿边以保障军队后勤供给。这种制度史称"入中"，又称为"折中"。

据《长编》卷30记载，朝廷"自河北用兵，切于馈饷，始令商人输刍粮塞下，酌地之远近而优为其值，执文券至京师，偿以缗钱，或移文江、淮给茶盐，谓之'折中'"。由此可见，折中的基本思想是：政府利用商人逐利的本性，以市场性的工具，解决沿边军需供应的难题。即让商人运输粮草到边境军中，官府根据运程远近给以优厚的价格，付给"券"或"交引"作为凭据，商人凭此既可至京师领取缗钱，亦可至江淮地区领取茶盐。由于"茶之为利甚博，商贾转致于西北，利尝至数倍"[1]。因此，当时商人入中之后大多数取茶于江淮，售之西北以获巨额利润。正如时人所概括的：入中"以茶引走商贾，而虚估加抬以利之"[2]。

在战争期间，军用粮食和物资（如马料等）的需求量巨大，而且往往时间紧迫。因此，宋政府不惜用"虚估""加抬"的手段，吸引商人入中。所谓"虚估""加抬"的实质是：宋政府为了满足战争的需要，有意识地利用价值规律，以价格作为有力的杠杆，对商人入中到边境地区的粮草等商品的定价远远高出其实际价值或当地的市场价格，并以现钱或茶盐支付，从而使入中商人在除去本钱、运输费用、商税等之外，仍可获取较高的商业利润。朝廷这种以重利诱使入中商人，把沿边军需供给纳入市场化体系来加以解决的思路，可谓独辟蹊径。这是宋代商品经济

---

① 《宋史》卷183《食货下五》。
② 《文献通考》卷18《征榷五》。

高度发展与长期战争环境的产物，在中国古代史上实为罕见。

宋代商人之所以不辞长途跋涉之艰辛，踊跃入中，主要原因就是"虚估""加抬"能给他们带来高额的商业利润。因此，"虚估""加抬"是促进商人入中的根本动力。如咸平六年（1003）正月，度支使、右谏议大夫梁鼎就指出："陕西沿边所折中粮草，率皆高抬价例，倍给公钱。止如镇戎军米一斗，计虚实钱七百十四。而茶一斤，止易一斗五升五合五勺，颗盐十八斤十一两止易一斗粟，米一斗，计虚实钱四百九十七。"①王安石更是一语破的："陕西陆地无可漕，惟厚与价，使民竟入中以供军粮尔。"②

在入中法下，"凡茶入官以轻估，其出以重估，县官之利甚博，而商贾转致于西北，以致散于夷狄，其利又特厚"③；"凡茶之利，一则官卖以实州县，一则沿边入中粮草算请以省馈运，一则榷务入纳金银钱帛算请以赡京师……而其大者，最在边备"④。正可谓国家、商人双赢：一方面国家借商贾之资力和经营才干懋迁，使手中掌握的大量茶叶无所积滞，销售渠道大为畅通，较直接专卖获得更多的财政收入，而且更重要的是解决了沿边军需运输供给难题；另一方面商人亦从中分得一杯羹，获得较丰厚的商业利润。

六、滥发茶引使入中无法进行

但是在宋夏战争中，政府为供给西边驻军的急需粮草，大量发行茶引招商人入中。发行茶引过多，其储备的茶叶不足以支付入中商人手中持有的茶引，因而官府不能及时足额支茶给茶引持有者，大量茶引便滞留于流通领域，从而使"券之滞积，虽二三年茶不足以偿"⑤，引起了茶

---

① 《宋会要》食货39之2。
② 《长编》卷214。
③ 《文献通考》卷18《征榷五》。
④ 《文献通考》卷18《征榷五》。
⑤ 《宋史》卷183《食货下五》。

引的贬值。茶引价格的下降，使入中商人的利润大大减少。"京师交引愈贱，至有裁得所入刍粟之实价者，官私俱无利"①，有的甚至还要白白搭上运输费。因此，入中商人"以利薄不趋"②，失去了入中的动力。宋政府为了控制茶引的数量以防止其过分贬值，有时以市场价或略高于市场价收购茶引，进而保护入中商人的积极性，挽救入中法，保障沿边军队的粮草供给。但是由于在宋夏战争中宋朝廷消耗巨大，财政困难，因此官市交引数量有限，不可能从根本上挽救入中茶法的危机。总之，"虚估""加抬"并不是引起入中茶法危机的根本原因，而应是宋夏战争中宋廷为保障军队供给而滥发茶引的结果，大量茶引无法兑现茶叶，毫无疑问将引起茶引贬值，商人入中无利可图甚至亏本，当然入中就无法进行了。对此，宋人已有认识。如文彦博在分析北宋茶法频繁变动时就指出："非茶法弊，盖昔年用兵西北，调边食急，用茶偿之，其数既多，茶不售则所在委积，故虚钱多而坏法也。"③ 吴充亦说："茶法因用兵而坏。"④

---

① 《长编》卷60。
② 《宋史》卷183《食货下五》。
③ 《长编》卷220。
④ 《长编》卷220。

第五章
宋代国家管理思想

第一节　户口与土地管制思想

一、分户等管理思想

宋代人口中有一个突出的现象是，口数与户数甚不对应。有关这个问题，时人李心传、陈襄都曾提出过，并加以评论。李心传云："西汉户口至盛之时，率以十户为四十八口有奇，东汉户口率以十户为五十二口……唐人户口至盛之时，率以十户为五十八口有奇……自本朝元丰至绍兴户口，率以十户为二十一口，以一家止于两口，则无是理。"在指出汉唐与宋存在这一差别之后，李心传进而分析，宋代之所以如此，是由"诡名子户漏口者众"造成的；同时他还把浙、蜀做了比较，指出："然今浙中户口率以十户为十五口有奇，蜀中户口率以十户为三十口弱，蜀人生齿非盛于东南，意者蜀中无丁赋，故漏口少耳"①。时人在谈到这个问题时，说得更直截了当："今之风俗，有相尚立诡名挟户者，每一正

---

① 李心传：《建炎以来朝野杂记》甲集卷 17《本朝视汉唐户多丁少之弊》，中华书局点校本，2000 年。

户，率有十余小户……非惟规避差科，且绵历年深，既非本名，不认原赋，往往干收利入己，而毫毛不输官者有之"①。

宋代人口统计的对象很不一致，它既随着中央或地方行政机构的不同而不同，亦随着版籍性质、统计的目的不同而不同。如朝廷只要求诸州三年一造户籍，为之"闰年图"，其余年份的户口数字，全凭推排得出。州县置造户籍时，统计的对象有时是为了赈灾、社会治安、编纂方志，特别是推排入丁、出老的需要，也有统计男女老幼的情况，但是最常见的应是只统计男口，特别是朝廷户部只统计男口中成丁的部分，亦即丁口。由此可以看出，宋朝统计户口最主要的目的是为了向丁男征收人头税，摊派徭役，其通过统计户口保证国家财政收入，无偿征发劳动力的思想原则十分明确。

宋朝沿用隋代"黄、小、中、丁"的人口统计标准，"男女叁岁以下为黄，拾伍以下为小，贰拾以下为中。其男年贰拾壹为丁，陆拾为老"②。宋太祖乾德元年（963）十月，"令诸州岁所奏户账，其丁口，男夫二十为丁，六十为老，女口不须通勘"③。《宋史·食货上二》也载："诸州岁奏户账，具载其丁口，男夫二十为丁，六十为老。"

宋代在人口登记过程中，一项重要的工作是对户等划分的评估与推排，即通过编造五等丁产簿，把乡村主户依据土地多少划分为五等，将坊郭主户按照动产和不动产划分为十等。五等丁产簿的编造时间是逢闰年编造，即大致间隔三年重新编造一次，这与户口三年统计一次是一致的。绍兴十二年（1142）七月十八日，"户部上言：'州县人户产业簿，依法三年一造，坊郭十等，乡村五等，以农隙时，当官供通，自相推排，对旧簿批注升降。今欲乞行下诸路州县，依平江府等处已降指挥，西北流寓之人，候合当造簿年分推排施行。'从之"④。届时，"造簿，委令佐

---

① 《州县提纲》卷4《关并诡户》。

② 窦仪等：《宋刑统》卷12《户婚律》，中华书局点校本，1984年。

③ 《长编》卷4。

④ 《宋会要》食货11之17至18。

责户长、三大户，录人户、丁口、税产、物力为五等"①。

户等是征收赋税、摊派徭役的重要依据。户等的不同，坊郭之民承担的赋税、徭役也不同，户等的真实、可靠，一方面关系到国家赋税的征收、徭役的摊派，另一方面更是关系到千家万户对赋税、徭役的负担，生存状况的好坏。因此，户等的划定是否真实、合理，成为一项重要的户口管理工作。

为了保证户等划分的真实性与合理性，朝廷在户口登记中采取一系列措施，加强管理与监督。在登记人口的过程中政府实行较为科学的统计方法："造五等簿，将乡书手、耆户长隔在三处，不得相见。各给印由子，逐户开坐家业，却一处比照，如有大段不同，便是情弊。"② 三方背靠背分别统计划分然后再互相对照，如其结果有重大不同，便有作弊嫌疑。这种做法，的确是防止串通作弊，或减少因疏忽而引起差错的有效办法。

宋代不仅对统计划定户等采取多方参与、背靠背编制然后进行对照的办法，以尽可能减少作弊，而且对户籍册的管理也采取一式多份逐级上报审核保管的办法，以防丢失或被篡改。《庆元条法事类》卷48《税租账》规定："诸户口增减实数，县每岁具账四本，一本留县架阁，三本连粘保明，限二月十五日以前到州。州验实毕，具账连粘管下县账三本，一本留本州架阁，二本限三月终到转运司；本司验实毕，具都账二本连粘州县账，一本留本司架阁，一本限六月终到尚书户部。"

宋代虽然有较严格的户口统计、划分等级以及编制、审核、保管等一系列程序，但奸官狡吏营私舞弊之事仍不可避免，有时还比较严重普遍。对此朝廷一再三令五申，或采取补救措施，或予以重惩，以儆效尤。如北宋徽宗政和年间，"天下户口类多不实，虽尝立法比较钩考，岁终会其数，按籍隐括脱漏，定赏罚之格，然蔡攸等计德、霸二州户口之数，

①　《长编》卷254。

②　李元弼：《作邑自箴》卷4《处事》，四部丛刊本。

率三户四口，则户版讹隐，不待较而知。乃诏诸路凡奏户口，令提刑司及提举常平司参考保奏。而终莫能拯其弊，故租税亦不得而均焉。"① 南宋理宗淳祐十一年（1251）九月，敕曰："监司、州县不许非法估籍民产，戒非不严，而贪官暴吏，往往不问所犯轻重，不顾同居有分财产，一例估籍，殃及平民。或户绝之家不与命继；或经陈诉许以给还，辄假他名支破，竟成干没；或有典业不听收赎，遂使产主无辜失业。违戾官吏，重置典宪。"② 此外，朝廷还鼓励民众告发官吏在划分户等、编制户籍上的欺骗舞弊行为，这有利于对划分户等、编制户籍工作形成广泛的监督，增强其真实性。如御史中丞邓绾言："臣窃见簿法隐落税产物力及供地色等第、居宅房钱不实者，并许告讦支赏。"③

二、 都保制管理思想

宋代为了加强对人口的控制，将户籍管理与社会治安联结起来，为广大人民的生产和生活提供较为安定的环境，有利于封建经济的稳定发展。北宋神宗熙宁三年（1070），大理寺丞同管勾开封府界常平等事赵子几上疏指出："近岁以来，寇盗充斥，劫掠公行"，是由于原来的保甲制废弛，以致"凶恶亡命容于其间，聚徒乘间，公为民患"。他建议重新核实各县的户口数，除疾病、老幼、单丁、女户外，"其余主、客户两丁以上，自近及远，结为大小诸保，各立首领，使相部辖"，以保障社会治安④。后来，朝廷采纳了这一建议，实行保甲法，并于同年颁布"畿县保甲条制"，规定都保制的组织方式。

宋代都保制的基本组织形式是"五家相比，五五为保，十大保为都保，有保长、有都副保正；余及三保并置长，五大保亦置都保正；其不

① 《宋史》卷174《食货上二》。
② 《宋史》卷173《食货上一》。
③ 《宋史》卷173《食货上一》。
④ 《长编》卷218。

及三保、五大保者，或为之附庸，或为之均并，不一也"①。这就是说，如果一个地方民户数量能够达到标准水平，就实行"五五为保，十大保为都保"的模式；不及标准水平，但达到三保、五大保的社区，也可降低要求设置保长、都保正模式；如再达不到三保、五大保要求的，将成为其他保、都保的附属。

宋代的保甲制推行于社会的各个方面和各个阶层，尤其是推行于市镇坑冶场务等，其经济上的管理职能就显得比较突出，兹举三例以窥一斑：

> （熙宁七年）诏：诸城外草市及镇市内保甲，毋得附入乡村都保，如共不及一都保者，止令厢虞候、镇将兼管。从司农寺请也。②

> （熙宁八年）令近坑冶坊郭乡村并淘采烹炼，人并相为保；保内及于坑冶有犯，知而不纠或停盗不觉者，论如保甲法。③

> （元丰元年）诏：潭州浏阳县永兴场采银铜矿所集坑丁，皆四方浮浪之民，若不联以什伍，重隐奸连坐之科，则恶少藏伏其间，不易几察，万一窃发，患及数路，如近者詹遇是也。可立法选官推行。④

总之，宋代以土地或动产不动产的多少来划分户等，比起以人丁为标准来说，其在人口管理思想理念上前进了一大步。因为依据户等的不同，即依据土地或动产不动产的多少，要求民户承担不同的赋税和徭役，这相对说来比较公平和合理。当然对人丁的征派并没有放弃，不过对那些少产或无产的家庭来说，赋税负担则有不同程度的减轻。这有利于发挥广大人民的生产积极性，投身于封建社会生产中去，促进经济的稳定发展。保甲制的实施，有利于社会安定，为社会生产和生活创造了较为安定的环境。

---

① 《宋史》卷174《食货上二》。
② 《长编》卷252。
③ 《宋史》卷185《食货下七》。
④ 《长编》卷293。

三、 限田思想

（一） 李觏的限田思想

李觏是中国北宋时期一位重要的哲学家、思想家、教育家、改革家。他生当北宋中期"积贫积弱"之世，勤于著述，以求安国济民。今存《直讲李先生文集》。

李觏早期针对"吾民之饥，不耕乎？曰：天下无废田。吾民之寒，不蚕乎？曰：柔桑满野，女手尽之"[1] 的社会现实，深刻指出"耕不免饥，土非其有也；蚕不得衣，口腹夺之也"[2]。显然，他认为土地兼并造成土地分配严重不均，是百姓终日耕织劳作而仍处于饥寒的根本原因。而土地兼并的祸害之所以愈演愈烈，根源在于土地制度不合理："法制不立，土田不均，富者日长，贫者日削[3]"。其结果是社会贫富两极分化严重，占有大量土地的富者，特别是那些"巨产宿财之家，谷陈而帛腐。佣饥之男，婢寒之女，所得弗过升斗尺寸"[4]。李觏的这一认识，实质上已触及了封建地主土地所有制是地主剥削农民，使农民劳而不得衣食的根本原因。李觏作为地主阶级的知识分子，又处于宋代封建社会仍趋于上升发展时期，对封建土地制度的本质和弊端能有如此深刻的认识，是相当难能可贵的。

李觏早期所设置的土地改革方案是强调治国要抑制土地兼并，实现土地平均分配，耕者有其田。他提出："生民之道食为大，有国者未始不闻此论也。顾罕知其本焉。不知其本而求其末，虽尽智力弗可为已。是故，土地，本也；耕获，末也。无地而责之耕，犹徒手而使战也。法制不立，土地不均，富者日长，贫者日削，虽有末耜，谷不可得而食也。食不足，心不常，虽有礼义，民不可得而教也。尧舜复起，未如之何矣！

---

① 《李觏集》卷 20《潜书》。
② 《李觏集》卷 20《潜书》。
③ 《李觏集》卷 19《平土书》。
④ 《李觏集》卷 20《潜书》。

故平土之法，圣人先之。"① "田均则耕者得食，食足则蚕者得衣；不耕不蚕，不饥寒者希也。"② 在解决土地兼并、实现土地平均分配的具体措施上，他主张复井田："井地之法，生民之权衡乎！井地立则田均，田均则耕者得食，食足则蚕者得衣；不耕不蚕，不饥寒者希也。"③ 李觏早期通过复井田来平均分配土地的方案，只是一厢情愿的美好蓝图罢了。因为他将解决土地的希望寄托在立"法制"上，殊不知法制的制定权正掌握在拥有大量土地的贵族官僚手中，他们又怎肯将自己的土地主动通过立法而拱手相让？随着时间的推移和认识的深入，李觏后来改变了复井田平均土地的主张，转而提出"限田"的措施。

李觏后期认为"不立田制"所造成的土地过于集中，使土地和劳动力分离，二者不能得到有效的配置。一是土地兼并使农民失去土地，他们虽有劳动力，却无可耕之地；富人占有广大土地，人丁虽多，但却过着不劳而获的奢侈生活。这样，农业生产中劳动力严重缺乏，只好粗放经营，土地潜力得不到发挥，产量低下。二是农民被剥夺了土地，肚子吃不饱，无力开垦荒地，或所开荒地也不能据为己有，无开荒的积极性。而富人因有大量的钱财兼并肥沃的土地，因此，也不愿去开垦荒地。总之，"地力不尽"和"田不垦辟"都不利于社会生产的正常进行。他说："天下久安矣，生人既庶矣，而谷米不益多，租税不益增者，何也？地力不尽，田不垦辟也……今者天下虽安矣，生人虽庶矣，而务本之法尚或宽弛，何者？贫民无立锥之地，而富者田连阡陌。富人虽有丁强，而乘坚驱良，食有粱肉，其势不能以力耕也，专以其财役使贫民而已。贫民之黠者则逐末也，冗食矣，其不能者，乃依人庄宅为浮客耳。田广而耕者寡，其用功必粗。天期地泽，风雨之急又莫能相救，故地力不可得而尽也。山林薮泽原隰之地可垦辟者，往往而是，贫者则食不自足，或地

---

① 《李觏集》卷 19《平土书》。
② 《李觏集》卷 20《潜书》。
③ 《李觏集》卷 20《潜书》。

非己有，虽欲用力，未由也已；富者则恃其财雄，膏腴易致，孰肯役虑于菌畲之事哉！故田不可得而垦辟也。"[1]

随着思想认识水平提高，李觏看到通过复井田来平均土地是不够的，进而提出了新的土地改革方案，改"平土之法"为"限田"。要实行"限田"，首先，"则莫若行抑末之术，以驱游民，游民既归矣，然后限人占田，各有顷数，不得过制。游民既归而兼并不行，则土价必贱，土价贱，则田易可得。田易可得而无逐末之路、冗食之幸，则一心于农。一心于农，则地力可尽矣。其不能者，又依富家为浮客，则富家之役使者众；役使者众，则耕者多；耕者多，则地力可尽矣。然后于占田之外，有能垦辟者，不限其数……富人既不得广占田而可垦辟，因而拜爵，则皆将以财役佣，务垦辟矣。如是而人有遗力，地有遗利，仓廪不实，颂声不作，未之信也。"[2] 由此可见，李觏改变了以往单纯从分配角度来达到尽地力、务垦辟的做法，而更趋于现实地从生产角度来达到这一目标。他想通过政府管制性政策工具限制地主占田来抑制土地兼并，使土地价格下降；然后把多余的工商业者以及游民赶回农村，让他们购买低价的土地，安心务农；而实在买不起土地的人就佃耕地主的土地。这样，就能实现土地和劳动力的有效配置，充分发挥土地的潜力，"地力可尽矣"。同时，由于限制了地主占有熟田，而对开垦的荒地则没有限制，并且依据开垦荒地的大小授予爵位，这就能促使地主雇佣佃农努力开垦荒地，"垦辟"问题也就得到解决。

总之，李觏后期的土地改革方案是改变了前期搞平均分配土地的"平土之法"，通过强制性限田以抑制土地兼并，从而改变因土地兼并而导致的"地力不尽"和"田不垦辟"，最大限度地做到"一手一足无不耕"，人人都参加生产劳动，"一步一亩无不稼"，所有的土地都种上庄稼，达到劳动力与土地的最有效配置，"人无遗力"，"地无遗利"。这样

---

①　《李觏集》卷 16《富国策第二》。
②　《李觏集》卷 16《富国策第二》。

才能发展生产，增加财富，使"耕者得食"，"蚕者得衣"，"民用足而邦财丰"。这是治国的上策，富民的根本。

李觏土地管理思想的出发点是企图在保持地主阶级土地私有制的前提下，通过政府对占有土地略加限制并通过保存和发展租佃制的方式，解决劳动力与土地的分离问题。但是，他提出的既限制地主过多占田，又鼓励地主多垦荒地，既哀叹贫者地非其有，生产积极性不高，又要保存和发展"租佃"关系，似乎显得有些矛盾。其实，这反映了他的限田主张与封建土地制度之间有难以克服的矛盾。还有他的限田思想中对如何确定占田最高限额，如果超过限田数量又该如何处理等实际性的问题均没有涉及。因此，他的限田主张虽然比平土之法显得比较现实，但同样是难以实行的。通过限田以抑制兼并，使劳动力与土地得到有效配置，达到尽地力、务垦辟的目的，他的这种通过调节农业生产机制来达到发展生产、增加财富的思想，不像以往许多论者主要从轻徭薄赋、兴修水利、改进生产技术等层面来考虑问题，有其独到的合理的因素，至今仍值得参考借鉴。

（二） 苏洵的限田思想

苏洵（1009—1066），字明允，自号老泉。北宋文学家，与其子苏轼、苏辙并以文学著称于世，世称"三苏"，均被列入"唐宋八大家"。苏洵擅长政论，议论明畅，笔势雄健，著有《嘉祐集》。

与李觏几乎同时代的苏洵也提出限田的主张。首先，他认为以地主土地私有制为基础的租佃制度，是农民饥寒交迫和贫富悬殊日益扩大的根源。他指出："井田废，田非耕者之所有，而有田者不耕也。耕者之田，资于富民，富民之家，地大业广，阡陌连接，募召浮客，分耕其中，鞭笞驱役，视以奴仆，安坐四顾，指麾于其间。而役属之民，夏为之耨，秋为之获，无有一人违其节度以嬉。而田之所入，己得其半，耕者得其半。有田者一人，而耕者十人。是以田主日累其半，以至于富强；耕者

日食其半，以至于穷饿而无告。"① 这里，苏洵深刻揭示出地主不劳而获依靠土地剥削农民致富，而农民终年劳作不得温饱的秘密在于：地主拥有大片土地，假如役使 10 户农民耕作，并收取他们所获的一半作为地租，将有每户佃农 10 倍的收入，日积月累而致富；相反，农民则终年劳作，只得到其收获的一半，仅占地主收入的 1/10，因此，贫穷而难以生存。

苏洵还认为："富强之民输租于县官而不免于怨叹嗟愤，何则？彼以其半而供县官之税，不若周（西周）之民以其全力而供其上之税也。周之十一，以其全力而供十一之税也。使以其半供十一之税，犹用十二之税然也。况今之税，又非特止于十一而已，则宜乎其怨叹嗟愤之不免也。"这就是说，宋代名义上田赋与西周一样是十税一，但实际上地主却向国家交纳了占其总收入 2/10 的赋税。这是因为地主土地的全部收入中，有一半为佃农所得，地主所得地租只是土地全部收入的一半，但其承担的田赋则是总收入的 1/10，即占地主地租收入的 2/10。因此，地主对国家十一之税的田赋政策也产生不满。

有鉴于此，苏洵主张实行井田制的原则，对土地制度进行改革，使贫苦农民有自己的土地进行耕作，不再向地主交纳地租，地主也不能多占土地以收地租为生，使之不劳动就不得食。这样，不仅国家赋税收入得到保证，也可使贫民无饥寒之患，地主无怨言。他说："贫民耕而不免于饥，富民坐而饱以嬉，又不免于怨，其弊皆起于废井田。井田复，则贫民有田以耕，谷食粟米不分于富民，可以无饥。富民不得多占田以锢贫民，其势不耕则无所得食，以地之全力供县官之税，又可以无怨。"

苏洵虽然认为井田制是最理想的土地制度，但又认为完全恢复井田制是不可能的，其理由有两个方面：一是夺富民之田分与贫民，必然引起富民的不满和反抗，这将招致社会动乱。二是根据《周礼》的记载，井田体系相当复杂，一夫百亩的各个方块田，在大地上按"井"字样式

---

① 《嘉祐集》卷 5《田制》。以下 6 个自然段引文未注出处者，均见于此。

联结起来，其间有纵横交错的水流、沟渠和大小道路，构成复杂的水利灌溉系统和道路系统。如果现在要恢复井田制，把井田所必备的水利和道路系统真正建立起来，恐怕几百年也完不成。因此，从技术层面上来说，井田制是难以恢复建立起来的。

苏洵认为井田制虽然不可恢复，但其原则却非常适合解决当时的土地问题，即所有百姓都拥有一块土地，靠自己的劳动养活自己，并向国家交纳十一之税。他主张，借鉴汉代董仲舒和孔光、何武的限田方案，稍加改进，即可达到目的。他认为，孔光、何武的限田方案有两个缺点：一是规定百姓占田的最高限额为 30 顷，这个标准过高，因为"夫三十顷之田，周民三十夫之田也，纵不能尽如周制，一人而兼三十夫之田，亦已过矣"。限田数额应以周代一夫百亩最为理想。二是限令富人在三年之内处理掉超额的土地，超过期限一律由国家没收。苏洵认为"期之三年，是又迫蹙平民，使自坏其业，非人情，难用"。

根据上述看法，苏洵提出了自己的限田方案：一是确定一个不太高的百姓占田限额；二是对目前田主超过限额的土地，国家不予剥夺，让其自然减少。他说："吾欲少为之限，而不夺其田尝已过吾限者，但使后之人不敢多占以过吾限耳。要之数世，富者之子孙或不能保其地，以复于贫，而彼尝已过吾限者，散而入于他人矣。或者子孙出而分之以无几矣。如此，则富民所占者少而余地多，余地多则贫民易取以为业，不为人所役属，各食其地之全利，利不分于人而乐输于官。夫端坐于朝廷，下令于天下，不惊民，不动众，不用井田之制，而获井田之利，虽周之井田，何以远过于此哉！"这里值得特别提出的是，苏洵的土地改革方案为了缓和社会矛盾，一方面政府既采用强制性的行政手段限制占田，另一方面又采取渐进式的旧制度自然消亡的思想主张。他认为现在占田较多的富民，其土地可因两个变化而自然减少：一是其后代子孙不肖，造成家业破败，土地不能自保，通过出卖而转入他人之手；二是其子孙繁衍众多，分家析产，一代一代地分下去，大地产逐渐变成小地产，其子孙每人占田之数就会逐渐少于限额。由于富民占田超过限额只能卖地不

能买地，而只有那些无地少地的百姓才可购买土地，土地市场就会供大于求，贫民就能比较容易得到一块土地，成为自耕农，不再向地主交纳地租，租佃关系也就消失，只要向国家交纳赋税就可以了。

（三） 林勋的限田思想

林勋（生卒年不详），宋政和五年（1115）进士。建炎初，献《本政书》《比较书》，倡言以农为本，富国强兵的思想。

南宋初年的林勋，向宋高宗赵构献《本政书》13篇，建议"假古井田之制"，实行土地制度改革。《本政书》的部分内容，保留在《鹤林玉露》卷1《本政书》和《宋史·林勋传》[1]中，兹依据这两方面的记载，简要分析林勋有关土地改革的思想。林勋的井田方案不是以西周国有土地为基础对农民授田，而是以南宋土地私有制为基础的限额占田。从唐中叶均田制破坏后，大部分土地已归私有，国家已不再掌握用于授田的足够土地。宋代"不立田制""不抑兼并"使土地私有化进程加快，许多原属国有的土地多转为私有。在这种情况下，林勋提出了与李觏类似的限田措施："今宜立之法，使一夫占田五十亩以上者为良农，不足五十亩者为次农，其无田而为闲民，与非工商在官而为游惰末作者，皆为驱之使为隶农。良农一夫以五十亩为正田，以其余为羡田。正田毋敢废业，必躬耕之。其有羡田之家，则无得买田，唯得卖田。至于次农，则无得卖田，而与隶农皆得买羡田，以足一夫之数，而升为良农。凡次农、隶农之未能买田者，皆使之分耕良农之羡田，各如其夫之数，而岁入其租于良农。如其俗之故，非自能买田及业主自收其田，皆毋得迁业。若良农之不愿卖羡田者，宜悉俟其子孙之长而分之，官毋苟夺以贾其怨。少须暇之，自合中制矣。"简言之，林勋使民占田就是农民占足50亩，或超过50亩的，不许再买，只能出售超出50亩的"羡田"；未占足50亩的，可以买足差额。国家不授于任何人以土地，也不保证任何人占足50

---

① 该论述林勋土地思想部分，引文未注明出处者，均见于《鹤林玉露》卷1《本政书》或《宋史》卷422《林勋传》。

亩。由此可见，林勋的井田方案与西周所谓以国有土地对无田农民授田的井田制大相径庭，实质上是一个既非土地国有，又无授田办法，建立在土地私有制基础上的限田方案罢了。

林勋"井田"上所征收的十一之税，性质上是赋税而不是地租。传统的井田制由于土地国有，国家把授田和征收十一之税结合起来，对受田者征收的十一之税，实质上是耕种国有土地所缴纳的地租。而林勋的井田方案是建立在土地私有的基础之上，租佃者向土地所有者交纳地租，即"凡次农、隶农之未能买田者，皆使之分耕良农之羡田，各如其夫之数，而岁入其租于良农。"然后，土地所有者再向国家纳税，即"杂纽钱谷以为十一之税"。国家征收十一之税，不是凭借土地所有权向租佃土地者收租，而是凭借国家的统治权向百姓收税。这种十一之税，是名副其实的赋税，而不是地租。问题是，这不仅是赋税或地租名称之别，更重要的是如十一之税是国家向土地所有者征收的赋税，那比土地国有制时国家向租佃国有土地者征收的十一之地租，前者的负担将大大重于后者。但是按林勋所设计的每百里提封三千四百井"率税米五万一千斛、钱万二千斛"的税额计算，每亩纳米不过一千半，纳钱不过四文半，远远达不到十一的比率。可见，林勋的"什一之税"，不过是使用言井田者惯用的术语，并无按古井田说法以征租的比率征税之意。[1]

林勋的井田方案，不过是"假古井田之制"，而行限田之实。但其通过限田要达到平均每夫占有 50 亩，并且都划成大小相等的方块，显然是不可能的。况且，南宋当时在金的威胁下，国势阽危，哪有可能在全国范围内进行普查户籍、丈量土地、划井定赋等举措呢？

（四）限田思想的实施

考诸史籍，宋代的限田思想曾被朝廷多次付诸实施。但由于在封建土地私有制下，只要有贫富分化和土地买卖，土地兼并是不可避免的。因此，

---

① 《中国经济思想通史》第 3 卷，第 306 页。

几次的限田措施，最终都以失败而告终。据《宋史》卷173《食货上一》记载①，宋仁宗"即位之初……上书者言赋役未均，田制不立，因诏限田：公卿以下毋过三十顷，牙前将吏应复役者毋过十五顷，止一州内，过是者论如违制律，以田赏告者。既而三司言：限田一州，而卜葬者牵于阴阳之说，至不敢举事。又听数外置墓田五顷。而任事者终以限田不便，未几即废"。仁宗限田之令，开始时不可谓不严，并奖励知情者告发。但不久即因为难以执行而废止。宋徽宗"政和中，品官限田，一品百顷，以差降杀；至九品为十顷；限外之数，并同编户差科。七年，又诏：'内外宫观舍置田，在京不得过五十顷，在外不得过三十顷，不免科差、徭役、支移。虽奉御笔，许执奏不行'"。由此可见，宋徽宗时限田令比宋仁宗时已宽松多了，品官占田虽有限额，但仍允许超过限额，只是超额部分不享受优惠，等同编户差科。宫观占田定有限额，而且不免除科差、徭役、支移，但却又允许"执奏不行"，那不是也成为一纸空文。

宋孝宗乾道六年（1170）二月，诏曰："朕深惟治不加进，思有以正其本者。今欲均役法，严限田，抑游手，务农桑。凡是数者，卿等二三大臣为朕任之。"这里，宋孝宗把"严限田"作为治天下的四件大事之一。但是至淳熙九年（1182）"著作郎袁枢振两淮还，奏：'豪民占田不知其数，二税既免，止输谷帛之课。力不能垦，则废为荒地；他人请佃，则以疆界为词，官无稽考。是以野不加辟，户不加多，而郡县之计益窘。望诏州县画疆立券，占田多而输课少者，随亩增之；其余闲田，给与佃人，庶几流民有可耕之地，而田莱不至多荒'"。从袁枢的上奏中"豪民占田不知其数"可知，宋孝宗时期的限田不是很有效果，而且不单是官吏、宫观广占田地，连民间豪强地主也占田无数。

宋理宗景定四年（1263）"殿中侍御史陈尧道、右正言曹孝庆、监察御史虞虑、张晞颜等言廪兵、入籴、造楮之弊，'乞依祖宗限田议，自两浙、江东西官民户逾限之田，抽三分之一买充公田。得一千万亩之田，

---

① 以下3个自然段引文未注明出处者，均见于此。

则岁有六七百万斛之入可以饷军，可以免籴，可以重楮，可以平物而安富，一举而五利具矣。'有旨从其言。朝士有异议者，丞相贾似道奏：'救楮之策莫切于住造楮，住造楮莫切于免和籴，免和籴莫切于买逾限田。'因历诋异议者之非，帝曰：'当一意行之'"。从这一记载可以看出，景定四年的限田有比较切实的措施，即朝廷在两浙、江东西地区对官民户逾限之田，抽三分之一买充公田。而且这次买逾限田，虽然也遭到一些人的诋毁与反对，但宋理宗下决心坚持到底。其结果仍然事与愿违，买逾限田不仅未达到预期的效果，还引发了一些弊端，正如浙西安抚魏克愚言："取四路民田立限回买，所以免和籴而益邦储，议者非不自以为公且忠也。然未见其利，而适见其害。近给事中徐经孙奏记丞相，言江西买田之弊甚详，若浙西之弊，则尤有甚于经孙所言者。"

四、 核查田地的思想

宋代田赋不均及田赋流失的现象严重存在。这不仅给广大贫苦农民造成沉重的负担和痛苦，从而破坏农业生产的正常进行，影响社会安定，同时也直接减少封建王朝的财政收入。为了解决这一问题，宋朝廷采取了一些强制性的行政措施对田赋实行大规模的整顿清理，其中主要是北宋推行的方田均税法和南宋推行的经界法。

（一） 王安石的方田均税法思想

王安石于熙宁二年（1069）任参知政事，次年拜相，主持变法。后因变法的一些弊端和守旧派反对，变法失败。

宋仁宗初年，洺州肥乡县田赋不平，久莫能治，大理寺丞郭谘与秘书丞孙琳创立千步方田法，括定民田。其法"简当易行"，"自有制度二十余条"[①]。可知此时方田均税法已粗具规模。

宋神宗即位，起用王安石行新法。当时，"民得以田私相贸易，富者恃其有余，厚立价以规利，贫者迫于不足，薄移税以速售，而天下之赋

---

① 《长编》卷144。

调不平久矣"①。针对这种情况,宋神宗于"熙宁五年,重修定方田法,诏司农以《方田均税条约并式》颁之天下"。在土地私有制下,各土地所有者占有土地的面积大小不同,地权的转移相当频繁复杂,如按各土地私有者地产逐个分别丈量势必在技术上操作相当困难,而且更难防止营私舞弊行为的发生。王安石方田采取科学的化繁为简的办法,按大片土地进行丈量,"以东西南北各千步,当四十一顷六十六亩一百六十步为一方……凡田方之角,立土为峰,植其野之所宜木以封表之"。由于办法简单易行和准确,使全国垦田数量较易于掌握,在百姓的相互监督下,一方之内的有税无税土地无从隐瞒,税额的多少无法逃避。还有由于各地土壤肥瘠不同,使亩产差别甚大,为了对各等级田地合理征收赋税,除准确丈量土地面积外,还很有必要对土地按肥瘠划定等级,然后再按等级征收不同数量的赋税。方田均税法规定:"岁以九月,县委令、佐分地计量,随陂原平泽而定其地,因赤淤黑垆而辨其色;方量毕,以地及色参定肥瘠而分五等,以定税则。至明年三月毕,揭以示民,一季无讼,即书户帖,连庄账付之,以为地符。"后来,在具体执行中由于土地肥瘠情况复杂,划分五等仍感不够准确细致,熙宁六年(1073),"诏土色分五等,疑未尽,下郡县物其土宜,多为等以期均当,勿拘以五"。方田均税法基本上能坚持实事求是的做法,规定:"若瘠卤不毛,及众所食利山林、陂塘、沟路、坟墓,皆不立税。"

方田均税法在实施中,为防止官吏上下其手,弄虚作假,规定在丈量土地、辨验地色时必须有官吏、甲头、方户三方共同在场认定。熙宁七年(1704),"京东十七州选官四员,各主其方,分行郡县,以三年为任。每方差大甲头二人、小甲头三人,同集方户,令各认步亩,方田官验地色,更勒甲头、方户同定"。

宋代征收赋税的重要依据是民赋簿籍。有关簿籍对征收赋税的重要性,宋人有很清楚的认识。在方田均税法实施中,朝廷很重视各种簿籍

---

① 《宋史》卷174《食货上二》。以下4个自然段引文未注出处者,均见于此。

的编制与保管。"有方账、有庄账,有甲帖、有户帖;其分烟析产、典卖割移,官给契,县置簿,皆以今所方之田为正。"其中方账及甲帖是地亩和租税的底册,由官府保存。庄账及户帖为土地所有者的土地及纳税额的凭证,交土地所有人收执。

方田均税法在实施中也存在着一些缺点,其中最大的问题是官府借方田均税之时与地方豪富勾结舞弊,使得方田均税法失去了清量土地均平田赋的意义,从而事与愿违,无法开展下去。如"宣和元年,臣僚言:'方量官惮于跋履,并不躬亲,行繿拍埄、验定土色,一付之胥吏。致御史台受诉,有二百余亩方为二十亩者,有二顷九十六亩方为十七亩者,虔之瑞金县是也。有租税十有三钱而增至二贯二百者,有租税二十七钱则增至一贯四百五十者,虔之会昌县者是也。望诏常平使者检察。'二年,遂诏罢之"。时人已经看出,当时方田均税法存在的问题主要是用人的失当,而不是制度本身的缺失。《长编本末》卷138载:"方田之法,均输之本,举而行之,或有谓之利,或有谓之害者,何也?盖系官之能否,吏之贪廉。若验肥瘠必当,定租赋有差,无骚扰之劳,蒙均平之惠,则岂不谓之利欤。若验肥瘠或未摅实,定租赋或有增损,倦追呼之烦,有失当之扰,官不能振职,吏或缘为奸,里正乡胥因敢挟取,则岂不谓之害欤。如委官管勾,切在遴选廉勤公正、材敏清严、善驭吏者为之,庶几人被实惠。"但是不可否认,方田均税法在熙宁变法期间还是取得了成效的。其先试行于京东路,以后逐步推行于各路。至元丰八年(1085),因"官吏奉行,多致骚扰",才停止清丈。此时,天下之田,已方而见于籍者计2484349顷,稍多于当时垦田总额的半数。虽未竟全功,在当时条件下能将方田工作坚持达12年之久,堪称历史上丈量地亩的壮举。其在方田均税法中体现出的化繁为简的科学丈量土地的方法,通过辨验地色给土地划分等级,然后根据不同等级在同一面积中征收不同的赋税,以及重视民赋簿籍的编制、保管等思想,都是对后世有积极借鉴意义的。

（二） 李椿年的经界法思想

李椿年（1096—1164），字仲永，晚年自号逍遥公，南宋经济学家、文学家。重和元年（1118）中进士，后历任宣州宁国县令、户部侍郎和左中大夫等官，最终封为普宁县开国侯。晚年辞官回乡，办新田书院，著有《易解》等书。

南宋时期，最早倡导经界论和推行经界法的是左司员外郎李椿年。绍兴十二年（1142），他奏请朝廷施行经界法时称："臣闻孟子曰：'仁政必自经界始。'井田之法坏而兼并之弊生，其来远矣。况兵火之后，文籍散亡，户口租税虽版曹尚无所稽考，况于州县乎！豪民猾吏因缘为奸，机巧多端，情伪万状，以有为无，以强吞弱，有田者未必有税，有税者未必有田，富者日以兼并，贫者日以困弱，皆因经界之不正耳。"① 由此可见，南宋的经界法是北宋方田均税法的继续，主要是解决因土地兼并引起的赋税负担严重不均的问题，因此，经界法与方田均税法在内容及性质上并无多大的区别。

李椿年经界法的指导思想是："今画图合先要逐都耆邻保在关集田主及佃客，逐丘计亩角押字。保正、长于图四止（至）押字，责结罪状，申措置所，以俟差官按图核实……今欲乞令官、民户各据画图之当，以本户诸乡管田产数目，从实自行置造砧基簿一面，画田形丘段，声说亩步四至，元典卖或系祖产，赴本县投纳、点检、印押、类聚。限一月数足，缴赴措置经界所，以凭对照。画到图子，审实发下，结付人户，永为照应。"② 从上述可知，李椿年的经界法主要抓住结甲自实、打量画图和制作籍档三个环节。

李椿年由于深悉民间田业纠纷之根源，他的结甲自实法首先由业主在清丈的丘域内，画出自己田块形状和亩积所在，然后在田块图四周签字画押。该丘域清丈画好后，保甲长再在丘域图四至签字画押。然后再

---

① 《宋会要》食货 70 之 124。
② 《宋会要》食货 70 之 125。

汇总保甲所有各丘域田业图账，逐级申陈经界所核实。显然，李椿年的结甲自陈是以产带户的自实陈报登记方法。这个方法有三个优点：一是田主欺隐必伤害其他田主利益，可以结甲纠举；二是都保甲共同欺隐必伤害相邻的都保甲的利益，相互纠举即现破绽；三是无论田主怎样变换，政府可据丘域图直接追诉现在业主的赋役责任。

业主、都保甲自实自绘田产草图逐级申陈经界所后，经州县审查核实，都保甲之间没有讼争后，再以都保甲为单位，由业主自画砧基簿草图。砧基簿是业主自实陈报田产基址的簿籍，这一步骤与前面自实自绘有些相似，但却有实质区别。前面是清理核实产权阶段，主要工作是基层都保甲头的递相纠查，政府是以中介者的身份出现，只要都保甲户之间自实自绘的丘块图账，逐级汇总相合，没有讼争就算告成。若有纠纷，所有当事人由官府召集一道再行勘丈核实。而打量画图是在这一基础上进行的较正式的清产确权阶段。"役户只作草图草账，而官为买纸雇工，以造正图正账。"[1] 主要工作是由县官监督，都保甲具体执行，政府主导角色突出起来。李椿年在丈量制作砧基簿中，采用了民间的步田法，根据不同几何形状不同面积折算成单位税负的亩积计算方法。"绍兴中，李侍郎椿年行经界。有献其步田之法者，若五尺以为步，六十步以为角，四角以为亩……有名腰鼓者，中狭之谓也；有名大股者，中阔之谓也；有名三广者，三不等之谓也……此积步之法，见于田形之非方者然也。"[2] 张传玺《中国历代契约会编考释》上册第 532—541 页所载七契说明用亩、角、步计算不规则几何形状田亩面积的步田法，较之王安石的方田均税法，又进一步精确了不少。

政府勘验制作正式的砧基簿，其工作则在县府进行，法定程序就是李椿年上述指导思想中提到的投纳、点检、印押、类聚。所谓投纳，是指甲首、保长、都正逐级将辖内监制砧基簿附上有关契约文据上报县府。

---

① 《晦庵先生朱文公文集》卷 19《条奏经界状》。

② 《云麓漫钞》卷 1。

点检类似于现代意义上的审查手续，尤其是对产业性质的合法性及产税真实性要仔细核对。印押指经点检无误后，由县衙主簿或县丞钤印，即成为官府复制正式砧基簿的材料。类聚是根据印押的砧基簿的主要内容进行分类，如按业主姓氏归类的类姓簿；按产值和税负多寡归类的鼠尾簿；最重要的分类是按都、保、甲丘亩田状相连区域分类，并以千字文编号的鱼鳞图。总的说来，南宋买卖土地都要在契约中写明丘亩字号，这对于土地买卖过程中的赋役推割具有特别重要的意义。可以这样说，经界法的科学化，使赋役推收制度较前大大进步了。

制作籍档，是经界法的总结阶段，实际上是县府类聚砧基簿后雇工按丘域复制都、保总图账册。"诸县各为砧基簿三：一留县，一送漕，一送州。"① 至此，发回印押后的砧基簿给民户存档自留。都保则据前此逐级汇总的都保账图修正复制定稿，以供域内田产纷争备考。经界图籍既是业主产权的法律文件，也是政府征派赋役的法律依据。民间田产交易，如果没有砧基簿，即使有"契据可执"，也要罚产没官。官府每隔三年推排一次，检查核对各户产业情况，"以革产去税存之弊"②。

总之，李椿年在南宋所倡导的经界思想与实践，是我国土地管理与税收征管史上的一件大事。中国古代是个农业大国，土地是人民生存的物质基础，也是国家财赋之根本所在。在土地买卖较为频繁的历史条件下，科学的土地陈报与登记制度的确立，是防止土地产权交易中脱离国家管理的重要手段。土地交易者事先索要、考查对方砧基簿，就是证实其产权真实性和合法性的重要依据。而在土地交易过程中，土地田产上所承当赋役负担也需相应推割。宋代，土地买卖和兼并形势相当严峻，许多官僚地主不仅占有大量田地，而且通过各种非法手段规避国家赋役负担，造成民户负担畸重，国家赋税流失，贫富悬殊，社会矛盾激化。

---

① 《建炎以来朝野杂记》甲集卷5《经界法》。
② 袁说友：《东塘集》卷10《推排札子》，台湾商务印书馆影印文渊阁四库全书本。

李椿年所推行的经界法虽然不能从根本上消除这些弊端，但的确对遏制土地兼并和欺隐产税起了重要的作用。

第二节　财政赋税管理思想

一、　集中财权思想

（一）　中央与地方在财经管理上集权与分权的思想

宋代立国之初，惩唐末五代藩镇割据之弊，采取了一系列加强中央集权制的措施，"稍夺其权，制其钱谷，收其精兵"①，将地方上的兵、财、刑、行政大权收归中央。宋初，有关财政方面收权的记载于史籍频频见到，兹举其要：

> 是岁（乾德二年），始令诸州自今每岁受民租及管榷之课，除支度给用外，凡缗帛之类，悉辇送京师。②

> （乾德三年），申命诸州，度支经费外，凡金帛以助军费，悉送都下，无得占留。时方镇阙守帅，稍命文臣权知，所在场院，间遣京朝官廷臣监临，又置转运使、通判，为之条禁，文簿渐为精密，由是利归公上而外权削矣。③

> （开宝六年），令诸州旧属公使钱物尽数系省，毋得妄有支费。④

> 朝廷自克平诸国，财力雄富，然聚兵京师，外州无留财，天下支用悉出于三司，故费浸多。⑤

----

① 《长编》卷 2。
② 《长编》卷 5。
③ 《长编》卷 6，《宋史》卷 179《食货下一》，文字略有不同。
④ 《文献通考》卷 23《国用一》。
⑤ 《长编》卷 34。

从宋初宋太祖集中财权的诏令和措施可以看出，其思路主要有以下几个方面：一是把地方诸州的金银、钱币和布帛等财物，留除应有的开支外，其余均运送集中到京城。二是派遣京朝官廷臣到地方监督，并设置转运使、通判等管理监督地方经济。三是地方收支及账籍要申报三司批准审核。

宋代自宋太祖加强中央集权制一直至宋神宗熙宁年间，其财政管理始终是高度集权中央。正如司马光所说："祖宗之制，天下钱谷，自非常平仓隶司农寺外，其余皆总于三司，一文一勺以上悉申账籍，非条例有定数者不敢擅支，故能知其大数。"① 这种高度集权的财经体制给管理和监督带来了困难，最突出的表现是"三司簿领堆积，吏缘为奸"②。熙宁五年（1072），朝廷"于三司取天下所上账籍视之，至有到省三二十年不发其封者。盖州郡所发文账，随账皆有贿赂，各有常数。常数已足者，皆不发封。一有不足，即百端问难，要足而后已"③。有鉴于此，朝廷依照曾布上奏，专置账司，点磨文账。但是"至元丰三年，首尾七八年，所设官吏仅六百人，费钱三十九万缗，而勾磨出失陷钱止万缗"④。朝廷知其无益，元丰改制，并归比部。总之，财权过分集中中央，通过在中央设立专门机构进行管理，成本高于收益。

元祐元年（1086）八月十七日，苏辙上《论户部乞收诸路账状》，就如何协调中央与地方财政管理权发表了自己的见解。他建议把地方财经账籍分为两大类，"内钱帛、粮草、酒曲、商税、房园、夏秋税管额纳毕、盐账、水脚、铸钱物料、稻糯账，本司别造计账申省。其驿料、作院欠负、修造、竹木、杂物、舟船、柴炭、修河物料、施利桥船物料、车驴草料等账，勘勾讫架阁"。这样做法比较合理，"盖谓钱帛等账，三司总领国计，

① 《长编》卷 368。

② 《宋史》卷 267《陈恕附魏羽传》。

③ 《苏辙集·栾城集》卷 40《论户部乞收诸路账状》，以下两个自然段引文未注出处者，均见于此。

④ 《宋史》卷 179《食货下一》。

须知其多少虚实，故账虽归转运司，而又令别造计账申省。至于驿料等账，非三司国计虚赢所系，故止令磨勘架阁"。这样主次轻重得当，既解决了朝省汇集账籍过多，无法全部勾覆，造成积压甚至营私舞弊的问题，又避免中央对地方财政失去控制监督。而且"诸路转运司与本部州军地里不远，取索文字近而易得，兼本道文账数目不多，易于详悉。自是外内简便，颇称允当"。苏辙这里提出的诸路转运司就地审核本部州军，其优点是比较容易获取被审资料，并且由于分散各路，资料不至过多，能够较细致地审核。当然，由地方转运司审核也可能出现另一种问题，即各级长官惧于承担责任或碍于情面，往往不敢也不愿严格审核监督，更有甚者还替被审对象隐瞒真相，予以包庇。对于这种可能，苏辙早在熙宁二年（1069）三月《上皇帝书》中就已有考虑："夫天下之财，下自郡县而至于转运。转相钩较，足以为不失矣。然世常以转运使为不可独信，故必至于三司而后已。夫苟转运使之不可独信而必三司之可任，则三司未有不责成于吏者，岂三司之吏则重于转运使欤？"[1] 据《长编》卷 383 此段文字之后李焘自注，苏辙的这一主张没有得到朝廷的采纳，但他提出的协调中央与地方财经上集权与分权的思想是合理可行的，其认识是深刻的。因为他看到"天下之财，其详可分于转运使，而使三司岁揽其纲目，既使之得优游以治财货之源，又可颇损其吏，以绝乱法之弊"[2]。这是因为"三司之吏，世以为多而不可损，何也？国计重而簿书众也。臣以为不然。主大计者，必执简以御繁，以简自处，而以繁寄人。以简自处，则心不可乱；心不可乱，则利至而必知，害至而必察。以繁寄人，则事有所分；事有所分，则毫末不遗，而情伪必见。今则不然，举四海之大，而一毫之用必会于三司，故三司者案牍之委也。案牍既积，则吏不得不多。案牍积而吏多，则欺之者众，虽有大利害，不能察也"[3]。显然，苏辙认为三司作为最高理财机构，必须执简御繁，否

---

① 《苏辙集·栾城集》卷 21《上皇帝书》。
② 《苏辙集·栾城集》卷 21《上皇帝书》。
③ 《苏辙集·栾城集》卷 21《上皇帝书》。

则，将为琐事所困，反而捡了芝麻丢了西瓜，失去了管理监督财经活动的重大职能。

宋代，有关中央与地方财经管理上集权与分权的议论并不多见。元丰初年，中央曾把某些账状下放给各路转运司或提刑司审核，但是自元祐元年（1086）开始，中央把这些权力收归户部，宋朝又恢复财权高度集中中央的局面。南宋时期，为应付战争的需要，财权仍高度集中于中央，以便于统一调配。即使总领所具有相对独立的财政权，但"东南三总领所掌利权，皆有定数，然军旅饥馑则告乞于朝。惟四川在远，钱币又不通，故无事之际，计臣得以擅取予之权，而一遇军兴，朝廷亦不问"①。仅从《宋会要辑稿》职官 52 记载可知，南宋朝廷经常遣官点检总领所钱粮财赋，以便加强对其的控制监督。

附"三司财计体制思想框架图"：

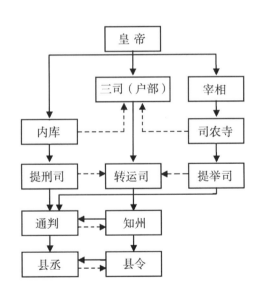

———————→ 表示隶属关系

-------→ 表示制衡监督关系

---

① 《文献通考》卷 24《国用二》。

（二） 宰相总理全国财经事务的思想

宋太祖在集中财政的同时，为了防止大权旁落，另一方面又实行行政、军事、财政三权分治。其结果是中书虽然作为宰相总领行政事务，但基本上不参与财政事务的管理。正如《建炎以来朝野杂记》甲集卷19所载："国朝承五季之旧，置三司使以掌天下利权，宰相不预。"这种机制运作的结果暴露出了一些问题，宋仁宗至和二年（1055），知谏院范镇言："伏见周制，冢宰制国用，唐宰相兼盐铁转运，或判户部，或判度支，然则宰相制国用，从古然也。今中书主民，枢密院主兵，三司主财，各不相知，故财已匮而枢密院益兵不已，民已困而三司取财不已。中书视民之困，而不知使枢密院减兵、三司宽财以救民困者，制国用之职不在中书也……欲乞使中书、枢密院通知兵民财利大计，与三司量其出入，制为国用，则天下民力庶几少宽，以副陛下忧劳之心。此非使中书、枢密大臣躬亲繁务如三司使之比，直欲令知一岁之计以制国用尔。"① 正如范镇所云，中书、枢密院、三司分掌行政、军政、财政的体制的缺陷在仁宗朝对西夏长期的战争中国力消耗严重、财政困难的情况下凸现出来，即三权分治不能很好协调征收赋税、战争对财力的消耗、财政是否足以支持等之间的关系。范镇所提出的中书、枢密院必须与三司"通知民兵财利大计"是有深刻的时代背景，是想通过改变自宋太祖以来行政、军事、财政三权分治的运行机制，作为解决财政困难的一种手段。

宋代三冗（冗兵、冗官、冗费）问题在宋真宗时期就已出现，到了宋仁宗时期，则进一步严重化。《长编》作者李焘在范镇此段奏言之后依据《食货志》材料做了注释，对此进行说明："真宗时，内外兵九十一万二千，宗室、吏员受禄者九千七百八十五。宝元以后，募兵益广，宗室蕃衍，吏员岁增。至是，兵二百十五万九千，宗室、吏员受禄者万五千四百四十三，禄廪俸赐从而增广。又景德中，祀南郊，内外赏赉缗钱、金帛总六百一万，及飨明堂，增至一千二百余万，故用度不得不缺。自

---

① 《长编》卷179。

天圣以来，帝每以经费为虑，命官裁节者数矣，臣下亦屡以为言，而有司不能承上之意，牵于习俗，卒无所建明，议者以为恨焉。"在国家财政支出不断增加，国力有限不堪重负，常常捉襟见肘的情况下，统筹安排财力就显得格外必要。

范镇提出的改变中书、枢密院、三司三权分治的系统思想，不仅有其深刻的时代背景，而且还经过一个发展的过程。庆历八年（1048）三月十六日，宋仁宗曾下诏云："间者西陲御备，天下驿骚，趣募冗兵，急调军食，虽常赋有增，而经用不给，累岁于兹，公私匮乏。加以承平浸久，仕进多门，人浮政滥，员多阙少，滋长奔竞，靡费廪禄……朕思济此急务，罔知所从。以卿硕望，故兹访逮，躬仁条画。"① 臣僚曾公亮随即在《上仁宗答诏条画时务》中提出："臣伏闻祖宗旧制，三司每季供粮草文账一本赴枢密院，夫枢密不主财赋而使供账者，是欲置废兵马，常使与刍粮照对也。往岁枢臣不练事体，称粮草本属中书，密院供账久为闲冗，乞自今罢之。则知枢密总兵，自来罕问粮草之有无。如此谋国，岂天下取安之计也？今圣虑轸及，中外大幸。愿陛下毕举而行之，使太平可致也。"② 由此可见，范镇中书、枢密院必须与三司"通知民兵财利大计"的思想是在"祖宗旧制"的基础上，不单从军队的粮草供应，而是从"制为国用"的高度，从而达到"枢密院减兵→三司宽财→民力少宽"的理财目标。范镇的这一思想是对宋初至仁宗朝以来中书、枢密院、三司三权分治体制的补充与完善。原三权分治体制主要是着眼于通过分权达到行政、军事和财政权的分割，防止大权旁落，有利于皇帝大权独揽，无所不总。而范镇的上述思想则是解决分权之下的协调，达到统筹安排财力，使"公私匮乏"局面有所改变。搜诸史籍，范镇的这一思想并未在实践中得到有效的施行，皇帝通过内库控制国家的大量钱物，当军费、冗官、冗费或临时性的巨额支出使财政出现赤字时，皇帝则出内

---

① 《宋朝诸臣奏议》卷147《上仁宗答诏条画时务》。
② 《宋朝诸臣奏议》卷147《上仁宗答诏条画时务》。

库之财助战事、籴军粮、支入中之费、救灾、赏赐等，中书作为宰相，对三司财政收支之事一般不予过问。①

到了嘉祐年间，司马光对范镇的集中财权思想进一步明确化、具体化。首先他批评了当时的内库制度，指出："夫府库者，聚天下之财以为民也，非以奉一人之私也。祖宗所为置内藏者，以备饥馑兵革非常之费，非以供陛下奉养赐予之具也。今内藏库专以内臣掌之，不领于三司，其出纳之多少，积蓄之虚实，簿书之是非，有司莫得而知也。若皆以奉养赐予而尽之，一旦有饥馑兵革之事，三司经费自不能周，内藏又无所仰，敛之于民，则民已困竭，得无狼狈而不支乎？"② 其次，他针对当时财权分散，不能统一指挥调配国家金帛钱谷的弊端，提出："夫食货者，天下之急务。今穷之如是，而宰相不以为忧。意者以为非己之职故也。臣愿复置总计使之官，使宰相领之。凡天下之金帛钱谷，隶于三司及不隶三司，如内藏、奉宸库之类，总计使皆统之。小事则官长专达，大事则谋于总计使而后行之。岁终则上其出入之数于总计使，总计使量入以为出。若入寡而出多，则总计使察其所以然之理，求其费用之可省者，以奏而省之。必使岁余三分之一以为储蓄，备御不虞。凡三司使、副使、判官、转运使及掌内藏、奉宸等库之官，皆委总计使察其能否，考其功状，以奏而诛赏之。若总计使久试无效，则乞陛下罢退其人，更置之。议者必以为宰相论道经邦、燮理阴阳，不当领钱谷之职，是皆愚人不知治体者之言。昔舜举八恺，使主后土，奏庶艰食，贸迁有无，地平天成，九功惟叙。《周礼》冢宰以九职、九赋、九式、九贡之法治财用。唐制以宰相领盐铁、度支、户部。国初亦以宰相都提举三司、水陆发运等使。是则钱谷自古及今，皆宰相之职也。今译经润文，犹以宰相领之，岂有食货国之大政，而谓之非宰相之事乎？必若府库空竭，闾阎愁困，四方之民

---

① 方宝璋：《宋代财经监督研究》，中国审计出版社，2001年，第144—145页。
② 《温国文正公文集》卷23《论财利疏》。

流转死亡，而曰我能论道经邦、燮理阴阳，非愚臣之所知也。"① 司马光在范镇中书、枢密院与三司"通知兵民财利大计"的基础上，进一步强调集中财权，明确提出设置总计使，由宰相担任，统一指挥协调全国财政收支，量入为出，解决当时财政多头管理，收入混乱的问题。而且，司马光建议宰相对三司使、转运使及掌内藏、奉宸等库之官拥有考核之权，借此以对理财之官的考核权来保证财政的控制权。直至宋神宗熙宁年间，宰相不预财政的局面才有所改变，"王荆公为政，始取财利之柄归于中书"②。熙宁二年（1069）二月，王安石为参知政事，设立制置三司条例司，参与筹划和制定新的财政经济政策。从此，中书开始参与对财政财务收支细务的管理。

熙宁七年（1074），宰相韩绛上奏言："三司总天下财赋，其出入之数并无总要、考校盈虚之法。欲选官置司，以天下户口、人丁、税赋及场务、坑冶、河渡、房园之类租额年课及一路钱谷出入之数，去其重复注籍，岁比较增亏及其废置钱物、羡余、横费等数。或收多，则寻究因依，以当职之官能否为黜陟；若支不足，或有羡余，理当推移，使有无相济，如此则国计大纲，朝廷可以省察，议论正事，足宽民力。仍乞臣绛提举。"③ 与此同时，三司使章惇亦言："天下财赋，账籍汗漫，无以察其耗登之数，请选置才士，删修为策，每年校其增亏，以考验诸路当职之官能否，得以升黜。"④ 这里，韩绛把范镇、王安石中书参与理财的思想进一步具体化，提出要在中书省下设置专门机构，负责对各级官吏经济政绩的考核，每年比较财赋增亏，借此使宰相总领天下之财，从宏观上把握财政收支平衡。宋神宗采纳了宰相韩绛与三司使章惇的意见，在中书省下设会计司，以韩绛亲自提举。但是，会计司存在的时间很短，

① 《温国文正公文集》卷23《论财利疏》。
② 《建炎以来朝野杂记》甲集卷17《三司户部沿革》。
③ 《长编》卷257。
④ 《长编》卷257。

仅一年多，"既而事多濡滞，八年，绛坐此罢相，局亦寻废"①。

到了南宋，由于军费开支浩大，统筹安排财政收支问题又变得十分必要，集中财权的思想又被不断提出，其内容大致仍围绕着北宋的宰相理财与对内库的统一管理监督。如乾道初，臣僚言："近以宰相兼枢密使，盖欲使宰相知兵也。宰相今虽知兵，而财谷出入之原，宰相犹未知也。望法李唐之制，委宰相兼领三司使职事，财谷出纳之大纲，宰相领之于上，而户部治其凡。"② 嘉泰四年（1204），又有臣僚言："财赋国家之大计，其出入之数有余、不足，为大臣者皆所当知，庶可节以制度，关防欺隐。"③ 南宋中期，魏了翁在《答馆职策一道》中云："近闻国用使已遍行取会诸路上供赋入及所在钱物名数，诚能始自内帑，取一岁非汛支费，严加核实一毫之出纳，国用使别得以制其可否，而参计官得以覆其虚实，毋若平时比部勘磨之具文，则内帑金帛当无欺隐。"④ 由此可见，南宋大臣呼吁宰相统一理财，主要目的仍然是为了控制收支平衡，监督收支上的欺骗隐瞒等不法行为，从而开源节流，克服财政困难。从理论上看，这些思想与北宋相比没有什么发展，其实际效果也极其有限。南宋宰相总领财政大权也只是十分短暂的一段时间，大致从乾道二年（1166）宰相兼制国用使、参知同知国用事，至乾道五年（1169）罢国用司；又从嘉泰四年（1204）再置，开禧二年（1206）改名国用参计所，三年（1207）又废，宰相总管财政总共不到七年。而上述魏了翁提出的连内帑国用使也要严加核实，那更是不见实行。

（三）户部集中财权的思想

宋朝自元丰改制后，财经管理机构发生了很大的变化。改制前，三司总管全国财政，户部几乎无所职掌，只委派"判户部事"一员，接受天下土贡。改制后，撤销三司，全国财计始归户部。户部之下设左右曹，

---

① 《宋史》卷 161《职官一》。
② 《宋史》卷 162《职官二》。
③ 《宋史》卷 162《职官二》。
④ 魏了翁：《鹤山先生大全文集》卷 21《答馆职策一道》，四部丛刊本。

原三司主要职掌归左曹，原司农寺主要职掌归右曹。改制后的户部与原三司相比，财权大大缩小。户部之下虽分为左右曹，但只有左曹隶于户部尚书，右曹则不隶于户部尚书。这就造成户部长官尚书与负责右曹事务的户部侍郎互不统属，进而使户部尚书无法统筹调配右曹分管的那一部分钱物。尚书省户部以外的五部二十司以及九寺四监所掌事务中，有许多与财经有直接关系，并且其中不少原属于三司负责，现由于与户部无隶属关系，因此户部无权加以干涉，尤其是工部、都水监、军器监、将作监等所掌事务，多是费用巨大，户部既不能干预，就失去了对其支用财赋进行管理监督。其结果是"应支用钱物五曹与寺监皆得自专"[1]，"他司以办事为效，则不恤财之有无；户部以给财为功，则不论事之当否，彼此各营一职，其势不复相知"[2]。总之，元丰改制后的户部，已不具备原来三司那种于财计无所不统的最高理财机构——计省，其长官号为"计相"的地位。改制后的户部虽然名义上是全国最高理财机关，但其理财的权力范围大大缩小，这对极其有限的国家财力的筹划调配监控是不利的。有鉴于此，司马光在宋哲宗元祐元年（1086）闰二月上奏言：

　　　　祖宗之制，天下钱谷自非常平仓隶司农寺外，余皆总于三司。一文一勺以上，悉申账籍，非条例有定数者，不敢擅支。故能知其大数，量入为出，详度利害，变通法度，分画移用，取彼有余，济彼不足，指挥百司、转运使、诸州，如臂使指……故能仓库充溢，用度有余，民不疲乏，邦家乂安。自改官制以来，备置尚书省六曹二十四司，及九寺三监，各令有职事，将旧日三司所掌事务散在六曹及诸寺监。户部不得总天下财赋，既不相统摄，账籍不尽申户部，户部不能尽知天下钱谷之数。五曹各得支用钱物，有司得符，不敢不应副，户部不能制。户部既不能知天下钱谷出纳见在之数，无由

---

① 章如愚：《山堂群书考索》续集卷33《官制门·六尚书》，台湾商务印书馆影印文渊阁四库全书本。

② 《苏辙集·栾城集》卷41《请户部复三司诸案札子》。

量入为出。五曹及内百司各自建白理财之法,申奏施行,户部不得一一关预,无由尽公共利害。今之户部尚书,旧三司使之任也。左曹隶尚书,右曹不隶尚书,天下之财分而为二,视彼有余,视此不足,不得移用。天下皆国家之财,而分张如此,无专主之者,谁为国家公共爱惜通融措置者乎?譬(如)人家有财,必使一人专主管支用。使数人主之,各务己分,所有者多互相侵夺,又人人得取用之,财有增益者乎?故利权不一,虽使天下财如江海,亦恐有时而竭,况民力及山泽所出有限制乎!此臣所以日夜为国家深忧者也。今纵未能大有更张,欲乞且令尚书兼领左右曹,侍郎则分职而治。其右曹所掌钱物,尚书非奏请得旨,不得擅支。诸州钱谷金帛隶提举常平仓司者,每月亦须具文账申户部六曹及寺监。欲支用钱物,皆须先关户部,符下支拨。不得一面奏乞直支应掌钱物。诸司不见户部符,不得应副。其旧日三司所管钱谷财用,事有散在五曹及诸寺监者,并乞收归户部。若以如此户部事多官少,难以办集,即乞减户部冗末事务,付闲曹比司兼领,而通隶户部,如此则利权归一。若更选用得人,则天下之财庶几可理矣。[1]

司马光在此认为改制后的户部权力比改制前的三司大大削弱,其在国家财经的管理监督上出现三大弊端:首先,改制前三司总领全国的财政财务收支,所有会计账籍均申报其审核,故能够全盘控制收支平衡;改制后户部无权总领天下财赋,许多会计账籍不再申报其审核,故无从全盘控制收支平衡。其次,改制前,中央机构除司农寺之下常平仓外(其实还有内库,三司也无权过问),其钱物收支有余不足均由三司统筹调配;改制后,户部尚书不与右曹之事,财权一分为二,其钱物收支有余不足无法统筹调配。最后,改制前,三司掌握各部门钱粮支出的审批权,有效地控制了规定之外的支出;改制后,户部失去了一些部门钱粮支出的审批权,导致右曹及一些部门随意支用钱物,无人审核监督。总

---

① 《温国文正公文集》卷51《论钱谷宜归一札子》。

之，改制后户部对控制国家的财政收支平衡、取有余补不足的统筹调配以及支用钱物的审核监督诸方面的职能大大削弱，这种机构运行机制上的欠缺司马光总结为"利权不一"，致使国家财力得不到合理配置，流失严重，国家财政更显困竭。鉴此，司马光提出了改革措施，主张首先在权力的设置上应扩大户部尚书的权力范围，使其兼领左右曹，右曹所掌钱物，也必须经尚书奏请得旨，方可支用。这样，户部尚书就能统筹调配左右曹钱物，并能从宏观上控制财政收支平衡。其次，地方诸州钱谷金帛会计账籍，必须每月申报户部审核；如要支用，必须先报请户部批准，然后予以支拨。通过钱物支出的事前审批核准、事后审核监督，户部就能有效地控制钱物的随意支出，从而节省财政开支。总之，司马光所指出的改制后三司变为户部所产生的弊端是客观和切中要害的，其措施也是具体、可行的，无论是控制国家的财政收支平衡，还是取有余补不足的统筹调配，或支用钱物的审核监督，其落脚点都是围绕着解决财政上的困难。

元祐元年（1086），监察御史上官均就内库不隶属理财机构统一管辖，存在着管理与监督上的盲区的问题，提出了建议。他说："臣闻财用出于一司，则有无多少得以相通，差谬攘盗得以稽察，故财无妄出之费，而国无不足之忧。然后可以裕民之财力，而仁泽被于天下……先朝自新官制，盖有意合理财之局总于一司；故以金部右曹案主行内藏受纳宝货、支借、拘催之事，而奉宸、内藏库受纳，又隶太府寺。然按其所领，不过关报宝货之所入为数若干，其不足若干，为之拘催岁入之数而已。至于支用多少，不得以会计，文籍舛谬，不得以稽察，岁入朽腐，不得以转贸。总领之者，止中官数十人，彼惟知谨局钥、涂窗牖，以为固密尔。承平岁久，宝货山积，多不可校，至于陈朽蠹败，漫不知省，又安能钩考其出入多少与夫所蓄之数哉？臣窃闻昨来内藏斥卖远年缣帛，每匹止二三百文。夫自外郡之远输至内帑，每缣之直，须近二千，今斥卖之直，止于十之一二，此不知贸易移用之弊矣。夫不知理府库之财，而外求于民，不知节用之术，而为多敛之计，此有司之罪也。臣以为宜因官制之

意，令户部、太府寺于内藏诸库得加检察，而转贸其岁久之货弊，则帑藏有盈衍之实，而无弃败之患，国用足而民财裕矣。"① 这里，上官均指出了内库不属于理财机构统一管理的三个弊端：一是没有必要的会计、审计制度，使库藏钱物账目混乱不清，致使收入、支出及库藏多少不得而知；二是库藏之物没有得到有效的管理，陈朽蠹败损失严重；三是出卖库藏多余物品，由于管理者缺乏理财节用之术，贱价出卖，等于内库钱物外流。有鉴于此，上官均建议户部、太府寺应对内库进行检察，消除这些弊端。

揆诸史籍，司马光上奏后不久，朝廷就采纳了他的意见，户部尚书兼领左右曹事。元祐元年（1086）七月己卯，"户部言：'府界诸路州军钱谷文账，旧申三司者，昨付逐路转运司点磨；其常平等文账，旧申司农寺监者，昨付逐路提举司点磨；及在京库务文账，见分隶礼、兵、工曹者，诸并收归户部。'从之，用司马光闰月所奏立法也"②。还有，"军器、将作、少府、都水监、太府、光禄寺等处，辖下系应干申请、创修、添修、计置、收买材料钱物、改铸钱料、兴废坑冶之数，并先申户部看详检覆，候与夺定许令造作物数，从本部关赴本辖部分，督责寺监依功限差工匠造作。内河防急切申禀不及者，听逐急应副毕，亦申户部点检"③。这样"都水、军器、将作三监，皆兼隶户部，使户部定其事之可否，裁其费之多少，而工部任其功之良楛，程其作之迟速。苟可否、多少在户部，则凡伤财害民，户部无所逃其责矣；苟良楛迟速在工部，则凡败事之用，工部无所辞其谴矣"④。绍圣后，虽然曾有一段时期户部右曹仍以右曹侍郎专领，事得直达奏裁。但从南宋开始，基本上还是遵循司马光财政集权的思想，户部尚书虽不常设，但侍郎二人则通治左右曹事务。至于监察御史上官均所奏"户部、太府寺于内藏诸库得加检察"

① 《长编》卷 374。
② 《长编》卷 383。
③ 《长编》卷 422。
④ 《长编》卷 422。

之事，据李焘所注，不得"其从与不从也"，即朝廷是否采纳了他的意见，不得而知。

附"户部财计体制思想框架图"：

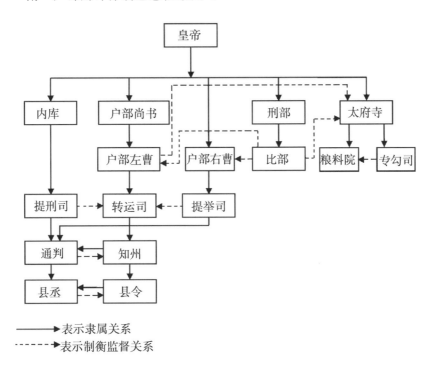

综上所述，宋代集中财权的思想主要围绕三个方面：一是协调中央与地方在财经管理上的集权与分权；二是宰相必须总管全国财政，内库必须纳入理财机构的统一管理与监督；三是改制后的户部必须同改制前的三司一样，具有较大的理财权力范围。而且这三个方面的着眼点是相同的，即从机构运行机制层面入手，通过集中财权达到有效地统筹调配全国钱物，控制财政收支平衡，防范财政财务收支上的不法行为，开源节流，从而解决财政困难。这种集中财权的思想在当时因三冗和因战争支出巨大、国力匮乏的情况下，是具有较大的积极意义。但是这三个方面的思想，前二者的实践极其有限，只有第三方面得到了较好的实行。终宋一代，地方财权高度集中中央，而中央除短促的会计司与国用司由宰相兼领总天下财赋而节以制度、关防欺隐外，其余时期宰相虽或时参

与某些财经管理和监督，但都是局部的短暂的，显得十分软弱无力，基本上处于"天下财用岁入，有御前钱物、朝廷钱物、户部钱物，其措置衰敛，取索支用，各不相知"①的状态，始终没有一个统一的机构来管理监督各方面的收支。宋朝内库储藏着国家相当大的一部分钱物，由皇帝直接掌握。皇帝亲自掌握国家大量钱物的目的是迫使计司在一定程度上必须仰赖之，借此能有效地控制监督国家财政收支。当军费、冗官、冗费或临时性的巨额支出使财政出现赤字时，皇帝则出内库之财予以平衡。皇帝通过亲自掌握雄厚的内库之财，在调整财政，尤其是调整非常经费方面起了重大的作用。由于内库执国家财政之牛耳，以备军国之用，宋皇帝"虑司计之臣不能节约，异时用度有阙，复赋率于民"②，于是内库钱物之储藏数目严格保密，外廷不得而知。司计大臣在议论国家财政收支时也不予涉及。如苏辙在《元祐会计录叙》中曰："若夫内藏、右曹之积，与天下封桩之实，非昔三司所领，则不入会计。"③南宋绍兴三十二年（1162），礼部侍郎黄中对高宗之问，亦曰："今天下财赋，半入内帑，有司莫能计其盈虚。"④ 不言而喻，宋代历朝虽然不时有大臣疾呼内库要归理财机构统一管理监督，利权归一，殊不知这种要求其实是触动到最高统治者直接控制监督国家财政总收支的大权。

总之，在宋封建专制主义中央集权制高度强化的制约下，宋财经最高管理与监督权掌握在皇帝手中。皇帝亲自览阅会计录，过问财政大事，紧紧控制内库的大量钱物，以不变应万变，调节国家的财政收支平衡。当军费、冗官、冗费使财政出现赤字，计臣顾此失彼、弄得焦头烂额之时，皇帝则出内库之财以给之。皇帝独揽大权，即使英睿明断，也不能事事躬亲，更何况昏庸之君，必败事有余。故终宋一代，朝廷上下大臣

---

① 《宋史》卷179《食货下一》。
② 《宋史》卷179《食货下一》。
③ 《苏辙集·栾城后集》卷15。
④ 《晦庵先生朱文公文集》卷91《端明殿学士黄公墓志铭》。

无一人遍晓全国财政总收支，即使计臣也"不能尽知天下钱谷之数"①，致使"其措置衰敛，取索支用，各不相知"②，国家财政经济常常处于混乱状态。有识之士时时呼吁宰相总领国计，内库统一管理监督，但效果微乎其微。另一方面，对于日常繁杂琐细的财政财务收支的管理监督，皇帝没有必要也不可能亲自一一过问，因此把它交给中央至地方有关部门。大致说来，宋中央财政分计司（三司或户部）、内库、朝廷三个系统，其管理监督各自为政，互不过问。地方转运司、提刑司、常平司也分管不同的财政收支，各隶属于中央不同的部门。这种分权有利于各部门之间的互相牵制，防止大权旁落，并体现了财经管理监督中不让一个部门包办到底，职掌范围有限，互相制约的原则。总之，宋代财经管理与监督是皇帝大权独揽，无所不总，而臣下是事事分权，有权不专。这种运作机制寓管理监督于集权和分权的对立统一之中，与军事上的强干弱枝、政治上的内外相维相互为用。当然，这种机制在宋代特定的历史背景下，也有其合理的一面。在战争的环境中，许多开支难以预算，计划性差，皇帝通过内库应付临时开支，不乏是个以简驭繁、行之有效的办法。

二、 开源节流思想③

（一） 王安石的以义理财观

众所周知，王安石变法的目的在于富国强兵，借以扭转北宋积贫积弱的局势。因此，理财，或者说解决国家财政困难，便成为这次改革的中心。

在王安石理财中，其指导思想是"以义理财"。在这一思想指导下，首先，王安石认为："政事所以理财，理财乃所谓义也。一部《周礼》，

---

① 《温国文正公文集》卷51《论钱谷宜归一札子》。
② 《宋史》卷179《食货下一》。
③ 本目节流思想中有关裁减军费思想见第六章《宋代的军事管理思想》中第五节《裁减军费思想》部分论述，兹略。

理财居其半，周公岂为利哉？"① 这里，他以《周礼》为依据，肯定理财是治理国家的重要内容，是合乎正义的行为。财利是立国的根本，国家各种政治设施和活动都离不开财政实力作为支柱，义和利的关系是"利者义之和，义固所为利也"②。因此，他进一步明确指出："举先王之政以兴利除弊，不为生事；为天下理财，不为征利。"③ 其次，王安石把"理财"与"义"进行统一，"盖聚天下之人，不可以无财；理天下之财，不可以无义"④。理财必须以义作为统率，只要不是对人民的聚敛搜刮，而是为了发展社会生产、增加国家的财政收入和使人民富裕起来，这种性质的理财就合乎"义"的要求了。最后，王安石"以义理财"的基点是生财，也就是通过发展生产增加社会财富，从而提高财政收入。早在他作州县官吏时，就曾在《与马运判书》中说："尝以谓方今之所以穷空，不独费出之无节，又失所以生财之道故也。富其家者资之国，富其国者资之天下，欲富天下，则资之天地。盖为家者，不为其子生财，有父之严而子富焉，则何求而不得？今阖门而与其子市，而门之外莫入焉，虽尽得子之财，犹不富也。盖近世之言利虽善矣，皆有国者资天下之术耳，直相市于门内而已，此其所以困与。"⑤ 王安石认为，北宋王朝之所以财政匮乏，不仅在于国家费用开支没有节制，更主要的是没有开辟财源。要使天下富有，必须发展生产，向自然界索取，开发自然界的资源。那种只知道关起门来与儿子做生意的人，虽然全部得到儿子的财富，那也是富不了的。嘉祐四年（1059），王安石在上奏宋仁宗的《上仁宗皇帝言事书》中又提出："臣于财利固未尝学，然窃观前世治财之大略矣。盖因天下之力，以生天下之财，取天下之财，以供天下之费。自古治世，未尝以不足为天下之公患也，患在治财无其道耳……人致己力，以生天下

---

① 《临川先生文集》卷 73《答曾公立书》，四部丛刊本。
② 《长编》卷 219。
③ 《临川先生文集》卷 73《答司马谏议书》。
④ 《临川先生文集》卷 70《乞制置三司条例》。
⑤ 《临川先生文集》卷 75《与马运判书》。

之财，然而公私常以困穷为患者，殆以理财未得其道。"① 这里，王安石进一步认识到要解决公私困穷问题，必须理财有道，而要理财有道，关键在于发展生产，通过生产去开发自然资源，从而增加社会财富。社会财富的增加，意味着同样的税率可以取得较多的税额，就能使国家费用充足。这就是王安石所期望的善理财者的"民不加赋而国用饶"。

王安石以义理财的思想除了以发展生产，增加社会财富，从而提高财政收入外，其另一个重要的思路是抑制兼并。王安石主张夺回兼并势力所占有的社会财富，以增加国家财政收入。这就是他一再强调的"摧兼并，收其赢余，以兴功利，以救艰厄"②；"苟能摧制兼并……不患无财"③；"稍收轻重敛散之权，归之公上"④。

总之，王安石以义理财的思想主要由两个方面组成，其一是通过发展生产，从而增加社会财富总量，以提高国家财政收入；其二是在社会财富总量不变的情况下，运用政治权力，进行社会财富的重新分割，从而增加国家财政收入。

王安石的"因天下之力，以生天下之财，取天下之财，以供天下之费"的思想有两层含义：一是通过改善农业生产条件，充分利用土地和人力资源，扩大生产规模，提高生产效率，大力发展农业生产来增加社会财富，这就是"生财"；二是通过巧立名目增加税收，扩大征赋，加重对民众的剥削来增加国库收入，这就是"取财"。从以上变法的六大措施来看，除农田水利法完全是以"生财"为目的外，其余青苗法、免役法、方田均税法、均输法、市易法都带有很浓厚的"取财"色彩。加之在变法中用非其人，导致这些措施更加变性，有些甚至沦为巧取豪夺，走向反面。如青苗法初衷是为了限制高利贷，后来为了扩大取息范围，又实行强制摊派，无论是坊郭户，还是乡村上户、下户和客户，都被抑配青

---

① 《临川先生文集》卷39《上仁宗皇帝言事书》。
② 《长编》卷240。
③ 《长编》卷262。
④ 《临川先生文集》卷70《乞制置三司条例》。

苗钱，强制纳息，这与当初"愿则与，不愿不强也"的承诺完全相反，使青苗钱成为一种隐蔽的税收。到最后，"州县常平钱（青苗钱）实不出本，勒民出息"①，已完全异化为公开的掠夺。又如在实行免役法时，当役钱固定下来以后，不仅在州县役人中尽量扩大自愿投名，不支雇钱者的名额，还干脆取消耆长、户长、壮丁等乡役人，以保甲制度恢复差役。对于这种做法，连宋神宗也觉得说不过去，说："已令出钱免役，又却令保丁催税，失信于百姓。"② 而保丁若由乡村上户担任，催税时可以乘机勒索，仍是肥缺，贫民倍受其苦；若由乡村下户充任保丁当催税甲头，"甲头皆耕夫，岂能与形势之家、奸猾之户立敌"。由于从地主那里催不到税，"破产填备，势所必然"，"类皆卖鬻子女，狼狈于道"。再如实行市易法，固然剥夺了大商人垄断性商业经营的"较固取利"，但不少中小商人由于向市易司赊贷钱货，因不能支付息钱和罚钱而破产。另外，市易法实行中建立了官府垄断经营，弊病丛生，阻碍了商品经济的正常发展。

王安石的一些经济管理思想，从理论上看，是进步的，但从当时社会现实来看，则又大大超越了当时的历史情况，是行不通的。如变法中的纳钱免役、雇佣计钱，从理论上讲，普遍地促进雇佣关系和商品货币经济的发展，从而使农民对封建国家的人身依附关系削弱。但是从现实上讲，宋代仍处于封建自给自足的自然经济，广大自耕农所拥有的不过庄田、谷、帛、牛具、桑柘而已，更遑论那些上无片瓦下无寸地的佃农，"褴褛不蔽形，糟糠不充腹……亦有未尝识钱者矣"③，哪里能年复一年地弄到许多钱向政府交纳。正如苏辙所云："今青苗、免役皆责民出钱，是以百货皆贱而惟钱最贵，欲民之无贫，不可得也。"④ 不少贫民不得不

---

① 陈邦瞻：《宋史纪事本末》卷8，台湾商务印书馆影印文渊阁四库全书本。
② 《长编》卷263。
③ 《温国文正公文集》卷45《应诏言朝政阙失事》。
④ 《苏辙集·栾城集》卷35《自齐州回论时事书》。

"杀牛卖肉，伐桑鬻薪"①，甚者镇州、定州农民出现"伐木拆屋，以充役钱"② 的惨况。

（二） 司马光的养其本原和节省冗费思想

北宋时的财政危机，使有识之士都感到非改革不可，但采取什么办法增加财政收入来达到富国强兵的目的，则意见不一，如司马光、苏轼、苏辙、文彦博等在一些重大问题上与王安石持不同意见，其中又以司马光最为典型。限于篇幅，这里仅介绍司马光的主要观点。

司马光（1019－1086），字君实，号迂叟，世称涑水先生。北宋政治家、史学家、文学家。宝元元年（1038）进士，累进龙图阁直学士。神宗时，因反对王安石变法，离开朝廷 15 年，主持编纂了《资治通鉴》。历仕仁宗、英宗、神宗、哲宗四朝，卒赠太师、温国公，谥文正。生平著作甚多，主要有《温国文正司马公文集》《稽古录》《涑水记闻》等。

嘉祐七年（1062），司马光写了一篇长达 5000 言的专论理财问题的《论财利疏》③。此文集中反映了司马光关于解决当时宋王朝财政危机的意见和措施。

首先，司马光针对当时理财"重敛于民"的现象，提出"养其本原而徐取之"的主张。北宋中期以来，由于统治阶级挥霍浪费，"官中及民间皆不务蓄积"，国家仓廪无三年之储，乡村农民少有半年之食，一旦遇上天灾，公私匮乏，无以相救。司马光认为这是"当今之深弊"④，是理财"不循其本"。对此，他说："何谓养其本原而徐取之？善治财者，养其所自来，而收其所有余。故用之不竭，而上下交足也。不善治财者反此。"所谓"养其所自来"就是培养税源，对此，他做了进一步的诠释："将取之，必予之；将敛之，必散之。"他责问不懂得这样做的官员说：

---

① 《宋史》卷 177《食货上五》。

② 《乐全集》卷 25《论役钱札子》。

③ 《温国文正公文集》卷 23《论财利疏》，以下 11 个自然段引文未注明出处者，均见于此。

④ 《温国文正公文集》卷 31《蓄积札子》。

"此乃白圭、猗顿之所知，岂国家选贤择能以治财，其用智顾不如白圭、猗顿邪?"

司马光对培养税源的认识比较全面，不仅仅局限于农业，指出："夫农工商贾者，财之所自来也。农尽力，则田善收而谷有余矣。工尽巧，则器斯坚而用有余矣。商贾流通，则有无交而货有余矣。彼有余而我取之，虽多不病矣。"可见，农、工、商都是提供财政收入的经济部门。财政收入随着各经济部门的发展而增长，只要不超过它们的负担能力，即使多取也不会造成危害。

司马光认为农业是"天下之首务"，是国家各种赋税的来源，要使农尽力，政府就要有一定的激励引导措施，"使稼穑者饶乐而惰游者困苦"。但是，当时农民的处境却恰恰相反，"苦身劳力，衣粗食粝"，"岁丰贱贸其谷，以应官私之求；岁凶则流离冻馁，先众人填沟壑"。在这种耕田者不得其食的情况下，"以今天下之民度之，农者不过二三，而浮食者常七八矣"，"望浮食之民转而缘南亩，难矣!"对此，司马光主张要减轻农民的负担，给予一些便农、护农措施，让他们有一个最起码的生活和生产条件，使大家愿意务农。他说："凡农民租税之外，宜无有所预。衙前当募人为之，以优重相补，不足则以坊郭上户为之。彼坊郭之民，部送纲运，典领仓库，不费二三，而农民常费八九……其余轻役，则以农民为之。岁丰则官为平籴，使谷有所归；岁凶则先案籍赒赡农民，而后及浮食者。民有能自耕种积谷多者，不籍以为家赀之数。如此，则谷重而农劝矣。"

司马光认为，要使"商贾流通"，必须使"公家之利，舍其细而取其大，散诸近而收诸远"。他的根据是"彼商贾者，志于利而已矣。今县官数以一切之计变法更令，弃信而夺之。彼无利则弃业而从佗，县官安能止之哉! 是以茶盐尽捐，征税耗损，凡以此也"。司马光看到商人唯利是图的本性，如果政府变更法令使其无利可图而弃业改行，那国家税收就要受到损失。因此，司马光主张对于商人应"将取之，必予之；将敛之，必散之。故日计之不足，而岁计之有余"。他还以伐薪为例，来说明对待

商人应从长远利益考虑的道理。他说："夫伐薪者，刈其条枚，养其本根，则薪不绝矣。若并根本而伐之，其得薪岂不多哉，后无继矣。"

其次，司马光针对当时朝廷上下费用无度的现象，提出"减损浮冗省用之"的主张。司马光在《论财利疏》中揭露了当时许多耗竭民财的弊政：其一，"左右侍御之人，宗戚贵臣之家，第宅园圃，服食器用，往往穷天下之珍怪，极一时之鲜明，惟意所欲，无复分限……至于颁赐外廷之臣，亦皆踰溢常数，不循旧规……近日俸给赐予，比于先朝，何啻数十倍矣"。其二，"宫掖之所尚，则外必为之；贵近之所好，则下必效之，自然之势也。是以内自京师士大夫，外及远方之人，下及军中士伍、畎亩农民，其服食器用，比于数十年之前，皆华靡而不实矣……夫天地之产有常，而人类日繁，耕者浸寡，而游手日众。嗜欲无极，而风俗日奢。欲财力之无屈，得乎哉！"其三，"府史胥徒之属，居无廪禄，进无荣望，皆以啖民为生者也……是以百姓破家坏产者，非县官赋役独能使之然也，大半尽于吏家矣。此民之所以重困者也"。其四，"国家比来政令宽弛，百职隳废。在上者简倨而不加省察，在下者侵盗而恣为奸利。是以每有营造贸买，其所费财物什倍于前，而所收功利曾不一二，此国用之所以尤不足者也"。其五，官员"满岁则迁，日滋月益，无复限极。是以一官至数百人，则俸禄有增而无损矣"。其六，"近岁养兵，务多不务精。夫兵多而不精，则力用寡而衣粮费。衣粮费则府库耗，府库耗则赐赉稀。是以不足者岂惟民哉，兵亦贫矣"。对此六大弊政，司马光主张用法律手段强制裁费，提倡朴素崇俭，矫正奢靡之风，惩罚行贿受贿，选用廉吏，选练战士等。他说："凡宗室外戚后宫内臣以至外廷之臣，俸给赐予，皆循祖宗旧规，勿复得援用近岁侥幸之例。其逾越常分，妄有干求者，一皆塞绝，分毫勿许。若祈请不已者，宜严加惩谴，以警其余。凡文思院后苑作所为奇巧珍玩之物，不急而无用者，一皆罢省。内自妃嫔，外及宗戚，下至臣庶之家，敢以奢丽之物夸眩相高，及贡献赂遗以求悦媚者，亦明治其罪，而焚毁其物于四达之衢。专用朴素，以率先天下，矫正风俗。然后登用廉良，诛退贪残，保佑公直；销除奸蠹，澄清

庶官，选练战士，不禄无功，不食无用。如此行之，久而不懈，臣见御府之财将朽蠹而无所容贮，太仓之粟将弥漫而不可盖藏，农夫弃粮于畎亩，商贾让财于道路矣。"

司马光在裁减冗费中还提出"节省冗费，当自贵近为始"的思想。他认为"凡宣布惠泽，则宜以在下为先；撙节用度，则宜以在上为始"。这是儒家传统"损上益下"原则的演绎。据此，司马光主张"裁损诸费不先于贵者、近者，则疏远之人安肯甘心而无怨乎？"①

在中国古代史中，由于特殊的历史原因，宋代对人民的敛取是比较严重的。对于众多的小农经济来说，取民太甚，竭泽而渔，往往带来大量的小农破产，这是对封建社会生产力的严重破坏。司马光提出的对于脆弱的小农经济应"养其本原而徐取之"，是对以小农经济为主的封建生产力的保护，从而带来社会的安定和经济的发展。在以农业自然经济为基础的历史条件下，社会生产只能是一种简单再生产，生产主要依靠人力、畜力，生产力的发展和财富的增加，不可能出现奇迹般的飞跃。从这个意义上来说，社会经济的发展和财富的增加由于受生产力的制约有一个极限。综观中国古代，宋代就处于这样一个极限点上。因此，封建国家要通过发展生产来增加财政收入是比较有限的，而主要是依靠其政治权力来进行社会财富的重新分割。因此，"重敛于民"成为一种必然的选择。但是这种重敛于民却导致了大量小农经济的破产，严重影响封建社会的简单再生产，给封建统治带来危机。面对这种趋势，司马光在主张"养其本原而徐取之"，保护财源的同时，另一方面更要"减损浮冗而省用之"，即节减开支。只有节省开支，广大农民才能减轻负担，拥有一个起码的生存和生产条件。小农经济才能得到保护，封建社会简单再生产才能顺利进行。这种思想虽然比较传统，但却切中时弊，符合客观现实。当时，不少有识之士认为，宋王朝对财源的挖掘利用，已经接近最高限度，通过进一步敛取民脂民膏来解决财政危机已不可能，唯有节省

① 《司马公文集》卷39《乞听宰臣等辞免郊赐札子》。

冗费才是出路。如皇祐元年（1049），户部副使包拯言："冗兵耗于上，冗吏耗于下，欲求其弊，当治其源。治其源者，在乎减冗杂而节用度。若冗杂不减，用度不节，虽善为计者，亦不能救也。方今山泽之利竭矣，征赋之入尽矣……若不锐意而改图，但务因循，必恐贻患将来，有不可救之过矣。"[①] 仁宗至和元年（1054），殿中侍御史吕景初上奏云："今百姓困穷，国用虚竭，利源已尽，惟有减用度尔。"[②] 更难能可贵的是司马光提出国家裁减费用自贵官近臣始，他自己多次要求皇上减少或免去对他的赏赐，这对于扭转当时朝廷奢靡之风，节省国家财政开支，减轻百姓的负担，稳定封建国家的经济秩序，起了积极的作用。

在王安石变法中，司马光与王安石的意见不一，可谓针锋相对，其实他们的一些观点可以互补。如在解决北宋财政危机的路径上，王安石重"开源"，但也主张节省勤俭，而司马光重"节流"，但不否认生产，两者都有可取之处。司马光反对王安石变法，虽然坚持务实的立场，但由于意气用事，对王安石变法予以全盘否定，难免过于偏激，走到了另一个极端，一些观点也偏离了客观现实。如他指出王安石的新政有六大阙政：

> 一曰广散青苗钱，使民负债日重，而县官实无所得；二曰免上户之役，敛下户之钱，以养浮浪之人；三曰置市易司与细民争利，而实耗散官物；四曰中国未治，而侵扰四夷，得少失多；五曰结保甲教习凶器，以疲扰农民；六曰信狂狡之人，妄兴水利，劳民伤财。[③]

从上述我们对王安石变法思想的分析可以看出，王安石变法虽然存在着不少弊端，但从总体上看，对促进社会经济的发展，还是起了进步作用的，尤其是农田水利法和方田均税法。这里，司马光把兴修水利也

---

① 《长编》卷167。
② 《长编》卷176。
③ 《司马公文集》卷45《应诏言朝政阙失事状》。

斥为"劳民伤财",未免失之中肯。

(三) 王禹偁和宋祁的裁减冗费思想

王禹偁(954—1001),字元之。北宋"白体"诗人、散文家、史学家。太平兴国八年(983)进士,历任右拾遗、左司谏、知制诰、翰林学士。后遭贬病死。著有《小畜集》《五代史阙文》。

宋祁(998—1061),字子京,小字选郎。北宋文学家、史学家。天圣二年(1024)进士,历官龙图阁学士、史馆修撰、知制诰、工部尚书、翰林学士承旨。曾与欧阳修等合修《新唐书》。卒谥景文。著有《景文集》。

宋太宗统治后期,虽然国家财政正处于上升阶段,收入日增,但由于不注意控制财政开支,冗费问题初步显露。至道三年(997)五月,刑部郎中、知扬州王禹偁第一次比较系统地论述了冗费存在的 4 个方面,并提出了解决的对策:其一,"谨边防,通盟好,使辇运之民有所休息";其二,"减冗兵,并冗吏,使山泽之饶,稍流于下";其三,"其艰难选举,使入官不滥";其四,"沙汰僧尼,使民无耗"[1]。同年九月,监察御史王济上《陈政事十事疏》,对裁减冗官、冗兵,沙汰僧尼提出了自己的主张,尤其是对裁减冗官见解独到、深刻。他说:"官不必备,惟其人……官多则事繁,吏多则民残。欲事不繁,莫若省官,欲民皆安,莫若省吏。天下所以未格清净者,由官吏多之故也。为陛下计,宜减分局之官,省监临之数,择百司之吏,选技术之工,去纤巧之匠,停老弱之卒,汰缁黄之流,自然无旷土,无游民,公庭肃而百事举矣……官多俸薄,不若俸厚而官少。若尽去冗食,复其全俸,则二人之俸,可以周一人之用。衣食既足,廉耻自兴。"[2] 由此可见,王济认为省官省吏不仅能够省事、省费、民安,而且还能高俸养廉。

仁宗即位之初,就着手裁减浮费。此次裁减虽有成效,却没有触及

---

① 《长编》卷42。
② 《长编》卷42。

造成冗费的主要原因冗兵、冗官等问题。随后天灾频仍，冗费问题又进一步凸现。宝元二年（1039）二月，任权三司度支判官的宋祁写了《上三冗三费疏》[①]，系统地论述冗费的危害及应采取的对策。宋祁的所谓"三冗"与王禹偁大致相同，即"天下有定官，无限员，一冗也；天下厢军不任战而耗衣食，二冗也；僧尼道士日益多而无定数，三冗也"。

但是宋祁提出的应对措施则比王禹偁更切实可行和具有针对性。他认为："断自今日，僧尼道士已受戒具者且使如旧；其在寺账为徒弟子者，悉还为民，勿复岁度。今日以后州县寺观，留若干所，僧尼道士，定若干人。且令后来之数，不得过此。此策一举，可得耕织夫妇五十万人，则一冗去矣。国家郡县素有定官，譬以十人为额，常以十二加之，迁代罪谪，足以无乏。今则不然，一位未缺，十人竞逐，纡朱满路，袭紫成林。州县之地不广于前，而陛下官五倍于旧。吏何得不苟进，官何得不滥除？陛下诚能诏三班、审官院、内诸司、流内铨明立限员，以为定法。自今以往，门荫、流外、贡举之色，实置选限，稍务择人。俟有阙官，计员补吏。内则省息奉廪，外则静一浮华，则三冗去矣。"这里宋祁的去三冗思路主要从两方面入手：一是减少限制非生产性冗食之人，减轻社会与国家负担，其中令僧尼道士还俗并限制其人数是减轻社会负担，裁减地方官吏是减轻国家负担。二是减少限制非生产性冗食之人，其实就是在增加生产性人员，据他估计，令僧尼道士还俗并限制其人数可增加农民50万人。这样一减一加的确对减轻社会与国家的负担、发展生产会起较大的积极作用。宋祁应对"三冗"的措施可贵之处还在于不单是在做"减法"，即减少限制非生产性冗食人员，而同时又是在做"加法"，增加生产性人员，发展生产，从而化害为利，使社会总财富增加，三冗问题自然解决。还有值得注意的是，宋祁提出的裁减兵员和官员只是针对厢军和地方州县官，而不涉及禁军和中央官员，因此不会削弱宋

---

① 宋祁：《景文集》卷26《上三冗三费疏》，台湾商务印书馆影印文渊阁四库全书本。以下两个自然段引文未注出处者，均见于此。

朝的军事力量和引起中央官员的反对，对宋朝专制主义中央集权制不会带来影响。

宋祁的所谓"三费"是"一曰道场斋醮"之费，"二曰京师寺观"之费，"三曰使相节度"之费。这"三费"其实与"三冗"中"僧尼道士日益多而无定数"和官"无限员"关系密切，似可归于"三冗"之中，故兹不予赘述。

（四）张方平的去三蠹思想

张方平（1007—1091），字安道，号乐全居士。历任知谏院、知制诰、知开封府、翰林学士、御史中丞。神宗朝，官拜参知政事，反对王安石新法。卒谥文定。著有《乐全集》。

大约在同一时期，大臣张方平写了《原蠹》上中下三篇①，分析了当时宋王朝的财政经济状况，认为"今天下生民之蕃，四海山泽之富，过三代远矣。赋敛所入，财货所聚，加厚于汉、唐。内外无事，无师旅战守馈粮赏功之费，无应声卒具之征，然民力益亏，国用不赡，中家以下，衣食无余"，其症结在于"国有三蠹，而莫之恤也"。

张方平在《原蠹》上篇指出：三蠹者，"一曰兼并"，其危害是"兼并之人，害农败法，上争王者之利，下固齐民之业，擅斡山海之货，管林薮之饶……民业并蹶，国用益虚"。张方平认为要去除兼并之蠹，可采取两种措施：一是利用经济调控手段，"计本末之道，审缓急之令，平谷物之高下，视凶穰而敛发，隘其利途，使出一孔，均其损益，调其盈虚，使强贾蓄家无所牟大利，则权在君上，惠在细人矣"。这里，张方平主要采用轻重之策，调节谷物价格，使富商大贾无法投机牟取暴利。他没有触及封建社会最根本的兼并是土地兼并。虽然他在《食货论·税赋》谈到"分民之要，平土为大"，但对于具体如何"平土"，却只笼统提出

---

① 张方平：《乐全集》卷15，台湾商务印书馆影印文渊阁四库全书本，以下5个自然段引文未注出处者，均见于此。

"都畿之内，严立占用之限"①。二是利用封建等级制度，"宜平四民之业，无使富人专财尽物，自其室宇、车马、器服、奴婢，宜益为制度撙节之。夫分定则易足，欲寡则不争，虽积货财，无所张用，则其贪聚之心知所止矣。上以厚国本，下以劝农事，使民有让，而刑罚以省，天下由乎轨道，无不足之患，其惟去兼并之蠹乎！"这里，张方平想通过等级制度来抑制大地主大商人在物质上的享受，使他们即使有很多财富也无从消费，从而收敛贪欲之心，放弃兼并。张方平的这种想法显然过于天真迂腐，是无法实行的。总之，从张方平以上去除兼并之蠹的思想可知，一方面，他看到兼并之蠹是造成"民力益亏，国力不赡"的主要原因之一，比同时代人单从"三冗"（冗兵、冗官、冗费）着眼显得视野开阔，触及封建社会较深层次的弊端；但另一方面，他所提出的去除兼并的两个方面措施，却未涉及最根本的土地兼并问题，利用封建等级制度抑制兼并更是苍白无力。

张方平在《原蠹》中篇指出：三蠹之二是"游入于释道之道者"。他认为："今天下十室之邑，必有一伽蓝焉；衡门之下，必有一龛像焉……其徒满于天下，而人不知厌苦。国家之帑藏耗于上，百姓之财力竭于下。"张方平之所以把释道之徒作为三蠹之一，不仅是其人数众多，而且是属于非生产性的"游惰之徒"，并且其消耗的钱物是惊人的。张方平在此做了一个估算："今释老之游者，略举天下计之，及其僮隶服役之人，为口岂啻五十万！中人之食，通其薪樵、盐菜之用，月糜谷一斛，岁得谷六百万斛；人衣布帛二端，岁得一百万端。窃度国家之制财用也，上以给郊社宗庙百神之祀，百官廪禄，六军粮馈，其计至大矣。仓庾之积，仰输东南，然而岁漕江淮之粟，入之太仓，制不过六百万斛，而莫之登也。则是释老之游者，一岁之食，敌国家一年之储也。"针对这种情况，张方平主张通过两种措施予以解决。一是采取比较温和的手段，对其宗教迷信活动加以限制，使其逐渐衰退，以节省其对社会财富的靡费。"撙

① 《乐全集》卷14《食货论·畿赋》。

省其伤财害民之事，稍禁其营筑土木亡度之费，益峻其奸盗冒法之律，而无下普度雩需之泽，及世而亡其大半矣。"张方平认为如能予以实施，可以"省其大半之衣食，以益于民，天下其不加裕乎？"二是从根本上防止百姓流入释老之道。张方平认识到，当时老百姓如此之多流入释老之道，其原因在于贫病交加、苛捐杂税繁重。因此，朝廷应"赈贫穷，恤孤寡，礼高年，存疾病，蠲逋负，宽赋敛，简刑罚，振淹滞"，使百姓生活有着落，"风俗归厚，上下与足，堂堂乎邦民咸义，又恶乎释老之求哉！"张方平去释道之蠹的主张比较切实可行，他不主张采取过激的手段，是因为看到游入释道的人多为失业之民，如果将这些已失业之人"驱而复之南亩，毁其庐，籍其产"，由于他们人数众多，又没有田产技艺为生，将会陷入绝境，激化社会矛盾，引起严重问题。而他主张采取缓和的做法，通过限制和引导使释道逐渐自然消亡，从而节省靡费，增加人民收入，国家财政自然充裕。这种主张抓住了问题的本质，符合客观现实，如能执行是会取得一定的效果的。

（五） 苏辙的去三冗思想

苏辙（1039—1112），字子由，一字同叔，晚号颍滨遗老。北宋文学家，为唐宋八大家之一。嘉祐二年（1057）进士，历官右司谏、御史中丞、尚书右丞、门下侍郎等职。卒谥文定。著有《栾城集》等。

英宗治平二年（1065），朝廷财政入不敷出严重，赤字达4204769，这一数字是目前所能见到的自宋朝建立以来至宋英宗时期最高的。可见，从宋真宗至英宗朝的财政危机并没有得到缓和，反而有愈演愈烈之势。"神宗嗣位，尤先理财"[①]。苏辙即上《上皇帝书》[②]，提出了一系列改革措施。

面对当时国家财政的危机，苏辙的指导思想是重"节流"，即"所谓丰财者，非求财而益之也，去事之所以害财者而已矣。夫使事之害财者

---

① 《宋史》卷179《食货下一》。
② 《栾城集》卷21《上皇帝书》，以下7个自然段引文未注出处者，均见于此。

未去，虽求财而益之，财愈不足。使事之害财者尽去，虽不求丰财，然而求财之不丰，亦不得也"。因此，他的着眼点是去除"害财者"，而不是寻求"丰财者"。苏辙把当时的害财者概括为三个方面："一曰冗吏，二曰冗兵，三曰冗费"。这个概括比较全面合理地揭示了当时国家财政不堪重负的三项巨大开支。苏辙不把以往宋祁的"僧尼道士"之冗、张方平的"释道"之蠹包含在三冗之内，其原因可能是释道主要是增加社会负担，而不是国家财政负担。

北宋自开国以来，官僚队伍膨胀迅速。在真宗景德年间，内外官有一万余人，仁宋皇祐年间，则增至两万多人。官员尸位素餐，空耗俸禄，国家为维持这支庞大的官僚队伍，需要巨额财政开支。为解决"冗吏"问题，苏辙提出三条措施："其一，使进士诸科增年而后举，其额不增，累举多者无推恩。"科举取士之多，是造成宋代冗官的一个重要原因。据学者统计，仅北宋贡举取士就达6万多人。① 由于宋代取士之滥，加之科考及第者有种种优厚待遇，故天下之人"群起而趋之"。因此，苏辙提出延长贡举时间，并且不增加录取名额，废除推恩制度，以此来减缓官员队伍的增长速度。"其二，使官至于任子者，任其子之为后者，世世禄仕于朝，袭簪绶而守祭祀，可以无憾矣。"门荫入仕，是宋代封建统治阶级子弟亲属当官的一种特权，种类繁多，数量庞大，凡中高级官吏及后妃公主等均可奏请亲属补官。据学者估计，宋代平均每年由门荫补官者不下500人。② 这是造成冗官的另一原因。对此，苏辙意识到要废除这种特权制度是不可能的，只好采取折中的办法，给其子孙一定的食禄而不再担任官职。"其三，使百司各损其职掌，而多其出职之岁月。"在宋代国家机器中，旧官和新官，有权的官和无权的官，朝廷派遣的官和地方的官，层次重叠，叠床架屋，使官僚机构庞大臃肿，人浮于事。苏辙就此

---

① 张希清：《论宋代科举取士之多与冗官问题》，《北京大学学报》1987年第5期。

② 《论宋代科举取士之多与冗官问题》，《北京大学学报》1987年第5期。

提出中央机构精简事务，下放权力，裁汰冗员。他举三司为例，由于三司作为封建理财机构，其事务最为繁杂，主要是因为"举四海之大，而一毫之用必会于三司，故三司者案牍之委也。案牍既委，则吏不得不多"，即权力过分集中所致。因此"三司之吏，世以为多而不可损"。其实，这种事无巨细中央统管的做法，不仅使中央机构日益膨胀，而且因忙于琐碎事务，反而失去对全局的控制。对此，苏辙主张应下放三司权力，使"天下之财，下自郡县而至于转运，转相钩较，足以为不失矣"。这样，转运使、州县各尽其职，逐层监督，互相制约，"使三司岁揽其纲目，既使之得优游以治财货之源，又可颇损其吏"，节省财政开支。最后，苏辙认为："苟三司犹可损也，而百司可见矣。"由此可见，事繁权重的三司都能精简事务，裁汰冗员，更何况其他中央机构。这将使朝廷大大减少财政开支。对于中央机构的官吏，苏辙还主张推迟晋升，使官僚队伍增长速度尽可能缓慢。

苏辙认为："世之冗费，不可胜计也"，其主要者，有宗室、漕运和赏赐之费。北宋自建立至宋神宗时期，已"世历五圣，而太平百年矣，宗室之盛未有过于此时者也。禄廪之费多于百官，而子孙之众宫室不能受"。由此可见，宋皇室经过一百年的繁衍，人数众多，其供养的费用已超过所有官吏的俸禄。有鉴于此，苏辙以儒家"七世之外，非有功德则迭毁"作为理论依据，建议"凡今宗室，宜以亲疏贵贱为差，以次出之，使得从仕比于异姓，择其可用而试之以渐。凡其禄秩之数、迁叙之等黜陟之制，任子之令，与异姓均"。总之，宗室子孙超过七世，就不享有政治、经济上的特权，与一般平民相同。这样，就大大减少了宗室享有特权的人数，从而节省了财政开支。

宋代"敛重兵而聚之京师。根本既强，天下承受而服。然而转漕之费遂倍于古"。北宋定都汴梁（今开封），京师民众、官僚和驻军所食粮食主要从东南地区漕运而来，"凡今东南之米，每岁溯汴而上，以石计者，至五六百万。山林之木尽于舟楫，州郡之卒敝于道路，月廪岁给之奉不可胜计。往返数千里，饥寒困迫，每每侵盗，杂以他物，米之至京

师者率非完物矣"。总之，当时漕法劳命伤财，而且效果也不好，"非法之良者也"。因此，苏辙提出了改革措施："举今每岁所运之数而四分之。其二即用旧法，官出船与兵而漕之，凡皆如旧。其一募六道之富人，使以其船及人漕之，而所过免其商税，能以若干至京师，而无所欺盗败失者，以今三司军大将之赏与之……其一官自置场，而买之京师，京师之兵，当得米而不愿者，计其直以钱偿之……今官欲买之，其始不免于贵。贵甚，则东南之民倾而赴之，赴之者众，则将反于贱。"这里，苏辙建议将每年漕粮总额一分为四，一半仍用旧法，四分之一招募江南六道富人漕运，四分之一由政府在京师置场收买，凡京师驻军不愿领米的，计值给钱，让他们上市场购买。苏辙希望"此二者与旧法皆立，试其利害而较其可否，必将有可用者。然后举而从之，此又去冗费之一端也"。

苏辙在"冗费"上与众不同、见解深刻的是把朝廷不急其所急、不用其所用，即不该开支的经费也称之为"冗费"，主张应裁减这些"无益之费"。他批评朝廷"自治平京师之大水，与去岁河朔之大震，百役并作，国有至急之费，而郊祀之赏不废于百官。自横山用兵，供亿之未定，与京西流民劳徕之未息，官私乏困，日不暇给，而宗室之丧不俟岁月而葬"。他希望朝廷"苟自今从其可恤而收之，则无益之费犹可渐减。此又去冗费之一端也"。

总之，苏辙的解决"三冗"问题思想，集中地反映在《上皇帝书》一文中，其中延长贡举时间、改革荫补机构、裁减禁军等措施都比较稳健缓和，力求在不引起动荡的情况下渐进式地使弊端自行消除。如他改革州郡选士制度，要使"十年之后，无实之士将不黜而自减"。苏辙的另一些改革又显得新奇大胆，如通过重金招募间谍以明敌情，有针对性有重点地布置兵力，从而达到裁减军队减少军费的目的。他把不急其所急、不用其所用的开支视作冗费，亦表现了他独特的眼光。他把皇帝宗室之费视作第一大冗费建议予以裁减，则又表现出为了国家利益而无私无畏的气概。

（六）朱熹的撙节财用思想

南宋供养着几乎与北宋数量相当的军队、比北宋更多的官员，并且其战争比北宋更为频繁，可想而知国家财政支出只能更为浩大，入不敷出危机依然严重。在此情况下，一些有识之士仍不断提出节省财政支出的对策。从总体上看，这些对策大多是对北宋一些观点的重复，少有新意。兹以朱熹和叶适为代表，略加介绍。

朱熹认为当时财政陷入困境，主要原因有四个方面：一是军费开支巨大。二是"今朝廷之财赋不归一，分成两三项，所以财匮……凡诸路财赋之入总领者，户部不得而预也。其他则归户部，户部又未尽得。凡天下之好名色钱容易取者，多者，皆归于内藏库、封桩库，惟留得名色极不好极难取者，乃归户部"①。当时，另一著名学者陈傅良亦云："每欲省赋，朝廷以为可，则版曹以为不可；版曹以为可，则总领所以为不可；总领所欲以为可矣，奈何都统司不可也。陛下亦熟念之欤，则以都统司谓之御前军马，虽朝廷不得知；总领所谓之大军钱粮，虽版曹不得与故也。于是乎中外之势分，而职掌不同，事权不一，施行不专矣。职掌不同，则彼此不能以相谋；事权不一，则有无不能以相济；施行不专，则前后不能以相守。故虽欲宽民力，其道无由。"② 由此可见，北宋时财权分割，国家财政经费不能统一协调的问题至南宋依然存在。三是"宗室俸给，一年多一年。骎骎四五十年后，何以当之？"③ 四是由于统治阶级挥霍无度，穷奢极侈，浪费了巨大的财富，"不知名园丽圃，其费几何？日费几何？"④

有鉴于此，朱熹在理财上特别强调"撙节财用"⑤，"侈用则伤财，伤财必至于害民"⑥。朱熹坚持自西周以来的"量入为出"的财政原则，并

---

① 《朱子语类》卷 111。
② 陈傅良：《止斋文集》卷 20《吏部员外郎初对札子第三》，四部丛刊本。
③ 《朱子语类》卷 111。
④ 《朱子语类》卷 111。
⑤ 《朱文公文集》卷 26《上宰相书》，四部丛刊本。
⑥ 《论语集注》卷 1，中华书局十三经注疏本。

对此注入新的内容。宋代之前所谓"量入为出",通常是指依据财政收入来安排财政支出,以便使财政支出不超过财政收入。朱熹则把"量入"进一步延伸为对收入的准确计量,而计量的目的不仅在于使财政收入确实可靠,更在于考虑农民的实际负担能力,并且使各地区的财政负担与其贫富状况相一致。这种思想贯彻了量入为出和合理负担相结合的财政管理原则,集中体现在他以田赋为例而设计的一个"量入"的计算办法:

> 令逐州逐县各具民田一亩,岁入几何,输税几何,非泛科率又几何,州县一岁所收金谷总计几何,诸色支费总计几何,有余者归之何许,不足者何所取之。俟其毕集,然后选忠厚通练之士数人,类会考究而大均节之。有余者取,不足者与,务使州县贫富不至甚相悬,则民力之惨舒亦不至大相绝矣。①

朱熹有很强的儒家民本思想,他把朝廷"撙节财用"同爱民、恤民联系在一起。他说:"臣闻先圣之言,治国而有节用、爱人之说。若国家财用,皆出于民,如有不节而用度有阙,则横赋暴敛,必将有及于民者,虽有爱人之心,而民不被其泽矣。"② 因此,他认为"爱民必先于节用"③。

对于宗室俸给渐多给财政带来的负担,朱熹认为"事极必有变。如宗室生下,便有孤遗请给。初立此条,止为贫穷全无生活计者,那曾要得凭地泛及"④。不言而喻,朱熹意思是如按最初规定,宗室中只有实在贫困无着落的,才能够请孤遗俸,而现在是普遍享有,州郡和百姓哪能负担得起?因此,朱熹主张予以削减。当时,文武官吏的俸禄支出也是庞大的,"某人曾记得,在朝文臣每月共支几万贯,武臣及内侍等五六十万贯"⑤。朱熹认为文臣武将的俸给也要削减,以缓国家财用耗屈。

---

① 《朱文公文集》卷25《答张敬夫》。
② 《论语集注》卷1。
③ 《论语集注》卷1。
④ 《朱子语类》卷111。
⑤ 《朱子语类》卷111。

对于统治阶级的挥霍奢侈，朱熹则以理学家的角度，劝谏统治阶级尤其是最高统治者应该"正心"，"存天理，克人欲"，宫省事禁，惠康小民，"一切扫除妄费，卧薪尝胆"①。

三、 农业税治理思想

宋代商品经济虽然有了高度发展，但农业税收仍然是国家的主要财政来源。拖欠农业税收，意味着必然影响国家的财政收入。宋代财政经常入不敷出，因此，统治者特别注重农业税的及时征收。宋廷为了确保农业税的征收，制定了保证二税（夏税和秋税）征收的各种法规和条例，甚至不惜采用刑罚手段，以确保二税的按时完纳。

（一） 确定起纳催科期限

宋代根据南北地区气候的差异，二税的征收时间也不一致。宋初，江南的夏税自"五月一日起纳，至七月十五日毕"；北方的夏税自"五月十五日起纳，至七月三十日毕"；"秋税自九月一日起纳，十二月十五日毕"。宋太宗端拱元年（988）四月诏："自今并可加一月限。"② 自此，夏税一般是以六月一日至八月底为输纳限期，秋税以十月一日至十二月底为交纳期限。

宋代二税输纳限期又各分为三限，作为二税起纳和催科的时间划分。宋廷规定：催科"夏秋二税，分立三限，中限不纳，方许追催"。其之所以对追催时限做出如此明确、严格的限制，原因在于州县官吏"多不遵奉条法"，往往"受纳之初，便行催督。蚕方成丝，即催夏税，禾未登场，即催冬苗。峻罚严刑，恣行棰楚"③，致使人户逃徙，亏损国家税赋，甚者激化社会矛盾，引起武装反抗，严重威胁封建统治。

有鉴于此，宋代每朝常申明催科税租的时限。如太祖建隆四年

---

① 《朱子语类》卷111。
② 《宋会要》食货70之4。
③ 《宋会要》食货10之3。

（963）规定："初限已前，未得校科，中限将终，全未纳者，即追户头或次家人，令佐同共校科。"① 即起纳二税和催科二税之前，都必须先经校科。北宋末年，先期催科之弊日益严重，致使人户逃徙日多，故宋徽宗大观二年（1108）七月诏："自今如前催纳输官之物，加罪一等，致人户逃徙者，又加一等"②，以约束官吏的肆意追催。

南宋时，"官司辄促常限及未入末限，或未经科校辄差人催理"③ 的情况更为突出，所以有关限制催科的法禁更加详备。如《庆元条法事类》卷 47《拘催税租》规定：州县如"未入末限，或未经科校辄差人下乡者，并杖一百"；"官司辄促其常限者，徒一年；因致逃亡者，加一等"。

（二） 制裁违欠二税

《宋刑统》卷 13《输税违期》明确规定：应输课税"违期不充者，以十分论，一分笞四十，一分加一等"。"全违期不入者，徒二年"。其实这只是笼统的规定，宋代对不同等级的人户所欠税物，采取了不同的处理办法，以避免社会矛盾的激化。如北宋朝廷规定：对税户中的下户"逋税逾期者，取保放归了纳，勿得禁系"；对故意迁延不纳的形势户，则"委本判官置簿催促，须于三季前半月内纳毕"④，如果"本判官不切点检，致有违欠，依令佐催科分数停罚"⑤。宋仁宗皇祐五年（1053）十二月更明确规定："第四等户残欠税物，并与倚阁。自今须纳七分以上者，方为残欠，仍著为定制。"⑥ 由于人户所欠税物，多是贫民拖欠岁久，不易一并输纳，因此"诏第四等以下户欠负，候夏熟输纳"⑦；或令分期输纳；或展延输纳年限。借此以宽恤民力，稳定社会，保障生产。

南宋时，一些形势之家"凭悖强横，全不输纳。苟有追呼，小则击

---

① 《宋会要》食货 70 之 2。
② 《宋会要》食货 70 之 20。
③ 《宋会要》食货 70 之 37。
④ 《宋会要》食货 70 之 4。
⑤ 《宋会要》食货 70 之 2。
⑥ 《宋会要》食货 70 之 9。
⑦ 《宋会要》食货 9 之 15。

逐户长，大则胁制官吏……又有阴为民户，影占田产，规避税役，习以成风"①，严重影响了国家的赋税征收，使原已困难的财政雪上加霜。对此，朝廷又颁布了一些相关规定。

如前所述，一方面朝廷禁止官吏提前催科，肆意追扰而使民户逃徙，另一方面又对官吏拖欠或积欠二税予以处罚。如《庆元条法事类》卷47《违欠税租》规定：输纳税物"未限满，欠不及一分，县吏人、书手、户长笞四十，令佐罚三十值；一分杖六十，令佐罚六十值，州吏人笞四十，都孔目、副都孔目官笞二十，幕职官（罚）三十值，通判、知州（罚）二十直，每一分各加二等，至三分罪止，令佐仍冲替，州县吏人、书手勒停，都孔目、副都孔目官降一资；其拖欠或积欠者，再限满不足，各依分数减一等"。如税户逃亡而"不画时倚阁者，官吏并徒二年，其被抑令偿备者，许经监司越诉"。

南宋继承北宋的传统，主要对形势户及递年违欠者予以处罚。如凡"输税租违欠者，笞四十；递年违欠及形势户，杖六十"②；"上三等户及形势之家应输税租，而出违省限输纳不足者，转运司具姓名及所欠数目，申尚书省取旨。未纳之数，虽遇赦降，不在除放之限"③。对于"诸税租户逃亡，厢耆、邻人即时申县，次日具田宅四至、家业什物、林木苗稼申县"，县录状申州；"州县各置籍，开具乡村、坊郭户名、事因年月、田产顷亩、应输官物数，候归请日销注……限满不归，舍宅什物，估卖入官"④。

（三）惩罚隐匿二税

宋代推行田制不立、不抑兼并的政策，隐田漏税成为一个严重的问题。一些贫民下户为了逃避国家的沉重税赋负担，有的"坐家申逃"，有的携田投于豪家，严重影响了国家的财政来源。从性质上看，隐匿二税

① 《宋会要》食货10之13。
② 《庆元条法事类》卷47《违欠税租》。
③ 《宋会要》食货70之64。
④ 《庆元条法事类》卷47《阁免税租》。

比违欠二税更严重，因此，宋代对隐匿二税的惩罚更为严厉。

宋代统治者为了确保国家的二税收入，对隐匿二税不仅采取了防范措施，而且制定了惩治隐匿二税犯罪的法律。

其一，解决隐田漏税。宋代农业税的征收，主要是根据土地的好坏、多少，物力的大小确定户等征收的。所以，解决隐田漏税是一个关键的问题。宋初太祖时就不断下诏清查隐田，并规定三年一次推排物力，以田亩和物力的变化升降户等，作为二税征收的依据。但是隐田一直没有得到解决，反而随着土地兼并的发展，问题愈来愈突出。尔后，宋仁宗时郭谘、孙琳清丈土地，实行检查漏税的"千步方田法"；宋神宗熙宁变法时，又行"方田均税法"；南宋初，又行"经界法"，但都效果甚微①。

其二，建立连保制，防止人户逃匿二税。宋太宗时，采取"民十家为保。一家逃，即均其税于九室；二室三室逃，亦均其税。乡里不得诉，州县不得蠲其租"。其结果是一家逃匿，其余人家害怕均摊，也相继逃匿。因此，宋真宗咸平二年（999）八月诏诸路州府："不得更将逃户名下税物均摊，令见在人户送纳。"② 宋徽宗宣和三年（1121）三月又重申："逃移人户旧欠，不得令新佃人承认。"③ 南宋高宗建炎四年（1130）七月又规定："先有积欠税物，亦不许于租佃户名下催理。"④ 但是这种禁令有时并没有得到很好的执行。如宁宗嘉泰三年（1203），"佃户租种田亩，而豪宗巨室逋负税赋不肯以时供输，守令催科，纵容吏胥追逮耕田之人，使之代纳，农民重困"⑤。

其三，立自首之法。宋真宗天禧四年（1020）九月诏："隐陷税物者，与限百日听自官首罪，止自改正。已后收其税物限满不首，为纠告

---

① 有关"千步方田法""方田均税法""经界法"的情况，详见本章第一节《户口与土地管制思想》。

② 《宋会要》食货69之38。

③ 《宋会要》食货69之43。

④ 《宋会要》食货69之48。

⑤ 《宋会要》食货70之103。

者，论如法。"① 南宋时又规定：凡诈匿减免等第或科配能"自首者，改正其应输之物，追理价钱"②。

其四，定告获之赏。仁宗庆历三年（1043）十月规定：凡"有虚作逃亡破税"，"或请占官田而不输税致久而失陷者，其知县令佐能根括出积弊者，当议量其多少之数而赏之"③。神宗熙宁元年（1068）十二月又规定："告首一亩以上至十亩，赏钱五千；十亩以上至一顷，赏钱十千；每一顷增五千，至百千止。以犯人家财充，如不足，于知情邻人处催理。或告数户，各据逐户顷亩给赏。其本户如欺隐，已经妄破税物，计赃重者，从诈匿不输律条定断，条内增赏钱一倍。"④ 南宋时，亦详细定有各种类型告获之赏：告获诈匿减免税租者，以所告田产全给，未减免者给半；告获诈匿减免等第者，以所告财产给五分，如系告获州县人吏、乡书手，并全给；未减免者给三分之一，告获州县人吏、乡书手给五分。⑤ 由此可见，宋廷为了惩治隐匿二税的犯罪，不惜以很重的赏额奖励举报者，如赏钱"五千""十千""百千"，或"全给""给半"等。

其五，重惩诈匿之罪。《宋刑统》卷15《输课税逗留湿恶》规定：凡应输纳课税而诈匿不输，或巧伪湿恶者，"计所阙入官物数，准盗科罪，依法陪填"。从"准盗科罪"可知，朝廷对诈匿二税的惩罚是相当严厉的。如宋初规定：凡强盗计赃钱满三千文足陌，皆处死⑥。南宋《庆元条法事类》卷47《匿免税租》规定："诸诈匿减免税租者（谓如诈作逃亡，及妄称侵占之类，诡诈百端，皆是下条，准此），论如回避诈匿不输律，许人告。"如"官司知情者，计一年亏官物数，准枉法论，许人告；吏人、贴司、乡书手，杖罪并勒停，流罪配本城"。如系"诈匿减免等第或

---

① 《宋会要》食货70之7。
② 《庆元条法事类》卷47《匿免税租》。
③ 《宋会要》食货70之8。
④ 《宋会要》食货70之11。
⑤ 《庆元条法事类》卷47《匿免税租》。
⑥ 《九朝编年备要》卷1。

科配者（谓以财产隐寄，或假借户名，或诈称官户，及立诡名挟户之类），以违制论。如系州县人之乡书手，各加二等；命官仍奏裁"。从"准枉法论"可知，南宋对诈匿二税的处罚仍与北宋一样，因为"盗"与"枉法"属于同样处罚的犯罪。

宋代征收二税措施、规定虽然详备、严厉，但效果并不好。正如时人所云："州县夏秋二税之欠，或水旱逃荒不行除放，或豪贵典卖不为推收，或簿钞积压而不销，或公吏领揽而不纳，逮至省限过勘，旋凭乡司根刷，或勒贫民重叠监理，或追着长责认陪填，徒有举催旧科之名，即是侵过本科之物，但添追扰，再欠如初。"① 其最主要的原因，当是吏治的腐败，州县官吏"旁缘为奸，出入走弄，阴夺巧取，额外多科"②。这些官吏即使因违法乱纪被惩罚，但"一遇赦恩除放，吏之罪释，然而民之忧如故"③。

四、 青苗法、 免役法是政府赋役治理的失败

（一） 青苗法思想的主要内容与本质

青苗法于熙宁二年（1069）九月开始推行，其具体实施办法主要有以下6个方面：（1）常平广惠仓现钱许照陕西青苗钱例，于夏秋未熟前，约逐处收成时酌中物价，定每斗预支例价，出示召人请领。（2）愿请领者，十户为一保，不拘户等高下。后经修订为十户以上结成一保。每保须以第三等以上有力人户充甲头。规定量人户物力以定钱数多少，如河北第五等户并客户不得过一贯五百文；第四等户每户不得过三贯；第三等户每户不得过六贯；第二等户每户不得过十贯；第一等户每户不得过十五贯。将原来不拘户等高下的原则完全放弃。若客户愿请，即与主户合保。（3）不愿请领者不得抑配。（4）若约度物数，支与乡村人户有剩，

---

① 《宋会要》食货 10 之 12。
② 《宋会要》食货 70 之 103。
③ 《宋会要》食货 70 之 56。

亦可准上法支俵与坊郭有物力抵当人户。后经转运司修订为如本钱有剩余可以让农村第三等以上人户在规定贯数外添数支给，即三等以上户的贷款额可以提高。如本钱还有剩余再贷给坊郭人户，但以五家以上为一保进行抵押借款，并不得超过抵当物业所值钱价之半。为防止各地官司将本钱专放给有力人户，应妥为晓谕不愿请领者请领。这一规定初意是使人人均享贷放利益，但后来变成抑配的根据。（5）如纳时斗斛价贵，愿纳现金者，亦听，仍相度量减时价送纳。后经转运司补充，在此情况下以现金交纳数不得超过原贷款额的百分之三十。（6）夏料于正月三十日前支俵，秋料于五月三十日前支俵①。

从王安石的诸多言论中可以看出，其实行青苗法的初衷是把它作为"理财以农事为急，农以去其疾苦，抑兼并，便趣农为急"②的一项重要措施。如他认为：散发青苗钱谷，"非惟足以待凶荒之患，又民既受贷，则于田作之时不患阙食，因可选官劝诱，令兴水土之利，则四方田事自加修益"③。再则，"人之困乏，常在新陈不接之际，兼并之家乘其急以邀倍息，而贷者常苦于不得"④。实行青苗法，可使"昔之贫者举息之于豪民，今之贫者举息之于官，官薄其息，而民救其乏"⑤。但是，我们如果对青苗法最初的规定加以考察，就会发现其在一些地方已违背了王安石的初衷。其一，青苗法顾名思义是在青黄不接时向农民发放低息贷款，以防止兼并之家乘此时进行高利贷盘剥。但是每年夏秋两次贷款，"夏料钱于春中俵散，犹是青黄不接之时，尚有可说，若秋料于五月俵散，正是蚕麦成熟，人户不乏之时，何名济阙，直是放债取利耳！"⑥欧阳修在此一针见血地指出：夏粮未熟是青黄不接之时，而秋粮未熟则不是青黄

① 韩琦：《韩魏公集》卷17《家传》，丛书集成本。
② 《长编》卷220。
③ 《宋会要》食货4之16。
④ 《宋会要》食货4之16。
⑤ 《临川先生文集》卷41《上五事札子》。
⑥ 《文献通考》卷21《市籴二》。

不接之时，但政府还要农民借贷，显然，其用意是以贷款为借口向农民敛取。这里，欧阳修把青苗法辗转取息、官放高利贷的本质揭露无遗。其二，按王安石的初衷，青苗钱应贷给"阙食""困乏"之家，但是在具体贷款措施中，那些真正需要贷款的客户、第五等户却只能贷一贯五百文，而第三等以上人户本来就不需要贷款，现在却要摊配年利四分的大量青苗钱。如第一等户可贷到十五贯，是客户、第五等户的10倍。正如司马光所指出的："今之散青苗钱者，无问民之贫富，愿与不愿，强抑与之，岁收其什四之息。"① 从此可以清楚地看出，青苗法更多的是在不该贷款的时候，向不需要贷款的民户贷款，其真正用意是依靠国家的权力，根据民户财产多寡，以贷款为借口，强制向他们增收赋税。总之，无论对于贫民还是富户来说，青苗法的性质，从一开始就已深深打上向民众额外敛取的烙印。青苗法无去疾苦、抑兼并之效，却有增加赋入之实。正如陈舜俞在《都官集》卷5《奉行青苗新法自劾奏状》中所说：行青苗法，使吾民"终身以及世世，一岁常两输息钱，无有穷已。万一如此，则是别为一赋以敝生民"。

此后，青苗法在具体实施中，与王安石的初衷越走越远，非但没有减轻农民的负担和疾苦，以及抑制兼并，反而增加了农民的负担和疾苦，助长了兼并。其一，在俵散和收纳青苗钱时，官吏从中作弊勒索贫下之户。散敛之际，"除头子钱，减克升合，量收出剩"②，"以陈粟腐麦代见钱支俵"③，"仓官受入，又增斗面，百端侵扰，难以悉数"④。因此，如把这些贷还中的灰色成本均计算在内，青苗钱"盖名则二分之息，而实有八分之息"⑤。甚者则有纳倍息的，如司马光就揭露：陕西青苗钱"以一斗陈米散与饥民，却令纳小麦一斗八升七合五勺，或纳粟三斗，所取

① 《温国文正公文集》卷60《与王介甫第三书》。
② 《净德集》卷3《奏乞权罢俵散青苗一年以宽民力状》。
③ 《宋朝诸臣奏议》卷149《上哲宗五事》。
④ 《净德集》卷3《奏乞权罢俵散青苗一年以宽民力状》。
⑤ 晁说之：《嵩山文集》卷1《元符三年应诏封事》，四部丛刊本。

利约近一倍。向去物价转贵，则取利转多，虽兼并之家乘此饥馑取民利息，亦不至如此之重"①。苏辙在论诗句中也称："吏缘为奸至倍息。"② 其二，许多贫民下户无力偿还青苗本息，在官府的逼督之下，只好"复举贷于兼并之家，出倍称之息以偿官逋"③。时人王岩叟对此作了批判："说者曰（青苗之法）所以抑兼并，曾兼并未必能抑也。一日期限之逼，督责之严，则不免复哀求于富家大族，增息而取之。名为抑兼并，乃所以助兼并也。"④ 其三，一些官吏在实施青苗法时以多放钱多收息为功，因此进行强行摊派，无论是坊郭户，还是乡村上户、下户和客户，都被抑配青苗钱，强制纳息，这与当初"愿则与，不愿不强也"的规定完全背道而驰。"州县常平钱（青苗钱）实不出本，勒民出息"⑤，使青苗钱成为一种新增的强制性交纳的苛捐杂税。正如苏轼所云："先朝初散青苗，本为利民，故当时指挥，并取人户情愿，不得抑配。自后因提举官速要见功，务求多散，讽胁州县，废格诏书，名为情愿，其实抑配。"⑥ 司马光也揭露说：青苗钱"以春秋贷民，民之富者皆不愿取，贫者乃欲得之。提举官欲以多散为功，故不问民之贫富，各随户等抑配与之。富者与债仍多，贫者与债差少。多至十五缗，少者不减千钱"⑦。可见，北宋官府为了聚敛民财，达到了不择手段的地步。其四，青苗钱一年两贷的方式，其实很难帮助解决贫民的困乏，反而加重了负担。熙宁三年（1070）二月，知山阴县陈舜俞在上疏中指出：青苗钱"虽分为夏秋二料，而秋放之期与夏敛之期等，夏放之月与秋敛之期等，正月放夏料，五月放秋料，

---

① 《温国文正公文集》卷44《奏为乞不将米折青苗钱状》。

② 《苏辙集·栾城三集》卷8《诗病五事》。

③ 杨时：《杨龟山先生集》卷6《神宗日录辨》，台湾商务印书馆影印文渊阁四库全书本。

④ 《长编》卷376。

⑤ 《宋史纪事本末》卷8。

⑥ 《苏轼文集》卷27《乞不给散青苗钱斛状》。

⑦ 《温国文正公文集》卷41《乞罢条例司常平使疏》。

所敛亦在当月，不过展转计息，百姓以给为纳，实无所利"①。司马光也说："王广廉在河北，民不能偿春耕，乃更俵秋料使偿之，民受之知县厅，即输之主簿厅。"② 这就是说，官府每年两次发放青苗钱和收归本息，农民一手借到青苗钱，一手即将此钱加上利息还给官府，实际上未借到钱，反而倒贴了利息。还有农民在贷还青苗钱时，存在着多次折算的问题。借款人实际上借的和还的可能都是粮食，但要折钱计算，借时按青黄不接时的高粮价借，还时则按丰收时的低粮价折钱。因此，虽然归还的本金在钱数上没有变化，而粮食数却比借时增加了许多。借贷者必须以多于借时的粮食去换钱还贷，这等于在规定的利息以外又负担了一笔无形的高息。所以，司马光反对以米折钱，坑害百姓，主张"不以元籴价贵贱，更不纽作见钱，只据所散与人户石斗，至将来成熟，令出息二分。每散得一斗米者，纳一斗二升"③。其五，王安石发放青苗钱的大量本钱来之于常平仓的本钱，大量的常平钱谷被挪用导致常平仓基本上停止运作。但是，宋代常平仓在调节谷价、赈济等方面是不向农民收取利息等费用，因此更容易受到农民的欢迎，在抑制大地主、大商人囤积居奇、贱买贵卖、操纵粮价、坑害农民方面发挥了一定的作用。虽然，王安石自称"青苗法"为常平新法，但其性质与常平法有很大差异，青苗法既起不到调节粮价的经济杠杆作用，又无法以粮食赈济农民，农民反而还要因借青苗钱而付出40％以上的利息。因此，青苗法根本无法替代常平法。司马光指出："常平仓者，乃三代圣王之遗法……民赖其食，而官收其利，法之善者无过于此……今闻条例司尽以常平仓钱为青苗钱，又以谷换转运司钱，是欲尽坏常平，专行青苗也。国家每遇凶年，供军仓自不能足用，固无羡余以济饥民，所赖者止有常平钱谷耳。今一旦尽作青苗钱散之，向去若有丰年，将以何钱平籴？若有凶年，将以何谷赒

---

① 《续资治通鉴长编拾补》卷7。
② 《长编》卷211。
③ 《温国文正公文集》卷44《奏为乞不将米折青苗钱状》。

赡乎？……臣以谓散青苗钱之害犹小，而坏常平之害犹大也。"①

（二）青苗法对小农经济的破坏

众所周知，宋代由于冗兵、冗官、冗费等巨额开支耗去国家收入的很大部分，因此，财政支出庞大，经常是入不敷出。要改变这种财政危机的局面，不能不重视节流。这种思想虽然比较传统，缺乏创新，但却切中时弊，符合客观现实。但遗憾的是，王安石的理财思想重开源，轻节流，对节支没有足够的重视。如他并不认为兵多官滥、支出太过是造成国家财政枯竭的根本原因。他曾写过一首《省兵》诗，其中云："以众抗彼寡，虽危犹幸全"，意思是兵多多益善，因此，"兵省非所先"②。他在《上仁宗皇帝言事书》中则认为"增吏禄不足以伤经费也"③。他还不顾当时积贫的客观事实，说"国家富有四海，大臣郊赉所费无几，而惜不之与，未足富国，徒伤大体"，"国用不足，非方今之急务也"④。

王安石解决财政危机的主导思想是开源，即"因天下之力，以生天下之财，取天下之财，以供天下之费"⑤。这里有两层含义，一是通过改善农业生产条件，充分利用土地和人力资源，扩大生产规模，提高生产效率，大力发展农业来增加社会财富。但是，在中国古代以农业自然经济为基础的历史条件下，社会生产只能是一种简单再生产，生产主要依靠人力、畜力，生产力的发展和财富的增加，不可能出现奇迹般的飞跃。从这个意义上来说，社会经济的发展和财富的增加由于受生产力的制约有一个极限。综观中国古代，宋代就处于这样一个极限点上。因此，封建国家要通过发展生产来增加财政收入是比较有限的。二是通过巧立名目增加税收，扩大征赋，加重对民众的剥削来增加国库收入。在重敛于民的政策下，拥有较多财富的富户豪民又首当其冲，因此，王安石一再

---

① 《温国文正公文集》卷 41《乞罢条例司常平使疏》。
② 《临川先生文集》卷 12《省兵》。
③ 《临川先生文集》卷 39《上仁宗皇帝言事书》。
④ 《温国文正公文集》卷 39《八月十一日迩英对问河北灾变》。
⑤ 《临川先生文集》卷 39《上仁宗皇帝言事书》。

强调"摧兼并，收其赢余，以兴功利，以救艰厄"①；"苟能摧制兼并……不患无财"②；"稍收轻重敛散之权，归之公上"③。王安石这种通过夺取兼并势力所占有的社会财富，从而增加国家财政收入的做法，其实质上是在社会财富总量不变的情况下，运用政治权力，强制进行社会财富的重新分割。在这种思想指导下，王安石变法的六大措施，除农田水利法之外，其余青苗法、免役法、方田均税法、均输法、市易法都带有很浓厚的敛财色彩。加之在变法中用非其人，导致这些措施更加变性，有些甚至沦为巧取豪夺，走向反面。如青苗法初衷有限制高利贷的目的，但后来为了扩大取息范围，增加财政收入，把它作为考核地方官吏经济政绩的一项主要指标。其结果导致地方官吏实行强制摊派，无论是坊郭户，还是乡村上户、下户和客户，都被抑配青苗钱，强制纳息。这与当初的"不愿请领者不得抑配"的规定已完全相背，使青苗钱成了一种隐蔽的税收。到最后，"州县常平钱（青苗钱）实不出本，勒民出息"④，已完全异化为公开的掠夺。又如在实行免役法时，当役钱固定下来以后，不仅在州县役人中尽量扩大自愿投名、不支雇钱者的名额，还干脆取消耆长、户长、壮丁等乡役人，以保甲制度恢复差役。对于这种做法，连宋神宗也觉得说不过去，认为"已令出钱免役，又却令保丁催税，失信于百姓"⑤。从大量的史实还可以看出，王安石虽然打着"摧兼并"的旗号敛财，但其在实施中却是"大小通吃"，对第四等以下贫困户照样没有放过。如在免役法中，虽然下户纳钱不多，但由于户数量大，因此这一阶层所纳役钱占所有役钱总数约一半。正如苏轼一语道破天机："第四等以下，旧本无役，不过差充壮丁，无所陪备。而雇役法例出役钱，虽所取不多，而贫下之人无故出三五百钱……当时议者亦欲蠲免此等，而户数

---

① 《长编》卷 240。

② 《长编》卷 262。

③ 《临川先生文集》卷 70《乞制置三司条例》。

④ 《宋史纪事本末》卷 8。

⑤ 《长编》卷 263。

至广，积少成多，役钱待此而足，若皆蠲免，则所丧大半，雇法无由施行。"①

这种重敛于民的政策不可避免导致了大量小农经济的破产，正如苏轼所云："今青苗、免役皆责民出钱，是以百货皆贱而惟钱最贵，欲民之无贫，不可得也。"② 翰林学士承旨韩维亦言："畿县近督青苗甚急，往往鞭挞取足，民至伐桑为薪以易钱。旱灾之际，重罹此苦。"③ 不言而喻，小农经济的大量破产，是对封建社会生产力的破坏，严重影响了封建社会的简单再生产，给封建统治带来了危机。

历史已经证明，王安石变法中重敛于民的政策最终必然遭到失败。在中国古代史中，由于特殊的历史原因，宋代对人民的敛取是相当严重的。当时，不少有识之士认识到，宋王朝对财源的挖掘利用，已经接近最高限度，通过进一步敛取民脂民膏来解决财政危机已不可能，唯有节省冗费才是出路。如皇祐元年（1049），户部副使包拯言："冗兵耗于上，冗吏耗于下，欲求其弊，当治其源。治其源者，在乎减冗杂而节用度。若冗杂不减，用度不节，虽善为计者，亦不能救也。方今山泽之利竭矣，征赋之入尽矣……若不锐意而改图，但务因循，必恐贻患将来，有不可救之过矣。"④ 至和元年（1054），殿中侍御史吕景初上奏云："今百姓困穷，国用虚竭，利源已尽，惟有减用度尔。"⑤

（三） 免役法思想的主要内容及积极意义

免役法又称募役法、雇役法，是王安石变法中的一项重要内容。从当时至现在的一千多年中，人们对免役法褒贬不一，是王安石变法内容中争议比较大的一项措施。其具体措施主要有如下几个方面：（1）乡村及坊郭人户按资产贫富分等，以夏秋两季随等纳钱；乡户自四等以下，

---

① 《长编》卷435。
② 《苏辙集·栾城集》卷35《自齐州回论时事书》。
③ 《宋史》卷176《食货上四》。
④ 《长编》卷167。
⑤ 《长编》卷176。

坊郭自六等以下勿输。析居者随析居而升降其户等。（2）乡村官户、女户、寺观户、未成丁户，减半输。（3）向来当役人户，依等第出钱，名免役钱。（4）坊郭等第户及未成丁、女户、寺观、品官之家，旧无色役而现在出钱者，名助役钱。（5）输钱数额，先视州县应用雇值总数若干随户等均取。雇值总额之外增取二分，以备水旱欠阙，但所增不得超过二分，谓之免役宽剩钱。（6）用以上输钱募三等以上税户代役，随役轻重制禄；募役给禄外有赢余，以备凶荒欠阙之用。（7）凡买扑酒税坊场，旧以酬衙前者，由官自卖，以其钱同役钱随分给之。（8）坊郭每五年，乡村每三年重新评定户等。（9）应募衙前以物产作抵，弓手须试武艺，典史试书记，以三年或二年为期更换①。

免役法的积极意义大致可归纳为三个方面：其一，从理论上说，免役法以货币代替极大部分的差役，客观上进一步缩小了劳役制的残余，这是一个进步。纳钱免役，雇人代之，这是赋役货币化进程中的重大步骤，标志着封建政权对人民人身控制的放松，是历史发展的趋势。王安石实行免役法的本意就是"举天下之役，人人用募"，以役钱代替身役，而"释天下之农，归于畎亩"，使"农时不夺而民力均矣"②。让众多的农民从影响生产劳动的差役中解放出来，在交纳役钱之后安心耕作，从而促进农业生产的发展。其二，免役钱的征收，涉及原来不服役的寺观户、官户，甚至品官之家，让他们出一定数量的助役钱，多少使原来服役不均的现象，得到了一些改善。特别是由于按户等高低征收役钱，使拥有大量田产的豪强兼并之家不得不多交免役钱。时人杨绘就指出："假如民田有多至百顷者、少至三顷者，皆为第一等，百顷之与三顷，已三十倍矣，而役则同焉。今若均出钱以雇役，则百顷者其出钱必三十倍于三顷者矣。"③ 在这种征收办法下，"富县大乡，上户所纳役钱岁有至数百缗

① 《文献通考》卷 12《职役一》。

② 《临川先生文集》卷 41《上五事札子》。

③ 《长编》卷 224。

者，又有至千缗者"①；"两浙之民，富溢其等者为无比户，多者七八百千，其次五百千。臣窃以旧法（指差役法）言之……上户者十年而一役，费钱数百万，则是年百千矣。今上户富者出八百千，则是七倍昔日"②。由此可见，免役法对豪强兼并者起了一定的抑制作用。其三，差役法改成募役法，使封建政府有了相对稳定的应役人员，这对于维护各级封建政府的正常运作，促进政府公务人员的职业化，具有一定的积极作用。苏辙就认为："熙宁以前，散从、弓手、手力诸役人常苦逆送，自新法以来，官吏皆请雇钱，役人既便，官亦不至阙事。"③ 还有用征取的免役钱去雇请服公役的人，使社会上那些找不到工作的人以及乡村那些失去土地的人，多一条谋生之路。

（四）　免役法思想的弊端

总的说来，这项措施还是弊大于利，其要害有两个方面：一是其措施超越了当时的现实；二是与青苗法、市易法等一样，具有明显的敛财性质，加重了民众的负担。

免役法的最终失败也说明其本身存在致命的问题，主要有以下四个方面：

其一，免役法纳钱免役虽然从理论上来说比差役法进步，但在实践中却超越了当时的现实，给广大下层民众带来了灾难，是无法实现的。在当今经济全球化的时代，中国偏远贫困乡村的一些农民，自己种粮食、蔬菜，养猪喂鸡，日常生活还能自给自足，但是当遇到子女上大学、生病住院等，仍然感到手中缺乏货币，无法支付这些巨额的费用。更何况在一千多年前的宋代，虽然封建商品经济高度发展，但总的说来，整个社会仍然是自给自足的封建自然经济。广大下层农民家无分文，根本无法交纳免役钱，偏远地区贫苦农民甚至不知钱为何物。正如司马光所说：

---

① 刘挚：《忠肃集》卷5《论役法疏》，台湾商务印书馆影印文渊阁四库全书本。
② 《长编》卷324。
③ 《宋史》卷177《食货上五》。

"夫力者，民之所生而有也。谷帛者，民可耕桑而得也。至于钱者，县官之所铸，民不得私为也。自未行新法之时，民间之钱固已少矣。富商大贾藏镪者，或有之；彼农民之富者，不过占田稍广，积谷稍多，室屋修完，耕牛不假而已，未尝有积钱巨万于家者也。其贫者，褴褛不蔽形，糟糠不充腹，秋指夏熟，夏望秋成，或为人耕种，资采拾以为生，亦有未尝识钱者矣。是以古之用民者，各因其所有而取之。农民之役不过出力，税不过谷帛。"①农民缺钱，但在政府的威逼下，只好贱价出卖自己的农产品，多遭受一次盘剥。正是"今有司为法则不然，无问市井、田野之民，由中及外，自朝至暮，唯钱是求。农民值丰岁，贱粜其所收之谷以输官，比常岁之价，或三分减二，于斗斛之数，或十分加二，以求售于人。若值凶年，无谷可粜，吏责其钱不已，欲卖田则家家卖田，欲卖屋则家家卖屋，欲卖牛则家家卖牛。无田可售，不免伐桑枣、撤屋材，卖其薪，或杀牛卖其肉，得钱以输官。一年如此，明年将何以为生乎？"②就连王安石变法的核心成员章惇也不得不承认："大抵（司马）光所论事，亦多过当。唯是称'下户元不充役，今来一例纳钱。又钱非民间所铸，皆出于官，上农之家所多有者，不过庄田、谷帛、牛具、桑柘而已。谷贱已自伤农，官中更以免役及诸色钱督之，则谷愈贱。'此二事最为论免役纳钱利害要切之言。"③

其二，宋政府通过征取免役钱大肆敛财。如前所述，免役法原规定，乡户自四等、坊郭户自六等以下是不输役钱的。但是免役法实施后，除开封府界之外，两浙路，荆湖南路，河北东、西路，淮南路等广大地区，下户普遍交纳役钱④。尤其是原不充役的下户（约占总人口的一半）以及单丁、女户、客户等本无役者，都要承担纳钱免役的重负。对此，司马光指出："又曩者役人皆上等户为之，其下户、单丁、女户及品官、僧

---

① 《温国文正公文集》卷45《应诏言朝政阙失事》。
② 《温国文正公文集》卷45《应诏言朝政阙失事》。
③ 《长编》卷367。
④ 《长编》卷248、252、254、255等。

道，本来无役，今更使之一概输钱，则是赋敛愈重，非所以宽之也。故自行免役法以来，富室差得自宽，而贫者穷困日甚。"① 苏轼亦指出："第四等以下，旧本无役，不过差充壮丁，无所陪备。而雇役法例出役钱，虽所取不多，而贫下之人无故出三五百钱……当时议者亦欲蠲免此等，而户数至广，积少成多，役钱待此而足，若皆蠲免，则所丧大半，雇法无由施行。"② 可见，下户每户虽然纳钱不多，但由于户数量大，因此这一阶层所纳役钱占所有役钱总数约一半。这清楚地说明宋朝廷通过征取免役钱对下层民众盘剥之多。在免役法中，除了征收免役钱、助役钱之外，宋政府还巧立名目，借口为防水旱欠搁，又多收二分所谓的免役宽剩钱。地方官吏为邀功请赏，原只规定征收百分之二十的免役宽剩钱则按百分之四十、五十的比例征收，这又增加了一层盘剥。苏轼就指出："先帝初行役法，取宽剩钱不得过二分，以备灾伤，而有司奉行过当，通行天下乃十四五。然行之几十六七年，尝积而不用，至三千余万贯石。"③可见，朝廷以免役宽剩钱的名义又攫取到一大批的钱财。

其三，朝廷在实行免役法之后，又实行了保甲法。这使民户既纳了役钱，又要再服役。连宋神宗都觉得这样做不妥，认为"已令出钱免役，又却令保丁催税，失信于百姓"④。于是下诏罢去甲头代替耆长、户长服役。但由于甲头代替耆长、户长服役，对官府实在太有利了，不久各路州县又恢复了此做法。元祐时期，知吉州安福县上官公颖上奏，再次提出："旧以保正代耆长，催税甲头代户长，承帖人代壮丁，并罢。如元充保正、户长、保丁，愿不妨本保应募者听。"⑤ 但由于户部反映如果耆长、户长、壮丁都实行雇募，官府支付雇钱有困难，建议仍按各地业已实行的办法执行。宋廷同意了户部的意见，下令"府界诸路（耆长、户长等

---

① 《温国文正公文集》卷 47 《乞罢免役状》。
② 《长编》卷 435。
③ 《长编》卷 374。
④ 《长编》卷 263。
⑤ 《长编》卷 360。

役）自来有轮差及轮募役人去处，并乞依元役法"①。可见，自熙丰至元祐时期，民户既出钱免役，又要服役的现象始终存在。对此，马端临在《文献通考》卷12《职役一》按语中批评说："盖熙宁之征免役钱也，非专为供乡户募人充役之用而已。官府之而需用、吏胥之稟给，皆出于此……是假免役之名以取之，而复他作名色以役之也。"

其四，免役法是按户等高低征收不同数量的免役钱，因此确定户等高低关系到每家每户的切身利益，成为免役法实施中能否公平的关键所在。但是在实际操作中，评定户等是一项十分复杂困难的工作。如千家万户情况各异，如何用一个比较合理公平的标准进行评定；对千家万户逐一进行评定，工作量很大，如何制定一套简单易行的评定程序等。总之，一系列具体操作中的复杂问题，远非僵化、低效的封建官僚体制所能解决。宋代评定户等设有统一的标准，主要采取两种方法：一是以家业钱定户等，其方法是官府派人召集人户，将应纳的免役钱数分摊到各户，再据各户所纳免役钱若干当家业钱若干，定出户等；二是以各户所交的税钱多少定出户等，甚至有自一贯至十贯或五贯至五十贯并列为第一等户的。由此可以看出，这两种方法定出的户等都是很不准确的，这就给那些不法官吏在定户等中乘势弄权、营私舞弊、贪污受贿等留下了很大的操作空间。正如张方平所批评的："向闻役法初行，其间刻薄吏点阅民田、庐舍、牛具、畜产、桑枣、杂木以定户等，乃至寒瘁小家农器、春磨、銛釜、犬豕，莫不估价，使之输钱。"② 其结果可想而知，在实际执行中，户等评定不公正的现象比比皆是。如在蓬州、阆州，是按家业多少评定役钱的，但"上户家业多而税钱少，下户家业少而税钱多，以至第一第二等户输纳钱少于第四、五等"③。

（五） 差募兼行思想是较好的选择

---

① 《长编》卷364。
② 《乐全集》卷26《论率钱募役事奏》。
③ 《长编》卷301。

北宋差役，主要有服役于州县官府的衙门、弓手和服役于乡里的里正、户长、耆长、壮丁等役。宋初，重役一般由上户担任，下户的差役负担很轻。后来，由于官僚、地主、富商等兼并土地，隐漏赋税和逃避差役，把差役负担转嫁给中小地主和自耕农、半自耕农。尤其是衙前重役实行差派的弊端，不管是变法派还是反对派都是承认的。"元祐更化"时期全面废除熙丰新法，但大臣们对役法的意见却很不一致，其中苏辙、司马光提出的役法改进思想比较切实可行，并能在一定程度上克服差役和募役的弊端，调整上户、中户、下户各方的利益冲突。

苏辙认为，实行差役法，"衙前之害，自熙宁以前，破败人家，甚如兵火，天下同苦之久矣"①。但是"近岁所以民日贫困，天下共苦免役法者，乃是庄农之家，岁出役钱不易"，而坊郭人户"所出役钱太重，未为经久之法"②。这种分析，基本上抓住了差役法与免役法各自最关键的弊端。而且他对差役法和免役法均招致人们的反对也作了比较具体客观准确的分析。他把元祐更化期间恢复差役法之后产生的种种民意，同熙丰时免役法的民意作了比较，深刻揭示了前后两个时期不同阶层的不同态度及原因。他说："熙宁雇役之法，三等人户并出役钱，上户以家产高强，出钱无艺；下户昔不充役，亦遣出钱，故此二等人户不免咨怨。至于中等，昔既已自差役，今又出钱不多，雇法之行，最为其便。及元祐罢行雇法，上下二等欣跃可知，惟是中等则反为害。臣请且借畿内为比，则其余可知矣。畿县中等之家，大率岁出役钱三贯，若经十年，为钱三十贯而已。今差役既行，诸县手力最为轻役，农民在官，日使百钱，最为轻费。然一岁之用，已为三十六贯；二年役满，为费七十余贯。罢役而归，宽乡得闲三年，狭乡不及一岁。以此较之，则差役五年之费，倍于雇役十年所供。赋役所出，多在中等，如此安得民间不以今法为害而

---

①　《苏辙集·栾城集》卷37《论差役五事状》。
②　《苏辙集·栾城集》卷37《论差役五事状》。

熙宁为利乎?"① 总之,苏辙认为:"差役之利,利在上等、下等人户,而雇役之利,利在中等。既利害相半,则兼行差雇为利实多。"② 苏辙的"兼行差雇"的具体做法是"今既行差役法,仍许所差之人不愿身充,亦得雇募,盖所以从民之便也。然私下雇人,为弊不一:或官吏苛虐,必使雇募某人,或所雇顽狡百端,取其雇直。官中所使,要以皆非税户正身,而横使民间分外靡费……臣欲乞应州县诸役所差人,如欲雇人,并许依元丰以前官雇钱数,纳钱入官,官为雇人,一如旧法"③。苏辙这里主张不愿服役之人可向官府交纳免役钱,由官府出面雇人代役。

与此同时,司马光也主张差募兼行,他与苏辙不同之处是不愿服役之人自己出钱私下雇人服役,不必由官府出面雇人代役。苏辙担心私下雇人代役会出现所雇之人"顽狡百端",对此司马光则提出了应对办法。他主张:"应天下免役钱一切并罢,其诸色役人,并依熙宁元年以前旧法人数,委本县令佐亲自揭五等丁产簿定差,仍令刑部检会熙宁元年见行差役条贯,雕印颁下诸州。所差之人,若正身自愿充役者,即令充役;不愿充役者,任便选雇有行止人自代。其雇钱多少,私下商量。若所雇人逃亡,即勒正身别雇;若将带却官物,勒正身陪填。如此,则诸色公人,尽得其根柢行止之人,少敢作过,官中百事,无不修举。其见雇役人,候差到役人,各放令逐便。"④ 司马光主张不愿服役之人自己出钱私下雇人服役比苏辙的由官府收钱再出面雇人代役更简易可行,节省了官府收钱再出面雇人代役的管理费用。同时,"若所雇人逃亡,即勒正身别雇;若将带却官物,勒正身陪填"的办法,则避免了募役法由政府"召募四方浮浪之人,使之充役,无宗族田产之累。作公人则恣为奸伪,曲法受赃;主守官物则侵欺盗用。一旦事发,则挈家亡去,变姓名别往州

① 《苏辙集·栾城集》卷 43《三论分别邪正札子》。
② 《苏辙集·栾城集》卷 45《论衙前及诸役人不便札子》。
③ 《苏辙集·栾城集》卷 45《论衙前及诸役人不便札子》。
④ 《温国文正公文集》卷 49《乞罢免役钱依旧差役札子》。

县投名，官中无由追捕，官物亦无处理索"① 的问题。

总之，苏辙与司马光差募兼行的主张对克服免役法实施中的弊端会起一定的作用，其理由如下：一是差募兼行给了民众较大的选择空间，不愿服役之人如支付得起雇役钱就出钱雇人代役，如支付不起雇役钱或自己愿意服役的即令亲身服役。这就使政府威逼缺钱农民非得交纳免役钱的现象得到解决。二是允许不愿服役之人自己出钱私下雇人服役而不必由政府收取免役钱出面雇人代役，使百姓在出钱雇人代役还是自身充役的选择上摆脱了政府的操纵控制，政府很难再以征收免役钱为借口大肆盘剥广大民众。政府不再负责收取免役钱出面雇人代役，避免了出现既让民户交纳免役钱又要民户再服役的不合理现象，同时有效地防止了不法官吏借征取免役钱乘势弄权、营私舞弊、贪污受贿等。

第三节　商业管理思想

宋代商品经济高度发展，商品货币流通量很大，商业活跃，城市经济繁荣，贵金属货币职能得到较充分发挥，纸币产生，民间商业信用普遍建立。在此历史背景下，宋代的商业管理思想亦呈现出较为鲜明的时代特征。

一、　商业价格管理思想

宋代商业在空间上已打破了坊与市的界限，在时间上已出现大量的夜市。随着市场在时空上的开放，价格的开放也就成了历史的必然。因为在市场交易活动从空间到时间都受到政府严密控制的情况下，政府对价格的控制措施也就可能行之有效，一旦时空界限被打破，价格控制就

① 《温国文正公文集》卷 49《乞罢免役钱依旧差役札子》。

显得力不从心，不得不进行改革。宋代政府的价格政策主要有常平仓调节价、限价和放任价三种。常平仓调节价是"以丰岁谷贱伤农，故官中比在市添价收籴，使蓄积之家无由抑塞农夫，须令贱粜。凶岁谷贵伤民，故官中比在市减价出籴，使蓄积之家无由邀勒贫民，须令贵粜。物价常平，公私两利"①。总之，常平仓调节价主要用于丰岁和凶岁，起平抑谷价的作用，使丰年不至于谷价太贱伤农，凶年不至于谷价太贵使贫民买不起粮食挨饿。常平仓调节价基本上还是政府通过经济手段，即价格杠杆进行调节，不带有强制性。与此相反，限价则是政府通过行政手段，强制性对价格进行限制。如熙宁中，"两浙旱蝗，米价踊贵，饥死者十五六。州饬衢路，立赏禁人增米价"②。这种强制性的限价在宋代只是在灾荒十分严重时的不得已应急措施，故政府很少使用。宋代最常用的就是放任价，即除了直接禁榷专卖品外（一些间接禁榷专卖品亦可由商人定价），对一般商品的价格采取了放任自由的政策，原则上不加干预，通常是由商人根据市场行情自主定价。时人谓："市价起于何人？不出于民，不出于官，而出于牟利之商贾。"③ 这集中反映了宋代统治者在平时对商业实行放任价的管理思想。宋代的不少官员，甚至在一般的灾荒年份，不是到万不得已，也都主张采取放任价。这体现了宋人尊重市场客观规律，懂得如何应用价格的杠杆作用，因势利导，化害为利。如前文提到的范仲淹知杭州时，遇饥荒米价暴涨，范仲淹不但不采取限价的办法，反而通过增价吸引商贾大量运米到杭州，致使谷米充足，米价自然回落。宋哲宗时，右司谏王觌甚至反对京师常平仓的平抑谷价，认为常平仓贱粜损害了商贾的利益，商人无利可求，便不再贩运粮食到京师。常平仓平抑谷价只能救一时之急，而京师平时粮食主要靠商人供应，如商人不再贩粮到京师，从长远看，京师的粮食供给将成了无根之木，无水之源。

---

① 《司马公文集》卷 54《乞趁时收籴常平斛斗白札子》。

② 江少虞：《事实类苑》卷 23《宦政治绩·赵阅道》，台湾商务印书馆影印文渊阁四库全书本。

③ 《勉斋集》卷 10《复吴胜之湖北运判（四）》。

宋代在进行政府消费性购买时，必须制定购买价格，即所谓的"时估"制度。史载：

> 天禧二年十二月，提举库务司言："杂买务准内东门札子，九月收买匹帛，内白绢每匹二千二百；十月收买皂绝，每匹二千八百；及收买果子，添减价例不定，称府司未牒到时估。检会大中祥符九年条例：时估于旬假日集行人定夺。望自今令府司候入旬一日类聚，牒杂买务，仍别写事宜，取本务官批凿月日，赍送当司，置簿抄上点检。"从之。

> 是月，诏："三司、开封府指挥府司，自今令诸行铺人户，依先降条约，于旬假日齐集，定夺次旬诸般物色见卖价，状赴府司。候入旬一日，牒送杂买务。仍别写一本，具言诸行户某年月日分时估，已于某年月日赴杂买务通下，取本务官吏于状前批凿收领月日，送提举诸司库务司置簿，抄上点检。府司如有违慢，许提举司勾干系人吏勘断。"①

从上述引文再结合其他一些史料，我们可以得出以下几点认识：其一，宋代统治者具有很强的市场价格意识。如前所述，宋代统治者比较尊重市场客观规律，主要采取由商人自由定价的放任价。即使是政府购买，其价格也不是根据政府的需要由单方制定。依据上引"时估于旬假日集行人定夺"以及其他史料记载可知，"时估"由官署、行头、行户三方共同商议，按商品的成本、质量确定商品的销售价格。这说明宋代统治者已有很强的市场价格意识，这对于稳定商品经济的运作秩序是相当重要的。其二，宋代统治者充分意识到政府购买定价必须较准确地反映市场价格变动。在市场经济较为发达的条件下，一些商品的价格有时波动幅度还是较大的，如"九月收买匹帛，内白绢每匹二千二百；十月收买皂绝，每匹二千八百；及收买果子，添减价例不定"，因此，宋代规定时估十天评定一次，能够较及时地跟踪市场的变化，使所定价格具有很强

---

① 《宋会要》食货64之42。

的时效性，基本上与现价不会有太大的出入，以此使政府与商人双方能够进行比较公平的交易。其三，宋统治者已注意到通过不相容职务的分离对政府购买进行监督控制，以防止营私舞弊。从上引史料可以看出，当时与行头、行人议定时估的机构是三司、开封府指挥府司，而具体负责政府采购的则是杂买务。当三司、开封府指挥府司在每旬的最后一天，招集各行铺户评估下一旬各种商品的采购价格，并登录在案写成状文。次日，即下一旬开始的第一天，报送杂买务，杂买务据此价格进行采购。这种议定时估机构与采购机构相分离，能有效地防止不法之徒通过蓄意提高或压低价格进行渔利。其四，通过提举诸司库务司对议定时估与政府采购进行监督。这就是"仍别写一本，具言诸行户某年月日分时估，已于某年月日赴杂买务通下，取本务官吏于状前批凿收领月日，送提举诸司库务司置簿，抄上点检"。如上引史料就揭示了天禧二年（1018）十二月，提举司发现杂买务收买匹帛及果子，由于九十两月价例变化较大，经办者容易以少报多，从中牟利。于是要求府司根据条例，加强对确定"时估"和购买的管理与监督。

宋代商业资本的周转速度受到交通运输条件、生产周期等客观条件的限制，因此是比较慢的。商人在一年中所获利润量与商业资本的周转次数成正比，即在一定时间内资本的周转次数越多，商人所获利润越大。在难以通过增加资本的周转次数来获得一定量的利润的情况下，只有通过增加利润率的途径来实现，这种办法就是压低向生产者的收购价格，提高销售价格。商业资本的周转速度与利润率的关系，宋人已有明确的认识。陈舜俞指出："楚人载货贝而之齐，一求二称之息，逾月而后返；一求五称之息，逾时而后返。其取寡者能以一时而三之齐，是其取五者五，而其取二者六矣。"[①] 前者的价格与利润率较低，但是资本的周转速度快，在同一时间内次数多，故获利六，大于后者；而后者的价格与利润率较高，但是资本的周转速度慢，在同一时间内次数少，故获利五，

---

① 陈舜俞：《都官集》卷7《说禁》，台湾商务印书馆影印文渊阁四库全书本。

小于前者。欧阳修也说：通过降低商品售价，利润率虽然降低了，但是可以提高资本的流通速度以获取较多的利润，"虽取利少，货行流速，则积少而为多也"①。

二、 商业信用管理思想

（一） 对赊买卖管理思想

宋代随着商品经济的发展，市场流通量大大增加，流通速度显著提高，尤其是大宗买卖的批量流通，使资金常常难以及时兑现，给交易带来不便。在这种情况下，商业信用交易，即赊买卖是解决这一难题的有效手段，它使大宗的批量交易成为可能，从而大大促进了商品交易量的增加和交易速度的加快。宋代赊买卖的发展丰富和提高了有关商业信用管理思想，宋人有关这方面的议论不少，兹择主要者予以论述。

赊买卖的盛行，虽促进商品流通量与流转速度，但也带来了诸多亟待解决的问题，其中主要是债权人即赊卖方所冒的信用风险如何加以保障的问题。如苏轼就指出："自来民间买卖，例少见钱，惟借所在有富贵人户可倚信者赊买而去。岁岁往来，常买新货，却索旧钱，以此行商坐贾，两获其利。今浙中州县，所理私债，大半系欠官钱人户。官钱尚不能足，私债更无由催，以此商旅不行，公私受害。"② 因此随着赊买卖活动的日趋普遍，宋代法令条文中已体现出了如何约束赊方遵守商业信用，保护赊卖方的合法利益不受损害的思想。其中较具代表性、典型性的是宋真宗乾兴元年（1022）六月的诏书：

> 在京都商税院并南河北市告示客旅等，自今后如将到行货物色，并须只以一色见钱买货，交相分付。如有大段行货，须至赊卖与人者，即买主量行货多少，召有家活物力人户三五人以上递相委保，写立期限文字交还。如违限，别无抵当，只委保人同共填还。若或

---

① 《欧阳文忠公集》卷 45《通进司上书》。
② 《苏轼文集》卷 32《缴进应诏所论四事状》。

客旅不切依稟，只令赊买人写立欠钱文字，别无有家业人委保，官中今后更不行理会。若是内有连保人别无家活，虚作有物力，与店户、牙人等通同朦昧客旅，诳赚保买物色，不还价钱，并乞严行决配。①

从此诏书，我们再结合其他一些史料，可以看出宋代的商业信用管理思想有以下几点值得注意：其一，诏令规定了京师地方客商之间的货物买卖，应该尽量用现钱交易，即"见钱买货"。南宋时，有些地方政府还要求各地旅店的主人向来往住宿的商人宣传这一思想："说谕客旅不得凭牙人说作高招价钱，赊卖物色前去拖坠不还，不若减价见钱交易。"②表面上这是一种消极的商业策略，即宁可降低价格销售以争取现钱交易，实际上这是为了向赊卖人说明赊卖的风险所在，劝他们谨慎从事，注意对方的信用，不能轻信牙人招高价格赊卖。其二，政府认为只有在进行大宗买卖，非得采取赊卖的方式时，才不得已采用之。但是，这时首先必须考察赊买方的信用度，"如是久例赊买者，须立壮保，分明邀约"③。可见，对方必须是长期的有信用的赊买客户，才能签订契约赊卖。但是即使是长期的有信用的赊买客户，买主也必须找有财产的三五人以上作为委保人，即担保人，签订契约，订立支付现钱的期限。如果到达期限而不支付，有物业抵当的，以此来偿还；无物业抵当的，应使委保人共同偿还。根据苏轼所言"倍称之息，由此而得"，"若用现金，则无利息"可知，赊买卖方要在契约中约定赊买方拖欠价金期间的利息。南宋时期，对赊买卖关系的信用担保尤其重视，进一步要求赊买人是所要抵押财产的真正所有人，如尊长、家长等。孝宗淳熙十一年（1184）七月，石起宗通判漳州时，曾主管常平茶事，"见家人不肖子弟多为牙保等人引诱，赊就商人买茶，以资妄用，致令父母破产偿还，乞行禁约"。于是孝宗下

---

① 《宋会要》食货 37 之 9。
② 李元弼：《作邑自箴》卷 7《榜耆状》，四部丛刊本。
③ 《作邑自箴》卷 7《榜耆状》。

诏令："今后应赊买客人茶，其人见有父母兄长，并要同共书押文契，即仰监勒牙保，均摊偿还。其余买盐货之人，亦一体施行。"① 这样，只有家长和兄长共同在赊买卖契约上书押，才能有效，这进一步增强了契约的可信度。其三，如客商不要求找委保人，则听其自便，但发生纠纷等问题时，官府将不予受理，不提供法律保护。如买主找没有财产的人冒充有财产的人作为担保人，和铺户、牙人等勾结欺骗客商，不还赊买的钱，应严行惩罚。总之，宋代有关赊买卖契约合同规范化管理的法律与思想，对于保障商业信用的健康发展，防止、打击商品交易中的欺诈行为，维护市场秩序，发挥了重要的作用。

（二）对牙人管理思想

宋代在商业贸易中，亦不能忽视居间人（主要是牙人）或居间组织所扮演的重要角色及其所发挥的重要作用。宋代称这种居间商人为牙人、牙侩、牙郎、驵侩等，其机构组织称牙行。宋代商品经济的高度发展，使牙人队伍壮大，牙人种类也有明显增多。宋代的牙人不仅说和贸易、拉拢买卖，有的还接受委托、代人经商，甚至揽纳商税等。宋政府十分重视牙人在契约买卖和赊欠贸易中的担保作用，要求契约的拟定等必须有牙人担保，以便监督买卖双方履行合同，在处理经济纠纷中取得更多的人证物证。如茶盐贸易中赊买赊卖盛行，政府用法令规定由牙人监督签约和货款偿还，没有牙人参与签订的契约合同，是不规范不完整的，在发生经济纠纷时官府不予受理。总之，牙人在宋代经济活动中发挥着不可或缺的作用。但是，另一方面牙人在经济活动中也常勾结官吏，侵渔百姓，欺行霸市，哄抬物价，走私漏税，多抽牙钱，坑蒙拐骗等，破坏了市场的正常交易秩序。因此，宋政府在强化市场管理的过程中，针对牙人制定了一系列法规政策，力图把他们纳入政府的控制之下，其中一些条文所体现的管理思想，值得我们注意。

1. 宋代对民间交易牙人，采取登记注册的管理办法。只有登记注

---

① 《宋会要》食货31之26。

册，政府发给类似营业执照的"身牌"后，才能获得合法的牙人资格，从事居间人活动。而登记的条件，除有人担保外，还有年龄、身体素质以及经济方面无债务或过错等方面的要求。宋代规定：民间牙人"须召壮保三两名，及递相结保，籍定姓名，各给木牌子随身别之。年七十以上者，不得充。仍出榜晓示客旅知委"①。"诸老疾应赎人充庄宅牙人者（私牙人同），杖一百，许人告，仍五百里编管"②。南宋时期，甚至要求牙人只能由第三等户充当："客人般贩茶盐到住卖处，欲用牙人货卖者，合依已立定系籍第三等户充牙人交易。如愿不用牙人，自与铺户和议出卖，或情愿委托熟分之人作牙人引领出卖者，即合依政和四年十二月二十四日朝旨，听从客便。"③

2. 将一部分牙人纳入官府的直接管辖之下，成为"官牙"。由于官府往往以不同的形式参与商业活动，这就需要长期从事商品买卖且积累了丰富经验的牙人在公私之间沟通关系。王安石变法时实施市易法，便有大量的牙侩被招纳，市易务及其在各地的分支机构、各地的茶场、榷场等都有政府经过严格挑选而招雇的协助联系经营的牙人。熙宁年间颁布的市易法规定："许召在京诸行铺户牙人，充本务行人牙人。"④ 因而牙人的存在此后也就得到了立法的肯定。官府所收取的各种交易税钱之外，一般都有"牙钱"或"牙契钱"，这实际上就是为官府的牙人收取的报酬。绍兴六年（1136）诏："太府寺置牙人四名，收买和剂局药材，每贯支牙钱五文，于客人卖药材钱内支。"⑤ 这便是按交易总额而支付一定比例的牙钱。

3. 牙人取得资格后，随身要带一块木牌，又称"身牌"，上面写明牙人进行交易的约束条款，称为"牙人付身牌约束"。每"遇有客旅欲作

① 《作邑自箴》卷 2《处事》。
② 《庆元条法事类》卷 74《刑狱门》。
③ 《宋会要辑稿补编》，全国图书馆文献缩微中心，1988 年，第 703 页。
④ 《长编》卷 69。
⑤ 《宋会要》食货 55 之 18。

交易，先将此牌读示"①，以此来约束牙人对其委托人的忠实义务。宋政府还规定接待外地客商的客店主人必须"仔细说谕，只可令系籍有牌子牙人交易。若或不曾说谕商旅，只令不系有牌子牙人交易，以致脱漏钱物及拖延稽滞，其店户当行严断"②。而牌子上写明的牙人约束条款有：(1)"不得将未经印税物货交易"；(2)"买卖主当面自成交易者，牙人不得阻障"；(3)"不得高抬价例赊卖物货，拖延留滞客旅，如是自来体例，赊作限钱者，须分明立约，多召壮保，不管引惹词讼"③。此外，宋政府还规定：牙人应介绍那些"有家活物力人户三五人以上递相委保，写立期限文字交还"，而不得将那些"别无家活、虚作有物力"人户冒充介绍，否则追究刑事责任。④ 这些措施对于防止牙人走私漏税，欺行霸市，哄抬物价，坑蒙拐骗等发挥了应有的约束作用，其对牙人的管理思想能针对当时的实际问题，对于规范市场秩序，保护商人的合法权益等是很有必要的。

（三） 打击假冒伪劣和统一度量衡思想

宋代商业信用管理思想的一个重要表现是重视打击假冒伪劣以及维护度量衡的统一性、准确性和权威性。宋代历朝多次颁布诏令禁止制售伪劣布帛和假药等，违者予以重惩并奖励民众举报。如宋太祖乾德五年（967）十二月诏："自今宜禁民不得辄以纰疏布帛鬻于市，及涂粉入药。吏察捕之，重置其罪。"⑤ 宋太宗太平兴国九年（984）十月亦诏："有帛精粗不中数，幅广狭不中量，不鬻于市，斯古制也。颇闻民间所织锦绮绫罗及它匹帛，多幅狭不中程式，及纰疏轻弱，加药涂粉，以欺诳贩鬻，因而规利。宜令两京诸州告谕民，所织匹帛须及程式，贾肆之未售者，

---

① 《作邑自箴》卷8《牙人付身牌约束》。

② 《作邑自箴》卷7《榜耆状》。

③ 《作邑自箴》卷8《牙人付身牌约束》。

④ 《宋会要》食货37之9。

⑤ 《宋会要》食货64之16。

限以百日，当尽鬻之。民敢违诏复织，募告者，三分赏其一。"① 宋真宗景德二年（1005）再次重申："禁造行滥物帛。"② 宋代政府为了防止制造假药，冒充官药图利，规定"撰合假药，伪造贴字印记，作官药售卖，并依伪造条法"③。但是，总的来说，宋代对于商品质量的管理，其实际效果不是很理想，执行力度不大，致使形形色色的假冒伪劣商品充斥市场。如宋孝宗乾道二年（1166），仅徽州上供、和买的夏税绢当中，就有16447匹"轻怯、粉药、纰疏，不堪支遣军衣等使用"④。连上供、和买中都有伪劣品，可想而知一般民间商品交易中伪劣假冒当是更为严重。

制定一套统一、准确的度量衡标准是维护市场秩序、保障公平诚信交易的基本条件。宋代建立后，针对唐末五代割据时期度量衡混乱之弊，宋太宗命监内藏库仪使刘承珪"详定秤法，著为通规"。"自端拱元年起首，至淳化三年功毕，遂诏别铸法物，付太府寺颁行。"宋真宗大中祥符二年（1009），为了方便小规模的商品交换，又从三司之请，命"太府寺造一斤及五斤秤，便市肆使用"⑤。宋神宗元丰元年（1078）七月诏"诸路转运司就廨舍所在州置都斗秤务，委都监管辖工作，别差官较定，送诸州商税务卖之"⑥。为了维护官定度量衡的统一性、准确性和权威性，宋哲宗时规定："辄增损衡量，若私造卖者，各杖一百，徇于市三日。许人告，每人赏钱有差。"⑦ 宋徽宗时，这项禁令更加严厉，"诸增减斗升秤尺等，若私造私用及贩卖者，各杖一百；增减私造，仍五百里编管；私用及贩卖，并令众三日以上。许人告。巡察人知而不纠，杖八十。告获斗升秤尺等私用及贩卖，（赏）钱二十贯；增减若私造，（赏）钱五十

---

① 《宋会要》食货 64 之 17。
② 《宋会要》食货 64 之 18。
③ 《宋会要》食货 55 之 21。
④ 《宋会要》食货 64 之 33。
⑤ 《宋会要》食货 41 之 27 至 30。
⑥ 《宋会要》食货 17 之 25。
⑦ 《宋会要》食货 41 之 30。

贯"①。从历朝所颁发的有关诏令,我们可以看出宋代朝廷在度量衡的管理思想上特别注重以下几个方面:一是把度量衡的制作标准以法令的形式加以规定,这就是"详定秤法,著为通规","遂诏别铸法物"。二是度量衡必须由太府寺统一颁行标准,由地方官方专门机构(如都斗秤务)制造,商税务销售,法律禁止私造私卖私用。三是为保证度量衡的准确性和权威性,朝廷另外派遣专官对产品进行核校鉴定,这就是"别差官校定"。法律严禁对度量衡标准任意增减,这就是"辄增损衡量……杖一百","诸增减斗升秤尺等……杖一百"。四是宋代重视度量衡的统一、准确主要有两个目的:其一是防止官府收支时仓官库吏重入轻出,贪污作弊。如宋太宗时,在权衡上还存在着轻重失准的现象,守藏吏受天下岁输金帛,因缘为奸,上封者坐逋欠破产者甚众;新旧官吏更代之时,校计争讼,动涉数载。鉴于这种情况,内藏库刘承珪等执究本末,改造法制。淳化三年(992),"诏有司详定秤法,别为新式颁行之"②。其二是为了方便民间的商业贸易,特命"太府寺造一斤及五斤秤"。

然而,考诸史料,宋代民间商业贸易中,度量衡的使用始终没有真正统一过。北宋时苏洵就指出:"今也庶民之家,刻木比竹,绳丝缒石以为之。富商豪贾,内以大,出以小。齐人适楚,不知其孰为斗,孰为斛;持东家之尺,而校之西邻,则若十指然。"③ 南宋时,这种混乱情况更加严重。时人谓:"商贾细民,私置秤斗,州县虽有著令,然私相传用,习以为常。至有百里之间,轻重多寡不同。"④ 更有甚者,不仅民间违制使用不同标准的度量衡,甚至连官方也公然使用。如汉阳军一个地方,市场上通行三种量器:第一种是官制的文思院斛,"此官省斛也";第二种是"黄池斛,客人所常用也";第三种是打买斛,"客旅交易,必请此斛,

① 《宋会要》食货41之34。
② 《长编》卷33。
③ 《嘉祐集》卷5《衡论下·申法》。
④ 《宋会要》食货41之34至35。

官收斛钱以养士也"①。同一座城镇的粮食市场公然同时使用规模不同的三种量器，借以盘剥客商，这在历史上是少见的。又如嘉祐初年和熙宁后期，朝廷分别在荆湖南路和江浙等路铸造了两副十分精致的标准铜砝码。就是这样两副几乎同时铸造的标准衡器，其百斤的误差竟达 1.5 公斤。如果把这种误差归结于技术上的问题，未免低估了当时的铸造水平。实际上主要原因恐怕与地域和部门之间使用的度量衡标准本身就存在着差异有关。② 宋代现实生活中度量衡的混乱，是与统治者的初衷相违背的，也与商品经济的发展格格不入。这使得市场情况复杂诡谲，市场关系极不透明。这不仅为官府盘剥、奸商欺诈、开展不平等竞争提供了条件，而且严重影响了市场的正常秩序，使商品交换不能公平顺利地进行，并加剧了区域市场的孤立性与分散性③。

三、 商业税收管理思想

宋代开国之际，对商税的征收管理就十分重视，订有专门的法规。陈傅良说："我艺祖开基之岁，首定商税则例，自后累朝守为家法。"④ 所谓商税则例，就是有关商税征收的条例和规定。商税则例已失传，详细情况不得而知。但从史籍中的零星记载，我们仍可窥见对商税管理的一些思想。

宋代对于应当纳税的商品名目，令各级政府书写在税务、官署和交通要道的墙壁上，公之于众，广为宣传。"当算之物，令有司件析，颁行天下，揭于板榜，置官宇之屋壁，以遵守焉"⑤。这样，既使商旅一目了然，按照则例规定纳税，又可以使他们对额外的苛捐杂税予以拒绝交纳。

---

① 《勉斋集》卷 10《复吴胜之湖北运判（四）》。

② 郭正忠：《两宋城乡商品货币经济考略》，经济管理出版社，1997 年，第 242 页。

③ 李晓：《宋代工商业经济与政府干预研究》，中国青年出版社，2000 年，第 168 页。

④ 《文献通考》卷 14《征榷考一》。

⑤ 《宋会要》食货 17 之 13。

总之，这种公布常税名目的制度，对于依法纳税和限制额外征税，保护商人的利益，防止官吏借征税名目贪污受贿等，具有一定的积极作用。

宋代的主要商税分过税和住税两大类。"行者赍货谓之过税，每千钱算二十；居者市鬻谓之住税，每千钱算三十。大约如此，然无定制，其名物各随地宜而不一焉"①。这就是说转贩货物的商旅沿途经过税务，按其货价的2％收税，为过税；开设店铺的商人在当地出售货物，或行商到达住卖地分出卖货物，该地税务按物价的3％收税，即住税。过税和住税是宋代商税中最基本的征税，除此之外，政府还有各种名目的附加税，不胜枚举。

宋代在征收过税和住税中，有两方面的做法值得注意：其一，过税和住税主要按商品的价格征收，即商品的价格高者征税多，价格低者征税少。这是商品经济发展的结果，有利于税负的公平。然而由于商品价格有很多不确定因素，在不同时期与不同地区有较大的差异，实际操作起来是件十分复杂麻烦的事情。其二，过税和住税都主要以征收货币为主，征收实物的情况较少②。征收实物的对象主要限于木材、砖瓦、石炭等，而且也不按商品的实际市价，而多按固定的税率征收。如宋真宗大中祥符的编敕规定："每木十条，抽一条讫，任贩货卖，不收商税。"③ 这等于把过税和住税合在一起，一次性地征收10％的税钱。

为了保证商税收入，宋政府制定了十分严厉的法规，对于偷漏税者处罚较重。南宋时规定："诸物应税而不赴务，及虽赴而欺隐者，皆为匿"；"诸匿税者笞四十，税钱满十贯杖八十"；"诸匿税者，虽会恩，并全收税（曾匿别务者止于事发处倍收），仍三分以一分没官"④。由此可见，对偷漏者不仅只是罚款等经济制裁，而且还涉及刑事处罚五刑（笞、杖、徒、流、死）中的笞刑与杖刑，可见，对偷漏税的打击是严厉的。

---

① 《宋史》卷186《食货下八》。

② 《宋代工商业经济与政府干预研究》，第181—182页。

③ 《文献通考》卷14《征榷考一》。

④ 《庆元条法事类》卷36《商税》。

宋代过税的税率为 2%，并不意味着商品在贩运中只交 2% 的税，而是指在贩运途中每遇一个税务就要征 2% 的过税。假如商人在贩运途中经过 5 个税务，他就得交 5 次 2% 的过税。因此，路途越远，所经过的税务越多，累计交纳的过税就越多。政府为了防止商人在贩运途中绕过税务以逃避征税，制定了苛严的管理控制制度。其一，明确细致地规定商人在贩运途中必须走的路线；"贩鬻而不由官路者罪之"①；"商人贩易不得辄由私路，募告者，厚赏之"②。所谓官路是指商人贩运从出发地到目的地应走由官府指定的路线，也就是设有税务的路线。而商人如不按官府指定的路线走，也就意味着避过税务逃税，那就要受到处罚。其二，官府除了在各地税务配备了"专栏"或"栏头"等专职征税人员在路口、港汊拦截商旅、稽查商税外，还派出大量官吏在大小路口分兵把守，并悬赏告发商人贩运不走官路者。宋代这种苛严的征收过税的管理控制制度无疑带来了严重的不良后果。官路的规定剥夺了商人根据实际需要选择商路的权利。商人贩运途中每过一税务必须交纳 2% 税钱的规定使政府为了多征税，不断在官路上增加税务数量，越设越密。据郭正忠先生统计，宋仁宗嘉祐年间（1056—1063）全国共有商税场务 1867 处，到宋神宗熙宁十年（1077）增加至 2058 处。不到 20 年间，税务增加了 191 处。③ 除此之外，那些非法私设者就无法统计了。宋朝法令虽然规定严禁私设税务，并允许商人越级上告非法税务，但是"深村小路，略通民旅，私立关津，公行收税"，"诸郡无名场务在在有之"④。总之，这些官设、私设的大大小小税务明征暗抢，使商人长途贩运的成本大大提高，严重阻碍了地区间商品流通往来。

宋代统治者已有很强的成本意识，在税务的设置上，对于商税额较

---

① 《宋史》卷 186《食货下八》。
② 《宋会要》食货 17 之 13。
③ 《两宋城乡商品货币经济考略》第 191、192、203、204 页。
④ 《庆元条法事类》卷 36《商税》载："诸私置税场，邀阻商旅者，徒一年，所收税钱坐赃论，仍许越诉。"

少的场务则鼓励私人买扑承包。这项政策从宋初已开始实行，以后逐步扩大。宋仁宗天圣四年（1026），敕令诸路转运司"相度到辖下州军管界镇务道店商税场务，课利年额不及千贯至五百贯以下处，许人认定年额买扑，更不差官监管"①。这样，政府一方面在课利微薄的地方不设税务机构，以节省行政开支，另一方面又能通过私人承包，坐享其成地得到这部分税收，纤芥弥遗，增加财政收入。这种通过转让征税权以获取财政收入的思想和做法本来是无可厚非的，但是由于征税是一项政策性很强的工作，而获得承包权的人多数是地方上的恶霸地痞，"凡买扑者，往往一乡之豪猾"②。"皆系豪民买扑，重为民害"③。这些人原来就是地方上的恶势力，现在通过承包征税行使起了政府的一部分职权，更是狐假虎威，为非作歹，巧取豪夺。"乡民买扑，其苛取反甚于州县"④。由此可见，税场买扑与酒务、工矿场务的买扑效果不同，其根本原因是国家的权力（包括征税权）不能有偿地转让，当权力与经济效益直接联系在一起时，权力为获取利益而加以滥用，将对社会和民众造成很大的伤害。宋代的买扑税场使民众遭受严重的盘剥，扰乱了地方的初级市场，使基层商品交换萧条。

四、 市易法的管理思想

宋神宗时期，随着大商人势力的发展，他们在本行业实行垄断经营，囤积居奇，操纵物价，欺凌压榨外来商人，盘剥勒索本地行铺稗贩。正如熙宁五年（1072）三月二十六日诏令所说："天下商旅物货至京，多为兼并之家所困，往往折阅失业，至于行铺稗贩，亦为较固取利，致多穷窘。"⑤ 在此背景下，自称"草泽"之士的魏继宗上书建立市易司以抑制

① 《宋会要》食货 54 之 3。
② 《宋会要》食货 18 之 8。
③ 《宋会要》食货 18 之 19。
④ 《宋会要》食货 18 之 27。
⑤ 《宋会要》食货 37 之 14。

兼并、平定物价。他建议：

> 京师百货所居，市无常价，贵贱相倾，或倍本数。富人大姓皆得乘伺缓急，擅开阖敛散之权。当其商旅并至，而物来于非时，则明抑其价，使极贱而后争出私蓄以收之；及舟车不继而京师物少，民有所必取，则往往闭塞其蓄藏，待其价昂贵而后售，至取数倍之息。以此，外之商旅无所牟利，而不愿行于途；内之小民日愈朘削，而不聊生。其财既偏聚而不泄，则国家之用亦尝患其窘迫矣……当此之时，岂可无术以均之也……宜假所积钱别置常平市易司，择通财之官以任其责，仍求良贾为之辅，使审知市物之贵贱，贱则少增价取之，令不至伤商；贵则少损价出之，令不至害民。出入不失其平，因得取余息以给公上，则市物不至于腾踊，而开阖敛散之权不移于富民。商旅以通，黎民以遂，国用以足矣。①

根据魏继宗的建议，熙宁五年三月在京师设立市易务。尔后，全国较大城市亦陆续设置市易务或市易司。市易务的运作方式与职责据《长编》卷231所载，大致有以下8个方面：

（1）诏在京诸行铺牙人，召充本务行人牙人；

（2）凡行人令通供己所有，或借他人产业金银充抵当，五人以上充一保；

（3）遇有客人物货出卖不行，愿卖入官者，许至务中投卖，勾行人牙人与客平其价；

（4）据行人所要物数，先支官钱买之；

（5）行人如愿折博官物者，亦听以抵当物力多少，许令均分赊请，相度立一限或两限送纳价钱，若半年纳即出息一分，一年纳即出息二分；

（6）以上并不得抑勒；

（7）若非行人现要物，而实可以收蓄转变，亦委官司折博收买，随时估出卖，不得过取利息；

---

① 《长编》卷231。

（8）其三司诸库务年计物，若比在外科买省官私烦费，即亦就收买。

从魏继宗的建议可以清楚看出，设立市易务的初衷是使"出入不失其平"，"开阖敛散之权不移于富民"以及"因得取余息以给公上"，换言之，就是平物价，抑兼并，并且通过赢利增加国家财政收入。但是从尔后市易务的运作方式与职责来看，市易务的职能主要有两个方面：其中（4）（5）是官府向商人借贷，（3）（7）是官府收购商人手中滞销的商品。除此之外，（1）（2）规定了市易务行人或牙人的担任；（8）规定官府所需物资，如核计较向外采购为便宜时，可由市易务一并在京收买；（6）借贷或收购都不得强迫。通过以上归纳，我们认为市易务从成立之初，就有赢利的性质，其第三个目的"因得取余息以给公上"以及第一个方面职能官府向商人借贷取息就说明了这一点。另一方面，平物价与抑兼并的作用则"先天不足"。因为官府收购商人手中滞销的商品只能起到"贱则少增价"的作用，而对"贵则少损价"没有提出什么措施。而且这种"贵买贱卖"类似常平仓的调节物价方法，只能是短时期内的应急措施，不可能成为长时期的日常性持久措施。因为市易务买进了不该买的滞销商品，且价格比市场稍高；卖出去时又"随时估出卖，不得过取利息"。如再加上市易务的体制运作成本、储存成本、保管成本等，所以，从长远看，政府总趋势要亏本经营，最终财政无法承担这种亏损时，就得利用手中的权力进行赢利，否则，市易务就无法存在。

宋代高利贷的利率一般是一倍，偶有高达二三倍。现在市易务以20％的利率借贷给商人，必然扩大借贷的需求。而市易务在熙、丰年中"用千五百万本钱"[①]，是不可能满足每个商人的借贷需求的。

总之，市易务收购商人手中的滞销商品出售和向商人借贷很难长久运作，因此，通过这两种方式达到平物价进而剥夺大商贾的"擅开阖敛散之权"和抑兼并，只是魏继宗、王安石等人的美好愿望，很难取得预期的效果。更何况"因得取息以给公上"的动机已为封建政府利用权力

---

① 《长编》卷506，《宋史》卷355《吕嘉问传》载市易本钱共千二百万贯。

取利提供了依据，这是市易法推行后一切弊端产生及恶性发展的重要根源。

综观宋代史料，市易法对商业和民众的危害程度超过了大商人垄断商业的危害，主要表现在以下 4 个方面：

1. 虽然垄断竞争和寡头垄断也存在经济效率的损失，但市场仍能部分地实现配置资源的能力，而封建政府垄断将使价格信号扭曲，使市场配置资源的能力完全丧失。市易司的官员"务多收息以干赏，凡商旅所有，必卖与市易；或非市肆所无，必买于市易。而本务率皆贱买贵卖，重入轻出"，"凡牙侩市井之人，有敢于与市易争买卖者……小则笞责，大则编管"①。这样的政府垄断经营，因为有整个国家的权力作后盾，对商业活动正常发展所起的阻碍作用，就只能比私商的"较固取利"更加恶劣。而且，由于在政府垄断过程中，委托人（皇帝）与代理人（各级官吏）的目标并非完全一致，前者追求的是财政收入的最大化，后者追求的是个人利益的最大化（包括物质利益和升迁机会），这就使得政府经营活动的运行成本高昂而效率低下。如民间高利贷利率的一两倍与市易务借贷利率的 20% 之间的巨大差价，使权力寻租应运而生。商人要借到 20% 利息的贷款，必须向主管官吏支付租金。因此，市易法放贷的最大得利者是主管的官吏，而遭受损失的无疑是政府，即投入巨大的资本，却赚不到什么，甚至亏本。元祐元年（1086）十月，大臣王觌就指出："臣伏见前日朝廷行法之初，其意未尝不善也，皆因奸吏营私以乱法意，浸以为患……市易之法本以平物价，而奸吏为之，乃使民无故而破产……臣访闻市易本钱约一千二百万贯，其法每岁收息钱二分。市易官以收息之多，岁岁被赏。行之一十五年之间，若收息皆实，则子本自当数倍矣。今勾收还官及别作支用者，仅足本钱而已。盖奸吏恣为欺罔，凡支钱出外未见增耗，买物入官未经变卖，并先计息而取赏。既以得赏之后，物货损恶，本钱亏损，则皆上下相蒙而不复根究。故朝廷有得息之

---

① 《长编》卷251。

虚名，而奸吏有冒赏之实弊也。"①

2. 市易务是封建垄断性官营机构，必然设置大量官吏，政府必须为此付出数额巨大的管理和监督费用，加上贪官污吏的贪污受贿、营私舞弊，使官营商业高成本运作，非但不能赢利，亏本是必然的。正如苏轼所指出："今官买是物，必先设官置吏，簿书廪禄，为费已厚，非良不售，非贿不行，是以官买之价，比民必贵，及其卖也，弊复如前，商贾之利，何缘而得。"②元祐元年（1086）六月，韩川在《乞罢市易奏》中也认为：实行市易法，"仓务共占官六员，专副书吏、库级等不减百人，月给俸食几千缗，所收之息，不补所费之半。窃惟市易之设，虽曰平均物直，而其事则不免计较以取利，使获其利，实足以佐用尚不可，而又所收不补所费，顾可为邪？"③

3. 政府要扭转市易务的亏本经营，使其长期、全面运转，在国家财政补贴无力支付的情况下（其实政府不但不想补贴，还想通过市易务赢利，增加财政收入），唯一的办法只能依靠政府的强制力量，将成本积累转嫁到普通消费者头上。市易法发展到后来，把最初的"并不得抑勒"的规定抛到脑后，对许多商品实行强买强卖。如前所引，任职于市易司的魏继宗说："凡商旅所有，必卖于市易；或非市肆所无，必买于市易。而本务率皆贱以买，贵以卖，广收赢余。"食盐专卖后，"盐价既增，民不肯买，乃课民买官盐，随贫富作业为多少之差。买卖私盐，听人告，重给赏，以犯人家财给之。买官盐食不尽，留经宿者，同私盐法。于是民间骚怨"④。市易法增加了交易成本，导致一定数量的商品价格上升，消费者的购买数量下降，本来不滞销的商品都成了滞销商品，官府又不能亏本，市易务等机构还要靠赚钱维持运转，就只好靠强买强卖盘剥百姓了。市易务在赢利中其职能逐渐异化，平物价抑兼并的初衷完全丧失，

---

① 《长编》卷391。

② 《苏轼文集》卷25《上神宗皇帝书》。

③ 《长编》卷380。

④ 《长编》卷232。

在官营垄断商业中连蝇头小利也不放过。正如苏辙所批评的："今自置市易，无物不买，无利不笼；命官遣人，贩卖南北；放债收息，公行不疑；杜绝利源，不予民共。观其指趣，非复制其有无，权其轻重而已也。徒使小民失业，商旅不行，空取专利之名，实失商税之利。"① 最后以至连水果芝麻梳朴之类的小商品也作为官府的经营对象。市易务还采取各种办法抽税，官吏甚至敲诈勒索。如郑侠就揭露说：商人出京师城门，"但是一二顶头巾，十数枚木梳，五七尺衣着之物，似此等类，无不先赴都务印税，方给引照会出门"②。

4. 市易务在借贷方面也损害了中小商人和城市居民的利益。王安石的弟弟王安礼就对神宗说："市易法行，取息滋多，而输官不时者有罚息，民至困穷。"③ 元丰二年（1079）八月，都提举市易司也承认"诸路民以田宅抵市易钱久不能偿，公钱滞而不行，欠户有监锢之患"④。因借市易钱而遭监锢的事实说明，中小商人在市易法的实施中不是获得好处，而是受到损害。

五、 茶盐专卖与对外贸易管制思想

（一） 茶盐专卖与管制思想

宋代，禁榷收入成为财政的重要支柱，尤其是其中的茶盐专卖收入。如欧阳修云："今为国之利多者，茶与盐耳。"⑤ 宋高宗也说："国家养兵，全在茶盐以助经费。"⑥ 正如叶适所言：宋朝是"极天下之大而无终岁之储，愁劳苦议乎盐、茗、榷货之间而未得也"⑦。南宋更是到了"舍茶盐

① 《栾城集》卷 35 《自齐州回论时事书》。
② 郑侠：《西塘集》卷 1 《税钱三十文以下放》，台湾商务印书馆影印文渊阁四库全书本。
③ 《宋史》卷 186 《食货下八》。
④ 《宋会要》食货 37 之 28。
⑤ 《欧阳修全集》卷 45 《通进司上书》。
⑥ 《宋会要》食货 32 之 22。
⑦ 《叶适集·水心别集》卷 11 《财总论二》。

则无以立国"①。正由于茶盐之入在财政中的举足轻重之地位，所以宋廷特别重视垄断茶盐之利，严厉实行管制政策，制定了不少法令条文，禁止私产私贩，违者予以重惩。

宋代统治者为了维护茶的垄断高额利润，自宋初就制定了严厉的茶法。太祖乾德二年（964）八月规定：民匿茶"不送官及私贩鬻者，没入之。计其值百钱以上者，杖七十，八贯加役流。主吏以官茶贸易者，计其直五百钱，流二千里，一贯五百及持仗贩易私茶为官司擒捕者，皆死"②。太宗时茶禁稍放宽，"民间私茶减本犯人罪之半"③，官吏盗贩官茶，"论直十贯以上，黥面配本州牢城"；"巡防卒私贩茶，依本条加一等"，如卖"伪茶"，"一斤杖一百，二十斤以上，弃市"④。

宋代对茶叶"民私蓄贩皆有禁"，"告捕私茶皆有赏。然约束愈密，而冒禁愈蕃"。虽是"岁报刑辟，不可胜数"⑤，然而和私盐一样，禁而不止。尤其南宋时，由于引价、茶价不断增长，贩私茶者日多，官府虽密设巡防，严于追捕，但"盗贩茶者多辄千余，少亦百数，负者一夫，而卫者两夫，横刀揭斧，叫呼踊跃，以自震其威"⑥。甚至从私茶商贩，走上了武装反抗政府的道路。

宋代，盐利是国家财政的重要来源。为维护国家对盐利的独占，政府制定了各种禁榷法令，禁止私人经营和侵犯国家专利，并以严刑酷法打击各种违法犯罪行为。

宋自立国初，就立峻法严禁私盐。宋太祖建隆二年（961），诏："私炼盐者，三斤死；擅货官盐入禁法地分者，十斤死。"⑦ 尔后虽然放宽对私盐的惩罚，私盐之罪已无死刑，但太宗太平兴国二年（977）仍然规

① 《叶适集·水心别集》卷 11《茶盐》。
② 《长编》卷 5。
③ 《长编》卷 18。
④ 《宋史》卷 183《食货下五》。
⑤ 《长编》卷 188。
⑥ 王质：《雪山集》卷 3《论镇盗疏》，台湾商务印书馆影印文渊阁四库全书本。
⑦ 《宋会要》食货 23 之 18。

定："持杖盗贩私盐者，三人以上持杖及头首并处死。若遇官司擒捕，辄敢拒捍者，虽不持杖，亦处死。"① 即对结伙武装私贩和拒捕者一律处以死刑。

南宋初年，朝廷"养兵全仰茶盐课入"，所以对私盐之罪"常法外重行断治"②。如宋廷规定："亭户辄将煎到盐货，冒法与私贩军兵百姓交易，不以多寡，并决脊配广南牢城，不以赦降原减"③；"不系亭户而冒法私自煎盐，公行交易，即与亭户盗卖事体无异"，"所犯盐数不以多寡，并行决配"④；"官员、民庶辄于亭户或无引人处买到盐货，不以兴贩食用，皆是私盐"⑤。

宋廷不仅对私盐的生产、贩运、销售、消费予以严厉禁止，而且还制订了严密的法规，防范私盐的生产与贩运，从源头上杜绝私盐。南宋孝宗乾道七年（1171）六月，提领榷货务都茶场叶衡就建议禁私盐当从禁私盐生产开始："今日财赋之源，煮海之利实居其半；然年来课入不增，商贾不行者，皆私贩有以害之也。欲禁私贩之害，当自煮海之地为之限制……如此则虽不必禁捕私贩，而私贩当自绝矣。"⑥ 这种思想是很有见地的，即禁私盐贩运是治标，禁私盐生产是治本，因为如私盐生产禁绝了，货源没了，私贩自然而然也消失了。他的思想反映了两宋禁绝私盐的治理措施，如宋廷在各盐场设官置吏，"且每场必有巡检，以为警察"⑦，加强对盐生产的监督。"诸场将亭户结甲递相委保觉察。如复敢私买卖，许诸色人陈告，依条给赏，同甲坐罪。如甲内有首者免罪，亦与

---

① 《宋会要》食货 23 之 20。
② 《宋会要》食货 26 之 5。
③ 《宋会要》食货 26 之 15。
④ 《宋会要》食货 26 之 15 至 16。
⑤ 《宋会要》食货 26 之 15。
⑥ 《宋会要》食货 27 之 33。
⑦ 《宋会要》食货 27 之 11。

支赏。"① 官府在非产盐区的碱卤之地，派兵巡防，"巡捉私盐"②，以防百姓私煎私贩卤盐。

除严防生产私盐外，宋廷亦采取了防范私盐贩运的措施，广置巡检、县尉，以缉私盐贩运。地方巡尉既有"捉贼"职责，又负责"巡捉私茶盐"③。南宋绍兴初年更明确规定"诸路添置武尉衔内并带兼巡捉私茶盐"④，使巡尉缉捉私盐成为其重要的职责。

宋廷为了督促官吏尽职尽责防治私盐，并鼓励知情人告奸举报，制定了一系列的奖惩法规。如神宗元丰二年（1079）规定："捕盗官获私盐最多者"，"于常法外论赏"⑤。南宋孝宗淳熙三年（1176）八月亦诏："诸处弓兵获到私贩茶盐，如事状明白，依时给赏。"⑥ 与此相反，官吏如在缉捉私盐中失职，则要受到惩罚。如徽宗政和敕规定："诸巡捕使臣透漏私有盐一百斤，罚俸一月，每五十斤加一等，至三月止。及一千五百斤仍差替，二千五百斤展磨勘二年，每千斤加半年，及五千斤降一官，仍冲替，三万斤奏裁。"⑦ 南宋绍兴元年（1131）十二月诏："盐地分巡检不觉察亭户隐缩私煎、盗卖盐者，杖一百；监官、催煎官减二等；内巡检仍依法计数冲替，余路依此。"⑧

宋廷在缉拿私盐中重视采用告奸举报的手段，以提高缉拿破案率，并对生产和贩卖私盐者形成高压态势。如哲宗元祐五年（1090）规定："应告捕获私盐，除准价支赏外，将别理赏钱，如不及十斤一贯，十斤倍之；每十斤加二贯，至百贯止。"⑨ 南宋时又提高了赏格，《庆元条法事

---

① 《宋会要》食货27之23。
② 《长编》卷330。
③ 《宋会要》职官48之122。
④ 《宋会要》职官48之69至70。
⑤ 《宋会要》食货24之19。
⑥ 《宋会要》职官48之78。
⑦ 《宋会要》食货26之4。
⑧ 《宋会要》食货26之3。
⑨ 《宋会要》食货24之29。

类》卷 28《茶盐矾》规定："诸色人告获私有盐茶及将通商界盐入禁地，官盐入别县界者，准价以官钱支给；不满一百斤全给，一百斤以上给一百斤，二百斤以上给五分。""告获知情、引领、交易、停藏负载私茶盐者，笞罪钱二十贯，杖罪钱五十贯，徒罪钱一百贯。"

宋代私盐禁法不可谓不详备，即既有严厉的惩罚生产、贩卖私盐禁法，又有严密的防范生产、贩卖私盐之法，还有奖励告奸举报者、奖惩缉捕私盐中尽职或失职官吏的条例，但宋代私盐不但禁而不止，甚至有愈演愈烈之势。究其原因，最主要的问题是巨额的利益使人冒死犯禁，铤而走险。正如朱熹所言："其私盐常贱，而官盐常贵，利之所在，虽有重法不能禁止。故贩私盐者百十成群，或用大舡搬载。"[1] 而且宋代吏治腐败，官吏玩忽职守，甚至"通同隐庇私贩，或自行贩卖"[2]。其结果形成这样的局面："刑重，则民思苟免而竭力拒捕；不分强窃，则民知等罚而务结群党。是故贩盐之人千百为群，州县之力无能禁止。"[3] 而且"捕盗者既畏其威众，或得其赂，故多纵而不言"[4]。

（二） 对外贸易管制思想

宋代的对外贸易，从地域上分为周边贸易和海外贸易。由于两宋特有的政治、军事形势，其两种贸易均呈现出明显的时代特征。前者主要指与北边的契丹辽国、女真金国和西北的党项夏国开展缘边榷场贸易。宋与辽、西夏、金的周边贸易，皆置榷场，派官专掌，在双方官府的监督下，根据双方官府的需要互通有无。由于两宋与辽、夏、金处于敌对状态，所以禁条甚多。后者主要指与亚、非、欧三大洲 50 多个国家和地区的海外贸易。由于北方和西北方辽、夏、金的阻隔，唐朝时盛极一时的陆上丝绸之路在宋代已不通畅。宋廷为了增加财政收入，积极开辟海

---

① 《晦庵先生朱文公文集》卷 18《奏盐酒课及差役利害状》。
② 《宋会要》食货 27 之 12。
③ 范纯仁：《范忠宣奏议》卷上《奏减江淮诸路盐价》，台湾商务印书馆影印文渊阁四库全书本。
④ 《建炎以来系年要录》卷 179。

上丝绸之路，海外贸易在前代的基础上有了明显的扩大。宋政府为了垄断海外贸易，独占这项贸易的高额利润，强化海外贸易的管理，通过市舶司，制订了专门的"市舶条例"，对海外贸易及相关事项作了详细的规定。以下就宋代对周边贸易和海外贸易的管制作一简要介绍。

1. 周边贸易管制。

北宋为控制与辽国的边贸，相继在雄州、霸州、安肃军、广信军置河北四榷司，立法严禁民间"非法贸易"。由于"北界别无钱币，公私交易，并使本朝铜钱"[1]，所以自宋初就严禁铜钱入北界，凡"载钱出中国界及一贯文，罪处死"[2]。古代马匹在战争中发挥着重要的作用，因此，在边贸中马匹是禁止买卖的。宋仁宗皇祐元年（1049）诏：雄州容城、归信县民，"毋得市马出城，犯者以违制论"[3]。宋神宗熙宁九年（1076），因边境"私贩者众"，又"立与化外人私贸易罪赏法"[4]。宋与西夏由于经常处于交战状态，边贸时停时开，当时所谓民间的"非法贸易"主要指西夏以青白盐与汉"交易谷麦"。私盐本就是宋代的违禁商品，为法律所严厉禁止，更不用说外盐走私入境，那所受到的处罚又重于内地私盐。太宗淳化二年（991）诏："自陕以西有私市青白盐者，皆坐死。"[5] 哲宗元祐五年（1090），刑部对"犯外界青白及颗盐"的惩罚又作了详细的规定："一两杖八十……一百二十斤绞。再犯杖，邻州编管；再犯徒，一犯流，皆配本城。"[6]

宋代雕版印刷技术发达，图书贸易兴盛，辽、夏、金以及周边日本、朝鲜均十分需要购买宋朝的图书。但宋廷对边贸的图书交易也有严格的限制。宋真宗景德三年（1006）规定："民以书籍赴沿边榷场博易者，非

---

① 《苏辙集·栾城集》卷 42《论北朝所见于朝廷不便事》。

② 《乐全集》卷 26《论钱禁铜法事》。

③ 《长编》卷 167。

④ 《宋史》卷 186《食货下八》。

⑤ 彭百川：《太平治迹统类》卷 2《太祖太宗经制西夏》，台湾商务印书馆影印文渊阁四库全书本。

⑥ 《长编》卷 450。

九经书疏悉禁之"①，违者案罪，其书没官。即九经以外的书禁止出境。

南宋与金国的缘边贸易是在"绍兴和议"之后，在宋金边界设场进行官方贸易。当时对于民间贸易，也有许多限制。宋廷规定："商人资百千以下者，十人为保，留其货之半在场，以其半在泗州榷场博易，俟得北货，复易其半以往"；如系大商人，则拘于榷场，"以待北贾之来"；两边商人交易，"各处一廊，以货呈主管官，牙人往来评议"②。总之，榷场贸易必须在双方场官的管制下进行。南宋边贸民间的"走私"贸易，不仅冒禁贩卖米、茶、帛、牛，甚至连硫磺、筋角、铜钱、武器等严禁物品，亦多从海上运往北方。因此，南宋对走私兴贩禁约甚严。如绍兴二年（1132）三月规定："禁江浙之民贩米入京东及贩易缣帛者……犯人并依军法。"③ 三年（1133）十月再禁"筋鳔漆货过淮"，犯者"并行军法，所贩物充赏外，其当职官吏等……并流三千里，不以去官赦降原减"④。五年（1135）又下令："沿海州县应有海船人户，以五家为一保，不许透漏海舟出界，犯者籍其资，同保人减一等。"⑤

宋代周边贸易禁令不谓不严，但走私贸易禁而不止，其主要原因也是巨大的利益驱动。如苏辙指出："沿边禁钱条法虽极深重，而利之所在，势无由止。"⑥ 又如当时由各类书籍"贩入虏中，其利十倍"⑦，所以始终是无法禁止。

2. 海外贸易管制。

宋朝为了有效地管理海外贸易活动，在京师设置了榷易院，这是中国历史上最早的专业性中央外贸机构。地方上先后在广州、杭州、明州、泉州、密州、秀州、温州、江阴等八大港口设立了市舶司或市舶务，作

---

① 《宋史》卷 186《食货下八》。
② 徐乾学：《资治通鉴后编》卷 115，台湾商务印书馆影印文渊阁四库全书本。
③ 《宋会要》刑法 2 之 106。
④ 《宋会要》刑法 2 之 107。
⑤ 《建炎以来系年要录》卷 89。
⑥ 《苏辙集·栾城集》卷 42《论北朝所见于朝廷不便事》。
⑦ 《苏辙集·栾城集》卷 42《论北朝所见于朝廷不便事》。

为招徕互市、管理舶商、征收舶税、收买舶货的专门机构。

宋代历朝不断颁布法令，严格禁止私人未经批准擅自出海贸易。如宋太宗端拱二年（989）五月诏："自今商旅出海外蕃国贩易者，须于两浙市舶司陈牒，请官给券以行，违者没入其宝货。"① 即出海贸易，必须向两浙市舶司申请，经批准给券后才能起航，否则，没收其货物。宋神宗元丰八年（1085）九月敕节文规定："诸非杭、明、广州而辄发海商舶船者，以违制论。"② 此敕令明确规定不经杭州、明州、广州三处市舶司签发而擅自出海的商船，均属于非法，应以违制论处。宋哲宗元祐五年（1090），根据刑部的建议详细地规定：商贾由海道兴贩，"并具入舶物货名数，所诣去处申所在州；仍召本土物力户三人委保，州为验实牒送愿发舶，州置簿给公据听行。回日许于合发舶州住舶，公据纳市舶司"。如不请公据而擅乘舶，及往高丽、新罗、登莱州界者，"徒二年，五百里编管"；"并许人告捕，给舶物半价充赏；其余在船人虽非船物主，并杖八十"③，以限制私自非法出海和超越禁地。

宋代海外贸易与周边贸易一样，对一些商品予以严厉禁止，其中最重要的是禁止贩运人口、兵器与铜钱。如宋廷规定：私贩男女者，"舶商、船主、纲首、事头、火长各杖一百，船物没官，有首告者，以没官物内一半充赏"④；"诸以堪造军器物卖与化外人及引领者，并徒二年"，"物没官，知情、停藏、负载人，减犯人一等"⑤。宋代钱荒严重，故政府尤行钱禁，对贩运铜钱出海者予以严惩。如《庆元条法事类》卷29《铜钱下海》和《铜钱金银出界》规定："诸将铜钱入海船者，杖八十，一贯杖一百，三贯杖一百编管五百里，五贯徒一年……十贯流二千里"；即使"诸以铜钱与蕃商博易者，徒二年……十贯配远恶州"。宋宁宗嘉定十二

---

① 《宋会要》职官44之2。
② 《苏轼文集》卷31《乞禁商旅过外国状》。
③ 《宋会要》职官44之8。
④ 嵇璜：《续文献通考》卷26《市籴考》，商务印书馆万有文库十通本。
⑤ 《庆元条法事类》卷29《兴贩军须》。

年（1219）六月规定：如船户偷载铜钱下船，"犯人并船户与所贩物货，并船尽籍没入官，一体决配断罪"[1]。

宋廷对外商来中国贸易，一直采取"来远人、来远物"的欢迎政策，另一方面，为了独占外贸高额利润，对外来商品起初采取榷卖制，后来通过"抽解"进口税及"博买"（又称"和买"）垄断进口商品利润，余货才准许民间与外商交易。

宋初，朝廷规定："诸蕃国香药、宝货至……不得私相市易。"太宗太平兴国元年（976）五月诏："敢与蕃客货易，计其值满一百文以上，量科其罪，过十五千以上，黥面配海岛。"[2] 七年（982）对榷卖物有所放宽，除了珠贝、玳瑁、犀牙、乳香及军用物品宾铁仍榷卖外，"余听市货与民"[3]。这些"市货与民"的商品，经过"抽解"及"博买"之后，才准许民间与外商交易。淳化二年（991），朝廷规定在"十先征其一"的同时，对外商货物"官尽增常价买之"，"除禁榷货，他货择良者止市其半，如时价给之。粗恶者，恣其卖勿禁"[4]。宋神宗熙宁变法时，减轻了抽解定数，实行"十五取一"[5]，"所贵通异域之情，来海外之货"[6]。宋徽宗时，依据不同的商品规定不同的抽解定数，即以"十分为率，真珠、龙脑凡细色抽一分，玳瑁、苏木凡粗色抽三分……象牙重及三十斤并乳香抽外，尽官市，盖榷货也"[7]。南宋绍兴时，又提高了抽解定数，并进行博买。朝廷规定："择其良者，谓如犀象，十分抽二分，又博买四分；真珠十分抽一分，又博买六分之类。"[8] 这样，十分之六七的外商货物，尽被官府垄断。至宋理宗宝庆时，"各人物货分作一十五分，舶务抽一分

① 《宋会要》刑法 2 之 142 至 143。

② 《宋会要》职官 44 之 1 至 2。

③ 《宋会要》职官 44 之 1。

④ 《宋会要》职官 44 之 2。

⑤ 《宋会要》职官 44 之 27。

⑥ 《宋会要》职官 44 之 7。

⑦ 朱彧：《萍州可谈》卷 2，台湾商务印书馆影印文渊阁四库全书本。

⑧ 《宋会要》职官 44 之 27。

起发上供，纲首抽一分为船脚靡费，本府又抽三分低价和买，两倅厅各抽一分低价和买，共已取其七分，至给还客旅之时，止有其八，则几于五分取其二"。这种抽解和买取利太重，使客旅无利可图，故宁可"冒犯法禁透漏，不肯将出抽解"①。

宋代，由于海外贸易获利巨大，故市舶官吏、海关监官、海防巡捕等，利用职务之便与蕃商私相交易，文武官僚亦"遣亲信于化外贩鬻"；南海官员及经过使臣多请托市舶官，"如传语蕃长，所买香药，多亏价值"②。更有甚者，一些官吏"罔顾宪章，苟循货财，潜通交易阑出徼外，私市掌握之珍，公行道中"③。因此，宋太宗太平兴国元年（976）五月诏："敢与蕃客货易，计其直满一百文以上，量科其罪，过十五千以上，黥面配海岛，过此数者押送赴阙。"④至道元年（995）六月又诏：知通诸色官员并市舶司官、使臣等，"今后不得收买蕃商杂货及违禁物色"⑤。如违，"并除名，使臣决配，所犯人亦决配"⑥。南宋绍兴五年（1135）亦诏："市舶务监官并见任官，诡名买市舶司及强买客旅舶货，以违制论，仍不以赦降原减。许人告，赏钱一百贯，提举官、知通不举劾，减犯人罪二等。"⑦ 宋宁宗开禧三年（1207）再次申饬：泉、广市舶司，如所隶官司对蕃货"择其精者，售以低价，诸司官属复相嘱托"抑买者，"许蕃商越诉，犯者计赃坐罪"⑧。

———————

① 《宝庆四明志》卷6《市舶》。
② 《宋会要》职官44之3。
③ 《宋会要》职官44之3。
④ 《宋会要》职官44之1。
⑤ 《宋会要》职官44之3。
⑥ 《宋会要》职官44之9。
⑦ 《宋会要》职官44之19。
⑧ 《宋会要》职官44之33至34。

第四节　货币管理思想

一、　强化朝廷垄断货币制造发行的思想

（一）　垄断货币制造发行的指导思想

在中国古代货币史上，封建国家并非从一开始就对货币制造与发行进行垄断。如西汉前期实行钱币自由铸造制度，各诸侯国有钱币制造权，不同形制、不同质地、不同重量的钱币可以同时流通。这不仅导致币制紊乱，交易不便，难以管理，而且更为严重的是使地方诸侯国能借铸币来扩充自己的经济实力，与中央对抗，影响中央集权制，其中最大的教训就是七国吴楚之乱。汉武帝即位后，采取了一系列加强中央集权制分割削弱地方诸侯国势力的措施，其中在经济上就是把铸币大权收归中央政府所有，发行五铢钱作为全国统一的货币。唐代因钱荒的困扰，最高统治者曾一度打算下放货币铸造权，但最终考虑到此举关系统治集团的经济利益和政权的安危稳定而放弃了这个计划。

宋朝建立后，最高统治者鉴于唐末五代藩镇割据局面的教训，采取一系列措施，把地方行政权、财权、军权、监察权收归中央。到了宋神宗时期，由于钱荒日益严重，是否松弛铜禁下放钱币铸造发行权的思想又有所抬头。时任宣徽南院使判应天府的张方平论钱禁曰："钱者，国之重利，日用之所急，生民衣食之所资。有天下者，以此制人事之变，立万货之本。故钱者，人君之大权，御世之神物也。窃观自汉以来，名臣高识者之笃论，皆以为禁铜造币，通开塞轻重之术，此济民之切务，保邦之盛业也。故钱必官自鼓铸，民盗铸者抵罪至死，示不与天下共其利

也。"① 南宋叶适也坚持这种主流观点，强调"利权（指铸币权）当归于上，岂可与民共之！"②

宋朝廷之所以把货币制造和发行大权牢牢掌握在自己手中，主要基于两个方面的考虑。一是统治者认为："钱为国之利柄，以方圆铢两，而寄富贵贫贱之权，若为众庶所操，则利柄失矣。"③ 因为货币本身具有价值或代表着价值，占有控制货币也就取得了对社会财富的支配权。正如熙宁二年（1069）二月，神宗就陕西边境钱币贬值一事询问王安石："何以得陕西钱重可积边谷？"王安石答道："欲钱重，当修天下开阖敛散之法"，"泉府一官，先王所以摧制兼并、均济贫弱，变通天下之财而使利出于一孔者以此也"，"今欲理财，当修泉府之法，以收利权"④。这里所谓"泉府"，就是指国家货币管理机构；所谓"开阖敛散之法"，就是指货币的发行、流通、调节、回笼等管理制度。王安石所说话的意思是：国家通过对货币管理制度的整顿和改革，来稳定提高币值，避免贫民因货币贬值而破产，抑制豪强地主对他们的兼并，同时通过运用货币政策把全国财权集中到中央。二是垄断货币制造和发行权，把自己的权力铸入货币中，通过货币的超经济发行来解决国家的财政困难，从而巩固封建政权的物质基础。宋代，财政上严重的入不敷出，迫使统治者在横征暴敛之外，强化货币的财政支付职能，从货币铸造发行中扩充国家的财力。对此，宋神宗曾明确表示："行交子诚非得已，若素有法制，财用既足，则自不须此。"⑤ 这就是说，货币发行的指导思想已经转变成"敷足财用"了。北宋晚期，国家财政状况急剧恶化，"户部岁入有限，支用无穷，一岁之入，仅了三季，余皆仰朝廷应付"⑥，因而扩大货币发行无疑

① 《乐全集》卷 26《论钱禁铜法事奏》。
② 《文献通考》卷 9《钱币二》。
③ 《宋大诏令集》卷 184《告谕民户投纳不依样钱御笔手诏》。
④ 黄以周：《续资治通鉴长编拾补》卷 4，中华书局，2004 年。
⑤ 《长编》卷 221。
⑥ 《宋史》卷 179《食货下一》。

成为挽救封建统治危机的重要手段，"自来遇岁计有阙，即添支钱引补助"①。货币发行的指导思想已经由便民利国变为弥补财政赤字，从而造成北宋货币制度的异化。到了南宋，国势日薄西山，民力困竭，国库告罄，朝廷却以半壁江山供养着几乎与北宋时数量相当的军兵、官吏，只得通过发行纸币来解决巨额军费开支。正如宋高宗所说："行会子诚不得已，他时若省得养兵，尽消会子。"②

货币学理论认为，货币发行在性质上可分为经济发行和财政发行。经济发行是根据社会经济发展情况，按照商品流通的客观需要来发行货币，财政发行是为了弥补财政赤字的需求而增加的发行。宋代，由于绝大部分时期财政危机严重，因此，如前所述，通过朝廷垄断货币制造和发行权以"敷足财用"的思想占主流地位，而且在实践中予以具体应用，成为挽救封建统治危机的救命符。在宋代货币政策运行实践中，从宋仁宗时期开始，由于"三冗"痼疾日益恶化，加上对西夏长期的战争，费用浩繁，"一岁之入，仅能充期月之用，三分二在军旅，一在冗食"③，迫使宋朝廷开始把货币政策部分地纳入解决财政困难的轨道上，通过增加铸币和实行铸币贬值政策（即铸造当十大钱）来增加国家财力。宋神宗熙丰时期，政府视铸币为增加财政收入的一条途径，大规模地铸造铜钱和铁钱，扩大纸币的流通区域，强化纸币的非信用支付职能。北宋晚期，内蠹外耗导致国库空虚，民穷财尽。大观时，"户部岁入有限，支用无穷，一岁之入，仅了三季，余仰朝廷应付"④。在这种情况下，政府不仅变本加厉重施铸币贬值的手法，铸造发行当十钱和夹锡钱，而且滥发纸币，"自来遇岁计有阙，即添支钱引补助"⑤。至此，货币财政发行已经成为北宋货币政策的主导动机，货币政策的经济功能日趋萎缩，财政功能

---

① 《宋史》卷 374《李迨传》。
② 《宋史》卷 181《食货下三》。
③ 《宋史》卷 179《食货下一》。
④ 《宋史》卷 179《食货下一》。
⑤ 《宋史》卷 374《李迨传》。

却不断强化，导致北宋货币政策内在机制的失调和紊乱，诱发出一系列负面影响，其中也使国家财政面临无法克服的矛盾。有关这方面的问题，时人已有察觉。宋徽宗时期，周行己认识到，国家发行不足值货币，不但会引起物价上涨，而且物价上涨的程度会比货币增发的程度更高，速度更快。他说：

> 自行当十以来，国之所铸者一，民之铸者十，钱之利一倍，物之贵两倍。是国家操一分之柄，失十分之利，以一倍之利，当两倍之物。又况夹锡未有一分之利，而物已三倍之贵。是以比岁以来，物价愈重，而国用愈屈。①

由此可见，周行己对通货膨胀影响的认识比前人更深了一步，但他对这种现象产生原因的解释，却带有片面性。这里，他把物价上涨比货币增发更快的原因归结为民铸（即封建官府所谓的盗铸），认为由于铸造不足值货币可得重利，官府一铸，民间必群起仿效，结果，增铸的数量就会比官铸多许多倍，因而物价的增长也会比官铸的增长快许多倍。其实，在国家发行不足值铸币的情况下，尤其是继续把不足值铸币投入市场的情况下，即使没有民间仿铸，物价的增长也会比货币增长的数量更快。因为民众看到铸币的实值在下降，就会担心手中所持有的铸币不能保存财富的价值，因此不愿久存手中，而是急于脱手。这种情况在老百姓中会形成一种社会心理，就会使货币的转手次数即货币流通速度增加。而在一定时期内，一枚货币的流通速度加快一次，其结果就等于流通中增加一枚货币。这样，物价的增长倍数将等于货币增加的数量同货币流通速度的乘积，从而必然大大快于货币数量的增长。如公式所示：

物价增长倍数＝货币增加的数量×流通速度

总之，周行己把"物之贵两倍"归因于民铸的增加，说明他还没有认识到流通速度的作用。因此，他对通货膨胀过程的分析，虽然已察觉到了物价增长快于不足值货币增长的现象，却未能予以正确解释。但是

---

① 周行己：《浮沚集》卷1《上皇帝书》，丛书集成本。

这并不妨碍他在此基础上进一步指出："物出于民，钱出于官。天下租税常十之四，而籴常十之六。与夫供奉之物、器用之具，凡所欲得者，必以钱贸易而后可。使其出于民者常重，出于官者常轻，则国用岂能不屈乎？"① 这里，周行己看到，国家铸造不足值货币以增加财政收入，其结果不唯不能改善财政状况，反而会使财政更加恶化，使"国用愈屈"。因为国家铸造不足值货币，造成物价腾贵，而国家最终必须用货币向百姓购买所需物品，这样物价腾贵意味着国家手中拥有的货币贬值，必须支付更多的货币进行购买，那么财政支出不是越来越大，国库越来越空虚，财政越来越危机了吗？

宋代，商品经济有了显著的发展。一方面，百姓以货币形式缴纳的赋税多了，另一方面，国家以货币向民间采购物品的种类和数量也大大增加。在这种情况下，国家铸造不足值的货币，必将因百姓用不足值货币交纳赋税，或者在国家采购物品时提高价格，而使国家自身减少收入或增大开支，最终受害最大的是国家自己，结果是适得其反，使国用愈屈，财政更加困难。总之，从总体和结局来说，周行己对通货膨胀加重财政困难的思想是切中时弊的，尽管分析还过于简略和不完善，但毕竟从货币流通过程揭示了这种恶化的机制。到了南宋后期，财政入不敷出日益严重，统治集团妄想通过滥发纸币挽救危机，其结果是搬起石头砸自己的脚，纸币贬值，"楮贱如粪土"②，通货膨胀。社会经济无可逆转地恶化，最终导致国家财政崩溃，南宋朝廷覆亡。正如宝祐年间大臣高斯得上奏所言："国家版图日蹙，财力日耗，用度不给，尤莫甚于迩年。闻之主计之臣，岁入之数不过一万二千余万，而其所出，乃至二万五千余万，盖凿空取办者过半而后仅给一岁之用。其取办之术，则亦不过增楮而已矣。呜呼！造币以立国，不计其末流剥烂糜灭之害，而苟焉以救目

① 《浮沚集》卷1《上皇帝书》。

② 刘克庄：《后村先生大全集》卷51《备对札子（三）》，四部丛刊本。

前之急，是饮鸩以止渴也。"①

（二） 垄断货币制造发行的措施

宋代统治集团中以强化朝廷垄断货币制造发行为主流思想，其在具体对货币管理中主要体现在以下 6 个方面：

1. 从中央至地方建立各级管理机构。元丰改制前，宋朝中央管理铸钱的机构是三司中盐铁司之下的铁案掌管；元丰改制后，铸钱事务归入工部之下的虞部负责。宋代地方路级行政区管理铸钱事务的主要是提点坑冶铸钱司，州之下设有钱监，是铸钱的基本生产单位。宋代设有交子务、会子务专门负责纸币的印制和发行等事务。南宋时期，由于纸币在财政上的地位越来越重要，朝廷经常设有"提领官"管理会子，遇到重大决策之事，则由宰相、参政、侍从等讨论研究。南宋后期，往往令一位执政大臣专门负责会子事务，如薛极、余天锡、吴潜等都曾受此委托。②

2. 统一钱币的规格、币材和重量。作为价值尺度的铜钱和铁钱，其价值、形制、品位、成色、重量必须相对规范和稳定。开宝四年铸造"宋元通宝"，圆形方孔，径一分、重一钱，统一了宋代铜钱的钱体规格。太宗时铸造"太平通宝"年号钱，确立了宋代铜钱的钱文式样。仁宗景祐年间，对铜钱和铁钱的成色、重量标准作了严格的规定："凡铸铜钱，用剂八十八两，得钱千，重八十两十分。其剂，铜居六分，铅锡居三分，皆有奇赢。铸大铁钱，用铁二百四十两，得钱千，重一百九十两。"③ 从总体上看，宋代铸钱所使用的铜、铅、锡比例是比较精确稳定的。如近年来有学者通过对北宋铜钱化学成分测定表明：北宋铜钱大多数铜含量在 62%—68% 之间，铅含量在 22%—29% 之间，锡含量在 7%—12% 之间。

① 高斯得：《耻堂存稿》卷 1《轮对奏札》，丛书集成本。

② 汪圣铎：《两宋货币史》（下册），社会科学文献出版社，2003 年，第 769 页。

③ 《长编》卷 116。

3．调节货币的流通。宋朝政府重视调节流通中的货币，主要表现在增加铸币、划分货币流通区域、调节纸币流通数量等方面。如北宋由于持续钱荒，鉴于铜钱供应量不足，政府以增设钱监、提高铜钱和铁钱的铸造量作为解决钱荒的一个重要措施。宋代政府根据国家经济实力状况、社会流通需求及对外斗争的需求，不断调整铜钱和铁钱的流通区域。如宋仁宗时期，对西夏、西蕃作战，为筹措军费，在陕西、河东实行铁钱，使之成为铜、铁钱兼行区。在宋代纸币的流通中，政府最关注的是其流通量。纸币发行之初，朝廷规定每次发行额为 125 万缗。后来由于财政每况愈下，政府逐渐增加其发行量，作为弥补财政赤字的手段，最后导致一发不可收拾。此外，政府还通过种种措施回笼纸币，以控制其流通数量。有关详细情况，留待下文讨论。

4．严厉实行铜禁和钱禁，禁止私铸钱币和伪造纸币。宋代政府为了保证铸造铜钱的原料供应，颁布了一系列的禁令，禁止私自开采和冶炼原铜，禁止私自贩运原铜，禁止私自制造铜器等。如法律规定："凡山川之出铜者，悉禁民采，并以给官铸。"[①] 民间使用的一切铜制品，举凡宫廷寺观法器、军器、铜镜、铜锣等，均由官府制造出卖，官府不宜制造的个别铜器，也由政府官员监督私人技工铸造。所谓钱禁，主要指政府为了解决钱荒，保证铜钱流通量，颁布法令禁止铜钱外流，禁止私自销熔铜钱，禁止过量储藏铜钱，禁止铜钱出京城等。如北宋中期规定："阑出铜钱，视旧法第加其罪，钱千，为首者抵死。"[②] 有关伪造纸币的问题，下文有专节讨论，兹略。

如前所述，张方平认为："钱者，人君之大权，御世之神物"，因此，主张"钱必官自鼓铸，民盗铸者抵罪至死，示不与天下共其利也"[③]。其实，自宋朝建立开始，最高统治者在对待民间盗铸（又称私铸）上都是

---

① 《宋史》卷 180《食货下二》。

② 《宋史》卷 180《食货下二》。

③ 《乐全集》卷 26《论钱禁铜法事奏》。

这个思路，以极刑予以惩处，以达到严厉禁止的目的。如《宋史》卷180《食货下二》载①：宋太祖初年，规定"凡诸州轻小恶钱及铁镴钱悉禁之，诏到限一月送官，限满不送官者罪有差，其私铸者皆弃市"。太宗端拱元年（988），又"诏察民私铸及销熔好钱作薄恶钱者，并弃市"。但是据史籍记载看，一味严禁的办法其效果并不好。如宋仁宗庆历年间，"大约小铜钱三可铸当十大铜钱一，以故民间盗铸者众，钱文大乱，物价翔踊，公私患之"。而且这种私铸之风屡禁不止，愈演愈烈。史载：宋神宗时期，"私钱往往杂用，不能禁，至是法弊"；宋徽宗大观年间，"凡以私钱得罪，有司上名数，亡虑十余万人"。究其原因，主要是巨大利益的驱动，使不法之徒铤而走险。正如御史沈畸所云："当十鼓铸，有数倍之息，虽日斩之，其势不可遏。"

5. 提高钱币价值，使盗铸者无利可图。针对私铸严禁不止的难题，有识之士从另一个思维角度提出对策。私铸者为什么有厚利可图，主要是因为钱币的币面值大大超过了它的币材值，如果币面值与币材值大致相等，那么盗铸者无利可图，盗铸自息。仁宗庆历八年（1048），"翰林学士张方平、宋祁、御史中丞杨察与三司使叶清臣先上陕西钱议曰：'关中用大钱，本以县官取利太多，致奸人盗铸，其用日轻。比年以来，皆虚高物估，始增值于下，终取偿于上。县官虽有折当之虚名，乃受亏损之实害。救弊不先自损，则法未易行。请以江南、仪商等州大铜钱一当小钱三。'又言：'奸人所以不铸小铁钱者，以铸大铜钱得利厚，而官不必禁。若铸大铜钱无利，又将铸小铁钱以乱法。请以小铁钱三当铜钱一。'既而又请河东小铁钱如陕西，亦以三当一，且罢官所置炉，朝廷皆施用其言。自是奸人稍无利，犹未能绝滥钱也。其后诏商州罢铸青黄铜钱，又令陕西大铜钱、小铁钱皆一当二，盗铸乃止。"② 由此可见，铸币考虑币面值与币材值的一致，是禁绝盗铸治本方法之一。但是，这一措

---

① 此自然段引文未注出处者，均见于《宋史》卷180《食货下二》。
② 《长编》卷164。

施受到当时财政危机的制约。如宋仁宗时，由于对西夏的战争，财政空虚，朝廷就发行币面值大于币材值的铜钱，以此巧取豪夺民间财富，来解决财政困难。如庆历年间，"陕西军兴，移用不足……陕西都转运使张奎、知永兴军范雍请铸大钱，与小钱兼行，大钱一当小钱十。奎等又请因晋州积铁铸小钱。及奎徙河东，又铸大铁钱于晋、泽二州，亦以一当十，以助关中军费"①。正由于统治者把发行币面值小于币材值的铜钱作为解决财政危机的重要手段，因此这一治本的办法时而被最高统治者抛置脑后。如宋徽宗时统治集团骄奢淫侈，大肆挥霍民脂民膏，财政入不敷出。蔡京当政，以利惑人主，陕西转运副使许天启"迎合京意，请铸当十钱"②。其后当十钱行，"私铸浸广"③。

宋代由于铜料缺乏以及财政困难的限制，通过发行币面值与币材值相等铜币来遏制盗铸的措施时而遭到破坏，这促进一些人在同一思路下通过其他手段使币面值与币价值相等，同样达到让盗铸者无利可图，盗铸之风自息。宋哲宗元符二年（1099），章楶上言："大钱鼓铸，精巧磨鑢，皆有楞郭，一一如法。民间虽欲仿效，计其获利，不能酬人工、物料之费，则铁钱、铜钱市价无二。至和已后，官司鼓铸不精之弊，起于率分钱。所谓率分者，每工所限日铸之数外有增益者，酌给众工。财利之司所贪者钱多，监临之官又以额外铸钱增数为课，则折二大钱，不复精巧如法矣，盗铸遂复擅利于下。当时官司不治其本，乃欲救其末，滥钱浸皆输于官矣……为今之计，莫若指挥官司精加鼓铸，无贪厚利，令制造精密，与物相权。盗铸之家，获利既薄，岂肯冒重法以自取死亡？"④显然，章楶是想通过加大铸钱的人工投入，提高钱币的质量，从而增加币价值，使之与币面值相近，而使盗铸者无利可图。但是后来的事实证明，通过这种办法提高币价值很有限，币价值与币面值差额还是较大，

---

① 《长编》卷164。
② 《宋史》卷180《食货下二》。
③ 《宋史》卷180《食货下二》。
④ 《长编》卷512。

盗铸者仍有很大的赢利空间。如"崇宁间，初铸大泉当十，号乌背赤仄，其次漉铜，制造皆极精好。然坏小钱三，辄可为一大泉，利既不赀，私铸如云，论罪至死。虽命官决杖、鲸配，然不能禁。又悬乌背赤仄及漉铜钱于通衢，使人识之。好事者戏谓与私铸作样，后无如之何。卒废为当五，旋又废为三"①。大泉虽制作极精好，但其实际每枚币材值只要 3 枚小钱，朝廷却把它的币面值定作 10 枚小钱，因此引发大量私铸，而且改币面值 5 枚小钱还不行，最后只有改作币面值 3 枚小钱，与实际币材值 3 枚小钱相等，私铸之风才平息。

南宋时期，思想家吕祖谦对南齐孔𫖮的铸钱不惜铜爱工思想作了进一步的发挥。他说："国家之所以设钱，以权轻重本末，未尝取利。论财计不精者，但以铸钱所入多为利，殊不知权归公上，铸钱虽多，利之小者，权归公上，利之大者。南齐孔𫖮论铸不可以爱铜惜工。若不惜铜则铸钱无利，若不得利则私铸不敢起，私铸不敢起则敛散归公上，鼓铸权不下分，此其利之大者。徒徇小利，钱便薄恶，如此奸民务之皆可以为。钱不出于公上，利孔四散，乃是以小利失大利。南齐孔𫖮之言乃是不可易之论。"② 这里吕氏深刻地总结了宋代统治者为了通过铸钱增加财政收入，不惜偷工减料，铸造不足量品质差的铜钱，其实这只是小利。而恰恰朝廷正是为了这些小利而引发私铸，私铸则使国家对钱币制造发行的垄断权遭到破坏，而国家对钱币制造发行的垄断权却是大利，所以国家因谋小利而铸劣质钱引发盗铸成风而破坏对钱币的垄断权这个大利，"乃是以小利失大利"。他指出统治者不从不惜铜爱工下手，而企图用其他办法解决恶钱问题，"或是立法以禁恶钱，或是（以）恶钱为国赋，条目不一"，都是"不揣其本而齐其末"的做法。他认为：从汉至隋，以"五铢之钱最为得中"，"惟五铢之法终不可易"；从唐至五代，"惟武德时初铸

---

①　陆游：《家世旧闻》下，中华书局点校本，1993 年。

②　吕祖谦：《历代制度详说》卷七《钱币》，台湾商务印书馆影印文渊阁四库全书本。此自然段引文不注出处者均见于此。

开元钱最得其平"，"惟开元之法终不可易"。

6. 其他严禁盗铸的措施。宋代严禁盗铸的各项措施中，还有一些颇有积极意义，兹简略阐述如下。《宋代要辑稿》刑法 2 之 45 载崇宁四年（1105）四月十二日中书门下省的奏札云："勘会民间私铸钱宝及私造鍮石铜器，各有条格及朝廷近降指挥，自合遵守外，全借监司州县及巡捕官司上下究其，方能杜绝。今具约束事件下项：一、私铸钱、私造铜器罪赏条禁，并仰于逐地分粉壁晓示，仍真谨书写，监司所至点检。一、获私铸钱宝、私铸铜器合支赏钱，才候见得情由，即据合支数目立便支给，各于犯人名下理纳入官。一、邻保内如有私铸钱宝、私造铜器之人，若知而不告，并依五保内犯知而不纠法。一、提刑司每岁比较巡捕官所获私铸钱宝、私造铜器一路最少之人各二员闻奏，当议除合得罪赏外，明行升黜，以为劝戒。"从这些条文可以看出，当时在禁止私铸的措施中重视对民众进行有关法律条文的宣传普及，使百姓知法守法；对抓获私铸钱币和铜器的官吏及时予以奖励，以提高他们的积极性，充分发挥他们的作用；对于邻保内私铸钱币和铜器知而不告者予以处罚，以使左邻右舍惧于受到牵连而不敢隐瞒，从而提高私铸犯罪的发现率；对于负责禁止、查获私铸的官吏，采取类似当今末位淘汰制的方式，进行考课升黜，借此督促他们必须尽责尽职。

从总体上说，宋代对盗铸的惩罚是严厉的，但是在盗铸泛滥、犯罪者数以万计的情况下，严惩又显得法不责众。这不得不引起统治者的担忧，进行一些政策调整，采取较灵活的对策。如宋徽宗时，"盗铸遍天下，不可禁……冒禁而破家身死者众"[①]。崇宁四年（1105）九月，宋廷不得不下诏："近铸当十钱，以权轻重，而民愚无知，冒利犯禁私铸抵罪。其又捕获人可特与免罪，仍免出纳赏钱，仰所在州军并收充铸钱户，倍加存恤，依法给与官屋，支物料不得减克。候铸到钱，限三日支给四分钱，无令失所。如该载不尽事件，并依东南铁钱已得指挥施行。其未

---

① 朱翌：《猗觉寮杂记》卷下，台湾商务印书馆影印文渊阁四库全书本。

获人展两月，赴官陈首，准此收充铸钱户。"① 这确是一个积极的正面引导办法，通过赦免已被捕获的盗铸者，鼓励未被发现的盗铸者赴官自首，把这些人都妥善安置，发挥他们的一技之长，为官府铸钱。其思路是既避免大规模的杀戮，使社会矛盾激化，又为官府增加一批有技艺的铸钱工匠，达到化私铸为官铸，化害为利的目的。

综上所述，宋代统治集团在货币管理思想和实践中的总体框架可用下图表示：

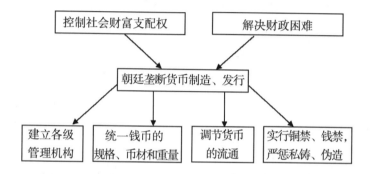

二、 解决钱荒的思想

在中国货币史上，宋代的钱荒是一个非常突出且错综复杂的现象，因此十分引人关注。不仅当时许多人对钱荒的表现、成因及应对措施提出了自己的见解，而且后世不少学者也对此进行深入的研究，试图对这独特的历史现象予以剖析。

钱荒这个专用术语产生于宋代，但这种现象不是从宋代开始出现的，至少唐五代已经存在。虽然钱荒不是最早产生于宋代，但我们可以说至宋代开始，钱荒问题大大复杂化了，因此对钱荒的讨论仁者见仁，智者见智，看法很不一致。何谓钱荒？是指整个社会的货币总量不足，还是专指流通领域的货币不足？从社会层面看，是官私上下皆缺乏铜币，还是单指民间缺乏铜币？从空间看，是整个国家全局性的钱荒，还是某些

---

① 《群书考索》后集卷60《财用门·铜钱类》。

地区局部性的钱荒？从时间看，是某些时期出现钱荒，还是终宋一代，钱荒始终存在？除此之外，关于钱荒造成的社会经济影响，究竟是"币重物轻"，还是铜币为纸币所驱逐，最终形成纸币通货膨胀？钱荒的成因究竟有哪些，何为最主要的原因，应该如何对症下药，采取何种措施等等，诸如此类，不一而足。下面笔者仅就所涉猎的资料，作一爬梳整理，分类缕述，限于学力，孰是孰非，目前还很难有个最终的答案。

（一）钱荒表现的分析

所谓钱荒，尽管时人与今人说法各一，但共同点是都认为因流通中货币相对不足而引起的一种货币危机现象。根据笔者所见，宋代较早明确提到钱荒的是欧阳修、余靖和李觏。

欧阳修于庆历三年（1043）在《论乞不受吕绍宁所进羡余钱札子》云："今三司自为阙钱，累于东南划刷，及以谷帛回易，则南方库藏岂有剩钱！闾里编民必无藏镪，故淮甸近岁号为钱荒"①。余靖也于庆历三年在《上仁宗论两税折纳见钱》云："臣切闻三司计度，预于淮南、江淮、浙、荆湖等路今年夏秋税内，折纳见钱四百万贯……累年之间，科率频并，当今天下，钱货至少，江淮之地名为钱荒。谓宜改制泉刀，以救其弊。"② 大致与此同时，李觏在《富国策第八》中也云："朝家治平日久，泉府之积尝朽贯矣。而近岁以来，或以虚竭，天下郡国亦罕余见。夫泉流布散，通于上下，不足于国，则余于民，必然之势也。而今民间又鲜藏镪之家，且旧泉既不毁，新铸复日多，宜增而却损，其故何也？"③

从以上三人所谈到的钱荒现象来看，他们都认为钱荒是官私上下均缺乏铜钱，即"三司自为阙钱""（泉府）近岁以来或以虚竭""闾里编民必无藏镪""民间又鲜藏镪之家"，而且是指整个社会货币总量不足，不单单只是限于流通领域。从以上所云"淮南""江淮"等地来看，钱荒当

---

① 《欧阳文忠公集》卷 99《论乞不受吕绍宁所进羡余钱札子》。
② 《宋朝诸臣奏议》卷 104《上仁宗论两税折纳见钱》。
③ 《李觏集》卷 16《富国策第八》。

主要在东南地区。

到了宋神宗、哲宗时期，人们对钱荒表现的认识有了一定的转变，主要变化是认识到钱荒主要是指民间缺乏铜钱，而官府则聚敛了大量铜钱。持这种观点的人中最具代表性的是苏氏两兄弟。

（苏）轼谓司马光曰："差役、免役各有利害，免役之害，掊敛民财，十室九空，钱聚于上，而下有钱荒之患。"① 苏辙云："然方是时，东南诸郡犹苦乏钱，钱重物轻，有钱荒之患。自熙宁以来，民间出钱免役，又出常平息钱，官府之钱贯朽而不可校，民间官钱搜索殆尽，市井所用多私铸小钱，有无不交。"②

但是，这一时期也有人认为，钱荒仍然是官私上下皆缺铜钱，如熙宁年间张方平在《论钱禁铜法事奏》中说："乃自比年以来，公私上下，并苦乏钱，百货不通，万商束手。又缘青苗、助役之法，农民皆变转谷帛，输纳见钱，钱既难得，谷帛益贱，人情窘迫，谓之钱荒。府库例皆空虚，人户又无居积，不知岁所铸钱，今将安在？"③

南宋时期，有关钱荒表现的议论材料较多，从初期、中期至后期时时可闻，而且看法比较一致，均认为官私上下均缺乏铜钱，其范围波及全国，而且是整个社会货币总量不足。兹举南宋初期、中期、后期较有代表性材料各一例：

（绍兴七年中书舍人李弥逊）云："臣窃惟泉货之用于天下，犹水之行于地中。其出也有源，则其流也不绝。一窒其源，则竭矣……况钱货之积，必有所在，不在公家，即在私室。今国用不足，百姓不足，公卿之家尽于盗贼，兼并之家尽于诛求。"④

---

① 王称：《东都事略》卷 93 上《苏轼传》，台湾商务印书馆影印文渊阁四库全书本。

② 《栾城集》卷 37《乞借常平钱置上供及诸州军粮状》。

③ 《乐全集》卷 26《论钱禁铜法事奏》。

④ 李弥逊：《竹溪先生文集》卷 1《绍兴七年自庐陵以左司召上殿札子》，台湾商务印书馆影印文渊阁四库全书本。

（嘉定十五年七月）二十二日，臣僚言："铜钱浸少，楮券浸轻，不可不虑……夫其为弊固多端，而关于利病之大者有三焉：一曰钲销渗漏之多，二曰本钱支遣不敷，三曰官属体统不一。"①

重以楮币泛滥，钱荒物贵，极于近岁，人情疑惑，市井萧条。②

综上所述，宋人对当时钱荒表现的认识还是较符合历史的实际情况。宋仁宗时期，"三冗"问题已日益凸现，加上对西夏的长期战争，国力消耗巨大，朝廷加重对东南地区的敛财，钱荒问题开始突出，其表现是东南地区官私上下均感缺乏铜钱，并引起一些有识之士的关注和议论。宋神宗时期，为解决日益严重的财政危机，王安石实行变法，通过青苗钱、免役钱从百姓手中聚敛了相当数量的铜钱，因此这一时期的钱荒表现当有所转变，官府缺钱问题有所改善，而民间缺钱情况则更加严重。笔者认为苏轼、苏辙兄弟"钱聚于上，下有钱荒之患"的看法是比较客观的。从北宋后期至南宋，在多种因素的综合作用下，国家财政入不敷出，每况愈下，社会经济凋敝，苛捐杂税繁重，百姓被剥夺殆尽，民不聊生，钱荒的表现更是全国性的官私上下缺钱，纸币泛滥，物价飞涨。

（二）钱荒成因与对策的分析

在宋代，最早比较全面系统分析钱荒成因及提出对策的是思想家李觏。他在《富国策第八》中③，对此进行了探讨。他认为，钱荒的原因有三个方面：一是销毁铜币私铸恶钱。"窃观人间，或销法钱，淆杂他巧，以为恶钱"，"销一法钱，或铸四五，市人易之，犹以二三，则常倍息矣……国失法钱，而民得恶钱，恶钱终不可为国用，此钱所以益少也"。二是销毁铜币铸造铜像铜器。"又缁黄之家，竞礼铜像，易模变巧，动必满堂……则以钱为之耳"。三是铜币外流。"蛮夷之国，舟车所通，窃我泉货，不可不察"。

---

① 《宋会要》职官 43 之 179 至 180。
② 《鹤山先生大全文集》卷 19《被召除礼部尚书内引奏事第四札》。
③ 《李觏集》卷 16《富国策第八》。

　　稍后于李觏，曾巩在《议钱》（下）① 也对钱荒成因谈了与李觏相似的观点。他谈了钱荒四个方面的原因：其一"盗铸盈市而法令不能严"，"故公钱益少而私钱益多。"这点与李觏的"国失法钱，而民得恶钱，恶钱终不可为国用，此钱所以益少也"相似，即私铸质量较差的铜钱大量流通，把官铸质量较好的铜币排挤出流通流域。这里虽然没有明确揭示劣币驱逐良币的经济规律，但他们已敏锐直观地觉察到这个规律。其二"海外之郡，如高丽、交趾之国……彼以铜非己地所出，乃多聚奇产无名之货来鬻于中国。中国之人爱其异而贪其宝，争以泉货而市之。彼得泉以归，则铸为铜器以便其俗。故钱日益以少，而民日益以贫，而国家不知禁焉"。这点就是李觏的蛮夷之国窃我泉货。其三"边要之地，宿兵者三世矣；河汾之间，兴师者数年矣。所以充彼之求，足彼之用者，莫先乎泉也。鼓之铸之不绝于时，一至塞下无复返者，此中国之泉所以耗，而边民之豪得以聚而积之也。故中国之物其直轻，由于钱寡也；塞下之物其直重，由于钱多也"。曾巩把钱荒的原因之一归于"中国"（即中原）铜币大量流向塞下（西北边疆），是李觏所未提及的，他看到当时铜币在全国各地区流通的不平衡性是造成局部地区钱荒的原因之一。其四"夫释、老之徒，以铜为器；其徒日益广，其器日益增。所增之器，有销钱而铸焉者，有市铜而铸者。国家虽有其禁，又宽而不举。以日销之钱而供日增之器，以日耗之铜而给日兴之铸，是何异拔树而附枝乎？"这点与李觏的销毁铜币制造铜像铜器是一样的。

　　中国自出现铜币以来，就面临一个两难的棘手问题，这就是当官铸铜币质量好、其实际含铜量价值大于面值时，受价值规律的制约，人们便会销毁铜币以铸造含铜量价值小于面值的私币或铜像铜器以牟利；反之，当官铸铜币实际含铜量价值低于面值时，人们就会盗铸这种官铸铜币以牟利。李觏、曾巩所处的仁宗、神宗时期，正是官铸铜币质量好的时期，因此出现了前一种情况；到了宋徽宗时期官铸当十钱、当五钱，

---

① 曾巩：《曾巩集》卷 10《议钱》（下），中华书局点校本，1984 年。

铜币含铜量价值大大低于面值，因此就出现了后一种情况。从当时情况看，李觏与曾巩也不能提出什么其他更好的选择，只能主张颁布法令予以严厉禁止。如曾巩在分析了钱荒的成因之后，就指出："今诚能稍严其禁，以为之限，是亦策之一得也。"至于铜钱外流问题，李觏没有提出具体的应对措施，曾巩也只是简单、笼统地主张予以禁止。其实有关钱禁、铜禁的法令早在宋太祖时期就已颁布实行。开宝元年（968）宋太祖颁布诏书规定："旧禁铜钱无出外化，乃闻沿边纵弛，不复检察。自今五贯以下者，抵罪有差；五贯以上，其罪死。"① 开宝三年（970）又规定："民铸铜为佛像、浮图及人物之无用者禁之；铜铁不得阑出蕃界及化外。"②

这里必须特别提出的是李觏在如何禁私铸去恶钱的做法上高人一筹。他认为不能一味采取强硬的行政手段，以严惩或没收等予以禁止取缔。"今人间既多恶钱，一旦急之，则莫敢出，莫敢出则是销法钱之铜而积无用之地，国既失实，民用伤财。固莫若下令收恶钱而销之，除其淆杂，偿以铜价，示之期日，委之重典。民既畏法，而喜于得直，将毕入于官，官挟其铜，因以资冶铸，则法钱益增，恶钱尽去矣。"③ 这里，李觏认为以软硬兼施的手段，限期收买恶钱，再熔铸成法钱，逾期不出卖恶钱者，则再予以重惩。这的确是一举多得的好办法，官府可尽数收兑到恶钱，解决钱荒，民众卖掉恶钱又可得到官府的补偿，经济上损失不大又没触犯法令。总之，官私经济上双赢，又可保持社会稳定。对于铜钱大量从"中国"流向"塞下"的问题，曾巩主张通过经济的手段来解决这一经济问题，即利用商业手段，通过商人以谷帛等物资代替铜钱，协调钱流与物流的关系："国家诚能止钱货之运而若谷若帛，募富商巨贾致于塞下，使就取其符于江淮京洛间，或泉或货，杂支以偿之。若此二三岁，而中国之泉不营而自给矣"④。

---

① 《长编》卷9。

② 《宋史》卷185《食货下七》。

③ 《李觏集》卷16《富国策第八》。

④ 《曾巩集》辑轶《议钱》（下）。

宋神宗、哲宗时期，以张方平为代表的反变法者认为钱荒的主要原因是王安石解除铜禁、钱禁及变法向农民征收青苗钱、免役钱造成的。对此，张方平批评说：

乃自比年以来，公私上下，并苦乏钱，百货不通，万商束手。又缘青苗、助役之法，农民皆变转谷帛，输纳见钱，钱既难得，谷帛益贱，人情窘迫，谓之钱荒。府库例皆空虚，人户又无居积，不知岁所铸钱，今将安在？此事实系安危之体，宜明利害之原。夫铸钱禁铜之法旧矣，累朝所行，今敕具载，钱出中国界，乃一贯文，罪处死，而又重立赏格，使人告捕。至于居停资给担擎人等，与夫官吏之失于检察者，各等第坐罪。又禁铜之条，犯之九斤，已得刺配之罪，亦设告赏之科。而自熙宁七年颁行新敕，删去旧条，削除钱禁，以此边关重车而出，海舶饱载而回……今自广南、福建、两浙、山东，恣其所往，所在官司公为隐庇，诸系禁物私行买卖，莫不载钱而去。钱本中国宝货，今乃与四夷共用。又自废罢铜禁，民间销毁无复可办。销熔十钱，得精铜一两，造作器用，获利五倍。如此，则逐州置炉，每炉增课，是犹畎浍之益，而供尾闾之泄也。大为之防，民犹瑜焉，若又废之，将何惮矣！盖自弛禁数年之内，中国之钱日以耗散，更积岁月，外则尽入四夷，内则恣为销毁，坏法乱纪，伤财害民，其极不可胜言矣。[①]

据此可知，张方平论钱荒的成因主要有 3 个方面，其中铜钱外泄与销铜钱铸器物与李觏、曾巩等观点是一样的。其不同的是张方平把这两方面与政府征收青苗钱、免役钱同视为新法在政策上的失误。他在另文《论率钱募役事奏》中进一步从货币流通渠道对征收免役钱、青苗钱引起钱荒的观点作了阐述："凡公私钱币之发敛，其则（规律）不远。百官群吏三军之俸给，夏秋籴买谷帛，坑冶场监本价，此所以发之者也；屋庐正税，茶盐酒税之课，此所以敛之者也。民间货币之丰寡，视官钱所出

---

① 《乐全集》卷 26《论钱禁铜法事奏》。

之少多，官钱出少，民用已乏，则是常赋之外，钱将安在？"① 张方平认为货币的"发"与"敛"必须在数量上平衡，原来就已经是发少敛多，民间已缺铜钱，现在在常赋之外又加征铜钱，百姓哪里还有钱交纳。有人认为实行免役法，政府出钱募役，钱仍流回民间。张方平反驳说："夫募钱者，率（敛）之农民，散于惰游，市井自如，南亩空矣。"② 免役钱大部分征自农村，而用来募役的钱却流向市井（城镇），这里缺乏从城镇流向农村的钱币流通渠道。因此，对于农民来说，只能是两手空空，铜币是难得之物。在自然经济占统治地位的宋代，尽管商品经济已较发达，但仍存在着货币流通渠道不畅的问题。张方平能从货币流通渠道来分析征收青苗钱、免役钱引起钱荒问题，比起同时代苏轼、苏辙兄弟的"免役之害，掊敛民财"，"又出常平息钱，官库之钱贯朽而不可校，民间官钱搜索殆尽"，更具有理论深度。

张方平、苏氏兄弟都反对新法，他们把钱荒的成因归咎于新法政策的失误，因此在批评新法造成钱荒之后，都主张恢复旧法，没有提出什么新的措施。

与张方平、苏氏兄弟同一时期的沈括，也对钱荒成因及应对措施提出了8点意见，其中一些看法可谓独树一帜，兹先引录全文，然后再作分析。

上（宋神宗）尝问公私钱币皆虚，钱之所以耗者，其咎安在？括对曰：钱之所以耗者八，而其不可救者两事而已，其可救者五，无足患者一。

今天下生齿岁蕃，公私之用日蔓。以日蔓之费，奉岁蕃之民，钱币不足，此无足怪。又水火沦败、刓缺者莫知其几何，此不可救者二也。

铜禁既开，销钱以为器者利至于十倍，则钱之在者几何其不为

---

① 《乐全集》卷 26《论率钱募役事奏》。
② 《乐全集》卷 26《论率钱募役事奏》。

器也？臣以谓铜不禁，钱且尽，不独耗而已。异日富家备寇攘水火之败，惟蓄盐钞，而以藏镪为不利。钞之在民以千万计。今钞法数易，民不坚信，不得已而售钞者，朝得则夕贸之，故钞不留而钱益不出。臣以谓钞法不可不坚，使民不疑于钞，则钞可以为币，而钱不待益而自轻矣。

古为币之物，金银珠玉龟贝皆是也，而不专赖于钱。今通贵于天下者金银，独以为器而不为币，民贫而为器者寡，故价为之日轻。今若使应输钱者输金，高其估而受之，至其出也亦如之，则为币之路益广，而钱之利稍分矣。

钱利于流。借十室之邑有钱十万，而聚于一人之家，虽百岁故十万也；贸而迁之，使人餐十万之利，遍于十室，则利百万矣；迁而不已，钱不可胜计。今至小之邑，常平之蓄不减万缗，使流转于天下，何患钱之不多也。

四夷皆仰中国之铜币，岁阑出塞外者不赀。议者欲榷河北之盐，盐重则外盐日至，而中国之钱日北。京师百官之饩馈，他日取羊牛于市者，惟以百货易之，近岁以疥疾、干没之为蠹，一切募民入饩，牵于京师，虽革刍牧之劳，而牛羊之来于外国，皆私易以中国之实钱。如此之比，泄中国之钱于北者，岁不知其几何。此皆作法以驱之，私易如此者，首当禁也。此可以救者五也。

河湟之间，孤绝一隅，岁运中都之币以实塞下者，无虑岁数十万缗，而洮岷间冶铁为币者，又四十万缗，岁积于三州之境。物出于三州者有穷，异时粟斗百钱，今则四五倍矣。此钱多之为祸也。若不以术泄之，数十岁之后，刍粟何止率钟而致石？今莫若泄之羌中，听其私易，贯率征钱数十，岁已得数万缗。以吾之滞积，而得战马、饩羊有用之物，岁入之刍粟遂减数倍之价，一术而数利。中都岁送之钱，但以券钞当之，不徒省山运之劳，而外之所泄，无过

岷山之铁耳。此不足为害者一也。①

沈括分析的钱荒原因有8条，并把它们分成3种情况，"不可救者两事而已，其可救者五，无足患者一"。简而言之，首先不可救者两事指铜钱增加满足不了人口增长需求，自然损耗使铜钱减少。笔者认为这两者不是钱荒的主要原因，因为北宋人口虽然有较快的增长，从宋太宗至道三年（997）至宋神宗熙宁八年（1075）约增长了374％，而从宋太宗至道年间（995—997）至宋神宗熙宁末年（1077）铜钱的铸造量约增长了366.25％，如再加上铁钱约90％的增长指数②，以及纸币的发行，货币发行量的增长速度略快于人口的增长。因此，人口的增长对钱荒有一定的影响，但不应是主要的原因，我们对此必须有一个恰如其分的评估。对于人口增长与货币数量供应不足的因果关系，唐代刘秩就已谈到："夫钱重者，犹人日滋于前，而炉不加于旧"③。沈括在此基础上进一步深化为人口增加导致公私支出日益增多，从而使全国货币数量不足而促成钱荒的形成。沈括从人口增殖与铜币供给不足的矛盾来分析钱荒原因，在宋人之中还是比较新颖的。至于流通中货币的自然损耗，可以想象，其数量一定很少，作为探讨钱荒的成因，似乎可以不予考虑。

其次其可救者五事，其中第一事"销钱以为器"，第五事"岁阑出塞外者不赀"（即铜币外流），与李觏等观点相同，这里不再讨论。第二事是盐钞失信，使民间多蓄钱加剧了钱荒。沈括认为当盐钞价格稳定时，人们认为贮钞比贮币有利；而今钞法几次改变，信用变坏，使人们不愿贮钞。因此，他要求稳定盐钞法，取信于民，这样人们就会以钞代币，缓解铜钱不足的状况。第三事金银退出流通领域，使铜币不足的压力更大。对此，沈括主张把贵金属金银也当作货币使用，分流一部分流通量，就可减轻铜币不足的压力。沈括有关钱荒成因与对策的这两点分析，是

---

① 《长编》卷283。
② 《中国经济通史·宋代经济卷》，第49页、679—681页。
③ 《旧唐书》卷48《食货志上》。

同时代人所忽视的，他的见解有独到之处，并且是切实可行的。

沈括论钱荒成因与对策中最具理论深刻性的是第四事流转常平之蓄以解决钱荒。他认为在一定时间内，同一数量的货币，如加速其流通速度，就能随流通次数成正比增加其数量，并发挥作用，其用数学公式表示为：

货币数量×流通次数＝流通中实际发挥作用的货币数量

沈括对此作了深入浅出的表达：钱币只有在流通中才能发挥作用。10 万钱币如一直在一家手中而不流通，即使一百年后仍然只有 10 万。如果通过贸易而流通于 10 家，就等于 100 万钱币所发挥的作用。如流通不已，则 10 万钱币的作用无穷无尽。今天一个很小的城镇，常平储存不少于一万缗，如使之都流通全国，哪还担心什么铜钱不够。沈括的这一思想在现实意义上是有针对性的，当时正值变法征收青苗钱、免役钱，官府聚敛铜钱之时，正如前文所引苏辙所云，所谓钱荒是"官府之钱贯朽而不可校，民间官钱搜索殆尽"，沈括要求把常平储存投放出来流通，显然是有的放矢的，试图在不增加货币绝对量的基础上，通过加速流通来增加铜币供应量，解决钱荒问题。从理论意义上来说，沈括的这一思想相当深刻卓越，欧洲直到 17 世纪威廉·配第才提出了相类似的思想，沈括比其早了大约 600 年。但最后必须指出的是沈括的这一思想虽然在理论上是深刻卓越的，在实践上是有针对性的，但在当时以自给自足自然经济占主导地位的社会经济条件下，不具有可操作性，因此沈括对此也只能笼统地泛泛而谈，不能也不可能提出详细具体的实施措施。历史最终也证明沈括开出的良方没能治愈宋代钱荒这一顽疾。

最后沈括分析了不足为害者是西北钱多为患。如前所述，曾巩在《议钱》（下）谈到西北钱多而物价上涨之患，沈括的看法与其相同，他把西北边境的"钱多之祸"概括为钱多、物少、价高，主张以券钞代替京城输送到边境的铜钱，以滞积的铁钱购买羌人的战马、饩羊等有用之物，这样一举而得五利：一是国家一年可得数万缗税收；二是把积压的铁钱换取马、羊；三是货币量减少使物价下降；四是以券钞代铜币，节

省了朝廷运钱至边境的成本；五是可部分解决中原钱荒之患。沈括的这点主张既详细又具体，切合当时的实际情况，具有很强的可操作性。

南宋时期，钱荒问题依然相当严峻，有关其议论不少，于史籍屡见不鲜。据笔者所见，对钱荒成因和应对措施作比较全面概括的是《宋会要》刑法2之143所载嘉定十二年（1219）八月九日臣僚所言：

> 今日楮券之弊，较之开禧之前固不若彼之甚，州县称提，久而厌玩，不无折阅去处。然振起其折阅之渐，而杜绝其致弊之因，其策在钱而不在楮。盖钱者，所以权乎楮也。今日之钱，鼓铸不登，渗漏不赀，钘销日蠹，私家藏匿，叠是四弊，固宜铜钱日少而无以济楮币之流行。乞申明禁令，凡鼓冶鼓铸责之所司，必欲岁数增衍；至于蕃贾之渗漏、工匠之钘销、豪民赃吏之藏积，严行禁止，无尚虚文，无恤浮议，则铜钱可以渐裕，子母可以相权，楮币之价不至于随起而随仆矣……”从之。

这里，臣僚把南宋的钱荒成因归为"四弊"，其中"渗漏不赀"（即铜钱外流）、"钘销日蠹"（即销钱铸器）是自北宋初期就已存在，而且屡禁不止，因此，一直被人们认为是钱荒的重要原因之一。到了南宋，许多人仍把它们作为钱荒的原因之一，是符合历史实际的。

南宋以后，铜币外流现象较北宋有过之无不及。南宋初年便有朝臣议论："江淮海道，难于讥察，其日夜泄吾宝货者多矣"，形成"今日之弊，物贵而钱少"[1] 的紧张情况。官府对外流现象并无得力措施，如泉州商人，"夜以小舟载铜钱十余万缗入洋……官司知而不问"[2]，甚至官府"且为防护出境"[3]。因此，终宋一代，铜币外流之风愈演愈烈。包恢《禁铜钱申省状》中讲南宋后期，日本商船每年有四五十艘到庆元，"所酷好者，铜钱而已"，"一船可载数万贯文而去"，至于"台城一日之间，忽绝

---

① 《建炎以来系年要录》卷79。
② 《建炎以来系年要录》卷150。
③ 《宋会要》刑法2之144。

无一文小钱在市行用"。宋理宗淳祐四年（1244）右谏议大夫刘晋之言：
"巨家停积，犹可以发泄，铜器钚销，犹可以止遏，唯一入海舟，往而不
返。"① 此外，销钱铸器现象也有增无减，蔓延全国，正如绍兴四年
（1134）八月癸巳太常少卿陈桷所言："铜器布于天下，不可胜数，皆毁
钱而为之。"② 总之，铜币流向海外和销钱为器，形成货币绝对量的大减。

"四弊"中第一弊"鼓铸不登"（即铜钱产量不高）是北宋时期所无
的，只出现于南宋。这一分析也符合历史事实。北宋时期年铸钱额一般
年份都远远超过百万贯，最高年份铸造额接近 500 万贯，而南宋时期铸
币额陡降，"自渡江后，岁铸钱才八万缗，近岁始倍，盖铜铁铅锡之入，
视旧才二十之一，所铸钱视旧亦才二十之一尔"③。由此可见，北宋的年
铸钱额是南宋的近 20 倍。南宋年铸钱数量远远低于北宋，时人对此原因
亦作了分析。如陈桷认为，"今鼓铸仅有其名，约工既大，劳费既多，而
官铸所入无几"④，用现在经济学的术语说，就是成本太高，无法赢利。
还有当时"东南之铜或暂息而未复"⑤，亦是造成南宋铸钱业萎缩的一个
重要原因。

总之，南宋时期一方面是"渗漏不赀""钚销日蠹"，使铜钱的绝对量
大减，另一方面是"鼓铸不登"，其铸钱数量大幅下降，两者成剪刀差发
展趋势，可想而知，钱荒的严重性较北宋有过之而无不及。

"四弊"中的第四弊为"私家藏匿"。"私家藏匿"会导致流通领域铜
币的缺乏，早在北宋仁宗时期就有人注意到了。如《长编》卷 109 载，
大臣盛度、王随与权三司使胡则上书言盐通商五利时就言及："国之钱
币，谓之货泉，盖欲使之通流，而富室大家多藏镪不出，故民用益蹙。"
但是私家贮藏铜钱的现象在北宋似乎不多见，故官方对此没有采取过什

① 《宋史》卷 180《食货下二》。
② 《建炎以来系年要录》卷 79。
③ 《宋会要》食货 11 之 1。
④ 《建炎以来系年要录》卷 79。
⑤ 《水心别集》卷 2《财计中》。

么措施。

到了南宋，私家贮藏铜钱的现象开始普遍起来，对钱荒来说是雪上加霜，使之愈演愈烈，引起了人们的关注，不少人开始探讨其成因、影响与应对措施。据史籍记载，私家贮藏铜钱的动因有两个方面：一是铜钱作为财富的象征，成为富家大户贮藏的对象。如《建炎以来系年要录》卷182载："比年（绍兴年间）权富之家以积钱相尚，多者至累百钜万，而少者亦不下数十万缗，夺公上之权，而足私家之欲，富者日益富，而贫者日益贫。"二是楮币的大量发行，把铜钱驱逐出流通领域，被官私贮藏起来。这就是"夫造楮之弊，驱天下之钱，内积于府库，外藏于富室，而欲以禁钱、鼓铸益之耶？"① 从第二方面的动因我们可以看出，其实"私家藏匿"作为钱荒的成因之一只是一种感性表象的认识，其理性深层次的认识就是下文所要介绍的叶适所提出的钱荒的主要原因是"楮在而钱亡，楮尊而钱贱"，"夫造楮之弊，驱天下之钱"，即"劣币驱逐良币"。

总之，嘉定十二年（1219）臣僚所言"四弊"基本上涵盖了南宋钱荒的主要原因，并且是符合历史情况的，其中第四弊"私家藏匿"就是"劣币驱逐良币"的主要表象。针对"四弊"，臣僚提出了应对措施。这些措施即被后来的叶适精当地总结为两个方面：一是羡钱之术，即上引"凡鼓冶鼓铸责之所司，必欲岁数增衍"，通过增加铜矿开采量和增铸钱币数量的办法来解决钱荒。但是，这方面措施效果不尽如人意，当时由于矿源的枯竭、开采技术的限制以及管理不善等，铜矿开采冶铸的成本较高，投入不抵产出，铜矿冶铸业逐渐萎缩。北宋时最重要的铜矿"韶州岑水场往岁铜发，掘地二十余丈即见铜，今铜益少，掘地益深，至七八十丈"② 。由此可以推测出，到了南宋其矿井因持续开采而更有相当的深度。南宋大臣王之望也云：当时铜矿"窟之深者，至数十百丈"③ 。而

---

① 《水心别集》卷2《财计中》。

② 孔平仲：《孔氏谈苑》卷1《地中多怪》，丛书集成本。

③ 王之望：《汉滨集》卷8《论铜坑朝札》，台湾商务印书馆影印文渊阁四库全书本。

洪咨夔《大冶赋》中对铜矿之深作了这样的描绘:"缭乎修隧,黝乎幽墅,潜盍旁呀,阴豀斜却。"这说明铜矿井之深在南宋已较普遍。在这样深的矿井内采矿,必须有更高的技术和更多的投入。又如由于管理不善,宋宁宗时"冶卒窳惰,多遗矿泥滓中,有司莫之察。公置局淘洗,所得皆精良,于是尽还故额"①。南宋产铜量的不足和高成本制约了铸钱业的发展,使增加铸钱额相当困难,"铜料不继,鼓铸日虚"②。而且成本提高,"约工既大,劳费既多,而官铸所入无几"③。据汪圣铎先生的研究,"北宋时期总的讲,铸铜钱对官方来讲是不赔钱的,有的还有赢利……南宋时期铸钱是赔本。"④ 总之,这种收不抵支的局面大大制约了铜矿的开采和铸钱业的扩大再生产,从而无法增加生产铜币的数量。二是防钱之禁,即上引"蕃贾之渗漏,工匠之钣销,豪民赃吏之藏积,严行禁止"。但是,从史籍记载可知,南宋的这些防钱之禁其效果不是很好。宋理宗时,陈庆勉对此作了一个很好的总结:

> 今日之钱莫甚于阑出之禁,钣销次之,藏钱又次之,藏之钱犹在也,特出之无术尔。若钣销之家一郡一邑有之,一市一镇有之,工于此、食于此者不知其几,日夜造作无非耗钱以为器,以东南一监铸之,而东南百千万家销之,铸之者日计不足,销之者月计有余……而阑出又甚焉。且浙西之钱泄于浙东,至浙东而泄于海矣。江东之钱泄于江西,江西之钱泄于福建,至福建而泄于海矣。湖北之钱泄于湖南,湖南之钱泄于东广,至东广而泄于海矣。阑出之不禁,而漏卮之难塞,钱之耗莫甚于此。⑤

南宋时期,防钱之禁诸方面措施效果不佳的原因是多方面的。如销

---

① 洪咨夔:《平斋文集》卷 31《吏部巩公墓志铭》,台湾商务印书馆影印文渊阁四库全书本。

② 《建炎以来系年要录》卷 79。

③ 《建炎以来系年要录》卷 79。

④ 《两宋货币史》(上册)第 305 页。

⑤ 程敏政:《新安文献志》卷 10 陈庆勉《蒲圻回叶殿院论钱会书》,台湾商务印书馆影印文渊阁四库全书本。

钱铸器所获利润丰厚，宋人一般认为有 5 倍 10 倍之利，这是促使私铸者铤而走险的最原始动因。时人袁燮上奏云："销钱为器，未始无法也，而获利十倍，人竞趋之，所在公行"①。在南宋海外贸易中，走私铜钱销往海外可获暴利。"贩一钱可得数千百钱之货，海舶乌乎而不泄！"② 因此，"金银铜铁，海舶飞运，所失良多，而铜钱之泄尤甚。法禁虽严，奸巧愈密，商人贪利而贸迁，黠吏受赇而纵释，其弊卒不可禁"③。总之，在巨大的诱人的利益驱动下，法令虽严，但其结果是屡禁不止。"钱之在今也，有边关漏泄之弊，有铢销鼓铸之弊，虽严其禁而钱愈不见其多……铜器之禁非不申明其法以严禁，而今日稍稍知惧，数月之后浸以如故。"④至于严禁"私家藏匿"，其效果则更糟，因为更不具可操作性。"今之所谓钱者，富商巨贾、近习阉官、权贵将相皆盈室以藏之，列屋以居之，积而不泄，滞而不流。至于百姓三军之用，则惟破楮券尔。一旦缓急，破楮券可用乎？"⑤ 正因为大量贮藏铜钱均是这些有权有势有钱的社会上层，法令对他们是很难起作用的，而且在深府大院里贮藏钱币，是很难被发现的。即使从封建社会法理上说，禁令也不具有起码的公正性。正如宋宁宗时青田县主簿陈耆卿上奏所言："楮之所以难行者，不独以楮之多，而亦正以钱之少也。存者既少，藏者愈牢。故虽以重法欲散出之，彼将曰：吾之钱，吾所自有，吾所藏也，彼以中国之所有而散之夷狄，上不之禁，而何以咎我为哉！"⑥

　　南宋时期，在探讨钱荒成因时与众不同的是叶适。首先，叶适一反常人异口同声的说法，认为钱荒并不是真正意义上的社会钱币总量的不

　　① 《历代名臣奏议》卷 273。

　　② 《群书会元截江网》卷 11《钱帛·时政》，台湾商务印书馆影印文渊阁四库全书本。

　　③ 《宋史》卷 186《食货下八》。

　　④ 《群书考索》后集卷 52《财门·唐赋税盐茶酒钱楮坑冶铜禁》。

　　⑤ 杨万里：《诚斋集》卷 62《上寿皇论天变地震书》，台湾商务印书馆影印文渊阁四库全书本。

　　⑥ 《历代名臣奏议》卷 273。

足："今之所谓钱乏者，岂诚乏耶？上无以为用耶？下无以为市耶？是不然也。"① 他认为所谓的钱荒，是纸币驱逐钱币，钱币退出流通领域："夫造楮之弊，驱天下之钱，内积于府库，外藏于富室。"② 虽然楮币不一定就是劣币，钱币并不就等于良币，但叶适发现的楮币驱逐钱币的规律就是波兰人哥白尼与英国人格雷欣发现的劣币驱逐良币规律，叶适比他们早了三百余年。叶适还从物价与铜币购买力来考察钱荒问题。他认为，"若夫富强之道，在于物多，物多则贱，贱则钱贵"③，那么反之则是物少则贵，贵则钱贱，这也就是物少则价格昂贵，价格昂贵则铜钱购买力降低，也就意味着购买同一个货物必须多支付出铜钱。这就造成由于物质匮乏，价格上涨，铜钱购买力降低，流通领域必须有更多的钱币用于支付职能。因此，这就是"方今之事，比于前世，则钱既已多矣，而犹患其少者"④ 的原因。由此可见，叶适所谈的钱荒的另一个侧面是当时社会上铜钱的数量并不少，但仍然不能满足物价上涨后的流通需求。叶适认为货币引起了商品的流通，"物不可以自行，故以金钱行之"⑤。这种说法忽视了商品流通的主动地位，并不完全正确，却有合理的一面。如果没有货币，商品流通则大受影响，这在商品经济较为发达的宋代是不可想象的。因此，他主张发挥钱币的流通职能，反对贮藏铜钱："且钱之所以上下尊之，其权尽重于百物者，为其能通百物之用也。积而不发，则无异于一物。"⑥ 他的主张的实质就是充分利用货币的流通手段来解决钱荒问题。

叶适鉴于钱荒的主要原因是"造楮之弊，驱天下之钱"，因此认为当时人们普遍主张的防钱之禁与羡钱之术不能解决钱荒问题："天下之所以

---

① 《水心别集》卷2《财计中》。
② 《水心别集》卷2《财计中》。
③ 《文献通考》卷9《钱币二》。
④ 《水心别集》卷2《财计中》。
⑤ 《文献通考》卷9《钱币二》。
⑥ 《水心别集》卷2《财计中》。

竭诚而献者有二议：有防钱之禁，有羡钱之术。夫南出于夷，北出于虏，中又自毁于器用；盗铸者虽淆杂而能增之，为器者日损之而莫知也，此其禁患于不密也。是诚可密也。若夫羡钱之术，则鼓铸而已矣。虽然，尽鼓铸所得，何足以羡天下之钱？且天地之产，东南之铜或暂息而未复，虽有咸阳、孔仅之巧，何以致之？不知夫造楮之弊，驱天下之钱，内积于府库，外藏于富室，而欲以禁钱、鼓铸益之耶？"① 由此可见，他认为当时实行钱禁、增加鼓铸，其结果只会使国家储存的铜钱更多、民间富人储藏的铜钱更多，而不能解决钱荒问题。能真正解决钱荒的只有一途，即"废交子，然后可使所藏之钱复出"②。

从理论上看，叶适的取消纸币来解决钱荒是一种倒退。因为纸币在宋代的出现和普遍流通是商品经济发展到一定高度的产物，是不可阻挡的历史趋势，因此，如果取消纸币，那是违背经济发展的客观规律，同时，也是不可能的。宋代滥发纸币，引起通货膨胀，民不聊生，给社会经济带来巨大的负面影响，其责任不在纸币的发行，而在纸币的发行者，即统治者的滥发。从实践上看，叶适主张取消纸币也是不现实的。因为从总的趋势看，两宋财政危机是日趋严重，发行纸币已成为统治者暂缓危机的一种重要手段。虽然，这是饮鸩止渴，但又无可奈何，不得不行之，已成为一种不可逆转的恶性循环，直至南宋的灭亡。因此，叶适的这种思想始终不被统治者采纳，成为一纸空文。但是，另一方面，叶适在论钱荒所提出的楮币驱逐铜币的思想，使之在货币思想史上留下光辉的一页，他最早察觉到劣币驱逐良币这一规律，并对此作了最为明确清晰的表述。这是我们必须充分予以肯定的。

宋代有关钱荒成因与对策的讨论，见于史籍者还有不少，有的是仅就其中的某个成因或对策进行探讨，有的所提出的成因和对策没有抓住问题的关键，或缺乏新意，限于篇幅，兹举一例略加说明。

---

① 《水心别集》卷2《财计中》。
② 《文献通考》卷9《钱币二》。

南宋中后期人范浚曾撰文专论钱荒，提出钱荒（钱货耗乏）的原因有 5 个方面："运艘贾舶，绝江浮海，涛波覆没，一也；通都大邑，火所延烧，灼烁融液，二也；闾井习俗，送终含死，瘞埋滋多，三也；几事不密，而泄之疆场者广，四也；禁令不严，而破为铜器者众，五也。"① 他这里所讲的前三条，均属于自然损耗，即铜钱在水上运输时沉没于江河大海，被火灾延烧熔化，把钱币作为随葬品。其实，这三方面的损耗都不会太多，更何况被火延烧还会化为铜块重新用于铸钱，因此，范氏这三方面的成因均未抓住关键。他这里所讲的后两条即铜钱外流和销钱铸器都是众口所言。范氏提出的对策只有两条：一是加强铜禁，主要针对上述成因中的第四、第五条；二是平抑粮价，则与上述成因没有对应关系，但与叶适的思想有相通之处。他提出："古以钱少故物贱也，今钱货既乏，而百物皆翔贵"，钱乏的原因是谷贵，即"谷甚贵之所致也"。"今欲百物贱，则当平谷直"，所以一旦粮价降下来，钱荒的问题就解决了②。

三、 纸币管理思想

宋代至北宋仁宗时期官方开始发行纸币，至南宋一两百年中，发行纸币中产生的弊端也逐渐显现出来，不少人对此进行了探讨。有的人以此为理由主张停止纸币的发行，有的人认为发行纸币有利有弊，可趋利避害，提出可继续发行，但必须采取有效的改进措施，等等，不一而足。有关纸币发行得失利弊兴废的议论较多，而且大多比较分散，笔者用归纳的方法条分缕析如下。

（一） 纸币发行中存在的主要问题

1. 缺乏足够的准备金。《长编》卷 272 的附录中，记载了吕惠卿于熙宁八年（1075）八月十三日记录的宋神宗与群臣论交子的一段对话。

---

① 范浚：《香溪集》卷 15《议钱》，台湾商务印书馆影印文渊阁四库全书本。
② 《香溪集》卷 15《议钱》。

"上曰：'交子自是钱对，盐钞自以盐对，两者自不相妨。'石曰：'怎得许多做本？'上曰：'但出纳尽，使民间信之，自不消本。'金曰：'始初须要本，俟信后，然后带得行。'"这说明当时人们已经意识到发行纸币，要有一定的"本"作为准备金。南宋著名抗金将领李纲基本上反对发行纸币，其依据主要有两个方面，其中之一就是"目今户部财用窘迫，必无数百万桩留钱本，交子之行，止凭片纸……其为害有不可胜言者"①。这就是说，发行交子，如没有钱本，将为害无穷。南宋初年礼部尚书李光认为发行交子如果没有钱本，是皇帝欺骗百姓的行为："有钱则交子可行。今已谓桩办若干钱，行若干交子，此议者欲朝廷欺陛下，使陛下异时不免欺百姓也。"②

2. 纸币驱逐铜币，铜币退出流通而被贮藏。李纲反对发行交子的另一个原因是他在宋徽宗大观年间任真州司法参军时，"兼管常平仓库，是时朝廷推行交子之法，豪民挟形势户，竞以贱价得之，以代见钱输纳……应系官钱，悉是交子……仓库见钱，为之一空。由此观之，非独不便于民，而官司尤甚"③。南宋绍兴年间，一位"言者"反对发行交子也持这种观点，认为交子发行，"则钱与物渐重，民间必多收藏，交子尽归官中，则又虑难以支遣，此交子之害也"④。有关这个问题阐述最为深刻的是上述叶适的"夫造楮之弊，驱天下之钱，内积于府库，外藏于富室"。叶适还预感到，"十年之后，四方之钱亦藏而不用矣，将交执空券，皇皇焉而无所从得，此岂非天下之大忧乎？"⑤

3. 交子发行后引起物价上涨。南宋初要在东南推行交子，议论很多，其中有 3 人均认为发行交子会引起物价上涨而加以反对。《建炎以来

---

① 李纲：《梁溪集》卷 104《与右相乞罢行交子札子》，台湾商务印书馆影印文渊阁四库全书本。
② 《宋史》卷 363《李光传》。
③ 《梁溪集》卷 104《与右相乞罢行交子札子》。
④ 《建炎以来系年要录》卷 101。
⑤ 《水心别集》卷 2《财计中》。

系年要录》卷101载，一位"言者"认为发行交子会使"市有二价，百物增贵"。另一位"言者"则进一步指出："若行交子，而使百物倍贵，万一如军兵所请或言养赡不足，则又将何以给之？"可见，这位"言者"认为发行交子引起物价上涨会影响军需供给，后果严重。右谏议大夫赵霈则从市场交易的角度认为："市井交易，必立私约，用见钱则价直必平，用交子则价直必倍。"

4. 发行纸币是对老百姓的掠夺。南宋末年思想家许衡指出："夫以数钱纸墨之费，得以易天下百姓之货，印造既易，生生无穷，源源不绝，世人所谓神仙指瓦砾为黄金之术，亦何以过此？……但见称提之令每下，而百姓每受其害，而贯陌亦落矣。嘉定以一易二，是负民一半之货也；端平以一易五，是负民四倍之货矣，无义为甚！"①

5. 发行纸币使伪造猖獗，狱讼繁兴。在南宋初关于东南推行交子的讨论中，三位"言者"及赵霈、胡交修都谈到这个问题。《建炎以来系年要录》卷101载，一位言者讲："如官告、度牒，且犹有伪，数寸之纸，其无奸伪乎？货财不通，狱讼繁兴，当自兹始矣。"翰林学士胡交修亦言："今之交子，较之（崇宁）大钱，无铜炭之费，无鼓铸之劳，一夫日造数十百纸，鬼神莫能窥焉。真赝莫辨，转手相付，旋以伪券抵罪，祸及无辜。"

6. 交子面额大，不便零用。有关这个问题，其实是一个很简单的技术性问题，只要通过发行小面额纸币或用铜钱、铁钱等找零就可解决，但是在宋代却有不少人以此来反对发行纸币。如右谏议大夫赵霈就认为："今以片纸，用为千钱，细民得之，反以为累，片纸不可以分裂，千钱不可以散用。"② 一位言者还根据交子不便零用进一步推断交子只能便于行商长途携用，而不便于军民日常生活之用："今钱引之出，于行商尚可，而无益于军民之用，于道路之赍尚可，而无资于旦暮之需。今行商与军

---

① 许衡：《许文正公遗书》卷7，中州名贤文表内集本。
② 《建炎以来系年要录》卷101。

民孰多，朝夕之需与道路之赍孰急？此不便一也。虽曰交子与钱并用，今一交子不过千钱，军民之须，日用饭食，持一交子以适市，止有数百之用，用之不尽，将弃之乎？将为数百之用乎？此不便二也。"①

宋代发行纸币，虽然遭到了不少人的反对，反对者提出的理由也并非都无道理，许多弊端也的确是纸币发行中存在的，反对者的认识是客观的。但是纸币作为宋代商品经济发展到一定高度的产物，它的出现是必然的，是历史发展的趋势。出现这些弊端的原因关键不在于纸币本身的缺陷，而是在于纸币发行者的人为性政策是否正确。这不仅被两宋当时现实所证明，更为后世纸币被全世界国家和地区沿用至今所证明。这里仅举宋代两个时期纸币发行取得成功略加说明。如纸币在北宋时期最初行于四川时，由于敛散得宜，获得了"居者以藏镪为得，行者以挟券为便"和"钱重而楮亦重"的良好效果。②南宋孝宗时期，最高统治者对会子发行持十分谨慎的态度，较好地控制会子发行量，并采取了一系列有效称提措施，使会子发行取得成功，"此间军民不要见钱，却要会子"③，这种局面在宋代是相当难能可贵的。

（二）加强纸币管理的对策

宋代纸币的发行也获得一些人的肯定和支持。较早对发行纸币予以肯定的是北宋官交子的主要倡议人薛田。他认为："川界有铁钱，小钱每十贯重六十五斤，折大钱一贯，重十二斤，街市买卖至三五贯文，即难以携持，自来交子之法，久为民便"，"自住交子后，来市肆经营买卖寥索，今若废私交子，官中置造，甚为稳便"④。可见，人们对交子的最初认识，也是交子最为本质的长处，就是便于携带，有利于促进商品经济的繁荣。对于发行交子的好处作出比较深刻分析的是南宋著名词人辛弃疾。他认为："世俗

---

① 《建炎以来系年要录》卷101。

② 林駉：《古今源流至论》续集卷4《楮币》，台湾商务印书馆影印文渊阁四库全书本。

③ 《皇宋中兴两朝圣政》卷63。

④ 李攸：《宋朝事实》卷15《财用》，丛书集成本。

徒见铜可贵而楮可贱，不知其寒不可衣，饥不可食，铜楮其实一也。今有人持见钱百千以市物货，见钱有搬载之劳，物货有低昂之弊；至会子，卷藏提携，不劳而运，百千之数，亦无亏折，以是较之，岂不便于民哉！"① 这里，辛弃疾主张发行纸币的理论基础是货币名目论，纸币和铜币一样都是没有价值的，即"寒不可衣，饥不可食"，那么作为货币来说就没有贵贱之分。作为货币流通手段职能来看，纸币更具优越性，即"卷藏提携，不劳而远"，便于长途携带，不像铜钱有"搬载之劳"。总之，辛弃疾认为使用纸币"便民"，其实就是便于商品流通。但是，必须指出的是，辛弃疾所谓"百千之数，亦无亏折"，是不符合当时实际的，因为当时会子已有轻度贬值，这里，辛氏是片面地为官府发放纸币寻找理论依据。其实，辛弃疾自己本身也不能回避当时纸币贬值的现实："往时应民间输纳则令见钱多而会子少，官司支散则见钱少而会子多，以故民间会子一贯换六百一二十足，军民嗷嗷，道路嗟怨，此无他，轻之故也。近年以来，民间输纳用会子、见钱中半，比之向来则会子自贵，盖换钱七百有奇矣。此无他，稍重之故也。"② 很明显，他看到了政府重钱轻会，收入时多收钱，贷放时却多放会子，结果导致会子的贬值。

两宋时期，随着纸币发行流通中出现的一些问题，许多有识之士献计献策，提出了不少应对措施，兹介绍其主要的一些观点。

1. 发行纸币必须有准备金。

如前所述，《长编》卷 272 所载吕惠卿于熙宁八年（1075）八月十三日记录的宋神宗与群臣论交子的一段对话，就说明了人们当时已经认识到，发行纸币要有一定的"本"，即准备金。宋徽宗大观年间，周行己对准备金的具体数量提出了自己的独到见解。他认为：发行纸币"国家常有三一之利，盖必有水火之失，盗贼之虞，往来之积，常居其一。是以

---

① 《历代名臣奏议》卷 272。
② 《历代名臣奏议》卷 272。

岁出交子公据，常以二分之实，可为三分之用"①。所谓"水火之失"，是指意外毁于水火等自然损耗；"盗贼之虞"是指纸币被抢被偷，影响了兑现；"往来之积"是指一部分纸币经常在流通过程中被当作资金和财富储积起来，不能兑现。这三条原因中，第一条自然损耗的数量不会很大，可以不予考虑；第二条如纸币被抢被偷，仍有可能拿来使用或要求兑现，不能作为准备金可以低于纸币发行额的理由。只有第三条才是纸币发行准备金低于发行额的最主要原因，这是占不能兑现的纸币中最主要比例的部分。周行己估计三者占纸币发行量的 1/3，所以认为只要有 2/3 的准备金，就可以保证全部纸币的流通。周行己 2/3 准备金的理论虽然不一定是最恰当的比例，但他提出的纸币发行不需要十足准备金的理论则是对货币管理思想史的重要贡献。

南宋初期，李纲在纸币准备金的数量上有了比周行己更准确的估计。他说："当时设法者措置得宜，常预桩留本钱一百万贯，以权三百万贯交子，公私均一，流通无阻，故蜀人便之。"② 李纲认为准备金的比率 1/3 左右合适，这与实际的 28% 已很接近。

综观史籍，北宋时期，纸币的发行大多预留有准备金。据《宋史·食货下三》载，"大凡旧岁造一界，备本钱三十六万缗，新旧相因"③。因此，其大部分时间里纸币的发行还属正常，没有引起社会与经济的大波动。宋徽宗"大观中，不蓄本钱而增造无艺，至引一缗当钱十数。及张商英秉政，奉诏复循旧法"。这场短期的超本钱发行的风波才算平复。从南宋开始，军费等浩大的开支使准备金难以筹措。"绍兴末，会子未有两淮、湖广之分，其后会子太多而本钱不足，遂致有弊。"最高统治者为解决财政危机，发行纸币往往是不预留准备金。如南宋绍兴年间，一位言者就揭露了这种情况："除初造见钱关（交）子一十五万贯，已系都督行

---

① 《浮沚集》卷 1《上皇帝书》。
② 《梁溪集》卷 104《与右相乞罢行交子札子》。
③ 此自然段引文未注出处者，均见于《宋史·食货下三》。

府借拨户帖钱桩充本钱外，后来所造广南、福建等六路交子三十万、两浙路交子一十万、临安府界小交子一十万，并见造江南、两浙预充籴本交子一百五十万，其合用钱本，并未见桩管，由是远近士民议论纷然，皆以为不便。"① 宋孝宗时纸币发行比较成功，就与统治者重视预留准备金有关。如淳熙元年（1174）"三月二十八日，诏左藏南库给降会子二十五万贯，分下临安、平江、绍兴府，明、秀州主管盐事，措置收买额外浮盐，报交引库印钞，召客算请，将息钱赴封桩库别项桩管，以备循环收换会子"②。到了南宋后期，由于国库空虚，财政赤字巨大，统治者也只能饮鸩止渴，滥发纸币，根本谈不上准备金。正如端平年间大臣李鸣复上奏所言："今日之财用匮矣……府库已竭而调度方殷，根本已空而耗蠹不止。庙堂之上，缙绅之间，不闻他策，惟添一撩纸局以为生财之地。穷日之力，增印楮币，以为理财之术而已。"③

2. 主张钱楮并用，使纸币取信于民。

上述发行纸币留有准备金，就是纸币取信于民的一个重要手段。《建炎以来系年要录》卷101载，绍兴年间一位臣僚说："四川交子行之几二百年，公私两利，不闻有异议者，岂非官有桩垛之钱，执交子而来者欲钱得钱，无可疑者欤？今行在建务之初，印造三十万，令榷货务桩发见钱矣。续降指挥，印造和籴本钱交子，两浙、江东西一百五十万，而未闻桩发此钱，何以示信于人乎？窃见前年和籴，用见钱关子，已而赴榷货务请钱者，以分数支，民间行使，亦以分数论。去年和籴关子一百三十万，先令和货物桩足见缗，日具数申省部，民间行使，亦依见缗用，然则可信者固在此不在彼也。欲乞应印造交子，先令库务桩垛见钱，行使之日，赍至请钱者，不以多少，即时给付，则民无疑心，而行之可久

---

① 《建炎以来系年要录》卷101。

② 《宋会要辑稿》食货28之1。

③ 《历代名臣奏议》卷273。

矣。"① 简言之，政府发行纸币，如有充足的准备金，随时随地供百姓兑换，那人们一定对纸币深信不疑，乐于使用。辛弃疾支持发行纸币，主张国家税收要铜钱、纸币各半，以增强人民对纸币的信任感。到"缓急之际，不过多印造会子，以助支散，百万财赋，可一朝而办也"②。袁燮更明确指出："守铜楮相半之法……尚何忧铜钱之寡而楮币之轻乎!"③"钱会中半"原是南宋政府的一项财政原则，但实施中往往走样，政府是会子的发行者，但自己本身就不相信会子，在向老百姓征收赋税时多收钱少收会子，而支付时则多支会子少支钱，不言而喻，这只能引发百姓对纸币的更大不信任感。正如南宋中期杨冠卿所云："天下之输税不责以楮而必责以钱，官务之支取既无其钱，而徒易以楮，至发纳上供，官则以微价收民之楮以充其数。则是我不欲此矣，而求民之无轻乎此，其势固不可得也。"④正由于钱、楮受到不同的待遇，因此社会上普遍认为："楮，虚也，其弊又不可言也；钱，实也，藏之而无弊也。况夫上所出之楮日至而无穷，民间之输于上，则惟铜币之为贵，吾何苦以吾之实而易彼之虚哉!"⑤因此，"今之铜所以日乏者，正以富家巨贾利其所藏，而不肯轻用耳"⑥。

南宋光宗时期，杨万里提出"母子相权"论，主张金属币（铜钱、铁钱）与纸币并行。他说："盖见钱之与会子，古者母子相权之遗意也。今之钱币，其母有二：江南之铜钱，淮上之铁钱，母也。其子有二：行在会子，铜钱之子也；今之新会子，铁钱之子也。母子不相离，然后钱、会相为用"⑦。他认为两淮有铁钱为母，所以可以流通代表铁钱的会子；

---

① 文中"四川交子行之几二百年"有误，因官交子从仁宗天圣元年（1023）发行至绍兴六年（1136）仅113年。

② 《历代名臣奏议》卷272。

③ 《历代名臣奏议》卷273。

④ 杨冠卿：《客亭类稿》卷9《重楮币说》，台湾商务印书馆影印文渊阁四库全书本。

⑤ 《客亭类稿》卷9《重楮币说》。

⑥ 《客亭类稿》卷9《重楮币说》。

⑦ 《诚斋集》卷70《乞罢江南州军铁钱会子奏议》。

江南有铜钱为母,所以可以流通代表铜钱的会子。这叫作"母子不相离"。反之,如果单有"子"(会子),而无"母"(铜钱、铁钱),则不能发行。如沿江八州军没有铁钱,铁钱会子"无钱可兑,是无母之子"①,因此难以流通。他这里所说的"母子相权",就是指纸币可以兑为钱币。不过他所主张的兑现只是市场上钱币和纸币能自由兑换,不是政府实行的纸币兑现制度。在封建社会里,市场上的自由兑换,必须建立在政府纸币兑现的基础上。只有后者能够保持稳定的兑现制度,才能取信于民,实现前者的自由兑换。杨万里的"母子相权"论在当时是有的放矢的,南宋时期政府滥发纸币搜括人民,以应付庞大的军事开支。而且政府发行了大量的会子之后自身又不愿接收,在百姓用纸币纳税或缴纳其他官项时,往往多方限制刁难。因此,杨万里主张纸币必须同金属货币同时流通,纸币能够和金属货币相兑换,这样才能被人民所接受,实现流通。

3. 控制纸币流通量,稳定物价。

宋代滥发纸币,引起货币贬值,物价上涨,对国家财政、社会经济和人民生活造成十分严重的负面影响。一些有识之士对此纷纷提出了应对策略。这些应对策略虽然不尽相同,但归纳概括起来主要有两个方面:一是通过限制发行纸币来控制其流通量;二是通过各种回笼来控制流通量,从而达到稳定物价的目标。

有关纸币发行量与价值关系的认识,南宋初年,四川转运使赵开就发现"楮多则轻"②,这短短的四个字,就言简意赅地表达了纸币发行量过多,会使其单位币值下降的思想。后来,宋孝宗进一步完善了这种观点,指出纸币"少则重,多则轻"③,即纸币发行量少,则其币值就高,反之,发行量多,则其币值就低。宋宁宗时期,袁燮对宋孝宗的纸币思想作了进一步发挥,指出:"盖楮之为物也,多则贱,少则贵,收之则少

① 《诚斋集》卷70《乞罢江南州军铁钱会子奏议》。
② 戴埴:《鼠璞·楮券源流》,丛书集成本;又见《宋史·食货下三》。
③ 《皇宋中兴两朝圣政》卷60。

矣；贱则壅，贵则通，收之则通矣。"① 到了南宋景定年间，宋理宗在其诏书进一步把物价与纸币发行量、币值这三者的关系作了精炼明晰的表述："物贵原于楮轻，楮轻原于楮多。"② 换句话说，楮币发行多了，就会引起单位币值下降，单位币值下降，就会引起物价上涨。由于时代的局限性，当时人们不懂得在金属货币流通必要量限度以内，兑换纸币发行的多寡不会影响它的票面额所代表的金属货币价值。只有在纸币的发行超过这个限度时，才是"纸票的价值却决定于流通的纸票的数量"③。也就是，此时才会出现"多则贱"的情况。不考虑金属货币流通必要量，简单地肯定纸币的多寡决定它的贵贱，这是不符合纸币流通规律的。但是，另一方面我们必须看到，南宋各种纸币的发行大都很快就超过货币流通的必要量，因此，当时人观察到的"楮多→楮轻（楮贱）→物贵"的规律又是符合客观事实的。

针对这种滥发纸币引起币值下降物价上涨的情况，比较多的人还是倾向于通过各种手段进行回笼，如上引四川转运使赵开就提出"楮多则轻，必用钱以收之"④。袁燮更是主张应经常采取间断性的回笼政策，借此来调节单位币值，控制物价。他说："其（楮币）贱耶，亟从而收之，何忧其不贵？既贵矣，日月浸久，价将复贱，则又收之。非常收也，贱而后收也。"⑤ "贱而后收"其实是亡羊补牢式被动的救济措施，并不能算作完善的纸币管理思想。完善的纸币管理思想应该是首先注意纸币的投放量，使币值保持稳定，然后再通过回笼调节，掌握主动权。如宋孝宗稳定纸币价值的主要措施不是"贱而后收"，而是着眼于限制发行量。宋孝宗清醒地认识到"大凡行用会子，少则重，多则轻"，"会子之数不宜

① 《历代名臣奏议》卷 273。
② 《续文献通考》卷 7《钱币一·会子》。
③ 马克思：《政治经济学批判》，人民出版社，1976 年，第 102 页。
④ 《鼠璞·楮券源流》。
⑤ 《历代名臣奏议》卷 273。

多"①。只要对纸币投放量采取谨慎的态度，会子流通数量不至于太多，即使有时偏多，采取各种措施回笼也较容易收效。宋理宗景定年间，丞相贾似道上奏言："救楮之策莫切于住造楮"②，更明确地认识到解决楮币发行弊端最迫切的措施是停止印制楮币，换言之，即减少或限制发行量。

北宋纸币发行之初，是比较严格遵循定额发行的。自仁宗天圣初年开始，每界交子的发行额控制在1256340贯，并且留有准备金，"造一界，每本钱三十六万缗，新旧相因"③。到了神宗熙宁五年（1072），将每界交子行用期延长到4年，两界并用，实际上相当于每界发行额增加一倍，为2512680贯。这时交子的发行量已显略多，其单位币值开始贬值。苏辙在哲宗初说，"旧日蜀人利交子之轻便，一贯有卖一贯一百者，近岁止卖九百以上"④，可见，贬值的指数在10%左右。北宋交子的无限制增加主要是从徽宗朝开始，据《建炎以来朝野杂记》甲集卷16《四川钱引》所载，崇宁元年（1102）增印2000000贯，二年（1103）又增印11430000贯，四年（1105）又增印5700000贯，大观元年（1107）又增印5540000贯。累计增印24670000贯，连同祖额1886340贯，共计26556340贯。由于两界并行，实际相当于发行53112680贯，为神宗以前的42倍。"由于引法大坏，每兑界，以四引而易其一"。

据《楮币谱》所载，南宋高宗朝增印楮币的数量也较惊人，兹引录如下：

> 建炎二年，罢铸钱，复用元符所谓之额。三年，增一百万。绍兴元年，增六十万。二年，增一百四十万。三年，增五百万。四年，增五百七十万。五年，增二百万。六年，增六百万，皆以给利、夔两路军费。七年，有旨不许泛印。八年，以边报急缺，增三百万，充籴买。九年，以移屯陕西合给籴本及陕西六路新复州军衣赐，增

---

① 《皇宋中兴两朝圣政》卷62。
② 《宋史》卷173《食货上一》。
③ 《宋史》卷181《食货下三》。
④ 《栾城集》卷36《论蜀茶五害状》。

二百万。增数既多，签书枢密院事楼照（即楼炤）奉使陕西，奏禁泛料，始定著刑章。十年，以赡军急缺，增五百万。十三年，以都运司之请，增四百万。二十九年，以增招军兵，桩办犒赏，总领所请增一百七十万，诏从之。自后累增五百余万，凡两界共为钱引四千六百四十七万二千六百八十。

南宋孝宗、光宗朝是纸币发行量控制比较正常的时期，从宁宗朝开始一直到南宋灭亡，纸币的发行如脱缰的野马，完全失去了控制，泛滥成灾，物价飞涨，一发不可收拾，兹节录《鼠璞·楮券源流》与此有关文字如下：

> 庆元后，券日增，开禧所出益夥。第十一界三千六百三十万六千二百，第十二界四千七百五十八万九百，第十三界五千五百四十八万，几及一亿四千万。其价浸损……嘉定初，顿损其半，法禁并行，令既严而价未定，持空楮于市，无有肯售者，公私大弊……用兵所费日广，十四界十一千二百六十三万，十五界十一千六百九十八万，几及二亿三千万……至绍定癸巳，岁用过九千四百余万一界，计一亿十三千三百五十五万，止三千九百万未支出，以三亿二千之数。

总之，纸币的超限额发行从北宋徽宗朝开始，除孝宗、光宗朝还算正常外，一直延续到南宋灭亡，其趋势是有增无减，愈演愈烈。不言而喻，一切限制纸币发行量的主张和思想都成为一纸空文。在此情况下，要控制纸币在流通领域的数量，只能靠多种手段进行回笼，以缓解纸币泛滥、物价飞涨的危机。宋人有关回笼纸币的主张和措施较多，以下介绍其主要者。

（三）回笼纸币的主张和措施

1. 以金属货币、实物、茶盐钞引等回笼纸币。

要保持纸币币值的稳定，最可靠的办法是兑现。北宋徽宗大观年间，周行己就强调纸币必须兑现。他指出："前日钞法、交子之弊，不以钱出之，不以钱收之，所以不可行也。"只要实行兑现办法，"则交、钞为有

实而可信于人，可行于天下"①。南宋绍兴二十六年（1156），宋高宗也说："四川交子亦有弊，如沈该称提之说。但官中常有百万缗，遇交子减价自买之，即无弊矣。"② 交子减价后才出钱收买，同正常的兑现还不完全一样，不过其精神同兑现纸币是一致的。

到了南宋中期，袁燮更进一步提出以见钱收楮，即以铜钱收兑纸币，以减少流通中的纸币数量，即"楮之不售者，以钱收之"③。他认为国家以金属货币收回纸币，是宋孝宗时称提纸币成功的唯一经验："我孝宗皇帝颁楮币于天下，常通而不壅，常重而不轻，无他道焉，有以收之而已。"④ 袁燮主张的"收之"，不是以金属货币对纸币进行兑现，而只是在纸币发生贬值时，以金属货币收回纸币。由此可见，袁燮主张的以金属币收兑纸币，是一种回笼纸币的手段。

南宋前期，人们经常利用金属货币来回收、称提纸币，取得了一定的效果。如曾得到宋高宗赞许的沈该"称提"之说的主要内容就是"但官中常有百万缗，遇交子减价自买之，即无弊矣"⑤。但是南宋时期纸币的发行量日趋增多，铜钱的数量则因钱荒的严重而急剧减少，因此，利用金属货币回笼纸币已无异于杯水车薪。这时，一些其他回笼纸币的思想和措施就应运而生。如这一时期"重楮"说的代表人物之一杨冠卿，根据四川发行交子的成功经验，提出两条措施来挽救会子之弊。其一曰："夫蜀之立法，则曰租税之输、茶盐酒酤之输、关市梁泽之输皆许折纳，以惟民之便。"⑥ 这里，他建议通过田赋、商税、禁榷品专卖都接受会子来回笼纸币。这种思想，其实在南宋初期会子创行时就已实践。马端临《文献通考》卷9《钱币考》议论创行初期的会子时就说："正以客旅算请

---

① 《浮沚集》卷1《上皇帝书》。

② 《建炎以来系年要录》卷171。

③ 《历代名臣奏议》卷60。

④ 《历代名臣奏议》卷273。

⑤ 《建炎以来系年要录》卷171。

⑥ 《客亭类稿》卷9《重楮币说》。

茶盐香矾等岁以一千贯，可以阴助称提，不独恃见钱以为本，又非全仰会子以估国用也。"绍兴末年，四川总领王之望也谈到这种情况："今节次增添钱引，凡四千一百四十七万余道，只有铁钱七十万贯，其所以流通者，盖缘盐酒等物阴为称提。"① 这一措施受到人们的欢迎，对缓解纸币发行量过多带来的危机起了积极的作用。

2. 以出卖度牒和官告回收纸币。

度牒是官府发给僧侣证明身份的文件，可以使持有者免交赋税或服劳役。官告是古代授官的凭证，也称告身。宋制规定官告视官职大小，用各色绫纸，盛以锦袋。南宋，较早产生以出卖度牒、官告回笼会子的思路是在乾道三年（1167），孝宗"诏先次给降度牒并助教帖各五百道"以收买会子②。宋宁宗开禧北伐后，三界会子并行，会子发行量空前增加，会价大跌。嘉定三年（1210）春，受命主持称提事务的刑部尚书曾焕提出了一个兑收会子的初步方案，其总共九项"名件"中，除卖官田、卖乳香套两件共约 280 多万贯以外，其余七项共 2200 多万贯是通过卖官告、度牒等得来的③。这说明当时出卖官告、度牒已成为政府回笼纸币的一个重要手段。宋理宗绍定六年（1233），会子的发行量超过 2 亿贯，会子又一次严重贬值。端平二年（1235）四月，"都省言：第十六、十七界会子散在民间，为数浩瀚，会价日损，物价日昂，若非措置收减，无由增长。诏令封桩库支拨度牒五万道、四色官资付身三千道、紫衣师号二千道、封赠敕告一千道、副尉减年公据一千道，发下诸路监司州郡，广收两界会子"④。据《蒙斋集》卷 7《论会子札子》载，"十六、十七两界会子五十千万"，如此数字庞大的会子用度牒、官告加以收兑，应该可以说明两个问题：一是当时国库的空虚，二是出卖度牒、官告成为当时收兑会子的最主要手段。

① 《建炎以来系年要录》卷 193。
② 《皇宋中兴两朝圣政》卷 46。
③ 《建炎以来朝野杂记》乙集卷 16《东南兑收会子》。
④ 《宋史全文》卷 32，台湾商务印书馆影印文渊阁四库全书本。

3. 以旧会打折兑换新会来回收纸币。

北宋末年，随着纸币发行量的增加，其币值不断下降。原先新旧纸币除扣除"纸墨费""靡费钱"后一比一兑换的做法难以维持。徽宗时期，规定旧币必须打折兑换新币，"每兑界，以四引而易其一"①。嘉定初年，三界会子总数达 1.4 亿，官方用金银告牒回收只能收其中很小一部分。此时正值会子换界，政府试图通过换界使会价得到较大提升，规定嘉定四年（1211）新发行的第十四会子每贯兑收第十一至十三界旧会二贯，即以一新兑二旧的比例兑收旧会②。这一办法使会子的流通量在短时间内会大为减少，对会价的回升能起到积极的作用。但从长期的社会效果来看，以打折的旧会兑换新会，是政府利用行政权力豪夺民间的财富，把纸币贬值的损失转嫁给老百姓承担，因而遭到有识之士的抨击。正如南宋末年思想家许衡所云："但见称提之令每下，而百姓每受其害，而贯陌益落矣。嘉定以一易二，是负民一半之货也，端平以一易五，是负民四倍之货矣，无义为甚!"③

4. 用履亩征会来回收纸币。

宋廷用金银告牒兑收会子的效果不明显，宋理宗时期，在宰相乔行简的主持下又推出了一条重要举措——履亩征会来回收会子。端平二年（1235）九月己巳，都省言："两界会子数多，监司郡守奉行秤提不虔，欲下诸路州县，令有官之家簪缨之后及寺观僧道，并按版籍每亩输十六界会子一贯，愿纳十七界者并从。各州截角类解，赴封桩库交纳。其将相勋贵之家、御前寺观曾被受指挥特免科役去处，毋得寅缘规免，仍不许敷及佃户。违，许越诉。"④ 宋理宗采纳了这个建议，在全国推行履亩征会。但是，这一政策由于侵犯了官僚、地主们的利益，一出台就遭到

---

① 《建炎以来朝野杂记》甲集卷 16《四川钱引》。

② 《两宋货币史》（下册），第 706—707 页。

③ 《许文正公遗书》卷 7。

④ 《宋史全文》卷 32。

了许多官员的反对。如大臣魏了翁上奏说："今履亩而征,至下之策也。"①《宋史》卷405《袁甫传》载:"时相郑清之以国用不足,履亩使输券。(袁)甫奏:'避贵虐贱,有力者顽未应令,而追呼迫促,破家荡产悲痛无聊者,大抵皆中下之户。'尝讲罢,帝问近事,甫奏:'惟履亩事,人心最不悦。'"履亩征会正由于遭到众多官员的反对,大约实行不久就停止执行了,没有收到什么效果。

5. 扩大纸币流通区域以"稀释"流通量。

辛弃疾在分析会子贬值的原因时提出了一个独到的见解,认为:"夫会子之所以轻者,良以印造之数多,而行使之地不广。"② 这说明他对纸币发行数量与流通中纸币必要量之间的关系,已有所认识。他认为会子贬值是因为发行太多,而流通区域仅限于军队驻地和京城附近州县,广大农村和边远地区没有流通,便使会子在有限的地域内积而不泄,形成量多贬值。于是,他提出扩大会子的流通区域,把会子推广到江南、福建等地。他看到一定的流通区域内所需的纸币数量是有限的,会子在某一特定区域发行超过流通中的需要量,就会引起币值下降。因此,辛弃疾主张通过扩大流通区域,以"稀释"会子在某一区域的流通量,即在某种意义上实际已减少了会子的数量,从而提高会子的价值。辛弃疾的这一想法大胆新颖,从理论上来说是正确科学的,但在当时似乎并没有受到应有的重视。

除以上所述5个方面回笼纸币,减少其流通量,提高币值的主要思想和措施外,宋代还有一些其他措施。如嘉定年间曾强制百姓按田产、资产贮藏会子,妄想以此来减少会子的流通量;嘉定、端平年间则强制人们按照会子面额进行会子与铜钱间的兑换和计价。这些措施既违背经济规律,又给广大民众带来祸害,在此,没有必要多费笔墨介绍。

综上所述,回笼纸币各项思想和措施中较具可行性的是金属货币、

---

① 《鹤山先生大全文集》卷20《奏乞审度履亩利害以宽中下户》。

② 《历代名臣奏议》卷272。

实物、茶盐钞引等回笼纸币和以出卖度牒和官告回收纸币，比较有理论价值的是扩大纸币流通区域以"稀释"流通量，而以旧会打折兑换新会来回收纸币以及用履亩征会来回收纸币则是政府转嫁纸币贬值的损失而对广大人民的豪夺。其最野蛮的措施是强制藏会和强制会价，政府无视经济发展的客观规律，用行政手段强制推行，但最终都因遭到强烈的反对而半途而废。从总体来说，宋廷回笼纸币的措施还是起了一定的作用，对纸币超限量发行引起的币值下降、物价上涨问题起了缓解的作用，有利于货币价值的稳定和商品交换的顺利进行。但是，宋代纸币的超限量发行不属于发行中预计不准确而造成的，而且属于为解决财政危机饮鸩止渴式的恶性循环，其纸币投放量大大多于回笼量，大大多于流通领域所需要的货币量，所有回笼手段都是回天无力。正如《宋史》卷181《食货下三》所云："自是其（纸币）数日增，价亦日损，称提无术。"因此，要解决宋代纸币贬值物价上涨的关键是从源头上限制纸币的发行量，否则一切措施将是只治标不治本，甚至连标也治不了，最终只能搬起石头砸自己的脚，自食其带来的恶果。

（四）纸币防伪思想

宋代纸币自出现以来，就伴随着作伪问题。四川交子在私人发行时，伪造现象即已存在，史称"亦有诈伪者，兴行词讼不少"①。以后随着交子官方发行，作伪并不因政府介入而停止，反而日渐严重。仁宗庆历年间，交子的伪造使政府"以伪造犯法者多，欲废不用"②。南宋初期，仍然是"诈伪多有，狱讼益繁"③。南宋东南会子的伪造问题，尤以孝宗、宁宗、理宗三朝为最严重。

据史料所载，当时纸币作伪的手段主要有3种，这就是"伪造新会、

---

① 《宋朝事实》卷15《财用》。

② 朱熹《宋名臣言行录》前集卷9《孙甫》，台湾商务印书馆影印文渊阁四库全书本。

③ 《皇宋中兴两朝圣政》卷19。

揩改旧会、盗卖会底"①。所谓"伪造新会",大致就是作伪者按会子的版式重新描模雕刻印刷,然后把伪造的会子投入使用。"揩改旧会"可能是将旧币涂改界数或面额,而再投入流通的作伪方法。"盗卖会底"则是印刷纸币的官吏利用职权,将会底(尚未加盖官印正式发行的会子)卖给他人,买得会底者自行雕刻官印加盖其上,然后投入流通。

宋廷针对当时纸币作伪比较严重的局面,主要从防范与严惩两方面入手来进行治理,其具体措施有以下 3 点。

1. 提高纸币的质量,使作伪者难以仿造并加大作伪的成本。

有关通过提高纸币质量来防范纸币作伪的比较有代表性的论述是《宋史》卷 181《食货下三》所载:

> (淳祐)三年,臣像言:"今官印之数虽损,而伪造之券愈增;且以十五、十六界会子言之,其所入之数,宜减于所出之数。今收换之际,无额既溢,来者未已,若非伪造,其何能致多如是?大抵前之二界,尽用川纸,物料既精,工制不苟,民欲为伪,尚或难之。迨十七界之更印,已杂用川、杜之纸,至十八界则全用杜纸矣。纸既可以自造,价且五倍于前,故昔之为伪者难,今之为伪者易。人心循利,甚于畏法,况利可立致,而刑未即加者乎?臣愚以为抄撩之际,增添纸料,宽假工程,务极精致,使人不能为伪者,上也;禁捕之法,厚为之劝,厉为之防,使人不敢为伪者,次也。"

这段话表述了宋代纸币防伪的比较重要的 4 点思想:一是防伪的上策是提高纸币质量,"使人不能为伪";下策是制定法律严禁,"使人不敢为伪"。二是探讨了人们作伪的动机是利益的驱动,在获利五倍的诱惑下,人们敢于铤而走险。三是伪币越来越多的一个主要原因是纸币质量下降,作伪者易于伪造。四是提高纸币的质量,主要从纸料、雕刻、印刷等诸方面加以改进,使作伪者难以伪造。而且纸币质量提高,民间作伪成本太高,无利可图,就会停止伪造。综观史籍,这是提高纸币质量

---

① 《续文献通考》卷 7《钱币考一·会子》。

防范作伪思想的一个总结。如在纸料方面，北宋初，四川富商合办交子务时，已要求交子使用统一的纸张印造①。南宋绍兴年间，"当时（东南）会纸取于徽、池，续造于成都，又造于临安"②。徽州、池州、成都、临安都是当时质量上乘纸的产地，可见当时朝廷重视制造纸币中纸料的选用。又如在纸币的雕版方面，四川交子发行之初，就有了技术上防伪的措施："印文用屋木人物，铺户押字，各自隐密题号，朱墨间错，以为私记。"③ 今天看来，这虽然很粗糙简单，但就当时的印刷技术而言，还是能起一定防伪作用的。后来，随着雕版技术的进步，纸币防伪技术大大提高。据元代费著《楮币谱》记载，宋徽宗时的钱引每引用印六颗，分三种颜色。第一颗是敕字印，饰有金鸡、金花、龙凤等，各届不同。第二颗是大料例，用于贴头，多是"致富团财并"等格言。第三颗是年限印，有各种龙纹、花纹。第四颗背印故事，如"舜作五弦之琴以歌南风""武侯木牛流马运"等。这四颗均为黑色。第五颗是青面花纹印，用蓝色，饰以花木动物，如"鱼跃龙门""合欢万岁藤"等。第六颗为红团故事印，用红色，也印故事类之图案，如"尧舜垂衣治天下""孟子见梁惠王"等。整个钱引的顺序是：最上面写届分，接着依顺序是年号、贴头、敕字花纹印、青面花纹印、红团故事印、年限花纹印、背印（分一贯和五百文），最后书写额数。可想而知，这么精美复杂的雕版以及套色印刷技术，从技术条件上看，民间一般要仿制已不是一件容易的事了。

2. 加强纸币制造发行过程的管理。

熙宁元年（1068），监官戴蒙"请置抄纸院，以革伪造之弊"④。其目的是通过设立专门负责币纸生产的部门，将币纸经营权统一收归官营，以杜绝民间伪造纸币的币料来源。崇宁三年（1104），置京西北路专切管

---

① 《宋朝事实》卷15《财用》。
② 《宋史》卷181《食货下三》。
③ 《宋朝事实》卷15《财用》。
④ 《蜀中广记》卷67《方物记第九·交子》。

干通行交子所时规定"私造交子纸者,罪以徒配"①,更明确地以法律条文禁止民间私造币纸。总之,这是通过币纸官营、禁民私造切断原料来源来防范伪造纸币的有力措施。

宋代交子务设立之初,仅设主管监官一人。大观元年(1107)五月,"改交子务为钱引务……所用之纸,初自置场,以交子务官兼领,后虑其有弊,以他官董其事"②。这里显然是为了防止官吏作弊,运用管理中不相容职务的原则,通过分设纸币制印官员和币纸制造官员,使他们互相牵制监督,以避免一人兼管而很可能导致作伪的弊端。

宋代,有的官员还提出:"其当时所放散造会工匠,并宜尽行拘上,廪给加厚,勿惮小费,务在集事。"③ 其思想上是把制造纸币的工匠集中起来管理,可防止因工匠散布民间,而造成纸币制作技术外传,被不法之徒利用;并且改善工匠的待遇,也可提高工匠的积极性,使纸币制作更有效率,质量更有保证。

宋代纸币管理中的一个重要特点是分界发行。当旧币发行流通期限满后,必须兑换新币,这时官吏必须严格鉴别旧币的真伪。南宋规定:当会子换界时,要设内外两场官吏鉴定,"外场辨验到一贯伪会,追赏至七十贯;内场辨验到一贯伪会,所追赏钱视外场又倍之。凡赏钱皆置历拘榷,专以激犒官吏,断断不敢侵移他用"④。由此可见,纸币分界发行是防范作伪的一个重要管理环节,并能限制纸币的发行量。因此,宋代在纸币管理中十分重视分界,如南宋袁甫所谈纸币发行"四戒"中有"两戒"与分界有关。他认为:纸币发行"一曰戒新旧三界并用……四曰戒新会不立界限"⑤。

3. 颁布刑律,处罚伪造者,奖赏陈告者。

① 《宋史》卷181《食货下三》。

② 《蜀中广记》卷67《方物记第九·交子》。

③ 袁甫:《蒙斋集》卷7《论会子札子》,光绪二十五年广雅书局本。

④ 《蒙斋集》卷7《论会子札子》。

⑤ 《蒙斋集》卷7《论会子札子》。

宋仁宗时期，知益州薛田、转运使张若谷上奏欲官办四川交子时，就定下针对伪造的奖惩条文："若民间伪造，许人陈告，支小钱五百贯，犯人决讫，配铜钱界。"① 神宗熙宁初年，"立伪造（交子）罪赏如官印文书法"②。依照宋刑律，"诸伪写官文书印者，流二千里"③。换言之，伪造交子的处罚等同于伪写官文书印者，处以流放二千里的惩罚。大约在神宗朝至哲宗朝时，朝廷加重了对伪造交子者的处罚，"若伪造官文书，律止流二千里，今断从绞。近凡伪造印记，再犯不至死者，亦从绞坐"④。徽宗崇宁三年（1104），"置京西北路专切管干通行交子所，仿川陕路立伪造法。通情转用并邻人不告者，皆罪之；私造交子纸者，罪以徒配"⑤。由此可见，徽宗朝扩大对涉及伪造纸币行为处罚的范围，除伪造者本人外，知情不报者、转用伪币者等均得受罚。到南宋时，将伪造犯人处斩已成定例，支赐陈告人的奖赏也增加了。如绍兴三十二年（1162），"定伪造会子法：犯人处斩，赏钱千贯，不愿受者补进义校尉。若徒中及庇匿者能告首，免罪受赏，愿补官者听"⑥。

宋廷为使严禁伪造纸币之令家喻户晓，还将禁伪赏罚文字刊印于纸币票面。南宋谢采伯曾记载北宋徽宗崇宁年间发行的小钞票面"上段印准伪造钞，已成流三千里，已行用者处斩"⑦ 等字句。至于南宋会子，其票面样式，上半部分不但印有会子名称及面额，更以 56 字详示禁伪赏格："敕伪造会子犯人处斩，赏钱壹千贯。如不愿支赏，与补进义校尉，若徒中及窝藏之家，能自告首，特与免罪，亦支上件赏钱，或愿补前项各目者听。"⑧

---

① 《宋朝事实》卷 15《财用》。

② 《宋史》卷 181《食货下三》。

③ 《宋刑统》卷 25《诈伪律》。

④ 《宋史》卷 201《刑法三》。

⑤ 《宋史》卷 181《食货下三》。

⑥ 《宋史》卷 181《食货下三》。

⑦ 谢采伯：《密斋笔记》卷 1，丛书集成本。

⑧ 彭信威：《中国货币史》图版 "南宋的会子"，上海人民出版社，1988 年。

从宋代历朝对纸币作伪者及其相关人的处理上看，其处罚逐步由轻变重，惩治的范围也逐渐变宽，即刑罚上从流刑变为死刑，处罚对象从伪造者、包庇者，到转用伪币者、知情不报者，甚至那些对伪纸币、伪造者失察的官员也得受到惩罚。另一方面，对于陈告者的奖赏由少至多，从五百贯提高至一千贯。统治者立法思想是通过严惩重赏，一方面威慑作伪者，加大其犯罪成本，使其不敢以身试法；另一方面加大对知情者、负有督察责任官员等的赏罚力度，提高纸币作伪案的发现概率。提高纸币作伪的发现概率，比加大对纸币作伪的打击力度，对作伪者更具威慑力。还有宋朝将禁伪赏罚文字刊于纸币票面，这是一种最广泛的普法活动，并对妄图作伪者时时敲起警钟。

从上述可以看出，宋代有关严禁纸币作伪的立法比较严密，并具有较强的针对性。但是，在具体执行中难免存在着偏差。"今伪造有禁，刊之印文，编之敕令，非不严具，而愚民无知，抵冒自若。意者朝廷过于仁厚，前后犯禁之人，未必尽论如法。"① 更有甚者，吏治腐败也影响了对纸币作伪的执法。伪造会子"一有败露，纳贿求免，不曰字画之不尽摹，则曰贯索之不尽类，法当重戮，仅从末减。似此姑息，何以戢奸"②。正由于执法不严，有法不依，致使"伪造（会子）者所在有之，及其败获，又未尝正治其诛，故（会子）行用愈轻"③。

第五节　劝课农桑、兴学、息讼思想

宋代的劝课农桑就是鼓励民众多种粮食和树木，辛勤耕作，努力发

---

① 《宋会要》刑法 2 之 145。
② 王迈：《臞轩集》卷 1《乙未馆职策》，台湾商务印书馆影印文渊阁四库全书本。
③ 洪迈：《容斋三笔》卷 14《官会折阅》，台湾商务印书馆影印文渊阁四库全书本。

展农业生产；兴学就是在地方兴办各级学校，引导社会形成浓厚的读书风气，百姓通过读书知书达礼；"息讼"则是倡导在人与人交往中以和为贵，如遇到纠纷，努力以调处的方式予以解决。劝课农桑、兴学、"息讼"虽然性质不同，但其方式都是政府以鼓励、引导的手段，让民众自觉而为之，从而使社会经济发展，文明程度提高，生活和谐稳定。

一、 劝课耕垦、 植树思想

中国古代籍田（又作藉田）之制，源远流长。《诗经·载芟序》云："载芟，春籍田而祈社稷也。""籍"之意为借也，借民力治之，故谓之籍田。古时帝王于春耕前亲耕农田，以奉祀宗庙，且寓劝农之意。如《汉书·文帝纪》载文帝下诏云："其开藉田，朕亲率耕，以给宗庙粢盛。"

宋代帝王重视农业生产，承袭前代仍行籍田之礼。太常寺之下设有籍田司，凡皇帝行籍田礼，掌筹备耕耨出纳之事；籍田以一千亩为规制，所种植五谷蔬果，藏冰块以备用，为供应岁中祠祀礼料之一部分①。如宋仁宗就十分重视籍田之礼，"敦本务农，屡诏劝劝，观稼于郊，岁一再出；又躬耕籍田，以先天下"②。明道元年（1032），他又对身旁宰臣说："朕观古之兴王，皆重农桑以为厚生之本，朕欲躬耕籍田，庶驱天下游食之民尽归南亩。"③

宋代皇帝不仅自己亲行籍田之礼，以示劝课农桑，还十分重视地方各级长官的激劝农耕作用。景德三年（1006）二月，宋真宗诏："诸州长吏……少卿监、刺史、阁门使以上知州者，并兼管内劝农使，余及通判并兼劝农事。"④ 天禧四年（1020），宋廷"改诸路提点刑狱为劝农使，副兼提点刑狱公事，所至取州县民版籍，视其等第，税科有不如式者，惩之。

① 《宋史》卷 164《职官四》，《宋会要》礼 14 之 94。
② 《宋史》卷 164《职官四》。
③ 《宋朝事实》卷 15《籍田》。
④ 《长编》卷 62。

劝恤耕垦，招集逃亡，检括隐税，凡隶农田事，并令管勾"①。由此可见，地方长官的劝课农桑就不是像帝王那样象征性地通过行籍田礼以寓劝农，而是通过对户口版籍、田租赋税的整顿，招集流离逃亡农民，通过劝勉抚恤使他们重新回到农业生产上来。宋徽宗时期，朝廷更是多次明令地方长吏必须亲自劝农。政和元年（1111），徽宗下诏："守臣于倚廓，县令于境内，岁终耕敛，并须亲诣田畴，劝沮勤惰，以为力耕之倡。"二年（1112），又令县令"出乡就见父老，播告国家务农重谷、恻怛爱民之意"，以"敦本业""戒游手""恤佃户""无妄讼"等十二事劝谕百姓②。南宋高宗绍兴十五年（1145），规定州县守、令"以来春耕籍之后，亲出郊外，召近郊父老，劳以饮酒，谕以天子亲耕劝率之诚"③。朱熹在《知漳州劝农文》中说："是以国家务农重谷，使凡州县守倅，皆以劝农为职。"④ 南宋末年陆文圭也说："州县长官以'劝农事'三字系之职衔之下，于事为重。"⑤ 总之，朝廷的目的旨在通过地方长官守令的亲身倡导，关心民生疾苦，宣扬务农重谷国策，使广大农民安心于农桑根本之业，勤劳本分，无纠纷诉讼，经济发展，社会稳定。

宋代，除了劝勉农耕之外，历代皇帝还重视通过奖赏激励农民植树造林。因为植树不仅能够改善自然生态环境，起到水土保持的作用，而且树木可作为百姓生活上必不可少的烧火的薪柴，其中桑树更可养蚕织布、枣树可供食用。宋初，面对战后百业凋零的衰败景象，宋太祖于建隆元年（960）即位伊始就下诏令广为植树，并规定了植树的品种、数量以及考核的方式。诏令称："课民种树，定民籍为五等，第一等种杂树百，每等减二十为差，桑枣半之……令佐春秋巡视，书其数，秩满，第

① 《宋会要》职官42之2。
② 《宋会要》食货1之32，职官48之31。
③ 《宋会要》食货1之38。
④ 《晦庵先生朱文公文集》卷100《知漳州劝农文》。
⑤ 陆文圭：《墙东类稿》卷10《劝农文二首》，台湾商务印书馆影印文渊阁四库全书本。

其课为殿最……野无旷土者，议赏。"① 按此规定：第一等户必须种杂树100棵，桑枣树50棵，共计150棵。至第五等户，也须植杂树20棵，桑枣树10棵，共计30棵。而且县令佐要进行考核，能做到该种树的地方都种上树的，将给予奖赏。宋太宗至道元年（995）也下诏："令诸路州府各据本县所管人户，分为等第，依原定桑枣株数，依时栽种。如欲广谋栽种者，亦听。其无田土及孤老残疾女户无男丁力者，不在此限。如将来增添桑土，所纳税课并依原额，更不增加。"② 至道二年（996）再次下诏："耕桑之外，令益树杂木、蔬果。"③ 由此可见，宋太宗也十分重视植树造林，连续两年下诏督促植树，并给予增添桑土者不增税的优惠。宋神宗时期，朝廷对于植树更强调的是成活率，并以差减户租作为奖励。熙宁二年（1069）规定："民种桑柘毋得增赋……令民即其地植桑榆或所宜木……官计其活茂多寡，得差减在户租数，活不及数者罚，责之补种。"④ 到了南宋，朝廷仍采取鼓励植树的政策，并提高了官吏和百姓的植树棵数。宋孝宗乾道元年（1165）都省言："淮民复业，宜先劝课农桑。令、丞植桑三万株至六万株，守、倅部内植二十万株以上，并论赏有差。"⑤

宋廷无论是劝勉农民耕垦，还是课民植树，其主要还是采取正面奖赏激励或给予优惠条件的办法，一般不采取行政性的强制手段，也极少对懒惰或不予合作者给予惩罚。因为只有采取奖赏激励和劝勉的方式，才能提高生产者的积极性，收到耕垦、植树的最佳效益。如一味地采取强制或惩罚的方式，是很难收到预期的效果。当然，地方守令在劝农耕垦或植树中也难免存在一些问题。如南宋绍兴年间，地方守令出郊劝农时，常"将带

① 《宋史》卷173《食货上一》。
② 《宋会要》食货63之163。
③ 《宋史》卷173《食货上一》。
④ 《宋史》卷173《食货上一》。
⑤ 《宋史》卷173《食货上一》。

公吏，及因而游玩、饮酒"①，骚扰民众等，背离了劝农的初衷。

宋代在对地方长吏进行考核时，"劝课农桑"是其中必不可少的内容。据《宋史·职官三》记载，宋廷以"七事"考核监司，其第二事即为"劝课农桑、增垦田畴"；以"四善""三最"考核守令，"三最"中第二最即为"农桑垦殖、水利兴修为劝课之最"。南宋《庆元条法事类》卷5《考课》更是详细地规定有监司考校事件，其中涉及劝课农桑的内容是：

> 考课式
>
> 某官职姓名任内
>
> ……
>
> **劝农桑**
>
> 劝课栽植桑柘枣之类
>
> 某官职姓名任内劝诱人户栽植到下项：
>
> 桑若干
>
> 柘若干
>
> 枣若干
>
> 余官任内依前闻
>
> 增垦田亩
>
> 某官职姓名任内增垦到田若干顷亩
>
> 创修堤防水利
>
> ……

从此可以知道，南宋在对地方行政长官的考核中，劝农桑、增垦田亩为最重要的内容，摆在诸项考核指标的首位，而且还对其进行较准确的量化评估，充分体现了宋朝最高统治者对此的重视。

二、 劝农文中劝农、 重农思想

在宋代务农重谷国策的指导下，朝廷和各级地方官员常发布劝农文，

---

① 《宋会要》职官47之33。

使大量的劝农文传诸后世，反映了宋人劝农、重农的思想，主要有以下几个方面。

其一，把农业作为国家根本之业，积极引导民众务农。北宋崇宁二年（1103）四月三日，徽宗下诏县令劝农以十二事为主，其第一事就是强调"敦本业：谓农桑为衣食之本，工作之类乃是治末，虽获厚利而无本源，故于本业切宜敬尚"①。在这种思想指导下，宋代地方官员在劝农文中纷纷引导、鼓励民众以务农为本。如薛季宣在越州劝农时，要求人们"毋失天时，毋事末作"②。蔡戡在永嘉为官时告诫百姓"无游手以趋末"③。陆游在严州任上要求当地人"语子若孙，无事末作，无好终讼，深畎广耜，力耕疾耘"④。

除劝导农民毋事工商末作之外，地方官员还教导人们毋事有妨务农的各种陋习，如耽酒、溺赌、喜争、好闲、徇巫鬼等。如南宋严州人"好饮博""喜兴词诉""好嬉游""喜事鬼神"等，高斯得在严州时，谆谆告诫人们"若能去此四害，惟专惟勤，田之无收，吾不信也"⑤。真德秀在隆兴府为官时，向百姓力陈："兄弟宗族恩义至重，不可以小利致争；乡党邻里缓急相须，不可以小忿兴讼。喜争斗者，杀身之本；乐词讼者，破家之基；赌博乃偷盗之媒，耽酒是丧生之渐。凡此数事，为害至深，有一于此，必致祸败。"⑥ 戴复古在《房陵劝农文》则谓："毋耽道释，毋徇巫鬼。凡吾所见，耽道释必贫，徇巫鬼必贫，或误其命，非吉凶不得已。毋非时聚饮，非农隙毋遨嬉。聚饮多费，遨嬉则子弟浮惰。"⑦

---

① 《宋会要》职官48之31。

② 《浪语集》卷15《劝农文》。

③ 《定斋集》卷13《永嘉劝农文》。

④ 陆游：《渭南文集》卷25《丁未严州劝农文》，台湾商务印书馆影印文渊阁四库全书本。

⑤ 《耻堂存稿》卷5《严州劝农文》。

⑥ 真德秀：《真文公文集》卷40《隆兴劝农文》，四部丛刊本。

⑦ 陈造：《江湖长翁集》卷30《房陵劝农文》，台湾商务印书馆影印文渊阁四库全书本。

总之，这些劝农文都是在向农民说明诉讼、争斗、饮酒、赌博、侍奉鬼神、游手好闲等行为足以荒废农事，耗废钱财，败家破产，损害健康，甚至招来杀身之祸，故不得为之。

其二，勉励农民勤于耕作。宋代地方官员在劝农文中常常向农民说明勤劳使人富足安乐，懒惰使人贫穷饥饿的道理。如前文提及真德秀在福州任知州时指出："凡为农人，岂可不勤！勤且多旷，惰复何望……为农而惰，不免饥饿。一时嬉游，终岁之忧。我劝尔农，惟勤一字。"陈著知嵊县时，"告民以勤为本，嵊之民当加勤。嵊山多水浅，其土瘠，土瘠故物不滋，物不滋故种薄，收种薄故民多贫。彼富者食肥饶犹云不给，今反此而不加勤，可乎？勤则瘠可肥，贫可富，不勤则瘠愈瘠，贫愈贫，其何以生？"① 可见，他认为嵊县收成不好是由于土地瘠薄。要想改变这种状况，使土地瘠薄变成肥沃，农民贫困变为富足，只有比其他地区更加勤劳才行。土地已经瘠薄，如果还不勤劳，生活将会愈来愈贫困。

有的官员在劝农文中则通过不同地区的比较，来说明勤惰对于农业生产的重要性。陈傅良在湖南桂阳军劝农时说："闽、浙之土，最是瘠薄，必有锄耙数番，加以粪溉，方为良田。此间不待施粪，锄耙亦希，所种禾麦，自然秀茂，则知其土膏腴，胜如闽、浙。然闽、浙上田收米三石，次等二石，此间所收却无此数，当是人力不到，子课遂减，奉劝自今更加勤勉，勿为惰农，坐视丰歉。"② 这里，陈傅良比较了桂阳军和闽、浙地区的土地肥瘠和农业生产量，指出桂阳军的土地比闽、浙肥沃，但是单位面积产量却不及闽、浙高，原因在于桂阳军的农民不够勤劳，因此，劝谕他们今后必须更加勤勉。

崇宁二年（1103）四月三日，徽宗在下诏县令以十二事劝农中指出，农民要勤于耕作，具体要做到以下五个方面：一是"兴地利，谓旷地有

---

① 陈著：《本堂集》卷 52《嵊县劝农文》，台湾商务印书馆影印文渊阁四库全书本。

② 《止斋先生文集》卷 44《桂阳军劝农文》。

可以垦辟者，积水有可以疏决者，皆宜耕种，庶使地无遗利"；二是"广栽植，谓麻、麦、粟、豆、果、瓜、蔬菜，凡可以为养生之资者，广务栽种，则自然农足"；三是"谨时候，谓农时一违，诸事废败，尤在所谨。故耕以时则土膏，种以时则苗秀，敛以时则无禽兽之耗，无盗贼之侵，无霖雨之坏"；四是"诫苟简，谓耕欲熟，耘欲足，则田土膏腴，禾稼茂实。盖农事最为劳苦，人易怠情，多致苟简，尤宜戒勉"；五是"戒游手，谓群饮聚博，放鹰走犬，游惰之事，皆废农业，为人父兄，理当戒谨，为人子弟，尤宜遵禀"①。

其三，提倡恤民节俭，保护小农经济。小农经济就个体来说，是十分脆弱的，很容易被天灾人祸所摧毁。因此，宋代统治者在劝农中不仅强调"重农务谷"，而且还注意"恻怛爱民"。如徽宗在下诏县令劝农十二事中就强调："恤佃户，谓佃客多是贫民，方在耕时，主家有催旧债不已，及秋收时，以其租课充折债负，乃复索租，愈见困穷，不辞离，即逃走，宜加以宽恤。"② 朱熹则主张："佃户既赖田主给佃先借以养活家口，田主亦藉佃客耕田纳租以供赡家计，二者相须方能存立。今仰人户递相告诫，佃户不可侵犯田主，田主不可挠虐佃户。如当耕牛车水之时，仰田主依常年例应副谷米，秋冬收成之后，仰佃户各备所借本息填还。"③ 朱熹在此首先告之田主（富户）与佃户，二者互相依存，劝谕田主在佃户生产困难之际应予以贷款，佃户则要量力而借并及时还贷。陈傅良在《桂阳军劝农文》中亦表达了相类似的思想，即贫者借贷在所难免，但必须量力而行，不要借贷太多而还不起，最终赖债；另一方面富家也不能太贪婪，应该量本适当收取利息，甚至免除长年积欠。他说："生借种粮，贫者不免，先须量力，莫据眼前，借贷太多，债还不易，及至空穷，却谋昏赖。所是富家亦合量本收息，除豁积欠，难以递年登带，恣为贪婪。"④

---

① 《宋会要》职官 48 之 31。
② 《宋会要》职官 48 之 32。
③ 《晦庵先生朱文公文集》卷 100《漳州劝农文》。
④ 《止斋先生文集》卷 40《桂阳劝农文》。

有些地方官在劝农文中则劝谕农民节约，不可奢侈。因为生活节俭，就可以使用度常足不匮，减少借贷，免受高利贷盘剥之害而陷入贫困。如真德秀云："福生于俭，祸生于奢。影响相随，毫厘弗差。惟朴惟素，富贵之具。惟多惟借，因穷之渐。广用多求，心劳且忧。寡求省用，其乐休休。以约失之，其亦鲜矣。我劝尔民，宁俭毋侈。"①

其四，劝谕禁杀耕牛，备置农具。在机械动力出现之前，牛是耕田的动力。宋人已清楚地认识到"农家以牛为耕种之本"②，"牛最（为）农事之急务，田亩赖是而后治"③。基于这种认识，宋代从中央到地方的劝农文中，均劝谕农民勿杀耕牛。宋徽宗在下诏县令以十二事劝农中就提出"戒宰牛，谓牛为耕稼之本，当务孳生，况其功力最大，尤不当杀"④。朱熹在《漳州劝农文》中更以严厉的口气告诫农民不得宰杀耕牛，应该妥为照管，否则将受到处罚。他说："耘犁之功，全借牛力，切须照管，及时喂饲，不得辄行宰杀，致妨农务。如有违戾，准敕科决，脊杖二十，每头追赏五十贯文，锢身监纳，的无轻恕。今仰人户递相告戒，毋致违犯。"⑤

《论语》云："工欲善其事，必先利其器。"生产工具是人们进行劳动生产必备的物质技术手段。对此，宋人也有一定的认识，故在劝农文中劝谕农民应舍得花钱购置农具。徽宗在下诏县令以十二事劝农中亦提出："置农器，谓农家器用，缺一不可，与其废用，修饰车服，不若以财广置农器。"⑥ 基于这种认识，早在大中祥符六年（1013），宋真宗就废除五代宋末以来征收农器税的政策，下诏"自今农器并免收税"⑦。以后宋代各朝皇帝，又多次重申了这一规定。这对农具的生产与销售，对于普通农户的工具添置，促进农业生产技术的提高，都是有所裨益的。

---

① 《真文公文集》卷 40《劝农文》。
② 《长编》卷 274。
③ 《农书》卷上《祈报篇》。
④ 《宋会要》职官 48 之 32。
⑤ 《晦庵先生朱文公文集》卷 100《漳州劝农文》。
⑥ 《宋会要》职官 48 之 32。
⑦ 《宋会要》食货 1 之 18。

其五，推广先进的农业技术。宋代，许多地方人多地少，人口对土地的压力甚大，人们解决人地矛盾的一个重要途径就是通过改进农业技术来增加亩产量。宋代，许多地方官在劝农文中推广先进的农业技术。

宋代由于复种指数的提高，迫切需要解决土壤肥力与连年耕种之间的矛盾。宋人已清楚地认识到，人们如能够时常加入新而肥沃的土壤，施用肥料，可使土壤更加精熟肥美。这就是著名农学家陈旉提出的"地力常新壮"的理论。宋人这种施肥能保持土壤肥力的思想在地方官的劝农文中得到实践和推广。如黄震在《咸淳八年春劝农文》中推崇"浙间终年备办粪土，春间夏间，常常浇壅"①。这就是说两浙农民在农业生产实践中，已懂得大量使用有机肥，加速土壤熟化，提高土壤肥力。程珌在《壬申富阳劝农》中建议农家应像衢州、婺源之人收集肥料不遗余力。他说："每见衢、婺之人，收蓄粪壤，家家山积，市井之间，扫拾无遗。"②

宋人在耕作中已讲求深耕细耙，并懂得利用冻融这种自然力改良土壤。朱熹在《知南康军劝农文》中向农民介绍了这种技术："大凡秋间收成之后，须趁冬月以前，便将户下所有田段一例犁翻，冻令酥脆。"③ 这种冻晒，既可使土壤酥碎，又能起自然松土与杀虫的作用。高斯得在《宁国府劝农文》中向当地农民推广两浙地区的深耕细耨技术，明确指出其不仅能提高土壤肥力，而且能够增强抗旱保墒能力，提高种子发芽率。他说："浙人治田，比蜀中尤精，土膏既发，地力有余，深耕熟犁，壤细如面，故其种入土坚致而不疏。"④

在宋人劝农文中，反映了当时已具有较成熟的田间管理思想，已把育秧、中耕、除草、壅根、增肥、保水和烤田等田间作业进行了有机的

---

① 黄震：《黄氏日抄》卷78《咸淳八年春劝农文》，台湾商务印书馆影印文渊阁四库全书本。

② 程珌：《洺水集》卷19《壬申富阳劝农》，台湾商务印书馆影印文渊阁四库全书本。

③ 《晦庵先生朱文公文集》卷99《知南康军劝农文》。

④ 《耻堂存稿》卷5《宁国府劝农文》。

结合。如选好良种后，培育壮秧是水稻丰产的先决条件之一，"拣选肥好田段，多用粪壤，拌和种子，种出秧苗"；浸种下秧，深耕浅种后，秧苗既长，"便须及时趁早栽插"①。在禾苗生长过程中，杂草丛生，"浙间三遍耘田，次第转折，不曾停歇"②。"大暑之时，决去其水，使日曝之，固其根，名曰靠田；根既固矣，复车水入田，名曰还水"；而"还水之后，苗日以盛，虽遇旱暵，可保无忧"③。

宋人为了解决人多地少、粮食不足的问题，充分利用不适合稻作的旱地，栽种粟、豆、麻、蔬菜等耐旱作物。地方官在劝农文中要求人们因地制宜种植这些作物，如韩元吉在婺州与建宁府劝农时，建议农民"若豆与粟，度地所宜，犹可致力焉"，"以多耕荒废之壤，高者种粟，低者种豆，有水源者艺稻，无水源者播麦，但使五谷四时有收"④。朱熹在南康军与漳州劝农时也反复要求百姓予以种植，并告诉他们可以预防饥荒。他说："山原、陆地可种粟、麦、麻、豆去处，亦须趁时竭力耕种，务尽地力，庶几青黄未交之际，有以接续饮食，不至饥饿"；"种田固是本业，然粟、豆、麻、麦、菜蔬、茄、芋之属，亦是可食之物，若能种植，青黄未交，得以接济，不为无补，今仰人户更以余力广行栽种"⑤。

桑是养蚕的饲料，木棉、苎麻则是织布的直接原料，都是带给人们温暖、免遭寒冻的衣着之源。宋廷对推广这些作物十分重视，诏令地方官劝谕百姓种植，并把其作为考核官员经济政绩的重要依据。地方许多官员秉承朝廷的旨意，在劝农文中反复告谕百姓种植桑麻、木棉、苎麻的益处，并予以具体的技术指导。如陈造在《房陵劝农文》中指出："房之原陆弥亘数百里，而桑柘绝少，蚕事灭裂，饲守缲织皆未得法，端匹

---

① 《晦庵先生朱文公文集》卷99《知南康军劝农文》。

② 《黄氏日抄》卷78《咸淳八年春劝农文》。

③ 《耻堂存稿》卷5《宁国府劝农文》。

④ 韩元吉：《南涧甲乙稿》卷18《婺州劝农文》《建宁府劝农文》，台湾商务印书馆影印文渊阁四库全书本。

⑤ 《晦庵先生朱文公文集》卷99《知南康军劝农文》、卷100《漳州劝农文》。

狭燥，丝绵席暗，无可取贵。与其植他木，不若多植桑、柘，每岁春办，为四十日夙夜之勤，缲织饲守，求尽其技，精其事，将不止温暖取给，亦可货以自赡。"① 这里，他建议房陵农民兼营蚕桑业和丝织业，其好处不仅可以解决衣着御寒问题，而且可以出售图利，补足家计。程珌、朱熹则意识到一些地区不种少种桑树，不是地区不适宜，而是栽种不得法，所以在劝农文中介绍科学的种植法，以提高种桑效益，从而激发农民栽种的积极性。程珌在《壬申富阳劝农》文中向富阳农民推广太平州老农种桑的经验："彼间之种桑者，每人一日只栽十株，务要锄掘深阔，则桑根易行，三年之后即可采摘。盖桑根柔弱不能入坚，锄掘不阔而拳曲不舒，虽种之十年亦可摇拔，此种桑之法也。低山平垄，更当添种，则蚕丝之利博矣，此令所以劝农者一也。"② 可见种桑的关键是土坑要挖得深阔，这样才有利于桑树长得繁茂坚实，从而带来丰厚的蚕丝收入。朱熹也有类似的栽种桑树方法，除了土坑挖得深阔之外，他还强调要多施肥，并适当进行剪枝。如实在不宜种桑的地方，就多种吉贝（即木棉）、麻、苎等，这样也可以解决衣着原料问题。他说："蚕桑之务，亦是本业，而本州从来不宜桑柘，盖缘民间种不得法。今仰人户，常于冬月，多往外路买置桑栽，相地之宜，逐根相去一二丈间，深开窠窟，多用粪壤，试行栽种，得其稍长，即与削去细碎拳曲枝条，数年之后，必见其利。如未能然，更加多种吉贝、麻、苎，亦可供备衣着，免被寒冻。"③

其六，宣传、贯彻朝廷的惠农政策。一些地方官在劝农文中将朝廷的惠农政令周知百姓，以提高他们务农垦荒的积极性。如朱熹在《漳州劝农文》中出台了一些优惠措施，消除垦荒者的顾虑，鼓励农民积极开垦荒地："本州管内荒田颇多，盖缘官司有俵寄之扰，象兽有踏食之患，是致人户不敢开垦。今来朝廷推行经界，向去产钱、官米各有归着，自

① 《江湖长翁集》卷30《房陵劝农文》。
② 《洺水集》卷19《壬申富阳劝农》。
③ 《晦庵先生朱文公文集》卷100《漳州劝农文》。

无傜寄之扰。本州又已出榜劝谕人户陷杀象兽，约束官司不得追取牙齿蹄角，今更别立赏钱三十贯，如有人户杀得象者，前来请赏即时支给，庶几去除灾害，民乐耕耘。有欲陈请荒田之人，即仰前来陈状，切待勘会，给付永为己业，仍依条制，与免三年租税。"①

南宋时，由于北方大量的人口南迁，推动了南方二麦的种植。当时，朝廷十分重视二麦的种植，认为农民种麦既可以解决粮食问题，又可以出售获利。政府为提高农民种麦的兴趣，出台了一系列优惠政策，如规定佃户种麦，可不必向地主交租，收成归佃户所有；鼓励农民开垦荒地种麦，并酌量予以免除租税。对于朝廷的这些惠农政策，一些地方官也在劝农文予以宣传、贯彻。如方大琮在《将邑丙戌秋劝种麦》文中告知农民："禾则主佃均之，而麦则农专其利。"② 黄震在《咸淳七年中秋劝种麦文》中也明确宣称："近世有田者不种，种田者无田，尔民终岁辛苦，田主坐享花利。惟是种麦，不用还租，种得一石是一石，种得十石是十石。"③ 总之，其意都在告知佃户种麦可以不用纳租，比种稻更有经济效益。朱熹在《劝谕趁时请地种麦榜》中则鼓励农民开垦空闲官地，可免五年科税："其有无地可耕之人及有力多而地少者，仰自踏逐空闲官地，具出字号、四至、亩角，经县陈请布种，当与判状执照，免科权给一年；其有情愿永远请佃之人，亦仰分明声说，即与给据管业，特免五年税科。"④ 黄震在《咸淳八年中秋劝种麦文》中则劝说田主应允许佃户种麦，并鼓励那些田主不容许种麦的佃户开垦荒地种麦："或谓田主以种麦乃佃户之利，恐迟了种禾，非主家之利，所以不容尔种。不知主佃相依，当养根本。佃户夏间先收得麦，则秋间有本，不至欠租，亦是主家之利。况收麦在四月，种禾在五月初，不因麦迟了种禾，纵使田主不欲多种，

---

① 《晦庵先生朱文公文集》卷 100《漳州劝农文》。

② 《铁庵集》卷 30《将邑丙戌秋劝种麦》。

③ 《黄氏日抄》卷 78《咸淳七年中秋劝种麦文》。

④ 《朱文公文集（别集）》卷 9《劝谕趁时请地种麦榜》。

抚州无限山坡高地，又因何不种？"①

　　宋代封建商品经济发达，从事工商业活动的收益普遍高于农业，加之不少地方人多地少，因此使不少农民放弃农业而从事工商业。这是历史发展的趋势，是社会经济进步的表现。但是，古代在科学技术的限制下，依靠耕作技术的进步来增加农业单位面积的产量是有极限的，故要增加粮食作物的总产量，必须在多投入劳力的基础上，一方面精耕细作，另一方面扩大耕作面积。如果有太多的劳动力离开农业生产而从事工商业，那将产生粮食供给不足的问题。因此，有宋一代，封建统治者都十分重视农业生产，除沿袭前朝皇帝例行亲耕籍田之外，在中央设立了劝农机构——劝农司，又在地方官的官衔上加上劝农职事，以务农重谷为指导思想。地方官秉承朝廷的旨意，以劝农文为主要形式，用诱导的方式，劝谕农民多投入劳力，以增加农业生产的劳动量；提倡恤民节俭，禁杀耕牛，备置农具，以保护小农经济；推广先进的农业技术，以提高农民的生产水平；宣传、贯彻朝廷的惠农政策，提高农民的生产积极性。总之，政府的劝农思想和政策收到了较明显的效果，耕地面积比汉唐扩大，全国垦田数达八百万顷左右②；人口突破一亿大关，约为唐代人口的两倍；粮食亩产量比过去也有明显的提高，大致有三五石。总之，这些成就与宋代的劝农、重农政策都有密切的关系。

　　另外，我们也必须看到宋代的劝农也难免存在一些问题。如宋朝一些地方官履行劝农之职时"循习之久，但为空文"③，其劝农文或为官样应景文章，无病呻吟，空洞说教，使得"父老听来似不闻"④；或故作高深，强附风雅，"古语杂奇字，田夫莫能读"⑤，"行行蛇蚓字相续，野农不识何由

①　《黄氏日抄》卷78《咸淳八年中秋劝种麦文》。
②　参阅华山：《宋史论集》，齐鲁书社，1982年，第10—11页。
③　《止斋先生文集》卷44《桂阳军劝农文》。
④　刘爚：《云庄集》卷1《长沙劝耕》，台湾商务印书馆影印文渊阁四库全书本。
⑤　《真文忠公文集》卷40《泉州劝农文》。

读"①，使劝农成为一种形式，走过场。更有甚者，一些官员借劝农之名，乘机宴游作乐，"辄用妓乐及宴会宾客"②，"自携酒肴、妓女，宴赏竟夕"③。有的官员出郊劝农不但不能解决农民的问题，反而增加农民的负担，骚扰地方，纵容属下勒索百姓。正如时人廖行之所说："凡次舍宿顿之所，苟有所须，一取诸民。且什物之备犹可为也，而米粟酒肴，餍饫吏卒，以为未足。又奉之缗钱，满欲乃已。不然，捶骂罗织，必加之罪。"④

三、 劝勉世人重视读书学习

宋代，右文重学崇儒是其基本国策。宋太祖自开元后，很快由一介武夫变为尊儒重文之君，享有"性好艺文"⑤的称誉；宋太宗更以"锐意文史"而见著史册⑥；宋真宗则"道遵先志，肇振斯文"⑦。经过太祖至真宗三朝的大力倡导，宋代右文重学崇儒蔚然成风。

宋代之所以具有浓厚的读书风气，其中一个重要的原因是上至帝王贵族官僚，下至平民百姓，都劝自家子弟应该勤奋学习，虽然读书的目的不尽相同，但提倡读书却是一致的。

宋代皇帝提倡读书最为人所知的是宋真宗。史载："宋真宗《劝学文》云：书中自有黄金屋，书中自有千钟粟，书中车马多如簇，书中有女颜如玉。"⑧"又曰卖金买书读，读书买金易。"⑨ 宋真宗的这一《劝学文》赤裸裸地告诉世人读书可以升官发财，享尽荣华富贵，因此遭到后

---

① 陈起：《江湖小集》卷 82《野农谣》，台湾商务印书馆影印文渊阁四库全书本。
② 《庆元条法事类》卷 49《劝农桑》。
③ 胡太初：《昼帘绪论·临民篇第二》，台湾商务印书馆影印文渊阁四库全书本。
④ 廖行之：《省斋集》卷 5《论迎送出郊科敛乡保排办钱物札子》，台湾商务印书馆影印文渊阁四库全书本。
⑤ 《能改斋漫录》卷 4《崇政殿说书》。
⑥ 《事实类苑》卷 2《祖宗圣训·太宗皇帝》。
⑦ 《册府元龟·考据》。
⑧ 高拱：《本语》卷 6，台湾商务印书馆影印文渊阁四库全书本。
⑨ 《说郛》卷 73 下《劝学文》。

人的批评诟病。如明代高拱指出："诚如此训，则其所养成者，固皆淫佚骄侈、残民蠹国之人，使在位皆若，人丧无日矣。而乃以为帝王之劝学，悲夫！"① 陶宗仪也认为："自斯言一入于胸中，未得志之时，已萌贪饕；既得志之后，咨其掊克，惟以金多为荣，不以行秽为辱，屡玷白简，恬然自如。虽有清议，置之不恤，然司白简持清议者，又未必非若而人也。毋怪乎玩视典宪为具文，一切置廉耻于扫地，气习日胜，若根天真。惟知肥家庇族而已，亦不知其为蠹国害民也。得非蔽锢于《劝学文》而然耶，是因不可不深责贪饕之徒，亦不可不归咎于《劝学文》有以误之也。"② 明人的这种批评是一针见血的，抱着升官发财、享受荣华富贵的目的的读书，一旦中举得志，其多数人确实将成为淫佚骄侈、残民蠹国的贪官污吏。因此，宋朝廷的这种读书导向有严重的消极面。但是，我们也必须看到，宋真宗劝勉世人读书的良苦用心！其实，食、色作为人之本性，宋真宗以此劝诱世人读书，也有无可厚非的一面。黑格尔说存在就是合理，宋真宗的《劝学文》一千多年来流传至今，并为一些人经常引用，就说明了这一点。

与此相类似，宋人亦通过学而优则仕的道理来劝谕世人读书。北宋以正统自居的名儒陈襄就说："今天子三年一选士，虽山野贫贱之家所生子弟，苟有文学，必赐科名，身享富贵，家门光宠，户无徭役，休荫子弟，岂不为盛事……今汝父老归告其子弟，速令来学。予其择明师而教诲之，庶几有成。"③ 由此可见，宋人把读书入仕看作是世人脱贫脱贱致富致贵的一条捷径。

宋代朝廷上下之所以如此苦口婆心地劝勉世人勤于读书，是因为他们看到学习对于培养人才、治理国家和形成良风美俗的作用。陈襄就认为："学校之设，非以教人为辞章取禄利而已，必将风之以德，行道艺之

① 《本语》卷6。

② 《说郛》卷73下《劝学文》。

③ 陈襄：《古灵集》卷19《仙居劝学文》，台湾商务印书馆影印文渊阁四库全书本。

术，使人陶成君子之器，而以兴治美俗也。"① "人之为善，莫善于读书为学，学然后知礼义孝悌之教。故一子为学，则父母有养；一弟为学，则兄姊有爱；一家为学，则宗族和睦；一乡为学，则闾里康宁；一邑为学，则风俗美厚。虽有恶人，将变而为善矣。"② 由此可见，读书学习不是只教会人们写文章获取利禄，更重要的是能陶冶人们的思想情操，使之成为道德高尚的人，从而国家得到治理，父母兄弟姐妹友爱，宗族闾里和睦康宁，风俗美厚。周行己也认为："天地之性，莫贵于人；四民之长，莫贵乎士。士之所贵者，以学而已……诸生生于富有之家，复赖父兄之贤，使得从师为学，一身亦幸矣。然而父兄之所以愿望于子弟者，岂幸一身而已哉？亦期于有成，将以幸一家、幸一乡，又推而广之，幸一国、幸天下也。"③ 这里，周行己看到，士人之所以比一般人尊贵，列于士农工商四民之首，关键是他们通过读书学习，比一般人有知识有文化有教养，即知书达礼，这不仅是读书者一人的幸运，也是一家、一乡、一国，甚至是整个天下的幸运。反之，"或不得学者，盖由出乎贫贱之家，日迫于饘粥之不暇，所以沉为下愚，终身不灵，以贻笞戮，无所不至，此人之不幸也"④。

基于这种认识，宋代有识之士都希望世人能勤奋读书学习。朱熹《劝学文》就向人们呼吁：要珍惜时光，时不我待，努力学习。他说："勿谓今日不学，而有来日；勿谓今年不学，而有来年。日月逝矣，岁不我延。呜呼老矣，是谁之愆。"⑤ 张咏也劝勉世人要闻鸡起舞，苦学成才。他在《劝学》文中谆谆教导人们："大化不自言，委之在英才；玄门非有闭，苦学当自开……晨鸡固自勉，男子胡为哉！胸中一片地，无使容纤

① 《古灵集》卷 19《杭州劝学文》。
② 《古灵集》卷 19《仙居劝学文》。
③ 《浮沚集》卷 6《劝学文》。
④ 《浮沚集》卷 6《劝学文》。
⑤ 《御定渊鉴类函》卷 201《劝学五》，台湾商务印书馆影印文渊阁四库全书本。

埃；海鸥尚可狎，人世何嫌猜。勤慎君子职，颜闵如琼瑰。"①

宋代有些人甚至认为世人如不读书学习，是一种过错，其父兄应承担责任："诸公为人父兄，有子弟而不教，教而不择其师，谁任其咎之道。故敢以此闻下执事传道授业，其为子弟加意焉，毋怠！"② 有的人还认为平时不读书学习，到了人生尽头后悔就来不及了。"古人有临渴掘井之喻，痛其平昔不读书也。临渴掘井，犹有得泉之理，至渴不肯掘井者，是终渴死无悔也。"③

四、 兴办各级学校

宋代，较早提出通过兴办学校发展全国教育的是范仲淹。庆历四年（1044），他与翰林学士宋祁，御史中丞王拱辰，知制诰张方平、欧阳修，殿中侍御史梅挚，天章阁侍讲曾公亮、王洙，右正言孙甫，监察御史刘湜等9人一起上奏，提出兴办学校对发展全国教育、培养人才的重要性。范仲淹等人认为："今教不本于学校，士不察于乡里，则不能核名实；有司束以声病，学者专于记诵，则不足尽人才。此献议者所共以为言也。谨参考众说，择其便于今者，莫若使士皆土著而教之于学校，然后州县察其履行，则学者修饬矣。故为设立学舍，保明举送之法。夫上之所好，下之所趋也。今先策论，则文词者留心于治乱矣；简程式，则闳博者得以驰骋矣；问大义，则执经者不专于记诵矣。其诗赋之未能自肆者杂用今体，经术之未能亟通者尚如旧科，则中常之人，皆可勉及矣。此所谓尽人之才者也。故为先策论过落，简诗赋考式，问诸科大义之法，此数者其大要也。"④ 范仲淹等人在全国州县兴办学校，以经术教授士人、定期课试策论的思想对宋代历朝影响深远。

嘉祐二年（1057），知扬州刘敞在《上仁宗请诸州各辟教官》中指

---

① 张咏：《乖崖集》卷2《劝学》，台湾商务印书馆影印文渊阁四库全书本。
② 王之道：《相山集》卷28《劝学文》，台湾商务印书馆影印文渊阁四库全书本。
③ 吴儆：《竹洲集》卷14《劝学文》，台湾商务印书馆影印文渊阁四库全书本。
④ 《长编》卷147。

出："必欲人安其居，皆有常心，渐之于仁，摩之于义，化民成俗，则莫若开庠序以收养之，设师弟子以教诲之，月考时试以劝勉之。教定俗成，然后贤不肖立见而真伪不杂矣。"相反，如"游士归乡而不为设学，则无以收之；设学而不置师，则无以率之；置师而不立课试讲习之法，则无以成之。三者名存实亡，则学者不归，虽欲别贤不肖，兴廉让，崇乡党之化，不可得矣"①。熙宁二年（1069），翰林学士吕公著综合了范仲淹、刘敞等人的兴学思想，提出了兴学的 4 项关键，即设学校、置老师、习经术、试大义。他说："所谓学校之法者，天子自立太学于京师，取道德足以为天下师法者主之。自开封府及天下州县皆立学，取道德足以为人师者主之。然学校教化，所以一道德、同风俗之原，今若人自为教，则师异说，人异习。故宜博选天下所谓有道德可以为人师，先集于太学，使讲议所以教育之法，而朝廷以道揆其得失。讲议既定，然后取其得者，置之要会州府，使主其学……将以经术教养，则代赋以经……自后次科场，明经止用正文填帖，更不以注，而增试大义。如此，应明经者渐多而诸科之弊自消矣。"②

如以现代教育理念来看，四者中的学校是为教授与学习者提供教学活动的空间；老师则是教学的主导，起表率与传授知识的作用；经术则是教学的内容，关系到培养封建治国人才和一道德、同风俗的教学目标的实现；课试则能检验教学成果，并起引导教学方向的作用。

宋朝仁宗、神宗朝所形成的这种兴学思想，在北宋的三次大规模兴学以及南宋的某些时期，均得到了较好的实践，并取得了一定的效果。

北宋时期，先后三次大规模兴学。第一次是宋仁宗以来，宋廷在推进学校普及方面进行了不遗余力的努力。"仁宗即位之初，赐兖州学田，已而又命藩辅皆得立学；其后，诸旁郡多愿立学者，诏悉可之，稍赠赐

---

① 《宋朝诸臣奏议》卷 78《上仁宗请诸州各辟教官》。
② 《宋朝诸臣奏议》卷 78《上神宗答诏论学校贡举之法》。

之田如兖州，由是学校之设遍天下。"① "庆历四年（1044），参知政事范仲淹等建议：精贡举，请兴学校本行实，乃诏州县立学；本道使者，选属部为教授，不足则取于乡里宿学之有道业者；士须在学三百日，乃听预秋赋，旧尝充者百日而止。"② 可见，仁宗时期第一次全国性兴学，是以赐学田的优惠政策，劝导全国州郡普遍设立了学校，并配备了学有所长的教师，初步规定了学制。

宋代第二次大规模兴学是在宋神宗时期。王安石在兴教办学方面施政的力度更大。他亲自编写教学大纲，编著新的科举教材《三经新义》，力排众议统一思想。熙宁四年（1071），立太学生三舍法，将学生分为上舍、内舍、外舍三等。初入学为外舍，名额不限，春秋考试两次，从而扩大了生源。外舍选升内舍，名额二百员；内舍选升上舍，百员。上舍生优异者直接授官。这样，加强了选拔淘汰力度，提高了学生的学习积极性。如乾道二年（1166），朝廷下诏云："学校教养士人，除科举外，惟每月私试用以激励，今若无公试可为升补内舍之阶，即外舍私试校定，并为无用，无以诱劝。"③ 学生各习一经，随所属讲学官学习。元丰二年（1079），订出三舍法一百四十条，进一步规定太学补试、私试、公试、舍试方法和升舍方法，使太学学制不断完善严密。

宋代第三次大规模兴学是在宋徽宗时期。这次兴学把基层县学放在重要的地位，崇宁三年（1104）规定县学学生名额，大县50人，中县40人，小县30人。州、县学不仅有学舍提供学生食宿，还有学田及出租"房廊"的收入作为经费。大观三年（1109），北宋24路共有学生167622人，校舍95298楹；经费年收入钱305872贯，支出267878贯；粮食收640291斛，支出337944斛；校产中有学田116990顷，"房廊"155454楹。在校学生之多，校舍之广，经费之多且如此充裕，不仅是空前的，

---

① 《文献通考》卷46《学校七》。

② 《文献通考》卷46《学校七》。

③ 《宋会要》崇儒3之36。

在宋代也是绝后的①。从此可见，徽宗时的兴学着眼点在于解决基层县学办学的经费、校舍、食粮问题，从而为地方县学的兴盛提供了雄厚的物质基础。

南宋高宗时期，虽然战火连绵、动荡不安，但朝廷仍然不忘把兴学作为重要的国策。绍兴二十五年（1155），秘书省正字张震就提出："陛下（即指宋高宗）临御以来，兴学校，制礼乐，天下学士靡然乡风……天下学校，禁专门之学，使科举取士，专以经术渊源之文，其涉虚无异端者，皆勿取，庶几士风近古。"②

宋代除了大规模兴学之外，历朝还不同程度地采取了一些措施，鼓励地方州县兴办学校，广泛开展文化教育。如真宗咸平四年（1001）六月，"诏诸路郡县有学校聚徒讲诵之所，赐《九经》书一部"③。这种赐书兴学的方式虽然能解决学校的教材问题，但作用毕竟有限。地方州县兴学的关键当是经费、校舍等问题。如前所述，徽宗时大规模兴学，基本上针对这些关键问题，所以学校在全国州县得到广泛的普及。南宋初年，由于连年战乱，地方州县学校遭到很大破坏。绍兴十三年（1143）十一月，"诏诸州军将旧赡学钱粮拨还养士，令监司常切觉察，不得辄将他用。仍令逐州军各开具养士并见标拨钱粮数目，申尚书省。以知信州刘子翼言学粮至微，无以资给故也"④。在动荡不安的环境下，地方要坚持办学，最起码的条件是要保证广大师生的温饱问题。

徽宗大规模兴学时期，不仅对全国地方州县普遍办学校投入大量的财力、物力，还注意到资助那些孤贫儿童中值得培养的人。政和七年（1117）七月，"成都府路提举常平司言：本路州县居养院有孤贫小儿，内有可教导之人，欲令小学听读，逐人衣服襕裙。欲乞于本司常平头子

---

① 陈振主编：《中国通史·五代辽宋夏金时期》，上海人民出版社，1999年，第988—990页。

② 《建炎以来系年要录》卷169。

③ 《宋会要》崇儒2之2。

④ 《宋会要》崇儒2之36。

钱支给置造，仍乞与免入斋公用。从之，余路依此"①。

宋代兴学除了注重经费、校舍、学制之外，还意识到学校师资也是一个关键的问题。仁宗嘉祐年间，知扬州刘敞认为："今州郡幸皆有学，学皆有生徒，而终患无师以教之，但令掾曹杂领其事。职既不专，教用不明。"因为在办学中，师资是一个关键，没有优秀的师资，地方州县是很难办好的。因此，他奏请："欲乞州郡有学处，听长吏各奏辟教授一员，于前任判司簿尉中，选有文行堪为人师者充。仍令以四年为一任，与理考数，官资俸禄，同之掾曹。则学有常师，教有常业，士子竞劝矣。"②

同时，朝廷重视对教师的考核与奖惩，以此来提高教学质量，培养人才。这就是"设学校，重学官之选，而厚其禄。凡欲以诱诲学者……自今有敦行谊、谨名节、肃政教、出入无悖、明于经术者，有司其以次升之，使闻于朕，将考择而用之，以劝于尔众士。有偷懦怠惰，不循于教，学不通明者，博士吾所属也。其申之以诱导，使其能有易于志，而卒归于善，固吾之所受也。予既明立学之教，具有科条，其于学者，有奖进退黜之格，以昭劝戒。至于学官，其能明于教率，而详于考察，有得人之称，则待以信赏。若训授无方，而取舍失实，亦将论其罚焉"③。

如前所述，宋人在兴学中以经术教授学生，在具体教材的采用上，为达到培养治国人才和促使良风美俗形成的教学目标，主张使用儒家经典著作，即四书五经。如为了培养治国之才，陈襄主张学生必须"首明《周官》三物之要，使有以自得于心而形于事业，然后可以言仕，此所谓学之序也"④。南宋理学名臣真德秀更具体详细地规划了学生学习儒家经典教材的课程安排。他主张："南轩之《论》《孟》说，晦庵之《大学》《中庸》章句，或问《论》《孟》集注，则于学者为尤切，譬之菽粟布帛，

① 《宋会要》崇儒 2 之 29。

② 《宋朝诸臣奏议》卷 78《上仁宗请诸州各辟教官》。

③ 《曾巩集》卷 26《劝学诏》。

④ 《古灵集》卷 19《杭州劝学文》。

不容以一日去者也。迩来士子急于场屋科举之业，往往视为迂缓，置不复观。殊不知二先生之书，旁贯群言，博综世务，犹高山巨海，瑰材秘宝，随取随足。得其大者，固可以穷天地万物之理，知治己治人之方。至于文章之妙，浑然天成，亦非近世作者所能彷佛，盖其本深末茂，有不期然而然者。学者诚能诵而习之，则于义理之精微，既有所得，发之于文，亦必意趣深长，议论精确，以之应举，直余事尔……自今以始，学校庠塾之士，宜先刻意于二先生之书，俟其浃洽贯通，然后博求周、程以来诸所论著，次第熟，复而温公之《通鉴》与文公之《纲目》，又当参考而并观焉。职教导者，以时叩击，验其进否。上中二旬，当课之，日则于所习之书，摘为问目，俾之援引诸儒之说，而以己意推明之。末旬则仍以时文为课，如此则本末兼举，器业日充，上足以追续先贤之正脉，次足以为当世之实用。"①

五、 追求儒家的"无讼"理想

在复杂的社会生活中，人与人交往中产生分歧与矛盾是难免的，这就必然出现纠纷与争讼问题。中国古代传统的儒家主导思想是以和为贵，所以官府在审理民事纠纷诉讼时，努力以调处的方式加以解决。正如两千多年前儒家创始人孔子所倡导的："听讼，吾犹人也，必也，使无讼乎。"②

宋代，由于封建商品经济的发展，人们的交往日益频繁复杂，社会关系纷繁错综，民事诉讼大量增加。这要求政府必须妥善加以解决，化解矛盾，稳定社会秩序。同时推动了民事诉讼制度的发展，民事调处也随之有了长足的进步，呈现出制度化的趋势。宋代的民事调处在一定程度上体现了政府的治理思想，即以追求儒家的"无讼"为理想，以客观公正、自愿平等为原则，调处的协约应有法律作为保障。

---

① 《真文忠公文集》卷40《劝农文》。
② 《论语·颜渊》。

宋代地方州县的官员，大都是经过科举考试而走上仕途的，因此，当他们为官一方时，往往以宣扬维护封建的伦理纲常为己任，追求儒家的"无讼"理想，把它作为一种致治。他们认为词讼之兴，有损封建的纲常礼教，伤风败俗，而布宣德化，训迪人心，正是地方官的一种职责。所以，他们在任地方官审理民事诉讼时，特别重视以调处的形式息讼，以此作为教化的一种方式。如南宋著名理学家朱熹的高足黄榦判张运属兄弟互诉基田案时云："祖父置立基田，子孙封植林木，皆所以致奉先追远之意，今乃一变而为兴争起讼之端。不惟辱及祖父，亦且累及子孙……自祖而观，本是一气，今乃相诋毁如此，是自毁其身何异……今乃于骨肉之中，争此毫末，为乡间所嗤笑，物论所厌薄，所争者小，所失者大，可谓不思之甚。"因此，黄榦认为：自己"职身为县令，于小民之愚顽者，则当推究情实，断之以法，于士大夫则当以义理劝勉，不敢以愚民相待"。所以，好言劝告张氏兄弟，"运干、解元各归深思，翻然改悔，凡旧所仇隙，一切涤洗，勿置胸中。深思同气之义，与门户之重，应愤闷事一切从公，与族党共之，不必萌一毫私意。人家雍睦，天理昭著，他日自应光大，不必计此区区也"。在明以封建纲常之大义后，黄榦建议："两状之词，皆非县令所愿闻，牒运干，并告示解元，取和对状申。"①

又如南宋时期，百姓沈百二、傅良两家原本邻里关系甚好，后因地界纠纷引起争讼。官府经审理查明是非后，当堂劝告双方和解。理由是"所争之地不过数尺，邻里之间贵乎和睦"，因此，最后达成的和解协约为："若沈百二仍欲借赁，在傅良亦当以睦邻为念。却仰明立文约，小心情告，取无词状申。再不循理，照条施行。"②

从以上判词可以管窥，宋代县官审理民讼时重视调解的殷殷之情，劝告息讼的依据大都是直接引用儒家传统的三纲五常伦理道德。如在黄

---

① 《勉斋集》卷 33《张运属兄弟互诉基田》。

② 《名公书判清明集》卷 6《争地界》，中华书局点校本，1987 年。

斡的眼里，如果百姓都能孝敬父母，悌于兄长，人家雍睦，天理昭著，那整个社会就会变成儒家的"大同"理想世界。

宋代官府在具体的民事调处程序中，注意首先要查明案件的事实真相，清楚当事人之间的是非曲直，然后，在此基础上，才能进行合情合理的调解，易于促使当事人达成协约。如南宋时期，百姓沈百二、傅良两家因地界纠纷引起争讼，官府经调查审理后，从契书、地势、邻里证词三个方面雄辩地证明了在这起纠纷中沈百二理亏。

> 今详主簿所申，则沈百二之无道理者三。以干照考之，卢永执出乔宅契书，该载四至，其一至鲍家行路。既曰至路，则非至鲍家明矣。今沈百二旋夹新篱，乃欲曲转钉于鲍家柱上，一也。以地势参之，非但高低不同，鲍家屋侧，古有水沟，直透官街，则一沟直出，皆是鲍家基地明矣。今沈百二转曲新篱，乃欲夹截外沟一半入篱内，二也。以邻里证之，沈百二等供，当来篱道系夹截于沈百二屋柱上，渠口在沈百二篱外，则沟属鲍家，篱附沈屋，众所共知，信非一日。今一旦改篱跨沟，曲拆包占，纵傅良可诬，而邻里不可诬，三也。考之干照，参之地势，证之邻里，其无道理如此，何为尚欲占据。原其所以，傅良父在日，尝以此地借与沈百二，其时两家情分绸缪，彼疆此界，初不计较。久假不归，认为己物，且欲筑室其上，傅良乃以好意欲归侵疆，而沈百二反以秽语肆行抗对，是以力争。①

事实既已查明，如果"惟以道理处断，引监沈百二除拆新篱，只依干照界至，归还地段，庶可息争"。但是，官府因考虑到"所争之地不过数尺，邻里之间贵乎和睦"，所以建议双方协商和解，此地产权属于傅良，傅良"亦当以睦邻为念"，继续让沈百二借赁②。

其次，宋代民事调处必须以法律为依据，一些由民间亲邻宗族自行

---

① 《名公书判清明集》卷 6 《争地界》。
② 《名公书判清明集》卷 6 《争地界》。

调处的纷争，往往还必须由官府认可。这样，所达成的协议才具有法律效力，才能获得政府强制力的保障。如《名公书判清明集》卷7《下殇无立继之理》载：朱司户与族人朱元德因立继之事起争，朱司户不欲争讼到官府，从族人调解和议，捐钱500贯足与朱元德。双方达成和解协议，订立书面和议书及领钱文约，并规定对于违反协议者处以2000贯的罚款，朱氏全体族人以朱修炳为首作见证人，"一一签押于其后"。而且，这一协议得到官府的认可。但是，事后朱元德悔约，并到官府起诉。官府经审理后认为朱元德系无理妄状，因此作出判决："朱元德已和而复讼，朱修炳又从而曲证之，却谓亲约文书不可照用，有此理否？可见族谊恶薄，贪婪无厌，复谋为诈取之地，使朱司户更罄竭资产，亦不足以饱溪壑之欲，未欲将妄状人惩治，仰朱司户遵故父之命，力斥介翁，毋为薄族所摇。今后朱元德再词，定照和议状，追入罚金断罪。"这里，官府肯定了原来所签协议的法律效力，并以行政权力保障朱司户的权益。

再次，宋代官府认识到调处时双方当事人必须在自愿平等的基础上协商，所达成的协议双方必须认可，调处方为有效。调处不同于判决，不能以强制性的手段使当事人接受。如果采取强迫的方式，违背当事人的意愿，便难以达成协议。如《名公书判清明集》卷10《兄弟之争》载：蔡杭判黄居易兄弟三人争家产案，官府为之达成协议，"示三名取无争状"。但在宣读协议内容后，三人"并不伏"，结果使调处不能成立，依然只能照法判决，予以强制执行。

宋代官府在从事民事调处时，十分重视当事人双方在公平、公正的情况下签订协议，强调双方"务要两平""不得偏党"等。如前所述，对于合法、公平的协议，官府以国家强制力保障其执行；对于显失公平的协议，则为官府所否认，并且要重新作出判决。如《名公书判清明集》卷6《谋诈屋业》载：乡村教师陈国瑞家贫无房可居，后来典到沈姓房屋三间，有涂适道者欲诈取此房，引致纠纷，乡邻楚汝贤为之调解。但"乡曲亲戚，略无公论。楚汝贤等皆涂之党，阳与和对，阴行倾陷"，协议结果显然不公平。但陈国瑞父子柔懦，起初"似不能言者，一时为涂

之亲戚所迫，竟俛首从和"，后来，考虑到实在"无所栖止"，遂不愿遵照协议退赎离业。涂适道经县投词，但官府经审理认为协议内容"显见违法背义之甚"，遂判涂适道败诉，所订协约无效。

宋代官府在进行民事调处时，重视发挥民间宗亲、邻里的作用。中国古代传统社会中，血缘、地缘关系具有重要的作用，往往是官府不能替代的。由于宗亲邻里一般比较熟悉当事人的情况，或者与当事人关系密切，他们参与调处更易使当事人达成和解。宋代民事调处往往采取三种方式。一是对于比较简单的民事诉讼案件，官府一般将事实审理清楚后，便直接进行调处。如胡颖审理奉琮兄弟争论田产诉讼时，在给双方当事人说一番"圣贤教人，皆以睦族为第一事"的道理之后，当场令二人和解，"在前如果有侵夺，私下各相偿还。自今以后，辑睦如初，不宜再又纷争，以伤风教"①。这种官府直接调处，常常快刀斩乱麻，立竿见影。正如真德秀所云："遇亲戚骨肉之讼，多是面加开谕，往往幡然而改，各从和会而去。"② 二是有些民事诉讼，官府虽也直接参与调处，但在更多的情况下，却是由官府谕令当事人双方的亲族邻里从中调解，效果可能更好。如刘克庄审理德兴县董党诉立继一案，查明纠纷的是非曲直之后，虽然认为曲在董党养母赵氏一方，但因是养子与继母之间的争讼，事关伦常，"当以恩谊感动，不可以讼求胜"，"董党亦宜自去转恳亲戚调停母氏，不可专靠官司"，所以谕令双方亲族从中调解③。这种由官府谕令当事人亲邻参加的调处，因已经起诉到官府，所以基本上仍属官府调处的性质。三是宋代最为常见的调处息讼形式是在发生纠纷之后，当事人双方并不到官府起诉，而是由宗亲邻里自行调处。这与前二者相比，就属于完全由民间调处的性质。如上引朱司户与族人朱元德因立继之事起争一案与涂适道谋诈屋业一案，起初均属于民间调处，最后都因

---

① 《名公书判清明集》卷 10《兄弟侵夺之争教之以和睦》。
② 《名公书判清明集》卷 1《劝谕事件于后》。
③ 《名公书判清明集》附录 3《德兴县董党诉立继事》。

协约没有执行，其中一方告到官府，故改变性质，由官府判决，强制执行。

宋代封建统治者所着力提倡的调处息讼，从一个侧面反映了政府管理思想从统治到治理的转化。朝廷对民事诉讼尽可能用自愿平等协商的办法加以解决，而不采取强制性的判决方式。这对于缓和社会各种矛盾，防止激化，维护封建纲常伦理，稳定社会秩序发挥了应有的积极作用。基于这种治理理念，宋代地方官员每遇家人、亲戚、族党、邻里等的争讼，尤其重视调处。"每遇听讼，于父子之间，则劝以孝慈，于兄弟之间，则劝以爱友，于亲戚、族党、邻里之间，则劝以睦姻任恤。委曲开譬，至再至三，不敢少有一毫忿疾于顽之意。"①

宋代的调处息讼在某种程度上有利于防止贪官污吏在司法审判中权力寻租，贪赃枉法。宋代在司法诉讼中，贪官污吏勒索受贿、舞文弄法的现象屡见不鲜，尤其是那些低级胥吏被百姓"目为立地官人"，遇到狱讼，"官司曲直皆出彼之手"②，严重地影响了司法审判中的公正性。正如庆元四年（1198）臣僚上言批评当时司法审判中的弊端所云："百姓有冤，诉之有司，将以求伸也。今民词到官，例借契钱，不问理之曲直，惟视钱之多寡。富者重费而得胜，贫者衔冤而被罚，以故冤抑之事，类皆吞声饮气。"③ 所以一些稍有良知的地方官员常常告诫百姓尽量不要涉讼，"且道打官司有甚得便宜处，使了盘缠，废了本业，公人面前陪了下情，着了钱物，官人厅下受了惊吓，吃了打捆，而或输或赢，又在官员笔下，何可必也"④。不言而喻，百姓遇到纠纷争讼之事，理智的做法是调处息讼，这是双赢的选择。否则，如选择到官府打官司，很可能两败俱伤，肥了那些贪官污吏。

---

① 《名公书判清明集》卷 10《母讼其子而终有爱子之心不欲遽断其罪》。
② 《州县提纲》卷 1《防吏弄权》。
③ 《宋会要》刑法 3 之 38。
④ 《名公书判清明集》卷 10《乡邻之争劝以和睦》。

第六节　公共事业思想

一、　公共建设工程思想

（一）　修建民生工程思想

宋代重视对公共工程的修建，单就农田水利工程的兴修来说，在中国古代是比较突出的。公共工程往往规模较大，需花费大量的财力、物力和人力，但两宋财政常常处于入不敷出的危机中。宋廷本着少花钱、多做事的理念，通过各种方式筹集经费，征调人力，修建了不少公共工程。其中所体现的一些思想与理念，值得我们重视与研究。

宋代修建的公共工程，与民生关系重大的，主要有以下 5 种类型。一是农田水利工程。宋代规定：无论官吏还是百姓，凡"有能知土地所宜、种植之法及可以完复陂湖河港，或不可兴复只可召人耕佃，或元无陂塘、圩埠、堤堰、沟洫而即今可以创修，或水利可及众而为之占擅，或田土去众用河港不远为人地界所隔可以相度均济流通者。但于农田水利事件，并许经管勾官或所属州县陈述"。经各级官员商量或察视清楚，如确属有利，即由州县实施。如工程浩大，或事涉数州，要奏请朝廷裁定①。由此可知，宋代有关农田水利工程所包括的范围较广，如完复陂湖河港，创修陂塘、圩埠、堤堰、沟洫，疏通河港等。二是治河。北宋时，黄河水系经常泛滥成灾，治河在当时社会生活中是朝野关注的大事。如太宗雍熙元年（984），"塞房村决河，用丁夫凡十余万，自秋徂冬，既塞而复决"②。仁宗天圣五年（1027），"发丁夫三万八千，卒二万一千，缗

---

① 《宋会要》食货 1 之 27。
② 《长编》卷 25。

钱五十万，塞（滑州）决河。转运使五日一奏河事"①。宋神宗元丰元年
（1078），修筑曹村附近新堤，"凡兴功一百九十余万，材一千二百八十九
万，钱米各三十万"②。三是修建城池。如皇祐四年（1052）十月二十九
日，朝廷下诏"知广州魏瓘、广东转运使元绛，凡守御之备，毋得苟且
而为之，若民不暂劳，则不能以久安。其广州城池，当募蕃汉豪户及丁
壮并力修完之。若无捍敌之计，但习水战，寇至而斗，非完策也"③。熙
宁元年（1068）四月，张田知广州，"筑东城，环七里，赋功五十万，两
旬而成"④。四是修建桥梁道路。如真宗大中祥符八年（1015），诏："开
封府界诸县镇桥，自今盖造添修，并要本府勾当。"⑤ 徽宗政和年间，修
建滑州浮桥，计用"兵士八万一千余工，钱二十二万八千余贯"⑥。五是
治理港口。宋代海上贸易繁荣，为了让商船更好出入港口以及在飓风来
临时躲避风难等，市舶官员对港口的治理非常重视。如大中祥符四年
（1011），邵晔知广州时，针对"州城濒海，每蕃舶至岸，常苦飓风"的
情况，组织人员"凿内濠通舟"，使飓风不再影响蕃舶靠岸⑦。乾道二年
（1166），两浙转运副使姜诜会同知江阴军徐蒇"开通波塘，置张泾堰闸，
浚申港、利港"，修蔡泾闸⑧。

宋代在修建众多的公共工程中，政府能根据各种不同类型的公共工
程及其规模大小，采取不同的方式筹集经费，征调人力、物力等。从整
体上看，主要有以下 3 种方式。

其一，兴修公共工程中财力、物力、人力取之民者。在宋代，兴修

---

① 《宋史》卷 91《河渠志》。
② 《宋会要》方域 14 之 25 至 26。
③ 《宋会要》方域 9 之 27。
④ 《宋史》卷 333《张田传》。
⑤ 《宋会要》方域 13 之 20。
⑥ 《宋会要》方域 13 之 25。
⑦ 《宋史》卷 426《邵晔传》。
⑧ 张内蕴：《三吴水考》卷 15《水绩考》，台湾商务印书馆影印文渊阁四库全
书本。

农田水利设施所需的财力、物力、人力，原则上是由受益农田所有者均摊，即受益多者多摊，受益少者少摊。如至和元年（1054），光州仙居县令田渊上奏，请令江淮地区官府于农闲组织百姓兴修水利，有关各县"每年检计工料，各具析合系使水人户各有田段亩数，据实户远近，各备工料，候至春初，本县定日如差夫例点集入役"①。熙宁三年（1070），有官吏上言，请江淮荆楚各地官府组织兴修水利，"官司予行计度，俾因岁丰暇，据占以植地利人户，以顷亩多少为率，劝诱出备工料兴修"②。"若渠堰应修者，先役用水人家"③。由此可见，兴修农田水利设施的基本方式是由政府牵头组织，但财力、人力、物力则由民间根据受益农田面积的大小和是否用水等情况自行分摊筹措。当然如一些农田水利工程规模浩大，民间一时无力兴办，则可向官府借贷，有时也可向富户借贷。但其原则还是受益者自己承担，借贷必须按期归还，并且还要加付利息。如熙宁五年（1072），宋神宗推行农田水利新法，特下诏书规定："应有开垦废田、兴修水利、建立堤防、修贴圩垾之类，工程浩大，民力所不能给者，许受利人户于常平仓系官钱斛内连状借贷支用，仍依青苗钱例作两限或三限送纳，只令出息二分。如是系官钱斛支借不足，亦许州县劝诱物力人户出钱借贷，依乡源例出息，官为置簿，及时催理。"④ 南宋时期，兴修农田水利设施出人集资的原则仍沿袭北宋。绍兴四年（1134），浙西路宣谕上言："乞行下两浙诸州军府委官相度管下县分乡村，劝诱有田产上中户量出功料，相度利害，予行补治堤防圩岸等，以备水患。"⑤ 绍兴十五年（1145），"两浙转运判官吴炯条具便民事，乞令常平司支借钱谷，劝民浚决华亭等处沿海三十六浦，以泄水势，庶无滂

---

① 《宋会要》食货 61 之 94。
② 《宋会要》食货 61 之 98。
③ 《庆元条法事类》卷 49《农田水利》。
④ 《宋会要》食货 61 之 100。
⑤ 《宋会要》食货 61 之 105。

损民田之患。诏可"①。

其二，兴修公共工程中财力、物力主要取之官者，人力则视情况征调民工或士兵。宋代黄河经常决口泛滥，其危害大，受灾范围广。对黄河的治理往往时间紧迫，投入的财力、物力、人力往往以十万、百万甚至千万计。不言而喻，治河的财力、物力的筹集，人力的征调，依靠民间的力量，在短时间内是很难做到的。因此，主要应由政府依靠国家的力量加以解决。史载："旧制，岁虞河决，有司常以孟秋预调塞治之物，梢芟、薪柴、楗橛、竹石、茭索、竹索凡千余万，谓之春料。诏下濒河诸州所产之地，仍遣使会河渠官吏，乘农隙率丁夫水工，收采备用……所费皆有司岁计而无阙焉。"② 这就是说，治河所用物资，大部分是列入国家财政预算的，通常通过赋税折科的办法筹办，是有保障的。治河人力的征调，包括士兵和民工。如太宗雍熙元年（984），"塞房村决河，用丁夫凡十余万，自秋徂冬，既塞而复决。上以方春播种，不可重烦民力，乃发卒五万人"，继续施工③。开始为秋冬农闲季节，朝廷征发民工十万治河，后来塞而复决，已到来年春，碰上农忙季节，故改征调士兵五万人代替民工。

宋代修建城池、桥梁、道路等，所用财力、物力、人力的解决办法与治河类似，即财力、物力一般由官府开支，人力则视情况征发民工或征调士兵。如神宗熙宁三年（1070）五月一日，"知明州卫尉卿王罕言：'州滨大海，外接蕃夷，城壁颓圮。比岁邻郡荐饥多盗，而戍卒不满二百，乞降度僧牒以完州城。'诏止以役兵修筑"④。熙宁十年（1077），宋廷命各路州县"检视城壁合修去处，计会工料，于丰岁分明晓谕，劝谕在城中、上等人户，各出丁夫修筑……应合用修城动使桩木博子椽之类，并委转运司勘会有处移那支拨，其椽木亦许于系官无妨碍地内采斫充使。

① 《建炎以来系年要录》卷 154。
② 《宋史》卷 91《河渠志》。
③ 《长编》卷 25。
④ 《长编》卷 211。

一、应城门并检计合用物料、人工，差官覆检，支破官钱收买，应副使用"①。政和年间，朝廷修缮滑州浮桥，计用"兵士八万一千余工，钱二十二万八千余贯"②。

如前所述，宋代兴修农田水利设施一般由民户自行筹资，但有时官府亦视情况无偿予以拨付。如北宋时，越州"有鉴湖租三十万，法许兴修水利支用"③。南宋绍熙四年（1193），知太平州叶翥言："近一二十年以来，官司出钱，每于农隙之际鸠集圩户增筑岸埂"，本年"已于本州去年州用米内取拨米三千石，趱积到钱一千贯专充修圩使用"④。

其三，以公共工程赢利来扩建养护该公共工程。苏轼知杭州时，曾对西湖堙塞其半进行了综合治理。对于经费的筹集，他提出以湖养湖的思想："朝廷近赐度牒一百道，每道一百七十贯，为钱一万七千贯。本州既高估米价，召人入中，又复减价出粜，以济饥民，消折之余，尚有钱米约共一万贯石……今乞用上件钱米，雇人开湖，候开成湖面，即给与人户，量出课利，作菱荡租佃，获利既厚，岁岁加功，若稍不除治，微生菱葑，即许人划赁，但使人户常忧划夺，自然尽力，永无后患。今有钱米一万贯石，度所雇得十万工，每工约开葑一丈，亦可添得十万丈水面，不为小补……所有新旧菱荡课利钱，尽送钱塘县尉司收管，谓之开湖司公使库，更不得支用，以备逐年雇人开葑撩浅，如敢别将支用，并科违制。"⑤ 这里苏轼通过出卖度牒、赈粜等筹集到最初的开湖启动经费，待湖面开成之后，作为菱荡租佃，以所得课利钱逐年雇人开葑撩浅，以湖养湖。这是一种既不增加国家财政负担，又能为民办实事的思想，是难能可贵的。

总之，宋代对公共工程修建中财力、物力、人力的集筹，其总的指

① 《宋会要》方域 8 之 5 至 6。

② 《宋会要》方域 13 之 25。

③ 《宋会要》食货 61 之 104。

④ 《宋会要》食货 61 之 136。

⑤ 《苏轼文集》卷 30 《申三省起请开湖六条状》

导思想正如王安石所指出的："兴农事不费国财，但因民利而利之，财亦因民财力而用也。"这在国家财力匮乏的窘况下，仍能大规模在全国展开，并取得较好的效果。如农田水利新法的实施，全国各地相继兴建湖陂、疏通河道、扩大水田、改造盐碱等，使多年堙塞的陂湖河港得到了兴修、重建和扩建，恢复或扩大了排灌机能，不仅南方的水田得到了旱涝保收，北方靠河的土地也变成了水田。熙宁年间兴建的 10793 处水利工程，民田受益达 36117888 亩，官田受益达 191530 亩[①]，其效果是相当突出的。

（二） 对公共工程的管理和利用思想

宋代不仅重视公共工程的建设，平时还注意对其管理和利用，制定有具体的法令章程。如两宋南方不少地区，人多地少，人地矛盾、湖田矛盾比较突出。为合理协调、解决这些矛盾，朝廷出台了不少有关农田水利的法规。"祥符、庆历间，民始有盗陂湖为田者，三司、转运使下书切责州县，复田为湖。当时条约甚严谨，水之蓄泄，则有闭纵之法，禁民之侵耕，则有赏罚之法。"[②] 为了合理用水，防止在用水时损人利己，发生争水纠纷等，朝廷规定："诸大渠灌溉，皆置斗门，不得当渠造堰，如地高水下，听于上流为斗门引取，申所属检视置之。""诸以水溉田，皆从下始，仍先稻后陆……其碾硙之类壅水于公私有害者，除之。"[③] 在水资源缺乏的季节，宋代首先保证农田灌溉用水的需要，然后再考虑其他用水的需要。如《庆元条法事类》卷 49《农田水利》规定："诸小渠灌溉，上有碾硙即为弃水者，九月一日至十二月终，方许用水，八月以前其水有余，不妨灌溉者，不用此令。"由此可见，碾硙用水，在水源充足的地方，不妨碍农田灌溉的，不受季节的限制；但在水源不充足的地方，如其用水影响农田灌溉，则必须在农田收获后九月一日至十二月终休耕

---

① 《宋会要》食货 61 之 68。

② 李光：《庄简集》卷 11《乞废东南湖田札子》，台湾商务印书馆影印文渊阁四库全书本。

③ 《庆元条法事类》卷 49《农田水利》。

期间允许使用。

南宋时期，南方一些地方人多地少，民众侵耕河陂湖泽，严重影响水利工程储水灌溉、蓄洪排涝的功能。对此，朝廷规定："河道不得筑堰或束狭以利种植，即潴水之地，众共溉田者，官司仍明立界至注籍。"如果"诸潴水之地，辄许人请佃承买，并请佃承买人，各以违制论，许人告，未给未得者，各杖一百"。① 为了防止豪强地主占湖为田合法化，朝廷规定：对于非法围湖垦田者，"县令毋给据，尉警捕，监司觉察。有围里者，以违制论；给据与失察者，并坐之"②。这里明确指出占湖为田是违制行为，如官吏给非法围湖垦田者凭据，以及监司对此行为失于觉察，都要受到连坐处罚。

二、 生态环境保护思想

（一） 对林木资源保护和利用的思想

1. 重视植树护林。

宋代，自开国君主宋太祖开始，历朝皇帝都重视植树造林，这种思想成为朝廷上下的主导思想。宋初，面对战后百业凋零的衰败景象，宋太祖于建隆元年（960）即位伊始就下诏令广为植树，并规定了植树的品种、数量以及考核的方式。诏令称："课民种树，定民籍为五等，第一等种杂树百，每等减二十为差，桑枣半之……令、佐春秋巡视，书其数，秩满，第其课为殿最……野无旷土者，议赏。"③ 按此规定：第一等户必须种杂树 100 棵，桑枣树 50 棵，共计 150 棵。至第五等户，也须植杂树20 棵，桑枣树 10 棵，共计 30 棵。而且县令佐要进行考核，能做到该种树的地方都种上树的，将给予奖赏。开宝五年（972）正月，宋太祖又下诏重申："应缘黄、汴、清、御等河州县，除准旧制种蓺桑枣外，委长吏

---

① 《庆元条法事类》卷 49 《农田水利》。
② 《宋史》卷 173 《食货上一》。
③ 《宋史》卷 173 《食货上一》。

课民别树榆柳及土地所宜之木。仍案户籍高下，定为五等：第一等岁树五十本，第二等以下递减十本。民欲广树蓻者听，其孤、寡、茕、独者免。"① 宋太宗至道元年（995）也下诏："令诸路州府各据本县所管人户，分为等第，依原定桑枣株数，依时栽种。如欲广谋栽种者，亦听。其无田土及孤老残疾女户无男丁力者，不在此限。如将来增添桑土，所纳税课并依原额，更不增加。"② 至道二年（996）再次下诏："耕桑之外，令益种杂木、蔬果。"③ 由此可见，宋太宗也十分重视植树造林，连续两年下诏督促植树，并给予增添桑土者不增税的优惠。宋神宗时期，朝廷对于植树更强调的是成活率，并以差减户租作为奖励。熙宁二年（1069）规定："民种桑柘毋得增赋……令民即其地植桑榆或所宜木……官计其活茂多寡，得差减在户租数，活不及数者罚，责之补种。"④ 到了南宋，朝廷仍采取鼓励植树的规定，并提高了官吏和百姓的植树棵数。宋孝宗乾道元年（1165）都省言："淮民复业，宜先劝课农桑。令、丞植桑三万株至六万株，守、倅部内植二十万株以上，并论赏有差。"⑤

两宋时期，人们还注意到虫害对林木资源的破坏，探索以生物防治办法来保护林木资源。据庄季裕的《鸡肋编》卷下记载：宋人曾使用了"买蚁除蛀养柑"的方法。当时，"广南可耕之地少，民多种柑橘以图利。常患小虫损食其实，惟树多蚁，则虫不能生，故园户之家，买蚁于人。遂有收蚁而贩者，用猪羊脬盛脂其中，张口置蚁穴旁，俟蚁入中，则持之而去，谓之'养柑蚁'"。这种利用生物界的生物链来防治虫害，保护林木资源的思想，反映了我国古代劳动人民在保护林木资源方面的高度智慧。

宋代统治者一方面鼓励督促百姓植树，另一方面又颁布许多法律，

---

① 《宋史》卷 91《河渠一》。

② 《宋会要》食货 63 之 163。

③ 《宋史》卷 91《河渠一》。

④ 《宋史》卷 173《食货上一》。

⑤ 《宋史》卷 173《食货上一》。

对林木进行保护，严禁私自砍伐林木，必须依法进行开采，禁火烧林等。

宋初规定："毁伐树木、稼穑者，准盗论。"① 毁伐树木与盗取同罪，可见处罚是相当严厉的。宋徽宗政和时规定："诸系官山林辄采伐者，杖八十。"② 宋宁宗庆元年间仍规定：采伐"官山林"者，"杖八十，许人告"，给告者"钱三十贯"③。

《庆元条法事类》卷80《采伐山林》规定："诸因仇嫌毁伐人桑柘者，杖一百，积满五尺，徒一年，一功徒一年半（于木身去地一尺，围量积满四十二尺为一功）。每功加一等，流罪配邻州。虽毁伐而不至枯死者，减三等。"如即使是自家栽种的桑柘等，"非灾伤及枯朽而辄毁伐者，杖六十"。

虽然上述法令条文禁止随意砍伐林木，但现实生活中因建房造屋、造船、柴薪等需要，砍伐树木又是必然存在的事实，只是这些砍伐必须依照规定在法令许可的范围内进行。其一，因建筑需要砍伐树木要事先申请，即"官司兴造须采伐者报所属"，经有关部门批准后才可砍伐。④ 其二，要按照规定的时间、地点进行采伐。如春夏是林木生长的季节，为保护其正常生长，法律规定"春夏不得伐木"⑤。宋朝规定：军队伐木在二月十三日以前，如其后缺少薪柴，则必须申请，被批准后，才可在指定地点限量砍伐。如果擅自砍柴，则"当依军法。将佐不铃束，重置典宪"⑥。其三，南宋军队砍伐林木时需要有专门的"号"。绍兴元年（1131）规定，诸军及三衙得旨可打柴，兵士需要持有长官所发给的"号"，而且另有专官监督。如果兵士没有"号"，或砍伐坟地的林木，巡尉、乡保可将其捕获送枢密院听候裁决，随行官员也要受到一定的处

---

① 《宋刑统》卷27《杂律》。

② 《宋会要》方域10之7。

③ 《庆元条法事类》卷80《采伐山林》。

④ 《宋会要》方域10之6至7。

⑤ 《庆元条法事类》卷80《采伐山林》。

⑥ 《宋会要》刑法2之109。

罚。① 其四，宋朝十分重视林地被采伐后要即时种植，"以时补足"②。因为采伐不可避免，重要的是采伐后的林地应及时再造，这样才有源源不断的林地供子孙后代采伐，而且不因采伐毁坏树林而影响水土生态。

山林如因人们不慎或故意而引火焚烧，其损失是极其巨大的。对此，宋朝廷一般都予以严惩。宋初规定："延烧林木者，流二千里。"如果是在外失火而延烧到林木时，减一等论罪。为了保持土地的肥力，宋代农民每年冬季要烧田。政府规定烧田只能在十月三十日以后到第二年二月一日之前，非时烧田是法律所禁止的。大中祥符四年（1011），宋真宗曾重申火田之禁，下诏说："火田之禁，著在《礼经》，山林之间，合顺时令。其或昆虫未蛰，草木犹蕃，辄纵燎原，则伤生类。诸州县人畲田，并如乡土旧例，自余焚烧野草，须十月后方得纵火。其行路野宿人，所在检察，毋使延燔。"③ 按规定，除开荒垦田处在冬季可焚烧野草外，其他地方不得焚烧。即便是荒田，只要其上有"桑枣"，也不能放火④。《宋刑统·杂律》载："诸失火及非时烧田野者，笞五十。"南宋宁宗庆元年间规定："诸因烧田野致延烧系官山林者，杖一百，许人告。其州县官司及地分公人失觉察，杖六十。"⑤ 而对"告获故烧官山林者：不满一亩，钱八贯；一亩，钱一十贯，每亩加二贯（五十贯止）"⑥。

2. 植树护林的目的。

宋代朝廷之所以如此重视林木的种植与保护，主要是基于环境保护的目的，宋人虽然没有明确提出环境保护这个概念，但其已具有这方面的思想意识。除此之外，宋人对林木的种植与保护还具有经济和军事上的目的等。

---

① 《宋会要》刑法 2 之 109。
② 《庆元条法事类》卷 49《种植林木》。
③ 《宋史》卷 173《食货上一》。
④ 《宋刑统》卷 27《失火》。
⑤ 《庆元条法事类》卷 80《失火》。
⑥ 《庆元条法事类》卷 80《失火》。

（1）宋人对树木能保持水土、防止洪涝的作用已经有了认识。如宋人魏岘认为："四明水陆之胜，万山深秀，昔时巨木高森，沿溪平地竹木，蔚然茂密，虽遇暴水湍激，沙土为木根盘固，流下不多，所淤亦少。"后来由于木材价高，人们竞相砍伐，结果"靡山不童，而平地竹木，亦为之一空"，一旦下起大雨，"大水之时，既无林木少抑奔湍之势，又无包缆以固沙土之积，致使浮沙随流而下，淤塞溪流，至高四五丈，绵亘二三里。两岸积沙，侵占溪港，皆成陆地……由是舟楫不通，田畴失溉……旱势如焚，田苗将槁"①。所以他提出应该"植榉柳之属，令其根盘错据，岁久沙积，林木茂盛，其堤愈固，必成高岸，可以永久"②。

（2）宋人懂得通过植树壮堤防，防河决。宋太祖建隆三年（962）十月，即诏"沿黄、汴河州县长吏，每岁首令地分兵种榆柳以壮堤防"③。宋太宗时，王嗣宗通判澶州，在河东西，"植树万株，以固堤防"④。宋真宗时，谢德权在汴河"植树数十万以固岸"⑤；荆湖北路江陵府"濒大江，岁坏为巨浸，民无所托"，知府袁枢调兵民"种木数万，以为捍蔽，民德之"⑥。咸平三年（1000）真宗"又申严盗伐河上榆柳文禁"⑦。可见，早在宋真宗咸平三年之前，宋朝就有禁伐堤岸树的法令。宋徽宗重和元年（1118）三月诏："滑州、濬州界万年堤，全借林木固护堤岸，其广行种植，以壮地势。"⑧ 宋孝宗乾道八年（1172）还令沿海塘堰种植芦苇，"所筑华亭捍海塘堰，趁时栽种芦苇，不准樵采"⑨。南宋时，结合圩田建设，

---

① 魏岘：《四明它山水利备览》卷上《淘沙》，台湾商务印书馆影印文渊阁四库全书本。

② 《四明它山水利备览》卷上《防沙》。

③ 《宋会要》方域14之1。

④ 《宋史》卷287《王嗣宗传》。

⑤ 《宋史》卷309《谢德权传》。

⑥ 《宋史》卷389《袁枢传》。

⑦ 《宋史》卷91《河渠一》。

⑧ 《宋史》卷93《河渠三》。

⑨ 《宋史》卷97《河渠七》。

圩岸"高广坚致，濒水种柳榆，足捍风涛，实为水利"①。总之，宋人认识到江河塘堰堤防上种植林木可以起到固定沙土，加固河堤，减缓洪涝灾害发生的作用。

（3）宋人种植行道树，既可养护道路、荫庇路人，又可增补官用木材。真宗大中祥符九年（1016），"太常博士范应辰言：'诸路多阙系官材木，望令马递铺卒夹官道植榆柳，或随地土所宜种杂木，五七年可致茂盛，供费之外，炎暑之月，亦足荫及路人。'从之"②。仁宗时，陶弼在广西阳朔，"课民植木官道旁，夹数百里，自是行者无夏秋暑暍之苦。它郡县悉效之"③。由此可见，道旁植树的好处普遍被人们了解，因此其他郡县才会纷纷效仿陶弼在阳朔道旁植树。宋徽宗政和六年（1116）时，福州行道树"共栽植杉松等木三十三万八千六百株，渐次长茂，已置籍拘管"。从"置籍拘管"可知，宋人对行道树已登记成册进行管理。

（4）宋人通过植树来美化环境。宋代皇亲国戚和富商大贾往往凭借自己的地位或经济实力大兴土木，营造园苑，并植树予以美化。据李格非《洛阳名园记》所载，洛阳就有名园 19 个，栽有牡丹、李、桃、杏、竹、菊、莲等，园中繁花似锦，古木参天。此外，其他州县的园林也都以栽植树木作为园苑的主要景色。如河北路真定府之潭园，"园围九里，古木参天"④。定州众春园位处"郡城东北隅，潴水为塘，广百余亩，植柳数万本，亭榭花卉之盛，冠于北垂"⑤。而相州康乐园内，"南北二园，皆植名花杂果、松柏杨柳所宜之木，凡数千株"⑥。宋代，释道两教盛行，僧侣、道士往往占山兴寺，建院植树。如宋真宗景德年间，庐山黄龙寺

---

① 阎镇珩：《六典通考》卷 64，江苏广陵古籍刻印社影印本，1990 年。

② 《长编》卷 87。

③ 《宋史》卷 334《陶弼传》。

④ 吕颐浩：《忠穆集》卷 8《燕魏杂记》，台湾商务印书馆影印文渊阁四库全书本。

⑤ 韩琦：《安阳集》卷 21《定州众春园记》，台湾商务印书馆影印文渊阁四库全书本。

⑥ 《安阳集》卷 21《相州新修园池记》。

和尚大超，手种杉木万株，皇帝赐名为"万杉"。宋末诗人张孝祥为此吟诗曰："老干参天一万株，庐山佳处著浮图。"

（5）宋人充分认识到林木的经济价值。宋人重视栽培经济林木，首先最重要的是桑树、枣树。这是因为桑树可以养蚕织丝布，枣树则是北方最常见的果树。宋太祖就曾多次表示"永念农桑之业，是为衣食之源"①，故常诏"所在长吏谕民，有能广植桑枣、垦辟荒田者，止输旧租"②。此后，宋代历朝皇帝都注重"设劝课之法，欲重农桑，广种植也"③。各级地方官吏也教民农桑并举，积极种树，"十年二十年之间，即享其利"④。据《庆元条法事类》卷5《考课》记载，宋代对地方官经济政绩的考核，第一项就是考核"劝农桑"，其内容要求官员填写"某官职姓名任内劝诱人户栽植到下项：桑若干、柘若干、枣若干"。

宋代随着造纸、造船和建筑行业的发展，木材的需求大量增加，价格不断上涨，刺激经济林木的生产。当时，松、杉、柏、桧、漆、皂荚、椿等已为人们认识到具有较高的经济价值，并被广泛种植。如皖南歙州、徽州地区很适宜杉木的生长，"土人稀作田，多以种杉为业，杉又易生之物，故取之难穷"⑤。种椿木的经济收益也很可观，"三年一斫，种三十亩，一年斫十亩，三年一遍，岁收绢百匹，永无尽期"⑥。而在浙江平原、丘陵地带则广种乌桕。徐光启《农政全书》卷38说："乌桕树收子取油，甚为民利。他果实总佳，论济人实用无胜此者。江浙人种者极多，树大或收子二三石。"

果树的种植到宋代也日益增多，成为农业中的一个独立生产部门。我国南方的"橘园甚多"，形成了产橘的中心。如洞庭山一带，"地占三

① 《宋会要》食货1之15。

② 《宋史》卷173《食货上一》。

③ 《宋史》卷173《食货上一》。

④ 《袁氏世范》卷下。

⑤ 范成大：《骖鸾录》，四部丛刊本。

⑥ 韩鄂原：《四时纂要校释》卷4，农业出版社，1981年。

乡，户率三千，环四十里……皆以树桑栀甘柚为常产"①，"地方共几百里，多种柑橘桑麻"②。如前所引，庄绰《鸡肋编》卷下就提到："广南可耕之地少，民多种柑橘以图利。"由此可见，人们把种柑橘作为生活的主要来源。宋代荔枝的种植也日益推广。荔枝是果中珍品，盛产于南方、西南，"岭南及巴中，今闽之泉、福、漳、兴，蜀之嘉、蜀、渝、涪，及二广州郡皆有之"③。宋人十分重视荔枝的经济价值，不仅贩运国内各地，还远销海外。每年荔枝成熟之时，"水浮陆转，以入京师，外至北戎、西夏。其东南舟行新罗、日本、琉球、大食之属，莫不爱好，重利以酬之，故商人贩益广，而乡人种益多，一岁之出，不知几千万亿"④。

除此之外，至宋代时期，林木是薪炭的主要来源，"民可享其利"。与欧阳修同修《新唐书》的宋祁，在四川益州（今成都）为官时，号召人们广种桤木、楠木。他说：桤木"厥植易安，数岁辄林，民赖其用，实代其薪……亦得所宜，民家莳之，不三年材可倍常，（斧而）薪之。疾种亟取，里人以为利"⑤。

总之，宋人注重栽种桑枣以及各种果树等，其主要目的是为了获取其经济价值，但对保护农作区的林木资源，保护其生态平衡的客观作用也是显而易见的。

（6）宋人植树造林，用于军事防御。北宋王朝自建立以后就一直面临着北方契丹和西北方西夏的威胁，这两个富有进攻性的游牧民族政权，多次发起战争，宋王朝一直处于被动防御的态势。由于宋辽边界位于今华北平原北部一带，这里"地广平，利驰突"，而辽兵恰好多善骑战，边界地区广阔的平原正好为其提供了方便，利于骑兵疾驰而下。如果有众

---

①　苏舜钦：《苏学士文集》卷13《苏州洞庭山水月禅院记》，台湾商务印书馆影印文渊阁四库全书本。

②　庄绰：《鸡肋篇》卷中，中华书局点校本，1983年。

③　《钦定授时通考》卷65《农余》，台湾商务印书馆影印文渊阁四库全书本。

④　蔡襄：《荔枝谱》，百川学海本。

⑤　宋祁：《益部方物略记》，台湾商务印书馆影印文渊阁四库全书本。

多林木为阻隔，则可形成天然屏障，在一定程度上可以阻挡敌骑南下的速度。有鉴于此，北宋不仅有意识地保留边境地区原有的森林，而且进一步采取措施植树造林。史载自宋太祖诏令"于瓦桥一带南北分界之所专植榆柳"始，此后历朝坚持植树造林。尤其是雄州李允则，治雄州十几年，"颇用心于此"，曾"下令安抚司，所治境有隙地悉种榆。久之，榆满塞下。谓僚佐曰：'此步兵之地，不利骑战，岂独资屋材耶？'"[①] 宋立国后，多次诏令保护边界地区的林木，"差官领兵遍植榆柳，冀其成长，以制敌骑"。尤其是北宋中期，对河东与河北等地之"山林险阻，仁宗、神宗常有诏禁止采斫。积有岁年，茂密成林，险固可恃"[②]。宋仁宗时人上疏说："往岁安抚使贾宗患边地平坦，不足以待寇，故植榆柳为塞，以绝戎骑之奔突。其后林木既成，虏人患之。"[③] 宋神宗熙宁五年（1072），"东头供奉官赵忠政言：'界河以南至沧州凡二百里，夏秋可徒涉，遇冬则冰合，无异平地。请自沧州东接海，西抵西山，植榆、柳、桑、枣，数年之间，可限契丹。'"[④] 直至南宋初期，金兵已南下，但这种军事防御林还起着作用。宋高宗曾多次指出："河东黑松林，祖宗时所以严禁采伐者，正为借此为阻，以屏捍外夷耳。"[⑤] 绍熙二年（1191），光宗曰："淮上一望都无阻隔，时下栽植榆柳，虽未便何用，缓急亦可为藩篱。"三年，令两淮、京西、湖北、四川等路，"多种林木，令人防守"[⑥]。绍熙四年（1193）十二月四日枢密院言："两淮、荆、襄控扼去处，全借山林蔽护，访闻民间采斫，官司更不禁止。"上曰："屡有约束，久而人玩，宜再禁戢。"[⑦] 总之，宋人善于保护、利用林木，作为边防要地的军事防御林，在"以制敌骑""以绝戎骑之奔突"中发挥了作用。当时，河

---

① 《长编》卷93。
② 《宋会要》刑法2之80。
③ 《宋会要》兵27之28。
④ 《宋史》卷95《河渠五》。
⑤ 《建炎以来系年要录》卷100。
⑥ 《宋会要》兵29之44。
⑦ 《宋会要》刑法2之126。

北边界地区一度榆柳广布，所种树木达 300 余万棵，宋人认为"此中国万世之利也"①。宋朝廷还专门绘制了《北面榆柳图》，真宗曾得意地向大臣出示该图，并说："此可以代鹿角也。"②

三、 对动物资源保护和利用的思想

保护野生动物资源，是维护生态平衡的重要环节之一。宋代在保护野生动物资源方面所体现的思想，至今值得我们借鉴。

1. 告示百姓，进行宣传，做到家喻户晓。古代没有像今天这么发达的报纸、广播、电视、网络等宣传媒体，主要是通过在重要场所或交通要道处粉刷墙壁，于其上贴写诏书，告示百姓，不得违时滥捕禽兽，非法猎杀野生动物等。如宋太宗太平兴国三年（978）诏曰："方春阳和之时，鸟兽孳育，民或捕取以食，甚伤生理，而逆时令。自（今）宜禁民，二月至九月，无得捕猎，及持竿携弹，探巢摘卵，州县吏严饬里胥，伺察擒捕，重致其罪。仍令州县，于要害处粉壁，揭诏书示之。"③

2. 禁止非时滥捕禽兽。如春夏之时正是动物繁殖生育之时，禁止这一时期捕猎，有助于动物的正常生长繁殖。特别是成年鸟兽鱼类正在孵卵育雏，如捕杀成年，还会害及大量幼年鸟兽或卵子的生育孵化，因此，这一时期不应对野生动物进行捕猎，是合乎禽兽繁殖生长的自然规律。只有保护好动物的繁殖生长，合理地利用自然动物资源，才可能使其取之不尽，用之不竭。建隆二年（961）二月，宋太祖就曾下诏："禁春夏捕鱼射鸟。"④ 前引宋太宗太平兴国三年下诏中亦说："方春阳和之时，鸟兽孳育，民或捕取以食，甚伤生理，而逆时令。自（今）宜禁民，二月至九月，无得捕猎。"宋真宗时，为了使百姓不在禁猎期随意捕杀动物，要求地方长官每年春夏时都要向民众重申这一禁令。大中祥符三年

---

① 《宋史》卷 347《王汉之传》。

② 《宋会要》方域 12 之 8。

③ 《宋大诏令集》卷 198《二月至九月禁捕猎诏》。

④ 《宋史》卷 1《太祖一》。

（1010）二月诏："禁方春射猎，每岁春夏所在长吏申明之。"①

3. 在围猎中，反对一网打尽、竭泽而渔，使野生动物资源耗竭，主张网开一面，让它们生生不息。《癸辛杂识·癸辛杂识续集上》载："北客云：'北方大打围，凡用数万骑，各分东西而往，凡行月余而围始合，盖不啻千余里矣。既合，则渐束而小之，围中之兽皆悲鸣相吊。获兽凡数十万，虎、狼、熊、罴、麋鹿、野马、豪猪、狐狸之类有之，特无兔耳。猎将竟，则开一门，广半里许，俾余兽得以逸去，不然则一网打尽，来岁无遗种矣。'又曰：'未猎之前队长去其头帽，于东南方开放生之门，如队长复帽，则其围复合，众始猎耳，此亦汤王祝网之意也。'"

4. 最高统治者作出表率，停止各地进献珍禽异兽，不在禁猎季节出猎。宋代时期，由于其自然生态环境与社会环境与当代不同，所以许多今天我国境内多已不存或稀少的野生动物资源在当时还较多，如大象、老虎等，但其数量却已明显地减少，甚至有的已很少见。因此，宋代皇帝多次诏令更革传统习惯，禁止向朝廷上贡驯象及其他珍贵动物。大中祥符五年（1012），真宗特地诏令："罢献珍禽异兽"②，并强调"仍令诸州依前诏，勿以珍禽异兽为献"③。史载，庆历七年（1047）三月庚午，宋仁宗出猎，因是禁猎季节，从而引起御史何郯等人的强烈诤谏，认为"田猎之事，具有礼文，行之以时"，要求皇上"动遵法度，不喜弋猎"，结果经"群臣抗言，随即停罢"。不久，仁宗一时兴起，又想出猎，最终同样受到了群臣的反对，不得不"诏罢出猎"④。在中国古代君主专制社会里，皇帝能有如此的诏令发布和从谏罢猎的行动，对于保护野生动物资源，无疑是有积极意义的。

5. 注意从滥捕乱杀的根源上加以制止。从古代到当代，滥捕乱杀的根源往往是经济利益，如有的是获取动物珍贵的皮毛，有的是为了享用

---

① 《宋史》卷 7《真宗二》。

② 《宋史》卷 8《真宗三》。

③ 《长编》卷 79。

④ 《长编》卷 160。

其美味。宋仁宗时期，官宦争奇斗艳，竞相奢侈，盛行戴鹿胎冠之风，致使鹿类横遭劫难，被大量捕杀。对此，宋仁宗于景祐三年（1036）六月十五日下诏说："冠冕有制，盖戒于侈心；麛卵无伤，用蕃于庶类。惟兹麀鹿，伏在中林，宜安濯濯之游，勿失呦呦之乐。而习俗所贵，猎捕居多，资其皮存，用诸首饰。竞剥胎而是取，曾走险之莫逃。既浇民风，且暴天物。特申明诏，仍立严科，绝其尚异之求，一此好生之德。宜令刑部遍牒三京及诸路转运司辖下州、府、军、监、县等，应臣僚士庶之家，不得戴鹿胎冠子，及今后诸色人，不得采捕鹿胎，并制造冠子。如有违犯，并许诸色人陈告，其本犯人严行断遣。告事人如采捕鹿胎人，支赏钱二十贯文，陈告戴鹿胎冠子并制造人，支赏钱五十贯文，以犯事人家财充。"[1] 宋仁宗通过下诏书通令全国，一律不准戴鹿胎冠，不得捕鹿取胎，不许以鹿胎制造冠帽，如有违犯即处以重罚。诏令还鼓励告发，凡告发捕采鹿胎属实者，获赏钱 20 贯；凡告发戴鹿胎冠或制造鹿胎冠者，赏钱更高，达 50 贯，可见仁宗的用意是想从源头加以制止。因为如无人敢戴鹿胎冠或制造鹿胎冠，那捕鹿采胎之事自然消失。这道诏令的下达，的确一度刹住了乱捕滥猎鹿类的歪风，保护了动物资源。还有为了禁止因食用野生动物而滥捕，宋真宗还严格规定：为保护飞禽走兽，"粘竿弹弓等物，不得携入宫观寺院，及有屠宰，违者论如法"[2]。宋神宗时甚至规定："内庭洎宗室"，不得入市买禽兽以为食，"使民知禁"[3]。正是这种严格的禁令，使许多滥捕乱杀的行为从源头上得到了一定的遏制，从而受到了约束和制止。

6. 重视保护害虫的天敌，以造福于人类。宋人已有十分明确的利用动物界的食物链防治害虫的思想。五代乾祐元年（948）发生蝗灾，阳武、雍丘、襄邑三县"蝗为鸐鸲聚食，诏禁捕鸐鸲"[4]。这是历史上保护

---

① 《宋大诏令集》卷 199《禁鹿胎诏》。

② 《宋会要》刑法 2 之 159。

③ 《宋会要》刑法 2 之 159。

④ 《旧五代史》卷 101《隐帝纪上》。

益鸟以防治害虫的较早记载。青蛙吞食大量害虫，对农作物生长有利，这是童叟皆知的事实。宋代禁民捕蛙。宋神宗时彭乘的《墨客挥犀》卷6记载："浙人喜食蛙，沈文通在钱塘日切禁之。"又据南宋赵葵的《行营杂录》记载，宋人不但禁止捕蛙，还对犯禁者予以严惩。"马裕斋知处州，禁民捕蛙"。有一个浪荡女子为了陷害丈夫，唆使其夫捕蛙，又秘密告官，守城士卒前往缉拿。结果其夫"为门卒所捕，械至于庭"。总之，宋人禁捕青蛙，故大词人辛弃疾才在《西江月·夜行黄沙道》写出"稻花香里说丰年，听取蛙声一片"这样流传千古的佳句，表达了宋人保护并利用青蛙消灭害虫，取得农作物丰收的思想。

四、 对水土资源保护和利用的思想

（一） 对长江流域水土生态的综合治理思想

宋代以来，由于植被的破坏，水土流失严重，江河湖泊等淤积使蓄水泄洪的能力降低，南北水患频繁。宋辽、宋金的先后对峙，使宋统治者对北方黄河的决、溢、徙所引起的严重水灾，只从借河御敌或漕运的需要出发，着重防治下游河患，对黄河的治本工作没有予以认真思考。而南方长江流域的水土生态系统，由于人口的剧增以及土地的开发，其平衡渐形失调，有的陷入干旱与洪涝的恶性循环中。生态平衡的破坏，直接威胁农业的发展，影响了漕运，对民众生活产生很大的冲击。因此，不少人对此进行思考和探讨，发表了有关对水土资源的保护和利用的思想。

宋人认为南方长江流域中水土生态平衡遭到破坏最主要的是两个方面的问题：其一，围湖为田，使水旱之灾加剧。"（绍兴）五年，江东帅臣李光言：'明、越之境，皆有陂湖，大抵湖高于田，田又高于江、海，旱则放湖水溉田，涝则决田水入海，故无水旱之灾。本朝庆历、嘉祐间，始有盗湖为田者，其禁甚严。政和以来，创为应奉，始废湖为田。自是

两州之民，岁被水旱之患。'"① 绍兴二十三年（1153），"谏议大夫史才言：'浙西民田最广，而平时无甚害者，太湖之利也。近年濒湖之地，多为兵卒侵据，累土增高，长堤弥望，名曰坝田。旱则据之以溉，而民田不沾其利；涝则远近泛滥，不得入湖，而民田尽没。望尽复太湖旧迹，使军民各安，田畴均利。'从之"。由此可见，宋人已清楚地认识到湖泊在水土生态中的重要性，它们起着干旱时蓄水灌溉、洪涝时泄水分流的作用，如果人类一味地为着扩大耕地面积，围湖为田，事实则证明将受到自然界的惩罚。因为湖泊的消失，使水无处蓄积，干旱时就无水可以灌溉，洪涝时则又无处分流排泄洪水而泛滥成灾。其二，荒废陂塘，也会使水旱之灾加剧。陂塘类似于当代的水库，具有重要的蓄水排洪功能，对农业作用甚大。对于陂塘与农业的关系，宋人也有清楚的认识。《宋史·食货上一》载："初，五代马氏于潭州东二十里，因诸山之泉，筑堤潴水，号曰龟塘，溉田万顷。其后堤坏，岁旱，民皆阻饥。（绍兴）七年，守臣吕颐浩始募民修复，以广耕稼。""庆元二年，户部尚书袁说友等言：'浙西围田相望，皆千百亩，陂塘淡漠，悉为田畴，有水则无地可潴，有旱则无水可戽。不严禁之，后将益甚，无复稔岁矣。'"宋人在实践中懂得，耕田必须与一定面积的陂塘配套，才可能获得丰收，否则，把陂塘也变成耕地，非但不能增加总产量，反而得不偿失，减少该地区的总收获量。

针对上述情况，宋人就围湖废塘垦田所带来水土生态失调而影响农业的问题提出了许多对策和措施，主要有以下几点。

1. 还田为湖。如"隆兴二年八月，诏'江浙水利，久不讲修，势家围田，埋塞流水。诸州守臣按视以闻。'于是知湖州郑作肃、知宣州许尹、知秀州姚宪、知常州刘唐稽并乞开围田，浚港渎。诏湖州委朱夏卿，秀州委曾惜，平江府委陈弥作，常州、江阴军委叶谦亨，宣州、太平州委沈枢措置。九月，刑部侍郎吴芾言：'昨守绍兴，尝请开鉴湖废田二百七十顷，复湖之旧，水无泛滥，民田九千余顷，悉获倍收。今尚有低田

---

① 《宋史》卷173《食货上一》，以下7个自然段引文未注明出处者，均见于此。

二万余亩，本亦湖田，百姓交佃，亩直才两三缗。欲官给其半，尽废其田，去其租。'户部请符浙东常平司同绍兴府守臣审细标迁。从之"。这里，刑部侍郎吴芾算了一笔账，把鉴湖废田270顷还田为湖，可使民田9000余顷无水灾之患，增产一倍，其实际的收益是：

9000 顷×亩产－270 顷×亩产＝8730 顷×亩产

吴芾还进一步建议把低田2万余亩再还田为湖，政府补贴田地卖价的一半给百姓，并去掉田租。这种以半价收买的方式将民间的田地还为湖泊，在封建社会也是相当可取的政策，既解决水土生态系统平衡失调的问题，又能考虑到被淹田的田主生计问题。

2. 修复养护陂塘。绍兴年间，"比部员外郎李泳言，淮西高原处旧有陂塘，请给钱米，以时修浚"。乾道九年（1173）八月，"臣僚言江西连年荒旱，不能预兴水利为之备。于是乃降诏曰：'朕惟旱乾、水溢之灾，尧汤盛时，有不能免。民未告病者，备先具也。豫章诸郡县，但阡陌近水者，苗秀而实；高卬之地，雨不时至，苗辄就槁。意水利不修，失所以为旱备乎？唐韦丹为江西观察使，治陂塘五百九十八所，灌田万二千顷。此特施之一道，其利如此，矧天下至广也。农为生之本也，泉流灌溉，所以毓五谷也。今诸道名山，川原甚众，民未知其利。然则通沟渎，潴陂泽，监司、守令，顾非其职欤？其为朕相丘陵原隰之宜，勉农桑，尽地利，平繇行水，勿使失时。虽有丰凶，而力田者不至拱手受弊，亦天人相因之理也。朕将即勤惰而寓赏罚焉。'"从宋孝宗诏书可以看出，宋最高统治者十分清楚地认识到陂塘其利至广，对农业灌溉至关重要，因此修复、养护陂塘是地方监司、守令的一项职责，朝廷把这项职责作为考核赏罚地方官员的重要依据。

3. 不使豪强地主围湖垦田合法化，加强管理与处罚。淳熙十年（1183），"大理寺丞张抑言：'陂泽湖塘，水则资之潴洩，旱则资之灌溉。近者浙西豪宗，每遇旱岁，占湖为田，筑为长堤，中植榆柳，外捍菱芦，于是旧为田者，始隔水之出入。苏、湖、常、秀昔有水患，今多旱灾，盖出于此。乞责县令毋给据，尉警捕，监司觉察。有围里者，以违制论；

给据与失察者，并坐之．'既而漕臣钱冲之请每围立石以识之，共一千四百八十九所，令诸郡遵守焉"。这里明确规定了乘干旱时占湖为田是违制行为，如官吏给非法围湖垦田者凭据，以及监司对此行为失于觉察，都将受到连坐处罚。《文献通考·田赋六》载淳熙三年（1176）傅淇奏言也提到类似的情况，当时浙西"豪右之家"肆意围湖垦田，计亩纳钱，而官司"利其所入，给据付之"，使其围湖垦田合法化，对此，朝廷"条约诸县，毋得给据与官民户及寺观"。

4. 完善水利设施，使湖泊陂塘更好发挥灌溉排涝的作用。湖泊陂塘要更好地发挥灌溉排涝的作用，必须有一定的水利设施配套，其中最重要的是设置闸门，才能做到干旱时蓄水洪涝时分流泄水。如镜湖由于水利失修，设施不齐备，所以"濒湖之民始得增高益卑，盗以为田"。对于这种情况，徐次铎提出"使其堤塘固，堰闸坚，斗门启闭及时，暗沟禁窒不通"，就能使"民虽欲盗耕为尺寸田，不可得也"①。乾道二年（1166）六月，"知秀州孙大雅代还，言：'州有柘湖、澱山湖、当湖、陈湖，支港相贯，西北可入于江，东南可达于海。旁海农家作坝以却咸潮，虽利及一方，而水患实害邻郡；设疏导之，则又害及旁海之田。若于诸港浦置闸启闭，不惟可以泄水，而旱亦获利。然工力稍大，欲率大姓出钱，下户出力，于农隙修治之。'于是以两浙转运副使姜诜与守臣视之，诜寻与秀常州、平江府、江阴军条上利便。诏'秀州华亭县张泾闸并澱山东北通陂塘港浅处，俟今年十一月兴修；江阴军、常州蔡泾闸及申港，明年春兴修；利港俟休役一年兴修；平江府姑缓之。'三年三月，诜使还，奏：'开浚毕功，通泄积水，久浸民田露出堘岸。臣已谕民趁时耕种。恐下户阙本，良田复荒，望令浙西常平司贷给种粮。'又奏措置、提督、监修等官知江阴军徐藏等减磨勘年有差"。由此可见，宋人已充分认识到置闸启闭可有效地调节旱涝之灾，使受灾之田及时耕种并获得丰收，

---

① 徐次铎：《复镜湖议》，载徐光启《农政全书》卷16《水利·浙江水利》，台湾商务印书馆影印文渊阁四库全书本。

效果是显著的，有关官员都受到朝廷的破格提升。

5. 对湖泊陂塘及其水道进行疏浚。宋代由于植被的破坏，水土流失严重，造成湖泊陂塘及其水道淤积，水流不畅，使湖泊陂塘逐渐失去灌溉和排涝等功能。因此，宋代朝廷上下不时必须对淤积问题进行治理。这些治理大多工程浩大，需花费大量的人力、财力，或在技术层面上施工困难，因此，往往成为官府施政的一个重要议题。绍兴二十八年（1158），"两浙转运副使赵子潇、知平江府蒋璨言：'太湖者，数州之巨浸，而独泄以松江之一川，宜其势有所不逮。是以昔人于常熟之北开二十四浦，疏而导之江；又于昆山之东开一十二浦，分而纳之海。三十六浦后为潮汐沙积，而开江之卒亦废，于是民田有淹没之患。天圣间，漕臣张纶尝于常熟、昆山各开众浦；景祐间，郡守范仲淹亦亲至海浦，浚开五河；政和间提举官赵霖复尝开浚。今诸浦湮塞，又非前比，计用工三百三十余万，钱三十三万余缗，米十万余斛。'于是诏监察御史任古复视之。既而古至平江言：'常熟五浦通江诚便，若依所请，以五千功，月余可毕。'诏以激赏库钱、平江府上供米如数给之。二十九年，子潇又言：'父老称福山塘与丁泾地势等，若不浚福山塘，则水必倒注于丁泾。'乃命并浚之"。从赵子潇、蒋璨所言可知，太湖通江海诸浦在北宋一百六十余年间至少有四次重大的疏浚。人们之所以投入巨大的人力、财力进行治理，因为认识到水土系统的平衡关系到沿湖百姓的生存问题。这是宋代人民认识生态环境的重要性并尽力加以保护和利用所进行的不懈努力。

当时，除了水土流失造成淤积之外，人为的侵占围垦，也是使湖泊、陂塘淤积的一个因素。嘉定十七年（1224），臣僚言："越之鉴湖，溉田几半会稽，兴化之木兰陂，民田万顷，岁饮其泽。今官豪侵占，填淤益狭。宜戒有司每岁省视，厚其潴蓄，去其壅底，毋容侵占，以妨灌溉。"这里"厚其潴蓄，去其壅底"就不单是疏通水道，而是要对陂塘湖泊淤积部分进行深挖，清除淤泥，增加其蓄水能力。

6. 在不破坏水土系统平衡的前提下，广辟圩田以发展农业。北宋仁

宗时期，范仲淹就提出在江南地区广泛修举圩田，其理由是圩田"中有河渠，外有门闸。旱则开闸，引江水之利；潦则闭闸，拒江水之害，旱涝不及，为农美利"①。可见，圩田具有旱时引水灌溉，涝时防洪淹灌，使农田旱涝保收的优势。南宋孝宗乾道九年（1173），"户部侍郎兼枢密都承旨叶衡言：'奉诏核实宁国府、太平州圩岸，内宁国府惠民、化成旧圩四十余里，新筑九里余；太平州黄池镇福定圩周四十余里，延福等五十四圩周一百五十余里，包围诸圩在内，芜湖县圩周二百九十余里，通当途圩共四百八十余里。并高广坚致，濒水一岸种植榆柳，足捍风涛，询之农民，实为永利。'于是诏奖谕判宁国府魏王恺，略曰：'大江之壖，其地广袤，使水之蓄泄不病而皆为膏腴者，圩之为利也。然水土斗啮，从昔善壤。卿聿修稼政，巨防屹然，有怀勤止，深用叹嘉。'"滨湖之地低洼，十分容易受湖水的浸灌。为了防止湖水侵入耕地，宋人在田地四周筑起土堤，这种防止湖水侵入而在四周筑堤的田地就称作圩田。宋人认识到圩田的垦辟必须以"水之蓄泄不病"作为前提，这是在长期合理保护和利用水土资源实践中的真知灼见。

（二）苏轼综合治理西湖的思想

苏轼（1037—1101），字子瞻，又字和仲，号铁冠道人、东坡居士，世称苏东坡。文学上为唐宋八大家之一，书法上为宋四家之一。嘉祐二年（1057）进士。宋神宗时曾在凤翔、杭州、密州等地任职。宋哲宗即位后，曾任翰林学士、侍读学士、礼部尚书等职，并出知杭州、颍州等地。卒后谥号文忠。有《东坡七集》《东坡易传》《东坡乐府》等传世。

据笔者目前所知，在宋人中把水土环境作为一个系统进行综合考察，其思想比较深刻突出的当推苏轼。他在《杭州乞度牒开西湖状》和《申三省起请开湖六条状》②两篇文章中集中阐述了自己的水土系统综合治理思想，以下笔者就此作简要分析阐发。

---

① 《范文正奏议》卷上《答手诏条陈十事》。

② 《苏轼文集》卷30。以下3个自然段引文未注出处者，均见于此。

　　首先，苏轼在《杭州乞度牒开西湖状》中以朴素的系统生态学的眼光阐述了西湖埋塞其半，但不可废的 5 个原因：一是西湖"一旦埋塞，使蛟龙鱼鳖同为涸辙之鲋"，这就是说如西湖消失了，那些以西湖作为生存环境的野生动物将全部无法存活。二是"杭之为州，本江海故地，水泉咸苦，居民零落，自唐李泌始引湖水作六井，然后民足于水，井邑日富，百万生聚，待此而后食。今湖狭水浅，六井渐坏，若二十年之后，尽为葑田，则举城之人，复饮咸苦，其势必自耗散"。可见，西湖作为杭州全城百万居民的饮食用水，关系到城市的兴衰，如西湖不复存在，那么全城百姓将要重新饮用咸苦之水，必然导致居民迁往他处。三是西湖之水"若蓄泄及时，则濒河千顷，可无凶岁"，"而下湖数十里间，茭菱谷米，所获不赀"。如西湖埋塞，此蓄水灌溉之利不复存在。四是"西湖深阔，则运河可以取足于湖水。若湖水不足，则必取足于江潮。潮之所过，泥沙浑浊，一石五斗。不出三岁，辄调兵夫十余万功开浚，而河行市井中盖十余里，吏卒骚扰，泥水狼藉，为居民莫大之患"。显然，湖水有利于水运，如靠江潮行船，河床三年就会淤积需要开浚，那将花费大量人力、财力，还给城市居民带来莫大生活上的不便。五是"天下酒税之盛，未有如杭者也，岁课二十余万缗。而水泉之用，仰给于湖，若湖渐浅狭，水不应沟，则当劳人远取山泉，岁不下二十万功"。也就是，如西湖水浅无法在水道流动，那么人们酿酒用水要到远处汲取山泉，将付出"二十万功"的劳动力，必然影响国家一年"二十余万缗"的酒课收入。总之，苏轼认为杭州如没有西湖之水，那么滨湖地区生存的生物、居民饮水、农业灌溉、水运以及酿酒用水都将出现问题，也就是水土生态系统中只要一个基本子系统出现故障，将导致整个系统的正常运行。这种用综合性的系统思维来说明西湖不可废，见解深刻，视角独特，比较有说服力。

　　在这种综合性系统思维探讨西湖不可废的 5 种原因的基础上，苏轼提出了治理西湖所要达到的目标及措施。其一，苏轼"自去年（元祐四年）七月到任，首见运河干浅，使客出入艰苦万状，谷米薪刍，亦缘此

暴贵，寻划刷捍江兵士及诸色厢军得千余人，自十月兴工，至今年四月终，开浚茅山、盐桥二河，各十余里，皆有水八尺以上。见今公私舟船通利"。其二，"今宜于钤辖司前创置一闸，每遇潮上，则暂闭此闸，令龙山浙江潮水，径从茅山河出天宗门，候一两时辰，潮平水清，然后开闸，则盐桥一河过阛阓中者，永无潮水淤塞、开淘骚扰之患……茅山河既日受潮水，无缘涸竭，而盐桥河底低茅山河底四尺，则盐桥河亦无涸竭之患"。总之，置闸既可阻挡潮水侵入淤塞，又可放水流入茅山河和盐桥河，避免两河涸竭之患，有利于灌溉。其三，"宜于涌金门内小河中，置一小堰，使暗门、涌金门二道所引湖水，皆入法慧寺东沟中，南行九十一丈，则凿为新沟二十六丈，以东达于承天寺东之沟，又南行九十丈，复凿为新沟一百有七丈，以东入于猫儿桥河口，自猫儿桥河口入新水门，以入于盐桥河，则咫尺之近矣。此河下流，则江潮清水之所入，上流，则西湖活水之所注，永无乏绝之忧矣。而湖水所过，皆阛阓曲折之间，颇作石柜贮水，使民得汲用浣濯，且以备火灾，其利甚博"。这一工程解决了滨湖地区居民的生活用水和消防用水。总之，苏轼的 3 条措施始终紧紧围绕解决西湖之水这一关键根本问题，从而带动西湖整个水土生态系统中的生物生存环境、居民生活用水、农业灌溉、水运等相关问题的迎刃而解。

附"苏轼综合治理西湖思想框架图"：

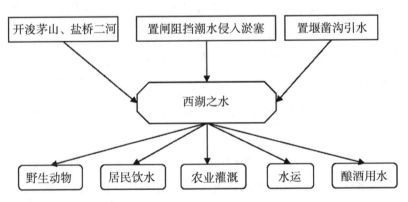

最后值得一提的是苏轼不仅从朴素的系统生态学的角度阐述了治理

西湖的重要性和治理的工程规划，还就经费的筹集也提出了切实可行的建议。他主张："朝廷近赐度牒一百道，每道一百七十贯，为钱一万七千贯。本州既高估米价，召人入中，又复减价出粜，以济饥民，消折之余，尚有钱米约共一万贯石……今乞用上件钱米，雇人开湖，候开成湖面，即给与人户，量出课利，作菱荡租佃，获利既厚，岁岁加功，若稍不除治，微生菱葑，即许人划赁，但使人户常忧划夺，自然尽力，永无后患。今有钱米一万贯石，度所雇得十万工，每工约开葑一丈，亦可添得十万丈水面，不为小补……所有新旧菱荡课利钱，尽送钱塘县尉司收管，谓之开湖司公使库，更不得支用，以备逐年雇人开葑撩浅，如敢别将支用，并科违制"，"勘会西湖葑田共二十五万余丈，合用人夫二十余万功。上件钱米，约可雇十万功，只开得一半。轼已具状奏闻，乞别赐度牒五十道，并于前来所赐本路诸州度牒二百道内，契勘赈济支用不尽者，更拨五十道，通成一百道，充开湖费用"。这里苏轼通过出卖度牒筹集最初的开湖启动经费，待湖面开成之后，作为菱荡租佃，以所得课利钱逐年雇人开葑撩浅，以湖养湖。这是一种既不增加国家财政负担，又能为民办实事的思想，是难能可贵的。

附"宋代的生态环境保护思想框架图"：

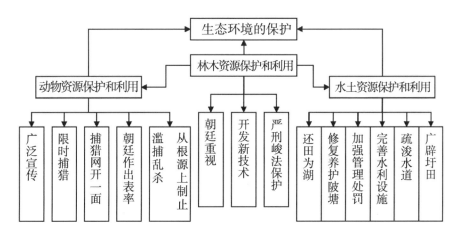

五、 城市治理思想

（一） 城市人口管理思想

宋代随着封建商品经济的繁荣，城市人口迅速发展，对城市人口的管理，成为城市治理的一个重要内容。

宋代继续前代的户籍制度，对城市的人口管理首先实行户口登记制度。宋廷对人口的统计上报对象主要是成年男子，同时对被统计男子的年龄范围也有限制。乾德元年（963）十月，宋太祖颁布置造版籍的诏书："令诸州岁所奏户账，其丁口，男夫二十为丁，六十为老，女口不须通勘。"[1]

与户口登记密切相关的是，城市居民按财产的多少分为十等。正如欧阳修所说的："往时因为臣僚起请，将天下州县坊郭人户分为十等差科。"[2] 政府将城市居民划分户等的目的很清楚，即依据户等的不同，负担不同的赋役。神宗熙宁元年（1068），判寺邓绾、曾布指出："畿内乡户，计产业若家资之贫富，上下分为五等。岁以夏秋随等输钱，乡户自四等、坊郭自六等以下勿输，两县有产业者，上等各随县，中等并一县输。析居者随所析而定，降其等。"神宗对此表示赞同，并进一步指出："然输钱计等高下，而户等著籍，昔缘巧避失实"，并令郡县"坊郭三年，乡村五年，农隙集众，籍其物产，考其贫富，察其诈伪，为之升降"。如"故为高下者，以违制论"[3]。元丰二年（1079），宋神宗又下诏"两浙路坊郭户役钱，依乡村例随家产裁定免出之法。初，诏坊郭户不及二百千，乡村户不及五十千，并免输役钱。续诏乡村合随逐县民户家业裁定免出之法。至是提举司言，乡村下等有家业不及五十千而犹输钱者，坊郭二百千以下乃悉免输钱，轻重不均。故有是诏"[4]。从"输钱计等高下"，

---

[1]　《长编》卷 4。
[2]　《欧阳修全集》卷 116《乞免浮客及下等人户差科札子》。
[3]　《宋史》卷 177《食货上五》。
[4]　《长编》卷 299。

"坊郭自六等以下勿输","依乡村例随家产裁定免出之法"等可知,户等不同,所承担封建国家赋税、徭役的量也是不同的,坊郭前五等按等出钱,六等以下免出钱。除此之外,没有财产的城市居民亦与乡村一样通称为客户,属于等外户,不再进行分等,原则上不承担赋税。

宋代坊郭划分户等在实际操作中主观随意性较大,标准不易掌握。"当定户之时,系其官吏能否。有只将堪任差配人户定为十等者,有将城邑之民不问贫穷孤老尽充十等者,有只将主户为十等者,有并客户亦定十等者。"① 但是尽管如此,宋代政府对城市户口的登记及坊郭户等划分体现了政府治理思想中力求真实、可靠、合理、公平的理念,即户口的登记必须真实、可靠,户等的划分涉及不同的户等承担不同的赋税徭役,故必须划分得合理、公平。

宋代,城市流动人口众多,其来源主要有以下几个方面。一是大量乡村居民因饥馑、战乱或赋役租税过重,或因土地被豪强地主兼并而背井离乡,成为城市流民。如"久饥之民,相比而集于城郭"②。二是宋代封建商品经济发达,不少行商往返于城市与城市、城市与乡村之间,经营各种贸易活动。这些商人不断涌入城市中,使城市较前代集中了更多的人口。如南宋临安因"江商海贾"的汇集而在百万人口以上③。三是暂居在城市的部分流氓、无赖等流动人口。宋人钱彦远曾对皇祐以后社会上游手之多作了揭示:"是田畴不辟而游手多矣。"④ 一些游手进入城市,整日惹是生非,偷鸡摸狗,打架斗殴,成为社会不稳定的重要因素之一。

针对城市大量流动人口的存在,宋廷采取了一些措施加以治理,主要有以下5点。

其一,吸引流民回归原籍。宋廷采取减免赋税、给予返乡口粮、安排住房、提供耕地等优惠政策,鼓励流民回归原籍,以减轻城市的压力。

---

① 《欧阳修全集》卷116《乞免浮客及下等人户差科札子》。
② 《宋会要》食货68之149。
③ 《中国经济通史·宋代经济卷》,第1065页。
④ 《鸡肋篇》卷下。

如明道二年（1033），仁宗下诏："开封府及京东西、淮南、江东、河北、河东路，明道二年以前流民去乡里者，限一年令归业者，仍蠲赋役一年，限满不至者，听人请佃之。"① 减免赋税，对广大流民来说具有较大的吸引力。但是流民返乡，因路途遥远，缺乏口粮盘缠而无法成行。对此，朝廷发给口粮，或安排沿途州县给予饮食。如绍圣元年（1094），"诏府界京东、京西、河北路应流民所过州县，令当职官存恤诱谕，遣还本土。内随行别无资蓄者仍计口给历，经州县排日给食"②。隆兴二年（1164），赵令良为官绍兴，城内外流民甚多，死者不可胜计。赵令良于是"计其地里之远近，日数之多寡，人给两月之粮，令归治本业"。此令实施后，"城市无一死人，欢呼盈道"③。政府劝导在城流民返乡，意在让他们能在原籍重新生存下去，不致于不久之后又倒流回城市。因此，政府必须切实解决他们起码的居住问题与再生产能力。有鉴于此，有些地方政府出台这样的优惠政策：若在城流民愿往乡村谋生，"仰耆壮尽将引领于趁那下房内安泊讫，申报本县，及当职官员躬亲劝诱，逐家量口数，各与桑土或贷种救济，种植度日，内有见在房数少者，亦令收拾小可材料，权与盖造应付"④。

其二，设立临时户籍管理在城流民，并给予米钱。宋政府为了掌握流民的情况，以便更好地管理和救助，注意对流民实行登记。《救荒活民书》卷3载：当时在城各厢官吏，"每见流民，逐家尽底唤出本家骨肉，亲自当面审问的实人口，填定姓名口数。逐家便各给历子一道收执，照证准备，请领米豆"。在登记过程中，在城流民不得重复登记，多领米钱。一经发现，原有的"历子"要销毁。流民离开时，居停主人要主动报告厢官，销毁流民的临时户口。

宋代，一些流民由于资产雄厚，转变为该城的坊郭户。如南宋初年，

---

① 《长编》卷113。
② 《宋会要》食货57之11至12。
③ 董煟：《救荒活民书》卷3《赵令良赈济法》，丛书集成本。
④ 《救荒活民书》卷3《富弼青州赈济行道》。

西北许多富室大贾寓居临安府，"辐辏骈集，数倍土著"。面对这一事实，绍兴二十年（1150），朝廷下令："钱塘、仁和两县在城民户与西北人衮同推排等第，各已注籍。"① 这就使一部分西北富商取得了临安府坊郭户的身份。

其三，为城市流民解决住宿问题。对于滞留城市长期未返乡的流民，宋政府充分利用空闲官房、仓库、邸店，修建临时简易棚屋等，来安置他们。皇祐元年（1049），京东各州县大饥，富弼知青州，"择公私庐舍十余万区，散处其人，以便薪水"②。宣和六年（1124），面对秀州城内外流民众多的情况，朝廷乃"立屋于西南两废寺，十人一室，男女异处，防其淆伪③。有时流民很多，没有足够的空置房安顿，政府就用行政手段，强迫城乡主户提供住房：坊郭第一等户五间，第二等户三间，第三等户两间，第四等、第五等一间；乡村人户第一等七间，第二等五间，第三等三间，第四等、第五等两间。流民到城后，由专人引领至所腾出的空房内，"其在州则引于司理处出头，其在乡即引于知县处出头，其在镇内即引于监务处出头，各仰逐官相度人数，指定那趱房屋主人姓名，令干当人尽将引押于抄点下房屋内安泊"④。

总之，设立临时户籍管理流民，给予米钱，安置住宿，让广大流民有起码的生存条件，这是城市管理流民最基本，也是最重要的措施。

其四，对城市雇工和外来商贩的管理。宋代城市里普遍存在雇工，其中有一部分为流动人口。宋廷限制雇工的自由，规定他们在受雇年限内不得随意迁出。如宋真宗时规定："自今人家佣赁，当明设要契及五年"⑤；"雇人为婢，限止十年"⑥。雇工若在契约约定的时间内逃匿，就

① 《宋会要》食货38之19。
② 《长编》卷166。
③ 《救荒活民书》卷3《洪浩救荒法》。
④ 《救荒活民书》卷3《富弼青州赈济行道》。
⑤ 《文献通考》卷11《户口二》。
⑥ 罗愿：《罗鄂州小集》卷5《鄂州到任五事札子》，台湾商务印书馆影印文渊阁四库全书本。

会有人跟随寻找。"如有逃闪，将带东西，有元地脚保认人前去跟寻。"①

宋廷规定流入城市的农民受雇于人或独立从事工商业，必须得到政府的准许，同业行会的认可并交纳免行钱，方可营业。如"京城诸行……有指挥：元不系行之人，不得在街市卖坏钱纳免行钱人争利；仰各自诣官投充行人，纳免行钱，方得在市卖易；不赴官自投行者有罪，告者有赏。此指挥行，凡十余日之间，京师如街市提瓶者必投充茶行，负水担粥以至麻鞋头发之属，无敢不投行者"②。连市井卖茶水、米粥的都要得到官府的批准，同业行会的认可并交纳免行钱，才能予以营业，可见其控制之严！

对于外来商贩的管理，宋廷除了设立层层商税场务进行征税外，还利用店户监督商旅。政府规定：凡行商客旅住店，客户必须"仔细说谕，只可令系籍有牌子牙人交易，若或不曾说谕商旅，只令不系有牌子牙人交易，以致脱漏钱物及拖延稽滞，其店户当行严断"。同时，必须"说谕客旅，凡出卖系税行货，仰先赴务印税讫，方得出卖，以防无图之辈恐吓钱物"。另外，店户必须"说谕客旅，不得信凭牙人说作高抬价钱，赊卖物色前去拖坠不还，不若减价现钱交易"③。外地商贩流动性很大，政府无法也没必要进行户口登记或建立临时户口簿，而利用店户劝诱、监督商旅贸易，既保证了城市商业贸易的正常有序进行与封建国家的商税收入，又为商人的贸易活动提供了一定的保障，促进了社会经济的发展。

其五，对市井中流氓、无赖等的管制。对于任何社会来说，城市中的流氓、无赖等均是社会的毒瘤，对社会安定有序构成巨大的威胁。因此，对政府来说，必须对其实行严密的管制，不使这股恶势力蔓延，欲除之而后快。宋廷对市井流氓、无赖主要采取两方面的措施。一是对其中违法乱纪者予以严惩。如开宝四年（971），"开封府捕获京城诸坊无赖

① 吴自牧：《梦粱录》卷19《顾觅人力》，丛书集成本。
② 《文献通考》卷20《市籴一》。
③ 《作邑自箴》卷7。

恶少及亡命军人为盗并尝停止三百六十七人。诏以其尤恶二十一人弃市，余决杖配流"①。大中祥符二年（1009），"乙未，诏如闻京城多有无赖辈妄称禀命侦察，诸司宣令三班捕而惩之"②。二是通过募兵把社会上游手好闲之徒吸纳到军队里，消除他们对城市治安的压力，并化害为利，派他们戍守边防等。

（二） 城市社会保障思想

宋代统治者重视社会保障工作，尤其注重对城市人口中的鳏寡孤独者、贫民以及乞丐、弃婴等实施政府救助，建立和发展了救助弱势群体的常设机构，采取了一系列措施，以缓解弱势群体面临的困境，缓和社会矛盾，稳定社会秩序，以达到长治久安。

宋代对政府城市救助总体指导思想是"鳏寡孤独，古之穷民，生者养之，病者药之，死者葬之，惠亦厚矣"③。宋代在城市设置的救助鳏寡孤独者的机构主要包括福田院、养济院、居养院等，这些机构虽然救助的侧重面有些不同，但总的说来还是大同小异的。其救助的原则和措施正如元符元年（1098）十月八日详定一司敕令所言："鳏寡孤独贫乏不得自存者，知州、通判、县令、佐验实，官为居养之；疾病者仍给医药。监司所至检察阅视，应居养者，以户绝屋居，无户绝者以官屋居之；及以户绝财产给其费，不限月份，依乞丐法给米豆，阙若不足者以常平息钱充。已居养而能自存者罢。"④ 这里，救助的对象限定在"鳏寡孤独贫乏不能自存者"，救助的程序是先由知州、通判、县令佐审查核实，然后政府予以供养，有病的给予医治。路级监司巡视监督州县政府救助情况。供给的经费来自户绝房屋、财产，所提供的食粮依据常平法的标准。如经费不足，可以常平息钱补充。原先靠政府供养，后来能自存的人，取消政府供养。到了徽宗年间，朝廷扩大了供养对象。崇宁四年（1105）

---

① 《长编》卷 12。
② 《长编》卷 71。
③ 《宋会要》食货 60 之 6。
④ 《长编》卷 503。

规定："非鳏寡孤独而癃老疾废委是贫乏不能自存"者，亦许居养①。

冬季是社会弱势群体最难过的日子，那些流入城市的"不能自存者"，往往饥寒交迫。因此，政府特别关注冬季的救助。如熙宁六年（1073），诏："开封府雪寒，京城内外老疾幼孤无依者，并收养于四福田院，自今准此。"② 南宋绍兴年间，每遇冬寒，临安府有许多乞丐及寒饿之人，朝廷"令临安府两通判体认朝廷惠养之意，行下诸厢地分，都监将街市冻馁乞丐之人尽行依法收养。仍仰两通判常切躬亲照管，毋致少有死损，如稍有灭裂，所委官取旨，重作施行，仍日具收养人数以闻"。从临安府通判亲自主管和每日报告收养人数可以看出，朝廷非常重视冬季对冻馁乞丐之人的救助。

宋代，南方不少地区人多地少，许多家庭因生活困难和重男轻女的观念，普遍采取弃婴、溺婴的办法来解决生育子女过多的问题。弃婴、溺婴是极不人道的，有背传统儒家的仁爱观念，对社会道德底线是严峻的挑战。宋代统治者和一些封建士大夫极力反对弃婴、溺婴，建立了专门机构，采取一些措施，来解决这一严重的问题。

宋代对婴幼儿的救助机构主要有婴儿局、慈幼局和慈幼庄等，出现于南宋中期以后，分布在全国许多府、县。宁宗嘉定末年，袁甫首创婴儿局于湖州（今浙江吴兴）。婴儿局救助弃婴的主要做法是："有弃儿于道，人得之，诘其所从来，真弃儿也，乃书于籍，使乳母乳之，月给之粟。择媪五人为众母长，众乳各哺其儿，又一人焉以待不时而来者。"③ 由此可见，婴儿局救助弃婴首先是确定其是否为弃儿，确定后予以登记，然后让乳母哺乳。乳母每月给予一定数量的粟作为报酬。婴儿局选择五位老妇人为众乳母之长，众乳母各自哺养一人，剩一位乳母以备不时有新的弃儿送来。理宗淳祐七年（1247），"临安府创屋为慈幼局，应遗弃

---

① 《宋会要》食货68之131。
② 《长编》卷248。
③ 袁甫：《蒙斋集》卷12《湖州婴儿局增田记》，台湾商务印书馆影印文渊阁四库全书本。

小儿民间有愿收养者，月支钱一贯，米三斗，尽三岁止。其无人收养者，官为雇倩贫妇，就局乳视。惟谨续有愿子之者，从官请仍给钱米如式"①。慈幼局救助弃婴的措施主要是两方面：一是让弃婴由民间人家收养，政府补助钱米三年；二是无人收养者，官府雇贫穷妇人来局哺乳，这样更便于管理。

宋代主要以救治贫民患病者的机构为安济坊。《夷坚志·支志·乙集》卷4《优伶箴戏》载："不幸而有病，家贫不能拯疗，于是有安济坊，使之存处，差医付药，责以十全之效。"安济坊创置于崇宁元年（1102），其创置伊始，主要目的就是"养民之贫病者"②。尔后，朝廷要求凡户数上千的城寨镇市，都要设置安济坊，凡境内病卧无依之人，都可送入安济坊医治。由此可见，宋朝廷重视对有病无力医治者的救助。这不仅体现了宋代救死扶伤的人道主义思想，而且对控制疾病的传播发挥了积极的作用。

中国传统儒家思想强调：慎终追远，民德归厚。在这种观念的指导下，历代朝廷的主导思想是非常重视丧葬，强调入土为安。统治者认为，养生送死是一个社会达到治理的最基本标准。一个国家如生不得养，死不得葬，那就将走向灭亡。

两宋时期，因疾疫或贫穷，往往使一些人客死他乡，有的无家可归者甚至死于道旁。对于这些贫困无力埋葬的人，官府出钱置买土地，用来安葬无主尸骨。如真宗"天禧中，于京畿近郊佛寺买地，以瘗死之无主者"③。仁宗嘉祐七年（1062），"诏开封府市地于四郊，给钱瘗民之不能葬者"④。由此可以看出，真宗、仁宗时期，官府出钱安葬无主尸骨的救助行为大致仅局限于都城开封及周边近郊地区。宋神宗以后官置公墓

---

① 潜说友：《咸淳临安志》卷88《恤民》，台湾商务印书馆影印文渊阁四库全书本。

② 《宋史》卷19《徽宗一》。

③ 《宋史》卷178《食货上六》。

④ 《宋史》卷12《仁宗四》。

才开始建立起来，并推向全国。熙宁元年（1068）诏："诸州军每年春首，令请县告示村耆，遍行检视，应有暴露骸骨无主收认者，并赐官钱埋瘗。"① 徽宗崇宁三年（1104），"诏诸州择高旷不毛之地，置漏泽园。凡寺观寄留槥椟之无主者，若暴露遗骸，悉瘗其中"。"绍兴十四年，诏临安府措置漏泽园……选僧二名主管，月给常平钱五贯，米一石"。② 一直到南宋灭亡，漏泽园一直存在，并遍布全国各地。

宋代官府出钱安葬无主尸骨的救助行为所体现的一些思想值得注意。一是此事"选僧二名主管，月给常平钱五贯、米一石"。僧人日常的主要宗教活动之一就是超度亡灵，因此此事由僧人主持是最合适的。二是"择高旷不毛地"收葬，不会占用日益紧张的耕地。三是官府根据埋瘗人数多少给予僧人奖励，使他们有长期从事这项工作的积极性。熙宁三年（1070），神宗下诏："开封府界僧寺旅寄棺柩，贫不能葬，令畿县各度官不毛之地三五顷，听人安厝，命僧主之。葬及三千人以上，度僧一人，三年与紫衣；有紫衣，与师号，更使领事三年，愿复领者听之。"③

（三）城市防火灭火思想

在宋代城市经济的飞速发展中，城市火灾频繁发生。据学者研究，宋代城市火灾有 3 个特点：一是频繁出现，持续时间较长；二是受灾地域广；三是灾情严重。宋代火灾多发，其原因是多方面的，但最主要的原因应是随着城市经济的发展，城市居民数量大幅增加，人口密度较大，住房拥挤。加上宋代房屋大多数以木结构为主，所以很容易引起火灾，而且一烧火就酿成大灾。如南宋都城"临安城郭广阔，户口繁伙，民居屋宇高森，接栋连檐，寸尺无空，巷陌壅塞，街道狭小，不堪其行，多为风烛之患"④。宋宁宗嘉泰元年（1201）和宋理宗嘉熙元年（1237）临安府两次火灾，延烧房屋竟达三五万家，灾情非常严重。孝宗淳熙十四

---

① 《宋会要》食货68之112。
② 《咸淳临安志》卷88《恤民》。
③ 《宋史》卷178《食货上六》。
④ 《梦粱录》卷10《防隔巡警》。

年（1187）成都府失火，因"府有棋盘市，俗言孔明八阵营也，居民栉比，一燎无遗"①。

宋代城市火灾的频繁发生，严重威胁着市民的生命和财产的安全，成为城市经济发展的障碍。为此，宋朝政府制定了一套防火救火制度，加强城市管理，其措施主要有以下几个方面。

其一，宋政府为防止火灾发生，建立了一套严密的防火规章制度。宋代京师和州郡严格限制燃火，特别是夜间燃火，防患于未然。北宋"京师火禁甚严，将夜分，即灭烛。故士庶家凡有醮祭者，必先关白厢使，以其焚楮币在中夕之后也"②。对于一些重要机构，宋廷还另外有更严厉的防火规定。如宋真宗大中祥符八年（1015），"诏皇城、内诸司、在京百司库务、仓草场无留火烛，如致延燔，所犯人及官吏悉处斩"③。当时的秘书省也实行很严格的火禁。宋高宗"绍兴十四年（1144），秘书郎张阐言：'本省自来火禁并依皇城法。遇有合用火烛去处，守门亲事官一名专掌押火洒熄。除官员直舍并厨司翰林司监门职级房存留火烛，遇官员上马，主管火烛亲事官监视洒熄，其余去处并不得存留。'有旨依"④。由此可见，秘书省的火禁相当严密，合用火烛的地方必须有亲事官专门掌管，当用完火烛官员离开之际，必须亲自监视用水洒熄。除一些需用火烛的地方外，其余一律不准留用火烛。

从宋代防火的法规条文可以看出，其立法指导思想是禁火、限火，具体而言，主要抓 3 个方面：一是一些重要的地方禁火，即不许用火；二是如需用火的地方要有专人看管，用完火后在人离开之前，要用水熄灭，并有专人监视；三是用火受时间限制，如规定"夜分即灭烛"，"焚楮处在中夕之后也"。

其二，宋政府设置专门防火机构，负责防火灭火事宜。北宋都城开

① 《建炎以来朝野杂记》乙集卷 8《丁未成都火》。

② 魏泰：《东轩笔录》卷 10，中华书局点校本，1983 年版。

③ 《宋会要》刑法 2 之 12。

④ 陈骙：《南宋馆阁录》卷 6《故实》，台湾商务印书馆影印文渊阁四库全书本。

封的防火、灭火设施较为完备。史载："每坊巷三百步许，有军巡铺屋一所，铺兵五人，夜间巡警，收领公事。又于高处砖砌望火楼，楼上有人卓望。下有官屋数间，屯驻军兵百余人，及有救火家事，谓如大小桶、洒子、麻搭、斧锯、样子、火叉、大索、铁猫儿之类。"① 南宋临安城"官府以潜火为重，于诸坊界置立防隅官屋，屯驻军兵，及于森立望楼，朝夕轮差，兵卒卓望"②。除两宋都城外，全国府州治所也设有防火机构。如宣州"潜火队在官衙南，绍兴二十一年，王侯昫置，为土瓦屋三间，收贮梯、桶、钩、搭、绳索、锯斧之属，以备不虞。兵百人，每旬各执其物以陈，例差提督指使一员"③。南剑州设有"水铺，在签厅之前。本州与山争地，民多楼居，瞰虚凭高，薨连栋接，一遭回禄，扑灭良艰。绍兴戊寅（1158）秋，创造防虞器具，种种毕备，置之水铺。月差禁军看管，轮兵官一员点检，民随时修葺，以为不测之防。今旬呈潜火器者，即水铺之制也"④。

由此可见，宋代城市专门防火机构的设置已注意到区位分布的网状化、合理化，即每坊巷三百步许设一所巡铺屋，或诸坊界置立防隅官屋，从而形成严密的城市防火布局。每屋设铺兵、士兵若干人，夜间巡警，随时待命灭火。城内高处还用砖砌成一高楼，名曰望火楼、望楼等，由兵士朝夕轮流在楼上瞭望，察看全城火情。望火楼往往是全城最高的楼塔，成为该城市地标性的建筑。如宋遗民汪元量有诗云："丞相催人急放舟，舟中儿女泪交流。淮南渐远波声小，犹见扬州望火楼。"⑤ 望火楼下通常还有官屋数间，屯驻军兵百余人，并配备装运水、攀爬、拆房子、牵拉、捆绑等救火工具。望火楼成为全城灭火的中心。如当时临安城内

---

① 孟元老：《东京梦华录》卷3《防火》，丛书集成本。

② 《梦粱录》卷10《防隅巡警》。

③ 《永乐大典》卷15140《队》引《宣城志》，中华书局影印本。

④ 《永乐大典》卷14576引《延平志》。

⑤ 汪元量：《水云集》卷1《湖州歌九十八首》，台湾商务印书馆影印文渊阁四库全书本。

"如有烟燧处，以其帜指其方向为号，夜则易以灯。若朝天门内，以旗者三；朝天门外，以旗者二；城外以旗者一；则夜间以灯如旗分三等也"①。每当火灾发生，"帅臣出于地分，带行府治内六队救扑，将佐军兵及帐前四队、亲兵队、搭材队，一并听号令救扑，并力扑灭，支给犒赏"②。

宋代大城市除了以望火楼为中心的网状专门防火机构布局外，政府还在一些重要或火险等级高的地方另设巡铺，防患于未然。如宋哲宗时，"宣仁既修北宅以奉亲，其母两国太夫人李氏入谢，因请置潜火一铺"③，并引宋仁宗曹后修南宅时创潜火铺为先例。其事后来虽不果，但说明宋廷曾有为皇亲国戚住宅设置专门防火机构的制度。神宗熙宁八年（1075）御批："斩马刀局役人匠不少，所造皆兵刃。旧东西作坊未迁日，有上禁军数百人设铺守宿。可差百人为两铺，以潜火为名，分地守宿。"④ 斩马刀局锻造兵刃，火险等级甚高，故专门派遣一百名灭火兵士分两铺防卫。

宋代负有防火灭火职责的军队有两类。一类就是上述巡铺屋、防隅官屋、望火楼下官屋中屯驻的军兵，一般称之为潜火队。他们属于专职消防兵，"每旬各执其物（即梯、桶、钩、搭、绳索、锯斧）以陈"，随时待命救火。这种专职消防兵在宋代城市中数量已不少。如嘉定以后，临安府增置潜火军兵，总计十二隅、七队。十二隅潜火兵士每隅 102 人，共计 1224 人，七队潜火兵士分别为水军队 206 人，搭材队 118 人，亲兵队 202 人，帐前四队 350 人，共计 876 人。另外城南北厢尚有潜火隅兵 1800 人，城外四隅潜火隅兵有 1200 人。据此可知，临安府 23 隅潜火军兵共计 5100 人⑤。其专职消防兵数量实为惊人！超过现代一座大城市的消防兵总数量。由此可以窥见宋政府对城市消防兵配备的重视以及城市

---

① 《长编》卷 354。
② 《梦粱录》卷 3《防隅巡警》。
③ 《长编》卷 354。
④ 《长编》卷 262。
⑤ 施谔：《淳祐临安志》卷 6《军营》，宛委别藏本。

的消防实力。

另一类是当地驻军，往往在火灾发生时听从统一调度指挥，赶赴火灾现场灭火。如北宋后期，开封府"每遇有遗火去处，则有马军奔报军厢主，马步军、殿前三衙、开封府各领军级扑灭，不劳百姓"①。北宋时参加京城救火的主要是三衙禁军及京城巡检司，南宋时主要是马步军司及府兵。如宋真宗大中祥符二年（1009），诏"令开封府今后如有遗火，仰探火军人走报巡检，画时赴救。都巡检未到，即本厢巡检先救。如去巡检地分遥远，左右军巡使或本地分厢界巡检员僚指挥使先到，即指挥兵士、水行人等与本主同共救泼"②。而且三衙禁军对防火有区域分工："捧日四厢都指挥使管旧城里左厢烟火……天武四厢都指挥使管旧城里右厢烟火……龙卫四厢都指挥使管新城里左厢烟火……神卫四厢都指挥使管新城里右厢烟火。"③南宋绍兴年间，高宗"诏自今临安府遗火，止令马步军司及府兵救扑，仍预给色号，他军非奉御前处分者，毋得擅出营"④。但是区域分工太严明，则会出现一厢火灾突发后，另一厢袖手旁观，延误了扑救。为了弥补这种缺陷，宋真宗时期规定："在京人户遗火，须候都巡检到方始救泼，致枉烧屋，先令开封府今后如有遗火，仰探火军人走报……巡检地分遥远，左右军巡使或本地分厢界巡检员僚指挥使先到，即指挥兵士、行人等与本主共同救泼，不得枉拆远火屋舍。"⑤南宋淳熙四年（1177），"诏临安府居民或遇遗火，盖拨马军司潜火官兵，缘地步遥远去处，人力奔趁迟误。自今如众安桥以北，就便令殿前司策选锋军、后军，各差二百五十人，逐急先次前去救扑，仍委统制官部押"⑥。

---

① 《东京梦华录》卷3《防火》。

② 《宋会要》兵3之1。

③ 《山堂群书考索》后集卷47《兵门·三衙》。

④ 《建炎以来系年要录》卷56。

⑤ 《宋会要》兵3之1。

⑥ 《宋会要》瑞异2之37。

　　从宋代负有防火救火职责的两类军队可以看出，潜火队等专职消防兵负责平时的警戒、报警及小规模火灾的扑灭等，如遇到较大的火灾，那就调度指挥三衙禁军、京城巡检司、马步军司及府兵救扑。后者均是护卫京都的精锐部队，由此可知最高统治者对城市救火工作的高度重视。宋代主要依靠军队灭火，这种决策是正确的。因为军队训练有素，组织纪律性强，服从命令听指挥，调遣迅速。这些都有利于尽快扑灭火灾，尽可能减少损失。而且如前所引，又可达到"不劳百姓"的效果。军队救火划分各军先后顺序、各自所负责的区域，有利于明确各自的责任，防止遇事互相推诿。

　　其三，宋政府设火保、创火巷、拆茅屋建瓦屋、备救火用水。宋代设保甲之法，其中就有防火的内容。如《庆元条法事类》卷8《失火》载："诸州县镇寨城内，每十家为一甲，选一家为甲头，置牌具录户名，印押付甲头掌之；遇火发，甲头每家集一名。救扑讫，当官以牌点数。"如前所述，宋代城市救火以军队为主，但民间火保组织的救火队有时能发挥军队难以替代的作用。如社会上一些不法之徒以救火之名行趁火打劫的勾当，火保组织的救火队熟悉当地的情况，可以有效地制止这种犯罪行为。如宋神宗时石牧之知温州，"始莅永嘉，病火政素怠，飓风至则焮焰绵亘，奸人利救焚攘夺，吏恬不怪，寝以成弊。因举行火保之令，预为约束，使知有犯联坐。一日火作，亲率部伍，视畚挶绠缶之不悉力者收之，余悉竞前，倾顷而扑灭。自是其弊遂革"①。石牧之利用火保制度救火，从中抓捕趁火打劫者，使其余救火者个个奋勇当先，很快就把火灾扑灭。

　　宋代由于城市人口密集拥挤，加上多数为木结构房屋，鳞次栉比，故很容易一旦失火，就酿成大火灾。为了防止火灾的蔓延，宋代创防火墙或空留隔离带作防火巷。宋神宗熙宁九年（1076），提举在京寺务司鉴

---

　　① 苏颂：《苏魏公文集》卷55《朝议大夫致仕石君墓碣铭》，台湾商务印书馆影印文渊阁四库全书本。

于大相国寺泗州院失火，奏请："绕寺庭高筑遮火墙。"① 宋哲宗元祐七年
（1092），开封府发生火情，礼部侍郎范祖禹建议："当申严火禁，或筑墙
以为隔限，亦可以备患矣。"② 绍兴三年（1133），宋高宗对辅臣说："被
火处每自方五十间，不被火处每自方一百间，各开火巷一道，约阔三丈，
委知、通躬亲相视，画图取旨。"③ 宋孝宗淳熙年间，宗室赵善俊任知鄂
州，"未至，南市大火，焚万室，客舟皆烬，溺死千计。君驰往视事，辟
官舍出仓粟以待无所于归之人，弛竹木税，开古沟，创火巷，以绝后
患"④。由上可见，筑火墙开火巷是防火灾的有效措施，当时已被普遍
使用。

除筑火墙开火巷外，宋人把易于失火的茅竹木屋翻盖成瓦屋，也是
有效的防火措施。如宋初大将曹克明在率兵平定广南后，发现"岭外民
居结茆而已，虽严火禁不能弭患。克明……命北军教以陶埴，民始为瓦
舍，自是其患遂平"⑤。总之，通过陶瓦代替茅草屋顶，大大减少了火灾
事故。

在宋代当时的科技条件下，灭火的主要手段就是用水洒熄。因此，
宋人很注意备水防火灭火。如北宋初，王祐在宿州"课民凿井修火备"⑥。
宋太宗时，秘书丞王懿任知袁州，"时州多火灾，疏唐李渠以备之。民歌
曰：李渠塞，王君开，四民惠利绝火灾"⑦。南宋时，州县"治舍及狱须
于天井之四隅，各置一大器贮水。又于其侧，备不测取火之器。市民团
五家为甲，每家贮水之器各寘于门，救火之器分置，必预备立四隅，各

---

① 《宋会要》职官 25 之 10。

② 《长编》卷 469。

③ 《宋会要》瑞异 2 之 36。

④ 周必大：《文忠集》卷 63《中大夫秘阁修撰赐赐紫金鱼袋赵君善俊神道碑》，台
湾商务印书馆影印文渊阁四库全书本。

⑤ 曾巩：《隆平集》卷 18《武臣·曹克明》，台湾商务印书馆影印文渊阁四库全
书本。

⑥ 《宋史》卷 249《王祐传》。

⑦ 《江西通志》卷 60《名宦》，台湾商务印书馆影印文渊阁四库全书本。

隅择立隅长以辖焉"①。可见，宋代备水防火灭火的办法较多，可通过凿井，疏通水渠，用器皿水桶贮水等。

更为难能可贵的是，宋人在城市建设规划中，把贮水以备火灾也考虑在内。如苏轼知杭州时，在治理堙塞其半的西湖时，"于涌金门内小河中，置一小堰，使暗门、涌金门二道所引湖水，皆入法慧寺东沟中，南行九十一丈，则凿为新沟二十六丈，以东达于承天寺东之沟，又南行九十丈，复凿为新沟一百有七丈，以东入于猫儿桥河口，自猫儿桥河口入新水门，以入于盐桥河，则咫尺之近矣。此河下流，则江潮清水之所入，上流，则西湖活水之所注，永无乏绝之忧矣。而湖水所过，皆阛阓曲折之间，颇作石柜贮水，使民得汲用浣濯，且以备火灾，其利甚博"②。

其四，宋政府对火灾的赈恤与奖惩。宋代城市失火后，朝廷往往采取一些救助性措施，帮助灾民渡过难关。其主要措施有以下 3 个方面：一是为灾民提供临时住房，帮助他们尽快修建房屋。火灾最直接严重的后果是令灾民无处可居，因此政府救助的当务之急就是安置灾民，并帮助他们重建家园。宋高宗绍兴二年（1132）八月，诏："临安府被火百姓，许于法慧寺及三天竺寺等处权安泊，应客店亦许安下，免出房钱。"③宁宗嘉定十七年（1224）三月，黄州火灾，宋廷也"行下诸处蠲免竹木抽分，招邀客贩，务在疾速起盖，早安居"④。二是为灾民发放粮食钱款。火灾往往不仅烧掉的是灾民房屋，甚至连家里的粮食、财产等也付之一炬，所以发放救灾粮食、钱款也是重要的赈济措施。如宁宗嘉定十三年（1220）十二月七日，"诏令封桩库支拨会子二万八千一百一十六贯，仍令提领丰储仓所取拨米三千四百三十九石八斗，并付临安府，照应供到数目，逐一等第给散被火全烧、全拆并半烧、半拆及践踏人户"⑤。理宗

---

① 《州县提纲》卷 2《备举火政》。

② 《苏轼文集》卷 30

③ 《宋会要》食货 59 之 23。

④ 《宋会要》职官 4 之 52。

⑤ 《宋会要》食货 58 之 32 至 33。

嘉熙元年（1237），临安府失火，朝廷"出内库缗钱二十万给被灾之家"①。三是减免被火之灾的赋税和差科，蠲免救灾物资的商税。高宗绍兴二年（1132）八月，诏："临安府被火百姓……其四向买贩木植、芦箔、竹筏，并不得抽分收税。官私房钱不以贯百，并放五日。"②宁宗嘉定十三年（1220）九月，诏"庆元府将被火官民户及寺观未纳嘉定十三年分秋料、役钱，特与蠲放，其已纳在官，理充嘉定十四年分合纳之数"③。

宋政府为激励将士奋勇扑灭火灾，对救灾有功人员予以升官或赐钱的奖赏。如宋英宗治平二年（1065），开封府新城巡检杨遂率兵扑灭濮王宫火，被擢升邓州防御使、步军都虞候④。高宗绍兴二年（1132），临安府火灾被扑灭后，"赐神武中右军忠锐第五将马步军、修内司救火卒三千人钱各一千"⑤。与此相反，对于失火事故责任者以及坐视不救或救火不得力的官员等予以惩罚，以示儆戒。如高宗绍兴三年（1133），保义郎李琪"置火楼上，不用心看顾，致延烧民居四百六十余间"，诏降一官放罢⑥。理宗淳祐十二年（1252），临安火灾，诏："行失火家罚，成忠郎刘世显除名编管。"⑦宋人在处罚失火事故责任人时已充分注意到失火造成的损失大小以及故意放火或无意失火的区别。如高宗绍兴四年（1134），"诏临安府失火，延烧官私仓宅及三百间以上，正犯人作情重法轻奏裁，芦草竹板屋三间比一间，五百间以上取旨"⑧。后又以火灾损失轻重比附定罪，烧毁财产价值万缗，与烧毁瓦屋三百间同罪，财产价值五千缗，与烧毁茅屋五百间同罪。宋代法律对故意放火与无意失火的处罚轻重大

① 《宋史全文》卷 33。
② 《宋会要》食货 59 之 23。
③ 《宋会要》职官 4 之 51。
④ 《宋史》卷 349《杨遂传》。
⑤ 《建炎以来系年录》卷 61。
⑥ 《宋会要》职官 73 之 14。
⑦ 《宋史全文》卷 34。
⑧ 《建炎以来系年要录》卷 74。

不相同。对故意放火犯罪者量刑较重："诸故烧人舍屋及积聚之物而盗者，计所烧减价，并赃以强盗论。"① 按照这条法律规定，烧毁和盗窃总计绢值十匹者，处以绞刑。而只烧不盗的，故烧人屋舍、蚕簇及五谷财物积聚者，首处死，随从者决脊杖二十②。对无意失火的责任人处罚相对较轻："诸失火及非时烧田野者，笞五十"③；"诸官府廨院应住家处失火者，论如非时烧田野律"④。

宋代对失火部门或地区玩忽职守的官吏追究责任。宋真宗时，监在京百万仓、职方员外郎李枢"坐不谨火禁，谪监真定府酒税"⑤。宋仁宗宝元元年（1038），"三司言：'山场、榷务自今火焚官物，其直万缗以上者，监官并勒停，主吏配别州牢城。'从之"⑥。对于坐视不救和救火措施不得力的官员，治以渎职之罪。宋仁宗庆历八年（1048），江宁府失火，知府李宥以为骄兵叛乱，闭门不敢救火，延烧殆尽。朝廷"寻责宥为秘书监，直令致仕"⑦。宋孝宗乾道三年（1167），"诏武德大夫、侍卫步军司武锋军统制官钱卓特降三官，坐真州、六合遗火，不措置救扑故也"⑧。宋代对各种失火事故责任的追究处治，在一定程度上起到了惩戒劝勉作用⑨。

（四） 城市市政管理与建设思想

1. 城市交通管理与建设思想。

宋代商业的发展大大超过前代。大城市十分繁华，贸易活动突破了

---

① 《宋刑统》卷 19《贼盗律》。

② 《宋刑统》卷 27《杂律》。

③ 《宋刑统》卷 27《杂律》。

④ 《庆元条法事类》卷 80《失火》。

⑤ 《忠肃集》卷 13《职方员外郎李君墓志铭》。

⑥ 《长编》卷 121。

⑦ 《长编》卷 162。

⑧ 《宋会要》职官 71 之 17。

⑨ 本目主要参考汪圣铎的《宋代火政研究》一文，载《宋代社会生活研究》（人民出版社 2007 年版）。笔者在此基础上，提出一些自己的见解。

坊与市、白昼与黑夜的界限。从孟元老的《东京梦华录》记载可以看出，街衢上到处可以开设店铺，而且由于店铺越来越多，有的店铺为了扩大营业面积，连通衢大道也要侵占。为了保证街道的交通畅通，宋政府屡下诏书，对侵街进行治理。如开宝九年（976），宋太祖"宴从臣于会节园，还经通利坊，以道狭，撤侵街民舍益之"①。天圣二年（1024），宋仁宗规定："京师民居侵占街衢者，令开封府榜示，限一岁依元立表木毁拆。"② 但是，侵街的现象似乎很难杜绝，经常是拆了又盖，死灰复燃。一直到南宋时期，官府仍不时采取强硬的措施，一律拆除侵街的民舍。如淳熙三年（1176），宋孝宗下诏："临安府都亭驿至嘉会门里一带居民，旧来侵占官路，接造浮屋。近缘郊祀大礼拆去，旋复搭盖。如应日前界至，且听依旧。其今次侵展及官路大段窄狭去处，日下拆截。其余似此侵占去处，令本府相度开具以闻。"③ 宋代不仅京师居民侵街，甚至连地方州县城里，也有此类现象。如柴成务知河中府日，"尝患府衢狭隘，市民岁侵，檐闾节密，几辆之不容……遂奏乞撤民居以广街衢，可之"④。

宋代居民侵街不仅影响城市交通，而且还是消防的隐患，因此，一些地方官颇重视对侵街现象的治理。如嘉祐四年（1059），"右谏议大夫周湛知襄州。襄人不善陶瓦，率为竹屋。岁久，侵据官道，檐庑相逼，故火数为害。湛至，度其所侵，悉毁撤之，自是无火患"⑤。

宋廷除了对侵街采取强硬的撤除措施外，有时对一些侵街现象也采取经济手段加以控制。如元丰二年（1079），朝廷开始征收"侵街钱"⑥。到了宋徽宗时期，则征收"侵街房廊钱"⑦。

在拆除沿路侵街民房的同时，宋廷为了给行人遮风挡雨雪，在城市

① 《长编》卷17。

② 《长编》卷102。

③ 《宋会要》方域10之8。

④ 《玉壶清话》卷3，中华书局点校本，1984年。

⑤ 《长编》卷190。

⑥ 《长编》卷297。

⑦ 《文献通考》卷19《征榷六》。

某些街道两旁建"廊"。如汴京"坊巷御街，自宣德楼一直南去，约阔二百余步。两边乃御廊，旧许市人买卖于其间，自政和间官司禁止。各安立黑漆杈子，路心又安朱漆杈子两行。中心御道，不得人马行往，行人皆在廊下朱杈子之外"①。南宋临安府也有"廊"的建筑。如绍兴三年（1133），臣僚奏称："勘会行宫南门里并无过廊，百官趋朝冒雨泥行。"高宗便令"梁汝嘉同修内司官就东廊旧基营盖"②。

宋代，政府已有较强的交通安全意识，在街路及河流岸边设置安全标记或设施，以防交通事故，保证过往行人和车马安全。如在汴京，"汴水湍急，失足者随流而下，不可复活。旧有短垣以限往来，久而倾圮，民佃以为浮屋"③。元祐年间，方达源为御史，建议朝廷应重修短垣，得到批准。当时杭州"城中旧无门栏，沿河惟居民门首各为栏障，不相联属。河之转曲，两岸灯火相值。醉者夜行经过，如履平地，往多溺死，岁以数十百人计。自王宣子尹京，始于抽解场材置大木栏。城内沿河皆周匝，每船步留一门，民始便之"④。这些安全措施对于保障人民生命与财产安全，减少交通事故，保证人流、物流畅通，发挥了应有的作用。

宋代，许多城市都处在水陆交通要道，因此桥梁和河流水道成为城市的重要交通设施。据《东京梦华录》所载，汴京城有蔡河、汴河、五丈河和金水河穿过，其中横跨于汴河之上的桥有13座，蔡河之上有11座、五丈河之上有5座、金水河之上有3座。这些桥梁附近往往是商业交易集市，车马、舟船、行人往来频繁，容易造成交通拥挤堵塞。这就要求在修建桥梁时，必须考虑载重、通航与泄洪等因素。如景德二年（1005），"改修京新城诸门外桥，并增高之，欲通外濠舟楫使人故也"⑤。大中祥符元年（1008），"诏在新旧城里汴河桥八座，令开封府除七座放

---

① 《东京梦华录》卷2《御街》。
② 《宋会要》方域2之11。
③ 王明清：《挥麈后录》卷7，丛书集成本。
④ 《说郛》卷30上《行都纪事》。
⑤ 《宋会要》方域13之19。

过重车外，并平桥只得座车子往来"①。显然，汴京建桥要考虑桥拱的高度，使舟船能顺畅通过，并计算桥梁的承载能力，使"重车"能够安全往来。

除此之外，宋廷还对桥梁实施交通管理。如大中祥符二年（1009），"诏京城汴河诸桥差人防护，如闻邀留商旅舟船，官司不为禁止，自今犯者坐之"②。对于一些妨碍交通、违规修建的桥梁，一般予以拆除。如大中祥符五年（1012），"帝曰京城通津门外新置汴河浮桥，未及半年，累损公私船，经过之际，人皆忧惧。寻令阎承翰规度利害，且言废之为便，可依奏废拆"③。宋政府还规定，桥面不得搭盖铺屋，从事商业活动，以造成交通拥挤堵塞。如天圣三年（1025），田承税进言："河桥上多是开铺贩鬻，妨碍会篝及人马车乘往来，兼损坏桥道，望令禁止。违者，重置其罪。"④

北宋时期，朝廷采取守内虚外、强干弱枝的国策，汴京周围屯驻重兵。这些军队的供给，主要依靠河流漕运。故张方平说："国依兵而立，兵以食为命，食以漕运为本，漕运以河渠为主"，而且"汴河之于京师，乃是建国之本，非可与区区沟洫水利同言"⑤。因此，保持漕运畅通是国家大事。宋初，"汴都仰给漕运，故河渠最为急务。先是调丁夫开浚淤浅，糇粮皆民自备"⑥。

北宋杭州城内有茅山河、盐桥运河、市河、清湖河等穿过。尤其是盐桥运河，横贯全城达十四五里，因"日纳湖水，泥沙浑浊，一汛一淤，

---

① 《宋会要》方域13之19。"重车"究竟承载多重，目前还不清楚。但据《东京梦华录》卷3《般载杂卖》所载，宋代"东京般载车，大者曰'太平'……前列骡或驴二十余，前后作两行，或牛五七头拽之……可载数十石"。

② 《宋会要》方域13之19至20。

③ 《宋会要》方域13之20。

④ 《宋会要》方域13之21。

⑤ 《长编》卷269。

⑥ 《长编》卷1。

比屋之民，委弃草壤，因循填塞"①。每次开凿之后，因泥沙堆放不当，致使"房廊、邸舍，作践狼藉，园圃隙地，例成丘阜。积雨荡濯，复入河中，居民患厌，未易悉数"②。元祐年间，苏轼知杭州，亲率士民开浚茅山、盐桥二河。尔后，他又奏请朝廷"于钤辖司前置一碢，每遇潮上，则暂闭此碢。候潮平水清复开，则河过阛阓中者，永无潮水淤塞、开沟骚扰之患"③。

南宋时期，官府也组织过几次大规模的清理河道工程。如绍兴八年（1138），"命守臣张澄发厢军、壮城兵千人，开浚运河湮塞，以通往来舟揖"④。乾道四年（1168），"守臣周淙出公帑钱招集游民，开浚城内外河，疏通淤塞"⑤。

2. 城市供水、排水与卫生管理思想。

从古至今，在城市市政建设中，供水、排水均是十分重要并不易解决的问题。宋政府重视这些问题，采取了一些措施，动员了大量的人力、物力、财力，把供水、排水设施纳入城建规划之中。

北宋时期，汴京城内人口众多，凿井汲水是百姓生活用水的重要来源。如大中祥符二年（1009），官府在汴京城内开挖方井，"官寺、民舍皆得汲用"⑥。庆历六年（1046），宋仁宗"诏开封府久旱，民多喝死，其令京城去官井远处益开井。于是八厢凡开井三百九十"⑦。此外，朝廷还派人负责管理。如大观四年（1110），慕宗亮向徽宗进言："天下当过街路与旅店中，有井无栏木。其上件坑井若是阴黑，无眼人或有酒人遗身在内，必害性命。臣今欲乞天下当过往街路有井无栏木，令地主修置

① 《宋史》卷 97《河渠七》。
② 《宋史》卷 97《河渠七》。
③ 《宋史》卷 97《河渠七》。
④ 《宋史》卷 97《河渠七》。
⑤ 《宋史》卷 97《河渠七》。
⑥ 《宋史》卷 94《河渠四》。
⑦ 《长编》卷 158。

……如井栏损动，即令修补，常要牢固。"① 尔后，朝廷采纳了他的奏言，规定：各州城的井栏维修由地方负责，汴京城内的井栏由工部、将作监、都水监共同管理，负责维修。

杭州城因濒江临海，水呈咸味，城内淡水供应常常不足，历代知州都很重视水井设施。北宋时期，城内著名的水井有六眼。井水之源取汲于西湖，用瓦筒装在石槽之内，引西湖之水输往各井。南宋时期，"杭城内外，民物阜蕃。列朝帅臣，常命工开撩井泉，以济邦民之汲，庶无枯涸之忧"②。

但是，由于井水毕竟水量有限，很难满足日益增多的城市人口生活用水，因此，宋廷组织建设规模宏大的调水工程。建隆二年（961）春，宋太祖命陈承昭率水工凿渠，"引水过中牟，名曰金水河，凡百余里，抵都城西，架其水横绝于汴，设斗门，入浚沟，通城濠，东汇于五丈河，公私利焉"③。大中祥符二年（1009），宋真宗又命供备库使谢德权决金水，"自天波门并皇城至乾元门，历天街东转，绕太庙入后庙，皆甃以砖甓，植以芳木，车马所经，又累石为间梁"④。

除京城之外，一些州县城也有规模较大的调水工程。如连州城，因群山环抱，土质干涸，故而水源不足。当地政府便征调民夫，引湟水入城，"仓廪、府库，官之廨宇皆得以周济，岁旱则引其流环之城中。盖民屋、吏家、僧居道室、军士之垒，与夫沟池之浸润，园圃之灌溉，鲜不赖其施者"⑤。

城市排水，主要指排放城市的生活污水与雨水，是城市公共设施不可缺少的部分。宋政府为了保证水道畅通，注重改造和疏浚旧河道。从史书记载可知，汴京城内大街小巷均有明沟暗渠等排水设施。城中有四

---

① 《宋会要》方域 10 之 6。
② 《梦粱录》卷 11《井泉》。
③ 《宋史》卷 94《河渠四》。
④ 《宋史》卷 94《河渠四》。
⑤ 《西塘集》卷 3《连州重修车陂记》。

条主要干线称为御路，其中心为街道，两边均有砖砌的水沟。这些街巷的沟渠与穿城河道、三重城濠组成一个完善的排水系统。江西赣州城内至今仍有宋代地下排水系统遗址。

宋代严禁房舍侵压水口，也是完善城市排水设施的一项重要内容。如建康城内有一条河流称作"青溪"，与长江相通。后来，豪富之家多缘河筑屋，并截断水口，营建花圃，结果是"每水流暴至，则泛溢浸荡，城内居民，尤被其害"①。到了宋孝宗乾道年间，才得以开浚。又如杭州，房屋侵压河道的现象也很严重。元祐五年（1090），苏轼指出："盐桥运河岸上，有治平四年提刑元积中所立石刻，为人户屋舍侵占牵路已除拆外，具载阔狭丈尺。今方二十余年，而两岸人户复侵占牵路，盖屋数千间，却于屋外别作牵路，以致河道日就浅窄。准法据理，并合拆除。本州方行相度，而人户相率经州，乞遽逐人家后丈尺，各作木岸，以护河堤。仍据所侵占地量出赁钱，官为桩管准备修补木岸。"② 这些措施，对于维护河道畅通发挥了应有的作用。

宋代，由于城市人口的大量增加和工商业的兴盛以及战乱等，使城市的生活垃圾与污物日益增多，由此造成城市卫生和环境的恶化。这不仅影响市容市貌，而且极易引起疫疾的流行，危及居民的健康乃至生命。如庆元府城江东米行河，"两岸居民节次跨河造棚，污秽窒塞，如沟渠然，水无所泄，气息熏蒸，过者掩鼻"③。该府慈溪县城的市河，"雨集则溢溢沉垫，已则污秽停蓄，气壅不宣，多起疠疫"④。常州城的后河，自南宋初"复罹兵祸，夹河民居荡为瓦砾，悉推纳其中，又继居者多冶铁家子，顽矿余滓，日月增益，故其地转坚悍"⑤。不仅是一般城市，甚至

---

① 《宋史》卷 97《河渠七》。

② 《苏轼文集》卷 30《申三省起请开六湖状》。

③ 《宝庆四明志》卷 12《鄞县志一·叙水》。

④ 楼钥：《攻媿集》卷 59《慈溪县兴修水利记》，台湾商务印书馆影印文渊阁四库全书本。

⑤ 张国维：《吴中水利全书》卷 24 载邹补之《武进县重开后河记》，台湾商务印书馆影印文渊阁四库全书本。

连都城的卫生环境也不容乐观。淳熙"七年，守臣吴渊言：'万松岭两旁古渠，多被权势及百司公吏之家造屋侵占，及内砦前石桥、都亭驿桥南北河道，居民多抛粪土瓦砾，以致填塞，流水不通'"①。面对严重的环境卫生问题，宋政府采取了一些治理措施。

其一，注意垃圾、污秽的日常清理。在南宋临安府城政府雇人专门从事街市、沟渠垃圾、污物的清理，"有每日扫街盘垃圾者，每日支钱犒之"；"街道巷陌，官府差顾淘渠人沿门通渠；道路污泥，差顾船只搬载乡落空闲处"②。洪迈的《夷坚志》提到卜者戴确，"居临安三桥，为卜肆。有乞丐者，结束为道人，蓝缕憔悴，以淘渠取给"，"日日从役污渠中"③。除了政府直接雇人进行日常清理外，民间也有从事收集垃圾、粪便、馊水的人员。他们或从垃圾中挑拣破旧物品，或用馊水来喂养家畜，或将粪便运至农村作肥料。临安城内，"人家有泔浆，自有日掠者来讨去。杭城户口繁伙，街巷小民之家，多无坑厕，只用马桶，每日自有出粪人瀽去，谓之倾脚头，各有主顾，不敢侵夺。或有倾夺，粪主必与之争，甚者经府大讼，胜而后已"④。

其二，禁止居民乱倒垃圾。宋人已认识到要维护城市的环境卫生，禁止居民随意倾倒垃圾、废物是关键。对此，不少城市官府均颁布了有关禁令。如绍兴四年（1134），刑部上言："临安府运河开撩，渐见深浚，今来沿河两岸居民等，尚将粪土瓦砾抛掷已开河内，乞严行约束。"由是朝廷下大理寺立法，禁止这种行为的发生，如"辄将粪土瓦砾等抛入新开运河者，杖八十"⑤。宝庆三年（1227），袁州官府疏浚李渠后，明令"弃粪除、破缶及架厨溜涮湢于渠上者，皆有禁"。同时，又组织民众进行日常维护和检查，将沿渠200户居民编为甲户，"令五家结为一甲，互

① 《宋史》卷97《河渠七》。
② 《梦粱录》卷13《诸色杂货》。
③ 《夷坚志》乙志卷20《神霄宫商人》。
④ 洪迈：《梦粱录》卷13《诸色杂货》，中华书局点校本，1981年。
⑤ 《宋会要》方域17之21。

相纠察"，每三甲推举一人为甲首，"常切点检，遇有此等及渠岸颓圮之类，甲首即报知渠长"①。

其三，重视对城市中沟渠、湖泊等水系的大规模清理、疏通和保护。城市由于人口的密集，加上卫生习惯不文明，许多垃圾、污物被随意抛置，或倾倒入沟渠里。这些垃圾、污物量大，清理困难，单靠由官府雇人或民间对垃圾的日常清理往往难以清除干净。时间一长，垃圾成堆，沟渠淤积。因此，每隔一段时间，官府往往还要对城区沟渠进行全面彻底的清理，才能确保城市的环境卫生。如南宋温州"生养之盛，市里充满，至于桥水堤岸而为屋，其故河亦狭矣，而河政又以不修。长吏岁发间伍之民以浚之，或慢不能应，反取河滨之积实之渊中。故大川浅不胜舟，而小者纳污藏秽，流泉不来，感为厉疫，民之病此，积四五十年矣"②。淳熙四年（1177），新任知州"用州之钱米有籍无名者合四十余万，益以私钱五十万，命幕僚与州之社里长募闲民，为工一万三千有奇，举环城之河以丈率者二万三百有奇，取泥出甓，两岸成丘。村农闻之，争喜负去，一日几尽。毕事，则天雨两旬，于是洒濯流荡，而水之集者，深漫清泚，通利流演，虽远坊曲巷，皆有轻舟至其下，民既得以舒郁滞，导和乐"③。

江南城市或郊区大多分布一定数量的湖泊，是居民生活用水的主要来源，也是人们休闲的好地方。宋代不少地方官员重视对这些湖泊的治理与保护。如北宋的杭州（南宋改称临安）西郊的西湖是全城居民最基本的供水源，也是著名的风景区，北宋哲宗时期已埋塞其半。元祐年间，苏轼知杭州时，对其进行了较为彻底的治理④。尔后又采取以湖养湖的办法，以西湖每年"所有新旧菱荡课利钱，尽送钱塘县尉司收管，谓之开

---

① 《江西通志》卷 15《水利二》。

② 《叶适集·水心文集》卷 10《东嘉开河记》。

③ 《叶适集·水心文集》卷 10《东嘉开河记》。

④ 参见本节第四目"对水土资源保护和利用的思想"。

湖司公使库，更不得支用，以备逐年雇人开葑撩浅"①。进入南宋以后，临安成为都城，朝廷更重视对西湖的治理与保护。政府设置撩湖军兵，专门负责日常的开撩事务，防止其堙塞。如绍兴十九年（1149），知府汤鹏举向朝廷条具两项开撩西湖事宜：其一，"检准绍兴九年八月指挥，许本府招置厢军兵士二百人，现管止有四十余人。今已措置拨填，凑及原额。盖造寨屋、舟船，专一撩湖，不许他役"；其二，"契勘绍兴九年八月指挥，差钱塘县尉兼管开湖职事，臣今欲专差武臣一员，知、通逐时检察，庶几积日累月开撩，不致依旧堙塞"②。

第七节　政府救助思想

一、　宋代的灾害及影响

（一）　宋代灾害的发生

宋代的灾害，根据王德毅的研究，有十余种，即水灾、旱灾、火灾、蝗灾、鼠灾、疠疫、风灾、地震、山崩与兵灾等，其中除兵灾和部分火灾是人为的外③，其余均是自然灾害。据不完全统计，两宋时期，水灾、旱灾、蝗灾、地震、疾疫，以及风、雹、霜灾等六类主要自然灾害共发生1219次。其中，水灾465次，占38％；旱灾382次，占31％；蝗灾108次，占9％；地震82次，占7％；疾疫40次，占3％；风、雹、霜灾142次，占12％④。在以上各种灾害中，又以水旱之灾最为频繁，是最具

① 《苏轼文集》卷30《申三省起请开湖六条状》。

② 《咸淳临安志》卷32《山川志·湖》。

③ 王德毅：《宋代灾荒的救济政策》第11页，台北学术著作奖助委员会，1970年。

④ 康弘：《宋代灾害与荒政述论》，载《中州学刊》1994年第5期。

危害性的两种灾害。

除以上不完全统计的六类主要自然灾害共 1219 次外，其余六类自然灾害中未统计在内的当还有不少，如张文在《季节性的济贫恤穷行政：宋朝政府救助的一般特征》[①] 一文中就补充了未统计的疾疫流行 27 次。还有如再加上六类之外的火灾、鼠灾、山崩、兵灾等，其次数将会更多。由此可见，在两宋三百多年间，共有灾害两千余次，平均每年六七次，因此，可以说几乎是无年不灾，甚至一年数灾或十几灾，而且有的灾情会延续很长时间。

在当时的历史条件下，灾害的发生具有很强的伴生性和复杂性，各类灾害往往引起连锁反应，如旱灾引起蝗灾，水旱之灾、兵灾引起疾疫流行，可谓一灾未平，又生一灾。如熙宁六年（1073）旱灾之后，熙宁七年（1074）四月甲戌，郑侠即言：“去年大蝗，秋冬亢旱，以至今春不雨，麦苗干枯，黍、粟、麻、豆皆不及种，五谷踊贵，民情忧惶，十九惧死，逃移南北，困苦道路。”[②] 这是旱灾与蝗灾并发，对农业生产造成很大破坏，农民纷纷逃离。有关研究表明，历史上蝗灾滋生区旱蝗二灾的相关系数为 0.915，扩散区亦达到 0.826，相关程度是非常高的。[③] 因此，旱灾的普遍性，决定了蝗灾的频繁发生，并且经常是两灾并发。宋代，水旱之灾过后，伴生爆发人畜疾疫流行的情况比较多见。如庆历八年（1048），河北水灾。次年春，即出现疫情。因此，二月戊辰，“以河北疫，遣使颁药”[④]。仁宗年间，江淮以南春季大旱，“至有井泉枯竭，牛畜瘴死，鸡犬不存之处”[⑤]。兵灾过后，爆发疾疫的也有所见。如孝宗隆兴二年（1164）冬，“淮甸流民二三万避乱江南……疫死者半，仅有还者

① 张文：《季节性的济贫恤穷行政：宋朝社会救济的一般特征》，载《中国史研究》2002 年第 2 期。

② 《长编》卷 252。

③ 郑云飞：《中国历史上的蝗灾分析》，载《中国农史》1990 年第 4 期。

④ 《宋史》卷 11《仁宗三》。

⑤ 《欧阳修全集》卷 104《论救赈江淮饥民札子》。

亦死"①。大灾之后常有疾疫的原因是复杂的，如水灾过后，水源遭到污染，往往容易引起疾疫流行。旱灾、兵灾之时，人们往往长途跋涉，逃到异地他乡。由于路途疲惫，又缺衣少食，沿途生活条件恶劣，又成群结队而行，故容易染上疾疫，并迅速在流民中传播。正如监察御史程叔达所言："凡人平居无事，饥饱一失其节，且犹疾病随至，况于久饥之民，相比而集于城郭，春深候暖，其不生疾疫者几希。故自古饥荒之余，必继之以疫疠。"②

（二）　宋代灾害造成的后果

宋代灾害所造成的后果是严重的。一般说来，大多数灾害都会引起粮食歉收，造成饥荒。如熙宁六年（1073）七月至次年三月，连晴无雨，干旱长达8个月，受灾地区遍及北方诸路及淮南地区。司马光曾对这次干旱造成的饥荒作了这样的描述："北尽塞表，东被海涯，南逾江淮，西及邛蜀，自去岁秋冬，绝少雨雪，井泉溪涧，往往涸竭。二麦无收，民已绝望。孟夏过半，秋种未入。中户以下，大抵乏食，采木实草根以延朝夕。"③ 与干旱往往伴生的蝗灾，其造成的饥荒程度有时甚至超过旱灾，是对农业生产极具威胁的灾种。如大中祥符九年（1016）六月，"京畿、京东西、河北路蝗蝻继生，弥覆郊野，食民田殆尽，入公私庐舍；七月辛亥，过京师，群飞翳空，延至江、淮南，趣河东，及霜寒始毙"④。又如嘉定八年（1215）四月，"飞蝗越淮而南，江淮郡（县）蝗食禾苗山林草木皆尽……自夏徂秋，诸道捕蝗者以千百石计"⑤。

在饥荒的原因中不仅只是天灾，有时人祸的冲击也会造成饥荒。如宋辽、宋夏的战争，对中原地区，尤其是与辽、西夏交界的河北、河东、陕西、秦凤诸路的社会经济造成极大的破坏，使广大人民缺衣少食。当

---

①　《宋史》卷 62《五行一下》。

②　《宋会要》食货 68 之 149。

③　《长编》卷 252。

④　《宋史》卷 62《五行一下》。

⑤　《宋会要》瑞异 3 之 47。

时，为了支援宋军北伐，"百万家之生聚，飞挽是供；数十州之土田，耕桑半失"①。长期的征战造成"关辅之地，流亡素多，近甸之氓，农桑失望"②。南宋初期，江淮地区成了宋金对峙、征战厮杀的主战场，社会经济遭到极大的破坏。这一地区一直是"田莱之荆榛未尽辟，闾里之创残未尽苏"③。荆湖南北路不少地方也"极目蒿莱，开垦不及十之二三"④。

灾害不仅给民众带来饥荒，有的还大量毁坏民舍，使百姓居无住所，失去庇身之地。如仁宗嘉祐元年（1056），京师自五月起一直到六月，大雨连绵不断，结果水漫进门，"坏官私庐舍数万区"⑤。地震次数虽不及水灾，但对房屋的破坏是最具杀伤力的。如徽宗宣和七年（1125）七月，甘肃熙和路发生强地震，土地"有裂数十丈者，兰州尤甚，陷数百家，仓库俱没"⑥。火灾，尤其是特大火灾，对民居的吞噬也是相当残酷的。如绍兴十年（1140）七月，"临安大火，延烧城内外室屋数万区"⑦。淳熙十二年（1185）十月初十日夜，鄂州"居民遗火延烧万家，焚溺者千余人"⑧。

饥荒和失去庇身之所的最直接连锁反应是出现大量流民，或更有甚者就是导致死亡。如宋仁宗时期，刘敞在《论水旱之本疏》中云："见城中近日流民甚多，皆扶老携幼，无复生意。问其所从来，或云欠旱，耕种失业，或云河溢，田庐荡尽。"⑨灾民在灾害的摧残下，迫于生存的压力，只好离乡背井，寻找活路。兵灾也是民众逃离的一个重要原因。如

---

① 《长编》卷 27。

② 《长编》卷 71。

③ 虞俦：《尊白堂集》卷 8《使北回上殿札子》，台湾商务印书馆影印文渊阁四库全书本。

④ 胡宏：《五峰集》卷 2《与刘信叔书（一）》，台湾商务印书馆影印文渊阁四库全书本。

⑤ 《宋史》卷 61《五行一》。

⑥ 《宋史》卷 67《五行五》。

⑦ 洪迈：《夷坚志再补·裴老智数》，中华书局点校本，1981 年。

⑧ 《宋会要》食货 58 之 18。

⑨ 刘敞：《公是集》卷 32《论水旱之本疏》，丛书集成本。

宋金之战时，淮南路"市井号为繁富者才一二郡，大概如江浙一中下县耳。县邑至为萧条者，仅有四五十家，大概如江浙一聚落耳"①。可见，在战争中，多数民众选择了逃亡以躲避战火。

灾害造成人员的伤亡有两种情况。一是灾害发生时直接就导致大量人员伤亡，如景祐四年（1037）十二月，忻、代、并三州"地震坏庐舍，覆压吏民。忻州死者万九千七百四十二人，伤者五千六百五十五人，畜牧死者五万余。代州死者七百五十九人，并州千八百九十人"②。又如元祐六年（1091），苏轼在杭州报告说："浙西二年诸郡灾伤，今岁大水，苏、湖、常三州水通为一，杭州死者五十余万，苏州三十万，未数他郡。"③ 二是灾害发生后引起饥荒或疾疫，最后导致灾民饿死或病死。如干旱、洪涝、病虫害等造成的大量人口死亡，多是在灾害后的饥荒中死去的。如明道二年（1033），"南方大旱，种饷皆绝，人多流亡，因饥成疫，死者十二三"④。又如元祐五年（1090）七月十五日，苏轼在《奏浙西灾伤第一状》中说：熙宁浙西灾伤，"天旱米贵……饥馑既成，继之以疾疫，本路死者五十余万人，城郭萧条，田野丘墟，两税课利，皆失其旧"⑤。

无论是灾害带来的饥荒、毁坏民舍，还是民众因此而逃移、病死或饿死，都会给社会造成很大的冲击，从而引起动荡不安，甚至爆发激烈的暴力对抗。如当灾害带来严重的饥荒时，民众为了使最低的生存条件得到维持，便会采取一切可能的手段来获取食物，甚至不惜冒着酷刑砍头的风险。由此，必然导致社会的失序和失衡状态。此时，政府必须尽一切能力进行救助，否则，受灾者就会铤而走险，采取暴力手段实行自我救济。如李顺起义，之所以能够在旬日之内聚集起数万人，主要就是

---

① 《尊白堂集》卷8《使北回上殿札子》。
② 《长编》卷120。
③ 《文献通考》卷26《国用四·振恤》。
④ 《文献通考》卷304《物异十·恒阳。》
⑤ 《苏轼文集》卷31《奏浙西灾伤第一状》。

因为当时蜀中发生饥荒，政府救济工作没及时跟上，所以酿成农民起义。史载："顺初起，悉召乡里富人大姓令具其家所有财粟，据其生齿足用之外，一切调发，大赈贫乏……时两蜀大饥，旬日之间，归之者数万人。所向州县，开门延纳。"① 又如仁宗庆历三年（1043）京西关中大饥，商虢一带出现以张海、郭邈山为首的农民军队伍。渭州沙弥镇、许州椹涧镇等先后为之攻陷，使官军穷于应付②。哲宗元祐六年（1091），两淮灾荒，庐、濠、寿等州农民食榆皮，及用糠麸杂马齿苋煮食，一二十人的暴动队伍逐渐昌炽，打劫富民③。

灾害即使没有引发强烈的暴力冲突，但是只要数量巨大的流民群进入一定的地区，必然急剧地改变这个地区的衣、食、住、行、人口构成以及社会秩序等状态。原来的平衡一下子被打破，社会于是处于动荡之中。总之，无论是激烈的暴力冲突，还是一般的社会秩序失衡等，对统治者的政权来说都是十分不利的，他们是不愿意看到这种局面出现的。

（三） 宋代政府救助概况

宋太祖赵匡胤通过陈桥兵变取得政权，立国之后唯恐"黄袍加身"的历史再演，制定"守内虚外"的国策，即对外采取守势，把注意力集中于内部问题。在这一基本国策的思想指导下，宋代统治者把具有稳定社会、加强社会控制作用的政府救助作为长治久安的一项施政重点。因此，宋代统治者重视政府救助工作，正如《宋史》卷178《食货上六》所载：

> 水旱、蝗螟、饥疫之灾，治世所不能免，然必有以待之，《周官》'以荒政十有二聚万民'是也。宋之为治，一本于仁厚，凡振贫恤患之意，视前代尤为切至。诸州岁歉，必发常平、惠民诸仓粟，或平价以粜，或贷以种食，或直以振给之，无分于主客户。不足，

---

① 《挥麈后录》卷5。

② 《欧阳修全集》卷101《论御贼四事札子》。

③ 《苏轼文集》卷33《乞赐度牒籴斛斗准备赈济淮浙流民状》。

则遣使驰传发省仓，或转漕粟于他路；或募富民出钱粟，酬以官爵，劝谕官吏，许书历为课；若举放以济贫乏者，秋成，官为理偿。又不足，则出内藏或奉宸库金帛，鬻祠部度僧牒；东南则留发运司岁漕米，或数十万石，或百万石济之。赋租之未入、入未备者，或纵不取，或寡取之，或倚阁以须丰年。宽逋负，休力役，赋入之有支移、折变者省之，应给蚕盐若和籴及科率追呼不急、妨农者罢之。薄关市之征，鬻牛者免算，运米舟车除沿路力胜钱。利有可与民共者不禁，水乡则蠲蒲、鱼、果、菇之税。选官分路巡抚，缓囚系，省刑罚。饥民劫囷窖者，薄其罪；民之流亡者，关津毋责渡钱；道京师者，诸城门振以米，所至舍以官第或寺观，为潭糜食之，或人日给粮。可归业者，计日并给遣归；无可归者，或赋以闲田，或听隶军籍，或募少壮兴修工役。老疾幼弱不能存者，听官司收养。水灾州县具船筏拯民，置之水不到之地，运薪粮给之。因饥疫若厌溺死者，官为埋祭，厌溺死者加赐其家钱粟。京师苦寒，或物价翔踊，置场出米及薪炭，裁其价予民。前后率以为常。蝗为害，又募民扑捕，易以钱粟，蝗子一升至易菽粟三升或五升。诏州郡长吏优恤其民，间遣内侍存问，戒监司俾察官吏之老疾、罢软不任职者。

简而言之，宋朝在灾荒发生时通过各种途径筹集粮食救济灾民，减免或暂缓赋税的交纳和徭役的征派，减轻刑罚，安顿流民，给予起码的吃住，灾后遣归回乡，或就地给田安置，或招募从军和兴修工程，因饥疫死亡者政府予以收埋，募民捕捉蝗虫予以奖励。这里虽然未涉及宋代的所有政府救助工作，但其主要工作已基本提到。在各式各样的政府救助工作中，宋人提出了不少十分可贵的政府救助管理思想，下面分灾前政府救助思想、受灾时期政府救助思想和灾后与平时政府救助思想三部分简要予以介绍。

二、 灾前政府救助思想

层出不穷的灾害往往造成严重的社会问题，引起社会的无序和混乱，

更有甚者发展成为声势浩大的农民起义，带来严重的社会动荡，对国家政权造成强有力的冲击。为了安定社会，维护统治，宋代统治者企图从源头遏制灾害的发生。正如司马光所指出的："是以稍遇水旱蝥螽，则糇粮已绝，公私索然，无以相救。仰食县官，既不能周，假贷富室，又无所得。此乃失在于无事之时，不在于凶荒之年也。"① 基于这种认识，朝廷采取了一系列防患于未然的措施，主要有兴修水利、灭蝗和完善仓储制度三个方面。

（一）重视兴修水利思想

如前所述，宋代最频繁的灾害就是水旱之灾，占 6 种常见自然灾害总数的 69％。因此，兴修水利防范水旱之灾是所有抗灾措施中的重中之重。也就是说如水旱之灾能得到有效的防范，那么就有一半以上的灾害能得到有效的防范。

宋代统治者十分重视兴修水利，认为"陂塘水利，农事之本"②，"修利堤防，国家之岁事"③，水利是国家的大事。一般的官员也重视水利问题，如苏轼把水利事业视作"事关兴运"④ 的大事。北宋初年三司度支判官陈尧叟提出发展农业在于"修田地之利，建用水之法"，因为"陆田命悬于天，人力虽修，苟水旱之时，则一年之功弃矣；水田之制由人力，人力苟修，则地利可尽也"⑤。可见，他要求发展灌溉事业以求旱涝保收，发挥"人力"的作用，改变"命悬于天"的局面。王安石认为："养民在六府，六府以水土为终始，治水土诚不可缓也。"⑥ 在《策问十一道》中，他提出："伯夷降典，折民唯刑。禹平水土，主名山川。稷降播种，农殖嘉谷。以功次之，禹也、稷也、伯夷也，其可也。以事次之，民之灾也、

---

① 《温国文正公文集》卷 36《赈赡流民札子》。
② 《晦庵先生朱文公文集》卷 100《漳州劝农文》。
③ 《宋大诏令集》卷 182《沿河州县课民种榆柳及所宜之木诏》。
④ 《苏轼文集》卷 30《杭州乞度牒开西湖状》。
⑤ 《文献通考》卷 7《田赋七》。
⑥ 《长编》卷 214。

富之也、教之也，其可也。"在王安石的观念中，治水是重于一切的头等大事，不能治水防灾就谈不上"富之、教之"于民；不能治理水土，就无法播种收获，更谈不上维护统治秩序了。在他的水利思想中，除了强调水利重要性之外，还进一步分析了加重灾害的原因有人为的作用。他说："故今之邑民最独畏旱，而旱辄连年。是皆人力不至，而非岁之咎也。"他以郑县为例予以说明：郑县那个地方原来设置"营田吏卒"，"岁浚治之，人无旱忧，恃以丰足"，后来营田废置，"吏者因循，而民力不能自并"，所以旱情严重，"方夏历旬不雨，则众川之涸，可立而须"。这些人为的原因加重了旱情，因此，他建议乘丰收闲暇之时，"大浚治川渠，使有所潴，可以无不足水之患"①。在王安石的水利思想中，他不仅把水旱看作百姓在生产生活中最大的忧患，而且指出旱灾会连年发生，因此兴修水利是当务之急，防范水旱之灾最积极的办法是防患于未然，才能有备无患。他还认为不能有效地兴修水利以防灾伤，"皆人力不至，而非岁之咎也"，因此主张选用得力的官吏，趁丰收之时和农闲之际，积极修筑水利设施，以防灾为主。

（二）重视灭蝗思想

除水旱之灾外，蝗灾也是对农业生产危害极大的灾害，宋朝也采取积极的预先防治的措施，以防止蝗灾的频繁爆发。宋仁宗时期，为了防止蝗过之后，来年再生，朝廷不断下诏，令民挖掘蝗子，并以粟相易进行鼓励。如景祐元年（1034），仁宗皇帝下诏："去岁飞蝗所至遗种，恐春夏滋长。其令民掘蝗子，每一升给菽米五斗。"②康定元年（1040）再次诏令天下诸县，"凡掘飞蝗遗子一升者，官给以米豆三升"③。熙宁八年（1075），宋神宗下诏除蝗："有蝗处委县令佐亲部夫打扑。如地里广阔，分差通判、职官、监司提举。仍募人得蝻五升或蝗一斗，给细色谷一升；

---

① 《临川先生文集》卷75《上杜学士言开河书》。
② 《长编》卷114。
③ 《长编》卷129。

蝗种一升，给粗色谷二升。给价钱者，依中等实值。仍委官视烧瘗，监司差官复按以闻。即因穿掘打扑损苗种者，除其税，仍计价，官给地主钱谷，毋过一顷。"① 崇宁二年（1103），徽宗下诏："府界、诸路监司前去亲诣蝗虫生发去处，监督当职官多差人夫，部押并手打扑。本司及当职官并仰专任地分，候打扑尽净，方得归任。人户多方收打蝗虫赴官，即时依条支给米谷。"② 南宋淳熙八年（1181）九月，孝宗又颁布严饬捕蝗诏令："诸虫蝗初生若飞落，地主邻人隐蔽不言，耆保不即时申举扑除者，各杖一百。许人告，当职官承报不受理，及受理而不即亲临扑除，或扑除未尽而妄申尽净者，各加二等。"③

从这些诏书的颁布可以看出，宋代历朝皇帝对通过捕蝗防止蝗灾的发生越来越重视。宋仁宗时只是单纯地规定了奖励的条例，并没有相应的措施。宋神宗和宋徽宗时则明确规定了路监司、府州通判和县令必须亲自组织人员进行捕杀，不仅对捕捉到蝗虫的人员及时进行奖励，而且对因捕捉蝗虫而遭到苗种损失的主人给予赔偿。到了南宋孝宗时，捕蝗诏令则变得相当严厉，蝗虫刚出现时，如发现者没有及时报告，或发现者已报告，有关官员不予受理或已受理没有亲自组织人员捕杀，以及捕杀未尽的，均要受到杖刑的处罚。

（三） 完善仓储制度思想

宋代灾害所造成的后果是多方面的，其中最为常见涉及面最广的严重影响是引起粮食歉收，发生饥荒。因此，宋代救荒的首要工作是平时广设各种仓储，囤积粮食，以备饥荒之需。正如宋仁宗时期余靖所言："臣以古者'三年耕必有一年之蓄，九年耕必有三年之蓄。无三年之蓄，曰国非其国。'故虽尧水汤旱，民无菜色者，有备灾之术也。方今官多冗费，民无私蓄，一岁不登，逃亡满道，盖上下皆无储积故也。"④ 宋朝的

---

① 《长编》卷267。

② 《宋会要》食货68之115，"净"原作"静"，今改。

③ 《救荒活民书》拾遗《除蝗条令·淳熙敕》，"净"原作"静"，今改。

④ 《宋朝诸臣奏议》卷106《上仁宗乞宽租赋防盗贼》。

仓种名目繁多，其中大多是为了防灾备荒而设。诸如常见的常平仓、义仓、惠民仓、广惠仓、社仓、丰储仓、平籴仓、平粜仓等，不常见的平济仓、永利仓、州济仓、平止仓、通惠仓、广济仓、籴纳仓等。从这些仓的设置情况看，有由宋廷直接下诏建立，行政关系上直接隶属中央的仓种，有由各地自行设置，经费及管理都由地方负责的仓种。尽管宋代仓种繁多，但其目的绝大部分是为了"以备凶灾""以平谷价"①。在宋代诸多仓种中，设置最为普遍、作用最大的当是常平仓，"恤民备灾，储蓄之政，莫如常平、义仓"②。正如董煟在《救荒活民书》卷2所言："救荒之法不一，而大致有五：常平以赈粜，义仓以赈济，不足则劝分于有力之家，又遏籴有禁，抑价有禁，能行五者，则不庶乎其可矣。"因此，宋代在完善仓储制度以防治灾害的议论中，涉及最多的是有关常平仓的管理问题。

有关常平仓的功能，议论最多的主要集中于两个方面。一是平抑谷价。司马光云："勘会旧常平仓法，以丰岁谷贱伤农，故官中比在市添价收籴，使蓄积之家无由抑塞农夫，须令贱粜。凶岁谷贵伤民，故官中比在市减价出粜，使蓄积之家无由邀勒贫民，须令贵籴。物价常平，公私两利，此乃三代之良法也。"③ 二是以备饥荒。余靖言：常平仓"每遇灾伤赈贷，使国有储蓄，民无流散者，用此术也"④。其实，常平仓的这两个基本职能是相辅相成的，正如哲宗时期赵君锡所言："诸常平钱斛，州县遇价贱，量添钱籴，价贵，量减钱粜……丰年不至伤农，凶年不忧艰食，公可以实仓廪，私可以抑兼并，安国裕民，无以过此。"⑤ 宋神宗时，陈均则认为：常平仓"所蓄既丰，名亦不一。有曰贷粮种子者；有曰借助赈贷者，以息赈济者也；有曰赈粜者，减价粜谷以赈之也；有曰赈济

① 《宋史》卷176《食货上四》。
② 《建炎以来系年要录》卷130。
③ 《温国文正公文集》卷54《乞趁时收籴常平斛斗白札子》。
④ 余靖：《余襄公奏议》卷上《论常平仓奏》，广东丛书本。
⑤ 《长编》卷462。

者，直与以赈之也"①。依陈均的看法，常平仓具有赈粜、赈贷、赈济三项功能，其实赈粜就是平抑谷价，而赈贷、赈济则是以备饥荒。因为赈贷、赈济只是救灾程度的不同，前者是借贷，以后是要偿还的，而后者是免费给与，以后不必偿还。

常平仓的平抑谷价从历史渊源上说，是其最原始的功能，到了宋代，人们逐渐在此基础上对其进行延伸，将其作为赈灾救荒之备，甚至也赋予它平时济贫的功能。如四明之常平仓，不但"老疾贫丐者、囹梏者、流徙者，率以是济之"，而且还以常平钱作为买地置漏泽园之经费②。平抑谷价作为常平仓的最原始功能历来受到主流观点的肯定。其理由是"民间每遇丰稔，不免为豪宗大姓乘时射利，贱价收蓄，一有水旱，则物价腾踊，流亡饿殍，不可胜计"③。平抑谷价可以改变这种状况，做到丰年不至于谷价太贱伤农，凶年不至于谷价太贵使贫民买不起粮食挨饿。但是宋代由于商品经济的发展，人们对物价的敏感度增强，对常平仓平抑谷价的功能提出了质疑。王觌在《乞稍贵京师常平仓米疏》中指出："在京诸仓粜常平米，每斗六十文至六十五文省，有以见朝廷不惜亏损官本，而惟以利民为务也。然臣窃虑贱粜如此，于小民足为一时之利，于国计乃非长久之策。何以言之？夫京师者众大之居也，生齿之繁，何可胜计？民所食者军粮之外，外皆商贾所运，自外而至也。今官粜甚贱，非所以致商贾也，彼商贾所贩虽新米，其价乃与陈米相视而低昂者也。京师之民旧多食麦，而今多食米，以米贱故也。使旁郡之米麦入京师者浸少，岂长久之策哉？常平之米固有限，不常粜也，虽有时而不粜，商贾亦必以为疑而不肯多致，恐一旦常平害之也。夫物价不独甚贵之为害，而甚贱之亦所以为害，故所谓常平者不欲其甚贵甚贱而已。今贱常平米，为小民一时之利，以疑商贾，使民间无高廪陈粟以为长久之备，孰为得

---

① 《九朝编年备要》卷19。
② 《宝庆四明志》卷6《常平仓》。
③ 《长编》卷462。

计哉？臣愚以谓不若稍贵常平之米，使无定价，著以为令，而示信于商贾也。假如著令曰：京师常平米一斗，其价以百钱为定，毋辄增损，籴者若干斗以下勿拒。行之既久，商贾信之，则稔岁必厚畜以待价，使旁郡之米麦入于京师者浸多，而京师可实也。"① 常平仓贵籴贱粜以平抑谷价，限制商贾的囤积居奇而牟取暴利，其积极意义是被大量历史事实所证明的。王觌却看到了另外一面，即常平仓如所粜谷价太贱，那商贾贩米到京师无利可图甚至亏本，其结果是商贾不再贩米到京师。但是由于常平仓储米数量有限，只能起临时性的平抑谷价作用，而京师人口众多，主要靠商贾所贩米为生，如商贾因谷价太低而不贩米到京师，那京师居民将无米可食。因此，王觌认为常平仓米价太低会带来京师缺米的严重后果，应稍微提高常平仓谷价，并保持稳定，通过价格杠杆使商贾有利可图（但又不能牟取暴利），源源不断贩米到京师。的确，在京师居民口粮基本上商品化的条件下，常平仓通过贵籴贱粜平抑谷价的措施也必须尊重价格规律，只能在当时价格的基础上适时适度地进行调控，否则，很可能适得其反，干扰正常的价格规律，影响京师商品粮的供给。

常平仓的平抑谷价其实从某种意义上来说是与商贾在价格上的一种博弈。元祐五年（1090），苏轼知杭州时就看到"浙西诸郡，米价虽贵，然亦不过七十足"②。他预测到"来年青黄不交之际，米价必无一百以下，至时，若依元价出粜，犹可以平压翔踊之患，终胜于官无斛斗，坐视流殍"。因此，苏轼"指麾杭州不得减价，依旧作七十收籴"。因为他已"访闻诸郡富民，皆知来年必是米贵，各欲广行收籴，以规厚利。若官估稍优，则农民米货尽归于官。此等无由乘时射利，吞并贫弱"。这里，苏轼运用价格杠杆提高常平仓收籴农民米价格，使农民米尽归常平仓，诸郡富民"广行收籴，以规厚利"的计划落空。

---

① 《宋朝诸臣奏议》卷245。

② 《苏轼文集》卷31《相度准备赈济第三状》，此自然段引文未注出处者，均见于此。

总之，从王觌和苏轼的思想可以看出宋人已充分认识到在常平仓平抑谷价的实际运作中，必须尊重价格规律，适时适度地运用价格杠杆来调节市场的供求关系，才能真正达到常平仓平抑谷价的目的，否则一味单纯机械地只知道贵籴贱粜，而不知根据实际情况具体问题具体分析，灵活运用价格规律，结果可能是适得其反，反而会扰乱正常的粮食市场，导致更大的粮食供求矛盾。

宋代常平仓在赈灾备荒中采取战国时期李悝的平籴法进行宏观调控，这就是"常平法本无岁不籴，无岁不粜。上熟籴三而舍一，中熟籴二，下熟籴一，此无岁不籴也。小饥则发小熟之敛，中饥则发中熟之敛，大饥则发大熟之敛，此无岁不粜也"①。此种调控原则是在长期实践中所作的一种合理假设：上熟籴三补大饥歉收三，中熟籴二补中饥歉收二，小熟籴一补小饥歉收一。这种通过把丰年与灾年各自划分为三个等级进行互补的方法，从总体趋势来看，可以大致达到平衡丰年与灾年的粮食产出与消费的目的，从而使丰年储备粮食以应灾年之需，做到未雨绸缪，防患未然。这种朴素的、行之有效的平衡互补调控方法一直被古代奉为灾前防治的圭臬，至今仍有借鉴意义。

为了确保灾前赈灾钱粮的到位，防止有关部门挪用，宋人提出常平仓钱粮必须由专门机构管理，专款专用，三司及转运司等中央与地方最高理财机关也无权过问与使用。"景德三年，言事者请于京东西、河北、河东、陕西、江南、淮南、两浙皆立常平仓，计户口多寡，量留上供钱自二三千贯至一二万贯，令转运使每州择清干官主之，领于司农寺，三司无辄移用。岁夏秋视市价量增以籴，粜减价亦如之，所减不得过本钱。"② 庆历二年（1042），余靖上奏仁宗皇帝亦云："伏睹真宗皇帝景德中，诏天下以逐州户口多少量留上供钱，起置常平仓，付司农寺系账，三司不问出入。每年夏秋两熟，准市价加钱收籴，其出息本利钱，只委

---

① 《救荒活民书》卷2《常平》。
② 《宋史》卷176《食货上四》。

司农寺专掌，三司、转运司不得支拨。自后每遇灾伤赈贷，使国有储蓄，民无流散者，用此术也。"① 常平仓钱物由司农寺管理，三司、转运司不得移作他用，专门用于赈灾的制度设置，直到南宋一直得到坚持。正如董煟在《救荒活民书》卷2所云："常平钱物，不许移用，不知他费不许移用，至于救荒，正所当用，若必待报，则事无及矣。今遇旱伤去处，州县仰一面计度，用常平钱，于丰熟处，循环收籴，以济饥民，俟结局日以籴本拨还常平可也。"

在常平仓的实施过程中，也出现了一些问题，宋人对此也进行了思考和探索，并提出了改进的意见。如司马光虽然力主实行常平仓制度，反对青苗法，但并不因此认为常平仓是十全十美的制度，他在《乞趁时收籴常平斛斗白札子》② 中分析了常平仓在实施中的不足之处，并提出相应的对策。司马光认为常平仓存在4个方面的问题。一是"有因州县阙常平籴本钱，虽遇丰岁，无钱收籴"。二是"官吏怠慢，厌籴粜之烦，虽遇丰岁，不肯收籴"。三是"官吏不能察知在市斛斗实价，只信凭行人，与蓄积之家通同作弊。当收成之初，农夫要钱急粜之时，故意小估价例，令官中收籴不得，尽入蓄积之家；直至过时，蓄积之家仓廪盈满，方始顿添价例，中粜入官。是以农夫粜谷止得贱价，官中籴谷常用贵价，厚利皆归蓄积之家"。四是"官吏虽欲趁时收籴，而县申州，州申提点刑狱，提点刑狱申司农寺，取候指挥，比至回报，动涉累月，已是失时，谷价倍贵。是致州县常平仓斛斗，有经隔多年，在市价例终不及元籴之价，出粜不行，堆积腐烂者"。针对这四个方面，司马光主张，一是"令将累年积蓄钱谷财物，尽桩作常平仓钱物，委提点刑狱交割主管，依旧常平仓法施行。今岁诸路除有水灾州军外，其余丰熟处多。今欲时降指挥下诸路提点刑狱司，乘有此籴本之时，委丰熟州县官员，各体察在市斛斗实价，多添钱数，以广行收籴"。这里，主要针对"无钱收籴"和

---

① 《余襄公奏议》卷上《论常平仓奏》。
② 《温国文正公文集》卷54，此自然段引文未注出处者，均见于此。

"不肯收籴"的问题，通过动用"累年积蓄钱谷财物，尽桩作常平仓钱物"来解决籴本，以"降指挥下诸路提点刑狱司"，督促丰熟州县官员广行收籴。二是"令州县各勒行人，将十年以来在市斛斗价例比较，立定贵贱，酌中价例，然后将逐色价分为三等：自几钱至几钱为中等价，几钱以上为上等价，几钱以下为下等价。令逐处临时斟酌加减，务在合宜。既约定三等价，仰自今后州县每遇丰岁，斛斗价贱至下等之时，即比市价相度添钱，开场收籴。凶年斛斗价贵至上等之时，即比市价相度减钱，开场出粜。若在市见价只在中等之内，即不籴不粜，更不申本州及上司指挥，免有稽滞失时之患"，"变转不以时，致有损坏，并监官不逐日入场，致壅滞粜籴人户，并取勘施行"。对于第三点粮食价例估计不准，以及第四点籴粜稽滞失时问题，司马光提出预先确定若干年的粮食平均价格，然后再将其分为上、中、下三等，当丰年粮价低于下等价时，官府就增价收籴；当凶年粮价高于上等价时，官府就减价出粜；如是粮价在中等价时，官府就不籴不粜。司马光企图通过这种制度安排，既防止负责常平仓籴粜的官吏在确定粮价时的随意性和营私舞弊行为，又使他们在常平仓籴粜时按规定的上、中、下等米价情况进行操作，不必事事请示而出现籴粜不及时。司马光最后还建议通过奖惩来督促负责常平仓籴粜的官吏尽职尽责，发挥常平仓的作用。他说："若州县长吏监官能用心及时籴粜，至得替时将酌中价钱与斛斗通行比折，与初到任时增剩及十分中一分以上，许批书上历子，候到吏部日与升半年名次。及二分以上，许指射家便差遣一次。所贵官吏各各用心，州县皆有储蓄，虽遇荐饥，民无菜色。又得官中所积之钱稍稍散在民间，可使物货流通。"

董煟在《救荒活民书》卷2中认为"常平赈粜其弊在于不能遍及乡村。今委隅官里正监视，类多文具，无实惠及民"。对此他建议："宜仿富弼青州监散米豆之法，变通而行之。但水脚之费，搬运之折，无所从出，故县不敢请于州，村不敢请于县。不知饥荒之年，人患无米，不患无钱，每升增于官中所定之价一文，以充上件廪费，则自无折阅之虑矣。何患赈粜之米，不能遍及村落哉？"董煟通过增加一些运费和消耗费，把

常平赈粜普遍实施于乡村,其思想是简易可行的。

三、 受灾时期政府救助思想

(一) 赈灾制度建设和"尽早""就地"赈济思想

赈灾必须有一套完善的行之有效的制度建设作为保障,这是十分必要的。苏轼认为在赈灾中,"以物与人,物尽而止,以法活人,法行无穷"①。他的这一精辟思想,是在对朝廷征收五谷力胜税钱影响赈灾工作而提出的。他认为,原来"法不税五谷,使丰熟之乡,商贾争籴,以起太贱之价;灾伤之地,舟车辐辏,以压太贵之直。自先王以来,未之有改也。而近岁法令,始有五谷力胜税钱,使商贾不行,农末皆病"。他"在黄州,亲见累岁谷熟,农夫连车载米入市,不了盐茶之费;而蓄积之家,日夜祷祠,愿逢饥荒。又在浙西,亲见累岁水灾,中民之家有钱无谷,被服珠金,饿死于市"。其原因就是"此皆官收五谷力胜税钱,致商贾不行之咎也"。因为繁重的五谷力胜税钱的征收使商贾从丰熟之地运五谷到饥荒之地无利可图,甚至亏本,所以就出现了苏轼所谈到的怪现象,即丰收之地米太多卖不出去,饥荒之地有钱买不到米,发生"被服珠金饿死于市"的惨状。有鉴于此,苏轼提出了与其花费大量的财力、物力和人力救灾,不如废除不合理的五谷力胜税钱对赈灾更有帮助。他说:"今陛下每遇灾伤,捐金帛,散仓廪,自元祐以来,盖所费数千万贯石,而饿殍流亡,不为少衰。只如去年浙西水灾,陛下使江西、湖北雇船运米以救苏、湖之民,盖百余万石。又计籴本水脚官钱不赀,而客船被差雇者,皆失业破产,无所告诉。与其官私费耗,为害如此,何以削去近日所立五谷力胜税钱一条,只行《天圣附令》免税指挥?则丰凶相济,农末皆利,纵有水旱,无大饥荒。虽目下稍失课利,而灾伤之地,不必尽烦陛下出捐钱谷,如近岁之多也。"总之,在救灾中一项好制度的设置

---

① 《苏轼文集》卷 35《乞免五谷力胜税钱札子》,此自然段引文未注出处者,均见于此。

或一项不合理制度的废除比单纯钱粮物资救助更为重要。因为政府钱粮物资有限，不可能源源不断一直供给，只要救灾物资一用完，政府救灾工作也就停止了，但是如有好的科学合理的制度安排，就能动员各方面的力量，源源不断向灾区输送钱粮物资，帮助灾区战胜灾害。

对于已发生的灾荒，宋人主张应尽早赈济，否则灾荒如越来越严重，蔓延范围越来越大，引起灾民流移，甚至发生武装对抗等，局面就将难以控制，或者要付出更大的代价才能使灾民得到安置，社会恢复稳定。有关这方面的思想于宋代史籍中屡见不鲜，兹举有代表性的数例。司马光主张救济灾民"若于未流移之前早行赈济，使粮食相接，不至失业，则比屋安堵，官中所费少而民间实受赐"。否则，"若于既流移之后方散米煮粥，以有限之储蓄待无穷之流民，徒更聚而饿死，官中所费多而民实无所济"①。苏轼在《奏浙西灾伤第一状》也表达了相同的思想。他说："臣闻事豫则立，不豫则废，此古今不刊之语也。至于救灾恤患，尤当在早。若灾伤之民，救之于未饥，则用物约而所及广，不过宽减上供，粜卖常平，官无大失，则人人受赐，今岁之事是也。若救之于已饥，则用物博而所及微，至于耗散省仓，亏损课利，官为一困，而已饥之民，终于死亡，熙宁之事是也。"司马光和苏轼共同认为及早赈灾，官府花费少而效果好；如拖延时日，官府花费大而效果差。苏轼还具体列举了熙宁与元祐两次赈济进行对比说明："熙宁之灾伤，本缘天旱米贵，而沈起、张靓之流，不先事奏闻，但务立赏闭粜，富民皆争藏谷，小民无所得食。流殍既作，然后朝廷知之，始救运江西及截本路上供米一百二十三万石济之。巡门俵米，拦街散粥，终不能救。饥馑既成，继之以疾疫，本路死者五十余万人，城郭萧条，田野丘墟，两税课利，皆失其旧。勘会熙宁八年，本路放税米一百三十万石，酒课亏减六十七万余贯，略计所失共计三百二十余万贯石。其余耗散不可悉数。至今转运司贫乏不能举手。此无它，不先事处置之祸也。去年浙西数郡，先水后旱，灾伤不减熙宁。

---

① 《温国文正公文集》卷52《赈济札子》。

然二圣仁智聪明，于去年十一月中，首发德音，截拨本路上供斛斗二十万石赈济，又于十二月中，宽减转运司元祐四年上供额斛三分之一，为米五十余万斛，尽用其钱，买银绢上供，了无一毫亏损县官。而命下之日，所在欢呼，官既住籴，米价自落。又自正月开仓粜常平米，仍免数路税务所收五谷力胜钱，且赐度牒三百道，以助赈济。本路帖然，遂无一人饿殍者，此无它，先事处置之力也。由此观之，事豫则立，不豫则废，其祸福相绝如此。"①

与司马光、苏轼不同的是，范祖禹主张加强平时的政府救助，尽可能及时收容处于死亡边缘的老幼废疾之人，使他们不至于一有灾害来临就大量冻馁而死。范祖禹说："京师之众，孤穷者不止千二百人。又朝廷每遇大冬盛寒，则临时降旨救恤，虽仁恩溥博，然民已冻馁，死损者众。夫救饥于未饥之时，先为之法，则人不至于饥死；救寒于未寒之时，预为之备，则人不至于冻死。今每岁收养与临时救济，二者等为费用，不若多养之为善也。"②

宋朝在进行大规模赈灾活动时，主张就地赈灾为宜。如治平四年（1067），河北发生旱灾，流民大量南下逐食，宋廷乃于京师各门散发米粟给流民。司马光指出："或闻河北有人讹传京师散米者，民遂襁负南来。今若实差官散米，恐河北饥民闻之，未（流）移者因兹诱引，皆来入京。京师之米有限，而河北流民无穷，既而无米可给，则不免聚而饿死，如前年许、颍二州是也。"③ 这里，司马光认为流民的集中逐食，会使得某一地区灾民越聚越多，最后造成粮食供应不上，最终一起饿死。董煟《救荒活民书》卷下《曾巩救灾议》中比较详细地记载了曾巩的就地赈灾思想，反映了宋人在多年的救灾实践中，已摸索出不少切实可行合乎救灾规律的措施。宋仁宗年间，河北地震水灾，有司依旧制请发廪

---

① 《苏轼文集》卷31《奏浙西灾伤第一状》。
② 范祖禹：《范太史集》卷14《乞不限人数收养贫民札子》，四库珍本初集本。
③ 《温国文正公文集》卷36《赈赡流民札子》。

集中赈济灾民，壮者人日 2 升，幼者人日 1 升。曾巩指出：此举将使百姓"相率日待二升之廪于上，则其势必不暇乎他为。是农不复得修其畎亩，商不复得治其货贿，工不复得利其器用，闲民不复得转移执事，一切弃百事，而专意于待升合之食以偷为性命之计，是直以饿殍养之而已，非深思远虑为百姓长计也"。据曾巩推算，受灾户以中户计之，每户以 10 人为率。其中，壮者 6 人，每月将受粟 3 石 6 斗；幼者 4 人，每月将受粟 1 石 2 斗。总计每户每月将受粟 5 石。自今至麦熟，长达 10 个月时间，一户当受粟 50 石。今受灾 10 余州，以 20 万户计，中户以上不与赈济外，需要赈济者 10 万户。若按该标准赈济，则 10 个月需发放粟米 500 万石。如此庞大的数目，是难以筹集的。而且，这么多人聚居受粟，将不可避免地发生疾疫，修筑安置饥民屋舍的费用又将从何开支？如果不就地赈灾的话，饥民聚居州县受粟，必弃其故庐，其中"有颓墙坏屋之尚可全者，故材旧瓦之尚可因者，什器众物之尚可赖者，必弃之而不暇顾。甚则杀牛马而去之者有之，伐桑枣而去之者有之，其害又可谓甚也"。今后边地空虚，一旦有警，该如何应付？因此，曾巩建议将集中赈给改为每户借贷钱 5 贯、米 10 石，总费不过钱 50 万贯、米 100 万石。对于灾民来说他们不出故乡，即有了生活来源，而且还有了修理房屋、开展生产之资，可谓一举数得。对于官府来说，钱 50 万贯、米 100 万石只是借贷于民，今后是要归还的，并未带来多少财政损失。总之，曾巩从灾民粮食的供给、住处的安置、规避疾疫的发生、灾后生产的恢复以及政府财政的支出等各方面阐述了就地赈灾的长处，在一般情况下，就地赈灾的确比聚集赈济在灾民的安置、防止传染病的流行、灾后恢复生产以及保障社会稳定方面更主动和容易做到，聚集赈济只能是在就地赈灾无法解决时的一种被动的灾民寻求政府救济的方式。如大量的灾民聚集在某一地方，在安置、防病以及在维护社会稳定方面都会带来诸多难以克服的问题，并对灾民聚集地的非受灾民众的生活和生产产生巨大的冲击。

（二）　以工代赈思想

宋代一些官员在赈灾中主张以工代赈。如范仲淹知苏州时提出："荒

歉之岁，日以五升（米），召民为役，因而赈济，一月而罢，用米万五千石耳。"① 这里说的"召民为役"是召集饥民从事"开畎之役"，即兴修水利设施。又如"熙宁七年正月，河阳灾伤，常平仓赈济，斛斗不足，乞更发省仓。诏赐常平谷万石，兴修水利，以赈饥民"。对此，董煟评论曰："以常平谷万石，兴修水利，以济饥民，此以工役救荒者也。"② 总之，这种以工代赈既解决了灾民的生活困难，稳定了社会秩序，又借此兴修了水利设施，为灾后恢复生产及以后的防灾奠定了基础，还为国家节约了救灾的财政开支。《管子·乘马数》云："岁凶旱水泆，民失本，则修宫室台榭，以前无狗后无彘者为庸。"显然，早在距宋一千多年前就有在荒年以工代赈的思想，但却是以灾民修宫室台榭，满足贵族骄奢淫侈的生活。而宋代则把"修宫室台榭"改为兴修水利，为日常恢复农业生产和防灾奠定基础，意义和作用迥然不同。

在古代封建社会，传统的主流赈灾思维是限制消费，提倡节俭，紧缩开支，把节省的钱粮物资用于赈灾。范仲淹在杭州赈灾时，却大胆突破旧的赈灾思想樊篱，采取鼓励消费、推动生产、增加就业机会等来对付灾荒。沈括《梦溪笔谈》卷11《官政一》载：

> 皇祐二年，吴中大饥，殍馑枕路。是时，范文正领浙西，发粟及募民存饷，为术甚备。吴人喜竞渡，好为佛事，希文乃纵民竞渡，太守日出宴于湖上。自春至夏，居民空巷出游。又召诸佛寺主首谕之曰："饥岁工价至贱，可以大兴土木之役。"于是诸寺工作鼎兴。又新敖仓吏舍，日役千夫。监司奏劾杭州不恤荒政，嬉游不节，及公私兴造，伤耗民力。文正乃自条叙所以宴游及兴造，皆欲以发有余之财，以惠贫者，贸易、饮食、工技、服力之人仰食于公私者，日无虑数万人，荒政之施，莫此为大。是岁两浙唯杭州晏然，民不流徙，皆文正之惠也。

---

① 《范文正集》卷9《上吕相公并呈中丞咨目》。
② 《救荒活民书》卷1。

范仲淹的鼓励宴游与兴造，其真正用意是促进消费，使社会财富存量得到释放，"以发有余之财"，并为灾民提供了数万人的就业机会，灾民通过从事贸易、饮食以及建筑业等找到了生活出路。因此，当时整个吴中闹饥荒，社会动荡，人民流亡，只有杭州居民生活安定，没有人口外流。可见，范仲淹这一赈灾思想在实践中获得了成功，取得了较好的效果。

（三）利用价格和税收杠杆赈灾思想

灾荒的发生，往往会造成农业大幅度的歉收或无收，形成区域性或季节性的粮食价格落差。这对于商人来说，无疑是一个牟取暴利的绝好机会。因此，一旦发生灾荒，商人便囤积居奇，哄抬粮价，以获厚利。对此，当饥荒发生粮价腾贵时，宋代通常的做法是政府通过两种方式平抑粮价：一是利用行政手段强制规定粮价的最高限额，超过限额者将受到处罚；二是通过常平仓的平时增价籴买，饥荒时平价出粜来调节粮价。但是，与传统的思想相反，宋人提出了两种不同的利用价格杠杆赈灾的措施。

宋代商品经济的繁荣，使人们对价格与供求关系有了进一步的认识，人们开始通过价格杠杆因势利导，变害为利，利用商人求利的本质，动员他们进行赈灾。如熙宁中，赵抃以大资政知越州，"两浙旱蝗，米价踊贵，饥死者十五六。州饬衢路，立赏禁人增米价。阅道独榜衢路，令有米者任增价粜之，于是诸州米商辐辏诣越，米价更贱，民无饿死者"①。"范文正治杭州，二浙阻饥，谷价方涌，斗钱百二十。公遂增至斗百八十，众不知所为。公仍命多出榜沿江，具述杭饥及米价所增之数，于是商贾闻之，晨夜争进，唯恐后，且虞后者继来。米既辐辏，遂减价还至百二十。包孝肃公守庐州，岁饥，亦不限米价，而商贾载至者遂多，不

---

① 江少虞：《事实类苑》卷23《官政治绩·赵阅道》，台湾商务印书馆影印文渊阁四库全书本。

日米贱。"①

　　如前所述，常平仓在宋代是救荒的一项重要举措，但是宋人对常平仓的过分干预市场价格提出了质疑。宋哲宗时，右司谏王觌看到京师常平仓以低价出售粮食，提出常平仓贱粜损害了商贾的利益，商人无利可求，便不再贩运粮食到京师，这样一来，京师的粮食供给不足，从长远来看，常平仓贱粜同样损害了百姓的利益。所以，王觌反对常平仓贱价出售粮食，主张"不若稍贵常平之米，使无定价，若以为令，而示信于商贾也。假如著令曰：京师常平米一斗，其价以百钱为定，毋辄增损，粜者若干斗，以下勿拒也。行之既久，商贾信之，则稔岁必厚畜以待价，使旁郡之米麦入于京师者浸多，而京师可实也"②。

　　每当灾荒发生时，粮价必然上涨，如此时政府再实行官粜，无异于火上加油，粮价更是腾贵。因此，有识之士提出饥荒年份停止官粜，不失为平抑粮价的好办法。如苏辙于元祐中负责上供米之官粜，"六年，两浙大旱，米价涌贵，上供米百万斛无所从得。官不罢粜，则米价益贵；粜钱不出，则民间钱荒，其病尤甚。忧之无以为计。予偶止殿庐中，谓知枢密院韩师朴曰：'浙中米贵，欲于密院出军阙额米中借百万斛，如何？'师朴曰：'安敢借？'曰：'米陈不免贱卖，今欲逐时先借，而令浙中以上供米价买银折还，岂不两便？'师朴曰：'如是，无不可。'遂奏行之。是岁，浙中依常岁得钱，而米不出，故米虽贵，不至甚"③。

　　总之，宋代有识之士抓住商人逐利的本性，尊重市场客观规律，利用价格杠杆，因势利导，化害为利，引导商人往受灾地区运送粮食，解决因受灾而粮食匮乏粮价暴涨的问题，达到保证灾区的基本粮食供给、平抑物价、稳定社会秩序的目的。正如董煟在《救荒活民书》卷2《不抑价》中所云："常平令文，诸粜粜不得抑勒。谓之不得抑勒，则米价随时

---

① 《能改斋漫录》卷2《增谷价》。
② 《宋朝诸臣奏议》卷245《乞稍贵京师常平仓米疏》。
③ 《龙川略志》卷8《两浙米贵欲以密院出军阙额米先借》。

低昂，官司不得禁抑可知也。比年为政者不明立法之意，谓民间无钱，须当藉定其价，不知官抑其价，则客米不来，若他处腾涌，而此间之价独低，则谁肯兴贩？兴贩不至，则境内乏食，上户之民，有蓄积者，愈不敢出矣。饥民手持其钱，终日皇皇，无告籴之所，其不肯甘心就死者，必起而为乱，人情易于扇摇，此莫大之患。何者，饥荒之年，人虽卖妻鬻产，以延旦夕之命，亦所不顾，若贩客不来，上户闭籴，有饥死而已耳，有劫掠而已耳，可不思所以救之哉？惟不抑价，非惟舟车辐辏，而上户亦恐后时，争先发廪，而米价亦自低矣。"

宋代，除了以价格为杠杆外，还以税收为杠杆引导商人往受灾地区运送粮食。宋廷规定：对贩往灾荒地区的物品，尤其是粮食，给予减免商税的优惠，以此鼓励商人积极向灾荒地区贩运粮食物品。如元符三年（1100）三月二十六日，"户部言：'河北被灾诸郡……其行商兴贩斛斗往灾伤去处粜卖，乞依已得朝旨与免商税至五月终。'从之"[1]。南宋时，对商人兴贩灾区粮食物品减免商税的规定更加具体详细，并严禁官吏违反规定多向商人征税，官吏如违反规定，商人可予以申诉。绍熙五年（1194）十一月诏文规定："客贩米斛前来两浙路荒歉去处出粜，经过税场，依条免纳力胜钱。仍不得巧作名色，妄有邀阻……客人附带物货，许所经过场务量与优润，从逐处则例，以十分为率，与减饶二分，日下通放，即不得虚喝税数。其招诱到客船，仰所委官出给行程文历一道，批写所载米斛若干，舟船几只，客人、稍（梢）工乡贯、姓名，指定前往出粜州军。经过场务照验放行，仍批写到发日时，至住粜处缴纳。如奉行灭裂，许客人越诉，仍仰所委官多出文榜晓谕。"[2] 减免商税与不抑粮价的方式不同，但目的和效果是一样的，即减免商税是使商人降低成本，不抑粮价是使商人提高价格，其目的都是通过让商人贩运粮食到灾区有利可图，从而解决灾区的粮食供给，稳定社会秩序，达到赈灾的效果。

---

① 《宋会要》食货 57 之 13。

② 《宋会要》食货 58 之 20 至 21。

（四） 禁遏籴和劝分思想

1. 禁遏籴。

禁遏籴是招商救荒的配套措施，以行政手段保护粮食以商品流通的形式自然聚汇到受灾地区。遏籴是一种狭窄的地方保护主义，在遇到灾荒时，某一地区由于担心粮食过多流向受灾地区致使本地区粮食供给紧张而采取的禁止粮食出境的措施。宋代由于水旱无常，各地为了备灾，甚至于丰年稔岁，也往往不允许本地粮食出境。对此，宋代不少有识之士屡倡"禁遏籴"之议，其比较早的是北宋中期的李觏。他在谈到这一现象时说：

> 大抵东南土田美好，虽其饥馑之岁，亦有丰熟之地。比来诸郡，各自为谋，纵有余粮，不令出境。昨见十程之内，或一斗米粜五六十价，或八九十，或一百二三十，或二百二三十价。鸡犬之声相闻，而舟楫不许上下，是使贱处农不得钱，贵处人不得食，此非计也。况于境内，又有禁焉，止民粜以待官籴是也。且贾人在市，农人在野，籴之则米聚州县，不籴则谷留乡村，徒为日日修城池而不算其中蓄积，亦可笑矣。若曰官籴数足然后放民粜，俟河之清耳。官籴价一定，民粜价渐高，难易如何哉？愚谓当弛一切之禁，听民自便，仍谓著令，以告后来。①

李觏看到了遏籴的不良后果是人为地造成小范围内米价相差至三四倍，更为严重的是丰熟之处农民卖不出米，得不到需要的钱，灾荒地区人们却有钱买不到米。因此，他主张应以法令的形式废除一切遏籴的规定，使粮食能自由流通。

北南宋之交的董煟也反对遏籴。他认为遏籴论者担心"他处之人，恣行般运，不加禁止，本州本县自至艰籴"的观点是"见识狭陋之论"②。因为"天下一家，饥荒亦有路分。今邻郡以吾境内丰稔，而来告籴，义

---

① 《李觏集》卷28《寄上孙安抚书》。

② 《救荒活民书》卷2《禁遏籴》。此自然段引文未注出处者，均见于此。

所当恤。此宜物色上流丰熟去处，劝诱大姓，或本州发钱，差人转籴，循环贩籴，非惟可活吾境内之民，又且可活邻郡邻路之饥民，尚何艰籴之有？脱使此间之米，不许出吾界，他处之米，亦不许入吾界，一有饥馑，环视壁立，无告籴之所，则饥民必起而作乱，以延旦夕之命，此祸乱之大速者也"。董煟以"天下一家"全局的眼光反对狭陋的遏籴，因为每郡每路都有可能丰稔或饥荒，无论从道义上还是从利害关系上都不能遏籴，而应互通有无。否则，某一地区如出现饥荒就处于孤立无援的境地，很容易招致祸乱。

南宋理宗宝庆三年（1227），"监察御史汪刚中言：'丰穰之地，谷贱伤农；凶歉之地，济籴无策。惟以其所有余济其所不足，则饥者不至于贵籴，而农民亦可以得利。乞申严遏籴之禁，凡两浙、江东西、湖南北州县有米处，并听贩鬻流通；违，许被害者越诉，官按劾，吏决配，庶几令出惟行，不致文具。'从之"①。汪刚中认为禁遏籴对于丰穰之地和凶歉之地是互惠互利、双赢的好事，因为以丰穰之地有余之谷救济凶歉之地饥民，不仅使受灾者可买得起粮食，而且丰穰之地农民亦可通过出卖谷物而获利。因此，他主张要严厉落实禁遏籴，允许民众举报，违反禁遏籴之令的官吏要受到处罚。

2. 劝分。

宋代在赈灾中所实行的劝分，是利用民间力量的赈济措施。"所谓劝分者，盖以豪家富室，储积既多，因而劝之赈发，以惠穷民，以济乡里，此亦所当然。"② 劝分起源甚早，春秋时已有类似做法，西汉时正式采用，而至宋代才开始大量实行。劝分在宋代的普遍出现，有其一定的思想基础。自古以来，人们心目中有"吃富"的心理。如民间遭遇饥荒，"转籴于大家，亦理也"③。所谓"理"者，是说富人财富本来就是贫者创造，

---

① 《宋史》卷178《食货上六》。
② 《救荒活民书》卷2《劝分》。
③ 王柏：《鲁斋集》卷5《静观堂记》，台湾商务印书馆影印文渊阁四库全书本。

危急时拿来大家一起享用，是天经地义的事情。道教经典《太平经》中的有关这种思想在民间影响广泛："或有遇得善富地，并得天地中和之财，积之乃亿亿万种，珍物金银亿万，反封藏逃匿于幽室，令皆腐涂。见人穷困往求，骂詈不予；既予不即许，必求取增倍也；而或但一增，或四五乃止。赐予富人，绝去贫子，令使其饥寒而死，不以道理，反就笑之。与天为怨，与地为咎，与人为大仇，百神憎之。所以然者，此财物乃天地中和所有，以共养人也。此家但遇得其聚处，比若仓中之鼠，常独足食。此大仓之粟，本非独鼠有也。少内之钱财，本非独以给一人也；其有不足者，悉当从其取也。愚人无知，以为终古独当有之，不知乃万户之委输，皆当得衣食于是也。爱之反常怒喜，不肯力以周穷救急，令使万家之绝，春无以种，秋无以收，其冤结悉仰呼天。天为之感，地为之动，不助君子周穷救急，为天地之间大不仁人！"① 由此可见，传统的道教教义即主张任何人的财物均为天地中和所有，应该供大家共同享用，而不应该为个别人独自占有。只要有谁贫困不足，均可从中获取享用。那些企图独占享用，而不肯拿出来周穷救急的人，当与天地结怨，与世人为仇，为天地间大不仁的人，将被众神仙憎恨。

宋代，劝分思想最具代表性的是南宋黄震。他说："天生五谷，正救百姓饥厄；天福富家，正欲贫富相资。米贵不粜，人饥不恤，天其谓何？况凡仰籴之人，非其宗族则其亲戚，非其亲戚则其故旧，非其故旧则其奴佃，非其奴佃则其乡邻。彼其平日敬我仰我者果为何赖？今一旦遇歉，竭彼苦恼无所措办之钱，博我从容尽可通融之粟，此之粜与否，彼之死与生，君子以仁存心，宁不重为矜恻切几荸体？"② 基于这种贫富相资和伦理道义的基础，黄震进一步提出："照对救荒之法，惟有劝分。劝分者，劝富室以惠小民，损有余而补不足，天道也，国法也。富者种德，

---

① 王明校注：《太平经合校》，中华书局，1960 年，第 246—247 页。
② 《黄氏日抄》卷 78《四月初一日中途预发劝粜榜》。

贫者感恩，乡井盛事也。"①

在宋代劝分思想中，最有意义的当是董煟的"惟以不劝劝之"。他说："民户有米，得价粜钱，何待官司之劝？只缘官司以五等高下，一例科配，且不测到场检点，故人户忧恐，借以为名，闭籴深藏，以备不测。"② 可见，董煟认为民户有米，如果价钱适合，他自己会主动卖掉，是不需官府劝谕的。现在民户有米而不敢出售，只因是官府办理不善，加重粮食紧张情况。因此他提出："人之常情，劝之出米，则愈不出，惟以不劝劝之，则其米自出。"其具体措施是"莫若劝诱上户、富商巨贾，俾之出钱，官差牙吏，于丰熟去处，贩米豆，各归乡里，以济小民。结局日，以本钱还之。村落无巨贾处，许十余家率钱其贩，或乡人不愿以钱输官，而愿自粜者听。官不抑价，利之所在，自然乐趋，富室亦恐后时，争先发廪，则米不期而自出矣。此劝分之要术，更宜斟酌而行之"。可见，董煟的"以不劝劝之"，也是抓住一般人的趋利避害本性，因势利导，运用市场手段，而不是运用行政手段，使有米之家能在饥荒时主动卖米。

宋人的这种赈灾劝分思想，政府在灾荒中经常予以实践，并收到了一定的效果。尤其是南宋开始，国家财政困难，粮食储积极其有限，劝分越来越成为政府赈灾的一个重要手段。正如元人所说："绍兴以来，岁有水旱，发常平义仓，或济或粜或贷，如恐不及。然当艰难之际，兵食方急，储蓄有限，而振给无穷，复以爵赏诱富人相与补助，亦权宜不得已之策也。"③ 所谓"权宜不得已之策"，就是"在法，以常平钱谷应副不足，方许劝诱有力之家出办粜贷"④。由于在许多时候，常平仓往往没有什么存粮，义仓也所剩无几，所以，政府赈灾只能主要依赖劝分。淳熙十年（1183），尤袤指出："今日公私诚是困竭，不宜复有小歉。国家水

① 《黄氏日抄》卷78《四月十三日到州请上户后再谕上户榜》。
② 《救荒活民书》卷2《劝分》。此自然段引文均见于此。
③ 《宋史》卷178《食货上六》。
④ 《宋会要》食货57之17。

旱之备，止有常平、义仓，频年旱暵，发之略尽。今所以为预备之计，唯有多出缗钱广储米斛而已。又言救荒之政莫急于劝分。"① 如乾道五年（1169），饶州"连岁旱涝，细民艰食"。朝廷下诏拨义仓米赈济，但只拨到义仓米6800余硕，"不了一月赈粜之数"。后又从上供米中拨10000硕，但仍然微不足济。与此同时，政府从上户处"劝谕"所得共196000余硕，作为此次赈济的最主要粮食来源②。

宋代，劝分之所以在赈灾中能发挥较大的作用，与政府能较好地使用这一政策工具是分不开的。其一，政府中的官员起了表率作用。如向经知河阳，遇"大旱蝗，民乏食。经度官廪岁支无余，乃先以己圭田所入租赈救之"。由于受到向经表率的感召，"已而富人皆争效慕出粟，所全活甚众"③。其二，朝廷对劝分有功的官吏进行奖励。如天禧元年（1017）三月，"诏诸州官吏如能劝诱蓄积之民以廪粟赈恤饥乏，许书历为课"④。其三，朝廷对响应政府劝分的富豪之家实行奖赏。如天禧元年（1017）四月，"登州牟平县学究郑巽，出粟五千六百石振饥，乞补第巽。不从。晁迥、李维上言，乞特从之，以劝来者，丰稔即止。诏补三班借职。自后援巽例以请者，皆从之"⑤。以后，此项奖励措施称作"纳粟补官"。

宋代劝分赈灾实质上是政府力量不足而动员民间富人参与的一种方式，其中赈救饥民的作用是显而易见的。如高穆武王知嬴州，"属岁大饥，谷价翔起，即召诸里富人谓曰：'今半境之人，将转而入之沟壑。若等家固多积粟，能发而济赈之，若将济州将之命。'于是皆争出粟，王亦以其值予之，蒙活者万余人"⑥。罗彦辅在溧阳，"岁不登，道馑至相枕

---

① 《文献通考》卷26《国用四》。
② 《宋会要》食货58之6。
③ 《救荒活民书》卷3《向经以圭田租赈饥民》。
④ 《宋会要》食货57之6。
⑤ 王栐：《燕翼诒谋录》卷2，中华书局标点本，1981年。
⑥ 《华阳集》卷49《穆武高康王（继勋）神道碑铭》。

藉"。罗乃"亟请发常平米，又劝有米家，量力而出，下皆乐输。而就哺者，至不远百里地，赖公以生者，不可胜计"①。

劝分，顾名思义，原则上是自愿性质，不得强迫，但在实际执行中，政府有时亦采用了某种程度的行政强制，进行认粜摊派，或干预出粜价格和出粜数量等。如政府对于囤积而不愿认粜者，处以刑罚。潭州安化县上户龚德新，早年依靠"兼并，遂至巨万。以进纳补官为进武校尉"。后遇"旱伤阙食，独拥厚资，略不体认国家赈恤之意"。被知潭州陈某告到朝廷，遭到"追进武校尉一官，勒停送五百里外州军编管"的处罚②。对于出粜者，则严格限制出售价格，以防富户哄抬粮价，牟取暴利。绍圣元年（1094）十月，"诏河北路监司令州县官谕富民，有积粟者毋闭粜，官为酌立中价，毋得过，犯者坐之"③。有的则严格确定出粜数量，以防富户敷衍了事，搪塞政府。隆兴二年（1164），"霖雨害稼，出内帑四十万两付户部籴以济之。其年淮民流于江浙十数万，官司虽济而米斛有限，乃诏民间不曾经水灾处占田万亩者粜三千石，万亩以下粜一千石"④。政府甚至还制定了告发令，告发那些不按规定数量出粜的屯粮商家。庆元元年（1195）以"米价翔踊，凡商贩之家尽令出粜"，以至"告藏之令设矣"⑤。

政府采取强制性的手段，其实质上已超出了劝分的范畴，虽然在一定条件下解决了灾荒时粮食供给问题，但难免也带来了一些负面效果。如绍兴年间，有臣僚就劝分事上奏说："州县奉行，奸计百出。有民户初非情愿，均令认数，以应期限，而平时蓄积之家得以幸免者。有所在初无收，勒令转粜以赈城郭，而本乡流离不暇顾恤者。"⑥ 可见，强制的认

---

① 李之仪：《姑溪居士前集》卷48《罗大夫（彦辅）墓志铭》，台湾商务印书馆影印文渊阁四库全书本。

② 《宋会要》食货59之51。

③ 《宋会要》食货57之12。

④ 《文献通考》卷26《国用四》。

⑤ 《宋史》卷178《食货上六》。

⑥ 《宋会要》食货57之19。

籴有时会造成无蓄积之家反而被摊派，而真正有蓄积之家反而幸免；本地该接受赈济的人家没有得到赈恤，而将该地蓄积以应付政府摊派。另外，强制性认籴也导致一些富户弄虚作假，以逃避政府摊派。如"乾道辛卯岁，江浙大旱，豫章尤甚。龚实之作牧，命诸县籍富民藏谷者责认籴数，令自津般随远近赴于某所，每乡择一解事者为隅官，主其给纳。靖安县羡门乡范生者在此选，其邻张氏当籴二千斛，以情语范曰：'以官价较市值，不及三之二。计吾所失，盖不胜多矣。吾与君相从久，宜蒙庇护，盍为我具虚数以告官司。他日自有以相报。'范喜其言甘，且冀后谢，诺其请，为之委曲，张遂不复捐斗升。闾里皆知之，而畏二家力势，弗敢宣泄。壬辰秋大稔，前事顿息"①。

宋代，一旦发生灾荒，粮食短缺，必然导致贫富双方在利益上的博弈。对于贫民来说，最好的结果是借着灾荒的理由，富民免费或低价向其提供粮食，中间结果是得到富民以不高过以往太多的价格出籴的粮食，最坏的结果是得不到粮食而流亡或饿死；对于富民来说，最好的结果是借着灾荒的机会，以极高的价钱卖出存粮以牟取暴利，中间结果是以略高于平常的价格卖出存粮以获得正常的收益，最坏的结果是存粮或被政府没收，或被饥民抢劫，分文未得。由于双方都以争取利益最大化为目标，因此，一旦到了这时，往往陷入囚徒困境。这时，第三方——政府的介入就成了必要。政府介入的结果，往往使双方达到妥协均衡，即按照中间目标达成协调，贫民能吃上比往常价格高一些的粮食，维持灾荒时的生存，富民卖到比往常高一些的价钱，获得收益。这就是劝分在宋代流行的必然选择。

我们必须看到，在这场贫富双方的利益博弈中，富民始终处于强势地位，而贫民始终处于弱势地位。因此，政府在协调双方利益矛盾时，政策性的工具往往倾向于贫民，如前所述，政府通过表率、奖励等正面引导以及行政强制性的认籴、摊派、限价、规定出籴数量等使富民自愿

---

① 《夷坚志》支志景卷7《范隅官》。

或半自愿地出粜赈灾。除此之外，为了缓和贫富矛盾，稳定社会秩序，维护自己统治，宋朝廷还采取宽禁捕的政策。

灾荒时期，由于粮食短缺，富民闭粜以待善价，往往导致饥民群起抢劫粮食，这就是所谓"发廪"。如宋代福建建宁"山川险峻，故小民好斗而轻生；土壤狭隘，故大家寡恩而啬施。米以五六升为斗，每斗不过五六十钱，其或旱及逾月，增至百金，大家必闭仓以俟高价，小民亦群起杀人以取其禾。闾里为之震骇，官吏困于诛捕。苟或负固难擒，必且啸聚为变"①。朱熹寓居崇安之时，其地"每岁春夏之交，豪户闭粜牟利，细民发廪强夺，动相贼杀，几至挺变"②。

由于荒年饥民无以为生，与其坐以待毙，不如铤而走险，故"发廪"之事屡屡发生。宋政府意识到饥民迫于生存，犯法者甚众，若依平时方式进行处罚，必将导致矛盾的进一步升级，发生民变，严重威胁封建统治。因此，所谓宽禁捕之法应运而生，政府在处理这类刑事案件时，往往从轻处罚。如宋仁宗时期，王尧臣知光州，"岁大饥，群盗发民仓廪，吏以法当死。尧臣曰：'此饥民求食尔，荒政之所恤也。'乃请以减死论。其后，遂以著令，至今用之"③。宋神宗熙宁年间，河北灾伤州军多有饥民劫盗者，罪当死，朝廷则诏令一律减等发配④。

我们也必须看到，在这场贫富双方的利益博弈中，如政府过多倾向于弱势群体的贫民，矫枉过正，又会带来另一种的负面结果。其一，宽禁捕会使"发廪"等非法行为无形中合法化，人民的生命财产得不到法律保障，使社会处于人人自危的无序状态，反而加剧了贫富冲突。如北宋早期，颍上大饥，饥民"发富人之仓而攘其粟，得数人，其县令雷祥议曰：'岁饥取粟，姑以免死。'殆可悯，使笞二十而生之。民出相谓曰：'岁饥无食，县官使我食人之粟。'遂复相与发富人之仓，三日三夜，凡

---

① 《勉斋集》卷 18《建宁社仓利病》。

② 《勉斋集》卷 36《朱先生（熹）行状》。

③ 《救荒活民书》卷 3《王尧臣乞饥民减死》。

④ 《文献通考》卷 26《国用四》。

数千。旁诸县亦各千人，殆不可禁。其后太守李顾，反用法日诛数人，以止其盗，盗终不止，而被诛者数十人。至春，道路无敢行者。于是都官员外郎万宁诣阙上书，且言颍上守令无状，皆谪去"①。其二，由于政府对富民强制性的发廪，导致官府与地方豪强的冲突。如黄震于咸淳年间在抚州实行劝分，因当地遭遇大饥荒，官府已没有粮食赈济饥民，唯一办法是劝富民出粜。尽管黄震苦口婆心劝说，发了二十余道文榜劝分，但仍有部分富民拒不出粜。最后黄震被迫派人对其中两个大户进行强制性发廪。双方发生激烈冲突，使"应干劝粜官吏及提督寄居士友，人人危惧"②。其三，由于政府和贫民在荒年每每将手伸向富民仓廪，虽解了一时之急，但对于富民的储粮积极性是个极大的打击。既然荒年非但不能通过储粮牟利，反而常被政府和贫民强行发廪，招致祸患，那么，丰年又何必积极收购米谷储积呢？这样一来，到了丰年，富民不愿收购囤积粮食，一旦遭遇灾荒，粮食就更为短缺，反而加剧了饥荒，形成恶性循环。英宗时期，司马光意识到这些负面结果，故上疏反对朝廷过多倾向贫民的做法，认为"饥馑之岁，盗贼必多残害良民，不可不除也"，方能维持社会秩序，以度荒年。对于"百姓乏食，官中当轻徭薄赋，开仓赈贷，以救其死"③。同时，主张用合乎经济规律的方法解决贫富双方的矛盾，即允许富民收息放贷，"候丰熟之日，官中特为理索，不令逋欠"，从而鼓励储蓄，妥善解决饥荒问题④。

另外，我们还必须看到，宋代在劝分中政府职责缺位的问题。其一，救荒原是政府应尽的职责范围，其经费主要应来源于国家的财政，即人民所交纳的赋税之中。这就是所谓取之于民，用之于民。宋朝从中央到地方都设有常平仓、义仓等备荒机构，但每到灾荒发生时，不是那些存

---

① 毕仲游：《西台集》卷16《丞相文简公行状》，台湾商务印书馆影印文渊阁《四库全书》。

② 《黄氏日抄》卷78《七月初一日劝勉宜黄、乐安两县赈粜未可结局榜》。

③ 《温国文正公文集》卷31《言除盗札子》。

④ 《温国文正公文集》卷31《言蓄积札子》。

储的粮食早被挪作他用而不足应付，就是主管官吏吝而不发，总是利用手中的权力，一味地借劝分之名将手伸向富民仓廪。对此，宋人王柏就尖锐地指出："官无以赈民，使民预输，以自相赈恤，已戾古意，今又移易他用，数额常亏，遇歉岁则复科巨室，此何义哉?"① 如宋代专门为救灾而设的义仓，"其法：令民上三等，每税米二斗，输一升，以备水旱"②。但是，实际上每到灾荒发生，官吏往往"吝而不发，发而遽有德色"③，政府救荒赈灾的职责没有尽到。其二，救荒是政府应尽的职责，按理："荒政之行，当以赈济为主，劝分为辅。盖有司不惜官廪以惠民，然后可责富室不私藏以惠乡里。"但实际情况往往相反，政府"于民间所有则根括无余，形迫势驰，一切不恤。考诸民词有家产仅千钱而劝令认米四百石者，有因公事至庭而罚米数百石者，民间畏其虐焰，止得俛首听从"④。既然政府有米而不肯出，那么富民当然也失去了出粜的积极性⑤。

（五）多方筹集赈灾经费和赈粜、赈贷、赈济思想

宋代在赈灾中，从经费的来源来划分，主要有3种形式，即现钱籴粜、买田置庄收租助粜、放贷生息助粜。高斯得在《耻堂存稿》卷4《永州续惠仓记》中对其进行评析。他认为现钱籴粜，方法简便，但苦于贵籴贱粜，不赢利而日见亏损，赈灾经费得不到补充而逐渐耗尽。这就是"不裁其直，则无益于民；裁之则日损一日，岁亡一岁，必至于尽耗而后已"。买田收租助粜，经营得好，可保长久。"然缗钱有限，岁入必微，不足于粜，非磨以岁月不溃于成。况官市民田为弊至多，水旱不时，复且难保，其法亦未得为尽善"。可见，高氏认为买田收租助粜有两方面缺

---

① 《鲁斋集》卷7《赈济利害书》。

② 《建炎以来朝野杂记（甲集）》卷15《义仓》。

③ 《救荒活民书》卷2《义仓》。

④ 《真文忠公文集》卷12《奏乞将知宁国府张忠恕亟赐罢黜》。

⑤ 本节主要参考张文：《荒政与劝分：民间利益博弈中的政府角色》一文，载《中国社会经济史研究》2003年第4期。笔者在此基础上，提出一些自己的见解。

陷:一是经费有限,二是其用于收租助粜之田本身也会遭到水旱之灾,故其作用难以保证。在3种形式中,高氏觉得放贷收息助粜比较好,如季晞颜在永州设置的续惠仓,其经济后盾是所开设的一个平价抵当库。每岁之息入,尽拨付为续惠仓之赈粜补贴。从高斯得的评判思想可以看出,宋人已注意到多渠道筹集赈灾经费的方式,而且其经费来源已经从纯财政消耗性的方式向自我循环甚至自我增殖方式转变,并且已意识到自我循环或自我增殖优于纯财政消耗性的方式。

宋代在赈灾中最主要的活动是为灾民提供食粮,时人按形式不同把其分为3类,即所谓"朝廷荒政有三,一曰赈粜,二曰赈贷,三曰赈济,虽均为救荒,而其法各不同"①。

其一,赈粜。宋人认为:"市井宜赈粜。""歉岁谷价翔踊,多缘市井牙侩与停积之家观望遏粜,增价以困吾民。而赈粜亦不官米,若能劝谕拘集牙侩铺户米,官为置场差人营干,随市价出粜,或有客贩及乡村步担米,则官出钱,在场循环收籴,一从民便粜米,更不给历。遇市上大段阙少,然后出官米,亦以市价量减三二文粜之,使市上常有米,米价自平。官米既从市价,所减不多,奸民无所牟利,而诡名给历之弊自无,此赈粜之法也。"由此可见,赈粜主要指在歉收之年,谷价一直上涨之时,政府出面组织米源,动员商人、富户人家出粜,设置专门场所,按市价出售。如遇到米源大量缺口,再出官米,以低于市场价二三文的价格出售。这样,既能维护市上有米可售,米价平稳,又不使官米售价过低,不法官吏和奸商无法从中舞弊投机,牟取暴利。但是,赈粜在实施中也会遇到一些问题,如常见的是"民间阙食,郡县虽已赈粜,止是行之坊郭,其乡村远地不能周遍"②。对此,时人提出了一些切实可行的措施,予以解决,收到了一定的效果。如南宋孝宗时,知湖州向均建议:

赈粜之法，当先计其一县几乡、一乡几村、一村几里，于各乡村酌道里远近之中，而因其地之有僧寺，有道观，有店铺而为赈粜之所，大率不出数里而为一所，限其界至，择各处僧道与富民之忠实可倚仗者，每处三二人而主其事。凡数里之内，所谓贫不能自食之人，使主事者括其数，而州为计数支给，米立价值，就委之赈粜。人日食米二升，小儿一升，各给印历一道，就令支请状批凿，每次总计米若干，度可为旬日之用，逐旋将以粜钱还官，复给米若干，周流不已。往来舟军（'军'当为'车'）与收支钱米，并不入胥吏保正之手，使各任其责，而多予其舟车雇人工食之费。官为各书其本处贫不能自食者姓名若干人，榜于其所，而使其人于此而取食焉。又分委本处乡官与见在官者，往来机察，严其赏罚。所谓寺观与夫富民店铺，既任其责，而视其不能自食者，皆其邻里与平日之所素习者也，故抄括之际，有所隐而不患乎不尽，授给之际，不敢有所利而不患乎不及。傥抄括有不尽、授给有不及，其必与主事终身为仇，故利害相关，不敢不尽心，而人得以受赐，其与付之胥吏保正之手，乍出乍入，骚扰乾没者，万万不侔。深山穷谷之民，自然无有不被实惠者。①

这里，向氏建议的关键是注重乡村赈粜的公开性，即让主持赈粜的僧道与富民，接受赈粜的对象、赈粜的数量等全部公布于众，接受官吏与广大民众的监督，使赈粜能够真正落实到"贫不能自食者"。

其二，赈贷。宋人认为："乡村宜赈贷。""赈贷，自来官司常患民间不能偿而失隐，每都各请忠信有物力材干上户二名，先令机察都内阙食主户，劝谕邻里有蓄积之家接济，秋熟依乡例出息倍还。若不能遍，即令结甲具状赴官借贷，仍令所请管干上户保明，县照簿税，量其产业多寡与之。若客户，则令主户与借，自行给散，至秋熟则令甲头催纳。所借既是有产业人，又有上户保明，甲头催理，安得失陷。纵有贫者不能

---

① 《宋会要》食货68之87至88。

尽纳，计亦不多，此赈贷之法也。"由此可见，赈贷最让官府担心的是民间借贷后不能偿还。对此，臣僚提出了规避这一风险的 4 点措施：一是由民间有物力才干上户操办或作保；二是按主户产业多寡决定借贷数量；三是先动员民间有蓄积粮食的富户借贷，如数量不够，再由官府借贷；四是官府不直接借贷给无产业的客户，应由有产业的主户出面与借，再转借给客户。不言而喻，这种赈贷虽然能规避了不少风险，但却不能救济到那些最需要接济的最饥寒交迫的客户。而且从"依乡例出息倍还"来看，其利息是相当高的，达 100%。

其三，赈济。宋人认为："贫乏不能自存者宜赈济。""赈济则户口颇众，不惟不能遍及寻常，官吏多与上户为奸弊，虚作支破入己，而贫民下户初不及，纵欲稽察，而人户已流移，亦无可询究。今乡村既行赈贷，上户有米无缘更来官司借贷，村落下户既有借贷，自不须赈济。所合赈济者，鳏寡孤独不能自存之人，抄札既有定数，则纽计合用米分作料次发下所请管干上户处，令积聚寺观给历，五日一给散，分明批历都分，虽多所给，必同日，以防两处打请。如此，则赈济用米不多，官吏亦无缘作弊，而虚破官米，此赈济之法也。"如按上述所言，宋代市井有赈粜，乡村有赈贷，所剩鳏寡孤独不能自存之人予以赈济，那么其受救济的面不是很广。而且，赈济是无偿地给予，故尤其容易被不法官吏、上户等贪污盗窃。捃之史籍，其实宋代赈济者不只是鳏寡孤独不能自存之人。赈济与赈粜、赈贷的区别在于受灾程度的不同，换言之，受灾程度严重，即予以赈济，受灾程度不严重，即予以赈粜或赈贷。如嘉定二年（1209）十二月，"臣僚言：都城内外一向米价腾踊，钱币不通，闾阎细民饘粥不给，为日已久。今又值大雪，无从得食，羸露形体，行乞于市，冻饥号叫，仅存喘息，累累不绝，闭门绝食，枕籍而死，不可胜数。甚者路旁亦多倒毙，弃子于道，莫有顾者。乞将府城内外已抄札见赈粜人户，特与改作赈济半月，其街市乞丐，令临安府支给钱米，责付暖堂日收房宿钱之类，官为量行出备，毋复更于乞丐名下迫取……如此则目前

冻饿之民，均被陛下仁心，感召和气，而丰稔之祥可以必致矣。从之"①。

宋人还有一种观点认为，赈贷、赈粜、赈济的区别在于："有产业无经营人，赈贷；无产业有经营人，赈粜；无产业无经营及鳏寡孤独之人，赈济。"② 这里，赈济的对象与上述基本相同，不同者在赈贷与赈粜，前者区别在市井与乡村，后者区分在有无产业与经营。用有无产业与经营来区分，可能更能规避赈贷的还贷风险。赈贷于有产业无经营人，因为有产业抵押，借贷风险当然较小；而对于无产业有经营人，由于无产业抵押，借贷风险当然较大，那就选择赈粜。

宋代还有人认为赈贷、赈粜、赈济三者所筹集粮米的渠道不同："赈贷之米，则取诸常平司；赈粜之米，则劝谕上户；惟是赈济，非劝谕之所及，常平米数又少，乞于本州今岁合发淮西总领所米纲内截拨一万石应副赈济，庶几贫下细民不为饿殍，亦免流徙。"③ 其实，这种划分并不是很有普遍性。事实上如前所引，常平仓米亦可用于赈粜，而上户之米则可用于赈贷。综合史籍记载，宋代用于赈灾粮米的来源主要有三种渠道。一是通过征收赋税而储存的粮米。如景德二年（1005）正月十七，"令淮南诸州以上供军储赈饥民"④。上供军储的来源一般就是地方官府征收的租赋。又如淳熙二年（1175）十月二十五日，"淮南漕臣言：今岁和州旱伤尤甚，乞将屯田庄所管稻谷比市价减粜，及濠州桩积米四千五千（'千'当为'十'）余石取拨赈粜。从之"⑤。显然，这里"屯田庄所管稻谷"与"桩积米"均为政府征收的官米，但不用于赈济，而是用于赈粜。二是通过政府购买而储存的粮米。神宗元丰二年（1079）二月十二日，"诏闻齐、兖、郓州谷价贵甚，斗直几二百，艰食流转之民颇多，司农寺

---

① 《宋会要》食货 68 之 106。

② 《宋会要》食货 68 之 102。

③ 《宋会要》食货 68 之 102。

④ 《宋会要》食货 68 之 31。

⑤ 《宋会要》食货 68 之 75。

其谕州县,以所积常平仓谷通比元入斗价,不及十钱,即分场广粜"①。由此可见,常平仓谷子来自政府在丰年时低价购买,而且不像上述所言用于赈贷,而是用于赈粜。又如宣和五年(1123),"又准诏旨,成都府今后如遇米价踊贵,依席旦已得指挥,将义仓米减价出粜,收桩价钱,岁稔却行收籴……本府递年积到常平义仓米二万九百八十余石,差官抄札府城内外贫民,给牌历,置场减价粜卖,以济贫民"②。这里,常平义仓米也是源于丰年时政府购买,并且也用于赈粜,而不是赈贷。三是劝谕富户有蓄积粮食者输米救灾。天禧元年(1017)五月二十四日,"殿中侍御史张廓言:奉诏京东安抚民有储蓄粮斛者,欲劝诱举放,以济贫民,俟秋成依乡例偿之。如有欠负,官为理偿。从之"③。这里,"民有储蓄粮斛者"并不是如前所云用于赈粜,而显然是用于赈贷。又如绍熙四年(1193)八月十二日,"诏逐路安抚、转运、提举司,如实有旱伤,州县许劝谕官民户有米之家,赴官输米,以备赈济。委知、通交量认数桩管,相度荒歉轻重,申取朝廷指挥,方许支拨。其出米及格人,仰遂司保奏,依立定格目推赏施行。不得科抑,从都省检会也"④。由此可见,官府激劝的富户之类也不用于赈粜,而是用于赈济。

总之,所谓常平仓米用于赈贷、上户蓄积之米用于赈粜、官府掌握的国家库存之米用于赈济的说法并不一定具有普遍性。宋代在救济灾民食粮方面还是依据受灾程度的不同,灵活掌握赈灾的方式,即受灾严重采用赈济的方式,受灾较轻则采用赈粜、赈贷的方式;用于赈灾粮食的来源亦具体情况具体解决。总的原则是先动员民间的力量以及常平、义仓的储粮,用于赈粜或赈贷,如灾情严重,数量不够,再动用国库存储,视情况不同,分别采用赈粜、赈贷或赈济的方式。这充分说明宋代在粮食赈灾方面的思想已相当务实、灵活、成熟,能根据灾情的不同作出最

①　《宋会要》食货 68 之 40。
②　《宋会要》食货 68 之 67。
③　《宋会要》食货 68 之 36。
④　《宋会要》食货 68 之 94。

佳的选择。

（六） 救济、 抚恤外商海难思想

宋代，陆上丝绸之路阻隔，朝廷重视通过海上丝绸之路，从事海外贸易，为财政增加巨额的收入。海上贸易频繁，在当时的海船、天气预报等条件的限制下，海难于史籍记载中屡见不鲜。宋廷重视对海难的救济、抚恤，主要基于两方面的考虑。

其一，中国古代作为以儒家思想立国的国家，从救济、抚恤外商海难中显示自己作为仁爱、礼义之邦的风范。如曾巩知明州时，"有高丽国界托罗国人崔举等，因风失船，飘流至泉州界，得捕鱼船援救"。后自泉州来到明州，受到曾巩热情周到的招待。曾巩认为：自己之所以如此，是"存恤举等，颇合朝廷之意……窃以海外蛮夷，遭罹祸乱，漂溺流转，远失乡土，得自托于中国。中国礼义所出，宜厚加抚存，令不失所……欲乞今后高丽等国人船，因风势不便，或有漂失到沿海诸州县，并令置酒食犒设，送系官屋舍安泊，逐日给与食物，仍数日一次别设酒食。缺衣服者，官为置造。道路随水陆给借鞍马舟船。具析奏闻。其欲归本国者，取禀朝旨，所贵远人得知朝廷仁恩待遇之意"①。

其二，实行招徕蕃商政策，吸引更多的外国商船来宋朝贸易，以增加财政收入。如绍兴二年（1132）六月二十一日，广南东路经略安抚提举市舶司官员指出："广州自祖宗以来，兴置市舶，收课入倍于他路。每年发舶……遣其蕃汉纲首、作头、艄公等人，各令与坐，无不得其欢心，非特营办课利，盖欲招徕外夷，以致柔远之意。"不言而喻，"营办课利"是招徕蕃商重要的目的之一。

宋代在救济抚恤外商海难中实行了种种措施，主要有以下四个方面。

其一，给遇难者以食粮，并予以遣还。如淳化年间，明州"言高丽国民池达等八人，以海风坏船，漂至鄞县。诏付登州给赍粮，俟便遣归

---

① 《曾巩集》卷32《存恤外国人请著为令札子》。

其国"①。大中祥符二年（1009）三月一日，"登州言女真国人锡喇卜等遇风飘船至州"。朝廷下诏"给其资粮，候风便遣还"②。

其二，借钱给遭遇海难的蕃商。如胡则任广西路转运使时，"有番舶遭风至琼州，且告食乏，不能去。则命贷钱三百万，吏白夷人狡诈，又风波不可期。则曰：'彼以急难投我，可拒而不与邪？'已而偿所贷如期"③。

其三，参与海难的救援工作。如元符二年（1099）五月十二日，"户部言：蕃舶为风飘着沿海州界，损败及舶主不在，官为拯救，录物货，许其亲属召人保任认还，及立防守盗纵诈冒断罪法。从之"④。

其四，慰问遭遇海难的蕃商。如天禧三年（1019）十一月，"明州、登州屡言高丽海船有风漂至境上者，诏令存问，给度海粮遣还，仍为著例"⑤。

宋代救济遭遇海难外商的措施是朝廷招徕外商来华贸易政策的一个组成部分，它与犒设蕃商，保护外商财产，奖励外商，设来远驿、怀远驿接待外商，设蕃坊管理外商，设蕃学教育外商子弟等在招徕外商来华贸易中发挥了应有的作用，使宋代海外贸易空前繁荣，财政收入大幅增加。

（七）荒年募兵思想

荒年募兵是宋代间接性赈灾的一项基本国策，其思想来自于宋太祖"凶年饥岁，有叛民而无叛兵，不幸乐岁而变生，则有叛兵而无叛民"⑥的名言。宋真宗时，适"岁大饥，民有欲隶官军以就廪食，而兵有定数。吕公夷简为提点刑狱，公白之曰：'温民饥且死，势将聚而为盗，岂若署壮强以尺籍，且消患于未萌，而公私交利乎？'吕即移文于州县，点七千

---

① 《长编》卷47。
② 《长编》卷71。
③ 《宋史》卷299《胡则传》。
④ 《长编》卷510。
⑤ 《宋史》卷487《高丽》。
⑥ 晁说之：《嵩山文集》卷1《元符三年应诏封事》，四部丛刊本。

人"①。又如庆历八年（1048）到皇祐元年（1049），富弼为赈济河北水灾，即招募了不少流入京东的饥民。并且说"既悯其濒死，又防其为盗"②。显然，宋代荒年募兵的指导思想十分明确，在饥荒时招募强壮者为兵，既防止他们饿死，更重要的是消除他们因无生路而聚集在一起为盗，影响社会安定与宋政权的统治。

从政府救助和社会稳定的角度看，募饥民强壮者为兵也可算作一种权宜之计。如宋神宗皇帝虽忧心于财匮之实，但对于募饥民为兵这一政策却大加赞赏，称其为"太平之业"，"自古未有及者"③。但是对于这一思想与措施，宋代也有朝臣持有异议。如欧阳修说："吏招人多者有赏，而民为穷时争投之。故一经凶荒，则所留在南亩者惟老弱也。而吏方曰：'不收为兵，则恐为盗。'噫！苟知一时之不为盗，而不知终身骄惰而窃食也。"④ 司马光也说："近闻朝廷于在京及诸路广招禁军，其灾伤之处，又招饥民以充厢军。臣愚以为，国家从来患在兵不精，不患不多……自景德以来，中国既以金帛绥怀戎狄，不事征讨，至今已六十余年。是宜官有余积，民有余财，而府库殚竭，仓廪空虚，水旱小愆，流殍满野，其故何哉？岂非边鄙虽安，而冗兵益多之所致乎？此乃天下所共知，非臣一人之私言也。"⑤ 这里，欧阳修反对荒年募兵的理由是饥荒时招募强壮者为兵，使农业生产只剩下老弱者，缺少青壮年劳动力，而强壮者为兵只能使其成为不劳而食的骄惰者。司马光则认为荒年募兵导致冗兵，而冗兵又使国家财政匮乏、仓廪空虚，因此一有水旱之灾，国家缺少钱粮财物赈济，致使大量饥民流亡或饿死。

综观史籍，荒年募兵虽然难免会减少农业生产中的青壮年劳动力，

① 《端明集》卷 37《光禄少卿方公神道碑》。
② 《文献通考》卷 156《兵八》。
③ 《长编》卷 327。
④ 《文献通考》卷 152《兵四》。
⑤ 《温国文正公文集》卷 33《招军札子》。

使"连营之士日增，南亩之民日减"①，并增加军队数量，加重财政负担，但这些负面作用也不能估计得过高。一是在军人社会地位急剧下降的北宋，荒年募兵下入伍的农民毕竟只是少数。荒年之下饥民的各种选择中，应募为兵为倒数第二位，仅次于为盗贼的选择："夫南亩之民，储一岁之备者，十鲜一二；其次榷钱富室，出倍称之息；其次质产入租，充为人庸；下乃转徙他郡，壮者丐兵，弱者丐食，不幸为盗贼，穷矣。"② 宋仁宗庆历八年（1048），富弼因河北水灾而主持的募灾民充厢军是北宋规模较大的一次荒年募兵，但在"河北流民百万，转徙京东"，"流民入京东者不可胜数"的情况下，最终入伍当兵者才不过"万余人"③。可见，占饥民总数的比例是很低的。二是在为数有限的荒年应募为兵者中，并非都是整体素质较高的农业生产劳动力。李觏说："今之卒伍，例非劲健，必也少有材力，自己别营衣食，安肯涅墨而就拘哉？唯无聊之人，填壑是惧，不得已而为之耳。"④ 可见那些荒年入伍的农民，尽管不能说其中没有壮劳力，但绝大多数当是行不得为商、居不得为农的"无聊之人"，因此，对农业生产的影响可能不是很大。三是北宋荒年所募之兵多数是以充当厢军为主，所谓"其灾伤之处又招饥民以充厢军"⑤。而厢军是以承担劳役为主的军种，宋代重要的夫役与职役日益由厢军承担。正如时人章如愚所说："古者，凡国之役皆调于民。宋有天下，悉役厢军，凡役作、营缮，民无与焉。"⑥ 马端临也认为："宋朝凡众役多以厢军给之，罕调丁男"⑦，"自五代无政，凡国之役皆调于民，民以劳弊。宋有天下，悉役厢军，凡役作、工徒、营缮，民无与焉，故天下民力全固"⑧。应当说，

---

① 《乐全集》卷23《再上国计事奏》。

② 尹洙：《河南先生文集》卷2《原刑》，四部丛刊本。

③ 《长编》卷166。

④ 《李觏集》卷28《寄上富枢密书》。

⑤ 《宋朝诸臣奏议》卷121《上英宗乞罢招军》。

⑥ 《山堂群书考索》后集卷41《兵制门·州兵》。

⑦ 《文献通考》卷12《职役一》。

⑧ 《文献通考》卷156《兵八》。

"悉役厢军""民无与焉"的评介难免有溢美和不实之处，像宋祁所说的"朝廷每有夫役，更借农民以任其劳"① 的情况也不是绝对没有，但从总体上看，宋朝廷直接掌握的数十万厢军对劳役的分担，对减轻和替代民众徭役的负担，从而保证了农民生产所必需的劳动时间，其作用是应充分肯定的。

综上所述，宋代荒年募兵的间接赈灾思想，总的来说，应当是利大于弊，对于那些挣扎于死亡线边缘的农民来说，无疑仍是一条生路，有效地防止他们铤而走险走上武装对抗的道路，对稳定社会秩序产生积极的作用。同时，他们大多数被招募为厢军，分担了民众的徭役，等于间接为农民生产提供所必需的劳动时间。

四、 灾后和平时政府救助思想

（一） 安置流民， 恢复生产思想

宋代灾后最突出的最亟待解决的矛盾是由于流民的大量出现，大片土地荒废使农业生产劳动力和土地这两大生产要素分离。有关这一灾后现象，宋人已经十分清楚地看到。如宋仁宗时，钱彦远指出："今国家户七百三十余万，而垦田二百一十五万余顷，其间逃废之田，不下三十余万，是国畴不辟，而游手者多也。劝课其可不兴乎？"② 庆历七年（1047），知邓州富弼也谈到："今水灾之后，农民大半流徙，从来沃壤，尽为闲田。又河朔所占地土至多，无由耕稼。臣切计见入之赋，不过三分之一……民力不得不困，国用不得不窘……河朔逃田，尽成废弃；河朔军需，无以供亿。若不早为擘划，恐朝廷财用殚耗，遂至不支，甚非为国之计也……若河北逃田不废，则人自足食，京东之民亦得息肩。"③ 由此可见，灾后一方面是流民无法返乡，散落异地他乡，另一方面家乡

---

① 《宋朝诸臣奏议》卷 101《上仁宗论三冗三费》。
② 《宋会要》食货 6 之 42 至 43。
③ 《宋朝诸臣奏议》卷 105《上仁宗乞拨河北逃田为屯田》。

大片土地无人耕稼，尽成废弃。这种农业生产劳动力与耕地的分离不仅使灾后农民生产得不到恢复，而且进一步造成国家赋税收入锐减，军需无以供给，安置流民地区的百姓负担沉重。

在封建自给自足的自然经济历史条件下，灾后恢复农业生产的较佳途径就是尽快使劳动力与土地重新组合，从而实现灾民的自给，减少赈济支出，在恢复和发展农业生产的基础上增加国家的财政收入。宋朝廷基于这种思想，采取了一系列措施，招抚逃移人户尽快回原籍或就地安置，以恢复农业生产。

1. 为帮助流民能顺利返乡，朝廷给予流民程粮、免除津渡之税等优惠，以解决他们在归途上的经济困难。如宋太祖在开宝六年（973）正月曾下诏："诸州流民所在计程给以粮，遣各还本贯。"[1] 熙宁八年（1075）正月，宋神宗就当时流民问题也下诏说："方农作时，雨雪颇足，流民所在令州县晓谕，丁壮各愿归乡者，并听保结，经所属给粮。每程人给米豆一升，幼者半之，妇女准此，州县毋辄强逐。"[2] 从这两次诏书均在正月以及"方农作时"可知，朝廷资助流民粮食返乡的用意是尽快让他们赶上春耕的季节，恢复农业生产。宋哲宗时期，为减轻流民沿途负担，还改发放米粮为发给路券，可以沿路领取食物。如绍圣元年（1094）十月，哲宗诏："河北东西路被灾……令流民在他路者，官吏以至意谕晓，使归业给券，使所过续食，不愿者所在廪给之。"[3] 除政府给予流民返乡程粮外，有的地方官还劝谕豪富给予路粮资助。如大中祥符二年（1009），知邓州右司谏直史馆张知白言："陕西流民相续入境，有欲还本贯而无路粮者，臣谕劝豪民出粟数千斛，计口给半月之粮，凡就路者总二千三百家，万二百余口。"[4] 为了方便流民尽快返乡耕种，朝廷还下令沿途免收渡钱等。如淳熙九年（1182）正月六日，知建康府范成大言：

---

① 《长编》卷14。

② 《救荒活民书》卷1。

③ 《宋会要》食货57之12。

④ 《宋会要》食货57之5。

"近降指挥，流移之人如愿归业耕种，即量支钱米给据津遣，今欲移文两淮安抚司漕，行下所属，约束沿江渡口，遇有江浙流移归业之人，其人口、行李、牛畜等并与免收渡钱，无致邀阻。其江浙津渡亦乞一例免收。"①

2. 流民返乡初期，由于农业生产刚刚处于恢复期，粮食还未收成，往往缺乏食物，因此，政府给予复业流民一定的食物救济，使他们不再逃移，以便能安心生产。如天禧元年（1017）九月十六日，"诏河东流民有复业者发仓粟赈之"②。庆元元年（1195）正月，临安守臣徐谊在遣返流民的同时，"诏候到本贯州县，令日下支给常平米赈济，毋致失所"③。失去房屋的流民返乡后，寻找安身之处也是必不可少的。有些地方官员就通过"作室庐"的方式招徕流民。如宋仁宗时期，元绛除江南西路转运判官，请得知台州。"大水昏垫之余，公出库钱就民作室数千区，许人自占，与之期，三岁偿所费，于是流亡皆复业"④。有些地方，则是临时将流民安置在官屋中，并给予生活和医疗救济。如绍圣元年（1094）三月二十二日，三省言："昨已降指挥应流民支与口食，遣还本土，所在官司辟官屋权令宿止，疾病者医治，仍不限户口米豆硕斗赈济。令户部指挥灾伤路分监司严加督责，州县推行，务要民受实惠。如更有合行赈恤事，令速施行。"⑤

3. 在流民返乡后饮食和住宿得到基本解决的前提下，政府再通过给田、还田等，使流民恢复原来的田产或能得到一块耕地。农民拥有耕地，是使农业劳动力与土地最终有效结合，恢复农业生产的基本条件之一。对于那些失去土地的流民，政府如果能够提供土地，他们必然愿意返乡。

① 《宋会要》食货 69 之 66。

② 《宋会要》食货 57 之 6。

③ 《宋会要》食货 58 之 21。

④ 王安礼：《王魏公集》卷 8《资政殿学士太子少保致仕赠少师谥章简元公（绛）墓志铭》，台湾商务印书馆影印文渊阁四库全书本。

⑤ 《宋会要》食货 57 之 11。

如绍兴十八年（1148），王镇知安丰军六安县，"江南猾民冒佃荒田，辄数千亩。君躬按户籍，丁给百亩，于是流逋四归，愿耕者众"①。而对于那些原来占有土地，因流亡在外，土地已被作为户绝田充公或被他人侵占的，朝廷也制定了一些法规，尽可能对流民田产予以保护。一般来说，对于流民田产的保护年限，因不同逃移缘由而有所不同，但目的相同，即对流民的田产保护设置一定的年限，既可招诱督促他们在一定的期限内尽快返乡复业，又可为逾限之后政府对流民田产的利用提供法律依据。总之，在尽可能短的时间内使荒废的土地与流亡的劳动力重新予以结合，恢复农业生产，使流民自给，从而减少国家赈灾支出，恢复和增加赋税收入，稳定社会秩序。两宋时期，对于因灾荒逃移人户的逃田产权保护，年限一般是在百日、半年至一年之间。如太平兴国七年（982）二月，"诏开封府：近者蝗旱相仍，民多流徙，宜设法招诱，并令复归，满百日不至，其桑土并许他人承佃，便为永业"②。淳化四年（993）十一月，诏："应开封管内百姓等，霖霪作沴，水潦荐臻，多稼既被于天灾，尽室不安于地著，遂致转徙，其将畴依？先是，今年三月辛亥诏书：应流民限半年复业，限满不复，即许乡里承佃，充为永业。又念民之常性，安土重迁，离去旧国，盖非获已。自今年十一月已前因水潦流移人户，任其归业。如至明年夏不归业者，即以辛亥诏书从事。"③此两诏书前者限令为百日，后者限令为半年。南宋时，因各种缘由逃移的，逃田产权的保护年限也各不相同。如南宋绍兴二十三年（1153）二月一日，户部言："勘会在法：因灾伤逃田限一年，不因灾伤者限半年，避赋役者百日许归业，不因灾伤再逃者不在归业之限，不经检阅税租及供输钱物而见有人承佃供输者限六十日许归业，限满者许人指射，无人指射者亦听归业。"④但是这些规定在具体实施中并不是十分严格，有时也会根据具体情况适

① 《文忠集》卷77《朝议大夫赐紫金鱼袋王君镇墓碣》。

② 《长编》卷23。

③ 《宋会要》食货69之37。

④ 《宋会要》食货69之60至61。

当延期。如明道二年（1033）五月，诏："诸路去年灾伤流民许半年复业者，更展百日限。"① 还有一些特殊情况的，其限期更为灵活。如庆历七年（1047）六月，知沧州郭劝言："所谓灾伤，其中甚有轻重，且若霜雹、风旱、虫蝝、暴雨之类，止于一时，过则仍旧，即不同黄河淹涝，动便三五岁以上，兼又不该说所请逃田耕种与未耕种、纳与未纳着税数。窃以许人请射之法，盖欲荒芜尽辟，征租有入，遂立程限，用以劝课。以此田土在积水之下，徒使兼并及外来人空占，久系版籍贫民产业，颇见奸弊。欲乞应系黄河等灾伤逃户田土见在水下，虽有人请射，未曾耕种，未纳税数，如本主归业，委州县勘会，不以年岁远近并却给还。内有水退出地土耕种，已纳税数，兼该年限者，不在给还。"② 黄河淹涝，与其他灾害不同，"动便三五岁以上"，难以估测。有奸诈之人，欲钻逃田限期的空子，占有逃户的田产。郭劝所说的这种情况，经有关部门讨论后采取了措施："自今后如有似此黄河积水流移人户田土，虽是限满未来归业，未许诸色人请射，直候将来水退，其地土堪任耕种日，与依敕限，许令本户归业。如限满不来，即许诸色人请射为主，供输税赋。"③ 这种规定比较合理，其被淹土地待洪水退后能耕种时再开始计算限期，限期满后原田主未来归业，才可招标让人耕种。

宋代对因战乱逃移人户田产的保护，比因自然灾害所引起的逃移人户田产保护，其期限更加灵活、变化更大，甚至有时不受年限的限制。如真宗咸平五年（1002）八月，诏："河北陷敌民田宅，前令十五年许人请佃，自今更展五年。"④ 景德三年（1006）二月己丑，诏："河北诸州民陷契丹而归者，旧住庄产，勿限编敕年岁，并给之。"⑤ 南宋时期，战乱频仍，逃移人户归业受到较大影响，其田产保护年限一延再延，从宽限

① 《长编》卷112。
② 《宋会要》食货61之60。
③ 《宋会要》食货61之60。
④ 《长编》卷52。
⑤ 《长编》卷62。

二年三年十年十五年直至二十年。如绍兴三年（1133），户部言："人户抛弃田产，已诏三年外许人请射，十年内虽已请射及拨充职田者，并听理认归业，官司占田不还，许越诉。"① 孝宗隆兴元年（1163），诏："凡百姓逃弃田宅，出二十年无人归认者，依户绝法。"②

宋代朝廷对流民田产保护年限的灵活政策，体现了统治者具体问题具体分析、实事求是的务实态度和思想。他们能根据不同逃移原因、不同逃移性质、不同逃移时间和不同逃移地区等采取不同的政策。如南宋时期有些地区受战乱的影响，"不患无田之可耕，常患耕民之不足"③。在这种地多人少的情况，延长逃移人户的产权保护年限，甚至取消年限，有利于招诱流民返乡复业。宋朝政府不断调整延长对流民的田产保护年限，反映了朝廷始终把招诱流民回乡复业作为发展农业生产、稳定社会秩序的一项基本国策，这是符合当时现实情况的治国思想和策略，并取得了一定的成效。

4. 宋朝对归业的流民实行减税免税或除积欠，适当减轻他们归业后的赋税负担，以调动他们重新投入生产积极性。对流民的这种赋税优惠政策，根据逃移的原因不同而有所差别。如庆历五年（1045）三月，仁宗下诏云："因灾伤逃移限一年令归业，与免三料催科及支移折变，不因灾伤逃移限半年，与免一料支移折变。"④ 皇祐五年（1053）闰七月，仁宗又下诏："广南经蛮寇所践而民逃未复者，限一年复业，仍免两料催科及蠲其差役三年。"⑤ 这里因灾伤逃移可享有三料，即一年半赋税放免的优惠；不因灾伤逃移的，只有半年的放免优惠；因战乱逃移人户归业，优免的赋役最多，包括一年免税，三年免役。为了鼓励和督促逃移人户尽快返乡复业，宋政府还规定越早返乡归业者所享受的优惠越多："应逃

---

① 《文献通考》卷5《田赋考五》。
② 《宋史》卷173《食货上一》。
③ 《宋会要》食货3之11。
④ 《宋会要》食货69之40。
⑤ 《长编》卷175。

亡人户，自降绍兴二年下半年以前复业者与免四料，绍兴三年上半年以前复业者免三料，下半年以前复业者免两料，绍兴四年以前复业免一料。"①

宋朝廷对流民归业者除积欠包括清除以前所欠各种租赋以及倚阁缓征两种方式。前者如宣和五年（1123）十一月十九日，"诏京西路累年灾伤，民力匮乏，州县失于措置，颇多逃移……应逃移未归业人户仰转运常平司官督责守令，多方措置招诱归业，仍将归业人户未归以前见欠租税及系官诸般欠负并特与免除"②。后者如绍圣元年（1094）十月二十一日，"诏河北东、西路被灾经放税户虽不及五分，所欠借贷钱斛并抵当牛钱等倚阁，候丰熟日分十料输。其非被灾放税户所欠钱斛视此。仍除结保均陪之令"③。

5. 对缺乏生产资料的归业流民，政府提供粮种、农具和耕牛等。如绍圣元年（1094）三月二十二日，"上曰：'闻京东、河北之民乏食，流移未归本土，宜加意安恤。给粮种，差官就谕，使还农桑业。'范纯仁等对曰：'今已给常平米，又许旨所养牛质取官缗钱，免租税，贷与谷麦种矣。'"④ 隆兴二年（1164）三月二十七日，诏高、藤、雷、容四州逃避"寇难"人户，"仰守令多方招诱归业，内阙食不能自存之人，依灾伤法赈恤；即虽归业，而无力耕种者，令提刑司以牛具种粮借贷之"⑤。

中国古代农民普遍安土重迁，怀念故土，大部分流民灾后还是希望返乡复业。因此，政府灾后的救济工作以尽快遣返流民还乡复业为主。围绕着灾后的这一工作，政府与一些官员纷纷建言献策，形成了一套灾后尽快顺利地遣返流民还乡复业的救济思想。首先，给予返乡复业流民以程粮，并免除沿途津渡钱等，使流民尽快顺利回到家乡。其次，应使

---

① 《宋会要》食货69之51。
② 《宋会要》食货69之43。
③ 《宋会要》食货57之12。
④ 《宋会要》食货57之11。
⑤ 《宋会要》食货59之39。

回到家乡的流民有一个最起码的生存条件，否则，就会出现再次逃移。其措施是给予流民基本的口粮，并使他们有庇身之所。最后，要使流民返乡后能尽快恢复农业生产，政府必须帮助流民具备起码的生产资料要素，即土地、种子、农具、耕牛等，这样才能使劳动力与土地尽快重新结合。宋代政府采取灵活的流民田产保护政策，并想方设法解决流民缺乏粮种、农具和耕牛等问题，还通过减免税收、除积欠等措施，鼓励并督促流民尽快恢复农业生产，实现灾后重建和发展社会经济。

宋代遣返流民一般采用自愿原则，如不愿返乡的，就采取就地安置（也称异地安置）方式，无偿给予或租佃土地给流民，使其在家乡以外的地方安居下来。这是区别于遣返还乡的另一种安置方式。对安置流民颇有自己独到见解的富弼认为，流民一旦流徙出来，除了"情愿人归还本贯"之外，强制遣返并不可取，倒不如"或放令前去别州，或相度口数给与田土，或自令樵渔采捕，或计口支散官粟，诸般救济，庶几稍可存活"。本着这样的安置流民指导思想，富弼即向朝廷请求，将京西一路的"系官荒闲田土及见佃人剩占无税地土，差有心力徇公官员，四散分俵，各令住佃，更不得逼逐发遣却归河北"①。除富弼之外，许多官员也采取就地安置流民的方式。如南宋初赵善俊知庐州时，"岁旱，江浙饥民麇至。君既竭力周恤，仍括境内荒熟官田三万六千余亩，分三十六圩，请凡土著、流移视力均给，而贷以牛种。生者予屋，死者给棺……时土旷人稀，招耕户一率费缗钱数十。君因流民仰食，为裁其直，主客俱利，户口日增"②。

对于流民就地安置这一方式，其实对于政府来说更为节约安置成本，起码来说节省了给予流民返乡的程粮开支。但是这一安置方式却给安置地带来了挑战。如果新的安置地如前所述庐州为"土旷人稀"，那么流民的安置正弥补了这一地区的"土旷"，其结果是"主客俱利，户口日增"，

①　《宋朝诸臣奏议》卷 106《上神宗论河北流民到京西乞分给田土》。
②　《文忠集》卷 63《中大夫秘阁修撰赐紫金鱼袋赵君善俊神道碑》。

显然对于这一地区的经济发展和社会安定均是有利的。但是这一地区如果是"地狭人稠"，那么流民的到来将对这一地区造成很大的冲击。面对这种局面，政府往往予以劝阻，多方进行引导。如神宗熙宁七年（1074），河北西路镇、赵、邢、洺、磁、相等州，出现总数达 46000 人的流民群，迤逦南下，涌入当时人口密度甚大的汴京。宋朝廷随即命令有关州县劝阻，"约回本贯"。其中有农村力及人户，只是由于客户率先逃移，他们"不敢安处田里"，也随之搬迁。宋朝廷在通知各地劝阻时，对此等人户，"用心安辑。如在村野，难以独居处之人，多方开谕，暂迁就附近城郭安泊"①。

（二） 收养救济贫困人口思想

宋朝常设收养救济贫困人口的机构有多种，如福田院、居养院、安济坊、漏泽园、养济院、安乐坊、安养院、安济院等。从功能上看，这些机构大致可分为四类，一为收养贫困人口与病患者的综合性机构，二为收养贫困人口的机构，三为养济贫困病患者的机构，四为救济贫困死者的助葬机构。其代表为福田院、居养院、安济坊和漏泽园，这正是"鳏寡孤独，古之穷民，生者养之，病者药之，死者葬之，惠亦厚矣"②。"若丐者育之于居养院；其病也，疗之于安济坊；其死也，葬之于漏泽园，岁以为常。"③ 总之，宋代平时的政府救助工作就是围绕着收养贫困人口、医治贫困病患者和埋葬贫困死者的指导思想展开的。

宋朝社会贫富分化严重。在这种社会背景下，即使没有灾荒发生，也会引起较大的社会矛盾。如果没有一种社会财富再分配机制进行调节，正常的社会运行秩序必然会出现问题。从这个意义上说，政府救助就是对过于悬殊的贫富差距进行调节，即社会财富在经过不公正的初次分配后，又重新进行一次再分配。这种对社会财富进行再分配的行为，在民

---

① 《长编》卷 256。

② 《宋会要》食货 60 之 6。

③ 《宋史》卷 178《食货上六》。

间而言，属于社会成员之间的自发性财富调节行为；在政府而言，往往属于强制性的重新调节社会成员之间财富分配的行为。宋人王琪在乞立义仓时所表达的"损有余补不足"的思想，道出了宋代政府救助工作的实质。他说："自第一至第二等兼并之家占田常广，于义仓则所入常多，自第三至第四等中下之家占田常狭，于义仓则所入常少。及其遇水旱行赈给，则兼并之家未必待此而济，中下之室实先受其赐矣。损有余补不足，实天下之利也。"①

宋人对平时的政府救助工作，一般多持肯定赞赏的态度，认为是行仁政的表现。如范祖禹认为："古者为政，必先恤困穷之民。国朝祖宗以来，惠恤孤寡，仁政非一……朝廷自嘉祐已前，诸路有广惠仓以救恤孤贫，京师有东、西福院以收养老幼废疾。至嘉祐八年十二月，又增置城南、北福田，共为四院，此乃古之遗法也……国家富有四海，每岁用系省钱一二万缗，于租赋之入，无异海水之一勺。而饥穷之人，日得十钱之费、升合之米，则不死矣。此乃为国者所当用，王政之所先也。况朝廷幸不惜费，惟更增修旧法，推广祖宗仁政，以副陛下惨怛爱民之意，夫何难哉！臣切惟陛下近日所行，万万于此，而臣之所陈，事乃至微，然古之圣人，莫不以此为先务。所以拯生民之性命，其法不可不备也。"②

虽然大多数宋人对平时政府救助持肯定意见，但也有一些人持反对意见，认为行仁政有过分之嫌。如周密认为都人所受施惠过多，"贫而无依者则有养济院，死而无敛者则有漏泽园。民生何其幸与！"因此，颇有养成"骄民"之嫌③。杨时也认为居养、安济之法乃是"养游手"之法④。陆游则更具体地指出："崇宁间……置居养院、安济坊、漏泽园，所费尤大。朝廷课以为殿最，往往竭州郡之力，仅能枝梧。谚曰：'不养

---

① 《宋会要》食货 53 之 19 至 20。
② 《范太史集》卷 14《上哲宗乞不限人数收养贫民》。
③ 四水潜夫（周密）：《武林旧事》卷 6《骄民》，台湾商务印书馆影印文渊阁四库全书本。
④ 《黄氏日抄》卷 41《龟山先生文集·语录》。

健儿，却养乞儿。不管活人，只管死尸。'盖军粮乏，民力穷，皆不问，若安济等有不及，则被罪也。"①

根据现代高福利国家的社会情况来看，过高的政府救助的确会养成"骄民"和游手好闲者。但是，宋朝政府救助是否过高了呢？对此张文先生作了分析。据他估计，北宋崇宁年间开封府人口总数当在百万以上，而济贫机构所收养的人数约有3000人，最多不会超过5000人。据此，开封府济贫机构所收养的人数与总人口的比例约为1∶330和1∶200。若以开封府百万人口中有一半属于生产性人口推算，则两者比例也在1∶165和1∶100之间。也就是说，以100至165名生产者负担1名收养者，这比例无论如何也不算高。还有，"健儿"们的兵食是否被"乞儿"夺去呢？答案是否定的。因为"乞儿"的人数与"健儿"的人数几乎是完全不可相比的。宋太祖时期，宋朝拥有30余万军队，而到了宋仁宗皇祐初年，军队人数上升到160万。南宋时期，每年的养兵费用，基本上占财赋总收入的50％，甚至80％以上。如此巨大的养兵费用，与少量的济贫费用相比，孰重孰轻，一目了然。因此，宋人对于济贫费用过高的批评，并不足取。②

附"宋代政府救助思想框架图"：

---

① 陆游：《老学庵笔记》卷2，中华书局点校本，1979年。
② 参见张文：《宋朝社会救济研究》，西南师范大学出版社，2002年，第194—195页。

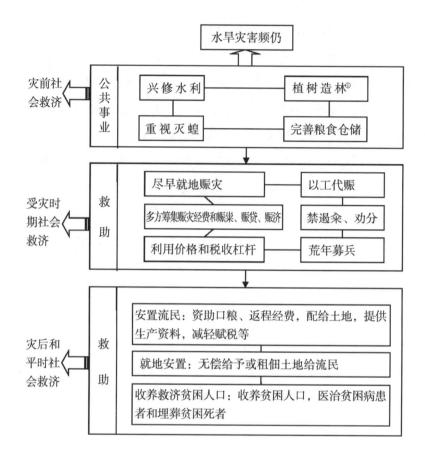

第八节　对社会犯罪的禁戒与镇压思想[①]

一、对社会犯罪的严厉镇压

宋朝是在结束五代十国割据混乱的局面基础上建立的，宋初统治者

---

① 有关植树造林的论述，参见本章第六节第二目"（一）对林木资源保护和利用的思想"。

为了保持社会稳定，达到长治久安，维护自己的统治，都主张采用严厉的刑法，惩治一些严重危害封建统治秩序的犯罪行为。正如《宋史·刑法志》开篇所云："宋兴，承五季之乱，太祖太宗颇用重典，以绳奸慝。"宋太祖曾下诏令强调："世属乱离，则纠之以猛。"① 宋太宗更进一步指出："外忧不过边事，皆可预防，惟奸邪无状，若为内患，深可惧也。"② 在这种思想指导下，终宋一代对一些犯罪都采用重典。如自宋仁宗嘉祐年间，制定了《窝藏重法》，开始采取特别立法镇压犯罪；宋英宗于治平三年（1066），制定了惩治强劫贼盗的《重法》；宋神宗熙宁四年（1071），又颁布了《贼盗重法》，成为惩治"贼盗"犯罪的重要刑事特别法。

北宋末年至南宋时期，赵宋统治者一方面受到北方少数民族政权南下的威胁，另一方面由于横征暴敛、民不聊生，激起人民的武装反抗斗争。在这内外交困的形势下，宋廷曾一度改变以往一味重刑镇压的原则，采取抚剿并用的策略。但是，南宋王朝建立不久，高宗又改变策略，仍然采取暴力镇压手段。他于绍兴年间三次降诏，提出"禁招安盗贼"的原则，凡"已经招安而复啸聚者，发兵加诛"，采取"勿赦"的方针，一律斩杀。尔后在镇压了钟相、杨么起义后，更是下令严禁百姓"私有私造兵器"，以及"妖民聚集"③。

宋廷在此思想指导下，主要对以下一些严重威胁其统治，影响社会稳定的犯罪实行严厉镇压：

其一，谋反逆叛罪。在中国封建社会所有的犯罪中，谋反逆叛罪是最严重的犯罪。因为这一犯罪的目的是要推翻当朝皇帝的统治，所以无论何人触犯这一罪行，都将遭到最严厉残酷的镇压。具体而言，宋代统治者又把谋反逆叛罪主要分为以下几种：一是谋反罪，即谋危社稷，预

---

① 《宋大诏令集》卷 200《改窃盗赃计钱诏》。
② 《资治通鉴后编》卷 14。
③ 《宋史》卷 27《高宗四》。

谋推翻皇帝统治；二是谋大逆罪，即"谋毁宗庙、山陵（皇陵）及宫阙"，严重侵犯皇权统治。对于这两类犯罪，《宋刑统·贼盗律》规定："诸谋反及大逆者皆斩，父子年十六以上皆绞。"其余亲属、部曲、资财、田宅并没官。甚至谋反者尽管"词理不能动众，威力不足率人"，但只要有所表示，不分首从，一律处斩，父母、子女、妻妾并流三千里。即使是"口陈欲反之言，心无真实之计，而无状可寻者，流二千里"。三是谋叛罪，即"谋背本朝，将投蕃国，或欲翻城从伪，或欲以地外奔"①。由此可见，所谓谋叛罪就是现在所说的叛国、叛逃罪。对于此类犯罪，处罚比谋反、谋大逆罪稍轻一点儿，但还是严惩。按《宋刑统·贼盗律》规定："诸谋叛者绞，已上道者皆斩，妻子流二千里。若率部众百人以上，父母、妻子流三千里。"四是造妖书妖言罪，按《宋刑统》引疏议的解释，即所谓"造妖书及妖言者，谓构成怪力之书，诈为鬼神之语；休谓妄说他人及己身有休征；咎谓妄言国家有咎恶，观天画地，诡说灾祥，妄陈吉凶，并涉于不顺者，绞"。质言之，即那些散布推翻现存君主王朝的言论，通过利用鬼神等宣传组织人们起来反抗起义的行为，同样应受到严厉的惩罚。《宋刑统·贼盗律》规定："诸造妖书及妖言者绞，传用以惑众者亦如之。"与此同时，律文附敕规定："有此色之人，便抑收捉勘，寻据关连徒党，并决重杖处死。"总之，犯此罪之人，不分首从，不分是否传用，不分率众与否，一并处死。五是大不恭罪。所谓大不恭罪主要指臣下对皇帝本人、亲戚以及派遣使臣有冒犯不恭敬的行为，为皇帝做饭、医病、裁衣、造船不合要求，对皇帝人身安全造成严重威胁的，都作为"大不恭"罪，给予严惩。如《宋刑统·名例律》规定：凡臣下对皇帝尊严有所冒犯者，对皇帝有不恭敬行为者，一律处以死刑。臣下如"对捍制使而无人臣之礼"者，同样处以绞刑。

由此可见，谋反逆叛罪危害的对象是封建最高统治者皇帝或其王朝，因此是绝对不容许的，封建国家必须通过暴力予以严酷镇压，甚至还要

---

① 《宋刑统》卷1《名例律》。

法外加刑，处以凌迟等酷刑。如《长编》卷 144 载："庆历三年，得光化军贼邵兴及其党，仁宗诏：'并凌迟处斩。'"同书卷 277 载："熙宁九年，茂山牙校张仁贵结连背叛，（神宗）诏：'仁贵凌迟处死。'"

其二，杀人罪。古代在以命偿命的观念指导下，对于杀人罪，除属于误杀、戏杀、过失杀人罪外，一般都处以死刑。只是根据杀人罪的性质、手段、被害者的身份等不同，所处的死刑方式有所不同。一是所谓杀一家三人罪，按《宋刑统·贼盗律》引疏议解释说："杀人之法，事有多端，但据前人身死，不论所杀之状。但杀一家非死罪良口三人，即为不道……皆合处斩，罪无首从，妻子流二千里。"二是肢解人罪，顾名思义，即"杀人而肢解者"，或"先肢解而后杀之"①。其犯罪手段残忍，依照《宋刑统》规定，罪无首从，皆斩，妻子流二千里。三是谋杀罪。《宋刑统·贼盗律》规定，若是下属谋杀长官，下辈谋杀尊长亲属等，如属于谋杀（即谋而未杀），流二千里；已伤者，绞；已杀者，斩；如是"诸部曲、奴婢谋杀主者皆斩，谋杀主之周亲及外祖父母者绞，已伤者皆斩"。相反，若是"尊长谋杀卑幼者，各依故杀罪减二等，已伤者减一等，已杀者依故杀法"。具体处刑依同条疏议解释为："谋杀周亲卑幼，合徒三年，已伤者流三千里，已杀者依故杀法合绞之类。"四是故杀罪，按《宋刑统·斗讼律》引疏议解释说：故杀罪指"以刃及故杀者，谓斗而用刃，即有害心，及非因斗争无事而杀，是名故杀"。简言之，就是故意杀人。对于这种犯罪，《宋刑统·斗讼律》规定："以刃及故杀人者，斩。"五是斗杀罪，按《宋刑统》引疏议解释说："斗殴者，元无杀心，因相斗殴而杀人者，绞。"可见斗杀罪与故杀罪的不同是无意杀人，故虽亦处于死刑，但绞刑比斩刑为轻。六是误杀罪，《宋刑统·斗讼律》规定："诸斗殴而误杀伤旁人者，以斗杀伤论，至死者减一等。"从《宋刑统》"致死者减一等，流三千里"来看，误杀罪一般不处死刑，最重流三千里。七是戏杀罪，按《宋刑统·斗讼律》疏议解释，"戏杀伤人者，谓

---

① 《宋刑统》卷 17《贼盗律》。

以力共戏，因而杀伤人减斗罪二等"，即流二千五百里。又因"或以金刃，或乘高处险，或临危履薄，或入水中……因此共戏，遂至杀伤……唯减本杀伤罪一等……而犯应赎罪者，依过失法收赎"。由此可见，戏杀罪无意失手杀人，故减轻处罚，最高流三千里，最低可用钱赎罪。八是过失杀人罪，按《宋刑统·斗讼律》疏议解释，过失杀伤"谓耳目所不及，思虑所不到，共举重物，力所不制，若乘高履危足跌，及因击禽兽以至杀伤之属皆是"。可见，过失杀人比误杀性质更轻，区别是过失杀人不是参与斗殴，而是犯者对自己行为缺乏应有的考虑或防范而导致的杀人后果，故更从轻处罚："诸过失杀伤人者，各依其状，以赎论。"

其三，官吏贪赃罪。宋代官吏在经济上犯罪的现象比较复杂，有多种类型，其中最主要的有四种类型：一是侵吞国家的财物，即贪污盗窃。如虚报冒领，假公济私，私借官物钱粮，隐没克扣，监守自盗仓库钱粮等。这类犯罪损害的对象是国家，因此往往予以重惩。据《宋刑统》卷19《贼盗律》的规定，主典官府库务的监临、监事、主守之官，利用职务之便自盗官库钱物，必须处以"加凡盗二等"的刑罚，即价值满三十匹，就要处以绞刑。如果所盗是不计赃而立罪名的犯禁之物，则再加一等，而且不享受请减赎的优待。有关此类犯罪的惩，两宋各朝宽严不大相同。哲宗绍圣三年（1096），刑部侍郎邢恕对宋太祖至哲宗时期的有关变化做了简括的总结："艺祖初定天下，主典自盗，赃满者往往抵死。仁祖之初，尚不废也。其后用法稍宽，官吏犯自盗，罪至极法，率多贷死，然甚者犹决刺配岛……比朝廷用法益宽，主典人吏军司有犯，例各贷死，略无差别。"[1] 南宋高宗朝有所放宽，规定"犯枉法自盗赃罪至死者，籍其赀"[2]。到了宋孝宗时期，为整饬姑息贪赃之风，又加重了处罚。隆兴二年（1164）九月诏："今后命官自盗枉法赃罪抵死，除籍没家财

---

① 《宋史》卷 201《刑法三》。
② 《宋史》卷 25《高宗二》。

外，依祖宗旧制决配。"①

二是利用职权收受贿赂，勒索钱财。如受有事人财，听许受财，请求许财，受人财而为之请求，受所监临赃，家人求索，明买暗送，在官求索借贷人财物等，这类犯罪损害的对象是个人，古代法律把重点放在犯罪的主体，即犯赃罪的官吏身上：一则十分注意"受财枉法"和"受财不枉法"的区别，即官吏接受财物后行为的性质，"受财枉法"的惩罚大大重于"受财不枉法"。如《宋刑统·职制律》规定："诸监临主司受财而枉法者，一尺杖一百，一匹加一等，十五匹绞。不枉法者，一尺杖九十，二匹加一等，三十匹加役流。"二则十分注意"监临主司受财"和"非监临主司受财"的区别②，即犯赃官吏的职责性质，对前者的惩罚往往重于后者。如《宋刑统·职制律》规定，监临主司受财后即使不枉法，一尺杖九十，三十匹处以加役流的特重流刑。而如果是非监临主司因事受财的，一尺笞二十，一匹加一等；十匹徒一年，又十匹加一等，罪止徒三年③。

三是非法经营各种行业（主要是商业），以牟取暴利。如辗转倒卖，高下其价，犯榷卖禁，逃免征税，以公费质易规利等。这类犯罪性质比较复杂，损害的对象包括国家和个人，处罚轻重不一，差别很大。

以上三类赃罪都是归赃入己，因此宋代有时又称其为"私赃"。除此之外，还有一类不属于私赃的犯罪，如官吏擅支钱粮，擅兴造，违额征敛，拖欠少交赋税，亏损浪费等。这类犯罪钱物不入己，往往处罚较轻。

其四，盗贼罪。宋代把盗窃罪大致分为两种：一是强盗罪，主要指依靠暴力手段或利用恐吓手段抢劫财物，即所谓"以威若力而取其财，先强后盗，先盗后强"等，社会危害性很大，故予以重惩。如《宋刑统·贼盗律》规定："强盗不得财，徒二年，一尺徒三年，二匹加一等，拾匹

---

① 毕沅：《续资治通鉴》卷138，中华书局点校本，1957版。

② 《宋刑统》疏议对"监临主司"的解释是"监临主司，谓统摄案验及行案主典之类"，即主要指负有司法和监督职责的官吏，反之，则为"非监临主司"。

③ 《宋刑统》卷26《杂律》。

及伤人者绞，杀人者斩。"尤其是对武装性集团性的强盗犯罪处罚更严厉："其持杖者，虽不得财，流三千里，五匹绞，伤人者斩。"甚至在同条律文附敕中进一步规定："持杖行劫……不问有赃无赃并处死。"二是窃盗罪，即所谓"潜形隐面而取"，隐蔽性较强，与现代的偷窃罪相似。此类犯罪，依据情节、性质、危害大小，对其惩罚轻重不一。如《宋刑统·贼盗律》规定："诸盗御宝者，绞，乘舆服御物者，流二千五百里"；"诸盗官文书印者，徒二年，余印杖一百。"前者偷盗严重威胁皇权的统治，故予以严惩；后者只是影响封建国家机器的正常运转，故处罚相对较轻。

除此之外，还有许多社会犯罪均在宋朝廷的禁戒之中，如和诱奴婢与纵容奴婢逃亡罪、隐匿课税罪、容止罪等，这里就不再一一介绍了。

二、 宽猛相济， 德刑并用

（一） 禁暴必以兵， 防民必以刑

欧阳修主张为政要德刑并用：一方面修其本，明王道，行仁义，用礼义道德教化、感化人民，另一方面提出"禁暴必以兵，防民必以刑"[①]的命题，"刑期无刑，杀以止刑，宽猛相济，用各有时"[②]。欧阳修认为："夫民弊于末，心作乎争，德不可以独行也，辅之者其刑法乎。猛而则残，虐以为暴，刑不可以独任也，济之者其仁恩乎。"[③] 这就是民众被"末"所蒙蔽，所以不把礼义作为根本，于是争斗就发生了。如果单靠仁义道德，是不能平息人与人之间的争斗，所以必须靠法律、刑罚作为辅助。但如果专用法律、刑罚也不行，那必然造成残酷暴虐的政治局面，人民不可能从心里臣服，同样达不到治国的目的。

庆历年间，欧阳修曾多次向朝廷奏议献策，认为"盗贼纵横，不能

---

① 《欧阳修全集》卷60《本论上》。
② 《欧阳修全集》卷102《论光化军叛兵家口不可赦札子》。
③ 《欧阳修全集》卷71《南省试策五道·第二道》。

扑灭"，其原因是军队镇压不力，"国家无御备，官吏不畏赏罚"。他建议改变"法令不峻"的状况，实行御盗四事："一曰州郡置兵为备，二曰选捕盗之官，三曰明赏罚之法，四曰去冗官用良吏"①。他指出：如果不强化刑罚镇压，而对"盗贼"宽仁、行小惠，那不过是"迂儒所说，妇人女子之仁"，必然贻误大事。因为"夷狄者，皮肤之患，尚可治；盗贼者，腹心之疾，深可忧"②。为此，他在《论光化军叛兵家口不可赦札子》中残酷地提出对光化宣毅叛兵实行族诛，以儆效尤："宣毅兵士，必有家族，伏乞尽戮于光化市中，使远近闻之悚畏，以止续起之贼。"

（二）"一赏罚，一号令"，厉行法禁

北宋吏治腐败，奸吏舞文弄法，贪污贿赂公行，朝廷政令无所举措。针对这种局面，苏洵提出："一赏罚，一号令，一举动，无不一切出于威……用不测之刑，用不测之赏，而使天下之人，视之如风雨雷电，遽然而至，截然而下，不知其所从发而不可逃遁，朝廷如此，然后平民益务检慎，而奸民猾吏，亦常恐恐然，惧刑法之及其身而敛其手足，不敢辄犯法，此之谓强政。"③ 由此可见，苏洵是想通过统一赏罚、统一号令、统一行动的强势政治来治奸民猾吏，使之不敢违法乱纪、以身试法。在这种思想的指导下，苏洵反对当时对贵族及其子弟犯罪采取轻赎的办法，主张要用重金赎免的手段来遏制其犯罪。他指出："今也大辟之诛，输一石之金而免，贵人近戚之家，一石之金不可胜数，是虽使朝杀一人，而输一石之金，暮杀一人，而输一石之金，金不可尽，身不可困，况以其官而除其罪，则一石之金又不皆输焉，是恣其杀人也。"④ 可见，采取不痛不痒轻赎的办法只能助长那些有钱人杀人，因为只要输一石之金就可免罪，不言而喻，只有重罚才有可能制止贵族及其子弟犯罪。

苏轼则就厉行法禁方面提出两点主张：一是他认为赏要自下而上地

---

① 《欧阳修全集》卷101《论御贼四事札子》。
② 《欧阳修全集》卷98《再论王伦事宜札子》。
③ 《嘉祐集》卷1《审势》。
④ 《嘉祐集》卷5《议法》。

进行，才能使"下之为善者，足以知其无有不赏"，而罚须自上而下地进行，才能使"上之为不善者，亦足以知其无有不罚"。历史上的商鞅、韩非虽然主张以严刑酷法治理天下，"然其所以为得者，用法始于贵戚大臣，而后及于疏贱，故能以其国霸"。当今大吏之犯法，虽经九牛二虎之力，幸而立案，结果也不过是"其官之所减者，至于罚金，盖无几矣！"对于那些"其位愈尊，则其所害愈大，其权愈重，则其下愈不敢言"的重大案件，"过恶暴著于天下，而罚不伤其毫毛"，如何能使天下心服？所以苏轼主张"厉法禁自大臣始，则小臣不犯矣"①。这在宋代政治腐败的背景下，的确是振聋发聩之语！

二是苏轼提出防微杜渐，不可纵奸民的主张。首先他认为小奸会转化成大盗："夫大乱之本，必起于小奸，惟其小而不足畏，是故其发也常至于乱天下"，"天下无小奸，则豪侠大盗无以为资，且以治平无事之时，虽欲为大盗，将安所容其身"。正由于大乱产生于那些不引起重视的小奸，大盗以那些小奸为其存在的社会基础，所以他建议朝廷：只有在恶迹没有败露之前就采取措施，"明敕天下之吏，使以岁时纠察凶民，而徙其尤无良者，不必待其自入于刑"，采用行政手段，处理那些"未丽于法而害于州里者"，便可减少犯罪和刑罚，防微杜渐，防患于未然。就能使"小恶不容于乡，大恶不容于国，礼乐之所以易化，而法禁之所以易行"，达到真正治平的局面。②

（三）用法恒常，于善宽，于恶猛

李觏在应用刑法上提出要保持恒常的观点，即"令之于民也，与其出而中废，不若勿出之愈也。善人见劝而莫肯进，惧其令变而不必赏也；恶人见禁而莫肯改，幸其令变而不必罚也。朝一命焉，夕一命焉，群吏奉承之弗暇，愚民惶惑而失图"③。这就是国家应用刑法切忌朝令暮改，

---

① 《苏轼文集》卷 8《策别课百官一》。
② 《苏轼文集》卷 8《策别安万民六》。
③ 《李觏集》卷 18《安民策第六》。

使人无所适从，起不了赏善罚恶的效果。因此，立法用法必须坚持恒常统一，才能真正发挥法律导善除恶的作用。如果法是正确的，"虽士传言焉，庶人谤焉，志之先定，不足疑也。夫民可与乐成，难与虑始"。因为"众民所好不同，而君臣政治各有常法，不可失政教之常，以从民欲也"。有鉴于此，他主张：治理国家必须"君以令用民，民以令事君。令之所取，民亦取之；令之所去，民亦去之。故令可一而不可变也"①。

李觏认为用刑之宽猛，不以时分，不以法变，只以善人恶人而异。他主张用刑"宽猛不可偏任"，"宽猛并行然后为治也"。"何谓宽猛并行哉？于善则宽，而于恶则猛也。"这就是用刑对好人要宽，对坏人要猛。"宽猛之用，以命群吏谨察其所为，而废兴之，则治道一致，而百姓阜康矣"②。

为维护法律的公正性和严肃性，李觏反对赦赎："赦者，所以恤其民也。赎者，所以优其臣也。""而儒先之论，未有言其可者，何也？所利寡而所害众也"。所以，他主张执法必须严明，"鞭扑不可弛于家，刑罚不可废于国"。他特别反对在大祀吉日实行赦免，认为"以是时而赦，是启人以恶也"。这势必造成天下的动乱，商旅不敢越疆界，孤嫠不敢出户门。赎的弊病更大，将使"衣冠子孙，负势驰骋，禽房下户，贪暴无厌，己之赎金无穷，而人之肌肉有尽，孰能以敲扑之苦，易铢两之罚哉！此又冥冥之民无告之甚也"。有鉴于此，所以他主张与其赦之赎之，不如使其畏之耻之而不为："与其赦之，曷若使畏而不犯；与其赎之，曷若使耻而不为。幸赦而奸，卒以不悛，人鬼以怒，死亡以亟，非所以恤之也。幸赎而恶，终以不悔，辱其祖考，堕其门阀，非所以优之也。"③

（四）礼德政刑相辅为用

朱熹作为南宋著名的理学家，在治国方略上，既要求强化德礼教化，

---

① 《李觏集》卷18《安民策第六》。
② 《李觏集》卷18《安民策第七》。
③ 《李觏集》卷18《安民策第八》。

从观念上灌输封建的礼义道德，又强调严明执法，不宽不贷。他指出："圣人亦不曾徒用政刑，到德礼既行，天下既治，亦不曾不用政刑"①；"圣人谓不可专恃刑政，然有德礼而无刑政，又做不得"②。不言而喻，他主张治国必须政刑德礼并行不悖，相辅相成。

朱熹在其学说中，虽然十分重视德礼的教化作用，但另一方面从不忽视法律的作用，甚至以主张严刑峻法而著称。如他认为："法家者流，往往常患其过于惨刻。今之士大夫耻为法官，更相循袭，以宽大为事，于法之当死者，反求以生之。殊不知明于五刑以弼五教，虽舜亦不免。教之不从，刑以督之，惩一人而天下人知所劝戒。所谓辟以止辟，虽曰杀之，而仁爱之实已行乎中，今非法以求其生，则人无所惩惧，陷于法者愈众，虽曰仁之，适以害之。""刑期于无刑，只是存心期于无，而刑初非可废。"③ 这种以刑止刑，以杀止杀，以儆效尤的做法，使人有所畏惧，不敢违法犯罪，正是严明执法、不宽不贷的出发点，与倡导德礼仁爱的初衷是一致的。

在朱熹的治国方略中，虽然政刑与德礼相辅为用，但并非无主次先后之分。他始终把德礼放在首位："为政以德，非是不用刑罚号令，但以德先之耳。以德先之，则政皆是德。"④ 这是因为"道之以德者，是自身上做出去，使之知所向慕。齐之以礼者，是使知其冠婚丧祭之仪，尊卑大小之别，教化知所趋。既知德礼之善，则有耻而格于善。若道齐之以刑政，则不能化其心，而但使之少革，到得政刑少弛，依旧又不知耻矣。""先之以法制禁令，是合下有猜疑关防之意，故民不从，又却齐之以刑，民不见德而畏威，但图目前苟免于刑，而恶之心未尝不在。先之以明德，则有固有之心者，必观感而化。然禀有厚薄，感有浅深，又齐

① 《朱子语类》卷78。
② 《朱子语类》卷23。
③ 《朱子语类》卷78。
④ 《朱子语类》卷23。

之以礼，使之有规矩准绳之可守，则民耻于不善，而有以至于善。"① 可见，如能先用德感化固有之心，再齐之以规矩准绳之礼，这是治本之策；而如先齐之以刑，即使暂时可使民众免于刑罚，但为恶之心仍然存在，故只是治标之策。不言而喻，在治国方略中德礼应为先，是主要的；政刑应为后，是次要的。

朱熹重视法律的作用，但更重视人在执法中的作用。他认为再好的法律也要靠人执行，只有选人得当，法律才会发挥应有的作用。他说：钱谷刑狱与人才，"欲执此以废彼则非也。要之，相得人，则百官各得其职；择一户部尚书，则钱谷何患不治；而刑部得人，则狱事亦清平矣"。② 所以，"欲清庶狱之源者，莫若遴选州县治狱之官"③。"盖无人以守之，则法为徒法，而不能以自行也。"④

第九节　选任、监察、考核官吏思想

一、　通过科举取士和恩荫补官选拔官吏思想

选官任职历来是国家政权建设的关键，一个政府的任何政策工具必须通过各级官吏加以执行，所以历代统治者都非常重视官吏的选拔。宋代选官途径主要有五个方面：一是科举取士，二是恩荫补官，三是流外出职，四是从军补授，五是纳粟摄官。其中又以科举取士和恩荫补官入仕的为最多，正如杨万里所说："仕进之路之盛者，进士、任子而已。"⑤

---

① 《朱子语类》卷23。
② 《朱子语类》卷135。
③ 《晦庵先生朱文公文集》卷14《延和奏札二》。
④ 《晦庵先生朱文公文集》卷80《常州宜兴县社仓记》。
⑤ 《诚斋集》卷90《冗官上》。

以下主要介绍这两者选官途径所体现的一些思想。

其一，宋代封建中央集权进一步加强，这在科举取士上也有所反映。皇帝为了对科举的控制，把唐代的殿试进一步制度化，规定每三年举行一次，并由皇帝亲自考选。宋代鉴于唐代座主、门生结成政治集团，互相攻讦、勾心斗争的朋党之争弊端，宋太祖时就下诏"禁谢恩于私室"①，以杜绝门第之弊。宋代规定考生只能作天子门生，而不许称主考官为"恩师""师门"，也不许自称"门生"。违者或由御史台弹劾，或按敕处分。这有利于加强皇帝对选官权的控制，使被选者感到皇恩浩荡，日后忠于皇帝，忠心耿耿为赵氏王朝效劳，而且也有利于防止主考官徇私舞弊，相对维护科举取士的公正性，尽可能选拔出优秀的治国安邦人才。

其二，宋初科举的内容仍以唐代的诗赋、经义为主。宋仁宗时，欧阳修、范仲淹等提出先试策论。至神宗熙宁变法时，苏轼坚持科举试诗赋，王安石则对科举考试内容进行改革，罢诗赋，以经义论策试进士。哲宗元祐时虽复诗赋、经义之科，但考论策一直受到重视。宋代考试内容上的一个突出变化是"明法科"终宋相沿不废。宋太宗倡导"经生明法，法吏通经"②，这表明最高统治者选取官吏时把明法、通经看作为吏之车之两轮、鸟之双翼，缺一不可。雍熙三年（986），宋太宗下诏："应朝臣、京官及幕职、州县官等，今后并须习读法……其知州、通判及幕职州县官等秩满至京，当令于法书内试问，如全不知者，量加殿罚。"③宋神宗时期，明法科地位更加重要，朝廷规定试以律令刑统大义，断案中格即取。

宋代科举重经义、明法的思想对选拔官吏是有积极意义的。古代官吏，尤其是地方官吏最主要的工作就是两件事。正如宋人所云："州县之

① 《曾巩集》卷49《贡举》。

② 《燕翼诒谋录》卷1。

③ 《宋会要》选举13之11。

事，不过两端，一曰治民，二曰理财。"① 经义能提高地方各级官吏以儒家治国安邦为指导思想的水平和行政能力，明法能使地方官吏在处理判决各种各样诉讼案件中比较公正、准确地执法。

其三，宋代统治者为保证科举中的公平竞争，更好地选拔人才，防止科场中徇私舞弊，把别头试、糊名法（封弥）制度化，并创立了誊录法。别头试是指科举考试中凡应回避的官员子弟、亲戚、门客，则另派考官设别试进行考试。唐代虽行此法，但未制度化。宋太宗雍熙二年（985），始命礼部试考官亲戚移试别处。宋仁宗景祐四年（1037），各路亦行别头试。至此，别头试成为宋代各级科举考试中广泛实行的一种制度。

糊名法又称封弥法，即在应试者纳卷后，或密封卷头，或截去卷头，编成字号，送誊录所抄成副本，由初考官考校试卷，分定等级后，再密封所定等第送复考官。糊名法唐代已经出现，至宋代才形成制度，成为贡举考试中普遍实行的一种方法。

誊录法即应试者纳卷后，密封卷头，编成字号，发送誊录院，在宦官监督下，由誊录官指挥数百名书手抄录成副本，再送考官考校定第。此法始自宋真宗大中祥符八年（1015）礼部试，其后推广到殿试和各类解试，成为宋代科举考试中的一个法定方法，对防止考校官作弊，发挥了应有的作用。

宋代无论是实行别头试、糊名法，还是实行誊录法，其指导思想都是一样的，即通过另派与应试者无任何关系的考官设别试进行考试，或隐去应试者姓名、籍贯等个人信息，甚至派书手抄录试卷副本，连应试者的笔迹亦一概隐去，使考官完全处于"盲评"状态，以达到公平竞争，防止任何作弊行为，为国家选拔具有真才实学的人进入仕途，优化官僚队伍的目的。

---

① 吴儆：《竹洲集》卷 1《论治民理财》，台湾商务印书馆影印文渊阁四库全书本。

二、 任官中官职、差遣相分离和除官、铨试、连坐、回避思想

宋代的任官思想，是在强化中央集权的主导下形成的。朝廷为了加强对任官权的控制，采取了官、职、差遣相分离的任官制度。其中所谓"官"，是指定禄秩、序位著，表现官阶等级的一种虚衔，仅作为铨叙与升迁的依据，没有实际职权，故称"寄禄官"。所谓"职"，是指加给有才学名望之士的一种荣誉，也没有什么实际职权。所谓"差遣"，才是宋代官员获得实际职务的主要途径。只有获得差遣的官员，才是"治内外之事"的有职有权的官职，故称"职事官"。

宋代这种官、职、差遣相分离的任官思想，具有很强的封建人治色彩。最高统治者可随时以差遣的名义，派遣自己需要的官员去从事某项事务。这对于加强皇帝对用人权的控制发挥了作用，从某种意义上说，也提高了行政机关的统治效能。但是这种用人的随意性也破坏了人事制度的法治化，而且由于"官与职殊""名与实分"，使十之八九的官员"虽有其官，不举其职"，从而造成了宋代官制的冗滥杂乱，散弱无能，成为宋代官制中一个突出问题。

宋代任官制从任职主体与客体进行划分，大致可分为三个层面：一是皇帝特旨擢用法，二是中书堂除法，三是吏部铨选法。正如哲宗元祐元年（1086），殿中侍御史吕陶曾对选任文官制度进行了概括："朝廷差除之法，大别有三，自两府而下，至侍从官，悉禀圣旨，然后除授，此中书不敢专也。自卿监而下及已经进擢，或寄禄至中散大夫者，皆由堂除，此吏部不敢预也。自朝议大夫而下，受常调差遣者，皆归吏部，此中书不可侵也。"① 以下就任官制的三个层面及与此相关的一些任职思想做简要的论述。

其一，皇帝特旨擢用法。在宋代，凡"执政、侍从、台谏、给舍之

---

① 《长编》卷 370。

选，与三衙、京尹之除，皆朝廷大纲所在，故其人必出人主之亲擢，则权不下移"①。其中，台谏官的除授，依祖宗法，"必由中旨"②，"必出自宸翰"，不许"用见任辅臣所荐之人"③，不准"宰相自用台官"，以防止台谏以宰相为举主，包庇容隐宰相之过，有利于台谏官对宰相的弹劾和对行政部门的监察。

皇帝特旨擢用高级官员，不仅不拘资格，而且升迁速度快，确实能选拔一些年富力强的优秀人才充实到高层领导，并加强了封建中央集权制，防止用人大权旁落。但另一方面皇帝为了强化君权，也委任了不少易于控制的庸懦无能之辈或居心叵测之徒。

其二，中书堂除法。宋代，对于一些有特殊勋劳的官员，可由政事堂直接奏注差遣。文官由中书除注，堂除的范围除在京部分职事官阙，在外的监司、知州、通判，乃至其属官、库务监官及繁难知县等，皆可取为堂除。武官堂除包括诸路大帅兵官、军职、铨辖、总管，边要知州、边境知寨、巡检等，皆由枢密院堂除。

堂除原则上是宰执、枢密接受皇帝的委托，对一些清紧繁难职任，不拘资格擢用除授。这其实是一种权力的分配，使宰执、枢密对中级层次的官员享有一定的任免权，才能有效地行使行政或军事上的权力。堂除主要是针对有特殊勋劳的官员，因此比较重才干而不拘泥于资格，官员"一经堂除，便是资历"④，即不再归吏部除用，可以破格差遣，号为擢用。这使一些优秀人才任期短，升迁快，有利于他们的脱颖而出。所以宋神宗之后，把堂除当作一种激励手段，官员也视其为荣进之途。但由于对堂除之权缺乏监督约束机制，为宰执任人唯亲、行施私恩开了方

---

① 《宋史》卷 401《柴中行传》。
② 《长编》卷 113。
③ 《长编》卷 151。
④ 俞文豹：《吹剑录外集》，知不足斋丛书。

便之门，尤其是在元祐朋党和宰臣专权之际，"以天爵市私恩"① 的情况更为严重，而且进一步滋长了官员为乞求堂除而奔走请托的腐败之风。

其三，吏部铨选法。宋代吏部注授官员的最大特点是严守资格之法，即一般官员升迁时必须依据年限、资历、出身、举主等。如选人初入仕者，要经二任或三任判司簿尉后，再通过荐举，才能升县令或录事参军；再历二三任后，经荐举方可改京朝官差知县；知县两任有劳绩者升通判，通判两任后，经举主保荐升知州；"知州军有绩效，或有举荐名实相符者，特擢升转运使副、判官或提点刑狱"②。这就是所谓的常调，"并以资历，不容超越，资历当得，不容不与"③。这种常调在任官中也是必须有的制度，因为高层官员的皇帝特旨擢用以及特殊勋劳的中书堂除毕竟只是少数，而大多数官员只要不违法乱纪、稍有劳绩者都只能利用年限、资历来作为晋升的依据，对于一般官员来说，机会均等、平稳升迁是他们仕进的主要途径。当然，这种按资历用人的最大弊端就是缺乏激励机制，不利于人才的选拔。由于循资历升迁使"才与不才一途并进"，"资格既及，虽庸流不得不与，资格未至，虽异才无自得之"④，致使"养资以苟岁月"的因循苟且之风盛行，官僚队伍中"能政者十无二三，谬政者十有七八"⑤。

其四，八路定差法。宋代四川、两广、福建、湖南等八路边远地区，内地人不愿远任，朝廷允许本路安抚制置司、转运司在差遣州县文、武官员时，可按吏部资格法在当地差注、换易官员等。宋代的定差法，实际上是由当地安抚制置司、转运司代行吏部铨选职权，所以其定差权受到严格的限制。一是所差之官必须是吏部正式差派到本地有委任状的官

①　洪迈：《容斋四笔》卷 15《蔡京轻用官职》，台湾商务印书馆影印文渊阁四库全书本。

②　文彦博：《潞公文集》卷 29《奏除改旧制》，台湾商务印书馆影印文渊阁四库全书本。

③　《燕翼诒谋录》卷 3。

④　《历代名臣奏议》卷 60。

⑤　《范文正奏议》卷上《奏乞择臣僚令举差知州通判》。

员，不能定差无出身、无官告的人；二是定差官要接受吏部的审察，"请命于朝廷"，并受本路其他监司、帅司的监督；三是每年把定差官的详细档案"置籍申部"，以便吏部"得以稽考当否"。

定差法其实是吏部铨选的一种补充，将吏部铨选法地区化，其实质上仍受朝廷的严格控制与制约，以防止边远地区脱离中央政权控制。定差法对缓解边远地区的缺官矛盾有一定的积极作用。

其五，铨选考试法。宋代的铨选考试，是由铨选机构主持的一种考试，其目的为提高官僚队伍的整体素质和统治能力，并克服冗官之弊。宋代铨选考试是选人升改官资和换易差遣的一种手段。宋仁宗庆历三年（1043）规定："凡选人年二十五以上，遇郊，限半年赴铨试，命两制三员锁试于尚书省，糊名誊录。习辞业者，试论或诗赋，词理可采，不违程式为中格；习经业者，人专一经，兼试律，十道而通五为中格，听预选。以上经两试，九选以上经三试，至选满，有京朝官保任者三人，补远地判、司、簿、尉，无举者补司士参军；或不赴试，亦无举者，永不预选。京朝官二十五以上，岁首赴试于国子监，考法如选人，中格者调官。"① 这条法令，使荫补入仕之人考试制度得到了进一步发展。宋神宗熙宁四年（1071），王安石为"公天下而治永久"，重定铨试之法，使铨试法更加完备。熙宁重定铨试法规定：不仅恩荫入仕者必须经铨试合格后才任用，"进士、选人之守选者，亦皆试而后放"；即使进士及第者，除第一名之外，并须试而后注②；而因过失被贬秩罢官重新叙用者，"亦许依得替人例收试"③。由此可见，熙宁重定铨试法使铨试范围扩大。熙宁变法时，为"求实用之才"，规定凡守选者首先"试断按二，或律令大义五，或议三道，后增试经义"④。即以测试具体断案、法律条文大义、时事议论等实际治民能力为主。"试之以刑统义，欲以观其知法律之意，

---

① 《长编》卷 145。
② 《文献通考》卷 38《选举十一》。
③ 《宋会要》选举 10 之 5。
④ 《宋史》卷 158《选举四》。

试之以时议，欲以观其达古今之变"①。

宋代荫子入仕系祖宗所守之法，很难彻底废除。权宜之策是"令户部严铨试之法"，通过限制铨试不合格的荫补人缓解冗官之弊。这就是"近至于权贵，远至于寒峻，其子弟以门荫补官者，非中铨试不许出官"②。对不学无术的官僚子弟、宗室外戚及其他杂色补官之人的任用通过铨试予以限制，为更多有才之士的仕进提供了机会。而且铨试能督促官员平时注意不断学习，努力提高业务水平和自身素质。

其六，举官连坐法。宋初，就有被举荐之官违法乱纪、甚至不称职而连坐举主的规定。"太祖建隆三年二月，诏翰林学士、文班常参官、曾任幕职州县者，各举堪为幕职令录一人，如有近亲亦听内举。即于举状内具言除官之日，仍列举主姓名。或在官贪浊不公，畏懦不理，职务废阙，处断乖违，量轻重连坐。"③ 到宋太宗时，规定渐趋全面合理，即举主所举之人不当要受罚，但所举之人优异，则要受到奖赏。如"雍熙二年正月，诏翰林学士、两省、御史台、尚书省官保举京官、幕职州县官可升朝者各一人。所举人若强明清白，当旌举主；如犯赃贿及疲弱不理，亦当连坐"④。

举主连坐的具体处罚，历朝规定不一，一般较犯者为轻。如太平兴国七年（982）规定："自今文武常参官所保举人有罪连坐者，犯私罪，无轻重减一等论，公罚即减二等论，仍著为令。"⑤ 宋代有时为确保被举荐之人清廉可靠，亦对举主实行重赏严罚。如大中祥符二年（1009）四月，"诏自今诸路转运、发运使副使、提点刑狱官保举京朝幕职州县官使臣，如改官后一任或两任及五年无遗阙有劳绩干事者，其本官及举主并特酬奖；除私罪外虽有遗阙，系杖以下公罪者，亦别取进止。若历任内

① 《历代名臣奏议》卷169《选举》。
② 《宋会要》选举26之15。
③ 《宋会要》选举27之1。
④ 《宋会要》选举27之3至4。
⑤ 《宋会要》选举27之3。

犯入己赃，并同其罪"①。但是，"并同其罪"未免连坐太严，正如绍兴十一年（1141）六月臣僚所言："今使举主与犯赃者同罪，是罚太重也"，"夫罚太重，则法难于必行"②。

荐举连坐，北宋时在时间界限上一般只连坐被举者本任，所举之人一旦改任他官，即不连坐。如景德四年（1007）七月，诏："群臣举官，例皆连坐，宜有区别。自今朝官、使臣、幕职、州县官，须显有边功，及自立规画，特著劳绩者，仍以名闻。如考复之际，与元奏不同，当行朝典。或改官后犯赃，举主更不连坐。如循常课绩历任奏举者，改官犯罪，并依条连坐。其止举差遣，本人在所举任中犯赃，即用连坐之制。其改官他任，纵犯赃罪，亦不须问。"③南宋绍兴年间，由于荐举经常类皆徇私，荐非其人，所以朝廷一再严荐举之法，特别是对地方监司、郡守的荐举，甚至要求荐举者保任终身。如绍兴三十年（1160）正月，"诏诸州守臣间有厥官，可令六曹尚书侍郎、翰林学士、两省台谏官正言以上，各举曾任通判及通判资序、公勤廉慎、治状显著、可充郡守者二员闻奏，以备铨择。仍保任终身，犯赃及不职，与同罪"④。

宋代除了举官连坐法之外，如某官吏违法乱纪或不职，与其有牵连的干系人，以及长官、同僚、监察官等，均要连坐。如《庆元条法事类》卷 32《点磨隐陷》规定："诸隐落及失陷钱物，干系人知而不举，与犯人同罪，罪止徒二年，许人告。"《宋刑统》卷 5 规定："诸同职犯公坐者，长官为一等，通判官为一等，判官为一等，主典为一等，各以所由为首……若同职有私连坐之官，不知情者以失论。即余官及上官案省不觉者，各递减一等。下官不觉者，又递减一等，亦各以所由为首。检勾之官，同下从之罪。"宋代在官员之间连坐中，特别强调上级行政长官对下级行政长官、长官对僚属、监察官对一般官员的监督责任，失察者要受到连

---

① 《宋会要》选举 27 之 10。
② 《宋会要》选举 29 之 29。
③ 《长编》卷 66。
④ 《宋会要》选举 30 之 7 至 8。

坐。如庆元二年（1196）正月二十四日，"臣僚言：'比年以来州郡监司务相蒙蔽，或市私恩，或植私党，或牵自己之利害，或受他人之嘱托，见赃不劾，闻暴不刺。乞令诸州专察属县，监司专察诸州，台谏则总其举摘。如令丞簿尉有罪，而州不按察以闻，则犯者亦论如律，而监司亦量轻（'轻'原作'经'，误）重与之降黜。州之僚属则并责之守倅之按察，监司之僚属亦并责之监司之按察，而其坐罪亦如之。如此则上下交制，小大相维，奸赃暴虐，无所逃罪。朝廷特举其大纲，而天下无不治，斯民无不被赐矣。'从之"①。

宋代的连坐法在具体实行中并没有始终如一贯彻，有时也徒为文具。如周必大所云："臣谓法令中明有连坐之文，而其奏牍亦云甘当同罪，然旷岁逾时，未闻有所惩治也。"② 又如《建炎以来朝野杂记》甲集卷8载："保任京官犯赃连坐，旧制也，然近岁未有举者。"

总的说来，连坐法在当时条件下对防止官吏违法乱纪或不称职是起了一定的作用。朝廷之所对官吏连坐如此之广，旨在对奸贪不法者形成一个严密的监督网络。这使得上司注意防范下属违法乱纪，监察官要勤于纠察，荐举者重视考察被荐者的操行，同僚们要互相监督。

其七，任官回避法。宋代任官回避法比起前代更加严格完善，主要有乡贯回避法、亲嫌回避法和避亲移任法三种。

乡贯回避法就是地方官不能在本籍贯地区任官。北宋前期，州县官主要回避本州，但知州、通判则要回避本路。宋神宗以后，又禁止官员在自己产业所在地任职。宋徽宗宣和二年（1120）又规定：即使繁难县令缺，也"不得差在本贯及有产业并见寄居、旧曾寄居处"任官③。甚至临时性的差遣，也不得"往本乡里制勘勾当公事"④。南宋时，中原人多徙居南方，寄居官人数大增，对此，绍兴二十六年（1156）规定："命官

---

① 《宋会要》职官 79 之 11 至 12。
② 《文忠集》卷 140《乞申严荐举连坐之法》。
③ 《宋会要》职官 48 之 32。
④ 《宋会要》刑法 3 之 53。

田产所在州，或寄居七年，并不许注拟差遣。"① 宋孝宗时限制更加严格。淳熙九年（1182）规定："寄居不必及七年，有田产不必及三等，凡有田产及寄居州县，并不可注授差遣。"② 由此可见，宋代乡贯回避法所体现的管理官员思想渐趋严密完善主要体现在 3 个方面：一是依据官员级别的不同，合理确定本贯的区域范围，即一般州县官本贯局限本州，而知州、通判本贯则包括本路范围。二是将官员产业所在地等同于本贯，一并予以回避。三是南迁官员的寄居所在地，逐渐降低年限规定，亦视作本贯予以回避。

亲嫌回避法指有亲属关系的官员不能同时在同一部门充任职事相当或互相统属的职务。宋仁宗康定二年（1041）制定的《详定服纪亲疏在官回避条制》规定："本族缌麻以上亲及有服外亲、无服外亲，并令回避。"③ 即本族缌麻以上亲及姻亲都要回避。古代丧服分为 5 个等，即斩衰、齐衰、大功、小功、缌麻五服，缌麻是最轻的一种，主要是男子为族曾祖父、族曾祖母、族祖父、族祖母、族父、族母、族兄弟，为外孙（女之子）、外甥、婿、妻之父母、舅父等服丧。如按康定二年的规定，缌麻以上亲及有服外亲、无服外亲并令回避的话，那几乎有亲缘的亲戚不管亲疏都要回避了。具体而言，宋代亲嫌回避法主要应回避的有以下这些关系：如"父子兄弟及亲近之在两府者，与侍从执政之官，必相回避"④。宰执与台谏官之间"若有妨嫌"，台谏官亲属"同在言路"者，枢密院与属官及三衙长官有亲嫌者，都必须回避。凡中央官员之间有职事相统关系，中央和地方官员间有直接职务联系者，亦行避亲之法。在地方凡有亲嫌关系者，避免在同一路任转运使副、提点刑狱、提举常平、提举市舶等官。诸路监司与本路各司属官、与本路各州县长官及同路州县长官之间、监司属官与各州属官职务相关者之间有亲嫌关系，亦皆行

---

① 《建炎以来系年要录》卷 175。
② 《宋会要》职官 8 之 42。
③ 《宋会要》职官 63 之 2。
④ 魏泰：《东轩笔录》卷 5，台湾商务印书馆影印文渊阁四库全书本。

回避之法①。

避亲移任法是作为避亲法的补充，保证亲嫌回避法的有效执行。宋代京朝官的避亲移任原则是小官回避大官，由本人申请，经特旨换授即可。地官方的改移原则是："京朝官有亲戚妨碍合回避者，如到任未及一年，即与对移。本县官相妨碍，于本州别县对移；本州官相碍，于邻州对移；本路职司相妨碍，于邻路对移。及一年已上者，除祖孙及期已上亲依此对移外，其他亲戚即候成资放罢。"② 简言之，官员到任不满一年依法合回避之亲，皆与邻近路州县同等官对移，一年以上者，近亲移任，远亲待满两年即罢。宋哲宗元祐六年（1091）还规定，凡地方官当避亲移任而不愿对移，或无阙可对移者，即"依省员法"由吏部重新参注③。

为保证任官回避法的实施，宋廷还对依法应回避而隐瞒不回避者予以惩罚。宋仁宗景祐五年（1038）规定："京朝官受使遣时，隐匿不言亲戚妨碍，到任乞就移者，并与移远路小处。"④ 南宋《庆元条法事类》卷8《亲嫌》更详细地规定："诸在任避亲应移注或罢而不依限申陈，及官司行遣稽程者，各加官文书稽程二等，内不自陈，通元限满三十日，杖一百"；应避亲而辄赴任者，亦"杖一百"。

宋代任官回避法，对避免官员利用乡党关系、亲属关系拉帮结派、发展私人势力，对防止官员利用同乡、亲戚关系互相请托、营私舞弊，对澄清封建吏治、减少腐败等，发挥了应有的作用。

三、 御史、监司、通判监察官吏思想

（一） 御史机构设置思想

宋代的御史监察机构基本上承袭唐制，置御史台为监察机关，以御史中丞为长官，御史大夫为加官，不任命正员。御史台之下设三院：台

---

① 《庆元条法事类》卷8《亲嫌》。
② 《宋会要》职官63之3。
③ 《长编》卷467。
④ 《宋会要》职官11之3。

院有侍御史，殿院有殿中侍御史，察院有监察御史。宋初常以御史为寄禄官，实任其责不多。咸平四年（1001），以御史二人充左右巡使，分纠不如法者。元丰改制，始正官名，尽废诸使。

宋代自元丰二年（1079）始置六案于御史台，"上自诸部、寺监，下至仓场、库务，皆分隶焉"①。六案具体分察的主要部门是"吏部及审官东、西院、三班院等隶吏察，户部、三司及司农寺等隶户察，刑部、大理寺、审刑院等隶刑察，兵部、武学等隶兵察，礼、祠部、大常寺等隶礼察，少府、将作等隶工察"②。不久，又采纳权御史中丞李定的建议，"以户按察转运、提举官，以刑按察提点刑狱"③。据《宋会要》职官 17 之 2 记载，六察官的人员配备是"户察，书吏四人，贴司三人；刑察，书吏二人，贴司二人；吏、礼察，书吏各二人，贴司各一人；兵、工察，书吏、贴司各一人"。从此可知，由于钱谷之事最为繁杂，故户察人员配备最多。总的看来，六察当是个相当精悍的组织，否则寥寥数人怎么能对庞大繁杂的中央诸部司进行有效的监督。正如元祐四年（1089）七月殿中侍御史孙升所言："盖六曹寺监二百四十余案，胥吏一千七百余人，其他官司二百七十余处，内外之事填垒纷委。而旧以察官六员、书吏十有四人钩考按核，虽使人人心力强明、智术精微，安能周见其故？……朝廷近年察官既不补足，而比因浮费所建言，更不自本台立法，直行减罢书吏六人，止存八人分治六案。吏员既少，则所择尤须精审。且以八人按察二百余案、千有余人胥吏、二百余处官司，而又更不精所择，若止欲名存实亡，则可矣。"④

六察设置不久以后，为了能监督六案御史失职，元丰六年（1083），都司下设御史房，主行弹纠御史按察失职，并置六察殿最簿，以六察官纠劾之多寡当否为殿最，岁终取旨升黜。宋代的御史监察系统是严密的，

---

① 《宋会要》职官 17 之 20。
② 《宋会要》职官 17 之 9。
③ 《宋会要》职官 17 之 9。
④ 《长编》卷 430。

"朝廷以天下事分六曹以治之，都省以总之，六察以案之。六曹失职，则都省在所纠；都省失纠，则六察在所弹。上下相维，各有职守"①。

宋代御史台机构设置中最有特色的思想是六察的设置。宋代御史中丞、侍御史、殿中侍御史、监察御史均可对官员进行纠弹，但基本上是不定期的，即随时发现问题随时纠弹。而六察对京师六部诸司的监察则是采取定期巡视按察的方式，"上下半年分诣三省、枢密院点检诸房文字，轮诣尚书六曹按察；奉行稽迟，付受差失，咸得弹纠"②。六察主要按尚书省下吏户礼兵刑工六部对口监察，然后再将中央寺监，下至仓场、库务，以至地方监司分属各察，使御史监察的范围能覆盖所有部门及地方路级监司，其监察面是相当广泛全面的，并具有很强的条理性、系统性，分工明确，各负其责。都省下设御史房弹纠御史按察失职，并考核六察纠劾殿最。这是宋代御史监察思想进一步走向成熟的标志，因为御史监察工作本身理应也要受到监督。

（二） 御史监察内容思想

宋代御史"职在绳衍纠谬，自宰臣至百官，三省至百司，不循法守，有罪当劾，皆得纠正"③；"纠察官邪，肃正纲纪。大事则廷辨，小事则奏弹"④。归纳史籍记载，御史监察百官的内容大致有以下 9 个方面：

1. 弹劾官吏贪赃枉法、行贿受贿与请托行为。宋代，御史弹劾官吏在经济上的违法乱纪行为是其监察百官的重要内容。如宋初，殿中侍御史雷德骧就敢弹劾开国元勋、宰相赵普"聚敛财贿"⑤。宣和七年（1125），宋徽宗"诏御史察赃吏"⑥。绍兴元年（1131）五月，高宗也下诏："如人吏受赂及故违条限，仍许御史台检送大理寺，依法断遣，所有

---

① 《长编》卷 330。
② 《宋史》卷 164《职官四》。
③ 《宋史》卷 164《职官四》。
④ 《宋史》卷 164《职官四》。
⑤ 《宋史全文》卷 2《宋太祖二》。
⑥ 《宋史》卷 22《徽宗四》。

京朝官、大使臣亦依此。"①

宋代御史不仅弹劾官员贪赃受贿，而且连其请托行为也要进行弹劾。因为许多行贿受贿犯罪是因为请托行为而引起的，古人云"赇"也，就是以钱财求人办事，故从贝从求。皇祐二年（1050）九月，仁宗下诏："自今内降指挥，百司执奏毋辄行。敢因缘干请者，谏官、御史察举之。"② 元祐六年（1091）四月，宋廷规定："私请大臣堂除差遣"，由"御史台觉察弹奏"③。由此可见，弹劾请托行为是御史台的职能之一。

2. 弹劾官吏交结权近，朋比结党。宋朝鉴于唐后期朋党之祸，命御史弹劾官员交结权近、朋比结党行为。如大观四年（1110）闰八月，徽宗下诏："交结权近，饰巧驰辩，沽誉躁近，阴构异端，附下罔上，腾播是非，分朋植党"，"宜令台谏觉察弹劾以闻"④。绍兴三年（1133），高宗也下诏云："士大夫趋向尚多，趋附征利盖奔竞之不息，则朋比之势渐成，可令台谏伺察其微，即行纠劾。"⑤ 宋代御史往往迎合皇帝忌讳朋党的心理，以"朋党"的罪名弹劾百官。如熙宁八年（1075）十二月，御史中丞邓绾弹劾李定、徐禧、沈季长等人"皆有连朋结党，兼相庇护，对制不实之罪"⑥。绍圣中，殿中侍御史陈次升"论章惇、蔡卞植党为奸"⑦。

3. 弹劾官吏不忠不孝等违背封建伦理纲常的行为。熙宁八年（1075），御史中丞邓绾弹劾章惇"徇私作过，欺君罔上，不忠之罪"；"父年八十，不肯归养，隳伤教义，不孝之恶"⑧。元祐六年（1091）八

---

① 《宋会要》职官55之17。
② 《宋史》卷12《仁宗四》。
③ 《长编》卷457。
④ 《宋大诏令集》卷196《申饬百僚御笔手诏》。
⑤ 《皇宋中兴两朝圣政》卷14。
⑥ 《长编》卷271。
⑦ 《宋史》卷346《陈次升传》。
⑧ 《长编》卷269。

月，宋哲宗诏令御史台："臣僚亲亡十年不葬，许依条弹奏。"①

4. 弹劾官吏违法购买田产。如仁宗时期，御史中丞包拯弹劾三司使张方平强买豪民产，罢张方平三司使②。神宗时，御史中丞邓绾弹劾参知政事吕惠卿"借富民钱买田产"，吕惠卿出知陈州③。

5. 弹劾官吏偷税漏税。官吏偷税漏税是违法行为，直接影响国家财政收入，宋廷规定由御史台弹劾。如转运使姚铉"纳部内女口及鬻扣器抑取直值，又广市绫罗不输税，真宗遣御史台推勘官储拱劾（姚）铉，得实，贬连州文学"④。

6. 弹劾官员失职，办事效率低下。宋代统治者还是比较注重办事效率的。如《宋刑统》规定官文书程限时，依唐律："小事五日程，中事十日程，大事二十日程。"⑤ 宋廷规定：监察御史必须定时到三省、枢密院、六部等京师各部门点检文簿，如发现官吏失职，办事效率低下，文书积压者要及时弹奏。否则，御史要受到处罚。如元丰三年（1080）五月，御史台点检三司自熙宁八年至元丰二年的文簿，发现"不结绝百九十事"，神宗诏令"大理寺劾官吏失销簿罪"⑥。次年，司农寺积压"未了文字二千四百余件，未了账七千余道，失催罚钱三百九十余千，未架阁文字七万余件"，前任监察御史王祖道、满中行二人因未及时弹奏，分别给予罚铜十斤和六斤的惩罚⑦。

7. 弹劾举官非其人者。如前所述，宋朝规定举官非其人者必须连坐举主。而且，举官不当令御史台弹劾。皇祐五年（1053）七月，仁宗下

---

① 《宋史》卷 17《哲宗一》。

② 《宋史》卷 316《包拯传》。

③ 王称：《东都事略》卷 98《邓绾传》，台湾商务印书馆影印文渊阁四库全书本。

④ 《宋史》卷 305《薛映传》。

⑤ 《宋刑统》卷 9《职制律》。

⑥ 《长编》卷 304。

⑦ 《长编》卷 313。

诏："荐举非其人者，令御史台弹奏。"① 元丰改制后，宋廷规定：荐举官员，必须把举状关报御史台，以供御史考索弹奏②。

8.弹奏越职论事和议改政府法令者。宋廷规定官吏越职论事和议改政府法令者，令御史台弹劾。如崇宁三年（1104）六月，宋徽宗诏令："内外官毋得越职论事，侥幸奔竞，违者，御史台弹奏。"③ 政和二年（1112），徽宗又下诏："应今日已行法令，三省恪意遵守，无容妄自纷更，非甚窒碍，而辄议改易者，以违制论，仍令御史台觉察弹奏。"④

9.纠察私入三司、开封府及御史台者。北宋元丰改制前，三司是全国最高财政中枢机构，开封府是京师的首脑机关，御史台则是全国最高监察司法机构。总之，三者都是很重要的国家机关。宋廷为防止官员私自进入，"别有寄嘱，妨废公务"，曾多次下令强调，不准官员私自进入三司、开封府和御史台，违者，"许御史台纠奏"⑤。

从以上所举基本上可以看出宋代御史对百官监察弹劾的内容非常广泛，几乎涉及官吏工作、生活及个人品德等诸方面的问题。不仅如此，甚至连官吏的上朝礼仪、出席重大典礼宴会的沐浴、着装等个人细节问题，都要予以监督纠弹。如"筵宴等臣僚戴花过数"⑥，"文武官于致斋日，并须沐浴浣濯衣服"⑦ 等，均令御史台专行纠察。总之，宋代御史台对百官的监察与弹劾对肃清封建吏治、维护封建国家机器的正常运转，发挥了重要的作用。

（三）御史的选任思想

由于御史职任甚重，故宋廷十分重视对御史的选任，采取了种种措施，逐渐形成了一套比较严密完备的制度。以下就其制度中体现的一些

---

① 《宋史》卷12《仁宗四》。

② 《宋名臣奏议》卷71《上哲宗乞举官限三日关报御史台》。

③ 《宋史》卷19《徽宗一》。

④ 《宋大诏令集》卷197《诫约不许更改已行法令诏》。

⑤ 《宋会要》刑法2之21。

⑥ 《宋会要》职官55之20。

⑦ 《宋大诏令集》卷190《诫饬郊庙行事官虔肃诏》。

比较有价值的思想做一简略介绍。

1. 皇帝亲擢。御史作为皇帝的耳目之官，宋代自仁宗朝以后，代代君主基本上均把选任御史"必由中旨"作为祖宗之法来奉行，这是因为"宰相自用台官，则宰相过失无敢言者"①。尤其对御史台长官御史中丞的选任，更强调"当出圣意"②。

2. 臣僚荐举，皇帝从中选拔任命。侍御史、殿中侍御史、监察御史、侍御史里行、殿中侍御史里行、监察御史里行等御史台属官，一般由臣僚荐举，皇帝从中选拔任命。

北宋时期，首先对御史选任法提出比较全面改革的是欧阳修。庆历三年（1043），他上疏仁宗，提出：荐举御史"当先择举主"，只令中丞或朝廷特选举主；荐举御史，"不限资考，惟择才堪者为之"；用御史"里行之职，以待资浅之人"；制订"连坐举主，重为约束"法，"以防伪滥"③。欧阳修改革御史选任虽然没得到最高统治者的应有重视，予以实施，但其所体现的思想有以下几个方面值得注意：一是宋代御史的首要职能是弹劾纠察违法乱纪的官员，"上自宰相，下至百僚，苟有非违，皆得纠劾"④，因此，御史举主的选择至关重要，故欧阳修首先提出荐举御史"当先择举主"。只有选择有公心正直的举主，才能荐举出公正、敢于直言的御史。此外，举主的身份以不妨碍御史弹劾百官为宜。二是御史职在纠劾百官，以年轻敢于任事、不畏权贵者为合适人选，因此，欧阳修提出荐举御史"不限资考"，尤其是级别较低的"御史里行之职"，更以"资浅之人"为之。三是御史为天子耳目之官，责任重大，故更要实行"连坐举主"的规定，这样能更好地约束御史的行为，并能选拔出德才兼备的人担任御史一职。

王安石变法时期，对御史选任法进行了改革，主要措施有3项：一

---

① 《御批历代通鉴辑览》卷74，台湾商务印书馆影印文渊阁四库全书本。
② 《东轩笔录》卷3。
③ 《欧阳修全集》卷101《论台官不当限资考札子》。
④ 《长编》卷415。

是"御史有阙，委中丞奏举"。二是荐举御史，"不拘职高下"。三是如果举主"所举非其人，令言事官觉察闻奏"①。其实王安石对御史选任法进行改革的三项措施与欧阳修的改革方案几乎是一样的：两者都主张由御史中丞举荐御史；荐举御史"不限资考"与"不拘职高下"是相同的；"连坐举主"与举主"所举非其人，令言事官觉察闻奏"都主张荐举御史实行连坐法。但是，王安石对御史选任法的改革却遭到反变法派的强烈反对。如侍御史刘琦上疏说："近又睹中书札子，今后御史中丞独举台官，不拘官职高下。此亦安石之谋也，不过欲引用门下之人置在台中，为己之助耳。己之有过，彼则不言，此得为朝廷之福乎?"②吏部郎中刘述也攻击新的御史选任法云：荐举御史"专委中丞，则爱憎在于一己。若一一得人，犹不至生事；万一非其人，将受权臣属托，自为党援，不附己者得以中伤，谋孽诬陷，其弊不一"③。由上可见，反对派反对王安石御史选任法改革的主要理由是御史不能由御史中丞一人举荐，因为如御史中丞为权臣所控制，那御史台将成为权臣拉帮结派，攻击、诬陷异己的工具。反对派的这种担心是持之有理的。

宋代选任御史时，重视御史的地方基层行政经历。元祐时规定：殿中侍御史、监察御史以经两任知县、一年以上通判实历者担任④。南宋孝宗乾道二年（1166）三月更明确规定："县令非两任，毋除监察御史。"⑤宋代台谏合一，御史亦可谏言，选任御史要求实历知县和通判，有利于保证御史有丰富的地方行政经验，能更好地提出兴国利民的建议。正如时人袁说友所云："盖州县之官皆谙历民事之久，其利与害又前日之所备闻者，彼一旦有能言之隙，而陛下更责以爱民之事，将有竭诚罄虑，尽

① 《宋会要》职官17之8。
② 《历代名臣奏议》卷176。
③ 《宋史》卷321《刘述传》。
④ 参见《长编》卷412，《栾城集》卷45《乞改举台官法札子》。
⑤ 《宋史》卷33《孝宗一》。

思其所以在民者以为说。一说行则一利在民，一利兴则天下受赐。"①但是，选任御史如硬性规定要求实历知县和通判，有时又会影响对一些有杰出才能但资历不够人的选拔。王安石变法时期，"以资深者入三院，资浅者为里行"②的选任原则，既注意了御史的行政经验，又有利于突出御史人才的选拔，比较合理地兼顾到两者。此外，宋代皇帝亲擢御史不计资序，也可使杰出人才的脱颖而出不受资历的限制。

宋代选任御史还注意其个人品德，其中最强调的是必须廉洁。"御史之道，惟赃为最重"③，御史人选必须"自来别无赃"④。己所不正，而欲正人，自古至今未尝有也。朝廷规定，如果查出御史有赃滥罪者，举主要连坐。如宋太宗时，"膳部郎中侍御史知杂事滕中正责本曹员外郎"，其原因是他所荐举的监察御史张白"坐知蔡州日假贷官钱三百贯，籴粟麦居以射利，弃市，中正坐荐（张）白故也"⑤。

宋代选任御史，还注意其必须具有"刚明果敢"⑥"公忠鲠切"⑦的品质。所谓"刚明果敢"，就是要刚正不阿，明察秋毫，果断敢言；"公忠鲠切"就是要出于公心，忠于朝廷，言事鲠切。如果其人品质性格"温和软懦，无刚鲠敢言之才"⑧，那么充任御史就不可能称职。

（四）路监司、州通判建置思想

1. 路监司建置思想。

宋代路级监司究竟指哪些机构和官员，史学界说法不一。笔者认为

---

① 袁说友：《东塘集》卷8《论臣职当先民事》，台湾商务印书馆影印文渊阁四库全书本。

② 叶梦得：《石林燕语》卷9，中华书局点校本，1984年。

③ 陈次升：《谠论集》卷3《奏弹钱遹第一状》，台湾商务印书馆影印文渊阁四库全书本。

④ 胡宿：《文恭集》卷8《举台官状》，台湾商务印书馆影印文渊阁四库全书本。

⑤ 《宋会要》职官64之2。

⑥ 王安中：《初寮集》卷3《辞免御史中丞奏状》，台湾商务印书馆影印文渊阁四库全书本。

⑦ 《蒙斋集》卷2《轮对札子》。

⑧ 《苏学士集》卷11《诣匦疏》。

监司也是一个动态发展的过程，但一般说来，人们习惯把转运司、提点刑狱司（以下简称提刑司）、提举常平司（以下简称常平司）统称为监司。

宋代监司制度在中国古代颇具特色，其反映的思想有 3 个方面值得注意。

其一，监司通过分割地方路级事权达到加强中央集权的目的。宋真宗景德四年（1007）之前，转运司掌握一路的大权，但宋朝皇帝又疑其权太重，不愿把一路大权长期集中于转运使手中，陆续设置了提刑司、常平司等，以分割转运司的事权。大致说来，转运司为各路长官，经度一路全部或部分财赋，而察其登耗有无，以足上供及郡县之费；岁行所部，检察储积，稽考账籍；考察郡县，举刺官吏，并以官吏违法、民生疾苦情况上报朝廷。提刑司负责本路司法刑狱、巡察盗贼；督责一路无额上供、经总制钱物、封桩钱物等；监察举劾地方官吏。常平司掌各路役钱、青苗钱、义仓、常平仓、赈济、水利、茶盐等事，与转运使、提刑司分管各路财赋，并监察各州官吏。宋代强化封建中央集权制的一个重要理念是寓职权于集权与分权的对立统一之中，与军事上的强干弱枝、政治上的内外相维相互为用。一方面，宋代皇帝高度集权，大权独揽，无权不总。另一方面，臣下是事事分权，有权不专。其中一个重要的表现就是地方路级转运司、提刑司、常平司的职权有所分工，并各自隶属于中央不同的部门。南宋吕祖谦指出：景德年间置提刑司，"实分转运使之权"。提刑司"虽专以刑狱为事，封桩、钱谷、盗贼、保甲、军器、河渠事务浸繁，权势益重，而转运所总，惟财赋纲运之责而已"[①]。而且提刑司经常作为转运司的对立面，向中书（或尚书、尚书户部）、内库和枢密院负责。如《长编》卷 292 载："诸路上供金银钱帛应副内藏库者，委提刑司督之；若三司、发转运司擅折变、那移、截留致亏本库年额者，徒二年。"这里提刑司作为内库在路级的代理人，负责监督三司、发运转

---

① 《文献通考》卷 61《职官考十五》。

运司，以保证内库钱物的征调。又如常平司分夺转运司督察一路财赋大权中最重要的就是分领常平义仓，并向宰相的理财机构——司农寺负责。如元丰元年（1078）十月，判司农寺蔡确言："诸路提举常平司旧兼领于转运司，极有擅移用司农钱物。自分局以来，河北东路提举司申转运司所移用钱二十余万缗，江东提举司申转运司所移用钱谷十二万余贯石，盖转运司兼领，则不能免侵费之弊。"① 这种分权有利于地方路级监司之间互相制衡牵制，防止大权旁落。

其二，监司通过互察、互申，共同参与某项事务达到互相监督的目的。如宋代提刑司在监司互察中对转运司、常平司经手的钱粮账目进行驱磨点检。徽宗崇宁元年（1102）九月二十八日，"仍令本司（转运司）各开析每岁钱谷出入名数，具册关提点刑狱司验实结罪保明，缴奏送尚书户部。若故为隐匿及虚立支费，论如上书诈不以实律"②。此外提刑司在监司考核互申中对转运司进行监督。崇宁元年（1102），令"岁以钱谷出入名数报提刑司保验，以上户部；户部岁条诸路转运使财赋亏赢，以行赏罚"③。

由于常平司经常并入提刑司，或与提举茶盐司合为一司，因此，提刑司对常平司的监督在史籍中不多见。兹举一例以窥一斑。熙宁八年（1075）八月，司农寺言："本司（常平司）点检诸路拘卖坊场、河渡、盐井、碾硙之类，簿书灭裂，欠失官钱。欲委提点刑狱司选官，取自拘卖以来至今年终文案并敕条驱磨，申寺点检，校其驱磨精粗，案为赏罚。"从之④。

同样在监司互察中常平司也可对转运司、提刑司进行监察，如常平司在分管诸路财赋中对提刑司所经手的钱物进行驱磨点检。政和三年（1113）十月十七日，户部尚书刘炳等奏："近年以来，所收约八九十万

① 《宋会要》职官 43 之 5。
② 《宋会要》食货 49 之 24 至 25。
③ 《宋史》卷 179《食货下一》。
④ 《长编》卷 267。

贯，比旧大段数少亏损，省计缘无额上供，虽有窠名而各无定数。从前据凭场务收到数目申州驱磨报提刑司，本司备申省部拘催起发，若供申隐落，止有断罪约束，即无点检告赏之文。兼近承朝旨令诸路常平司驱磨到崇宁元年至大观三年侵使隐落上供无额钱，总计一百七十余万贯，金银物帛一十万余斤两等，如此显有陷失钱物，盖为未有劝赏致所属不肯尽公点检驱磨。"①

宋代监司还通过对某些事务共同参与处置，使之同时与地方几个部门联系起来，有利于它们之间的互相制约和监督，防止由一个部门包办，易于隐瞒、营私舞弊等。如在财政分配上采取分隶制度，即州军一些项目的赋入按比例直接分隶本路转运、提刑、常平司等，或各项专款专用，特设专门账籍，与本州军别项赋入分开管理。如绍兴五年（1135）每出纳一贯征头子钱三十文，"其十五文充经制窠名，七文充总制窠名，六文提、转两司，二文公使支用"②。又如宋徽宗时，"诏诸路凡奏户口，令提刑司及提举常平司参考保奏"③。以现代控制论的观点看，一些重要职权由数个部门共同负责，可以自动起到防弊纠错的作用。

其三，转运使、提刑司和常平司虽然职权各不相同，但都拥有监察地方官吏的职责，号称"外台"。宋代监司的主要职能是"临按一路，寄耳目之任，专刺举之权"④，皇帝不断下诏强调监司的职能以刺举为主。如北宋咸平六年（1003）十一月，宋真宗下诏："监司之职，刺举为常。"⑤宋代对地方各级官府的纠察是逐级负责，一般有较严格的职权界限，"州县令监司案劾，监司令御史台觉察"⑥。由此可见，监司按劾的对象是州县官吏。具体而言，宋代监司刺举州县官吏的内容主要包括以下几个

---

① 《宋会要》食货 51 之 41。
② 《建炎以来朝野杂记》甲集卷 15《总制钱》。
③ 《宋史》卷 174《食货上二》。
④ 《宋会要》职官 45 之 21。
⑤ 《长编》卷 55。
⑥ 《建炎以来系年要录》卷 90。

方面：

一是刺举贪赃者。刺举部内官吏贪污，是宋代监司的首要职能。宝元二年（1039）八月，宋仁宗下诏：转运使副、提点刑狱至所部百日，如果部下有犯赃者，则"坐失按举之罪"①。南宋绍兴四年（1134）五月，高宗"诏监司郡守常切机察赃吏犯法"②。景定二年（1261）正月，理宗诏令："监司率半岁具劾去赃吏之数来上，视多寡为殿最，行赏罚。"③ 由以上所引史料可知，按察赃吏是监司的主要职责，如监司失于按察举劾则要受到处罚，按劾赃吏是考核监司的重要内容。

宋代，监司按劾地方官贪赃的记载于史籍屡见不鲜，兹各举一例以窥一斑。如庆历四年（1044），两浙路转运使邵饰和同提点两浙路刑狱公事柴贻宪，均因知秀州钱仙芝赃败不即按举而降黜，邵饰降知洪州，柴贻宪降宣州兵马都监④。庆元二年（1042）十一月六日，"前知台州周晔特降一官，以浙东提刑李大性奏晔昨擅将常平等米以新易陈，亏少万数"⑤。南宋著名学者朱熹在为浙东提举常平官时，"按劾赃吏"，"一路肃然"⑥。

二是察举不尽职责者。熙宁四年（1071）三月，神宗下诏：河北、京东路转运司和提刑司"察所部知州、通判、都监、监押、巡检、知县、县令不职者以闻"⑦。绍兴六年（1136）四月，常平司奏劾筠州的高安、上高两县当职官"赈济乖方，至有盗贼窃发，殍亡暴露，田亩荒莱，饥民失所"。高宗下诏："筠州高安、上高两县当职官各先次特降一官

---

① 《长编》卷124。

② 《皇宋中兴两朝圣政》卷15。

③ 《宋史》卷45《理宗五》。

④ 《宋会要》职官64之44、48。

⑤ 《宋会要》职官73之66至67。

⑥ 谢维新：《古今合璧事类备要·后集》卷70《提举》，台湾商务印书馆影印文渊阁四库全书本。

⑦ 《长编》卷221。

放罢。"①

三是察举昏庸无能、年老病弱和怠惰政务者。太平兴国六年（981）三月，宋太宗下令诸路转运使察举部下官吏，"有罢软不胜任、怠惰不亲事"者，"条其事状以闻"②。皇祐年间，宋仁宗下诏："少卿监以下，年七十不任厘务者，外任令监司、在京委御史台及所属以状闻。"③ 南宋绍兴十五年（1145）七月，宋高宗命监司"审察县令治状显著及老懦不职者，上其名以为黜陟"④。乾道元年（1165）七月，宋孝宗诏"诸路监司将见任老、病守臣，限一月公共铨量闻奏"，如果"监司、守臣互为容隐，御史台觉察以闻"⑤。

四是举劾征收赋税中的不法行为。州县官征收赋税是一项政策性很强的事务，如征收不当，或许减少封建政府的财政收入，抑或会激化社会矛盾。因此，宋代历朝比较重视通过监司监督州县官的征收赋税，按劾其不法行为。宋代路这一级主要通过转运使考核监督地方官以及分管茶、盐、酒税、诸场务的官员，来督促管理地方财政收入。景德元年（1004）规定："自今宜令转运司遍谕所部，批书历子，明具州县元管主、客户口，在任至替逐年流移归业，件析口数，招添赋税，明言实纳色额，不得衮同增加，并以在任走失户税次年归业者忘为劳绩。应监场务须具租额，及前界递年实收钱数增亏，比类批书，敢于庇覆隐漏，干系官吏悉论以违制，或官吏为形势所抑，徇情批书不实，亦许经新到任官陈首，令具奏闻，当行指挥。应会问之司宜专行点检，依理关报，不得辄有增减。"⑥ 宋代诸路常平司不仅要督责所属州县按时拘收常平钱谷，而且对不按时按量收籴者上奏朝廷。乾道四年（1168）六月七日，孝宗"诏诸

---

① 《宋会要》食货 57 之 18。
② 《长编》卷 22。
③ 《宋史》卷 170《职官十》。
④ 《宋史》卷 30《高宗七》
⑤ 《宋会要》职官 45 之 26。
⑥ 《宋会要》职官 59 之 5 至 6。

路提举常平官督责所部州县，候秋成日，将人户合纳之数，依条限拘催，尽实收桩，仍以见管钱，依时收籴，不得违戾，及依已降指挥，每岁春季躬历所部州县盘量见在米斛，具数闻奏"①。

宋廷一方面令监司督察州县按时按量征收赋税，另一方面又不允许州县违制加征、滥征，违者委监司按劾奏闻。高宗绍兴十年（1140）九月，明堂赦文规定：州县百姓输纳租税，监官勒索百姓多收者，"仰监司严加检察，如尚或蹈袭违戾，并仰按劾奏闻"②。孝宗淳熙三年（1176）四月，诏云："诸路州县受纳人户苗米，往往过数多收斗面，重困民力，令诸路监司觉察以闻。"③光宗绍熙二年（1191）十一月南郊赦道："催科自有省限，州县往往不遵条法，先期预借，重叠催纳"，有的甚至"倍加斗面，非理退换"，"仰监司严加觉察，如有违戾，按劾闻奏"④。

五是按劾州县残害百姓。宋代最高统治者意识到为了使赵氏王朝长治久安，必须缓和各种社会矛盾，其中一项重要措施就是令监司按劾州县残害百姓。如北宋至和年间，淮南地区发生蝗灾，山阳县尉李宗残害请求治蝗的百姓，强迫他们吞食蝗虫，致使吞食者"吐泻成疾"。提点刑狱孙锡奏劾李宗，仁宗罢免了其官职⑤。绍兴九年（1139）四月，高宗诏令新复诸路监司、帅臣"按劾官吏之残民者"⑥。宁宗朝《庆元条法事类》卷7《监司巡历》则规定："诸监司每岁点检州县禁囚淹留不决，或有冤滥者，具当职官职位、姓名，按劾以闻。"

2. 州通判建置思想。

宋代官制的一个突出现象是机构废置分合无常，职掌变动频繁。但通判相对稳定，终两宋一直存在。通判在州郡的地位特殊，作用甚大，

---

① 《宋会要》食货62之43至44。

② 《宋会要》食货68之4。

③ 《宋会要》食货68之12。

④ 《宋会要》食货68之15。

⑤ 孙逢吉：《职官分纪》卷42《县尉》，台湾商务印书馆影印文渊阁四库全书本。

⑥ 《宋史》卷29《高宗六》。

其中有以下两个方面的建置思想值得注意。

其一，通判既是州郡副长官，又是州郡监察官。宋初置通判，其本意原是为了监督那些刚归顺中央的伪官。史载："太祖乾德四年十月，诏应荆湖、西蜀伪命官见为知州者，令逐处通判或判官、录事参军，凡本州公事并同签议，方得施行。时以伪官初录，虑未悉事，故有是命焉。"① 由于通判地位的特殊，权力很大，其被朝廷信任的程度往往超过知州，所以宋初通判通常凌驾于知州之上，"多与长吏忿争，常曰：'我监州也，朝廷使我来监汝。'长吏举动必为所制。"② "太祖闻而患之，下诏书戒励，使与长吏协和，凡文书，非与长吏同签书者，所在不得承受施行。至此遂稍稍戢。"③

元丰改制后，通判正式被确定为地方州郡副长官："知州掌郡国之政令，通判为之贰。"④ 据《哲宗正史职官志》记载，通判的职权是"掌倅贰郡政，凡兵民、钱谷、户口、赋役、狱讼听断之事，可否裁决，与守臣通签书施行。所部官有善否及职事修废，得刺举以闻"⑤。这时的通判虽作为副长官，但仍保持了与守臣通签书施行的制度，也就是说仍拥有监督知州之权，而且其监察对象从知州扩大到所部官吏。

南宋从高宗到宁宗时期，通判对知州拥有很大的监督权。绍兴二十六年（1156）四月三日，"诏应自今知州通判互论不法事件，须拘留在任，选委监司之清正有风力者依公究治，取见诣实曲直情状具奏施行，从左正言凌哲言。比来守倅间有互相诋讦者，臣僚论列，乃欲先次并罢故也"⑥。"知州与通判可互论不法事件，互相诋讦，而且旗鼓相当，使得朝廷不得不选清正有风力者依公究治。庆元元年（1195），有臣僚提出省

---

① 《宋会要》职官 47 之 2。
② 《长编》卷 7。
③ 欧阳修：《归田录》卷 2，中华书局点校本，1981 年。
④ 《宋会要》职官 47 之 11。
⑤ 《宋会要》职官 47 之 62。
⑥ 《宋会要》职官 47 之 68 至 69。

去边地文臣倅贰，宁宗曰：郡有倅贰，正如诸军统制之有副也，互相纠察，岂容省去！"①

宋代通判的建置定位思想值得探究。宋初太祖为了让通判能监督那些刚归顺中央的伪官，赋予通判特殊的地位与很大的权力，但其结果是通判常凌驾于知州之上。元丰改制正式确定通判为州郡副长官，但仍有很大的权力，仍然监督知州及所部官吏。宋代朝廷之所以赋予通判这种特殊的地位和如此大的权力，其用意就是使其能有效地监察州郡长官。南宋初年，通判对知州的监察曾有所削弱，"通判既压于长官之势，恣其侵用，莫敢谁何"②。其主要原因是"通判出于帅守之门，则于州事无所执守，视过咎无敢刺举"③。对此，朝廷规定："诸州通判见任守臣所辟者，并罢"④；"守臣毋得荐举通判"⑤，借此来加强通判对知州的监督。

其二，通判监察州郡的内容。宋代通判作为州郡监察官，拥有全面监察地方州郡的职责，其内容主要有以下五个方面。

一是对知州及属下官吏皆可按察。如大中祥符年间，边肃"知镇州，以公费钱质易规利，又遣吏部强市民羊及买女口，通判东方庆等列状于州"⑥。为督促监察官勤于纠察，朝廷规定失察者要受到处罚。"知、通若部内官一员犯赃至流而失于按察，以致朝廷采访、民吏诉论，或御史台弹劾者，别听旨施行"⑦。如张观"通判解州，会盐池吏以赃败，坐失举劾，降监河中府税"⑧。朝廷还对通判纠察赃吏进行考核。建炎三年（1129）十月，"诏诸路按察官自通判至监司，岁具发摘过赃吏姓名，置

---

① 《宋会要》职官 47 之 48。
② 《宋会要》食货 35 之 27。
③ 《皇宋中兴两朝圣政》卷 13。
④ 《皇宋中兴两朝圣政》卷 13。
⑤ 《皇宋中兴两朝圣政》卷 47。
⑥ 《宋会要》职官 64 之 22。
⑦ 《宋大诏令集》卷 192。
⑧ 《宋史》卷 292《张观传》。

籍申尚书省，以为殿最。即有失察而因事闻者，重谴之"①。

二是监视钱谷出纳，防止差错作弊等事。古代财经管理中最容易出漏洞的是财物的出纳。宋代规定："州郡仓库一出一纳，并须先经由太守判单押帖，次呈通判，呈金厅签押俱毕，然后仓官凭此为照，依数支出。"② 徽宗时规定："天下勘给官吏军兵请受及勘支官物，并须先由粮料院批勘，封送勾院点检，勾勘讫，仓库方得依数照支。今天下州府粮料院批勘，而判勾即皆专委通判，盖通判是本州按察官，使之判勾，则其势可以点检粮料院违条妄支官物及诸般差错作弊等事。"③ 简言之，官吏军兵请受及勘支官物，必须先经通判勾勘，确认无误后方可支领。南宋时，诸总领所属下审计院或审计司一般由通判兼④，诸官兵帮勘请给等，必须经审计官事先审核无误后，方准予支给。宋代，不仅支领钱物事先要受通判审查，而且钱物支出后，有关簿历还要经通判复核，方能准予注销。如开宝四年（971）十月，"诏应州有公使处，知州与通判同上历支破"⑤。

宋代转运使虽然掌经度一路财赋大权，但在处置地方财赋时受到许多制约，其中也受到通判的监督。高宗朝规定转运使可以取拨的移用钱，由诸州军资库收纳保管，而州"军资库系通判提举"⑥，因此，也就是由通判收纳保管。绍兴三年（1133）四月十二日，朝廷采纳都转运使张公济的建议："今后应转运司系省钱，并依条赴军资库交纳收支，其窠名不同者各置文历拘管，应通判及主管司等处送纳钱物。"⑦ 总之，转运使与地方州郡在财经上的一种关系是"山泽之利，归于转运，转运不自私也，尽给逐郡以用之；经费之钱，总于转运，转运不自有也，皆听知、通以

---

① 《建炎以来系年要录》卷 28。

② 《名公书判清明集·仓官自擅侵移官类》。

③ 《宋会要》职官 57 之 50。

④ 《宋史》卷 167《职官七》。

⑤ 《长编》卷 12。

⑥ 《宋会要》食货 54 之 5。

⑦ 《宋会要》食货 49 之 40。

支之"①。

宋代仓管库吏往往利用仓库出纳之际，采用克扣、以次充好、重入轻出等办法从中渔利，对此，朝廷规定仓库出纳时通判须亲往监临。如"（天禧）四年五月，判司农寺张士逊言：'诸州常平仓斛斗自今每遇出粜，望委本州通判每日在仓提举，多方约束，以绝奸幸，使贫下缺食之人市籴，不至艰阻。'从之"②。绍兴三十年（1160），经总制钱专委通判指挥，"仍令就本厅置库，躬亲出纳，不得付之属官"③。

三是巡历仓库，点检官物。通判设置之初，宋太祖下诏："诸州通判、粮料官至任，并须躬自检阅账籍所列官物，不得但凭主吏管认文状"④。太宗、真宗时期，具体规定了通判定期阅视所属仓库。大中祥符七年（1014）夏四月庚辰，"诏诸路知州、通判，自今在城仓库则每季检视，在外县者止阅簿籍，不须巡行。初，淳化中，诏长吏每季行县，县有去州五七百里者，以烦扰故，罢之"⑤。

通判巡视仓库时主要是对照账簿点检见在官物。如徽宗时曾出现"账内官物与簿历不同，簿历内又与仓库见在不同，至有账尾见在钱物一二十万，而历与库内全无见在"⑥。针对这种情况，朝廷"令所属监司委诸州通判遍诣本州及管下仓场库务，将账检及逐处赤历、文簿取见在官物实数，于勾院置簿拘籍"⑦。通判诣仓库点检的制度一直保持到南宋，如《庆元条法事类》卷37《给纳》载："诸仓库见在钱物（诸司封桩者非），所属监司委通判岁首躬诣仓库点检前一年实在数，令审计院置簿抄上比照账状。"

---

① 林駧：《古今源流至论》续集卷7《郡守》，台湾商务印书馆影印文渊阁四库全书本。

② 《宋会要》食货53之7。

③ 《宋会要》食货35之27。

④ 《长编》卷9。

⑤ 《长编》卷82。

⑥ 《宋会要》食货62之60。

⑦ 《宋会要》食货62之60。

四是拘收检察无额上供钱物和经总制钱。无额上供和经总制钱是南宋重要的财政收入，《庆元条法事类》卷30《上供》和《经总制》规定：诸州县镇场务所收无额上供钱物或经总制钱物，每季具账限次季孟月五日以前供申通判厅，本厅限孟月终审覆申提点刑狱司，本司限十日点磨保明申尚书户部。南宋初期，经总制钱或专委守臣，或专委通判，或知、通同掌，始终没有很好协调知州与通判的关系，两者在权力的分配上时有矛盾。如知、通同掌，"通判既压于长官之势，恣其侵用，莫敢谁何"①；后虑守臣侵用，遂专委通判，又"切恐守臣妄生异同，不能协力"②。自孝宗乾道后，朝廷才做了较妥善的协调："诸经总制钱物，知、通专一拘收。仍令通判（无通判处委签判）就军资库别置库眼，选差曹职官一员躬亲出纳，通判常切点检，郡守每月一次驱磨。逐季于次季孟月二十五日以前尽数起发，提点刑狱司拘催检察，如州县违限亏欠，并行按劾。"③这样知、通既同掌，又有所分工，两者之间的关系得到了较好的协调。

五是监督纲运。纲运在宋代是一个重要而又棘手的问题，官府物资在运输中经常被偷盗、抛失、损坏或留滞。对此，政府采取了许多措施加强监督管理，其中，通判也参与这项工作。如建炎二年（1128），为防止州军移用纲运物资，朝廷规定："诸路州军纲运……逐州府选委清强官受纳，专委通判监视，提点刑狱官常切点检。"④ 通判除监视纲运出纳外，还不时到装发卸纳纲运的仓库盘量看验，稽查"亏损纲运"⑤，或以"粗弱不堪"⑥ 之物充作上供等。水运是宋代纲运中的难点，朝廷置催纲行程历，逐时抄上纲运入界时日、押人姓名、船只所载官物。如"地分官司遇抛失空船，限即时具船只、纲分、姓名申本州军通判，本厅置籍抄上，

---

① 《宋会要》食货35之27。
② 《宋会要》食货64之102。
③ 《庆元条法事类》卷30《经总制》。
④ 《宋会要》食货47之14。
⑤ 《宋会要》食货42之8。
⑥ 《宋会要》食货42之10。

候岁终开具地分抛失只数，合干官吏姓名，申发运司责罚"①。

（五）路监司、州通判的选任思想

1. 监司选任思想。

宋代监司不仅是皇帝的耳目，而且还执掌地方一路的大权，州县吏治的好坏，官员是否任用得人，无不与监司有密切的关系。庆历三年（1043）十月，宋仁宗根据范仲淹、富弼等人的建议，"严监司选"②。熙宁三年（1070），刘述在给宋神宗的上疏中建议："愿陛下深诏政府，精选转运使、提点刑狱，唯人是求，不必限以资序，即得其人矣。"③ 南宋最高统治者则从监司作为地方最高行政区划长官和监察官的角度，提出应重视监司的人选。如绍兴五年（1135）二月，宋高宗手诏："朕惟监司外台耳目"，"自今其慎选择，勿狃于故常，勿牵于私昵，重以累国"④。绍兴十年（1140）四月，直秘阁江公亮请求朝廷选换县令，宋高宗对宰执说："县令至众，朝廷岂能人人推择，惟当选监司、郡守，使之易置，则得人矣。"⑤ 淳熙十二年（1185）二月，宋孝宗也对宰执说："天下全赖好监司，若得一好监司，则守令皆好"，地方吏治，应"先择监司为要"⑥。总之，监司选好了，就能委托监司选出好的州县官，并委托监司监督好州县官，国家就能得到很好的治理。

宋代选任监司的方式复杂多变，大体而言，主要有以下三种：一是由皇帝亲自擢用。北宋初年，监司官主要是指转运使副等，构成简单，数量少，其选任均由皇帝亲擢。宋真宗以后，监司构成逐渐复杂，人数也增多，改为重要地区和秩品高的监司官仍由皇帝亲擢。南宋高宗、孝宗、光宗朝监司通常还是由皇帝亲擢，理宗以后，由皇帝亲擢的比例逐

①　《宋会要》食货 47 之 11。

②　吕中：《宋大事记讲义》卷 9《馆阁》，台湾商务印书馆影印文渊阁四库全书本。

③　《宋朝诸臣奏议》卷 67《上神宗乞假监司之权令察守令》。

④　《皇宋中兴两朝圣政》卷 17。

⑤　《建炎以来系年录》卷 135。

⑥　《皇宋中兴两朝圣政》卷 62。

渐减少①。

二是臣僚荐举，皇帝从中选任。宋代，皇帝不断下诏令臣僚荐举监司人选。北宋元祐元年（1086）二月，哲宗"诏左右侍从各举堪任监司者二人，举非其人有罚"②。绍兴二十六年（1156）二月十五日，高宗下诏："诸路监司多阙官，可令侍从、台谏各举曾任知、通治状显者堪充监司者二员闻奏，仍保任终身，有犯赃及不职者与同罪。"③乾道五年（1169）十月，孝宗"严监司、郡守选，令侍从、台谏、两省官各举京朝官以上三人，保任终身，限五日闻奏"④。

三是宰执堂除。宰执堂除，又称朝廷除授。咸平元年（998）六月，宋真宗对参知政事李至等人说：监司选任，"卿等可先择人而令举之"⑤。此后，监司中的部分官员由宰执堂除。元丰改制后，宰执堂除成为选任监司的重要方式之一。如北宋元祐四年（1089）二月，侍御史盛陶就说："窃详监司系朝廷擢用。"⑥南宋淳熙九年（1182）五月，孝宗手诏宰相王淮等人："监司、郡守民之休戚系焉，察其人而任之，宰相之职也。"⑦

宋代监司由于关系一路吏治之良窳，故在选任时的回避制度比一般官员更严密。一是监司与所辖区的知州、通判、知县、县令等之间是监察与被监察的关系，为了保证监司能行之有效地监察地方官员，宋廷规定监司人选与所辖区官员之间应避亲嫌。如宋太宗时，樊知古出任河北路转运使，而河北路的怀州推官陈彭年因与樊知古有亲嫌，被朝廷改任为泽州推官⑧。元丰二年（1079）六月二十七日，宋神宗下诏改任权发遣

① 贾玉英：《宋代监察制度》，河南大学出版社，1996年，第321页。
② 《宋史》卷17《哲宗一》。
③ 《宋会要》选举30之3。
④ 《皇宋中兴两朝圣政》卷47。
⑤ 《宋大事记讲义》卷7《监司》。
⑥ 《长编》卷422。
⑦ 《皇宋中兴两朝圣政》卷59。
⑧ 《宋史》卷287《陈彭年传》。

淮南东路提点刑狱范百禄知唐州，"以百禄与知扬州鲜于侁避亲故也"①。二是宋代监司不仅皆有察举一路官员的职能，而且监司之间要互相监察。为了使监司之间不结党营私并行之有效地互察，宋代规定：同一路的转运使副、提点刑狱、提举常平等官之间要避亲嫌。回避的办法一般是与其他路监司对移差遣，或者改任他职。如北宋英宗治平四年（1067）三月，权提点京西路刑狱公事陈安石与权提点河东路刑狱公事母沆对易差遣，"以（陈）安石避亲故也"②。南宋绍兴十一年（1141）八月，提举江南东路茶盐公事郑侨年上疏说："转运副使王唤系亲姊之夫，有诸司互察之嫌。"③ 宋高宗下诏令郑侨年与提举两浙市舶王传两易其任。三是南宋时，同路监司与帅司不仅都有监察本路州县官的职能，而且监司与帅司之间还要互相监察。为了防止监司与帅司结党营私，保证能有效地互相监察，宋代规定监司与帅司之间避亲嫌。如乾道六年（1170）二月，福建路提点刑狱公事吴龟年上疏云："新除本路帅臣薛良朋系龟年妻之叔父，虽与服属稍疏，缘职事相关，切虑合该回避。"孝宗下诏改吴龟年为江南西路计度转运副使④。四是监司避本贯法主要包括两个方面：其一官员不能在籍贯所在地充任监司官；其二官员不能在自己产业所在路充任监司官。如政和三年（1113）闰四月一日，宋徽宗下诏："今后监司不许任本贯或产业所在路分。"⑤ 五是宋代监司属官与所辖区各州县属官之间有密切的职事关系，为了防范他们结党营私，宋廷规定：转运司账计官与诸州造账官，提点刑狱检法官与知州、通判、签判、幕职官、司理司法参军避亲嫌，如果"诸州推法司与提点刑狱司吏人有系亲戚而不自陈乞回避者，杖一百"⑥。六是宋代监司属官与同路诸官之间也有互相监察

　① 《宋会要》职官 63 之 5。
　② 《宋会要》职官 63 之 4。
　③ 《宋会要》职官 63 之 14。
　④ 《宋会要》职官 63 之 15。
　⑤ 《宋会要》职官 45 之 9。
　⑥ 《庆元条法事类》卷 8《亲嫌》。

的关系，因此宋廷规定也要避亲嫌："诸经略、安抚、监司属官与本路诸司官系亲嫌者，并回避。"①

总之，宋廷在监司与其所辖地区州县官之间、同路监司官之间、同路监司官与帅司之间、监司属官与所辖地区州县属官之间、监司属官与同路诸司官之间以及监司在本籍贯和产业所在路如此严密地实施回避制度，旨在防止地方官员利用亲属、同乡等关系拉帮结派、结党营私，对封建中央集权和吏治形成负面影响。监司回避制度能加强地方官员之间的监察，有利于强化皇帝对地方的控制，并对于廉洁吏治也有一定的作用。

2. 通判选任思想。

如前所述，由于通判地位特殊，因此，宋廷也颇重视通判的选任。宋代通判的选任方式主要有皇帝亲擢、中书堂除、吏部差注、监司或府州辟差四种。

（1）皇帝亲擢。宋代，一些重要府州的通判由皇帝除授。如真、楚、泗等州是北宋漕运转输要地，绍圣三年（1096）十二月，根据发运使吕温卿的建议，这些州的通判定为"自朝廷选授"②。南宋绍兴三年（1133）正月十五日，高宗下诏："今后淮南通判并令朝廷选差。"③ 可见，皇帝亲擢一些重要府州的通判是宋代选任通判的方式之一。

（2）中书堂除。宋代凡设两名通判的府州，其中一员要以中书堂除的方式选任。北宋政和四年（1114），徽宗"诏诸州通判有两员处，以一员堂除"④。政和七年（1117）六月三日，徽宗又对州军通判堂除的地区范围做了具体规定："淮阳军、广济军、信阳军、高邮军、荆门军、汉阳军、怀安军、邵武军、复州、荣州、雅州、普州通判堂除，余令吏部差

---

① 《庆元条法事类》卷8《亲嫌》。

② 《宋会要》职官47之63。

③ 《宋会要》职官47之66。

④ 《宋会要》职官47之64。

人。"① 绍兴五年（1135 年）闰二月，高宗"诏吏部通判阙二十五处，取作堂除"②。绍兴七年（1137）正月，高宗也规定："通判双员，依旧一员堂除。"③ 历宋一代，堂除在通判选任中为最主要的方式。

（3）吏部差注。北宋元丰改制前，通判的选任由审官院负责。如景祐二年（1035）五月，仁宗诏："永兴军、河南府、延、杭、广、梓州通判，并令审官院选差人。"④ 元丰改制后，审官院被取消，部分通判由吏部差注。如元祐三年（1088）九月十六日，宋哲宗"诏吏部拟注通判，依知州例，赴门下省引验"⑤。

（4）监司或府州辟差。宋代在某些时期或某些地区，把监司或府州辟差通判作为选任通判的一种补充形式。如景祐二年（1035）五月，宋仁宗"诏尝任二府而为知州者，辟通判、幕职官一员，大两省以上知天雄成德军、益州泰州，并许辟通判一员"⑥。但至皇祐五年（1053），宋仁宗又下诏："尝任二府出知州者，毋得奏辟通判。"⑦ 宋代之所以较少让府州辟差通判，其主要原因是"通判出于帅守之门，则于州事无所执守，视过咎无敢刺举"⑧。对此，朝廷一般规定："诸州通判见任守臣所辟者，并罢"⑨；"守臣毋得荐举通判"⑩，借此来加强通判对知州的监督。

宋代某些沿边地区的通判，允许转运司辟差。如元丰六年（1083）四月，陕西转运司请求"就差通直郎通判解州吴安宪通判延州"，宋神宗诏令"依所奏速差"⑪。淳熙十四年（1187）八月十六日，利州路提点刑

---

① 《宋会要》职官 47 之 65。
② 《建炎以来系年要录》卷 86。
③ 《宋会要》选举 23 之 15。
④ 《长编》卷 116。
⑤ 《宋会要》职官 47 之 63。
⑥ 《长编》卷 116。
⑦ 《长编》卷 175。
⑧ 《皇宋中兴两朝圣政》卷 13。
⑨ 《皇宋中兴两朝圣政》卷 13。
⑩ 《皇宋中兴两朝圣政》卷 47。
⑪ 《宋会要》职官 47 之 63。

狱张縝请求"将本路通判窠阙，除藩通判合自吏部差注阙外，四州通判自制置司奏辟外，所有金、洋、兴、利、文、龙等州通判窠阙，依八路法送本路转运司拟差"，宋孝宗批准了张縝的请求，诏令除已差下人外，"今后依元丰旧法，令本路转运司照应条格施行"①。

四、 考核官吏机构、内容、方法思想

（一） 考核官吏机构建置思想

宋代，在对官吏的考核中，中央主持考核的机构经历了多次变化。宋初设有流内铨，掌文官自初仕至幕职州县官之铨选注拟和对换差遣、磨勘功过等事。还设立三班院，负责对武官三班使臣的考课、注拟、酬赏等。太宗太平兴国六年（981），置京朝官差遣院，主管少卿监以下京朝官考课、注拟、差遣事宜。淳化三年（992），设立磨勘京朝官院和磨勘幕职州县官院，总称磨勘院，主管对京官、升朝官和幕职、州县官的考核事宜，并命中书或两制臣僚校其能否，以施赏罚。淳化四年（993），改磨勘京朝官院为审官院，并差遣院入审官院，掌考校京朝官殿最，叙其爵秩而诏于朝，分拟内外任使而奏之。同年，改磨勘幕职州县官院为考课院，其职掌仍磨勘幕职州县官功过，引对黜陟。不久，又以其事归吏部流内铨。熙宁三年（1070），改审官院为审官东院，主管文臣京朝官以下考核功过、定其官爵品级、注拟差遣等事。同时，设置审官西院，主管武臣阁门祗候以上到诸司使等磨勘、注拟差遣等。元丰改制后，改审官东院为吏部尚书左选，流内铨为吏部侍郎左选，审官西院为吏部尚书右选，三班院为吏部侍郎右选。于是，"文武官吏选试、拟注、资任、迁叙、荫补、考课之政令，封爵、策勋、赏罚殿最之法"②，皆归吏部掌管。

宋代对官吏考核的对象是上至京朝官，下至幕职、州县官，其经济

---

① 《宋会要》职官 47 之 71。
② 《宋史》卷 163《职官三》。

政绩考核的重点是各级地方官和监临物务官。京朝官在任内由上级长官考核其功过，再由审官院、吏部等专门机构复查其考绩优劣，而后决定升黜。地方官的考课是"守倅考县令，监司考知州，考功会其已成，较其优劣而赏罚之"①。

宋代在考核地方官和监临物务官的经济政绩时，必须先经过财计部门复核其账籍，检验收支数额，比较岁课增亏，然后送主考部门详定升降。太平兴国七年（982）十月，"诏应监临物务京朝官及知州、军监、通判兼监物务者，替日令御史台晓谕，先赍御前印书于三司，仍件析以闻任内所收课利，委三司磨勘增亏，条报差遣院，一依五月诏旨详定升降，堪何任使以闻"②。咸平二年（999）冬十月，"令诸路转运使，自令管内增益户口，及不因灾伤逃移者，并书于历，委三司考较，报审官院，以为殿最"③。南宋时，国家的重要收入——经总制钱由户部岁终比较诸路增亏，分别殿最。如："（绍兴）十六年三月二十四日，权户部侍郎李朝正言：'诸路每岁所收经总钱依元降指挥，委本路提刑并检法干办官点磨勘催，岁终数足许比较推赏。本部欲将经总制钱数通兖纽计，比较递年增亏，依立定分数殿最……'从之。"④

宋代对地方守令的考课，一般由诸路监司负责，为了保证考课的如实公允，御史对其有复审之权。"每岁将诸路监司所定守令考课等第，令御史台重行审察，如有不当，重加黜责，不以赦原。"⑤ 特别是"守令课绩在优上等，即关御史台严加考察，如有不实，重行黜责"⑥。而且，御史对诸路监司则直接进行考核。宋神宗时规定："监司以上，则命御史中丞、侍御史考校。"⑦ 崇宁元年，采纳臣僚建议，"委御史台考察天下转运

---

① 《宋史》卷160《选举六》。
② 《宋会要》职官59之3。
③ 《长编》卷45。
④ 《宋会要》食货35之25。
⑤ 《宋会要》职官59之14。
⑥ 《宋会要》职官10之21。
⑦ 《宋史》卷160《选举六》。

使、副、判官，有不胜任者，择能吏代之"①。南宋后期，在对地方官的考课中，御史台的作用逐渐重要。"宁宗以郡国按刺，多徇私情，遂仿旧制，于御史台别立考课一司，岁终各以能否之实闻于上，以诏升黜"②。到度宗时期，御史台更成为负责地方官考课的最高机构，"守倅月一考州县属官，监司会所隶守倅，制司会戎司、军垒，遵照旧制互用文移，会其兵甲、狱讼、金谷之数，及各司属官书拟公事、拘榷钱物、招军备器之数，次月置册，各申御史台上之课籍"③。

附"宋代对官吏考核机构设置思想框架图"：

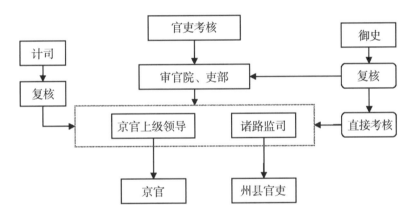

宋代对官吏的考核是治吏的重要工具之一，事关对人才的选拔任用，作为对官吏赏罚任免升降的重要依据。众所周知，宋代职官制度复杂多变，这在中央主持官吏考核的机构上也有充分的表现。但是在多变的表象下，其指导思想原则没变，其基本机制则趋于逐渐完善，即这项工作涉及人事部门、财计部门和监察部门。这是因为在考核地方官和监临物务官的经济政绩时，其账籍必须先送计司审核比较户口、垦田、赋税、课利增亏，这使人事主考部门有较准确具体的考核依据。同时，计司参与考核说明了宋代对官吏经济政绩的重视，把它作为对官吏考核的主要

① 《宋会要》食货 49 之 24。
② 《宋史》卷 160《选举六》。
③ 《宋史》卷 160《选举六》。

内容。还有，在主持考课的官吏中，监察官的作用逐渐加强，这不仅保证了考核的如实公允，而且显示出考核具有督察官吏、肃清吏治的职能。明清科道官为考核官吏的主要主持者，即源于宋代。

（二）对官吏考核指标设计思想

宋代考核官吏的内容因职务而异，据《宋史·职官三》记载，以"七事"考核监司。七事为"一曰举官当否，二曰劝课农桑、增垦田畴，三曰户口增损，四曰兴利除害，五曰事失案察，六曰较正刑狱，七曰盗贼多寡"①。以"四善""三最"考核守令。四善为"德义有闻、清谨明著、公平可称、恪勤匪懈"②。三最为"狱讼无冤、催科不扰为治事之最；农桑垦殖、水利兴修为劝课之最；屏除奸盗、人获安处、振恤困穷、不致流移为抚养之最"③。至徽宗之后，对守令考核的"三最"发展成"四最"，即"一、生齿之最：民籍增益，进丁入老，批注收落不失其实；二、治事之最：狱讼无冤，催科不扰；三、劝课之最：农桑垦殖，水利兴修；四、养葬之最：屏除奸盗，人获安居，赈恤困穷，不致流移，虽有流移，而能招诱复业，城野遗骸无不掩葬"④。从以上所载我们可以看出宋代对地方官吏总的考核指标设计思想有 3 个方面值得注意：一是宋代"七事""四善四最"思想基本上与唐代"四善二十七最"相同。二是考核地方官的指标设计主要是两方面：其一有关经济方面的，如农桑、垦田、人口等；其二有关治民方面的，如狱讼、盗贼、赈恤等。三是考核监司与考核守令不同的指标主要有两个方面：其一监司负有举荐之责，故加考"举官当否"；其二监司负有监察州县之责，故加考"事失案察"。

综观宋代对官吏的考核指标设计，与前代最明显的不同是对官吏经

---

① 《宋史》卷 163《职官三》。

② 《宋史》卷 163《职官三》。

③ 《宋史》卷 163《职官三》。据《宋会要》职官 10 之 20 载，此"三最"始于神宗熙宁元年（1068）所定《守令四善四最》考课法，其法虽称"四最"，但内容实则只有"三最"。

④ 《庆元条法事类》卷 5《考课》。

济政绩的考核渐趋重要。众所周知，在中国封建社会里，朝廷要求地方繁衍户口、增垦田畴、劝课农桑的主要目的是为了增加国家的赋税收入，因此，地方官任内赋税的增减情况是作为考核其经济政绩的一个重要内容。宋初，循唐、五代旧制，以十分为率来计算地方户口、赋税增减情况，以为赏罚。"州县户口准见户十分增一，刺史、县令进考，若耗一分，降考一等。建隆三年，又以科赋有欠逾十之一，及公事旷违尝有制受罚者，皆如耗户口降考。吏部南曹又举周制，诸州县官益户增税，受代日并书于籍。"① 南宋初年，州县遭兵火之灾，人口流散，田地抛荒，政府为劝诱人户归业耕垦，增加赋税收入，特制定守令岁考增亏格法，令"县令每岁终具措置招诱（人户）、垦辟田亩、增添税赋及有无抛荒田土实数，交割付后官，从后官保明申州，州限半月复实申转运司，转运司一月保明申尚书省户部"②，然后进行赏罚。南宋时，经总制钱是国家重要的赋税收入，为了督促州县能按时按量征收，朝廷规定："诸路州军所收经总制钱物，州委通判、县委知令检察，及令提刑司岁终比较亏欠赏罚。"③

宋代随着社会经济的发展，茶盐酒税等场务课利在财政收入中比重日益增大，因此，比较场务课利增亏成为考核地方官和监临物务官必不可少的内容。大中祥符六年（1013）秋七月辛亥，诏："茶盐酒税及诸物场务，自今总一岁之课合为一，以租额较之，有亏损，则计分数。其知州军、通判，减监临官一等区断，大臣及武臣知州军者，止罚通判以下。"④ 康定元年（1040），朝廷采纳三司使公事郑戬建议，行转运使考课格，其中心内容就是比较场务课利增亏："应诸道转运使、副，今后得替到京，别差近上臣僚与审官院同共磨勘，将一任内本道诸处场务所收课利与祖额递年都大比较，除岁有凶荒别敕权阁不比外，其余悉取大数为

① 《宋史》卷 160《选举六》。
② 《宋会要》食货 61 之 82，原文衍一"却"字。
③ 《宋会要》食货 35 之 26。
④ 《长编》卷 81。

十分，每亏五厘以下罚两月俸，一分以下罚三月俸，一分以上降差遣；若增及一分以上，亦别与升陟。"① 皇祐元年（1049）二月，又依提点刑狱考课法，制订了诸路转运使、副考课细则："一、户口之登耗；二、田土之荒辟；三、茶酒盐税统比，不亏递年租额；四、上供、和籴、和买物不亏年额抛数；五、报应朝臣文字及账案齐足。户口增、田土辟、茶盐等不亏、文案无违慢，为上上考；户口等五条及三以上，为中上考；若虽不及三以上者，为应报文字账案违慢者，为中下考；五条中亏四者，下上考；全亏及文账报应不时者，为下下考。"② 从这五条中可以看出，茶酒盐税等场务课利是考核转运使、副的重要内容。

从上引康定所定转运使考课格、皇祐对转运使、副的考课细则以及《庆元条法事类》所定的考较事件中可以看出，宋代对转运使的考课，在税租、场务课利等年度变化较大的项目上，是逐年比租额、递年增亏，积考为任，任满具状呈报朝廷，核定等第，而行赏罚。如：

酒税务

各具租额并递年及本年收诸色课利，逐色各若干

某官职姓名任内

酒务

租额几处收钱若干

递年几处收钱若干

本年几处收钱若干

比租额增或亏若干分厘

比递年增或亏若干分厘③。

此外，对田亩、户口等年度变化不大的项目，则不进行逐年比较，而径直在任满时进行一次性考核。如"某官职姓名任内增垦到田若干顷

① 《长编》卷 127。
② 《宋会要》职官 59 之 7。
③ 《庆元条法事类》卷 5《考课》。

亩"，"某官职姓名任内招集到逃户归业共若干户口"①。

除了上述这几项重要的经济政绩考核内容外，宋代还根据各种地方官职责侧重点的不同，另外设有一定考核内容。如转运使又称"水陆计度转运使""漕臣"，特别是北宋时，漕运钱谷是其重要职掌之一，这也成为考核转运使的一项内容。景德二年（1005）十二月，"诏江、淮、荆湖南北路转运司逐年所运上供粮储，自今如有出剩，即与批书转运使、副历子，叙为劳绩"②。又如提举常平司掌常平、义仓等，元丰六年（1083）规定："诸路提举官散敛常平物可自行法，至今酌三年之中数，取一年立为额，岁终比较增亏。"③ 还有其他各式各样的场务，如酒税、坊场、河渡、房园、茶盐坑冶、铸钱监、市舶等，更是根据本行业的特点制定考核内容，本节许多条史料即可概见，兹不一一赘引。

宋代对官吏进行考核后，要撰写考词，对被考官吏的政绩做出评估。宋代流传到今天的考词，笔者见到的有 40 多份。这些考词都极为简略，并没有详细记载被考官吏政绩的全面内容，兹举较为详细一例，以窥一斑：

宣城令毋克温

具衔毋克温在蜀乃公卿之后，圣朝受擢用之恩。渡江而南，莅宣首邑，性宽裕，政简易。在任满四载，今书第四考。夏征之赋及九分已上，灾伤水潦，户逃二千四百。按格令之常式，详考课之旧条，直笔无私，书为中上。④

宋代诸文集中所见考词虽然简略，但《庆元条法事类》卷五《考课》中以"考课格"的形式规定了监司考较事件 15 个项目：一、"奉行手诏有无违戾"；二、"兴利除害"；三、"有无朝省行下本路过失已上簿及责

---

① 《庆元条法事类》卷 5《考课》。
② 《长编》卷 61。
③ 《长编》卷 332。
④ 田锡：《咸平集》卷 30《宣城令毋克温》，台湾商务印书馆影印文渊阁四库全书本。

罚不了过犯"；四、"受理词讼及指挥州县与夺公事，有无稽滞不当"；五、"有无因受理词讼，改正州郡结断不当事"；六、"应干职事有无废弛，措置施行有无不当"；七、"奏请及报应朝省文字有无卤莽乖谬"；八、"按察并失按察所部官犯赃流以上罪及按察不当"；九、"荐举所部官有无不当"；十、"劝农桑"；十一、"招流亡，增户口"；十二、"分定巡历，是何州县自甚月日起离至某处，至何月日还。本司有无分巡不遍去处。如有，开具缘由"；十三、"逐年合上供钱物有无出限违欠"；十四、"所部刑狱有无平反及驳正冤滥，并淹延稽滞"；十五、"机察贼盗已获未获各若干"。这里对监司的考核指标虽多达 15 项，但归纳起来最基本的项目还是理财与治民，以及监司与州县官不同的荐举与按察官吏。在"考课格"之后，《庆元条法事类》卷 5《考课》还以"考课式"的形式全面详细地规定考核监司时应申报的各类项目。原文较长，限于篇幅，兹不能照引，撮其要点，大致有以下几个方面内容反映了对官吏经济政绩考核的思想：一、"劝课农桑栽植到桑、柘、枣各若干"；二、"增垦到田若干顷亩"；三、"创修堤防水利若干"；四、"招流亡增户口若干"；五、"逐年合上供钱物有无出限违欠"；六、"税租管额并本年收逐色各若干"；七、"酒税务、坊场、河渡、房园、茶盐矾、坑冶、铸钱监、市舶等场务租额并递年及本年收诸色课利，逐色各若干"；八、"前一年并本年各收籴到谷若干"；九、"前一年并本年本路都收钱物各若干，支外见在若干"；十、"本年并前三年收支免役钱若干"；十一、"场务净利比旧额有无增亏，限外有若干拖欠"。

在对官吏经济政绩的考核中，科学地设计一套考核指标体系是一个基础性的关键问题。首先，宋代继承了汉唐以人口为核心指标，辅以垦田、赋税的考核传统，这体现了抓住关键点和重点指标、以简驭繁、可操作性强的设计思路。这是因为古代封建经济结构决定了垦田、赋税等指标最终都会在人口指标上得到体现。如垦田数增加，在古代农业社会里意味着某个地区能养活更多的人口；另一方面人口增加，将进一步促进土地的开垦。总之，人口和垦田将呈现良性互动循环。而赋税的增加

则意味着某个地区人口的繁衍，垦田面积的扩大，人头税和地租的增加，财源的拓展。由此可见，人口的多少很大程度上决定着某个地区垦田和赋税，正如南宋著名思想家叶适在《叶适集·民事中》所说："民多则田垦而税增"；"有民必使之辟地，辟地则增税，故其居则可以为役，出则可以为兵"；"财不理而自富，此当今之急务也"。除此之外，宋代随着封建社会商品经济的繁荣，茶盐酒税等成为国家财政收入的重要组成部分，这决定了朝廷特别注重督促地方官和监临物务官讲求场务课利增亏。中国封建社会对官吏经济政绩的考核中，宋代在这方面特别突出。

（三） 对官吏考核的评估方法思想

宋代对地方官进行考核时，必须详细开具其任内农桑、田亩、户口、税租、场务课利等增减情况，以及某处某公事如何平反、某处某公事如何驳正冤滥、机察贼盗已获未获若干、按察某处某官职姓名任内某事犯赃流以上罪、失按察某处某官职姓名任内某事犯赃流以上罪、按察某处某官职姓名任内某事如何不当等，从而对官吏政绩进行较准确的量化评估，课其殿最。宋代在对官吏进行经济政绩考核时，尤其注意比较增亏，采取比较客观、具有可操作性的量化评估方法，其具体方法主要有 3 种：

1. 比祖额之增亏。如"咸平四年五月四日敕：诸州曲务自今后将一年都收到钱，仍取端拱至淳化元年三年内中等钱数，立为祖额，比较科罚"①。祖额又可称为租额，中华书局点校本《长编》卷 127 将康定年间三司使公事郑戬所建议的转运使考课格中的"租额递年都大比较"，据宋本、宋撮要本改为"祖额递年都大比较"，其实可不必改。此段文字又见于《宋会要》食货 49 之 13，亦称"租额递年都大比较"，《庆元条法事类》卷 5《考课》也均称比租额递年增亏。又上引《长编》卷 81 载大中祥符六年秋七月辛亥诏"以租额较之"，《宋会要》食货 17 之 16 同段文字则把"租额"称作"祖额"。像这样同一条史料，宋各史籍称祖额、租额不一的现象比比皆是，两者可以互换，租额就是祖额。从字义上推断，

---

① 《文献通考》卷 17《征榷四》。

祖额可能也就是旧额、元额。如《庆元条法事类》卷5《考课》对提举常平司考核项目中有一项是"场务净利比旧额有无增亏,限外有若干拖欠"。又《宋会要》职官11之44载隆兴二年三月臣僚言:"户部点检所立赏格以诸库卖到息钱为额,虽于元额二十万顷减一年磨勘,后添作二十三万贯。"

宋代确定祖额的最常见办法是取数年酌中之数,兹举三例说明:

(乾道)二年,诏:"临安府安抚司酒库悉归赡军;并赡军诸库及临安府安抚司酒务,令户部取三年所收一年中数立额。"①

(绍圣)五年,令户部取天下税务五年所收之数,酌多寡为中制,颁诸路揭版示之,率十年一易;其增名额及多税者,并论以违制。②

景德四年,诏淮南、江浙、荆湖南北路以至道二年至景德二年终十年酌中之数定为年额,上供六百万石,米纲立额始于此。③

从上引可以看出,宋代定额取三年、五年直至十年酌中之数,其差别还较大。综合史籍大量记载,取三年五年酌中之数的最为常见。原因可能是定额年限太长,不宜适应于经济情况的变化;定额年限太短,缺乏稳定性,失去定额的意义,不利于调动积极性,并增加定额的工作量。还有取数年酌中之数,使立额相对比较客观,这样既避免立额偏高,"高者其额难及,不足则有罪"④,又避免立额偏低,低者其额易足,"一岁之内,率当五六迁,人皆指目谓之侥幸"⑤。除取酌中之数为额外,宋代也有径取数年中最高额者或某年为额的,如"银纲自大中祥符元年诏五路粮储已有定额,其余未有条贯,遂以大中祥符元年以前最为多者为额,

---

①　《宋史》卷185《食货下七》。

②　《宋史》卷186《食货下八》。

③　《文献通考》卷23《国用一》。

④　袁燮:《絜斋集》卷14《秘阁修撰黄公行状》,台湾商务印书馆影印文渊阁四库全书本。

⑤　《宋会要》职官27之19。

则银纲立额始于此。钱纲自天禧四年四月三司奏请立定钱额，自后每年依此额数起发，则钱纲立额始于此"①。

宋代也有根据场务课利增亏的不同情况，灵活掌握确立新额的："诸课利场务比租额（闰月以租额所附月为准，无月额处比五年内本月分酌中者），并增亏各五年，并初置官监及五年者，本场务限次年正月上月（'上月'当为'上旬'）申州。增者取酌中，亏者取最高，初置者取次高，各以一年数立为新额，限二月内保奏，仍申转运司及尚书户部。"②

场务课利立额直接关系到国计民生，故要求颇为严格。宋规定："诸库利场务应立新额而申及奏违限者，各杖一百；增亏数不实致误立额者，徒一年。"③ 宋统治者对立额还采取慎重的态度，如"景德初，榷务连岁增羡，三司即取多收者为额，帝虑或致掊克，诏凡增额比奏"④。

2. 比递年（谓前一年）之增亏。如："景德元年五月，诏……应监场务须具租额及前界递年实收钱数增亏，比类批书，敢有庇覆隐漏，干系官吏悉论以违制，或官吏为形势所抑，徇情批书不实，亦许经新到任官陈首，令具奏闻。"⑤ 查阅《庆元条法事类》卷5《考课》，其中对场务课利的考核均要求开具租额、递年、本年几处收钱若干，然后再把本年与租额、递年相比较，即得出增或亏若干分厘的结论。

3. 确立多项增亏指标，达到某项者即给予相应的赏罚。南宋初年，政府为尽快医治战争创伤，恢复生产，曾根据知州知县任内增垦或抛荒田亩数目的大小，给予不同的赏罚。兹节录一段："知州增（谓到任之后，管属诸县开垦过见抛荒田土）一千顷，转一官；七百顷，减磨勘三年；五百顷，减磨勘二年。亏（谓到任之后，管属诸县见耕种田不因灾

---

① 《文献通考》卷23《国用一》。
② 《庆元条法事类》卷36《场务》。
③ 《庆元条法事类》卷36《场务》。
④ 《宋史》卷179《食货下一》。
⑤ 《宋会要》职官59之5至6。

伤而致抛荒者）五百顷，展磨勘二年；三百顷，展磨勘一年。"① 还有南宋局促于半壁江山，供养着几乎与北宋数量相当的军队和超过北宋的官员，加上战争频繁，故其财政之拮据不堪，可想而知。为了支持浩大的开支，南宋鼓励督促官吏诛敛，对拘收经总制钱也采取立额赏罚的办法。《庆元条法事类》卷30《经总制》规定："知、通考内收经制钱及额无拖欠违限（谓如额数二十万贯，收及二十万贯以上者，方合推赏）：二十万贯以上，减磨勘二年；一十五万贯以上，减磨勘一年半；一十万贯以上，减磨勘一年；五万贯以上，减磨勘半年；一万贯以上，减磨勘一季；一万贯以下，升一年名次。""诸州通判，无季（'无季'当为'每季'）收支经总制钱、无额钱物隐落失陷（谓应分拨而不分拨，应收而不收之类），不满一分，展磨勘一年；一分以上，展磨勘二年；一分五厘以上，展磨勘三年；二分以上，展磨勘四年。"

宋代在定额比较中，从量上确定增亏数之大小，往往采取十分为率的办法。如康定元年（1040）诏三司："天下州县课利场务，自今逐处总计，大数十分亏五厘以下，其知州、通判、幕职、知县各罚一月俸；一分以下，两月俸；二分以上，降差遣。其增二分以上，升陟之。"② 除以十分为率来计算增亏数外，宋代在考核官吏经济政绩中已注意到场务课利的经济效益问题，即不仅注意到增额的大小，而且还特别留意收入与官本的关系。如《长编》卷66载："（景德）元年用旧（茶）法得五百六十九万贯，二年用新法得四百一十万贯，三年得二百八十五万贯。（林）特等所言增益，官本少而有利，乃实课也，所亏虚钱耳。于是，特等皆迁秩，仍下诏三司行新法，毋得辄有改更。"

从上述所引许多史料我们可以看出，对官吏经济政绩考核后的赏罚主要有两种类型：一是从经济上进行赏罚，这就是增俸、罚俸，或赏钱、罚钱；二是对官吏提前晋升或推迟晋升，即减磨勘或展磨勘若干年等，

---

① 《宋会要》食货61之82。

② 《长编》卷127。

有的甚至直接予以升陟或降差遣。而且在赏罚中还根据官吏所担任的职务不同，所负的责任不同，其程度也不同。如"元丰七年六月二十四日敕：卖盐及税务监官年终课利增额，计所增数给一厘；卖盐务专副秤子税务专栏，年终课利增额，计所增数给半厘"[①]。

宋代对官吏的经济政绩考核经常采取十分为率的办法，比递年（去年）之增亏。这与当代增减某个百分点的计算十分相似，能比较准确地进行量化评估，并以此作为衡量赏罚等级的依据。如公式所示：

$$Y = \Delta X \div \frac{X}{10} = \frac{10 \cdot \Delta X}{X}$$

X 表示去年某地方赋税收入总量

ΔX 表示当年某地方赋税收入增减量

Y 表示增减的比率，作为衡量赏罚等级的依据

同时，在考核中，人们提出了比祖额之增亏的办法。为了使确定的祖额比较客观合理，不致于偏高偏低，宋代发明了取数年酌中之数的定额办法。其原理可用数学公式表示为：

$$C = \frac{S_1 + S_2 + \cdots\cdots S_n}{N} = \frac{\sum\limits_{i=1}^{n} S_i}{N}$$

C 表示祖额

S_1、S_2 表示第一年、第二年课利总额

S_i 表示第 i 年课利总额

$N \leqslant 10$ 年

宋代在考核官吏经济政绩中已注意到场务课利的经济效益问题，即不仅注意到增额的大小，而且还特别留意收入与官本的比率，这种思想与现代用生产率评估部门投资的经济效果十分相似：

$$获利率 = \frac{收入}{官本}$$

类似于现在常用的：

---

① 《苏轼文集》卷34《乞罢税务岁终赏格状》。

$$生产率 = \frac{产出量}{投入量}$$

　　总之，宋代在对官吏经济政绩的考核中采用十分为率的计算方法使增亏额与基数比较规范统一，可比性强。取数年酌中之数以平衡长短期效益，减少短期行为，并在数量上取加权平均数以减少偶然性。留意收入与官本的比率，使效益上不仅看产出，还要看投入与产出之比。所有这些使对官吏经济政绩的量化考核评估比较准确、客观公正和科学合理。

第六章
宋代军事管理思想

第一节　释兵权、制将帅、立兵制思想

自唐中叶安史之乱开始，由于藩镇割据，将帅篡位，中原地区兵祸连结的状况持续了二百余年，骄兵悍将们演出了一幕又一幕叛乱、割据和混战的惨剧，"兵骄则逐帅，帅强则叛上"[①]，生灵涂炭，饿殍遍野，社会经济遭到严重的摧残。直到五代末周世宗时，中原地区开始由乱而治，后周显德七年（960），赵匡胤乘周世宗刚去世，寡妻幼子主持朝政之际，发动陈桥兵变，黄袍加身，成为宋朝的开国太祖。

宋太祖行伍出身，由禁军小校逐步升迁到禁军将帅，进而通过兵变篡夺皇位，因此深知五代军制的弊端。他当上皇帝之后，处心积虑地认真总结了藩镇敢于抗拒王室，将佐可以逐杀主帅以至称王称帝的历史教训，认识到"兵权所在，则随以兴，兵权所去，则随以亡"[②]。作为皇帝，必须牢牢掌握兵权，才能稳固帝位，使其长治久安。而要牢牢掌握兵权，

---

① 《新唐书》卷 50《兵志》。

② 范浚：《范香溪先生文集》卷 8《五代论》，台湾商务印书馆影印文渊阁四库全书本。

就必须削夺武将的权力，改革兵制，改变武人左右政局的局面。为此，宋太祖实施"罢功臣，释兵权，制将帅，立兵制"的策略，采纳赵普罢免一批宿将掌管禁兵和"稍夺其权，制其钱谷，收其精兵"[①] 以削藩镇的政权、财权和兵权的建议，实行一系列的军制改革。

一、 杯酒释兵权， 解除统军大将的兵权

建隆二年（961）七月，宋太祖采纳赵普建议，利用设酒宴的机会，暗示石守信等统军大将交出兵权。石守信等领会皇帝的用心，称病辞职。这就是有名的"杯酒释兵权"[②]。有关这一史实，《长编》卷2有比较详细的记载：

> 时石守信、王审琦等皆上故人，各典禁卫。（赵）普数言于上，请授以他职，上不许。普乘间即言之，上曰："彼等必不吾叛，卿何忧？"普曰"臣亦不忧其叛也。然熟观数人者，皆非统御才，恐不能制伏其下，苟不能制伏其下，则军伍间万一有作孽者，彼临时亦不得自由耳。"上悟，于是召守信等饮，酒酣，屏左右谓曰："我非尔曹力，不得至此，念尔曹之德，无有穷尽。然天子亦大艰难，殊不若为节度使之乐，吾终夕未尝敢安枕卧也。"守信等皆曰："何故？"上曰："是不难知矣，居此位者，谁不欲为之。"守信等顿首曰："陛下何为出此言？今天命已定，谁敢复有异心。"上曰："不然。汝曹虽无异心，其如麾下之人欲富贵者，一旦以黄袍加汝之身，汝虽欲不为，其可得乎？"皆顿首涕泣曰："臣等愚不及此，惟陛下哀矜，指示可生之途。"上曰："人生如白驹之过隙，所为好富贵者，不过

---

① 《续资治通鉴》卷2。

② 有的学者对"杯酒释兵权"提出质疑。最有力的证据是杜太后逝世后，国丧期间，不得宴饮，故宋太祖不可能宴请石守信等人。但据《宋史》卷123《礼志》载，杜太后死后，行"以日易月"之制，二十七日后"服吉"。宋太祖酒释石守信等兵权正是在"服吉"之后。参见徐规和方建新《"杯酒释兵权"说献疑》（《文史》第14辑）；柳立言《"杯酒释兵权"新说》（《宋史研究集》第22辑）。

欲多积金钱，厚自娱乐，使子孙无贫乏耳。尔曹何不释去兵权，出守大藩，择便好田宅市之，为子孙立永远不可动之业，多置歌儿舞女，日饮酒相欢以终其天年。我且与尔曹约为婚姻，君臣之间，两无猜疑，上下相安，不亦善乎！"皆拜谢曰："陛下念臣等至此，所谓生死而肉骨也。"明日，皆称疾请罢，上喜，所以慰抚赐赉之甚厚……皆罢军职。独守信兼侍卫都指挥使如故，其实兵权不在也。

这里且不论宋初"杯酒释兵权"是否确有其事，但宋太祖的确在宋初解除了大将石守信、韩重斌、刘延让的兵权，宋太祖自己就是以殿前侍卫军的首领地位爬上皇帝的宝座，所以特别留意殿前侍卫军的兵权。他"释兵权"的最先措施乃是把原来统率殿前、侍卫两军的屡立功勋大将陆续调离，换上一些资历浅、易于控制的人担任其首领，然后再有步骤地削减所谓节镇官（节度使、留后、观察使、防御使、团练使、刺史）的权力。

二、 枢密院和三衙分权

宋朝的枢密院，"与中书对持文武二柄，号为二府"①。中书门下称东府，枢密院称西府。枢密院长官有枢密使和副使等。除宰相外，参知政事等副相和枢密长官合称执政。宋朝的宰执是最高行政长官。宋朝的枢密院与秦汉的太尉府较为相似，但也有两点不同：其一，秦汉时尚无尚书省兵部，而宋时有尚书省兵部，枢密院实际上侵夺了兵部的事权；其二，秦汉时的太尉一般由武将充当，而宋朝的枢密院长官基本上由文臣担任，特别是在宋仁宗时定型。宋朝枢密院的这种掌兵制度，正是贯彻了崇文抑武，以文制武，即用文臣监督和制约武将的思想，用以矫治晚唐、五代之弊。在晚唐，尤其是在五代，是武夫横行之世，文官们只能低眉拱手，听任他们摆布。到了宋代，宋太祖实行以文制武、崇文抑武政策后，这种情况就完全颠倒过来了。南宋初汪藻说："祖宗时，武臣莫

---

① 《宋史》卷162《职官二》。

尊三衙,见大臣必执梃趋庭,肃揖而退,非文具也,以为等威不如是之严,不足以相制。"① 胡寅也说:"故事,宰相坐待漏院,三衙管军于帘外倒杖声喏而过。"② 宋仁宗时,"吕夷简为相日,有管军忽遇于殿廊,年老皇遽,不及降阶而揖,非有悖戾之罪也。夷简上表求去,以为轻及朝廷,其人以此废斥,盖分守之严如此"③。宋朝在宰执大臣与三衙武官之间,确立严格的尊卑名分,使三衙武官唯有俯首听命而已。

宋代的三衙全名是殿前都指挥使司、侍卫亲军马军都指挥使司和侍卫亲军步军都指挥使司。北宋后期,确定了三衙管军的品级,殿前都指挥使为从二品,副都指挥使为正四品,而侍卫马、步两司的都指挥使和副都指挥使仅为正五品,三衙的都虞候仅为从五品。宋朝之所以以品秩较低的官员来掌管三衙,其目的也在于贬抑武将的政治地位,使之不致于专横跋扈。

宋代不仅削弱三衙统兵官的权力,降低他们的品位,而且又将三衙的统兵权由中央扩大到全国,以使藩镇之后和三衙之兵统统成为天子之兵。禁兵原意是指天子亲兵,随着三衙统兵范围的扩大,事实上已成为北宋的正规军。"其尤亲近扈从者号班直"④,隶殿前司。

宋代枢密院是主管军机事务的最高机关,与中书省共同负责军国要政。枢密院负责制定战略决策,处理国防事务,招募、检阅、调遣军队。三衙是分掌全国军队的最高指挥机关,掌管全国军队的统制训练、番卫戍守、迁补赏罚。三衙互不统属,直接隶属于皇帝。北宋派禁军出师时,不用三衙将帅统兵,而是由皇帝临时任命其他官员为率臣(帅臣)。事定之后,兵归三衙,统兵将帅各还本职。由此可见,北宋军队的领导体制

---

① 汪藻:《浮溪集》卷 1《行在越州条具时政》,台湾商务印书馆影印文渊阁四库全书本。

② 胡寅:《斐然集》卷 16《上皇帝万言书》,台湾商务印书馆影印文渊阁四库全书本。

③ 《斐然集》卷 16《上皇帝万言书》。

④ 《文献通考》卷 152 引《两朝国史志》。

把调兵权、统兵权、握兵权一分为三。正像靖康元年（1126）知枢密院事李纲所说："枢密掌兵籍、虎符，三衙管诸军，率臣主兵柄，各有分守。"① 何坦也认为，因枢密院和三衙实现了"发兵之权"和"握兵之权"的分立，"历数百年而无兵患"："祖宗制兵之法，天下之兵，本于枢密，有发兵之权，而无握兵之重；京师之兵，总于三帅，有握兵之重，而无发兵之权。上下相维，不得专制，此所以百三十余年无兵变也"②。宋代这种以文制武、兵权分立的军制，对于消弭二百多年的兵祸，保障社会的安定，维持正常的生产和生活秩序，起了良好的作用。但另一方面，也产生了不少流弊，由于事不得专而互相掣肘，最后都听命于皇帝一人，甚至主帅在战场上，也得按皇帝事先钦定的阵图指挥作战，往往贻误战机，招致失败。

三、强干弱枝、内外相制的军事布局思想

在军事布局上，北宋一开始即确立了"强干弱枝""内外相制"的方针，并据此来部署军队。

屯驻京城开封的，主要是殿前军，这是禁军中最精锐的部队，战斗力最强。北宋名臣包拯就指出："京师者，天下之本也。强本者，畿兵耳！本固且强，繇中制外，则天下何患焉。"③ 京城兵强马壮，各州自知兵力不敌，一般不敢萌生异心，这就是"强干弱枝"。

驻屯各地的，主要是侍卫马军和侍卫步军。两军虽不及殿前军精锐，但相去不远，加上各地的厢兵、乡兵，其数量要超过京城兵力一倍以上。如京城有变，各地军马联合起来，足以平定京城之变。这种京城与地方兵力的分布体现了"内外相制"的思想。正如《曲洧旧闻》卷9所说的："艺祖养兵止二十万，京师十万余，诸道十万余。使京师之兵足以制诸

---

① 《宋史》卷162《职官二》。

② 范祖禹：《范太史集》卷6《论曹诵札子》，台湾商务印书馆影印文渊阁四库全书本。

③ 《包拯集》卷8《请留禁军不差出，招置士兵》。

道，则无外乱；合诸道之兵足以当京师，则无内变。内外相制，无偏重之患。"

即使在京城内外的兵力部署上，也体现着内外相制的原则。京城之内，有亲卫诸军，而京城之外，则屯驻大量禁兵，使京城内外互相制约。京畿地区的禁军共有数十万，一方面可以制约京城内的禁军，另一方面也可以制约天下之兵。宋代京城内外兵力部署上的双重制约之用意，《历代兵制》卷8做了揭示："京城之内，有亲卫诸兵，而京城之外，诸营列峙相望，此京城内外相制之兵也；府畿之营云屯数十万众，其将、副视三路者，以虞京城与天下之兵，此府畿内外之制也。非特此也，凡天下之兵，皆内外相制也。"

总之，在强干弱枝、内外相制的军事部署思想指导下，从整体上看，北宋90％的禁军驻屯于北方，10％的禁军驻屯于南方，南方不少州甚至无禁军驻屯。在北方，以驻屯开封的禁军最多，占驻北方的禁军1/3强，超过任何一路。如宋仁宗时期，由于对辽和西夏战争的需要，北方驻屯禁军1732个指挥，南方仅驻屯195个指挥。就北方驻屯禁军而言，开封府驻屯684个指挥，京东、京西、河北、河东、陕西驻屯1048个指挥。在对西夏战争后，"陕西、河北、京东、京西增置保捷一百八十五指挥，武卫七十四指挥，宣毅一百六十四指挥"[1]。即使如此，开封的兵力依然比北方任何一路强得多，仍足以内外相制。就三衙兵力分布而言，殿司的禁兵主要驻于开封及其附近，马司，特别是步司的禁军分布较广。但是作为马司和步司主力的龙卫、神卫、虎翼等军，仍驻于开封及其附近。由于三衙禁兵的分布是插花式的，故很多州府往往同驻三衙或侍卫两司的禁兵，实际上也起着互相制约的作用[2]。

---

① 《乐全集》卷18《对手诏一道》。

② 王曾瑜：《宋朝军制初探》（增订本），中华书局，2011年，第66—67页。

四、 更戍法与收其精兵

宋朝统治者并不满足于禁兵驻扎的"内外相制",自宋太祖始,又创设了所谓"更戍法"。北宋规定,除殿司的捧日和天武两军外,"自龙卫而下,皆番戍诸路,有事即以征讨"[1],故"诸军少曾在营"[2],事实上没有固定驻地,"更番迭戍","新故相仍,交错旁午,相属于道"[3]。

据宋人说法,设置更戍法的理由大致有两个方面:一是使"将不得专其兵"[4]。富弼说,宋太祖"尽削方镇兵权,只用文吏守土,及将天下营兵,纵横交互,移换屯驻,不使常在一处,所以坏其凶谋也"[5]。二是使军士"均劳逸,知艰难,识战斗,习山川"[6]。沈括说,宋太祖"制更戍之法,欲其习山川劳苦,远妻孥怀土之恋,兼外戍之日多,在营之日少,人人少子,而衣食易足"[7]。这两方面理由中,第一个方面自然是主要的,为防范军权威胁皇权,必须利用更戍法,造成将不知兵,兵不知将的势态,可算是煞费苦心[8]。

北宋禁兵移屯有 3 种方式,即"就粮""屯驻"和"驻泊",三者有较明显的区别。就粮者,是将禁兵移驻粮草丰足的地区,并"许挈家属以往"[9],而屯驻和驻泊一般是不许携带家眷的。屯驻和驻泊是军事性或政治性的移屯。《山堂群书考索》后集卷 40 称:"其出戍边或诸州更戍者,曰屯驻;非戍诸州而隶总管者,曰驻泊。"可见屯驻与驻泊的主要差异在于隶属关系和指挥级别的不同。

---

① 《文献通考》卷 152《两朝国史志》。
② 《传家集》卷 52《乞罢将官札子》。
③ 《文献通考》卷 153。
④ 《文献通考》卷 153。
⑤ 《宋朝诸臣奏议》卷 144《上仁宗乞选任转运守令以除盗贼》。
⑥ 《传家集》卷 52《乞罢将官札子》。
⑦ 《梦溪笔谈》卷 25。
⑧ 《宋代军制初探》(增订本),第 67 页。
⑨ 《文献通考》卷 152。

北宋实行禁兵的"更番迭戍",一方面固然有效地防止了武夫的叛变和割据,另一方面"将无常兵、兵无常将"也使宋军战斗力削弱。正如吕陶所说:"出师数万,而以生杀存亡之柄,授人于仓卒之中,把旄赐钺,建灵旗以启行。而三军之士不知其谁何,莫敢仰视其面,而欲与之同其死生,攻取战捷,不亦难乎?"① 宋太宗时,宋军这方面的弱点,在对辽战争中已暴露得相当充分。雍熙三年(986),曹彬在涿州大败,原因之一是"元戎不知将校之能否,将校不知三军之勇怯,各不相管辖,以谦谨自任,未闻赏一效用,戮一叛命者"②。宋仁宗时,蔡襄也上奏说:"今之都部署及统帅之名,其钤辖、路分都监、都、同巡检等并是佐属裨校,各以宾礼相接。主帅等威既不尊异,向下官属更无节级相辖之理。及至出军,首尾不能相救,号令不能相通,所以多败也。"③ 此外,更戍的长途跋涉,给军士们带来痛苦和死亡,特别是北方禁兵移屯南方,常不服水土,"一往三年,死亡殆半"。"只如差二万人驻泊,及至当替,又须二万人,常须四万人可了办","军还到营,未及三两月,又复出军,不惟道路劳苦,妻孥间阔,人情郁结"④。

北宋初年,各地藩镇的军力已不如晚唐、五代时期,但对皇权并非全无威胁。按照赵普"收其精兵"的方略,宋廷"令天下长吏择本道兵骁勇者,籍其名送都下,以补禁旅之阙",又命各地按身高标准招兵,"委长吏、都监等召募教习,俟其精练,即送都下。上每御便殿,亲临视之"⑤。故诸镇的强兵锐卒便统统转充三衙禁兵,剩下的老弱残兵成了专供杂役的厢兵,而厢兵后来也纳入侍卫马、步军司的系统。宋初的"收其精兵",大大加强了中央禁军的战斗力,具有明显的强干弱枝的意义。

随着赵宋统治的巩固,"收其精兵"逐渐变成定期或不定期的拣选

① 《历代名臣奏议》卷221。
② 《长编》卷30。
③ 《端明集》卷23《请改军法疏》。
④ 《端明集》卷22《论兵十事》,《宋朝诸臣奏议》卷121《上英宗论兵九事》。
⑤ 《长编》卷6。

制，主要是旨在维持和加强军队的战斗力。精壮者经过拣选，可以填补较高的军种或军级，并相应增加军俸。"其自厢军而升禁兵，禁兵而升上军，上军而升班直者，皆临轩亲阅，非材勇绝伦，不以应募，余皆自下选补。"① 至于老弱残疾者，自然要降军种或军级，退充剩员，以至削除军籍。

按照宋仁宗时制订的《禁军选补法》："凡入上四军者，捧日、天武弓以九斗，龙卫、神卫弓以七斗，天武弩以二石七斗，神卫弩以二石三斗为中格。"至于"选补班直，凡选禁军自奉钱三百已上，弓射一石五斗，弩蹋三石五斗，等样及龙卫者，并亲阅，以隶龙卫、神卫"②。南宋宁宗时，殿前司的正额效用"阙二百五十九人，于雄效内及（疑为'于雄威内等样及'之误）效用，带甲拍试一石力弓，三石力弩，合格人填阙额"③。当时拣选效用的武艺标准是"射一石力弓，三石力弩为上等"，"射九斗力弓，二石八斗力弩为次等"④，还高于北宋上四军的标准。从以上选拔方法可知，宋代对军士的拣选主要是测试军士拉弓弩的臂力。

从总体上看，宋代的"收其精兵"到拣选制发挥了一定的积极作用。如宋太祖时，禁兵大体上保持了少而精的状态，尤其是中央禁军的战斗力大大加强，使其在实力上拥有绝对的优势，有助于威慑和防止军队叛乱和割据。

第二节　治军思想

军法是整肃军纪，维护和加强军队战斗力的重要制度保障。"法也

① 《宋史》卷 194《兵八》。
② 《宋史》卷 194《兵八》。
③ 《宋史》卷 194《兵八》。
④ 《宋会要》兵 17 之 32。

者，驭兵之器也"①。袁燮说："《司马法》曰，'国容不入军，军容不入国'。'国容入军，则民德弱'；'军容入国，则民德废'。旨哉宽严异同，随所宜施，不可以相杂也。军旅尚严，不严，则法不立，何者？兵，死地也，人情谁不贪生而畏死，畏死之心重，则徇义之念轻，危机迫之，有走而已尔。古人深虑焉，故严为之法，使人心晓然，皆知进犹可以求生，退必不免受戮，虽白刃如林，矢石如雨，无敢却者，法使然也。"②袁燮这里指出，军队的任务是参加战斗，出生入死，所以军法必须严厉，这样才能使将士在随时有可能死亡的战斗中奋不顾身、勇敢向前，因为只有这样，才能求得生存，取得胜利。如果贪生怕死，退缩不前，就会遭到军法处置。

一、阶级法

宋太祖出身行伍，依靠勇敢善战、屡立军功而成为后周大将。他深知军法对治军的重要性，登基当上皇帝后，为了革除晚唐和五代以来"藩镇跋扈，威侮朝廷，士卒骄横，侵逼主帅，下陵上替"的积习，亲自制订"阶级之法"③，作为宋朝治军的最重要军法。尔后，宋代历朝皇帝均奉"阶级之法"为百年不易的治军法典。如宋真宗大中祥符时，厢兵方实行阶级法④。宋仁宗时，朝廷认为"禁军料钱三百犯阶级者斩，刑名大重"，故改为下禁军刺配千里，而"禁军料钱五百犯阶级者斩"，即中禁军和上禁军仍然维持旧法⑤。宋高宗绍兴时，又规定"戍兵于屯驻所在"，"其兵校于知（州）、通（判）并依阶级法"⑥。

阶级法的基本精神，是确立各级军职的上下绝对命令服从的隶属关

① 《雪山集》卷6《兴国四营记》。

② 《絜斋集》卷7《边防质言论十事·论军法》。

③ 《传家集》卷33《言阶级札子》。

④ 《长编》卷56，《宋会要》刑法7之4。

⑤ 《宋会要》刑法7之10至11。

⑥ 《建炎以来系年要录》卷53。

系，以防"下陵上替"。将校、节级可以凌辱兵士，而兵士只要稍有冒犯，即被处死或流放，连上告也得判刑。阶级法规定了下级"陵犯""违忤"和"论告"上级的各种刑罚。宋太祖开宝五年（972）规定："诸禁军将校有带遥郡者，许以客礼见，自余厢都指挥使至员寮，各依职次，一阶一阶全归伏事之仪"①，故武官自"刺史以上无阶级法"②。宋朝的《斗讼敕》规定："诸军厢都指挥使至长行，一阶一级全归伏事之仪（虽非本辖，但临时差管亦是）。敢有违犯者，上军当行处斩，下军及厢军徒三年，下军配千里，厢军配五百里。即因应对举止，偶致违忤（谓情非故有陵犯者），各减二等，上军配五百里（死罪，会降者配，准此）下军及（厢军）配邻州，以上禁军应配者配本城。诸事不干己辄论告者，杖一百，进状，徒二年（并令众三日）。诸军论告本辖人，仍降配，所告之事各不得受理（告二事以上听理，应告之事，其不干己之罪仍坐）。诸军告本辖人再犯，余三犯，各情重者，徒二年，配邻州本城。"③

宋代的阶级法，虽然有极不合理的内容，如兵士上告将官，不管有理没理，均要遭到处罚，但是却在治军中发挥了作用，维护了将官的绝对权威和一切行动服从命令指挥。因此，阶级法受到君臣的充分肯定。北宋时，虎翼军长行武赞在皇帝按例引见之际，上告指挥使关元，韩琦为此上奏曰："朝廷不以大体断之，两皆获罪，必恐此后兵卒、将校渐废阶级之制，但务姑息，以求无过。"④ 也就是说，即使上告有理，为了维护"阶级之制"，也不能"两皆获罪"，而只能处罚长行武赞。宋孝宗时，执政梁克家奏："近诸将御下太宽，今统制官有敢鞭统领官以下者否？太祖皇帝设为阶级之法，万世不可易也。"宋孝宗也说："二百年来军中不

---

① 《皇宋编年纲目备要》卷2。
② 《建炎以来朝野杂记》乙集卷11《刺史以上无阶级法》。
③ 《宋会要》食货45之13。
④ 《宋文鉴》卷44《论骄卒诬告将校乞严军律》，台湾商务印书馆影印文渊阁四库全书本。

变乱，盖出于此。"① 李椿更高度评价阶级之法说："太祖皇帝创立军制，阶级之法，高出前古，万世不可易者也。"② 叶适则引《神宗实录》说："太祖设阶级之法，什伍壮士，以销奸雄之心，兵制最明，而百余年无祸乱。"③

二、 逃亡法

在宋朝军法中，仅次于阶级法者，是逃亡法。宋朝军队中，由于深重的压迫和剥削，军士不堪忍受，逃亡和反抗事件层出不穷。徽宗时，有人总结军士大批逃亡的原因有 6 条："一曰上下率敛，二曰举放营债，三曰聚集赌博，四曰差使不均，五曰防送过远，六曰单身无火聚"，故"虽具有条禁，而犯者极多"④。这里列举的 6 条，除最后一条是因某些单身军士，无家眷的牵累，更易于逃走外，其余 5 条全属军中弊政。宋理宗时，"诸军逃亡，多因掊刻无艺，役使非时"⑤。

面对大量军士逃亡，宋朝统治者制定了禁止军士逃亡的严刑峻法，即逃亡法。北宋初，"禁军逃亡满一日者，斩。仁宗改满三日"⑥，但"逃至缘边，经一宿捕获者，斩"⑦，这是为防止军士逃亡到辽和西夏，泄露军情，故比一般逃亡加重处罚。宋神宗时，又改为"诸禁军逃走，捉获，斩；在七日内者，减一等，刺配广南牢城，首身者杖一百"⑧。北宋之所以一再减轻军士逃亡的刑罚，正是兵士不断地、大量地逃亡之故，使朝廷甚感法不责众之难。苏轼就说："且今法令莫严于御军，军法莫严于逃

① 《宋史全文》卷 25 下。

② 《历代名臣奏议》卷 52。

③ 《水心别集》卷 11《兵总论》二。

④ 《宋史》卷 193《兵七》。

⑤ 《宋史全文》卷 35。

⑥ 《宋史》卷 193《兵七》。

⑦ 《长编》卷 176。

⑧ 《长编》卷 235。

窜，禁军三犯，厢军五犯，大率处死，然逃军常半天下。"① 南宋初，李纲任相颁军制二十一条，第二条即重申北宋后期的逃亡法："禁军逃亡，上军处斩，在七日内者，流三千里，配千里，首身杖一百。下军第一度（徒）三年，首身杖九十；第二度流三千里，配邻州本城，首身徒二年。"② 宋朝军士逃亡法的全文已经佚亡，南宋初的军制仅存其禁兵部分③。南宋中期的《庆元条法事类》卷 75《部送罪人》引《捕亡敕》，有关"禁军兵级逃亡"部分，也是抄录北宋后期的逃亡法。"诸厢军兵级及刺面人逃亡者，不以有无料钱，第一度杖九十，刺每度'逃走'字，首身者各减三等"。此外，如乡兵和蕃兵也有逃亡法④。

宋代的逃亡法虽然对军士逃亡处罚严厉，动辄处死，但仍然难以阻止大批的军士逃亡。很多军士为了求生，冒着被判刑和处死的危险，走上了逃亡之路，以至号称"逃军常半天下"。由于军士脸部或手部刺字，很容易被认识而遭逮捕，故除了铤而走险，难得有其他出路。北宋时，规模较大的逃军变乱和士兵暴动达几十次之多。苏轼上书宋神宗说，"京东恶盗，多出逃军，逃军为盗"，"技精而法重"，"技精则难敌，法重则致死"，⑤ 因此，逃亡军士对官府实行武装反抗比民间的武装反抗更难对付，自然更严重地威胁了赵宋王朝的统治。

三、 其他军法

宋代除了阶级之法和逃亡之法外，其他军法还不少。如据《宋史》卷 204《艺文志》所载，宋代还订有《熙宁将官敕》《元丰将官敕》《熙宁详定军马敕》《熙宁五路义勇保甲敕》《熙宁开封府界保甲敕》《武学敕令

---

① 《东坡七集·东坡奏议》卷 1《上皇帝书》。
② 《宋会要》刑法 7 之 29。
③ 《宋朝军制初探》（增订本），第 513 页。
④ 参见张明：《两宋士兵逃亡法新探》，《宋史研究论文集》第 11 辑，巴蜀书社 2006 年版。
⑤ 《东坡七集·东坡奏议》卷 2《上皇帝书》。

格式》《诸军班直禄令》等军法，但这些军法目前已经佚失。《宋刑统》卷16《擅兴律》中的"擅发兵""给发兵符""大集校阅""主将不固守城""巧诈避征役""出给戎仗"等，也都可属军法。宋代军法中值得提及其具体内容的尚有两种类型立法：

其一，北宋曾公亮《武经总要》前集卷14《罚条》所载行军作战立法，共计72条，内容丰富具体，处罚严酷，动辄斩首。如"临阵非主将命，辄离队先入者，斩"；"贼军去阵尚远，弓弩乱射者，斩（乱射，谓射力不及之地）"；"临阵闻鼓声，合发弓弩而不发，或虽发而箭不尽（不尽，谓若众射三箭，己独射二箭之类），及抛弃余箭者，斩"；"临阵，弓弩已注箭而回顾者，斩"；"下营讫，非正门辄出入者，斩"；"失旗鼓旌节者，全队斩；或为贼所取者，亦全队斩"；"不伏差遣者，斩"；"巧诈以避征役者，斩"；"避役自伤残者，斩"；"战阵失主将者，亲兵并斩，临阵擅离主将左右者，并科违制之罪"；"军中有火，除救火人外，余人皆严备，若辄离本职掌部队等处者，斩"；"军士虽破敌有功，擅掘冢烧舍，掠取资财者，斩"；"奸犯居人妇女，及将妇女入营者，斩"；"贼军弃仗来降而辄杀者，斩"；"贪争财物资畜，而不赴杀贼者，斩"；"破贼后，因争俘虏相伤者，斩"。从以上所举罚条可知，行师用兵之法主要是通过严酷的立法，迫使军士在战斗中效死力战，"使疲者勇，懦者决，进有幸生，退有必死焉"。同时保证军士在行军作战中有严明的纪律，一切行动听指挥，严禁掠取资财、奸淫妇女、杀害降虏等。

其二，军队日常行为禁令。如南宋王质在《雪山集》卷6《兴国四营记》中例举的军队日常行为禁令"有斗伤之禁，有博戏之禁，有禽犬之禁，有巫卜之禁，有饮禁，有滥禁，有逃禁，有盗禁，有诡名之禁，有匿奸之禁，有敛财之禁，有弛艺之禁，有窃造军器之禁，有私传兵式之禁，有出法物之禁，有结义社之禁"。北宋张方平在《乐全集》卷18《再对御札一道》也提及对军士的一些日常行为禁令和要求：如禁军士兵不得衣皂，只许衣褐，且长不得过膝，红紫衣服更不许穿；葱韭不得进入军门，鱼肉和酒更是严禁入军营；禁军士兵，无故不令出班；每月请

月粮时，营在城西者，即于城东支，营在城东者，即于城西给，不许雇车或请人帮助，必须由士兵自己背负。

四、军队训练

综观古今军事史，军队训练是治军中的重要内容。一支军队是否能打胜仗，单从军事的角度看，在冷兵器时代，单兵单将发挥个人武技的作用固然是一个重要因素，但总的说来，主要还是依赖于军队作为有组织的武装力量，发挥整体作战的威力。所以军人的训练，既包括单兵的武技训练，也须训练军人团队性的整体作战能力。在宋代，人们清楚地看到军训对提高军队战斗力的重要作用。如曾公亮就指出："军无众寡，士无勇怯，以治则胜，以乱则负，兵不识将，将不知兵，闻鼓不进，闻金不止，虽百万之众，以之对敌，如委肉虎蹊，安能求胜哉！所谓治者，居则阅习，动则坚整，进不可以犯，退不可以追，前劫如节，左右应麾；可合而不可离，可用而不可疲；虽绝成阵，虽散成行，治之素也。"[①] 袁燮也指出："有兵而不教，与无兵同；教之而不精，与不教同。夫人未有不可教者，怯者可使勇，弱者可使强。"[②] 总之，只有通过严格训练，即治、教、阅习的军队，才能在战斗中立于不败之地。

宋代历朝皇帝都重视军队训练。如宋太祖就深知军训的重要性："器甲精坚，日课其艺，而无怠惰者矣。选为教育，严其军号，精其服饰，而骄锐出矣。"[③] 他尤其重视禁军的训练，亲自到郊外检阅部队，观看士兵的军事训练。又如南宋孝宗注重加强军训，整军经武。他对大臣说："朕闻宋军自来教习不辍，今我军专务游惰。卿等勿谓天下既安，而无豫防之心，一旦有警，军不可用，顾不败事耶？"[④]

---

① 曾公亮：《武经总要》前集卷2，台湾商务印书馆影印文渊阁四库全书本。
② 《絜斋集》卷7《边防质言论十事·论训习》。
③ 王明清：《挥麈录余话》卷1引《枢廷备检》，台湾商务印书馆影印文渊阁四库全书本。
④ 脱脱：《金史》卷8《世宗纪》，中华书局，2011年。

　　北宋政府规定，军队日常的常规训练是"禁军月奉五百以上，皆日习武技；三百以下，或给役，或习技"，"凡诸日习之法，以鼓声为节，骑兵五习，步兵四习，以其坐作进退非施于两军相当者然"①。除此之外，各军队根据兵种、不同情况还有一些专门的训练。如骑兵还有专门的六项训练："六事者，一曰顺骔直射，二曰背射，三曰盘马射，四曰射亲，五曰野战，六曰轮弄"②。宋哲宗初，枢密院建议，"马军教阅"之"马射法：先五人，次十人，次二十人，至全队射，皆重行'之'字，使马行数多者，即依此开行列，透空发箭。若接战之际，虽用人马众多，施放各不相妨。进则整齐，有迎敌之势；退则曲折，有待敌之形。马射之法，此为便利。近岁专用顺骔直射，抹鞭背射法，其散教'之'字马射，遂不教习。缘直、背射，若以轻骑挑战，即可施用。至如用众，则直、背射不能重行，盖以进退皆向前，取直发箭，过致相妨，则知'之'字马射，固不可废也"③。这是训练骑兵在整体作战中射箭，进攻、后退等队形。

　　宋代的单兵训练，主要是"击刺之技"④，"步射执弓，发矢、运手、举足、移步及马射，马使蕃枪，马上野战格斗，步用标排"⑤之类。宋仁宗康定年间，有人上封事说："诸军止教坐作进退，虽整肃可观，然临敌难用。请自今遣官阅阵毕，令解镫以弓弩射。营置弓三等，自一石至八斗；弩四等，自二石八斗至二石五斗，以次阅习。"⑥这说明光是练习"坐作进退"，虽然军容整肃可观，但是却打不败敌人，必须重视单兵的武技训练，两者相辅相成，军队才有战斗力。南宋时，单兵的武技训练还有很强的针对性，当时，金军铁骑是其精锐部队，宋军就专门颁布新

　　① 《群书考索》后集卷 42《兵制·教阅》。

　　② 《长编》卷 26。

　　③ 《长编》卷 388。

　　④ 《宋史》卷 414《董槐传》。

　　⑤ 《宋史》卷 195《兵九》。

　　⑥ 《长编》卷 128。

的武技训练法，以对付金军骑兵。南宋初，"颁枢密院教阅法，专习制御
（铁骑），摧锋破敌之艺，全副执带，出入短桩神臂弓，长柄（膊）刀，
马射穿甲，木梃（施用棍棒）。每岁傃春秋教阅法，立新格，（短桩）神
臂弓日给箭二十射亲，去垛百二十步，刀长丈二尺以上，毡皮裹之，引
斗五十二次，不令刀头至地"①。

宋代有些皇帝迷信阵图，重视对军队的阵法训练。据《武经总要》
记载，宋朝军队在训练中还练习各种阵法。"盖阵法者，所以训齐士众，
使其上下如一，前后左右，进退周旋，如身之运臂，臂之使指，无不如
意。可与之俱生，可与之俱死。升天（险），赴深溪，莫有逆其命者。猝
焉遇寇，莫有错乱。然后可以从事于勍敌，驰驱于绝域，同乎祸福存亡，
则能决胜计矣"②。"凡教士，应进不进，应退不退，应坐不坐，应起不
起，应簇不簇，应捺不捺，应卷不卷，应举不举，应合队而不合队，应
擘队而不擘队，不应合队而误入他队，不应擘队而误入他队，言语讙哗，
不闻鼓声，旗幡纷扰，疏密失次，并节级科罪。"③ 军训训练阵法，使军
士在指挥官的号令下，迅速变化队形，发挥整体作战的优势，以克敌制
胜。在阵法训练中，如军士不按要求进退、坐起、簇捺、卷举、合队、
擘队等，或变化队形中误入他队、言语讙哗、不听指挥等，就要受到
处罚。

宋朝的军训，在一定程度上发挥了正面作用。如南宋著名将领岳飞
就十分重视对所部实施最严格的实战训练。其子岳云"以重铠习注坡，
马踬而踣"，就受到岳飞严厉的责罚，说："前驱大敌，亦如此耶？"以严
责儿子的范例，带动全军的军训。岳飞对部伍，凡"止兵休舍，辄课其
艺，暇日尤详，至过门不入，视无事时如有事时。习注坡、跳壕等艺，
皆被重铠，精熟安习"④。他本人"能左右射，随发辄中。及为将，亦以

---

① 《宋史》卷195《兵九》。
② 《武经总要》卷8。
③ 《武经总要》卷2《教条十六事》。
④ 岳珂：《鄂国金佗稡编续编校注》卷9《遗事》，中华书局，1989年。

教士卒，由是军中皆善左右射，屡以是破贼锋"①。又如南宋军训有专门对付金军骑兵的训练，在大仪镇、柘皋等战役中，宋步兵持大斧迎战金骑兵，"堵而进，上砍其胸，下稍其马足"②，大破金军铁骑。

宋军的军训也存在着一些缺陷。宋仁宗庆历初，韩琦就指出，当时军训缺乏实战训练，一些训练项目为花拳绣腿，华而不实，故在对西夏作战中难以取胜。他说："今之试武艺，弓弩惟务斗力多，而不求所射疏密。其左右斫骒腰（射），脑（射），一绰筈子放数箭之类，乃是军中之戏。又马枪止试左右盘弄，而不较所刺中否，皆非实艺。而使臣、军员缘此例得拔用。故诸军亦循守常法，而无所更，以此临阵对寇，罕能取胜。"因此，他重新制订了军训条令，规定了弓弩射箭命中率的各种等级标准，"凡马上使枪，左右十刺，得五中木人为及等，马上铁鞭、（铁）简、棍子、双剑、大斧、连枷之类并是一法，每两条共重十斤为及等。"经他改革后，军训标准较为符合实战要求③。还有更为严重的问题是，由于军政腐败，军队对军训根本没有认真对待，甚至长期不进行军训，致使军士素质变差，战斗力下降。如在宋仁宗时宋军对西夏的战争中，"骑兵军额高者无如龙卫"，"其〔间〕有不能被甲上马者，况骁胜、云、武二骑之类，驰走挽弓不过五六斗，每教射，皆望空发箭，马前一二十步即已堕地"④。故"河北父老皆云：契丹不畏官军，而畏土丁"⑤。司马光曾对宋神宗描述"士卒骄惰"之状称：军士"上下姑息，有如儿戏，教阅稍频，则愠怼怨望"，"被甲行数十里，则喘汗不进，遇乡邑小盗，则望尘奔北，此乃众人所共知"⑥。宋徽宗重和时，兵部侍郎宇文粹中"进

① 《鄂国金佗稡编续编校注》卷4《鄂王行实编年》。

② 徐梦莘：《三朝北盟会编》卷218《韩世忠墓志铭》，台湾商务印书馆影印文渊阁四库全书本。

③ 《韩魏公集》卷11《家传》，《长编》卷132。

④ 《长编》卷132。

⑤ 《长编》卷127。

⑥ 《传家集》卷41《论横山疏》。

对，论禁军训练不精"，"神考尤加意训习，近来兵官浸以弛慢"①。南宋绍兴时，"张俊一军号曰自在军，平居无事，未尝阅习"②。宋金和议后"二十年间"，"为将帅者，不治兵而治财，刻剥之政行，而拊摩之恩绝，市井之习成，而训练之法坏"③。宋孝宗还算是南宋诸帝中刻意整军经武者，然而在淳熙时，朱熹上封事说，"今将帅之选，率皆膏粱骄子、厮役凡流"，"至于招收、简阅、训习、抚摩，凡军中之急务，往往皆不暇及"④。宋理宗时，真德秀指出："总戎之帅，训肄不勤，而掊克是务。"⑤宋度宗咸淳九年（1273 年），臣僚上言："涅刺之后，更不教阅。主兵官苦以劳役，日夜罔休，一或少违，即罹图圄榜掠之酷，兵不堪命，而死者、逃者接踵也。"史称当时"训练之制大坏"⑥。

第三节　武举武学思想

北宋先后设立武举和武学，其中武学之设尚是中国古代史上的首创。

一、武举思想

中国古代的武举创始于唐朝武则天时，由兵部负责。宋真宗咸平时，宋廷开始讨论设立武举。据《长编》卷 44 记载，咸平二年（999）闰三月，京西转运副使朱台符上疏，指出选任将帅在战争中的重要性：

> 国家养兵百万，士马精强，器甲坚利，可谓无敌于天下矣。然

---

① 《宋史》卷 195《兵九》。
② 《三朝北盟会编》卷 180，《建炎以来系年要录》卷 114。
③ 《建炎以来系年要录》卷 189 绍兴三十一年。
④ 《朱文公文集》卷 11《庚子应诏封事》。
⑤ 《真文忠公文集》卷 4《召除礼侍上殿奏札（三）》。
⑥ 《宋史》卷 195《兵九》。

自拒马失律以还，夏廷逆命之后，军声不振，庙胜无闻，一纪于兹，蒙耻未雪。何者？将帅弗用命而委任不专也，卒既骄惰而不习知边事也，有以见军政之不修也。夫将帅者，王之爪牙，登坛授钺，凿门推毂，阃外之事，将军裁之，所以克敌而制胜也。近代动相牵制，不许便宜，兵以奇胜而节制以阵图，事惟变适而指踪以宣命，勇敢无所奋，知谋无所施，是以动而奔北也。……臣愚以为疑则勿用，用则无疑，谨择其人，专委其任，有功者宠以爵位，有罪威以斧钺，明示刑赏，断在必行，敦敢不用命哉。①

朱台符认为，宋廷军事力量强大，但在对西夏战争中失败，其关键原因是没有很好选拔将帅，并且在任用中又对其进行牵制，使将帅不能发挥自己的勇敢与智谋，无法以灵活的战术出奇制胜。因此，他建议皇帝要谨慎选拔将帅，选好了就要任用无疑，然后对其赏罚分明，这样将帅就会冒着生命的危险去克敌制胜，建功立业。

同年十一月，起居舍人、直史馆李兴谔和右正言、直集贤院赵安仁以及右司谏梁颢都对选任将帅提出了自己的看法，为真宗时设置武举科出谋划策。

李宗谔认为，行军打仗所要做的第一件事就是选任将帅，选任将帅不应以职位高低为标准，而是应根据其实际才能高低委以不同级别的领兵权，使人人都能在战斗中充分发挥自己的作用，争效死力，所向成功。他说：

自古行军出师，无不首择将帅。夫将帅者，不必居上镇握禁兵者，方付以阃外之事。必先观其取与，察其智谋，能总千人者，委以千人之权，能敌万人者，授以万人之职。各令守一郡，控一城，分领骁雄，争据要害，来则急击，去则勿追。又岂须置三路部署之名，制六军生死之命，使有材力之士，不得施为，纵欲立奇功，报

---

① 《长编》卷44。

厚遇，为人所制，莫可得也。①

赵安仁则指出，以往宋军在边境的战斗中，虽然士卒都训练有素，但成功的战役很少，其原因在于缺乏有智略将领的指挥。因此，他建议应选拔知兵法者为将，并通过武举选拔熟悉战争、知晓敌情的人为参谋，使宋军在战斗中战则必胜。他认为当时朝廷要做的事情很多，其"大要者五：其一选将略。当今士卒素练而其数甚广，用之边方，立功至少诚由主将之无智略也……太祖、太宗亲选天下士，今布在中外，不啻数千人，其间知兵法可为将者，固有之矣。若选而用之，则总戎训旅，安边制敌，不犹愈于有一夫之勇者乎？……其三求军谋。古者用兵必有成算，谍谋筹划，以赞戎机。比来用军，都无此选。自今凡命将守边，仍取识孤虚成败，知寇戎情状者参谋，入官阶资，优与迁陟。况今武举已议复行，其军谋宏远武艺绝伦科，望依唐室故事，复开此选"②。

梁颢与李宗谔一样，强调选任边将"不以名位高卑，但择有武勇谋略，素为众所推服者取十人，人付骑士五千，器甲完备，轻赍粮糒，逐水草于边上，往复扦御，不得入郡邑，亦不得一处相聚，遇有敌寇，随时掩杀，仍令烽候相望，交相救应"③。

真宗咸平三年（1000）四月"乙丑，命两制、馆阁详定武举、武选人入官资序故事，既而未尝行也"④。可见，咸平二年设置武举呼声甚高的讨论最终在真宗朝未付诸实施，但大臣的看法基本上是一致的，即在战争中选任将帅是十分关键的。选任将帅必须以武勇谋略为依据，而不是依据其职位高低。通过武举选拔熟悉战争、知晓敌情的人为参谋，咨谋筹划，以赞戎机。选定将帅后，应用之无疑，使他们在战争中充分发挥才能，取得胜利，建功立业。

宋真宗咸平年间虽然没有设立武举，但其有关讨论为宋仁宗时设立

① 《长编》卷 45。
② 《长编》卷 45。
③ 《长编》卷 45。
④ 《长编》卷 47。

武举奠定了思想上的基础。天圣七年（1029），宋廷正式设置武举，规定"三班使臣、诸色选人及虽未食禄，实有行止，不曾犯赃及私罪情轻者，文武官子弟别无负犯者，如实有军谋、武艺，并许于尚书兵部投状"应试①。宋孝宗乾道时，"诏武学该赴解试人，以五十人为额"②，每次武举省试，可选拔武学生五十人应试，竟占了武举应试者的5/7。实行武学与武举的相互衔接，入武学者的目标，就是参加武举而入仕。

武举考试的科目主要有两个方面：一是策略，二是武艺。"英宗治平元年（1064）三月二日，翰林学士王珪等言：参详复置武举，除依旧制，欲乞较试以策略定去留，以弓马定高下。其间以策略、武艺俱优者为优等，策优艺平者为次优，艺优策平者为次等，策、艺俱平者为末等，如策下艺平或策平艺下者，并为不合格。朝廷既设此科，必欲招来豪俊，推恩命官，直稍优厚。欲望中优等者与殿直，次优者与奉职，次等者与借职，末等者与殿侍、三班差使。如有策略虽下而武艺绝伦者，未得落下，别取旨。其已有官人并于旧官上比类推恩，仍并与三路沿边差遣，试其效用。诏可。"③ 由此可见，当时武举考试根据策略、武艺两方面评为等级，然后依据等级高低授与不同的职务，并进行试用。武举也和进士一样，经历省试和殿试，合格者即算登第，第一名为武状元④。

具体而言，武举考策略，主要就是考兵书《孙子》《吴子》《六韬》之类；考武艺，主要就是考弓马武技。如熙宁八年（1075）七月二十七日，"诏武举人先试《孙》《吴》《六韬》大义共十道，为两场；次问时务、边防策一道，限七百字以上成，仍与锁厅，人一处考试。马军司试弓马，差官监试"⑤。同年八月七日，"别试所言：武举人试《孙》《吴》《六韬》大义，《六韬》本非完书，辞理讹舛，无所考据。欲止于《孙》

① 《宋会要》选举17之5至6。
② 《建炎以来朝野杂记》甲集卷13《武学》。
③ 《宋会要》选举17之9至10。
④ 《宋史》卷157《选举三》。
⑤ 《宋会要》选举17之16。

《吴》书出义题。从之"[①]。

在崇尚文治的宋代，文官的官场和社会地位优于武官。文官出身名目少，特别是科举出身，即所谓有"出身"，是官场的清流；武官场出身名目十分冗杂，并且都算是浊流。科举出身的文官往往看不起武举出身者。如宋庠说："武举人等，才术肤浅，流品混淆，挽弩试射，与兵卒无异。"[②] 富弼也说："武举者，蹶张驰射，侪于卒伍，所得庸妄鄙浅，固不敢望得异士。"[③] 因此，当时许多中武举者仍然千方百计企图再中科举，摆脱武举出身。如武学生厉仲方为绍熙时的武状元，仍不甘心，继续考进士，"屡举进士，遂不中"[④]。针对这种现象，嘉定十年（1217）十二月十二日，"兵部侍郎赵汝述言：'文武并用，长久之术，有天下者不可偏废。近世武举进士甫得赐第，多弃所学，必欲销试换文，回视兵书戎器，往往耻谈而羞道之。夫科目之设，不惟士子以此自致，其身、国家亦将各赖其用。今既由武艺入官，又复慕为文臣是右科，徒为士子假途之资，而非为国家储才之地，此科遂成无用矣。比年以来，韬钤之士无闻，将帅之材常乏，边尘有警，所籍以御侮者，类不胜任，使得右科智勇之人而用之，宜其必有可观者。乞自今武举出身，不许再应文举，仍令考校之官精选其艺业，庙堂之上稍优其除授，俾之练习谋略，趋事赴功，自偏裨制领而上主帅、三衙，由此其选，庶几右科增重，不为虚设。上曰：'祖宗设右科，正欲选将帅，若令换文，则分明是阙将帅一科，汝述奏云，诚如圣训。'"[⑤] 在此，赵汝述建议，为防止智勇之人弃武从文，使国家将帅之才流失，朝廷应禁止武举出身的人再应文举。

嘉定十二年（1219）九月四日，"右正言张次贤言：'窃惟国家取士，由武举策第，许换试文资，此网罗全才之意。绍熙略行沮格，未几仍就

① 《宋会要》选举 17 之 16。
② 《历代名臣奏议》卷 165。
③ 《宋朝诸臣奏议》卷 82《上仁宗论武举武学》。
④ 《水心文集》卷 22《厉领卫墓志铭》。
⑤ 《宋会要》选举 18 之 17。

放行，比者臣僚复沮格之。且入赀、门荫之流，犹许换试，而武举进者，独可沮抑，其所能乎？至如文士擢第，犹必程其武艺，而惯于兵机者，可不容其通习文事乎？此武举试换，不可不复也。夫武举历任，作邑既满，或可得郡，此固优假右选，然把麾一方，民社攸重，苟使官卑资浅之人，幸而得之，何以重藩宣之寄哉？且文臣三考作邑，两任作倅，方许典郡，今武举作邑，虽用举员，其视文臣五削脱选，难易不侔。或试邑甫毕，即便得郡，宁不太骤？此武举典郡不可不革也。或虑其得武，复换以文，则是假途而进，适以轻武。然能中两科者，不过挺特翘楚之辈，岂能一一舍武就文乎？又虑作邑之后，未许作郡，非所以为诱掖戎行之意。然历任以来，或以功绩显著，庙堂自应如之赏遇，岂一例拘以格法乎？乞应武举出身，照旧例听其换试；其已作邑人，受郡阙及已赴上者，且循旧格外，自今合体左选格法，须历计议路分差遣，比当两任通判，而后与郡。庶几文武兼通之才可致，而郡国作牧之寄不轻矣。'从之"①。由此可见，张次贤主张武举可再应文举的理由有两个方面：一是有利于培养、选拔文武全才之人；二是文武全才之人很少，所以实行武举可再应文举不会使较多人舍武就文。此外，张次贤还认为武举升任郡守比文官快捷，这是不合理的，必须同文官一样对待，必须"三考作邑，两任作倅，方许典郡"。

二、 武学思想

宋仁宗景祐元年（1034），绛州通判富弼上书仁宗，建议"于太公庙建置武学，许文武官与白身岁得入补。聚自古兵书置于学中，纵其讨习，勿复禁止。朝观夕览，无一日离乎兵战之业，虽曰不果，臣不信也。"他认为，这些人才经过武学培养，"兵术既精，史传既博，然后中年一校，三岁大比，当杂问兵术、史传之策，才者出试之，不才者尚许在学。是

---

① 《宋会要》选举18之18至19。

国家常有良将布于四方，夷狄、奸雄知我有大备，安敢轻动？动则威之"。①

宋仁宗庆历三年（1043）五月丁亥，大约是在对西夏战争的触动下，始设武学。但是不久，同年八月戊午，罢武学②。庆历四年（1044），参知政事范仲淹对此提出建议：

> 臣切闻国家置武学以来，若未有人习艺。或恐英豪隐晦，耻就学生之列。傥久设此学，无人可教，则虑外人窥觇，谓无英材，于体非便。欲乞指挥国子监，不须别立武学之名，如学生中有好习兵书者，令本监官员保明，委是忠良之人，即密令听读。臣切见边上甚有弓马精强、谙知边事之人，即未曾习学兵书，不知为将之体，所以未堪拔擢。欲乞指挥陕西、河东逐路经略司，于将佐及使臣军员中，拣选识文字的有机智武勇，久远可以为将者，取三五人，令经略、部管诸司参谋官员等，密与讲说兵书，讨论胜策。所贵边上武勇已著之人更知将略。或因而立功，则将来有人可任。即不得虚张多放人数。③

范仲淹在此说得比较委婉，其意是由于武学招不到学生，会使外人觉得中国没有英才，倒不如取消武学之名，而行武学之实，朝廷秘密招收一些识文字、机智武勇、久远可以为将者，令他们讲说兵书、讨论胜策，培养他们成为将帅之才。

宋神宗熙宁五年（1072），"选文武官知兵者为教授。凡使臣未参班并门荫、草泽人，许召京朝官保任，试验人才、弓马，应试武举合格者，方许入学。"在学期间，"习诸家兵法"。"在学及三年，则具艺业保明，考试，等第推恩，未及格者逾年再试。凡试中，三班使臣与三路巡检、监押、寨主，白身与经略司教押军队、准备差使。三年无遗阙，与亲民

---

① 《宋朝诸臣奏议》卷82《上仁宗论武举武学》。
② 《长编》卷141。
③ 《宋朝诸臣奏议》卷82《上仁宗乞选边上有智勇人与讲说兵书》。

或巡检。如至大使臣，有大两省或本路钤辖以上三人保举，堪将领者，并与兼诸卫将军，外任回，归环卫班（阙）"①。武学生的资格可以是"白身"，也可以是使臣一类低品武官，而其卒业后分配，却可出任军事差遣，也可任"亲民"官，即从事与军事无关的民政。武学也设三舍法，学生依水平分为外舍生、内舍生和上舍生，与当今的年级相类似。按学生的水平教育，由浅入深，由外舍升内舍和上舍。上舍生和内舍生的考试累次不及格，就降为外舍生，甚至取消学籍。宋徽宗崇宁时，又令各州设武学，但此后或废或置。武学设武学博士和武学谕，作为教官②。

宋代的武举和武学对军队的人才建设发挥了一定的作用，使一些训练有素的军事人才源源不断地补充到各级军队中去，在对敌战争中发挥骨干的作用。正如开禧二年（1206）十月二十五日臣僚所言：

> 武举设科政，将以搜罗方略之士，为异时储用将材之地。恭惟孝宗皇帝淳熙八年特降敕旨，今后武举及第出身人，许令从军愿与不愿者，听。自第一名以至第二十四名之人，各依名次高下，分拨殿步司、马军行司及沿江诸都统司军分，每司止许三人指占阙额管干职事，其余不在从军之数者，乃许注授在外巡尉差遣。嗣更两朝，率循旧章。凡登武举进士第者，莫不各随其资次，或授殿司同正副将，或授马步司与诸郡都统司同准备将。既从铨审，各供乃职，服劳戎事，悉闲教阅。③

综观宋代史籍，由武举、武学选拔和培养的人才，不少在对西夏、金的战争中英勇战斗，建功立业或为国捐躯。如徐量"元丰中，入武学，累试出诸生右，廷试策用字犯昌陵嫌名，才得三班借职，调台州海内松门巡检"。后在对西夏作战中立功，官至武功大夫、昭州团练使④。徐徽

---

① 《长编》卷234。
② 《宋朝军制初探》（增订本），第348页。
③ 《宋会要》选举18之15至16。
④ 程俱：《北山小集》卷34《故武功大夫昭州团练使骁骑尉徐公行状》，台湾商务印书馆影印文渊阁四库全书本。

言"赐武举绝伦及第",历边任,南宋初,死守河东晋宁军而牺牲①。武举进士王士言"累立战功",死守河东泽州,"巷战而死"②。方允武为"武学上舍,补官为常州宜兴巡检",在建炎时抗金殉难③。出使金朝的马扩,也是武举出身,在金人面前不卑不亢,表现了高超的射技,后坚持抗金,在北方组织义军,官至沿海制置副使④。蔡延世"建昌人,应武举,得承信郎、阁门祗候",金军入侵时,建昌军"无守臣,众推延世权知军事",后各州县失守,唯有"建昌独全"⑤。武状元周虎,"倜傥有大将器,身兼文武……开禧间,守和州",身率士卒"血战,敌骑几歼",升任主管侍卫马军行司公事,侍卫马军都虞候⑥。南宋末年,文天祥的同都督府中,有宗室赵时赏和刘伯文,都是武举出身,追随文天祥抗元而牺牲⑦。武学生华岳,有相当的军事造诣,著有《翠微先生北征录》,既有对金作战的谋略探讨,也介绍招募、兵器、马政、后勤、军俸、军费等与军制相关的内容,具有较高的价值。

宋代,武举、武学在具体实施中也不可避免地存在着一些问题,主要有3个方面:一是武举的考试方式难以选拔到真才实学的人。早在宋仁宗景祐元年(1034),绛州通判富弼就指出:

> 今选将之道,虽粗有律令,或列制科,或设武举,然皆法度龌龊,未必能致特起之士。何则?应制科者,必乐为贤良方正、材识兼茂,耻为将帅边寄之名,盖今人重文雅而轻武节也。又考试者欲使难其对,必求艰奥烦碎之事为问,故令所习不专为有用之学。既

---

① 《宋史》卷 447《徐徽言传》。
② 《宋史》卷 453《王士言传》。
③ 《宋史》卷 452《方允武传》。
④ 《续资治通鉴长编纪事本末》卷 142,《三朝北盟会编》卷 4《茆斋自叙》。
⑤ 《三朝北盟会编》卷 135。
⑥ 叶绍翁:《四朝闻见录》卷 5《周虎》,台湾商务印书馆影印文渊阁四库全书本。
⑦ 文天祥:《文山先生全集》卷 19《文丞相督府忠义传》,商务印书馆,1939年。

又限以日刻，责以文多，设有应者，视日足文之不暇，其暇究极韬略，运动谋猷哉？武举者，蹶张驰射，侪于卒伍，所得庸妄鄙浅，固不敢望得异士。但稍能警励有廉耻，则焉肯为卒伍之事乎？臣不知国家立此二道，姑欲示风采耶？必欲得将帅焉？示风采则可，如必欲选奇杰为将帅藩翰四方，则非臣所知。①

富弼认为，武学之所以难以选拔人才，原因有两方面：其一，朝廷上下重文轻武，真正优秀的人才不会来应试武举，来应试者多是庸妄鄙浅之士。其二，武举中所出试题往往艰奥烦碎，脱离实战，所以使应试者平时所学均为应试内容，而不去学习真正对实战有帮助的韬略、谋猷等。

除此之外，武举考试中的弄虚作假也难以选拔到真才实学的人才。熙宁八年（1075）三月九日，中书门下言：武举应试者"旋看兵法，权习弓兵马，意务苟进，就试日多怀匿文字，饰以虚辞，弓马不甚精习，不唯有误朝廷缓急使用，兼使学者不专其业"②。

二是武学的教学和武举考试内容多与实战需求脱节，空发议论，严重影响军事人才的培养。南宋后期刘克庄就指出："武举一科，弓马近于具文，所取不过解作《武经》七书义者。"③ 俞文豹也指出："如武举、武学，正以试其武艺，而除绝伦能挽二石弓外，其余则以弓矢鞍马为文具，于经义论策则极意加工，盖上以此取，则下以此应也。"④ 刘、俞两人均认为武举、武学都太偏重于考查经义论策，而忽略考查弓矢鞍马武艺，这种导向使应试者平时注重学习经义论策，而不学习弓矢鞍马，不言而喻，这样的人只能纸上谈兵，而缺乏真正的实战能力。

三是武举武学选拔培养的人才非所用。宋孝宗时，胡沂说："设武举、立武学，试之以弓马，又试之以韬略之文、兵机之策，盖将有所用

---

① 《宋朝诸臣奏议》卷 82《上仁宗论武举武学》。

② 《宋会要》选举 17 之 16。

③ 《后村先生大全集》卷 81《欧阳经世进中兴兵要申省状》。

④ 俞文豹：《吹剑录全编·四录》，上海古典文学出版社，1958 年。

之。除高等一、二名，余皆吏部授以榷酤、征商，所养非所用，所用非所养。"① 到宋理宗端平时，大量武举出身者不用于军事部门的情况依然没有改变，正如刘克庄所说，吏部侍郎右选"在籍小使臣一万三千九百余人"，"吏职、军班各千人，而武举五百，军功不满千"②，可见，武举出身者所占比例还不小。

第四节　兵器配备与后勤供给思想

一、　兵器配备思想

在宋代战争中，宋军面临的对手主要是辽、西夏、金、元等游牧民族。游牧民族慓悍善战，尤其是骑兵，速度快、机动性强，因此，宋军要战胜强大的对手，不得不通过各种兵器合成的威力来克敌制胜。

据《武经总要》记载，宋军布"大阵"，"以步军枪、刀手在前"，"良弓劲弩居其后，以双弓床子弩参之。行伍厚薄，出于临时，务于坚整，戎马无以驰突"。"凡燔积聚及应可燔之物，并用火箭射之，或弓，或弩，或床子弩，度远近放之"③。南宋名将吴璘所率部队的布阵，与《武经总要》类似："逢敌欲战，必成列为阵，甲军弓、弩手并坐。视敌兵距阵约一百五十步，令神臂弓兵起立，先用箭约射之，箭之所至，可穿敌阵，即全军俱发。敌军距阵约百步，令平射弓兵起立，用箭约射如初，然后全阵俱发。或敌兵直犯拒马，令甲军枪手密依拒马，枕枪撑刺。"④ 宋军的布阵，之所以是枪刀居前，弓弩在后，主要是在实战中，

①　《宋会要》选举 17 之 29 至 30。
②　《后村先生大全集》卷 51《(轮) 对札子二·贴黄》。
③　《武经总要》前集卷 7、卷 11。
④　《说郛》卷 30《蜀道征讨比事》。

在距敌 150 步至 100 步时，先向敌军射箭，以杀伤大部分敌军，如当敌骑冲到宋军阵前时，紧靠阵前拒马之后的枪手就冲上前去，与敌骑进行白刃战。而且，同样是射箭，宋代还根据其射程的远近分为 3 个层次。北宋末年，李纲负责开封守城，射击金军，"近者以手砲、檑木击之，远者以神臂弓、强弩射之，又远者以床子弩、座炮及之"①。

在宋代众多的兵器中，弓弩是最主要的兵器。南宋的《襄阳守城录》说："虏人最怕弩箭，中则贯马腹，穿重铠。"所以，军事理论家华岳指出："军器三十（有）六，而弓为称首；武艺一十有八，而弓为第一。"②弓可步兵和骑兵通用，弩也是弓的一种，一般用足蹶开张，故只能由步兵使用。弩箭比弓箭射程远，洞穿力强，"然张迟，难以应卒，临敌不过三发、四发，而短兵已接"，也就是弩的每射一箭间歇要比弓长。所以宋军必须弓、弩并用，以增加射箭的密集程度，提高杀伤力。正由于弓、弩的重要性，自北宋至南宋，弓弩手一般在军队中人数最多，约占 60% 至 80%。如南宋孝宗时，荆南府和鄂州两军"枪手已不及四分，弓、弩手各及三分以上，仍每人各教用短枪"③。当时，"诸路禁军近法以十分为率，二分习弓，六分习弩，余二分习枪、牌"④。淳熙后期，镇江府御前诸军"弓箭手正带甲一万六十二人，准备带甲二千三百八十六人，弩手正带甲八千八百四十二人，准备带甲一千八百二十八人"，"枪手正带甲五千六百八十人，准备带甲一千四百六十四人"。其中弓弩手约占 76%，枪手约占 24%。侍卫马军行司军"弓箭手八千三百六十一人，弩手四千三百一十七人"，"枪手共三千八百七十人"⑤，弓弩手和枪手的比例与镇江府御前诸军相近。这些兵器配置的比例，都反映了弓弩作为主要兵器的作战思想。

---

① 《梁溪全集》卷 171《靖康传信录》。
② 华岳：《翠微先生北征录》卷 7《弓制》。
③ 《历代名臣奏议》卷 224。
④ 《宋史》卷 195《兵九》。
⑤ 《宋会要》兵 20 之 36。

但是，弓弩手占军士的大部分，也有其软肋，如弓弩手"不学枪刀，虽各带剑一口，即元不系教习"，结果到短兵相接之际，"束手受害"。因此，宋仁宗时，尹洙主张"马、步军除弓弩外，更须精学刀、剑及铁鞭、短枪之类"①。宋光宗阅兵时，"弓箭手三百六十七人，各射凿子箭四只，腰悬手刀；弩手三百人，各射凿子箭四只；枪手六百五十人，牌手二百五十人，各腰悬手刀并软打草棒；刀手二百五十人，白旗子枪手一百二十人，各背手刀；金、鼓、角匠、门、角旗等一百一十四人"②。这说明宋军队中弓弩手已普遍装备手刀，作为两军短兵相接时白刃战之用。

宋代，除了弓弩外，宋军以步兵击败骑兵的利器是大斧和麻扎刀。在南宋大仪镇、柘皋等战役中，宋军步兵都是以大斧对付金军骑兵。宋步兵持大斧迎战金骑兵，"堵而进，上砍其胸，下稍其马足"③。完颜兀术曾说："宋用军器，大妙者不过神臂弓，次者重斧，外无所畏"④。可见，神臂弓和大斧是宋军对付金军，克敌制胜的法宝。除此之外，麻扎刀也在宋军中长期使用，主要用于劈断战马的小腿。宋神宗时，"造斩马刀"，"刀刃长三尺余，镡长尺余，首为大环"。"制作精巧，便于操击，实战阵之利器也"⑤。南宋的麻扎刀大概与北宋的斩马刀相似。在著名的郾城战役中，岳家军步兵就是以麻扎刀、提刀和大斧，大破金朝精锐骑兵⑥。吴泳谈到宋军"制马之具"时曾说，至南宋中期，"毕再遇、扈再兴之徒犹能募敢死军，用麻扎刀以截其胫"⑦。

宋代设有专门机构，管理兵器的生产，史称三司的盐铁部胄案掌管

---

① 尹洙：《河南集》卷20《奏阅习短兵状》，台湾商务印书馆影印文渊阁四库全书本。

② 《宋会要》礼9之25至26。

③ 《三朝北盟会编》卷218《韩世忠墓志铭》。

④ 《三朝北盟会编》卷215《征蒙记》。

⑤ 《长编》卷233。

⑥ 《鄂国金佗稡编续编校注》卷16《龙虎等军捷奏》。

⑦ 《鹤林集》卷20《边备札子》。

"给造军器之名物，及军器作坊、弓弩院、诸务诸季料籍"①。宋神宗熙宁六年（1073），"置军器监，总内外军器之政"，"如案唐令，置监而废胄案焉"②。宋徽宗崇宁二年（1103），在军器监之外，又设置都大提举投靠军器所。南宋绍兴时，曾一度另设军器局。从宋代历朝设生产兵器的管理机构可以看出，最高统治者非常重视对兵器生产的管理，以保障战争中兵器的供给。

宋代为提高兵器的质量和效率，大型兵器工场内部已实行较细的分工，其不同生产流水线称为"作"。开封制造兵器的南、北作坊，"其作总五十一，有木作、杖鼓作、藤席作"等③。宋孝宗时，福州都作院指挥"分十一作"，包括"箭作、弓弩作、甲作、皮作、铜作、漆作、旗作、条作、木作、磨锃作、铁作"④。庆元府作院"十有三作：曰大炉作，曰小炉作，曰穿联作，曰磨锃作，曰磨擦结裹作，曰头魁作，曰熟皮作，曰头魁衣子作，曰弓弩作，曰箭作，曰漆作，曰木弩桩作，曰木枪作"⑤。

当时，官营工场通常实行劳动定额制，称"常课"或"工程"，兵器生产工场也是如此。秦九韶的《数学九章》有一算题就以兵器生产为例："据工程，七人九日造弓八张，八人六日造刀五副，三人二日造箭一百五十只"，而分别由弓作、刀作和箭作生产⑥。

宋代军器监在管理兵器生产中的一项重要工作是将各种兵器制作的样式、规格及质量要求统一绘图，颁发诸路都作院制作。当时编撰的关于兵器制作的专著有《熙宁法式》《弓式》《军器什物法制》等⑦，如流传

① 《宋史》卷 162《职官二》。

② 《长编》卷 245。

③ 《宋会要》方域 3 之 50 至 52。

④ 梁克家：《淳熙三山志》卷 18《都作院指挥》，台湾商务印书馆影印文渊阁四库全书本。

⑤ 梅应发、刘锡：《开庆四明续志》卷 6《作院》，台湾商务印书馆影印文渊阁四库全书本。

⑥ 《永乐大典》卷 16343。

⑦ 《玉海》卷 150《兵制》。

至今的《武经总要》前集卷13就绘制了各种床子弩的图样。这对于兵器规模的统一、兵器质量的提高，具有重要作用。

宋朝为了对先进武器的制作严格保密，防止外泄，规定各作的手工生产"皆有制度作用之法，俾各诵其文，而禁其传"①。如对克敌制胜的神臂弓，更是特别制订了不准私造、私习以及军士毁弃、战阵亡失的专门条法②。

二、 后勤供给思想

终宋一代，宋朝与辽、西夏、金、元不断进行战争。在战争中，军需后勤供给是保证战争胜负的关键问题，而要保证数额巨大、旷日持久的军需供给是相当艰难的。因此正如沈括所云，"凡师行，因粮于敌，最为急务"③。

宋朝通过税收、和籴、和买、科配等，征集与购买大量的粮秣、布帛、丝绵、钱银等以供军用。平时，军士的口粮标准一般是"人日食二升"④，但用兵之时，也有"逐日给米二升半"⑤ 的记录。故范纯粹说："正兵每遇差出，以至戍边，每人只日支口粮二升至二升五合。"⑥ 宋朝的军俸月粮往往超过以上标准，这是军士还须赡养家眷之故。宋军除供给军士口粮外，还要供给马料。如南宋湖州的侍卫步军司牧地，"四月，马一匹日支料谷一斗，自五月至八月，马一匹日支料谷七升，九月回程，马一匹日支料谷一斗"⑦。四川"军中马料多，匹马给米五石，骑军利其

---

① 《麈史》卷上《朝制》，《宋会要》职官30之7。

② 《庆元条法事类》卷8《漏泄传报》，卷80《毁失官私物》。

③ 《梦溪笔谈》卷11。

④ 《梦溪笔谈》卷11，《长编》卷30。

⑤ 《温国文正司马公文集》卷44《申宣抚权住制造干粮皱饭状》，《建炎以来系年录》卷192。

⑥ 《长编》卷343。

⑦ 王炎：《双溪类稿》卷23《申省论马料札子》，台湾商务印书馆影印文渊阁四库全书本。

余以自给"①。马料不包括饲草，因饲草有多有少，故马料供给难以有人粮那样固定的标准。

宋代军队自带粮食行军打仗，一般说来，最多只能坚持 10—15 天。何亮在《安边书》中说："凡战士万人，使役卒万人赍粮六斗而行，凡战马千匹，使役卒七千五百人自赍粮三斗，马粟一斗，草一束。士马皆有半月之食备。"②宋哲宗元符时，章楶也说，陕西"四路人马出塞，便指准界外打草喂饲，更不赍负外，其合用粮料，每马一匹，骑士一名，逐日供物料一半，半月之间，计用一石五斗，若行裁减，亦须用一石一二斗。除此外更合驮负些少干粮及衣甲、器械、被毡等物"③。绍兴六年（1136）冬，岳飞攻打蔡州，"有兵二万人，七分披带，持十日粮"④。可见，在战士仅有一万四千人，另有六千辎重兵、火头军等不入队人的情况下，也只能带十天口粮。可见光靠军队自携粮食，是根本不可能持久作战的。

根据沈括的估算，组织一次大规模的军事行动，需动用民夫和牲口的数量是非常多的，而且几乎是难以做到的。他指出："人负米六斗，卒自携五日干粮，人饷一卒，一去可十八日，若计复回，只可进九日。二人饷一卒，一去可二十六日，若计复回，止可进十三日。三人饷一卒，一去可三十一日，计复回，止可进十六。三人饷一卒，极矣。若兴师十万，辎重三之一，止得驻战之卒七万人，已用三十万人运粮，此外难复加矣"。如果再加上其他一些因素，在实战中后勤供给比这种估计更为艰难："人负六斗，此以总数率之也。其间队长不负，樵汲减半，所余皆均在众夫，更有死亡疾病者，所负之米又以均之，则人所负常不啻六斗矣"；牲口"比之人运，虽负多而费寡，然刍牧不时，畜多瘦死，一畜死，则并所负弃之，较之人负，利害相半"。因此，沈括认为："凡师行，

① 《宋史》卷 403《张威传》。
② 《长编》卷 44。
③ 《长编》卷 505。
④ 《鄂国金佗稡编续编校注》卷 27 黄元振编岳飞事迹。

因粮于敌，最为急务。运粮不但多费，而势难行远。"①

为了便于携带和食用，宋军还大量制作各种干粮。北宋时，"将床麻一斗变造干粮五斤"。床即是糜，"床米类稷，可面可饼，可为棋子。西人饱食面，非床犹饥。将家云：'出战，糗粮干不可食，嚼床半掬，则津液便生，余物皆不咽。士卒用小布袋置马上，遇水，取袋渍润之，尤美。'"②糜还可作成糜饼，"切作棋子"大小，"曝干收贮"，"如路行及战阵中干食之，味美不渴"③。宋仁宗庆历时，"曾令陕西诸州制造干粮、皱饭，万数不少，后来既不出兵、其干粮、皱饭所在堆积，经年朽腐，不可复食，尽为弃物"④。干粮开始是"配坊郭户，人以为扰"，后来又改为"令就粮指挥有室家兵级分造干粮、麻饼，量给茶、酒、柴、水钱"⑤。

宋代军需供给数额巨大，朝廷财力有限，为解决供给困难，采取了多种供给方式，主要有以下 3 种：一是中央库务出钱、帛等，收籴军粮之类。如宋真宗天禧时，"出内藏钱七万贯，付京西路市军粮"⑥。宋仁宗天圣时，"出左藏库绢十万，下陕西缘边州军市籴粮草"⑦。景祐时，"累于内藏库支拨钱帛，与三司收籴军储"⑧。宋哲宗绍圣三年（1096），"出元丰库缗钱四百万，于陕西、河东籴边储"。翌年，又"出元丰库缗钱四百万，付陕西广籴"⑨。宋高宗绍兴后期，"出内库银十万两，下两浙转运司籴马料大麦"⑩。

二是中央库务直接供应军队所需钱物。如至和时，三司因"陕西、

① 《梦溪笔谈》卷 11。

② 郑刚中：《北山集》卷 13《西征道里记》，台湾商务印书馆影印文渊阁四库全书本。

③ 《武经总要》前集卷 5《赏粮》。

④ 《温国文正司马公文集》卷 44《申宣抚权住制造干粮皱饭状》。

⑤ 《长编》卷 245。

⑥ 《长编》卷 95。

⑦ 《长编》卷 101。

⑧ 《宋会要》食货 51 之 4。

⑨ 《宋史》卷 18《哲宗二》。

⑩ 《建炎以来系年要录》卷 185。

河东岁减西川所上物帛,而军衣不足。又河北入中粮草数多,未有绸绢折还。请贷内藏库绸十万,欲先输左藏库缯钱二十万,余计其日直,以限追偿"①。绍兴四年(1134),岳家军初次北伐时,"行在榷货务支银一十万两,每两二贯五百文,金五千两,每两三十贯文,二项计准钱四十万贯。吉州榷货务于今年贴纳算请等盐钱内支二十万贯已上。总计支钱六十万贯,内以二十万贯充犒设激赏"②。宋末,"嘉兴府告急,给封桩库钱为兵备"。"出安边、封桩库金,付浙东诸郡为兵备"③。

三是发放关子之类信用券。如绍兴后期,湖广总领所上奏:"节次降到临安府一合同关子共三十万贯,已卖到钱一万九千万贯,其余并无客人请买。却有降到三合同关子八十万贯,令本所卖钱桩管。比之一合同,颇为快便。乞许本所于三合同关子内已卖到银钱对换一十八万一千贯,应副支用。乞缴还一合同关子,却行换给支末茶长、短引,共二十八万一千贯,应副支遣。"④ 可见,当时发放给军队的信用券有两种关子和两种茶引。南宋后期,魏了翁上奏,说随州"城中无以犒士,权宜造关子,以济用度,而求偿于督府,必欲得京交七十万缗,银三万两,金一万两"⑤。可见,临时印造、发放关子,成为解决军需供给不足的一种权宜之计。

宋代为保障军需后勤供给的正常运行,设有许多机构进行管理,其中比较重要的有马、步军两粮料院和勾当马步军专勾司。其中马、步军粮料院负责"诸军给受奉料,批书券历,诸仓库案验而廪赋之"⑥,即负责发放券历,诸军都是先领券,后取粮,券可称勘旁。为防止军队发放俸禄时伪冒欺弊等,朝廷又设马步军专勾司,"特掌骑兵、徒兵给受之

---

① 《长编》卷176。
② 《鄂国金佗粹编续编校注》卷5《朝省行下事件省札》。
③ 《宋史》卷47《瀛国公纪》。
④ 《宋会要》职官41之50。
⑤ 《鹤山先生大全文集》卷29《奏外寇未静二相不咸旷天工而违时几》。
⑥ 《宋史》卷162《职官二》,《文献通考》卷60。

数"①，"诸军兵马逃亡收并之籍，诸司库务给受之数，审校其欺诈，批历以送粮料院"②。元丰二年（1079）之前，马步军专勾司对军队给受进行事前审计监督；元丰二年之后，马步军专勾司改名为诸军专勾司，对军队给受进行事后审计监督。元丰二年六月丙午，"权发遣三司使李承之等言：'文武官诸司人请受及外县诸军衣赐赏给，先经专勾司直批勘于粮料院，今欲并令先赴粮料院批勘，次送专勾司勾磨。'从之"③。这就是元丰二年之前，军队给受必须先经专勾司审核，然后由粮料院支领；元丰二年之后，则改为军队给受先赴粮料院支领，然后再送专勾司审计。从《庆元条法事类》可知，专勾司（南宋建炎元年五月避高宗赵构同音讳，改称审计司）对粮料院军队给受的审计一直到南宋还存在。

第五节　裁减军费思想

一、　王禹偁和宋祁裁减军费思想

宋太宗统治后期，虽然国家财政正处于上升阶段，收入日增，但由于不注意控制财政开支，冗费问题初步显露。至道三年（997）五月，刑部郎中、知扬州王禹偁第一次比较系统地论述了冗费存在的四个方面问题，并提出了解决的对策：其一，"谨边防，通盟好，使辇运之民有所休息"；其二，"减冗兵，并冗吏，使山泽之饶，稍流于下"；其三，"其艰难选举，使入官不滥"；其四，"沙汰僧尼，使民无耗"④。同年九月，监察御史王济上《陈政事十事疏》，对裁减冗官、冗兵，沙汰僧尼提出了自

---

① 《文献通考》卷 60。
② 《宋史》卷 162《职官二》。
③ 《长编》卷 298。
④ 《长编》卷 42。

己的主张，尤其是对裁减冗官见解独到、深刻。

仁宗即位之初，就着手裁减浮费。此次裁减虽有成效，却没有触及造成冗费的主要原因冗兵、冗官等问题。随后天灾频仍，冗费问题又进一步凸现。宝元二年（1039）二月，任权三司度支判官的宋祁写了《上三冗三费疏》①，系统地论述冗费的危害及应采取的对策。宋祁的所谓"三冗"与王禹偁大致相同，即"天下有定官，无限员，一冗也；天下厢军不任战而耗衣食，二冗也；僧尼道士日益多而无定数，三冗也"。

但是宋祁提出的应对措施则比王禹偁更切实可行和具有针对性。他认为："今天下厢军，不择屠小尪弱，悉皆收配，才图供役，本不知兵，亦且月费廪粮，岁费库帛。数口之家，不能自庇，于是相挺逃匿，化为盗贼者，不可胜算。朝廷每有夫役，更借农民以任其劳。假如厢军可令驱以就役，方且别给口券，间望赐钱。二端相率，不便明甚。陛下若敕天下厢军，今日以后，除州军须要防捉，别留三百人，自余更不收补，已在籍者，许备役终身。如此，则中下之家，悉入农业，又得力耕者数十万，则二冗去矣。"这里宋祁的去三冗思路主要从两方面入手：一是减少限制非生产性冗食之人，减轻社会与国家负担，其中裁减厢军与地方官吏是减轻国家负担。二是减少限制非生产性冗食之人其实就是在增加生产性人员，据他估计，裁减厢军也可增加力耕者数十万。这样一减一加的确对减轻社会与国家的负担、发展生产会起较大的积极作用。宋祁应对"三冗"的措施可贵之处还在于不单是在做"减法"，即减少限制非生产性冗食人员，而同时又是在做"加法"，增加生产性人员，发展生产，从而化害为利，使社会总财富增加，三冗问题自然解决。还有值得注意的是，宋祁提出的裁减兵员只是针对厢军，而不涉及禁军，因此不会削弱宋朝的军事力量，对宋朝专制主义中央集权制不会带来影响。

---

① 《景文集》卷26《上三冗三费疏》。以下2个自然段引文未注出处者，均见于此。

二、 张方平的去兵马之蠹思想

张方平在《原蠹》下篇指出：三蠹之三是"兵马"之蠹。"今自禁卫通于州郡之冗卒，不啻百万，恣口而食，舒臂而衣，数日为期，以取赐于赉，是日有万金之奉，无时休息，天下供待，安得勿困！"而且单百万之师的口粮，就是广大农民和国家财政的沉重负担。"耒耜之民寒耕暑耘，常无余粒，中人以下率无盖藏，强家之储鲜及新谷，罄地之力，穷农之功，悉卷而西，都为兵食。"针对"兵马"之蠹，张方平亦提出两点措施：一是组建"民兵"，寓兵于农，平时务农，不脱离生产，战时打仗；农忙种地，农闲练武。这样就可以削减职业兵的数目，大大减少农民与国家的负担。总之，组建"民兵"可使"上不阙武备，下不耗国财"。据《宋史》卷187《兵一》所载："自元丰而后，民兵日盛，募兵日衰，其募兵缺额，则收其廪给，以为民兵教阅之费。"张方平组建民兵的主张得到朝廷的重视和实行。二是实行屯田。张方平认为军队屯田可收"足食足兵，不废训练"的效果，军队既可自给自足，又能坚持练武。张方平还专门著有《屯田》一文，指出：当今国家最沉重的财政负担是养兵。如果实行屯田，不仅可节省国家大量的财政开支，减轻百姓纳税负担，还可以改造军队自身，消除"宠将骄卒坐而蠹食"[1] 的状况，保证军队的供给。"则是募屯田夫，得屯田兵也。居则稼穑之人，用则战骑之士，不衣库帛，不食廪谷。是骄卒可放省，屯仓可待盈，虽有凶荒水旱之变，而军不乏乎储峙，民不增乎横赋，建屯之利，其亦博矣。"[2]

军队屯田，自古已有，而且已被宋代以前的历史证明是一项行之有效的节省军费开支、减轻国家财政负担的好办法。张方平借鉴历史的成功经验，提出军队屯田，曾在一定程度上被朝廷采纳，并收到某些效果。但是，从总体上看，终宋一代，屯田时兴时废，"今之军士，皆市井桀

---

① 《乐全集》卷14《食货论·屯田》。
② 《乐全集》卷14《食货论·屯田》。

猎，去本惰游之民，至于无所容，然后入于军籍。且其骄也久矣，呴濡保息，莫敢拂其心者，是可使之寒耕暑耘者乎？"因此，宋代屯田的效果已大大不如三国两晋时期，往往是劳民伤财，入不偿费。

三、 蔡襄的缩减军费思想

蔡襄（1012—1067），字君谟。北宋文学家，书法上为"宋四家"之一。天圣八年（1030）进士，先后任馆阁校勘、知谏院、直史馆、知制诰、龙图阁直学士、枢密院直学士、翰林学士、三司使、端明殿学士等职，出任福建路转运使，知泉州、福州、开封和杭州府事。谥号"忠惠"。有《蔡忠惠公全集》传世。

据《宋史》卷187《兵一》载："开宝之籍（禁、厢军总数）总三十七万八千，而禁军马步十九万三千；至道之籍总六十六万六千，而禁军马步三十五万八千；天禧之籍总九十一万二千，而禁军马步四十三万二千；庆历之籍总一百二十五万九千，而禁军马步八十二万六千。"另据王铚《枢庭备检》所载，皇祐初军队总人数曾达一百四十万。由此可见，从宋太祖立国，历经太宗、真宗朝，至宋仁宗晚年，将近100年的时间里，常备军数量增加了3倍以上，其中禁军竟一度超过了4倍。军队人数的增加，意味着军费开支的加大，给财政带来沉重的负担。就是在此历史背景下，英宗治平元年（1064），时任三司使的蔡襄上《论兵十事》①，对裁减军队缩减军费提出了自己的看法。

蔡襄作为三司使，负责国家财政收支大政方针，他对当时军队一年支出总数做了一个估算："养兵之费，禁军一兵之费，以衣粮、特支、郊赉通计，一岁约费钱五十千，厢军一兵之费岁约三十千，通一百一十八万余人，一岁约费四千八百万缗，此其大较也。"通过这样的估算，蔡襄得出了这样的结论："一岁所用，养兵之费常居六七，国用无几矣。"因此，他提出了与众不同的"兵少而精"的改革思想。他认为："兵少则财

---

① 《端明集》卷22《论兵十事》。以下4个自然段引文未注出处者，均见于此。

用饶，财用饶则国富矣。兵精，以战则胜，以守则固，而兵强矣。"在宋代积弱积贫内外交困的背景下，宋廷既要裁减兵员，以减轻国家负担，但又要保持足够的军事力量，与辽、西夏等少数民族政权对峙。蔡襄的"兵少而精"思想就是在这样的时代要求下产生的。他的"兵少而精"不是通过单纯的裁减削弱军队而达到使国家减轻负担，而是企图通过"强兵"而"富国"，把二者统一起来，这就是"当今之急务，强兵为第一事，富国为第二事，欲修治道，自此而始。兵不强则国不富，国不富则民不安，是故始于强兵而终于安民，本末之论也"。

至于如何强兵，蔡襄提出了5个方面的措施："一曰消冗，谓冗兵不可以暴减，当有术以消之。二曰选择，谓老弱疾病不堪战阵之人即拣择而去之。三曰省兵，谓不应置兵处与置之过多者则省之。四曰训练，谓兵虽少壮，而训练不得其术，与不教同。五曰立兵法，今之兵法绝无统制，故不可用，用之则败。此五者备修，则兵少而精矣。"蔡襄提出的5个方面措施，前3个措施主要围绕"兵少"的主题，通过裁减冗兵、淘汰老弱疾病者以及讲求军队的部署等来减少兵员，这些多余或不能胜任者的减少并不影响军队的实力。后2个措施则主要围绕"兵精""兵强"的主题，通过加强军队训练、建立完善兵法来提高军队战斗力。

蔡襄在《论兵十事》中还进一步发展了范镇中书、枢密院与三司"通知民兵财利大计"的思想，提出："中书不与知兵，增兵多少不知也；枢密院要兵则添，财用有无不知也；管军将帅少兵则请，曾不计较今日兵籍倍多，何故用不足也；三司但知支办衣粮，日日增添，不敢论列，谓兵非职事也。四者各为之谋，以至于此。若通而为一，则可以计较兵籍多少、财用有无，不致于冗。臣欲乞招置增添兵数，枢密院、中书共议之，先令三司计度衣粮如何足用。管军每乞招添，边臣每乞增置，必须诘问其所少之因，必不得已，方可其奏。如此慎重，乃省兵之一端也。"这里，蔡襄构建了一个中书、枢密院、三司以及管军将帅四者在增添兵数上的运作机制，较好地协调增兵与军费供给的关系。如图所示：

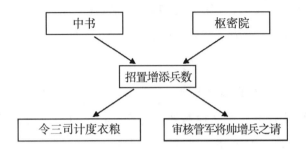

简而言之，朝廷每逢招置增添兵数，由中书和枢密院共同商议，然后一边责令三司计度衣粮供给，一边审核管军将帅增兵之请，最后决定是否予以批准奏请。

蔡襄在《论兵十事》中还就改革纲运节省军费提出 5 个方面的措施，可谓切中时弊。他说："今天下无名纲运，最为枉费兵士。边郡兵官替移，迎候送还，厢军动皆数百人，多者至千人。自来明有条制，州郡皆以人情，不敢自约，此一事也。南方替罢官员，近由江浙，远自湘潭，一舟十人至二十人，大者倍之，一岁往还京师可了。一次一舟之费，小者五百千，大者七百千，所载官物不过数千缗之直，衣粮所费几何？此二事也。天下州郡，自太平以来，廨宇亭榭，无有不足。每遇新官临政，必有改作，土木之功，处处皆是，不惟枉费财用，必须多役兵卒，此三事也。天下持送官物入京，如牛皮、兵器之类，多由陆路，若委本路转运司，不急用者罢省之，或令水路，可以减省兵役，此四事也。养兵挽船不若和雇，和雇则止于程限之资，养兵终岁给之，其费必倍，此五事也。大要举此五事，严与条约，厢军可省矣。"蔡襄这里一针见血地指出以上五事均由地方厢军服役承担，如能制定条约，进行改革，严格管理，可裁减很多厢军，节省大量军费开支。

综上所述，蔡襄作为理财大臣三司使，在具体工作中深入观察研究，从而对财政负担最为沉重的养兵之费提出了改革措施。其分析是客观的，符合当时现实情况。思想是深刻的，对减少军费开支、减轻财政负担具有宏观指导意义。尤其是在"兵少而精"原则的指导下，通过强兵而达

到国富民安，既增强军队战斗力，又裁减军费减轻财政和百姓负担，尤显其辩证思维，化害为利，一举两得。

四、 苏辙的去冗兵思想

英宗治平年间，蔡襄就已提出了裁减军队人员的主张，但是，由于英宗在位仅 4 年，冗兵问题并没有得到明显的缓解，军队将士在百万以上，巨额军费开支仍然是国家财政最主要的负担。苏辙对于冗兵问题，提出了两个方面的对策：其一，"择任将帅，而厚之以财，使多养间谍之士，以为耳目。耳目既明，虽有强敌而不敢辄近。则虽雍熙之兵（仅 30 万），可以足用于今世"①。苏辙十分重视在战争中间谍的作用，"间者，三军之司命也。臣窃惟祖宗用兵，至于以少为多，而今世用兵，至于以多为少。得失之原，皆出于此"。他认为，宋太祖时用兵之所以能"以少为多"，是因为重赏这些间谍，使他们"贪其金钱，捐驱命，冒患难，深入敌国，刺其阴计而效之。至于饮食动静无不毕见，每有入寇辄先知之。故具所备者寡而兵力不分，敌之至者举皆无得而有丧。是以当此之时，备边之兵多者不过万人，少者五六千人"。而现在用兵之所以"以多为少"，是因为轻待间谍，"百饼之茶，数束之彩，其不足以易人之死也明矣。是以今之为间者，皆不足恃。听传闻之言，采疑似之事，其行不过于出境，而所问不过于熟户，苟有借口以欺其将帅则止矣，非有能知敌之至情者也。敌之至情，既不可得而知，故常多屯兵以备不意之患，以百万之众而常患于不足，由此故也"。因此，苏辙主张利用关市征税之钱重赏间谍，以明敌情，减少边兵，"三十万之奉，比于百万则约"，从而节约巨额开支。其二，"土兵可益，而禁军可损"。苏辙认为："土兵一人，其材力足以当禁军三人。禁军一人，其廪给足以赡土兵三人。使禁军万人在边，其用不能当三千人，而耗三万人之畜。边郡之储，比于内

---

① 《苏辙集·栾城集》卷 21《上皇帝书》，以下 2 个自然段引文未注出处者，均见于此。

郡，其价不啻数倍。"不言而喻，增加土兵，裁减禁军，既提高战斗力，又节省九分之八的军费。

禁军是北宋的正规军，是维护宋王朝统治的最重要武装力量，对其裁减必须慎之又慎。苏辙主张"使禁军之在内郡者，勿复以戍边。因其老死与亡，而勿复补，使足以为内郡之备而止。去之以渐，而行之以十年，而冗兵之弊可去矣"。苏辙的另一些改革又显得新奇大胆，如通过重金招募间谍以明敌情，有针对性有重点地布置兵力，从而达到裁减军队减少军费的目的。苏辙在解决三冗中有了比较明确的经济核算思想，他的益土兵损禁军就是从"材力"与"廪给"两方面加以估算，从而得出这一措施既能提高军队战斗力，又能大大节省军费开支的结论。又如他通过"权其轻重"，使皇帝清楚地认识到重金招募间谍所用的经费大大低于因明敌情所裁减掉军队而节省的军费。

五、 朱熹的治军省赋思想

南宋供养着几乎与北宋数量相当的军队、比北宋更多的官员，并且其战争比北宋更为频繁，可想而知国家财政支出只能更为浩大，入不敷出危机依然严重。在此情况下，一些有识之士仍不断提出节省财政支出的对策。从总体上看，这些对策大多是对北宋一些观点的重复，少有新意。兹以朱熹和叶适为代表，略加介绍。

朱熹认为当时财政陷入困境，主要原因有 4 个方面，其中军费开支巨大，"今天下财用，费于养兵者十之八九，一百万贯养一万人"；"财用不足，皆起于养兵。十分，八分是养兵，其他用度，止在二分之中"[1]。

朱熹有很强的儒家民本思想，他把朝廷"撙节财用"同爱民、恤民联系在一起。他说："先圣之言，治国而有节用、爱人之说。若国家财用，皆出于民，如有不节而用度有阙，则横赋暴敛，必将有及于民者，

---

① 《朱子语类》卷 110。

虽有爱人之心，而民不被其泽矣。"① 因此，他认为"爱民必先于节用"②。如上所述，由于当时国家财政负担最多的是养兵，所以他主张"天下国家之大务，莫大于恤民。而恤民之实在省赋，省赋之实在治军。若夫治军省赋以为恤民之本"③。这里，他把治军作为问题的根源，只有治军才能省赋，省赋才能恤民。朱熹所处的时代正是宋金对峙时期，他虽不是武将，但对这种军事局面认识得很清楚。因此，他治军的思路是"国家蹙处东南，恢复之勋未集，所以养兵而固圉者，常患其力之不足，则兵又未可以遽减。窃意惟有选将吏核兵籍可以节军赀，开广屯田可以实军储，练习民兵可以益边备。诚能行此三者，而又时出禁钱以续经用，民力庶几其可宽也"④。首先是"精练禁兵，汰其老弱，以为厢兵"⑤。裁减老弱冗兵，不仅可增强军队战斗力，而且又减少军费开支。其次，朱熹主张实行屯田："今日民困，正缘沿江屯兵费重。只有屯田可减民力，见说襄汉间尽有荒地。某云：当用甚人耕垦？曰：兵民兼用，各自为屯。彼地沃衍，收谷必多。若做得成，敌人亦不敢窥伺。兵民得利既多，且耕且战，便是金城汤池。兵食既足，可省漕运，民力自苏……则州郡自宽。迟之十年，其效必著。"⑥ 屯田之举可谓一举数得，一可解决兵食，二省漕运之费，三能节约大量开支，四可减轻百姓负担。

六、 叶适的节省军费思想

叶适（1150—1223），字正则，号水心居士，世称水心先生。南宋思想家、文学家。淳熙五年（1178）中榜眼。历官平江府观察推官、太学博士、尚书左选郎、国子司业、吏部侍郎，兼直学士院，知泉州、兵部

---

① 《性理大全书》卷69《治道四·节俭》，台湾商务印书馆影印文渊阁《四库全书》。

② 《论语集注》卷1《学而第一》。

③ 《晦庵先生朱文公文集》卷11《庚子应诏封事》。

④ 《晦庵先生朱文公文集》卷11《庚子应诏封事》。

⑤ 《朱子语类》卷110。

⑥ 《朱子语类》卷110。

侍郎等职。卒后谥文定（一作忠定）。他所代表的永嘉事功学派，与当时朱熹的理学、陆九渊的心学并列为南宋三大学派。著有《水心先生文集》《水心别集》《习学记言》等。

与朱熹差不多同时代的叶适对南宋使国家贫弱的冗兵、冗官问题也发表了自己的看法，并提出了改革的意见。

对于冗兵问题，叶适主张采取3个方面的措施：一是精简军队，招民屯垦。叶适提出：将四镇屯驻大军30万减为十四五万，地方上的厢军与禁军，"大州四五千人，中州二千人"，一律裁遣，并发给遣散费，"与之以一二年之衣粮，使各自为子本以权给之"①，使之自行经营工商业，糊口养家。由于当时处于宋金军事对峙局面，因此叶适在主张裁减军队的同时，根据自己曾任建康府知府兼江淮制置使在长江北岸建立堡坞的经验，建议在两淮及其他地区招募富商、地主，给以官爵，使之招集流民屯垦，以卫边防。他说："淮名千里，实可居七八万家……募浙西、江东西、湖南、福建厚资产及盐茶米商能以力居民者，自一里为差至五里止，计其费以官之……今自一里而至三四十里，所居百家，室庐、粮种、什器、浚濠约费三万缗。其能五里者，补宣教秉义郎，即理知县，监押资任，其下差次，关升改官。"②

二是买田养兵。叶适认为以田养兵比以税养兵可以大大节省财政支出，从而减轻人民的负担。据他估算："以田养兵，亩四十至百而养一；以税养兵，亩四百至千而养一。以田养者，可至百万；以税养者，过十万则困竭矣。"③"今岁买之，则来岁之获可永减民税十之三，官以其全赋给一郡之用，犹余十之五。"④ 因此，他主张"今欲傅（附）城三十里内，以爵及僧牒买田"⑤。我国在南宋之前以军队屯田方式解决官兵衣粮问题，

---

① 《叶适集·水心别集》卷15《终论二》。
② 《叶适集·水心别集》卷16《后总》。
③ 《习学记言序目》卷17《孔子家语·正论解》。
④ 《叶适集·水心别集》卷16《后总》。
⑤ 《叶适集·水心别集》卷16《后总》。

是无偿占有土地的，叶适则以购买方式取得土地，试图用经济手段来解决。

三是由募还农。叶适觉得宋代募兵制度最大弊端是巨大的军费开支是财政无法承担的。他说："边兵，募也；宿卫，募也；大将屯兵，昔有旧人而今募以补之使成军也；州郡守兵，昔之禁兵消尽，而今募其人名之曰禁兵也。四者皆募，而竭国力以养之，是徒知募而供其衣食耳，此所以竭国力而不足以养百万之兵也。"① 对此，他在"以田养兵"的指导思想下，提出"由募还农"的解决方案。具体做法是："今自守其州县者，兵须地着，给田力耕；千里之内，番上宿卫，已有诸御前兵，不可轻改，因其地分募乐耕者以渐归本；边关捍御，尽须耕作，人自为战。三说参用，由募还农。大费既省，守可以固，战可以克，不必概募府兵。"② 叶适"由募还农"的主张，企图使州县守兵、御前大军、边兵都有田可以耕种。其耕种之田，除了上述"以田养兵"中所买之田外，还可以"为沿江淮襄汉川蜀关外未耕之田，或可种之山（虽名民田而不能耕者皆是），使总领取而自耕自种（田一兵亩百，山一兵以所种粟计），以养屯驻大兵。"③ 这就是使军队开垦荒地荒山或耕种关外未耕之田。叶适认为这种军队营田的办法大有利于国家与人民："今岁行之，而来岁可减总领之赋矣。若行之数年，民不耕之田尽取而自耕，可种之山尽取而自种，则天下之赋皆可减矣。兵养至百万而不饥，税减至三十取一而藏其余，以待凶年及国之移用。如此，则天下始有苏息之望矣。"④

叶适"由募还农"，军队通过营田自给自足，从而节省财政开支，减轻人民负担的设想，从理论上说是有积极意义的，也是可行的，历史上不乏有军队营田成功之例，如汉代军队屯田，曹魏军队屯田等。但是，宋朝廷对军队营田疏于管理，加上军队长期养尊处优，"终日嬉游廛市

---

① 《叶适集·水心别集》卷 11《兵总论一》。
② 《习学记言序目》卷 39《唐书二》。
③ 《习学记言序目》卷 17《孔子家语·正论解》。
④ 《习学记言序目》卷 17《孔子家语·正论解》。

间，以鬻伎巧绣画为业，衣服举措，不类军兵，习以成风，纵为骄惰"①，不愿务农力田，因此，在实际中军队营田的效果有限，甚至还带来负面的影响。正如绍兴三十二年（1162）任湖北鄂州武昌县令的薛季宣所言："今之营田，异于古之营田也。强士以所不能，弃之而不复教，耕者犹不足自赡，何有于一军？废战而赡之，耕非其理矣。"更有甚者，"营田部吏豪横之迹，为民显患"，"夺民膏腴"或"侵耕冒种"，"或有水源，营田皆擅其利"，而且谷米外运，运输困难，费用巨大等②。当然，薛氏所言并非都有道理，如虽然"耕者犹不足自赡"，但多多少少还是能解决一部分军粮问题，而且士兵在非战争时期耕田，总比游手好闲懒散为好。薛氏所言军队营田给民众带来的危害，如上述抢占民田、独霸水源等，当是薛氏任县令时亲身见闻，当比较符合客观现实。

---

① 《苏学士文集》卷10《谙目》二。

② 薛季宣：《浪语集》卷19《论营田》，台湾商务印书馆影印文渊阁四库全书本。

主要参考文献

一、 古籍

1．李焘：《续资治通鉴长编》，书内简称《长编》，中华书局点校本，2004 年。

2．徐松等辑：《宋会要辑稿》，书内简称《宋会要》，上海古籍出版社点校本，2014 年。

3．脱脱等：《宋史》，中华书局点校本，2011 年。

4．李心传：《建炎以来系年要录》，中华书局点校本，2014 年。

5．陈均：《九朝编年备要》，台湾商务印书馆影印文渊阁四库全书本。

6．留正等：《皇宋中兴两朝圣政》，宛委别藏本。

7．李埴：《皇宋十朝纲要》，文海"宋史资料萃编"影印本。

8．佚名：《续编两朝纲目备要》，中华书局点校本，1995 年。

9．佚名：《宋大诏令集》，中华书局铅印本，1962 年。

10．李攸：《宋朝事实》，丛书集成本。

11．马端临：《文献通考》，中华书局点校本，1986 年。

12．章如愚：《山堂群书考索》，台湾商务印书馆影印文渊阁四库全书本。

13．王钦若等：《册府元龟》，中华书局影印本，1985 年。

14．林駉：《古今源流至论》，台湾商务印书馆影印文渊阁四库全

书本。

15. 谢维新:《古今合璧事类备要》,台湾商务印书馆影印文渊阁四库全书本。

16. 王应麟:《玉海》,台湾商务印书馆影印文渊阁四库全书本。

17. 孙逢吉:《职官分纪》,台湾商务印书馆影印文渊阁四库全书本。

18. 佚名:《群书会元截江网》,台湾商务印书馆影印文渊阁四库全书本。

19. 李心传:《建炎以来朝野杂记》,中华书局点校本,2000 年。

20. 赵如愚:《宋朝诸臣奏议》,上海古籍出版社点校本,1999 年。

21. 黄淮、杨士奇等:《历代名臣奏议》,上海古籍出版社,1989 年。

22. 窦仪等:《宋刑统》,中华书局点校本,1984 年。

23. 谢深甫等:《庆元条法事类》,中国书店"海王村古籍丛刊"影印本。

24. 佚名:《名公书判清明集》,中华书局点校本,1987 年。

25. 欧阳修:《新唐书》,中华书局点校本,2011 年。

26. 刘昫:《旧唐书》,中华书局点校本,2011 年。

27. 王溥:《唐会要》,中华书局铅印本,1955 年。

28. 薛居正:《旧五代史》,中华书局点校本,2011 年。

29. 欧阳修:《新五代史》,中华书局点校本,2011 年。

30. 司马光:《资治通鉴》,中华书局点校本,1956 年。

31. 杜佑:《通典》,中华书局点校本,2004 年。

32. 董诰:《全唐文》,上海古籍出版社,1990 年。

33. 萧统、李善:《文选》,胡刻本。

34. 韩琦:《韩魏公集》,丛书集成本。

35. 欧阳修:《欧阳修全集》,中华书局点校本,2001 年。

36. 张方平:《乐全集》,台湾商务印书馆影印文渊阁四库全书本。

37. 蔡襄:《端明集》,台湾商务印书馆影印文渊阁四库全书本。

38. 包拯:《包拯集》(《孝肃包公奏议》),中华书局点校本,1963 年。

39. 陈襄：《古灵先生集》，台湾商务印书馆影印文渊阁四库全书本。

40. 李觏：《李觏集》，中华书局点校本，1981 年。

41. 苏洵：《嘉祐集》，台湾商务印书馆影印文渊阁四库全书本。

42. 王安石：《临川先生文集》，四部丛刊本。

43. 司马光：《温国文正公文集》，四部丛刊本。

44. 陈舜俞：《都官集》，台湾商务印书馆影印文渊阁四库全书本。

45. 王珪：《华阳集》，丛书集成本。

46. 曾巩：《曾巩集》，中华书局点校本，1984 年。

47. 刘攽：《彭城集》，丛书集成本。

48. 苏轼：《苏轼文集》，中华书局点校本，1986 年。

49. 苏辙：《苏辙集》，中华书局点校本，1990 年。

50. 吕陶：《净德集》，丛书集成本。

51. 刘挚：《忠肃集》，丛书集成本。

52. 刘安世：《尽言集》，丛书集成本。

53. 范祖禹：《范太史集》，四库珍本初集本。

54. 周行己：《浮沚集》，丛书集成本。

55. 杨时：《杨龟山先生集》，台湾商务印书馆影印文渊阁四库全书本。

56. 李纲：《梁溪集》，台湾商务印书馆影印文渊阁四库全书本。

57. 范仲淹：《范文正集》，台湾商务印书馆影印文渊阁四库全书本。

58. 朱熹：《朱文公文集》，四部丛刊本。

59. 吕祖谦：《东莱集》，台湾商务印书馆影印文渊阁四库全书本。

60. 王之望：《汉滨集》，台湾商务印书馆影印文渊阁四库全书本。

61. 周必大：《文忠集》，台湾商务印书馆影印文渊阁四库全书本。

62. 汪应辰：《文定集》，丛书集成本。

63. 陈傅良：《止斋文集》，四部丛刊本。

64. 陆游：《陆游集》，台湾商务印书馆影印文渊阁四库全书本。

65. 杨万里：《诚斋集》，四部丛刊本。

66. 程珌：《洺水集》，台湾商务印书馆影印文渊阁四库全书本。

67. 杨冠卿：《客亭类稿》，台湾商务印书馆影印文渊阁四库全书本。

68. 罗从彦：《豫章集》，台湾商务印书馆影印文渊阁四库全书本。

69. 胡寅：《斐然集》，四库珍本初集本。

70. 叶适：《叶适集》，中华书局点校本，1961 年。

71. 叶适：《习学纪言序目》，中华书局点校本，1977 年。

72. 陈耆卿：《筼窗集》，四库珍本初集本。

73. 洪咨夔：《平斋文集》，四部丛刊本。

74. 刘过：《龙洲集》，台湾商务印书馆影印文渊阁四库全书本。

75. 员兴宗：《九华集》，台湾商务印书馆影印文渊阁四库全书本。

76. 黄榦：《勉斋集》，台湾商务印书馆影印文渊阁四库全书本。

77. 袁说友：《东塘集》，台湾商务印书馆影印文渊阁四库全书本。

78. 真德秀：《真文忠公文集》，四部丛刊本。

79. 魏了翁：《鹤山先生大全文集》，四部丛刊本。

80. 袁甫：《蒙斋集》，台湾商务印书馆影印文渊阁四库全书本。

81. 吴泳：《鹤林集》，四库珍本初集本。

82. 袁燮：《絜斋集》，丛书集成本。

83. 陈亮：《龙川文集》，台湾商务印书馆影印文渊阁四库全书本。

84. 陈淳：《北溪先生大全文集》，台湾商务印书馆影印文渊阁四库全书本。

85. 王迈：《臞轩集》，台湾商务印书馆影印文渊阁四库全书本。

86. 吴潜：《许国公奏议》，丛书集成本。

87. 高斯得：《耻堂存稿》，丛书集成本。

88. 黄震：《黄氏日抄》，台湾商务印书馆影印文渊阁四库全书本。

89. 范镇：《东斋记事》，中华书局点校本，1980 年。

90. 欧阳修：《归田录》，中华书局点校本，1981 年。

91. 司马光：《涑水记闻》，中华书局点校本，1989 年。

92. 沈括：《梦溪笔谈》上海古籍出版社，1987 年。

93. 苏辙：《龙川略志》，中华书局点校本，1982 年。

94. 魏泰：《东轩笔录》，中华书局点校本，1983 年。

95. 蔡絛：《铁围山丛谈》，中华书局点校本，1983 年。

96. 方勺：《泊宅编》，中华书局点校本，1983 年。

97. 叶梦得：《石林燕语》，中华书局点校本，1984 年。

98. 庄绰：《鸡肋编》，中华书局点校本，1983 年。

99. 周辉：《清波杂志》，中华书局点校本，1994 年。

100. 程大昌：《演繁露》，丛书集成本。

101. 王明清：《挥麈录》、《后录》、《余话》，丛书集成本。

102. 吴曾：《能改斋漫录》，丛书集成本。

103. 王辟之：《渑水燕谈录》，中华书局点校本，1981 年。

104. 陆游：《老学庵笔记》，中华书局点校本，1979 年。

105. 陆游：《家世旧闻》，中华书局点校本，1984 年。

106. 洪迈：《夷坚志》（含甲、乙、丙、丁、支甲、支乙、支景、支丁、支戊、支庚、支癸、三志、志补、再补、三补等），中华书局点校本，1981 年。

107. 李元纲：《厚德录》，百川学海本。

108. 汪少虞：《事实类苑》，台湾商务印书馆影印文渊阁四库全书本。

109. 叶绍翁：《四朝闻见录》，中华书局点校本，1989 年。

110. 罗大经：《鹤林玉露》，中华书局点校本，1983 年。

111. 孟元老：《东京梦华录》，丛书集成本。

112. 吴自牧：《梦粱录》，丛书集成本。

113. 潜说友：《咸淳临安志》，台湾商务印书馆影印文渊阁四库全书本。

114. 罗濬：《宝庆四明志》，台湾商务印书馆影印文渊阁四库全书本。

115. 黎靖德：《朱子语类》，中华书局点校本，1986 年。

116. 陶宗仪：《说郛》，台湾商务印书馆影印文渊阁四库全书本。

117. 董煟：《救荒活民书》，丛书集成本。

118. 陈旉：《农书》，丛书集成本。

119. 陈襄：《州县提纲》，丛书集成本。

120. 李元弼：《作邑自箴》，四部丛刊本。

121. 余靖：《武溪集》，台湾商务印书馆影印文渊阁四库全书本。

122. 陆贽：《翰苑集》，台湾商务印书馆影印文渊阁四库全书本。

123. 韩愈：《昌黎先生文集》，上海古籍出版社点校本，2013 年。

124. 李翱：《李文公集》，四部丛刊本。

125. 胡宿：《文恭集》，丛书集成本。

126. 宋祁：《景文集》，台湾商务印书馆影印文渊阁四库全书本。

127. 王夫之：《读通鉴论》，中华书局点校本，1975 年。

128. 吕祖谦：《历代制度详说》，台湾商务印书馆影印文渊阁四库全书本。

129. 赵彦卫：《云麓漫钞》，中华书局，1961 年。

130. 程颢、程颐：《二程遗书》，台湾商务印书馆影印文渊阁四库全书本。

131. 黄宗羲：《宋元学案》，中华书局，1986 年。

132. 张九成：《横浦集》，台湾商务印书馆影印文渊阁四库全书本。

133. 张载：《张子全书》，台湾商务印书馆影印文渊阁四库全书本。

134. 文天祥：《文山集》，台湾商务印书馆影印文渊阁四库全书本。

135. 朱熹：《朱子家礼》，台湾商务印书馆影印文渊阁四库全书本。

136. 刘清之：《戒子通录》，台湾商务印书馆影印文渊阁四库全书本。

137. 袁采：《袁氏世范》，台湾商务印书馆影印文渊阁四库全书本。

138. 楼钥：《范文正年谱附义庄规矩》，齐鲁书社影印《四库全书存目丛书》。

139. 叶梦得：《石林遗书》，台湾商务印书馆影印文渊阁四库全书本。

140. 刘克庄：《后村先生大全集》，四部丛刊本。

141. 王称：《东都事略》，台湾商务印书馆影印文渊阁四库全书本。

142. 曾公亮：《武经总要》，台湾商务印书馆影印文渊阁四库全书本。

143. 岳珂：《鄂国金佗稡编续编校注》，中华书局，1989 年。

144. 徐梦莘：《三朝北盟会编》，台湾商务印书馆影印文渊阁四库全书本。

二、 今人著作

1. 胡寄窗：《中国经济思想史》，上海人民出版社，上、中册 1978 年，下册 1981 年。

2. 赵靖：《中国经济思想通史》，北京大学出版社，1997 年。

3. 叶世昌：《中国古代经济管理思想》，复旦大学出版社，1990 年。

4. 何炼成：《中国经济管理思想史》，西北大学出版社，1988 年。

5. 苏东水：《东方管理》，山西经济出版社，2003 年。

6. 滕显间：《中国历代经济管理反思》，海洋出版社，1988 年。

7. 刘含若：《中国经济管理思想史》，黑龙江人民出版社，1988 年。

8. 叶坦：《富国富民论》，北京出版社，1991 年。

9. 方宝璋：《宋代经济管理思想与当代经济管理》，中国言实出版社，2008 年。

10. 侯家驹：《中国经济思想史》，台北文物供应社发行，1982 年。

11. 周金声：《中国经济思想史》，台湾新文化彩色印书馆，1970 年。

12. 巫宝三等：《经济思想史论文集》，北京大学出版社，1982 年。

13. 中国社科院经济所编：《中国经济思想史论》，人民出版社，1985 年。

14. 漆侠：《中国经济通史·宋代经济卷》，经济日报出版社，1999 年。

15. 汪圣铎：《两宋财政史》，中华书局，1995 年。

16. 汪圣铎：《两宋货币史》，社会科学文献出版社，2003 年。

17. 包伟民：《宋代地方财政史研究》，上海古籍出版社，2001 年。

18. 李晓：《宋代工商业经济与政府干预研究》，中国青年出版社，2000 年。

19. 张文：《宋代社会救济研究》，西南师范大学出版社，2001 年。

20. 郭正忠：《两宋盐业经济史》，人民出版社，1990 年。

21. 郭正忠：《两宋城乡商品货币经济考略》，经济管理出版社，1997 年。

22. 姜锡东：《宋代商业信用研究》，河北教育出版社，1993 年。

23. 李华瑞：《宋代酒的生产与征榷》，河北大学出版社，1995 年。

24. 方宝璋：《宋代财经监督研究》，中国审计出版社，2001 年。

25. 郭东旭：《宋代法制研究》，河北大学出版社，2000 年。

26. 贾玉英：《宋代监察制度》，河南大学出版社，1996 年。

27. 姚瀛艇：《宋代文化史》，河南大学出版社，1992 年。

28. 邓广铭：《王安石》（修订本），人民出版社，1979 年。

29. 漆侠：《王安石变法》，上海人民出版社，1979 年。

30. 朱瑞熙：《宋代社会研究》，中州书画社，1983 年。

31. 侯外庐：《宋明理学史》上，人民出版社，1997 年。

32. 北京大学哲学系：《中国哲学史》，商务印书馆，2004 年。

33. 冯尔康：《中国古代的宗族和祠堂》，商务印书馆，2013 年。

34. 邓广铭等主编：《宋史研究论文集》1984 年年会编刊，浙江人民出版社，1987 年。

35. 姜国柱：《李觏思想研究》，中国社会科学出版社，1984 年。

36. 戴裔煊：《宋代钞盐制度研究》，中华书局，1981 年。

37. 王曾瑜：《宋朝军制初探》（增订本），中华书局，2011 年。

38. 高锐：《中国军事史略》，军事科学出版社，1992 年。

39. 彭信威：《中国货币史》，上海人民出版社，1958 年。

40. 萧清：《中国古代货币思想史》，人民出版社，1987 年。

41. 李锦绣：《唐代财政史稿》（上下册），北京大学出版社，1995、2001 年。

42. 郭道扬：《中国会计史稿》（上），中国财经出版社，1982 年。

43. 方宝璋：《中国审计史稿》，福建人民出版社，2006 年。

44. 张晋藩：《中国法制通史》，法律出版社，1999 年。

45. 徐杨杰：《中国家族制度史》，武汉大学出版社，2012 年。

46. 黄宽重：《宋代的家族与社会》，国家图书馆出版社，2009 年。

47. 梁方仲：《中国历代户口、田地、田赋统计》，上海人民出版社，1980 年。

48. 〔日〕出井盛之：《经济思想史》，刘家黎译，上海联合书店，1929 年印行。

49. 〔日〕田崎仁义：《中国古代经济思想及制度》，王学文译，商务印书馆，1926 年。

50. 〔美〕Lewis. H. Haney：《经济思想史》上册，周宪文译，台湾银行经济研究室印，1982 年。

51. 〔日〕上野直明：《中国经济思想史》，恒星社厚生阁，1971 年。

52. 〔日〕河原由郎：《宋代社会经济史研究》，东京劲草书房，1980 年。

53. 〔日〕周藤吉之：《唐宋社会经济史研究》，东京大学出版社，1978 年。

54. 〔日〕斯波义信：《宋代商业史研究》，东京风间书房，1979 年。

55. 〔英〕Eric Roll：《经济思想史》，陆元诚译，商务印书馆，1981 年。

56. 〔日〕加藤繁：《中国经济史考证》第二册，吴杰译，商务印书馆，1978 年。

57. 〔日〕西岛定生：《中国经济史研究》，冯佑哲等译，农业出版社，1984 年。

58. 胡祖光等：《东方管理学导论》，上海三联书店，1998 年。

59. 阎世富：《东方管理学》，中国国际广播出版社，1999 年。

60. 北京大学博士后办公室：《跨世界的中国经济与管理》，经济科学出版社，1998 年。

61. 〔日〕青木昌彦：《比较制度分析》，周黎安译，上海远东出版

社，2001 年。

62. 罗承熙：《货币理论探索》，中国社会科学出版社，1987 年。

63. 张纯元主编：《人口经济学》，北京大学出版社，1983 年。

64. 吴申元：《中国人口思想史稿》，中国社会科学出版社，1986 年。

65. 彭松建：《西方人口经济学概论》，北京大学出版社，1987 年。

66. Alfred D. Chandler Jr. , The Visible Hand：The Managerial Revolution in American Business，1977.

67. Peter F. Drucker, Management：Tasks, Responsibilities and Practices. Harper & Row Publishers, Inc. , 1974.

68. Fremont E. Kast, Organization and Management：A Systems and Contingency Approach, Mcgraw－Hill Press, 1979.

69. Herbert A. Simon, The New Science of Management Decision, Prentice－Hall Inc, 1977.

70. Peter Alcock, Towards Welfare Rights, Windows of Opportunity, Public Policy and the Poor, 1991.

71. N. Barr, The Economics of the Welfare States, Weidenfeld & Nicolson, 1987.

三、 今人论文

1. 赵靖：《中国经济思想史的对象和方法》，《经济学集刊》第 2 期。

2. 叶世昌：《论王安石的经济思想》，《经济问题探索》1982 年第 5 期。

3. 王曾瑜：《王安石变法简论》，《中国社会科学》1980 年第 3 期。

4. 顾全芳：《评王安石变法》，《晋阳学刊》1985 年第 1 期。

5. 刘含若：《关于中国经济思想史研究方法的一些问题》，《求是学刊》1980 年第 4 期。

6. 马伯煌：《研究中国经济思想史的几个问题》，《社会科学》1983 年第 12 期。

7. 何炼成：《宋代思想家的价格理论评介》，《河南师大学报》1982年第 4 期。

8. 姚家华：《论李觏经济思想》，《财经研究》1980 年第 2 期。

9. 穆朝庆：《李觏经济思想刍议》，《史学月刊》1983 年第 3 期。

10. 赵继颜：《范仲淹的经济思想》，《齐鲁学刊》1981 年第 2 期。

11. 虞祖尧：《简论司马光的经济思想》，《河南师大学报》1987 年第 2 期。

12. 孔祥振：《试论范仲淹的财政思想》，《经济问题探索》1987 年第 1 期。

13. 陶希圣：《北宋几个大思想家的井田思想》，台北《宋史研究集》第一辑。

14. 葛金芳：《熙宁新法的富民与富国之争》，《晋阳学刊》1988 年第 1 期。

15. 程民生：《论北宋财政的特点和积贫的假象》，《中国史研究》1984 年第 3 期。

16. 叶世昌：《论中国封建社会的纸币》，《学术月刊》1984 年第 4 期。

17. 叶世昌：《中国古代的纸币管理思想》，《中国经济史研究》1988 年第 2 期。

18. 萧清：《我国古代的货币虚实论和纸币称提理论》，《金融研究》1985 年第 11 期。

19. 俞兆鹏：《李觏货币思想研究》，《江西社会科学》1987 年第 3 期。

20. 俞兆鹏：《叶适货币思想研究》，《中国钱币》1987 年第 2 期。

21. 乔幼梅：《从中唐到北宋钱荒问题的考察》，《历史研究》1990 年第 2 期。

22. 刘森：《论北宋的钱荒》，《中州学刊》1987 年第 3 期。

23. 过文俊：《论张方平的货币流通思想》，《湖北财院学报》1985 年

第 5 期。

24. 漆侠：《再论王安石变法》，《河北大学学报》1986 年第 3 期。

25. 姚兆余：《论北宋时期的货币政策》，《河北学刊》1994 年第 2 期。

26. 高聪明：《宋代货币流通的特点》，《中国经济史研究》1995 年第 3 期。

27. 贾大泉：《宋代的纸币发行和纸币理论》，《社会科学研究》1996 年第 1 期。

28. 张全明：《论北宋开封的物价管理》，《华中师范大学学报》1990 年第 4 期。

29. 徐东升：《宋代官营手工业定额管理制度述论》，《厦门大学学报》2002 年第 2 期。

30. 龚汝富：《南宋理财家李椿年与经界法推行》，《烟台师范学院学报》1998 年第 3 期。

31. 陈正炎：《"重本抑末"新论》，《江西社会科学》1983 年第 4 期。

32. 钟科财：《试论中国古代的反抑商思想》，《人文杂志》1985 年第 2 期。

33. 周梦江：《叶适的经济思想》，《温州师院学报》1988 年第 1 期。

34. 叶世昌：《中国传统经济思想的特点》，《财经研究》1985 年第 4 期。

35. 葛金芳：《试论"不抑兼并"》，《武汉师院学报》1984 年第 2 期。

36. 唐兆梅：《析北宋的"不抑兼并"》，《中国史研究》1988 年第 1 期。

37. 乔幼梅：《宋元时期高利贷资本的发展》，《中国社会科学》1988 年第 3 期。

38. 阎守诚：《重农抑商试析》，《历史研究》1988 年第 4 期。

39. 朱家桢：《中国富民思想的历史考察》，《平准》1986 年第 3 期。

40. 朱家桢：《义利思想辩正》，《中国经济史研究》1987 年第 2 期。

41. 叶世昌：《中国古代的富民、富国和理财思想》，《财经研究》1987 年第 6 期。

42. 宁裕先：《李觏经济思想三题》，《河南师大学报》1984 年第 1 期。

43. 吴申元：《中国经济思想史研究评述》，《中国史研究动态》1985 年第 1 期。

44. 裴倜：《中国古代人口思想及其规律》，《四川大学学报》1981 年第 4 期。

45. 黄纯艳：《论南宋东南茶法》，《厦门大学学报》2001 年第 3 期。

46. 黄纯艳：《论北宋嘉祐茶法》，《中国社会经济史研究》2001 年第 3 期。

47. 黄纯艳：《论蔡京茶法改革》，《中国经济史研究》2003 年第 1 期。

48. 方宝璋：《中国古代审计史概论》，《中国史研究》1996 年第 1 期。

49. 方宝璋：《略论宋代政府经济管理从统治到治理的转变》，《中国经济史研究》，2014 年第 3 期。

50. 方宝璋：《宋代对官吏经济政绩的考核》，《中国经济史研究》2007 年第 1 期。

51. 方宝璋：《略论市易法》，《商业研究》，2009 年第 12 期。

52. 方宝璋：《论宋代集中财权的思想》，《中国经济史研究》，2008 年第 4 期。

53. 张全明：《简论宋人的生态意识与生物资源保护》，《华中师范大学学报》1999 年第 5 期。

54. 康弘：《宋代灾荒与荒政论述》，《中州学刊》1994 年第 5 期。

55. 张文：《两宋赈灾救荒措施的市场化与社会化进程》，《西南师范大学学报》2003 年第 1 期。

56. 张文：《荒政与劝分：民间利益博弈中的政府角色》，《中国社会

经济史研究》2003 年第 4 期。

57. 汪圣铎：《宋代火政研究》，《宋代社会生活研究》，人民出版社，2007 年版。

58. 周宝荣：《北宋官方对民间出版的管制》，《中南民族大学学报》2002 年第 6 期。

59. 刘森：《买扑始年之我见》，《中国史研究》1986 年第 4 期。

60. 裴汝诚、许沛藻：《宋代买扑制度略论》，《中华文史论丛》1984 年第 1 辑。

61. 陈明光：《五代财政中枢管理体制演变考证》，《中华文史论丛》2010 年第 3 期。

62. 徐明德：《论周世宗的改革及其历史意义》，《杭州大学学报》1983 年第 1 期。

63. 刘华：《宋代自然资源的保护和利用》，《安徽师大学报》1996 年第 1 期。

64. 颜玉怀：《陈旉〈农书〉经营管理思想研究》，《西北大学学报》2001 年第 4 期。

65. 张希清：《论宋代科举取士之多与冗官问题》，《北京大学学报》1987 年第 5 期。

66. 宋建晓：《宋代家教中的官德教育思想及其启示》，《光明日报》(学术版)，2018 年 4 月 9 日。

后　记

　　终于可以松口气了，三百多万字的先秦、秦汉魏晋南北朝、隋唐五代、宋、元、明、清时期管理思想史校样稿终于寄往鹭江出版社。拙著历经二十年的时间，如果说长，也真够长了，人生能有几个二十年的时间？但如果说短，也真够短的，单单春秋战国、秦汉、隋唐、宋、元、明、清等十余个主要朝代，一个朝代仅花费约两年的时间草就书稿，从收集资料、整理资料到拟订提纲、撰写书稿，实在是太仓促了！但是，拙稿作为国家社会科学基金重大项目"中国古代管理思想通史"的成果之一，只能在极其有限的规定时间里尽可能把它做好。这套系列专著是我走上治学道路后近四十年来所出版字数最多、卷帙最浩繁的书稿。按照常理来说，我接受这一任务时，已过耳顺之年，应该退休养老、颐养天年了，却不知老之已至，不自量力地自讨苦吃，从此继续焚膏继晷，恪勤朝夕。听说著名学者冯友兰先生八十多岁才开始动笔撰写《中国哲学史新编》，那我在甲子之年动笔写先秦至清管理思想史，也只能说是小巫见大巫了！幸运的是，上天关照了我，二十年来没病没灾，让我得以顺利地进行这项浩大的工程。天道酬勤，现在终于完成了。

　　是书在撰写期间，我也经历了人生的退休过程。退休对我来说，是一件好事，意味着可以无拘无束地进入"自由王国"，自由自在地支配自己的生活，不必勉强自己去参加那些毫无意义的会议，不必去跟那些自己不喜欢的人打交道，可以去践行陶渊明"不为五斗米折腰"的生活。

　　退休将届之际，我做出了一个选择，回家乡莆田生活，开始了人生的一个新阶段。我在临退休的时候，接受莆田学院的邀请，作为特聘教授在莆田学院商学院任教。从此，我就长住在莆田学院校园内的东道德楼。我祖籍莆田，但从来没有在家乡长期生活过，没想到晚年却回到家

乡，真应了"叶落归根"这句老话。

我小时候，暑假时经常跟着舅母到莆田外婆家里，那里有我熟悉的乡土气息：空气中弥漫着烧稻草夹杂着牛粪的气味，成群的八哥在田间地头飞翔鸣叫；晚上，打谷场的戏台上锣鼓喧天，台下人头攒动。现在虽然住在校园内，但周边仍然有小块的菜地，还能闻到农民施肥的气味，偶尔仍然能见到几只八哥停在校园的房顶鸣叫。逢年过节，学校周边的官庙里，仍然会搭起戏台演戏，莆仙戏唱腔不绝于耳，格外亲切。我恍惚间返璞归真，又回到童年的故乡。莆田的气候比福州更为温暖宜人，海产品和水果新鲜丰富。学院从领导到普通教师、学生，对我都十分友好尊重。我在这样的环境中工作、生活，觉得十分惬意。这五年多来，我在学术上完成了国家社科基金重大项目"先秦秦汉魏晋南北朝隋唐五代元明清管理思想"部分的撰写，并成功申请到国家社科基金一般项目"政策工具视角下的古代政府治理思想及其当代价值研究"。随着自己年纪渐大，我努力放慢生活节奏，一天伏案工作五六个小时，晚上散步后回到家练练书法。

拙稿的完成，得益于许多相识或不相识的人的帮助，在此必须表达我的感恩之情。一是拙著之所以在短短近二十年的时间里得以顺利完成，一个很重要的因素是参考了许多学者的研究成果，主要者已在每册参考文献中列出，在此还要特别提出的是：冯友兰著的《中国哲学史新编》、赵靖主编的《中国经济思想通史》、白钢主编的《中国政治制度通史》、侯外庐主编的《宋明理学史》、曹德本主编的《中国政治思想史》、高锐主编的《中国军事史略》、王曾瑜著的《宋朝军制初探》、汪圣铎著的《两宋货币史》、冯尔康著的《中国宗族史》、赵华富著的《徽州宗族研究》、王利华著的《中国家庭史》第一卷《先秦至南北朝时期》等。我就是在前人研究的基础上，再阅读了各朝代大量的第一手史料，从而形成对古代管理思想的全面系统的看法，最终完成拙著的撰写。如果没有前人成果的参考借鉴，一切都从第一手史料做起，那么可能就要花费三四十年的时间才能完成。尤其明清时期史料浩如烟海，粗略浏览一遍就要

一二十年的时间。二是在拙著的撰写过程中，得到了几位教授的支持与帮助。首先，我在江西财经大学工作期间得到副校长吴照云教授的提携，加入他主持的中国管理思想史研究团队，从而使一些早期成果得以顺利地在经济管理出版社出版。退休后我来到莆田学院，承蒙校长宋建晓教授和商学院院长林鸿熙教授的支持，为我排除了许多杂事的干扰，能够有充足的时间撰写书稿。宋校长对中国古代管理思想颇感兴趣，晚上经常与我一起散步，切磋古代管理思想的学术问题，留下了许多难忘的美好回忆。三是众所周知，当前国内发表学术论文、出版学术专著难，鹭江出版社副总编辑余丽珍编审得知我正在撰写这一系列专著，帮助申请福建省优秀出版项目资助，使拙著在即将完稿之际就解决了出版问题。余编审与责任编辑梁靓、金月华、杨玉琼、黄孟林等还为拙著的出版做了大量的编辑和审校工作，付出了艰辛的劳动。在此，本人向以上提及的认识或不认识的人，还有大量未提及的人，致以深深的谢意！

现代学术讲究道德规范，反对剽窃，这是很好的。因此，我对拙著中的注引问题做一简单说明。世界上的任何学术专著，或多或少都是在前人研究成果的基础上进行创新深化并提高发展的。拙著中的文字主要由三种类型的表述构成：第一种也是最多的一种，基本上是属于原创性的，即笔者通过收集整理研读原始资料，然后得出自己的见解而写成的。这种文字采取仅注原始资料出处的做法。笔者粗略估计，这种文字至少占全套书一半以上。第二种是有些文字在参考前人专著论文成果的基础上，根据自己的理解，做了改写。中国古代管理思想史内容丰富，涉及面十分广泛，仅凭一己之力，很难面面俱到，因此必然要参考前辈的学术成果。如拙著中的自我管理部分，其实是属于中国哲学史的范围，而仅中国哲学史的研究，就让人一生难以穷尽了。因此，这一部分几乎是参考了前人的著述。但是笔者在参考前人著述的基础上，根据自己的理解并从管理思想的角度尽可能做了新的表述。由于与参考的前辈著述观点或多或少有所不同，所以不便一一注出，只在参考文献中开列有关作者和著作，一些参考较多的著作在后记中特别予以致谢。第三种是有些

文字或观点完完全全就是前人的成果，这类文字不多，但往往都是很经典的，笔者很难对此再进行提高和改写，因此就予以引注，采取与引用原始资料相同的引注方式。

中国正快速进入多元化、老年化社会，人们的物质生活水平提高，思想观念也发生了深刻的变化。有的人退休后，生活安排得丰富多彩。与我同龄的许多老年人，每天养养鸟，栽栽花，钓钓鱼，去各地旅游观光……生活过得开心惬意。这无可非议。我们这一代人有太多的磨难、坎坷，现在已到了夕阳西下的年龄，再不开心玩一玩、乐一乐，那更待何时！现在大多数老人的观念是活在当下、快乐开心，但我却不改初衷。我平时生活太有规律，出门旅游会打乱了规律，极不习惯，感觉难受，所以对旅游只能望洋兴叹，心有余而力不足。现在，我每天刷一个小时的手机，看一些感兴趣的信息，与亲友们通通声气，还是挺愉快的。每年两三次的同学聚会，吃吃饭，叙叙旧情，开心温馨。除此之外，每天阅读一些图书、报刊，散步时思考思考，然后提笔写一些感想，生活宁静充实，自得其乐。我觉得自己快到古稀之年了，趁着身体还没什么大毛病，继续努力笔耕吧。自1977年恢复高考之后，命运之神眷顾了我，使我跨入大学的门槛，有了一个治学的好环境。每当我想起这些，就倍加珍惜，不但要让自己活得开心健康，还应当让自己活得更充实更有意义些。

方宝璋匆草于莆田学院万贤斋

2020 年秋分

图书在版编目(CIP)数据

宋代管理思想史 / 方宝璋著. —厦门：鹭江出版社，2021.12
（中国管理思想史）
ISBN 978-7-5459-1668-3

Ⅰ.①宋… Ⅱ.①方… Ⅲ.①管理学—思想史—中国—宋代 Ⅳ.①C93-092

中国版本图书馆 CIP 数据核字(2020)第 225722 号

SONGDAI GUANLI SIXIANGSHI

宋代管理思想史

方宝璋　著

出版发行：鹭江出版社

地　　址：厦门市湖明路 22 号	邮政编码：361004
印　　刷：福建新华联合印务集团有限公司	
地　　址：福州市晋安区福兴大道 42 号	联系电话：0591－88208488
开　　本：700mm×1000mm　1/16	
插　　页：4	
印　　张：37.75	
字　　数：524 千字	
版　　次：2021 年 12 月第 1 版　　2021 年 12 月第 1 次印刷	
书　　号：ISBN 978-7-5459-1668-3	
定　　价：135.00 元